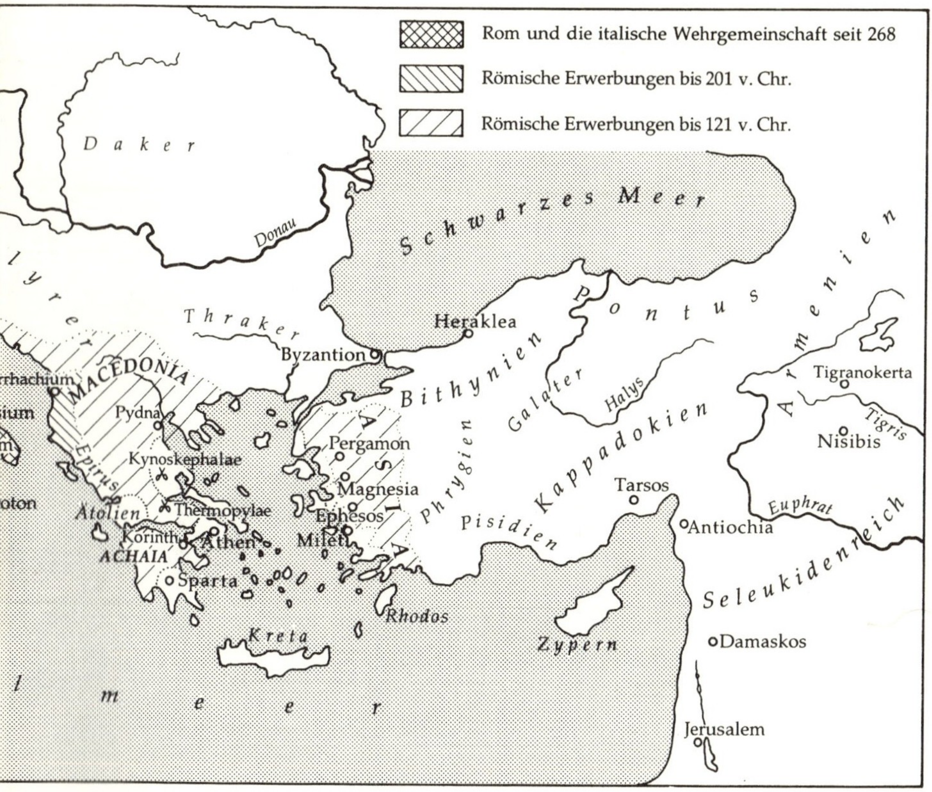
Rom und die italische Wehrgemeinschaft seit 268
Römische Erwerbungen bis 201 v. Chr.
Römische Erwerbungen bis 121 v. Chr.
Daker
Donau
Schwarzes Meer
Thraker
Heraklea
Byzantion
Pontus
Armenien
Bithynien
Galater
Halys
Tigranokerta
Tigris
Nisibis
MACEDONIA
Pydna
Kynoskephalae
Epirus
Pergamon
Magnesia
Ephesos
Milet
ASIA
Phrygien
Kappadokien
Tarsos
Antiochia
Euphrat
Pisidien
Thermopylae
Ätolien
Korinth
Athen
ACHAIA
Sparta
Rhodos
Kreta
Zypern
Seleukidenreich
Damaskos
Jerusalem
meer

Karl-Joachim Hölkeskamp
Elke Stein-Hölkeskamp

Von Romulus zu Augustus

Von Romulus zu Augustus

Große Gestalten
der römischen Republik

Herausgegeben von
Karl-Joachim Hölkeskamp und
Elke Stein-Hölkeskamp

Verlag C. H. Beck München

Mit vier Karten

(Vorsatz: Gefertigt von Gertrud Seidensticker, Berlin.
Nachsatz: Aus Ernst Kornemann, «Weltgeschichte des Mittelmeerraumes»,
München, Nachdruck 1967.
S. 36: © 1997 J. B. Metzler'sche Verlagsbuchhandlung
und Carl Ernst Poeschel Verlag GmbH, Stuttgart.
S. 327: © Siedler Verlag, Berlin.)

Die Deutsche Bibliothek – CIP Einheitsaufnahme

Von Romulus zu Augustus: Große Gestalten der
römischen Republik / hrsg. von Karl-Joachim
Hölkeskamp und Elke Stein-Hölkeskamp. –
München : Beck, 2000
ISBN 3 406 46697 4

ISBN 3 406 46697 4

© Verlag C.H.Beck oHG, München 2000
Satz: Fotosatz Otto Gutfreund GmbH, Darmstadt
Druck und Bindung: Freiburger Graphische Betriebe
Gedruckt auf alterungsbeständigem, säurefreiem Papier
(hergestellt aus chlorfrei gebleichtem Zellstoff)
Printed in Germany

www.beck.de

Vorwort der Herausgeber

Die folgenden 25 biographischen Essays sollen dem Leser Einblicke und Einsichten vermitteln – in die Lebensläufe einer Reihe von bekannten und heute nicht mehr so bekannten, berühmten und berüchtigten, jedenfalls wirkungsmächtigen Persönlichkeiten der römischen Geschichte; in die ferne, uns sehr fremde, vielschichtige Realität eines republikanisch verfaßten Stadtstaates, der zum Weltreich wurde; und nicht zuletzt auch in die Fragen und Methoden der modernen Altertums- und Geschichtswissenschaften.

Deswegen finden sich nicht nur in der einleitenden Skizze von Geschichte, Gesellschaft und Staat der Republik, sondern auch in den einzelnen Porträts immer wieder Exkurse zu einzelnen Aspekten, bestimmten Ausschnitten und Besonderheiten der sozialen Strukturen und der politischen Kultur, der Kunst und Literatur Roms in den Jahrhunderten vor der Zeitenwende. Es geht nicht nur um die epochalen Ereignisse, Kriege und Schlachten und die Rolle der «großen Männer» darin, sondern auch um Grundregeln und Mechanismen, Möglichkeiten und Grenzen einer kollektiven aristokratischen Herrschaft, um Selbstverständnis und Selbstwahrnehmung, Ideologien und Wertvorstellungen, fromme Legenden und andere Geschichtsbilder. Daher wurden auch jene großen Gestalten der mythischen Urgeschichte der Stadt aufgenommen, die im «kulturellen Gedächtnis» der späteren römischen Gesellschaft und ihrer politischen Klasse eine konstitutive Rolle spielten – der Stadtgründer Romulus, der Freiheitsheld Brutus, der große Feldherr und «zweite Gründer» Roms Camillus.

Der Band soll dem Leser dann auch eine Geschichte Roms in den historisch helleren Zeiten bieten. Daher werden die prominentesten Gestalten der Gründungs-, Konsolidierungs- und Expansionsphase des Imperium Romanum (etwa 300–150 v. Chr.) vorgestellt – der Stratege und Straßenbauer Appius Claudius Caecus; der Sündenbock Flaminius; die Gegenspieler des großen Hannibal Fabius Maximus und Scipio Africanus; die Eroberer des griechischen Ostens Flamininus und Aemilius Paullus; der strenge Cato Censorius; der Zerstörer Karthagos Scipio Aemilianus.

Die Epoche der Krise und Transformation des Reiches zur Alleinherrschaft (etwa 150–27 v. Chr.) und ihre besondere Komplexität sollen durch die dritte und größte Gruppe der Portraits verständlich werden – dazu zählen die Volkstribune und gescheiterten Reformer Tiberius und Gaius Gracchus; die Feldherren und Bürgerkriegsgegner Marius und Sulla; der Profiteur Crassus, der General und große Organisator Pompeius; der Aufsteiger und Beobachter seiner Zeit Cicero; die altaristokratischen Aufrührer Catilina und Clodius; die Erben großer Namen und letzten Verteidiger der Republik Cato und Brutus; der Dictator Caesar und sein erfolgloser Erbe Antonius; der talentierte zweite Mann Agrippa und sein Herr Octavian/Augustus, der eigentliche Erbe Caesars und Architekt der neuen Ordnung.

Sicherlich kann man über die Auswahl streiten – die eine oder andere «große Gestalt» wird man sicherlich vermissen. Dennoch hoffen wir, unser zugegebenermaßen ehrgeiziges Ziel erreicht zu haben und dem heutigen Leser ein an interessanten «Köpfen», Konturen und Facetten reiches Panorama einer zentralen Epoche europäischer Geschichte zu bieten. Die relativ umfangreichen, nach großen Themen gegliederten Hinweise zu Quellen in Übersetzung und zur modernen Literatur sollen dem interessierten Leser die Möglichkeit eröffnen, sich darüber auch woanders und anders zu informieren.

Abschließend kommen wir gern der Pflicht der Danksagung nach: Wenn der Band gelungen sein sollte, haben wir das zuallererst unseren Autoren zu verdanken, ihrem Wissen, ihrem individuellen Stil und ihrer Fähigkeit, sich auf die Sache und ihren «großen Mann» einzulassen. Namentlich Hans Beck und insbesondere Uwe Walter haben nicht nur wichtige Beiträge geliefert, sondern auch bei der Redaktion mit Rat und Tat geholfen. Tanja Itgenshorst und Frank Bücher haben Texte und Bibliographie für den Druck vorbereitet und die Korrekturen mitgelesen. Und ohne die Ermutigung und das professionelle Engagement von Stefan von der Lahr wäre das Projekt gar nicht erst zu realisieren gewesen.

Köln, im März 2000 *Karl-Joachim Hölkeskamp*
 Elke Stein-Hölkeskamp

Inhalt

Vorwort der Herausgeber 5

«Senat und Volk von Rom» – Kurzbiographie einer Republik
von Karl-Joachim Hölkeskamp 11

Romulus – Versuche, mit einem Stadtgründer Staat zu machen
von Jürgen von Ungern-Sternberg 37

Lucius Iunius Brutus – ein fiktiver Revolutionsheld
von Karl-Wilhelm Welwei 48

Marcus Furius Camillus – die schattenhafte Lichtgestalt
von Uwe Walter 58

Appius Claudius Caecus – ein Leben in Zeiten des Umbruchs
von Bernhard Linke 69

Quintus Fabius Maximus – Musterkarriere ohne Zögern
von Hans Beck 79

Gaius Flaminius – oder: wie ein Außenseiter zum
Sündenbock wurde
von Burkhard Meißner 92

Publius Cornelius Scipio Africanus der Ältere – Eroberer zwischen
West und Ost
von Karl-Heinz Schwarte 106

Titus Quinctius Flamininus – Griechenfreund aus Gefühl
oder Kalkül?
von Linda-Marie Günther 120

Lucius Aemilius Paullus – militärischer Ruhm und familiäre
Glücklosigkeit
von Egon Flaig 131

Marcus Porcius Cato Censorius – ein Bild von einem Römer
von Hans-Joachim Gehrke 147

Publius Cornelius Scipio Aemilianus – der intrigante Enkel
von Michael Zahrnt 159

Tiberius und Gaius Sempronius Gracchus – und Cornelia:
Die *res publica* zwischen Aristokratie, Demokratie und Tyrannis
von Kai Brodersen 172

Gaius Marius – oder: der Anfang vom Ende der Republik
von Lukas Thommen 187

Lucius Cornelius Sulla – Revolutionär und restaurativer Reformer
von Karl-Joachim Hölkeskamp 199

Marcus Licinius Crassus – oder: Geld allein macht nicht glücklich
von Leonhard Burckhardt 219

Gnaeus Pompeius Magnus – «immer der erste zu sein
und die anderen überragend»
von Werner Dahlheim 230

Marcus Tullius Cicero – der Neuling, der zu spät kam
von Martin Jehne 250

Lucius Sergius Catilina – ein Verbrecher aus verlorener Ehre?
von Ulrich Heider 268

Publius Clodius Pulcher – «der Achill der Straße»
von Wilfried Nippel 279

Marcus Porcius Cato – der stoische Streiter für die verlorene
Republik
von Elke Stein-Hölkeskamp 292

Gaius Iulius Caesar – der Aristokrat als Alleinherrscher
von Hartmut Galsterer 307

Marcus Iunius Brutus – oder: die Nemesis des Namens
von Ulrich Gotter 328

Marcus Antonius – der andere Erbe Caesars
von Manfred Clauss 340

Marcus Agrippa – der selbstbewußte Parteigänger des Augustus
von Werner Eck 352

Octavian/Augustus – Totengräber und Friedensfürst
von Hartwin Brandt 365

Inhalt

Quellen und Literatur
A. Nachschlagewerke 377
B. Quellen 377
   I. Handbücher und Überblicksdarstellungen 377
   II. Autoren und Werke 377
C. Geschichte der römischen Republik 379
   I. Handbücher und Überblicksdarstellungen 379
   II. Institutionen und Gesellschaft 379
   III. Kultur und Mentalität 380
   IV. Die frühe und mittlere Republik 381
   V. Die Krise der Republik 382
   VI. Der Untergang der Republik und die Begründung
      des Principats 383
   VII. Die einzelnen Persönlichkeiten 383

Register
A. Historische und mythische Personen 388
B. Länder, Völker, Städte, Flüsse 389
C. Begriffe und Sachen 391

Autoren und Herausgeber 394

Karten
Vorsatz: Das Römische Reich im 2. Jahrhundert v. Chr.
S. 36:   Italien unter römischer Herrschaft (338–89/82 v. Chr.)
S. 327:   Rom um 44 vor Christus
Nachsatz: Das Imperium zur Zeit des Dictators Caesar

«Senat und Volk von Rom» – Kurzbiographie einer Republik

von Karl-Joachim Hölkeskamp

Die Geschichte der römischen Republik gilt seit der Antike als Geschichte eines einmaligen Erfolges. Denn in den knapp fünf Jahrhunderten ihres Bestehens stieg Rom zu einer Weltmacht auf, die unter dem monarchischen Regime der Kaiser seit Augustus im Westen ein weiteres halbes Jahrtausend und im Osten sogar noch viel länger überdauern sollte. Diese Erfolgsgeschichte begann bescheiden. Am Ende der Königszeit, um 500 v. Chr., war Rom eine kleine Stadt in Latium – am Rande des hochentwickelten etruskischen Kulturkreises gelegen, selbst kulturell, politisch und auch militärisch zwar nicht völlig unbedeutend, aber auch nicht mehr als eine Stadt unter mehreren Dutzend anderen in Mittelitalien. Die junge Republik war noch nicht einmal militärisch sehr erfolgreich: Das folgende Jahrhundert war von durchaus wechselvollen Kriegen erfüllt. Nur im Bündnis mit den anderen latinischen Städten konnte sich Rom gegen die marodierenden Bergvölker wehren, die immer wieder in die fruchtbare Küstenebene vorstießen. Auch erst nach jahrelangen schweren Kämpfen gelang der entscheidende Sieg über die etruskische Nachbarstadt Veji, die nicht einmal 20 Kilometer nordöstlich der kleinen Stadt am Tiber lag. Veji wurde überhaupt erst nach der Wende zum vierten Jahrhundert erobert und zerstört, seine Bevölkerung vernichtet und sein Territorium dem römischen Gebiet (*ager Romanus*) einverleibt, das sich dadurch auf etwa 1500 Quadratkilometer vergrößerte – zum Vergleich: Das ist etwa die doppelte Fläche der heutigen Freien und Hansestadt Hamburg.

Rom wurde damit immerhin die größte Stadt der gesamten Region und hätte nun endlich die Vormacht des Bündnisses der latinischen Städte werden können. Aber nur wenige Jahre später erlitt es einen schweren Rückschlag: Aus dem Norden fielen Gallier in Mittelitalien ein, fegten ein römisches Heer an der Allia hinweg und plünderten zeitweise die Stadt, bevor sie gegen Zahlung eines hohen Tributs wieder abzogen – wahrscheinlich unbehelligt und jedenfalls unbesiegt. Die siegreiche Revanche des später so hoch geehrten «zweiten Gründers» der Stadt, Camillus, ist sicherlich eine barmherzige Legende.

Tatsächlich blieb diese Katastrophe ein kollektives Trauma – und zwar für Jahrhunderte, also weit über die Beseitigung der materiellen Schäden und den Bau der großen, nach einem legendären König irreführend «servianisch» genannten Stadtmauer hinaus, die schon wenige Jahre nach dem Galliersturm errichtet wurde und bis heute in imposanten Resten erhalten ist. Auch die Wiederherstellung und der weitere Ausbau der politischen und strategischen Position Roms in Mittelitalien machte rasche Fortschritte. Um die Mitte des Jahrhunderts begann sich seine Einflußsphäre nach Norden, in Etrurien, wie nach Campanien im Süden auszudehnen, und es wurde dabei zumindest faktisch zur mächtigsten Stadt in Latium. Aber erst ein weiterer großer Krieg, den die anderen latinischen Städte nunmehr gegen Rom und seine immer eindeutigeren Hegemonialansprüche führten, machte die Stadt endgültig zur unumstrittenen Herrin Mittelitaliens.

Das Jahr des römischen Sieges im sogenannten «Latinerkrieg», 338 v. Chr., kann als eines der wichtigsten Epochendaten der langen Geschichte des Aufstiegs Roms zur Großmacht gelten. Die immer noch nicht sehr große Stadt am Tiber gebot nun nicht nur über das gesamte Latium und weite Teile Campaniens, sondern hatte ihre Hegemonie weit nach Süden, bis nach Capua und Cumae nicht weit vom Golf von Neapel, ausgedehnt – damit stand Rom vor ganz neuen Herausforderungen der Organisation einer Herrschaft über eine Vielzahl von Städten, Stämmen und kleinen Völkern. Es mußte neue Wege beschreiten und ließ dabei zwangsläufig die engen natürlichen Grenzen eines typisch mittelmeerischen Stadtstaates hinter sich.

Die durchaus kreative und innovative Ausgestaltung der römischen Herrschaft durch ein differenziertes Spektrum konkreter Einzellösungen und Instrumente demonstriert eine besondere pragmatische, den jeweiligen Verhältnissen angepaßte Organisationsfähigkeit und verrät dabei zugleich strategischen Weitblick. Zunächst wurde der alte Bund der latinischen Städte aufgelöst, und die zwischen ihnen bestehende enge Gemeinschaft, die sich auf rechtlich gesicherte Bindungen untereinander durch Eheschließung und Handelsgeschäfte (*conubium et commercium*) gründete, wurde aufgehoben – solche Beziehungen sollten die Latiner nur noch mit Rom und seiner Bürgerschaft haben.

Dieses Prinzip beherrschte auch die weiteren Regelungen: Viele latinische Städte wurden in den römischen Staatsverband inkorporiert, ihre Territorien damit Teil des *ager Romanus* und ihre Bewohner römische Bürger, die in sich selbst verwaltenden Gemeinden (*municipia*) lebten; auch einige weiter entfernt liegende Städte, etwa in Campanien, wurden auf diese Weise integriert – allerdings ohne volles Stimm- und damit Bürgerrecht in Rom (*civitas sine suffragio*). Damit wuchs der *ager Romanus* nun auf etwa 6000 Quadratkilometer an – noch einmal ein Vergleich: Das ist immerhin mehr als das Doppelte der Fläche des Großherzogtums Luxemburg.

Die wichtigsten latinischen Städte Praeneste und Tibur blieben hingegen formal unabhängig und wurden vertraglich an Rom gebunden – das war der Anfang jenes Systems unbefristeter und unkündbarer bilateraler Einzelverträge (*foedera*), durch die im Laufe der folgenden Jahrzehnte weitere Städte, Stämme und Völker in ganz Italien nach ihrer Unterwerfung zu römischen «Bundesgenossen» (*socii*) wurden. Sie blieben formal selbständige, sich selbst regierende staatliche Einheiten, hatten aber auf eigene Außenbeziehungen zu verzichten und der römischen Vormacht auf deren Anforderung Truppen und Ausrüstung zu stellen.

Im Zuge des Abschlusses eines solchen *foedus* annektierte Rom zumeist auch einen Teil des Territoriums seines zukünftigen Bundesgenossen. Diese Gebiete wurden oft nur zum Teil dem *ager Romanus* zugeschlagen, teilweise auch für die Gründung von Colonien reserviert. Solche unter römischer Regie etablierten neuen Gemeinwesen wurden entweder als «Colonien römischer Bürger» an der Küste mit 300 Colonisten oder als Colonien mit «latinischem» Status, die im Binnenland lagen und mehrere tausend Siedler aufnehmen konnten, organisiert und hatten jeweils unterschiedliche, durch ihre geographische Lage bedingte konkrete Funktionen; grundsätzlich aber dienten sie einem gemeinsamen Zweck, der dauerhaften strategisch-politischen Sicherung und Arrondierung des römischen Herrschaftsraumes.

Die Bereiche der direkten Herrschaft und der indirekten Hegemonie Roms dehnten sich in den folgenden Jahrzehnten zumeist in großen Schüben aus. Die etruskischen Städte und Umbrien im Norden, die samnitischen und oskischen Stämme im südlichen Mittelitalien wurden spätestens nach dem Dritten Samnitenkrieg (298–290) in das «System» der Vormacht ebenso eingegliedert wie dann in den folgenden beiden Jahrzehnten die griechischen Städte im Süden der Halbinsel – letztere allerdings erst nach einem weiteren, auf allen Seiten besonders verlustreichen Krieg gegen den sprichwörtlich gewordenen Pyrrhos, einen Kleinkönig aus den rauhen nordwestgriechischen Bergen und ambitionierten Condottiere, der dem Hilferuf der Stadt Tarent gegen Rom gefolgt war.

Um 270 war die Unterwerfung Italiens abgeschlossen. Das römische System umfaßte nun die gesamte Halbinsel bis zu einer Linie zwischen Pisa und Rimini, also einen Raum von über 120000 Quadratkilometern mit einer Bevölkerung von etwa vier Millionen Menschen – damit standen der Vormacht gewaltige Reserven an Wehrkraft und materielle Ressourcen aller Art zur Verfügung, die Rom jetzt zumindest potentiell zu einer Großmacht machten.

Schon wenige Jahre später begann der langdauernde Konflikt mit der anderen Großmacht des westlichen Mittelmeerraumes, der das folgende halbe Jahrhundert prägen sollte. Ein neues römisches Engagement, diesmal in Sizilien, kollidierte mit den dortigen Interessen der See- und Handelsmacht Karthago. Daraus entwickelte sich der Erste Punische Krieg (264–241) – ein großräumiger Krieg, der nicht nur zu Lande in Sizilien,

Sardinien, Korsika und zeitweise sogar im nordafrikanischen Stammland Karthagos, sondern auch zu Wasser vor den Küsten Italiens und Siziliens geführt wurde. Dabei erlitt Rom immer wieder schwere Niederlagen, behielt aber schließlich doch die Oberhand über ein völlig erschöpftes Karthago – nicht zuletzt dank der erwähnten Reserven an Menschen und Material.

Nun griff Rom über Italien hinaus und übernahm den größten Teil Siziliens sowie Sardinien und Korsika (241 bzw. 238), die allerdings nicht in das Bundesgenossensystem eingegliedert wurden, sondern als «Provinzen» unter direkter römischer Herrschaft blieben. Konkret wurde diese Herrschaft von einem (zumindest im Prinzip) jährlich wechselnden Statthalter mit umfassenden administrativen, judikativen und vor allem militärischen Vollmachten ausgeübt. Daher rührt übrigens auch der Begriff selbst – mit *provincia* bezeichnete man ursprünglich generell jeden Aufgabenbereich eines römischen Magistrats; hier wurde der Begriff auf den konkreten geographisch fest abgegrenzten Bezirk eines Statthalters bezogen. Seit 227 wurden also Sardinien und Korsika einerseits und Sizilien andererseits jeweils von einem Praetor verwaltet, der als Inhaber des *imperium* unbegrenzte Kommando-, Straf- und Disziplinargewalt hatte.

Die neuen «Provinzen» erhielten allerdings keine allgegenwärtige, flächendeckende, einheitliche und womöglich funktional differenzierte bürokratische Organisation – die römische «Verwaltung» bestand in der Regel nur in dem Statthalter selbst, seinem persönlichen Stab und gegebenenfalls einigen Truppen. Auf der Ebene der Stämme, Städte und Dörfer stützte man sich auf die zuvor schon bestehenden Einrichtungen und Strukturen, so unterschiedlich diese im einzelnen auch sein mochten. Hier galt nämlich das gleiche Prinzip wie im italischen Hegemonialraum: so viel zentrale Administration wie eben nötig, so wenig permanente Präsenz oder gar Intervention vor Ort wie möglich.

Dabei blieb es zunächst auch nach dem Zweiten Punischen Krieg (218–201), der nach der Eroberung des spanischen «Reiches» der Karthager durch Scipio Africanus mit seinem Sieg über Hannibal entschieden war und Rom zur alleinigen Großmacht im Westen werden ließ. Mit dem Frieden von 201, durch den Karthago als eigengewichtiger Faktor im internationalen Kräftespiel ausgeschaltet wurde, gewann Rom zwar auch dessen Besitzungen und machte sie zu Provinzen: Das (von Italien aus gesehen) «diesseitige» und das «jenseitige» Spanien (*Hispania citerior* bzw. *ulterior*) wurden formell 197 als Provinzen unter zwei weiteren Praetoren als Statthaltern eingerichtet. Aber auch dieses System direkter Herrschaft wurde danach zunächst nicht weiter ausgedehnt – erst ein halbes Jahrhundert später, unter gewandelten Bedingungen, wurden weitere Provinzen eingerichtet.

Die Konfrontation Roms mit den großen Mächten des hellenistischen Ostens, mit denen die Republik im dritten Jahrhundert nur sporadisch in

Kontakt gekommen war, hatte freilich bereits im Sommer 200, also unmittelbar nach dem Sieg im Westen, mit der Kriegserklärung an Hannibals angeblichen Verbündeten Philipp V. von Makedonien begonnen. Dabei ging es Rom zunächst nicht um eine weitere Ausdehnung seines Herrschaftsbereichs; die neue Vormacht des Westens verweigerte sogar systematisch jede permanente Präsenz oder gar ein dauerhaftes militärisches Engagement im Ostmittelmeerraum. Rom wollte nicht mehr, aber auch nicht weniger als eine nachhaltige Schwächung der anderen, ihm potentiell ebenbürtigen Großmächte – zu diesem Zweck intervenierte man und führte Krieg, stützte und förderte dabei allenthalben kleine und mittlere Mächte, Städte und Bünde, die je nach Lage im Sinne Roms strategisch-politisch und zuweilen auch militärisch instrumentalisiert wurden.

Diese Strategie verfolgte Rom nicht nur im Zweiten Makedonischen Krieg (200–194), der mit dem Sieg über das Heer Philipps rasch entschieden war und der dann zur Neuordnung der Verhältnisse in Griechenland durch Flamininus führte. Das gleiche Muster liegt auch den Regelungen des Friedens von Apameia (188) zugrunde, den Rom nach einem weiteren Sieg der nächsten, weiter östlich liegenden Großmacht oktroyierte: Das Reich des Seleukiden Antiochos III. wurde in Kleinasien zugunsten der mit Rom verbündeten Mittelmächte Pergamon und Rhodos dauerhaft geschwächt.

Das Verhalten Roms und die daraus resultierenden Fehleinschätzungen, Mißverständnisse und Mißgeschicke auf allen Seiten trugen wesentlich zu einer allgemeinen Destabilisierung des Gleichgewichtes im östlichen Mittelmeerraum bei – und nötigten die neue, zugleich selbsternannte und widerwillige Ordnungsmacht zu weiteren Interventionen. Dabei verschärfte sich zusehends die Gangart, und Rom war sehr schnell bereit zu immer massiveren Eingriffen – ohne daß es die selbstgestellte bzw. an sich gezogene Aufgabe irgendwo im Osten hätte lösen können, nämlich die dauerhafte Etablierung einer wirklich stabilen, weil allenthalben akzeptierten internationalen Ordnung. Nach dem Sieg des Aemilius Paullus über Perseus, den Sohn und Nachfolger Philipps, im Dritten Makedonischen Krieg (171–168) wurde Makedonien als Großmacht und zugleich die Monarchie der Antigoniden einfach liquidiert. Damit fiel die erste der großen Dynastien in der Nachfolge Alexanders, und Rom begann ein weiteres Experiment der Organisation einer indirekten Herrschaft – wieder mit dem Ziel der Sicherung seines Einflusses ohne Präsenz und Engagement. Makedonien wurde in vier Republiken aufgeteilt – diese künstlichen, der jahrhundertelangen Tradition des Landes völlig fremden Gebilde durften sich nicht zusammenschließen und waren je für sich nicht lebensfähig. Das Experiment war zum Scheitern verurteilt, bald kam es zu sich ausbreitenden Unruhen in Makedonien und ganz Griechenland, die mit rücksichtsloser Härte niedergeschlagen wurden: Im Jahre 146, als

Korinth mit beispielloser Gründlichkeit geplündert und zerstört wurde, richtete Rom schließlich die Provinz *Macedonia* ein, deren Statthalter auch gleich weite Teile Griechenlands zu verwalten hatte.

Im gleichen Jahr und auf die gleiche Weise regelte Rom die Verhältnisse im Westen ein für alle Mal: Das wiedererstarkte Karthago wurde in einem Dritten Punischen Krieg (149–146) besiegt und dem Erdboden gleichgemacht, der karthagische Staat vernichtet, seine überlebende Bevölkerung versklavt, und sein Kernland wurde zur Provinz *Africa*.

In den folgenden Jahrzehnten wurden weitere Provinzen in immer schnellerer Folge eingerichtet – oft allerdings wiederum unter dem Druck der Verhältnisse, wenn etwa strategische Interessen oder die instabile politische und militärische Lage aus römischer Sicht die direkte Kontrolle über ein Gebiet unausweichlich werden ließen; aber selbst dann dauerte es zuweilen noch Jahre, bis man die Organisation als Provinz konsequent durchführte. So kamen die Provinzen *Asia* in Kleinasien (129) und die *Gallia Narbonensis* im heutigen Südfrankreich (etwa 120) hinzu – bezeichnenderweise wurde das dem römischen Kernland viel näher liegende Norditalien erst vier Jahrzehnte später als Provinz *Gallia Cisalpina* organisiert.

An den Grenzen des expandierenden Imperium Romanum versuchte man nach wie vor, die Ausweitung des Provinzsystems zu vermeiden oder wenigstens hinauszuzögern – in manchen Grenzregionen nahm Rom sogar jahrelang anarchische Zustände in Kauf, indem man etwa den Machtkämpfen zwischen lokalen Dynasten tatenlos zusah. Zuweilen stützte Rom dann den einen oder anderen Prätendenten und machte ihn dadurch als «Klientelkönig» abhängig. Solche kleinen Potentaten von Roms Gnaden waren natürlich für das Reich völlig ungefährlich, erhielten aber genug Macht, um seine Grenzen zu sichern und die Interessen der weit entfernten Vormacht vor Ort zu wahren – und Rom konnte die Dinge in der Schwebe lassen, mußte sich wieder einmal nicht endgültig festlegen und dauerhaft präsent sein. Dabei beließ man es jahrzehntelang, etwa in Nordafrika nach dem Krieg gegen den Numiderfürsten Jugurtha (112–105) und vor allem im Osten, jenseits der Grenzen der römischen Provinzen in Kleinasien.

Gerade in diesem Großraum zeigte sich allerdings erneut sehr schnell, wie instabil solche Verhältnisse ihrer Natur nach waren. Am Ende der langdauernden Kriege gegen Mithridates VI., Herrscher über Pontos und zeitweise weitere große Gebiete im Schwarzmeerraum, die zuerst Sulla und seine Kommandeure (89–85; 83–81), dann Lucullus und zuletzt Pompeius führten (74–63), mußten schließlich doch wieder neue Provinzen eingerichtet werden: Im Zuge der umfassenden Neuordnung im Osten, der die letzten Reste des ehemaligen Großreiches der Seleukiden zum Opfer fielen, entschied Pompeius, daß Pontos und Bithynien sowie Syrien direkt und endgültig unter die Herrschaft Roms zu stellen waren.

Auch das Gebiet des Klientelfürstentums Numidien mußte schließlich 46 als Provinz *Africa Nova* in das Imperium integriert werden, wie zuvor schon die Kyrenaika mit Kreta (74 bzw. 64). Zur Zeit Caesars zögerte man dann schon nicht mehr so lange. Fast unmittelbar nach der endgültigen Unterwerfung des riesigen Raumes in den Jahren 58–50 wurde die Provinz *Gallia Transalpina* (*Comata* – das «langbehaarte» Gallien) eingerichtet. Und Octavian setzte bald nach seinem Sieg über die ptolemäische Königin Kleopatra auch der Herrschaft der letzten Dynastie in der Nachfolge des großen Alexander ein Ende und machte Ägypten zur Provinz (30). Unter dem späteren Augustus näherte sich die Ausdehnung des Reichsgebietes schließlich jenen Grenzen an Rhein und Donau, in Nordafrika und am Euphrat, die es später nicht mehr wesentlich überschreiten sollte.

Damit hatte das Imperium Romanum eine bis dahin nicht vorstellbare Größe erreicht – ja, es galt jetzt als «Herrschaft ohne Grenzen» (*imperium sine fine*), ohne Ende in Raum oder Zeit, wie der große augusteische Dichter Vergil es zu Beginn seiner *Aeneis* den höchsten Gott Juppiter ankündigen ließ. Und sein Zeitgenosse Livius legte im ersten Buch seiner ebenfalls kanonisch gewordenen Geschichte der Stadt «seit ihrer Gründung» (*ab urbe condita*) deren mythischem Stifter eine ähnliche Prophezeiung in den Mund: «Mein Rom», so der zum Himmel aufsteigende Romulus, soll nach dem Willen der Götter «das Haupt der Welt» sein. Hier erscheinen Rom und das «togatragende Volk» der Römer, um noch einmal Vergils Juppiter zu Wort kommen zu lassen, als Herren der Welt, denen die Götter eine einmalige welthistorische Mission aufgetragen hatten, wie es an anderer Stelle in der *Aeneis* heißt: «die Völker durch ihre Herrschaft (*imperium*) zu regieren, den Frieden durch römische Gesittung zu vollenden, Unterworfene zu schonen und Hochmütige im Krieg zu bezwingen». So sollte Rom, das «römische Volk» oder später «Senat und Volk von Rom» (*Senatus Populusque Romanus*, abgekürzt zu *SPQR*) als «Staat» von außen wahrgenommen werden – von allen anderen Völkern und Mächten, den Gegnern und den Unterworfenen.

So sollte der *populus Romanus* sich aber auch selbst sehen, und zwar nicht erst nach dem Willen des Augustus, sondern schon der politisch und gesellschaftlich führenden, kulturell und nicht zuletzt ideologisch maßgebenden Schicht der Republik. Diese Schicht war eine besondere Spielart einer Aristokratie, weil sie sich in einem ganz konkreten, ja engen Sinne, konsequent und ausschließlich als eine politische Klasse definierte – um es mit Christian Meier zu formulieren: «Wer Politik trieb, gehörte zum Adel, und wer zum Adel gehörte, trieb Politik.» Das heißt: Die herrschende Schicht als Ganze und alle ihre Mitglieder widmeten sich nichts anderem als Politik und Krieg, und zwar wiederum ausschließlich im Dienst an der und für die *res publica* – ja, diese Aristokratie war in einem sehr spezifischen Sinne «republikanisch», weil sie sich mit dieser *res publica* völlig und geradezu rückstandslos identifizierte. Darauf beruhte ihr Anspruch auf Führung und Anerkennung, Rang und Prestige und damit ihre Legitimität als Aristokratie. Sie entwickelte ein dementsprechendes Staatsethos, das sie als ihr ureigenes Orientierungs- und Wertsystem hegte und pflegte. In dessen Mittelpunkt stand allein die Macht des *populus Romanus*, seine Würde und Hoheit, die mit dem Begriff *maiestas* im ursprünglichen Sinne umschrieben wurden, und die Größe seines Imperiums – ganz konkret gemessen in dessen Ausdehnung, in Siegen und Eroberungen, unterworfenen Völkern und Ländern.

Da hatten «unpolitische» Statuskriterien keinen Platz – anders als im frühen und klassischen Griechenland zählten ein glanzvoll-extravaganter Lebensstil und demonstrative Verschwendung, Siege bei sportlichen Wettkämpfen, Eleganz und physische Schönheit nichts. Nicht einmal Reichtum galt viel, jedenfalls nicht als solcher und als Selbstzweck; Reichtum war einerseits das Resultat des Erfolges in Politik und Krieg und diente andererseits wiederum als Mittel zum Zweck in der Konkurrenz um Positionen und Prestige in der Politik.

Denn allein das Erreichen dieser Positionen, der politischen und militärischen Führungsfunktionen in Gestalt der öffentlichen Ämter, die bezeichnenderweise als «Ehre» aufgefaßt und als «Ehrenstellen» (*honos, honores*) bezeichnet wurden, die Übertragung großer Kommanden in Kriegen und anderer prestigeträchtiger Aufgaben im Dienst am Staat begründete die Zugehörigkeit zu und insbesondere den individuellen Rang innerhalb dieser Elite. Es gab überhaupt keine alternativen Karriereoptionen, die auch nur annähernd vergleichbare ideelle wie materielle Erfolgsprämien in Form von sozialem Prestige, politischem Einfluß und auch Reichtum versprachen. Das bedeutete wiederum, daß nur das Erreichen der höchsten «Ehren» und die dabei erbrachte meßbare Leistung in Politik und Krieg einen Mann in die Spitzengruppe der Aristokratie, die sogenannte «Nobilität», aufsteigen ließen – der diesem modernen Konzept zugrundeliegende lateinische Begriff *nobilis* bedeutete ursprünglich schlicht «bekannt» und «angesehen», nämlich durch anerkannte Leistung für die *res publica*.

Herkunft und Stammbaum, Zugehörigkeit zu einem berühmten «Geschlecht» (*gens*), Familientraditionen und ein großer Name spielten natürlich auch hier immer eine wichtige Rolle für den gesellschaftlichen Rang eines Mannes – aber wiederum nur in demselben Sinne: Die «Empfehlung durch die Ahnen» (*commendatio maiorum*), die die Chancen eines jungen Mannes auf eine erfolgreiche Karriere beträchtlich verbesserte, beruhte auf der selbstverständlichen Annahme, daß Ämter und andere «Ehren» seiner Vorfahren, ihre Verdienste für die *res publica*, erwarten ließen, daß er gleiches zu leisten vermochte. Und nach der tief eingerasteten Standesmoral bedeutete das wiederum, daß ein junger Aristokrat verpflichtet war, dieses Erbe an akkumuliertem «symbolischen Kapital» seiner Familie, möglichst um eigene *honores* vermehrt, an die folgenden Generationen weiterzugeben.

Auf die beständige Pflege und Aktualisierung dieses symbolischen Kapitals zielten auch die Rituale der öffentlichen Selbstdarstellung der großen Familien, die immer auch Inszenierungen der Wertewelt der ganzen politischen Klasse waren, wie vor allem das sorgfältig organisierte und orchestrierte, immer nach dem gleichen Muster ablaufende Leichenbegängnis eines *nobilis,* die *pompa funebris.* Ein solcher Trauerzug führte durch die Stadt zu einem der politisch-religiösen Zentren Roms und des Reiches, dem Forum. Dabei ging es nicht nur um das letzte Geleit für den Verstorbenen selbst, sondern auch um seine demonstrative Einordnung in die Reihe seiner Ahnen, die bei diesem Umzug symbolisch präsent waren und den Verstorbenen begleiteten: Die wächsernen Porträtmasken der Ahnen wurden dabei von Personen getragen, die die purpurgesäumte Toga eines Praetors oder Consuls oder gar die ganz in Purpur gefärbte und goldbestickte Toga eines Triumphators trugen und die von der entsprechenden Zahl an Liktoren mit den Rutenbündeln als Zeichen der Amtsgewalt begleitet wurden – je nachdem, welchen Rang und welche dieser «Ehren» der so repräsentierte Ahn erreicht hatte.

Der Höhepunkt der Zeremonie war der «Nachruf» auf den Verstorbenen *(laudatio funebris),* der zumeist von einem Sohn des Toten öffentlich gehalten wurde, nämlich von der Rednertribüne auf dem Forum vor dem versammelten Volk und in Anwesenheit der Ahnen, die sich dazu auf den elfenbeinernen Amtsstühlen niedergelassen hatten. Darin ging es wiederum nicht nur um die Karriere und die Verdienste des Verstorbenen, sondern immer auch um die *honores* und Leistungen der anwesenden Ahnen für den Staat. Die einzelnen Traditionen der großen Geschlechter wurden so regelmäßig als integrale, ja konstitutive Bestandteile der Geschichte der Republik selbst inszeniert.

Ein frühes Beispiel einer *laudatio funebris,* die im Jahre 221 v. Chr. auf den bekannten Consul und berühmten Heerführer des Ersten Punischen Krieges Lucius Caecilius Metellus gehalten wurde und die in der *Naturkunde* des älteren Plinius (23/24–79 n. Chr.) überliefert ist, enthält zudem geradezu die «Idealbiographie» eines *nobilis.* Metellus hatte als Consul 251 und 247 v. Chr. gleich zweimal das höchste Amt erreicht; nach Ablauf seines ersten Consulats hatte er den Befehl über das Heer in Sizilien «anstelle eines Consuls» weitergeführt – römisch gesprochen: Er erhielt ein *imperium pro consule.* Er hatte eine große Schlacht gegen die Karthager gewonnen und war dafür mit einem Triumph geehrt worden: Als siegreicher Feldherr zog er an der Spitze seines Heeres in Rom ein – in einem feierlichen Umzug durch die Stadt, über die Heilige Straße, das Forum zum Capitol, wurde die Beute dem staunenden Volk vorgeführt, darunter zum ersten Mal Elefanten. Metellus war dann (249) «Führer der Reiterei» (*magister equitum*) und damit «zweiter Mann» nach einem Dictator, einem außerordentlichen Beamten mit unbeschränkter Befehlsgewalt, wurde 224 selbst Dictator mit der Spezialaufgabe der Abhaltung der Wahlen; außerdem gehörte er über mehrere Jahrzehnte dem wichtigsten Priesterkollegium, den Pontifices, an und war von 243 bis zu seinem Tode 221 als *pontifex maximus* sogar deren Haupt. Von diesem Mann sagte nun sein Sohn in dieser Rede zudem, daß er die zehn wichtigsten und höchsten Ziele erreicht habe, die kluge Männer ihr Leben lang verfolgen: Er habe als Kämpfer der erste sein wollen, der beste Redner und der tapferste Feldherr, unter dessen Oberbefehl die größten Taten vollbracht worden seien; er habe die höchste Ehre genießen, besondere Klugheit erlangen und als bedeutendster Senator gelten wollen, und schließlich habe er sich bemüht, ein großes Vermögen auf anständige Weise zu erwerben, viele Kinder zu hinterlassen und generell der berühmteste Mann in der ganzen Bürgerschaft zu werden.

Hier finden sich nicht nur die formalen Stufen der Karriere eines erfolgreichen Aristokraten, sondern auch die informellen Rollen, die ein *nobilis* übernehmen und dann permanent erfüllen mußte: Dazu gehören einerseits selbstverständlich die militärischen Funktionen, als Kämpfer in vorderster Front wie als Heerführer, andererseits die «zivilen», politischen Rollen, als Redner vor dem Volk, vor Gericht und im Senat; dazu gehört auch die in diesen Kreisen keineswegs «private» Rolle des Oberhauptes einer großen Familie, das für die finanzielle Grundlage ihres Ranges ebenso verantwortlich war wie für die Fortsetzung ihres klangvollen, mit dem Glanz der Republik untrennbar verknüpften Namens.

Eine der wichtigsten Rollen jedes *nobilis* war diejenige eines Senators. Denn der Senat war das institutionelle Zentrum der politischen Klasse – hier wurden alle öffentlichen Angelegenheiten von irgendeiner Bedeutung diskutiert; hier fielen die meisten politischen und strategischen Entscheidungen, hier wurde die Außenpolitik beraten, hier wurden die Gesandtschaften fremder Mächte empfangen und eigene Gesandte mit diplomatischen Aufträgen betraut, und hier wurde auch über die Zuweisung von Provinzen und Heeren, über die Verlängerungen der Befehlsgewalt und andere außerordentliche Kommanden, Imperien *pro praetore* oder *pro consule*, über die Gewährung eines Triumphes an einen erfolgreichen Feldherrn und sonstige Ehrungen entschieden.

Der Senat, der von außen wie eine homogene, ja monolithisch geschlossene «Versammlung von Königen» erschien, wie es ein griechischer Gesandter formuliert haben soll, war tatsächlich intern in Rangklassen gegliedert, die der Hierarchie der Magistraturen und (damit) der politischen Klasse entsprach. Die Spitzengruppe der Senatoren mit dem höchsten Maß an Reputation und Einfluß – die lateinischen Begriffe *dignitas* und *auctoritas* bezeichnen ein ganzes Spektrum solcher Bedeutungsfacetten – bestand aus den ehemaligen Consuln – wiederum römisch gesprochen: den «Consularen». Sie galten als die «Ersten» im Senat und in der ganzen Bürgerschaft (*principes civitatis*) und bildeten als *nobiles* im engsten Sinne den innersten Kreis der Aristokratie. Die Consulare waren es auch, die als erste das Wort erhielten, wenn der die Sitzung leitende Magistrat den Gegenstand der Debatte erläutert hatte, die die Leitlinien und Orientierungen vorgaben und so den Prozeß der Meinungsbildung bestimmten, ja beherrschten. Die «Ersten» im Senat symbolisierten und repräsentierten geradezu das ehrwürdige Gremium insgesamt – nicht zuletzt als diejenige Instanz, die das gesamte über Generationen akkumulierte Erfahrungswissen der politischen Klasse, die gesamte politische, diplomatische und militärische, administrative und juristische Expertise der Republik monopolisierte und zum Besten des Staates und des Standes verwaltete.

In der Regel hatten diese *principes* nämlich alle oder doch die meisten Stationen einer Beamtenkarriere durchlaufen – nach römischen Vorstellungen eine von Amt zu Amt zu höheren «Ehren» führende Laufbahn (daher der Begriff *cursus honorum*), die in der «höchsten Ehre» (*maximus honos*) des Consulats gipfelte. Der *cursus honorum* wurde im Laufe der Zeit zunehmend formalisiert, durch Gesetze und schließlich eine systematische Regelung des Dictators Sulla im Jahre 81. Danach lagen die Reihenfolge der Ämter, der zeitliche Mindestabstand zwischen ihnen und das jeweilige Mindestalter der Bewerber fest. Den Consulat konnte man erst mit 43 Jahren und nach der Bekleidung mehrerer niederer Magistraturen erreichen.

Gerade die Consulare kannten daher alle Bereiche exekutiven Handelns aus eigener Anschauung und Erfahrung: Am Anfang ihrer Karriere waren sie als Quaestoren für die Finanzverwaltung der Stadt verantwortlich beziehungsweise einem Feldherrn oder Statthalter einer Provinz zugeteilt worden. Als plebejische oder curulische Aedile hatten sie die Aufsicht über Märkte, Handel und Wandel, Kneipen und Bordelle innegehabt, und sie waren für die Ausrichtung öffentlicher Spiele und der damit verbundenen opulenten Spektakel aller Art zuständig gewesen. Dabei hatten sie sich – im günstigsten Falle – durch Organisationstalent und Großzügigkeit (vor allem beim Zuschießen zu den oft gewaltigen Kosten aus der eigenen Schatulle) hervortun und damit an Ansehen und Bekanntheit gewinnen können.

Als Praetoren waren sie in der Rechtsprechung tätig gewesen, hatten Straf- und Zivilprozesse zwischen Bürgern oder zwischen Bürgern und Fremden (*praetor urbanus* bzw. *peregrinus*) geleitet – später saßen Praetoren dann auch den von Sulla neuorganisierten Geschworenengerichten vor. Die Praetur war bereits ein Amt mit *imperium* – der vollen, gegebenenfalls eigenständigen und -verantwortlichen Befehlsgewalt über ein Heer, mit dem Recht beziehungsweise der Pflicht der Befragung der Götter (*auspicia*). In der mittleren Republik waren es daher auch Praetoren, die als Statthalter der Provinzen Sizilien, Sardinien und Korsika sowie der beiden Spanien dort die volle jurisdiktionelle und militärische Gewalt ausübten.

Schließlich waren die genannten Consulare natürlich die obersten Beamten der Republik geworden und als solche für den Staat als Ganzen, für die Beziehungen zu den Göttern, die Leitung von Senat und Volksversammlungen und die gesamte Exekutive verantwortlich. Es waren die Consuln, die die höchste zivile und militärische Amtsgewalt ausübten, ihre *potestas* war allen anderen Magistraturen übergeordnet und schloß daher im Konfliktfall auch ein Verbietungsrecht gegenüber sämtlichen «niederen» *potestates* ein. Als Inhaber des vollen, außerhalb der Stadtgrenzen uneingeschränkten *imperium* waren die Consuln zuallererst jedoch die Kriegsherren der Republik, die ihre Heere kommandierten, Schlachten schlugen und für Rom zu siegen hatten – dafür konnten sie mit einem Triumphzug geehrt werden, der höchsten Auszeichnung des republikanischen Rom.

Schließlich, schon auf dem Gipfel ihres Ansehens, waren einige dieser Consulare vielleicht auch noch Censoren geworden. Dieses wie der Consulat zweistellige Amt wurde nur alle fünf Jahre, dann aber für 18 Monate besetzt. Neben einer Reihe von Aufsichtspflichten, der Erfassung, Einteilung in Vermögensklassen und der rituellen religiösen Neukonstituierung der Bürgerschaft übten die Censoren eine allgemeine «Aufsicht über die Sitten» (*regimen morum*) aus – in der Praxis bedeutete das, daß sie die Erfüllung der besonderen familiären, religiösen und gesellschaftlichen Pflichten der Aristokraten, ihren Lebensstil und ihr Verhalten in der Öffentlichkeit überwachen sollten. Damit hängt wiederum eine andere, ebenso wichtige wie sensible Aufgabe der Censoren zusammen: Sie hatten die Liste der Senatoren zu überprüfen und zu erneuern (*lectio senatus*) – und damit hatten sie nicht nur das Recht beziehungsweise die Pflicht, neue Senatoren, etwa die seit der vorherigen *lectio* durch Erreichen einer Magistratur qualifizierten jüngeren Leute, zu kreieren, sondern auch gestandene Senatoren ohne Ansehen ihres Ranges zu tadeln und sogar aus dem ehrwürdigen Gremium zu entfernen. Die Censur war mithin in vielerlei Hinsicht eine (weitere) Besonderheit der Ordnung der aristokratischen *res publica*; denn sie diente vor allem der (Selbst-)Kontrolle und Disziplinierung der politischen Klasse durch hochrangige und besonders angesehene Angehörige aus ihrer eigenen Mitte.

So schrankenlos, ja monarchisch die Vollgewalt gerade der höchsten Magistrate erscheinen mußte, so streng wurden jene Prinzipien beachtet, die der Begrenzung und Kontrolle der Ausübung dieser institutionalisierten Machtfülle dienten – «Annuität», Verbot der «Kontinuation» und «Kumulation», strenge Beschränkung der «Iteration» und nicht zuletzt die «Kollegialität»: Zunächst amtierten die Consuln – wie alle anderen ordentlichen Beamten – nur ein Jahr. Es war grundsätzlich ausgeschlossen, unmittelbar im Anschluß daran – also ohne ein in der Regel zweijähriges amtloses Intervall – dasselbe oder auch das nächsthöhere Amt zu übernehmen; selbst die wiederholte Übernahme vor allem des Consulats nach einem längeren, etwa zehnjährigen Zeitraum war nicht unbedingt die Regel, zeitweise war die Möglichkeit einer solchen «Iteration» sogar gesetzlich verboten. Selbstverständlich war auch die «Kumulation» mehrerer regulärer Ämter in ein und demselben Jahr strikt ausgeschlossen.

Vor allem galt bei allen Ämtern das Prinzip der Kollegialität – nur der Dictator, der in einer existentiellen Notlage des Staates die gesamte Gewalt in seiner Person bündeln sollte, war davon ausgenommen, unterlag aber dafür einer noch engeren zeitlichen Befristung auf maximal sechs Monate. Alle übrigen Magistrate von den Quaestoren bis zu den Consuln hatten dagegen mindestens einen Kollegen; Quaestur und Praetur umfaßten in der mittleren Republik sogar zehn beziehungsweise sechs Stellen, seit den sullanischen Reformen dann zwanzig beziehungsweise acht Stellen. Dabei waren alle Kollegen, vor allem wiederum die beiden Consuln, prinzipiell für die Gesamtheit aller der betreffenden Magistratur obliegenden Aufgaben verantwortlich. Auch die übliche Praxis der Aufteilung in konkrete sachliche oder geographisch abgegrenzte Zuständigkeitsbereiche (*provinciae*) – so konnte ein Consul etwa im Osten Krieg führen, während der andere mit der Leitung der Staatsgeschäfte in Rom befaßt war – änderte nichts an der prinzipiellen Geltung des Grundsatzes: Jeder einzelne Beamte war immer auch für jede Amtshandlung eines Kollegen zuständig.

Die wichtigste Konsequenz des Prinzips der völlig gleichen Gewalt (*par potestas*), das dieser Vorstellung von Kollegialität zugrunde lag, bestand darin, daß alle Handlungen und Anordnungen selbst eines Consuls überall und jederzeit durch das «Einschreiten» seines Kollegen – der Begriff der «Intercession» war ursprünglich durchaus wörtlich zu nehmen – verhindert oder aufgehoben werden konnten. In der Praxis scheint es allerdings gar nicht sehr oft so weit gekommen zu sein. Das lag nicht allein daran, daß die bloße Existenz der «kollegialen Intercession» Magistrate von vornherein von allzu selbständigem Handeln oder besonders eigenwilligen Maßnahmen abgehalten oder ihnen gar regelmäßig eine weitgehende Passivität aufgezwungen hätte. Vielmehr kannten die Magistrate die Entscheidungs- und Handlungsspielräume, die ihr jeweiliges Amt beinhaltete und die vor allem bei den Consuln weit waren, sehr genau und schöpften sie auch aus.

Dabei handelten sie jedoch vor allem als Angehörige ihres Standes – alle Magistrate waren zunächst ja Aristokraten oder wollten es werden, und alle waren darauf konditioniert, im *cursus honorum* so weit wie möglich zu kommen. Alle Magistrate waren daher auch und sogar in erster Linie Senatoren: Schon die Aedile und erst recht alle Träger eines *impe-*

rium waren vor ihrem Amtsjahr schon Senatoren gewesen, kehrten danach in den Senat zurück – und blieben dort mindestens zwei Jahre bis zur nächsthöheren Stufe. Tatsächlich verbrachte selbst ein überdurchschnittlich erfolgreicher *nobilis* wie der erwähnte Metellus, der es immerhin zu zwei Consulaten brachte, nicht mehr als maximal fünf Jahre seiner gesamten Karriere als Magistrat und (wenn er auch Praetor gewesen sein sollte) nur drei Jahre davon in einem regulären Amt mit *imperium*; hinzu kam, wie in diesem Fall, allenfalls noch einige Zeit als Proconsul. Das heißt umgekehrt, daß dieser Mann den überwiegenden Teil seines politischen Lebens Senator war, der die verschiedenen Ränge durchlaufen hatte und, wie wiederum in diesem Falle, als angesehener Consular und Priester, *nobilis* und *princeps civitatis* für die verbleibenden zwei Jahrzehnte seines langen politischen Lebens in der exklusiven Spitzengruppe des Senats die Richtlinien der Politik mitbestimmte.

Die Angehörigen dieser politischen Klasse wechselten also regelmäßig die Rollen, traten sich dabei aber immer nur selbst gegenüber. Diese doppelseitige Identität bewirkte in aller Regel, daß Magistrate sich ganz selbstverständlich im Rahmen eines allgemeinen Konsenses über die geltenden Normen und Regeln des Verhaltens im Amt, die Art und die Wahrnehmung ihrer Rechte und Pflichten ebenso im klaren waren wie über die dabei zu respektierenden Grenzen und die Notwendigkeit, bei etwaigen Kollisionen mit Maß und Verhältnismäßigkeit zu reagieren. Dieser Konsens wurde von der gesamten politischen Klasse geteilt und war daher selbst in einem konkreten Konfliktfall zwischen den Beteiligten grundsätzlich unstrittig – und wenn die Prinzipien, Grundorientierungen und -regeln nicht tangiert wurden, konnten auch ungewöhnliche Maßnahmen und sogar innovative Lösungen für neue Probleme eben «konsensfähig» sein. Das war eine wesentliche Voraussetzung für die Anpassungsfähigkeit des gesamten Regimes unter Bedingungen, die sich mindestens seit der Mitte des vierten Jahrhunderts rasant wandelten.

Der erwähnte Grundkonsens speiste sich nicht aus positivem Recht, sondern vor allem aus dem Herkommen, aus anerkannten Vorbildern, Beispielen und Präzedenzfällen (*exempla*) und der bewährten Tradition der «hergebrachten Sitten». Auf diesem Fundament, so heißt es in dem ersten historischen Epos über die Größe Roms des Dichters Ennius (239–169 v. Chr.), «ruht die Sache Roms wie auf den Männern alten Schlages» (*moribus antiquis res stat Romana virisque*). Das Zitat zielt nicht nur und nicht einmal in erster Linie auf die «großen Männer» in Roms glorreicher Geschichte, sondern eben auch und vor allem auf die *mores antiqui* – und die bezeichnen, modern gelesen, wiederum nicht nur «Sitten», sondern auch die vielfältigen Regeln und Normen eines komplexen soziopolitischen Verhaltenscodes. In diesem Sinne sind *mores* konstitutiver Teil jener Summe von Institutionen und Verfahren, ungeschriebenen Regeln und bewährten Praktiken, die das politische, gesellschaftliche und religiöse, das öffentliche wie das private Leben bestimmte: Das machte die historisch «gewachsene», also nicht positiv normierte, weder gesetzte noch geschriebene «Verfassung» der Republik wesentlich aus.

Der Begriff verweist auf ein wichtiges Merkmal der soziopolitischen Ordnung der mittleren Republik: Die «gewachsene Verfassung» ruhte bei aller Stabilität keineswegs statisch in sich selbst, sondern entwickelte sich in einem permanenten Prozeß der Ergänzung, Modifikation und Anpassung ihrer Institutionen und Regeln – und schon deswegen zeichnet sie sich durch ein hohes Maß an Flexibilität und Dehnbarkeit aus. Das war eine wesentliche Voraussetzung dafür, daß diese politisch-institutionelle Ordnung auch unter den gewandelten Bedingungen des «republikanischen Imperiums» des zweiten Jahrhunderts noch funktionierte – eine Ordnung, die ja auf «stadtstaatliche» Kleinräumigkeit, die Öffentlichkeit, Unmittelbarkeit und Sichtbarkeit aller politischen wie gesellschaftlichen und religiösen Vorgänge und eben auch die Direktheit der vielfältigen Formen des Umgangs innerhalb des senatorischen Adels und zwischen dieser Elite und der ganzen Bürgerschaft ausgerichtet war.

In dieser Ordnung bildete der *populus Romanus* in der Versammlung neben Magistratur und Senat die dritte zentrale Institution. Antike Volksversammlungen haben generell nichts mit einem modernen Parlament zu tun, sie waren keine Repräsentativorgane. In allen klassischen Stadtstaaten war die Volksversammlung vielmehr immer die Gesamtheit aller Bürger in der konkreten Gestalt einer Institution, die nach festen Regeln, zuweilen auch zu bestimmten Zeiten und an einem bestimmten Ort zusammentrat und formal souveräne Entscheidungen über eine breite Palette von Gegenständen zu treffen hatte: Die Volksversammlung entschied über Krieg und Frieden, ratifizierte Verträge, beschloß die Gesetze und fällte als Volksgericht Urteile vor allem in politischen Verfahren.

Diese Funktionen erfüllten auch die Versammlungen des *populus Romanus (comitia)*. Ihre wichtigste Rolle im Rahmen der «gewachsenen Verfassung» spielten sie jedoch bei den Wahlen zu allen Magistraturen von der Quaestur bis zum Consulat, zu weiteren niederen Beamtenkollegien und vielen Offiziersstellen in den Legionen (*tribuni militum a populo*) und nicht zuletzt zum Volkstribunat, das allein zehn Stellen hatte. Im zweiten Jahrhundert waren das insgesamt mehr als siebzig einzelne Positionen, davon sechs bis acht mit *imperium*, die jährlich durch Wahl zu besetzen waren. Dabei konnte das Volk natürlich nie wirklich frei «wählen», in keinem Sinne dieser Wendung – die Versammlung hatte lediglich eine gewisse Auswahl zwischen den Kandidaten, die alle zur politischen Klasse gehörten und die vom versammlungs- und daher wahlleitenden Magistrat formell akzeptiert und vorgeschlagen werden mußten. Aber gerade für diese besondere politische Klasse, die sich ausschließlich über die Bekleidung von Wahlämtern definierte und die sich auch noch nach dem relativen Rang dieser *honores* hierarchisch differenzierte, waren Volk, Volksversammlung und Volkswahl strukturell unverzichtbar – als Institution respektive Verfahren, die die Rekrutierung, Chancenverteilung, Beförderung und Rangzuweisung in dieser «Meritokratie» auf der Basis allgemein akzeptierter Regeln und Kriterien übernahmen; denn die Konkurrenz um die *honores* war scharf, vor allem um die Ämter an der Spitze des *cursus honorum* in dem sich nach oben ja radikal verengenden Stellenkegel – statistisch gesehen konnte nur jeder dritte oder vierte Praetor auch Consul werden, und längst nicht jeder Quaestor oder Volkstribun brachte es überhaupt zu einem Amt mit *imperium*. Das Verfahren der Entscheidung dieser alljährlichen Konkurrenz mußte also gewissermaßen in einem eigenen neutralen Raum außerhalb der politischen Klasse selbst angesiedelt sein, weil es eine solche Instanz mit ausreichender Autorität, Objektivität und vor allem Akzeptanz innerhalb dieser Klasse selbst der Natur der Sache nach nicht geben konnte – vielmehr hätten die zwangsläufig ausbrechenden permanenten Rangstreitigkeiten und Verteilungskämpfe die Gruppe und ihre Homogenität zerstört, und nicht zuletzt hätte sie auch die wesentliche Grundlage ihres Ethos und ihrer Legitimität eingebüßt, nämlich die Bindung an und Bestätigung durch den *populus Romanus*.

Im Unterschied zu den Volksversammlungen griechischer Poleis hatten sich im Rahmen der «gewachsenen Verfassung» der *res publica* allerdings gleich mehrere institutionelle Formen entwickelt, die nebeneinander bestanden und deren Zuständigkeiten sich partiell überschnitten. Eine weitere Besonderheit, die allen Formen gemeinsam war und sie damit ebenfalls von ihren griechischen Pendants unterschied, bestand darin, daß die Bürger nicht direkt abstimmten und ihr jeweiliges individuelles Stimmrecht auch nicht gleichgewichtig war. Vielmehr gaben die römischen Bürger ihre Voten in «Stimmkörpern» ab, und erst deren Mehrheit entschied dann über den vorgelegten Antrag. Eine wichtige Form der Versammlung waren die *comitia centuriata*, die aus der alten Heeresversammlung hervorgegangen waren. Sie bestanden daher aus 193 (fiktiven) «Hundertschaften» (*centuriae*), die wiederum so auf Vermögensklassen verteilt waren, daß die beiden obersten Klassen allein schon (fast) die Mehrheit dieser Stimmkörper enthielten, obwohl natürlich nur eine Minderheit der Gesamtbürgerschaft den hohen Census der «Reitercenturien» oder der folgenden «ersten Klasse» erfüllten – für die reichen Bürger, darunter die politische Klasse, waren etwa die Hälfte aller Centurien reserviert. Die *comitia centuriata* wurden regelmäßig von einem der höchsten Magistrate geleitet – also von einem Consul oder, im Ausnahmefall, von einem «Zwischenkönig» (*interrex*) oder einem «Wahldictator» (eine ebenso kurzfristige wie ehrenvolle Funktion, die auch der erwähnte Metellus einmal innehatte). In dieser besonders feierlich und unter Einholung der Auspizien einberufenen Versammlung wurde traditionell über Krieg und Frieden entschieden – und vor allem wurden hier die Consuln, Praetoren und Censoren gewählt.

Die *comitia tributa* und die Versammlungen der Plebs (*concilia plebis*) waren dagegen nach der regionalen Untergliederung des römischen Staatsgebietes nach den Bezirken (*tribus*) eingeteilt: Hier stimmten die Bürger in der *tribus* ab, in der sie ansässig und eingeschrieben waren – ab 241 gab es schließlich vier städtische und 31 ländliche *tribus*, also insgesamt 35 Stimmkörper. In den *concilia plebis*, in denen die Volkstribune gewählt wurden und zumeist auch den Vorsitz führten, ging es weniger feierlich und formal zu – daher wurden in dieser weniger schwerfälligen Institution spätestens seit dem dritten Jahrhundert die meisten Gesetze verabschiedet.

Wie in den *comitia centuriata* die Reichen, hatten in den Tribusversammlungen die in den *tribus rusticae* ansässigen Grundbesitzer zumindest theoretisch ein institutionalisiertes Übergewicht. Das war aber nur eine Facette der allgegenwärtigen Hierarchien, der vielen formalen und informellen Über- und Unterordnungsverhältnisse, die die politische Ordnung wie die sie tragende aristokratisch dominierte Gesellschaft insgesamt durchzogen und die in der ganzen langen Geschichte der Republik niemals in Frage gestellt wurden – auch nicht von «revolutionären» Volkstribunen wie den Gracchen. Ein gestandener Consular und *nobilis* wie Metellus stand selbstverständlich höher als ein ehemaliger Quaestor – aber selbst der jüngste Senator war an Autorität und Macht, Ressourcen, Rang und Namen jedem schlichten Bürger auf ganz andere Weise unendlich überlegen. Dessen Respekt und Reverenz gegenüber allen Magistraten, Senatoren und erst recht den *principes civitatis* war und blieb noch in der Krise der Republik ungebrochen – «zu Hause», römisch gesprochen: *domi*, also im zivilen öffentlichen Leben in der Stadt, herrschte das Prinzip von Befehl und Gehorsam fast genauso selbstverständlich wie außerhalb der heiligen Stadtgrenze (*pomerium*), im Amtsbereich *militiae*: Hier kommandierten die *nobiles* und die übrigen Senatoren als Feldherren und Offiziere die Aufgebote der Bürgerschaft – und hier hatten die Träger des *imperium* sogar die Gewalt über Leben und Tod jener Bürger, aus denen die Legionen bestanden, die sie in die vielen Kriege der Republik führten.

Diese Hierarchien prägten auch jene Prinzipien und Regeln, nach denen alle Volksversammlungen abliefen. Durchweg konnten sie nur von einem Magistrat einberufen werden, der sie dann auch leitete und nach der Abstimmung entließ; allein dieser Magistrat bestimmte auch den zu entscheidenden Gegenstand und legte einen diesbezüglichen Antrag vor – Änderungen oder gar Initiativen aus der Versammlung heraus waren niemals möglich, vor der Abstimmung gab es nicht einmal eine Aussprache über den Antrag. Allenfalls im Vorfeld des eigentlichen Beschlußverfahrens konnte es Debatten über Vorlagen und politische Gegenstände generell geben, aber nur in informellen, nicht nach Stimmkörpern geordneten Versammlungen (*contiones*) – und auch hier war es immer ein Magistrat, der eine solche Versammlung einberief, die Diskussionsredner bestimmte oder auch regelrecht vorlud, ihre Reihenfolge und die Länge ihrer Reden festlegte und die Versammlung nach Gutdünken auflösen konnte; auch hier waren alle aktiv Beteiligten – Magistrate und Redner – in aller Regel Angehörige der politischen Klasse, die *vor* den anwesenden Bürgern als (allenfalls interessiertem, Zustimmung signalisierendem oder murrendem) Publikum debattierten, niemals *mit* ihnen.

Diese Regeln galten sogar für die Versammlungen des «gemeinen Volkes», die erwähnten *concilia plebis*. Auch hier war der Volkstribun als Leiter selbstverständlich Herr des gesamten Verfahrens von der Einberufung bis zum Beschluß, auch hier gab es kein Initiativrecht der Teilnehmer – auch die *concilia plebis* waren also nie eine «demokratische» Volksversammlung wie diejenige des klassischen Athen. Das war schon in der Entstehung und frühen Entwicklung dieser plebejischen Institutionen angelegt.

Im strengen Sinne bezeichnet der Begriff «Plebs» die große, soziologisch extrem heterogene Mehrheit des *populus Romanus*. Zu ihr gehörten nicht nur die ländlichen Unterschichten und das städtische «Proletariat», kleine Bauern und größere, durchaus vermögende Grundbesitzer und Händler, sondern auch, zumindest in der mittleren Republik, der überwiegende Teil der Oberschicht und sogar der politischen Elite: Auch der erwähnte *nobilis* Metellus war «standesrechtlich» ein Plebejer – wie der strenge alte Cato und die jungen Gracchen, der große Pompeius und der reiche Crassus, die rastlosen Republikaner Cicero, Cato und Brutus und selbst der spätere Augustus vor seiner Adoption durch den Patrizier Caesar, als er noch Octavius hieß.

Im ersten Jahrhundert der Republik, also zumindest bis 400 v. Chr., war allerdings selbst die oberste, gesellschaftlich und bald auch politisch prominente Schicht der «Plebs» von allen höheren Ämtern – soweit sie bereits bestanden – grundsätzlich ausgeschlossen. Der Uradel, der sich seit dem Ende der Königszeit zu einem rechtlich völlig abgeschlossenen Stand entwickelte, dem sogenannten «Patriziat», monopolisierte zunächst die politischen, militärischen und religiösen Herrschaftsfunktionen. Die Exklusivität der patrizischen Geschlechter (*gentes*) beruhte dabei auf dem Anspruch, den *populus Romanus* allein gegenüber den Göttern vertreten zu können, daher allein zur Einholung gültiger *auspicia* fähig und also auch allein zur Übernahme des damit ja untrennbar verbundenen *imperium* berechtigt zu sein. Erst im Verlauf der sogenannten «Ständekämpfe» gelang es der plebejischen Elite, Schritt für Schritt den Zugang zu den höchsten Ämtern, vor allem zu Consulat, Dictatur und Censur, und schließlich auch zu den einflußreichen Priesterkollegien der Auguren und Pontifices zu erzwingen und damit zumindest die volle politische Gleichberechtigung zu erreichen – das Patriziat und seine religiöscharismatische Sonderstellung wurden dabei allerdings keineswegs beseitigt, den Patriziern blieben bis zum Ende der Republik und darüber hinaus die wichtigsten, für den Staatskult bedeutsamen Priestertümer reserviert. Aber die patrizischen *gentes* wuchsen mit prominenten plebejischen Familien zu der neuen politischen Klasse zusammen, wobei sich rasch die neuen, gemeinsamen Kriterien von Adel und Ansehen, *honos* und Rang, eben das beschriebene Staats- und Leistungsethos der Senatsaristokratie entwickelten.

In den Ständekämpfen hatte die plebejische Elite zudem die breiten Schichten der Plebs zu ihrer Unterstützung mobilisieren können, auch wenn die kleinen und mittleren Bauern natürlich nie selbst politische Ambitionen hegen durften. Denn die prominenten Plebejer hatten auch deren soziale und wirtschaftliche Forderungen vertreten – dabei ging es offenbar um Sicherheit vor magistratischer Willkür, Erlaß der drückenden Schulden und Milderung des harten Schuldrechts, das den zahlungsunfähigen Schuldner mit Sklaverei bedrohte, und immer wieder um Zuteilung von Ackerlosen.

Dabei kam einer besonderen plebejischen Institution in mehrfacher Hinsicht eine Schlüsselrolle zu. Die Volkstribune fungierten ursprünglich als Anwälte und politische Repräsentanten der Plebs – sie gewährten «Hilfe» (*auxilium*) und Schutz vor dem Zugriff eines patrizischen Magistrats, indem sie mit ihrer durch heiligen Eid der ganzen Plebs geschützten Person «dazwischentraten» (*intercedere*), und sie formulierten die wirtschaftlichen wie die politischen Forderungen der Plebs und ihrer verschiedenen Gruppen in Resolutionen und Anträgen, den sogenannten Plebisciten, über die sie in eigenen Versammlungen der Plebs abstimmen ließen – das war der (mangels zeitgenössischer Quellen allerdings nur hypothetisch rekonstruierbare) historische Ursprung der erwähnten *concilia plebis*.

Das Volkstribunat entwickelte sich dabei nach und nach zu einer «Gegenmagistratur» des Consulats mit Befugnissen, die auf andere Weise ähnlich unbegrenzt und unbegrenzbar waren wie diejenigen des Consulats. Einerseits entwickelte sich nämlich aus dem ursprünglich nur auf Anrufung individuell gewährten *auxilium* ein allgemeines Recht der verbietenden oder aufhebenden «Intercession» gegen alle Amtshandlungen aller Magistrate – gerade damit konnte das Tribunat zu einem wichtigen Instrument der Disziplinierung und kollektiven Kontrolle des patrizisch-plebejischen Senatsadels über seine einzelnen Mitglieder in der Magistratur werden, zumal die Tribune traditionell auch noch das Recht hatten, bei justitiablen Vergehen von Amtsträgern Anklage vor dem Volksgericht zu erheben. Andererseits entstand aus der Praxis der Formulierung konkreter Forderungen in Resolutionen der Plebs ein ebenso unbeschränktes «Rogationsrecht»: Die Volkstribune konnten in den *concilia plebis* über jeden Gegenstand ein Plebiscit verabschieden lassen – und seit dem frühen dritten Jahrhundert hatten diese Beschlüsse sogar die gleiche formale Verbindlichkeit wie ein in den *comitia centuriata* verabschiedetes Gesetz (*lex*), so daß sich der weit überwiegende Teil der gesamten Gesetzgebungstätigkeit in die Plebsversammlung verlagerte. Auch das Volkstribunat war damit zu einem integrierten Bestandteil der «gewachsenen Verfassung» geworden.

Gerade an dieser Institution, ihren über zwei Jahrhunderte ausgebildeten Rechten und Funktionen, zeigen sich auch die inhärenten Schwächen dieser politischen Ordnung, die wesentlich zur Verschärfung jener akuten Strukturkrise beitrugen, in die die Republik seit der Mitte des zweiten Jahrhunderts geriet. Der Konflikt im und um das Tribunat des Tiberius Gracchus, das weit über das Jahr 133, den konkreten Anlaß der Auseinandersetzungen und sogar den gewaltsamen Tod des Protagonisten hinaus wirkte, ließ ein fatales Defizit zum ersten Mal offensichtlich werden. Dieser Konflikt entstand aus einer Kette von Kollisionen zwischen Rechten, Funktionen und Regeln, die sich im Rahmen der «gewachsenen Verfassung» neben- und miteinander entwickelt hatten, daher für sich jeweils durchaus durch *mos maiorum*, lange geübte Praxis und Präzedenzfälle legitimiert waren und sich dennoch unter bestimmten Bedingungen gegenseitig ausschließen und blockieren konnten – und diese Blockade konnte nicht mehr im Rahmen der hergebrachten Regeln und Verfahren des Ausgleichs aufgehoben, sondern nur noch durch offene Verletzung der «Verfassung» und schließlich durch Gewalt durchbrochen werden.

Zuerst war da das traditionelle Recht des Volkstribunen, den *concilia plebis* Gesetzesanträge über jeden nur denkbaren Gegenstand vorzulegen – und zwar grundsätzlich auch, ohne sich zuvor im Wege der Vorberatung des Projekts im Senat der Zustimmung der *principes* und der politischen Klasse versichert zu haben: So gesehen war Tiberius Gracchus «im Recht», als er sein Plebiscit über die Neuverteilung des Staatslandes (*ager publicus*) direkt einbrachte, und das war auch keineswegs ohne Präzedenz. Da war andererseits aber die seit Generationen übliche Praxis, daß Volkstribune wie alle anderen Magistrate eben doch ihre Vorlagen zuerst im Senat zur Diskussion stellten – und bei Einwänden und allzu starkem Widerstand dann modifizierten oder ganz fallenließen. Als Tiberius davon unbeeindruckt blieb, verschärfte sich der Konflikt zusehends. Ein anderer Tribun versuchte, die Vorlage durch eine geradezu demonstrativ kompromißlose Intercession gegen seinen Kollegen zu Fall zu bringen – da war es schon fraglich, ob ein solches Vorgehen eigentlich noch dem Comment entsprach. Noch zweifelhafter war allerdings die Legitimität der darauf folgenden Reaktion des Tiberius Gracchus: Per Volksbeschluß ließ er seinen widerspenstigen Kollegen einfach absetzen. Das war schon aus Prinzip höchst fragwürdig, und dafür gab es natürlich auch keine *exempla*; schließlich war ein Volkstribun nicht nur wie alle anderen Magistrate ein Organ eigenen Rechts, prinzipiell unantastbar und unabsetzbar, sondern zudem durch die *lex sacrata*, den kollektiven heiligen Eid der Plebs, besonders geschützt – und nicht zuletzt wurde die vorrangige Geltung und Wirksamkeit aller Verhinderungsrechte und damit ein wesentliches Kontrollprinzip der «Verfassung» in Frage gestellt.

Durch den nächsten Schritt des Tiberius kam es zu einer neuerlichen Eskalation. Er ließ das Volk über die Annahme des Testamentes des Königs von Pergamon entscheiden, der dem *populus Romanus* sein Reich und vor allem seine Schätze vermacht hatte, die nun zur Finanzierung des Agrarprojektes dienen sollten – und indem der Volkstribun sich hier wieder seines autonomen Rogationsrechtes bediente, griff er zugleich gegen jedes Herkommen in nie bestrittene, klassische Domänen des Senats ein, nämlich die Zuständigkeit für Finanzangelegenheiten und vor allem für außenpolitisch-strategische Entscheidungen. Schließlich, gegen Ende des Jahres 133, geriet die Situation vollends außer Kontrolle: Während der Auseinandersetzungen um seine Wiederwahl für das folgende Jahr – Tiberius strebte also, wiederum gegen geheiligte Prinzipien der «Verfassung», eine faktische Kontinuation seines Tribunats an – kam es zu bis dahin unerhörten gewalttätigen Tumulten im Herzen der Stadt, auf dem Capitol, in deren Verlauf Tiberius Gracchus von ebenso erbitterten wie rücksichtslosen Senatoren erschlagen wurde.

In diesen Monaten des Jahres 133 wurde schlagartig deutlich, daß das politische und soziale System der aristokratischen *res publica* – und zwar nicht nur seine Fähigkeiten zur Bewältigung anstehender Probleme, sondern auch seine Kapazitäten zur Anpassung an gewandelte Verhältnisse – allenthalben an Grenzen stießen. Das zeigte sich zuerst daran, daß der Senat seinen verschiedenen Rollen als zentrale Institution der politischen Klasse, Ort der Konsensfindung und Garant der «gewachsenen Verfassung» gleich auf mehreren Ebenen nicht gerecht wurde – durchaus vergleichbare Situationen und Konstellationen sollten in den folgenden Jahrzehnten immer öfter eintreten.

Zunächst war der Senat schon um die Mitte des zweiten Jahrhunderts seiner Rolle als der obersten, für den ganzen *populus Romanus* verantwortlichen Instanz nicht gerecht geworden. Die führenden Kreise hatten es vermieden, bestimmte drängende Probleme überhaupt zur Kenntnis zu nehmen, geschweige denn auf die Tagesordnung der Politik zu setzen und Lösungswege zu weisen – im Gegenteil. Nicht zuletzt gehörte dazu das Problem der zunehmenden Konzentration des Grundbesitzes in Italien und die daraus resultierende Krise des kleinen und mittleren Bauerntums. Diese Schichten, die immer das Rückgrat des *populus Romanus* und vor allem seiner Legionen gewesen waren, verloren im wahrsten Sinne des Wortes rapide an Boden – nicht nur durch die permanente Inanspruchnahme in den Kriegen gegen Karthago und im Osten, die jahrelange Abwesenheit von Haus und Hof und daher oft Ruin und Ausverkauf bedeuten; es war auch und gerade der neue Reichtum, den die erfolgreichen Feldherren in denselben Kriegen erworben hatten, der das Problem verschärfte: Die einzige Investition dieser «auf anständige Weise» erworbenen Reichtümer, die nach dem Standesideal des Senatsadels legitim war, war der Erwerb von Land, Villen und großen Gütern.

Im Jahre 133 war das Problem längst bekannt, es hatte schon Unruhen gegeben, und das gracchische Projekt einer maßvollen Umverteilung des *ager publicus*, das übrigens weder neu noch revolutionär war, stellte immerhin einen sichtbaren Versuch einer politischen Lösung dar. Indem führende Kreise dagegen opponierten und der Senat als Institution eine wirkliche Auseinandersetzung mit dem Problem verweigerte, verlor er als politische und moralische Instanz der ganzen *res publica* an Boden – zumal er sich dann auch der Erfüllung einer anderen, strukturell besonders wichtigen Funktion versagte, die er allein wahrnehmen konnte und immer wieder auch wahrgenommen hatte: Nur der Senat hätte für einen geregelten Ausgleich zwischen den konkurrierenden Rechten verschiedener Organe der «gewachsenen Verfassung» sorgen können – gerade diese Fähigkeit zur Einhegung von Konflikten, zur Durchsetzung von Kompromissen, zur Integration und zur Wiederherstellung des Konsenses innerhalb der politischen Klasse war zugleich die Voraussetzung und die praktische Umsetzung jener kollektiven Autorität des ganzen Gremiums und der führenden Gruppe in ihm, die sich gerade dabei dauernd bewähren und erneuern mußte.

Diese Autorität war nun offen in Frage gestellt, weil der Senat nicht mehr als unstrittige Kontroll- und Schiedsinstanz über den widerstreitenden Rechten, Ansprüchen und Interessen und ihren jeweiligen Protagonisten stand. Der Senat war nun selbst zur Partei geworden – und in diese Rolle geriet er in den folgenden Jahrzehnten immer wieder, wenn es um besonders sensible und strittige Probleme ging: Weder in der Frage der Versorgung der Veteranen der großen Kriege, die sich angesichts der Proletarisierung und Professionalisierung der Heere nun immer wieder stellte, noch bei anderen Problemen wie der Gerichtsverfassung, der ordentlichen Verwaltung der Provinzen oder der Erweiterung des Bürgerrechts fand der Senat zu einer einheitlichen, von einer Mehrheit getragenen Linie oder machte gar ein solches Anliegen zur eigenen Sache. Wie im Jahre 133 kamen immer häufiger die politisch brisanten Anstöße, Initiativen und Forderungen nicht aus der Mitte des Senats, sondern er wurde damit konfrontiert und attackiert – und zwar außerhalb des Sitzungssaals, auf dem Forum in *contiones*, zumeist wiederum von Volkstribunen. Sie nutzten ihr unabhängiges Rogationsrecht, um am Senat vorbei (und damit regelmäßig gegen ihn) entsprechende Anträge durchzusetzen – und diese «popular» genannte Strategie wurde keineswegs nur im Sinne des ganzen *populus Romanus*, sondern auch und immer öfter im Interesse einflußreicher Gruppen und einzelner ehrgeiziger Figuren eingesetzt.

Schon vor der Mitte des zweiten Jahrhunderts hatte es selbst in der klassischen Domäne des Senats, der Außenpolitik, Strategie und Diplomatie, an einer klaren Linie und vorausschauenden Planung gefehlt. Einerseits hatte das strukturelle Ursachen. Denn in Spanien, Afrika und vor allem im Osten standen Rom und seine politische Klasse vor einem strukturellen Problem, das aus den Umständen der Zeit heraus kaum zu diagnostizieren und erst recht nicht zu lösen war. Die rauschenden Erfolge ihrer prominentesten Vertreter, der Scipionen, des Flamininus und des Aemilius Paullus, auf den Schlachtfeldern überall im Mittelmeerraum, die Staatsethos und Leistungsideal des Standes glanzvoll bestätigten und sein ungeheures Ansehen permanent erneuerten, hatten Rom zwar zur Weltmacht werden lassen. Die damit einhergehende Expansion entfaltete nun aber auch eine Eigendynamik und Eigengesetzlichkeit, die in eine Aporie führte: Eine Aristokratie, die traditionell und ausschließlich auf stadtstaatliche Überschaubarkeit aller Institutionen und Unmittelbarkeit aller Interaktionen und Herrschaftsbeziehungen fixiert war, hatte ihrer Natur nach eine tief verwurzelte Abneigung gegen direkt zu verwaltende große Herrschaftsräume und die damit verbundenen Organisationszwänge – um die treffende begriffliche Dichotomie von H. Heftner aufzunehmen: Man wollte Welt*macht* werden und bleiben, mit allen Prämien und Ansprüchen, aber man wollte deswegen noch längst nicht ein Welt*reich* systematisch aufbauen und administrieren.

Andererseits fehlte es aber auch an sichtbarer, kraftvoller Führung in konkreten Situationen. Das war in den nicht immer kompetent kommandierten, sehr verlustreichen Feldzügen gegen die widerspenstigen kleinen Völker in den entlegenen, armen und daher wenig attraktiven Gebieten im Inneren Spaniens schmerzhaft deutlich geworden – schon um 150 sah sich der Senat mit allen Anzeichen wachsender Unzufriedenheit in der Bürgerschaft konfrontiert, die in eine Führungs- und Legitimitätskrise der politischen Klasse und damit des Senats zu münden drohte. Nur wenige der an die dreißig Consuln und Praetoren, die als Statthalter und Feldherren in der *Hispania citerior* und *ulterior* zwischen 154 und 133 amtierten, konnten überhaupt, wenn auch begrenzte, Erfolge erzielen; erst der jüngere Scipio machte schließlich als Proconsul dem fatalen Epochenjahr 133 diesem Krieg rücksichtslos ein Ende.

Zu einem wirklich langfristigen, mehrjährigen außerordentlichen Kommando mit umfassenden Vollmachten – oder auch nur zu einem proconsularischen *imperium* wie demjenigen des älteren Scipio im Zweiten Punischen Krieg – hatte man sich nicht verstehen können oder wollen. Erst Jahrzehnte später, nach den ebenfalls zunächst wenig glücklich geführten Kriegen gegen den nordafrikanischen Potentaten Jugurtha und die Germanen, dem Bundesgenossen- und Bürgerkrieg, sollte es solche Kommanden geben – und dann regelmäßig gegen den Widerstand des Senats, selbst wenn solche Aufträge zur Bewältigung besonderer Aufgaben, an denen zuvor die Routine und die Routiniers schon gescheitert waren, sachlich sinnvoll und unvermeidlich schienen.

Hier waren es wiederum Kollisionen zwischen konkurrierenden Interessen, zwischen hergebrachten Prinzipien und neuen Notwendigkeiten, die der Senat und die politische Klasse als Ganze weder vermeiden noch auffangen oder wenigstens aushalten konnten. Einerseits waren da dringend lösungsbedürftige Probleme, etwa der imperialen Ordnungssicherung durch effektive Unterdrückung der Piraterie im gesamten Mittelmeerraum oder der Wiedergewinnung der strategischen Initiative gegen Mithridates und Stabilisierung der Lage in Kleinasien – Aufgaben und Herausforderungen Roms, die den vollen Einsatz der erwiesenermaßen fähigsten Talente der politisch-militärischen Elite und ihre Ausstattung mit entsprechenden Kompetenzen einfach nahelegten. Andererseits waren da die eisernen Prinzipien jedes kollektiven aristokratischen Regimes, die eine derartige Bevollmächtigung und die aus einer erfolgreichen Bewältigung dann zwangsläufig resultierende dauerhafte Sonderstellung, ja Überhöhung eines einzelnen Standesgenossen aus ihrer Mitte nicht zuließen.

Unter diesem Zwiespalt litt wiederum vor allem das institutionelle Zentrum des Regimes und seiner Trägerschicht, der Senat, der an Gewicht, Autorität und damit nicht zuletzt an Integrationskraft kontinuierlich verlor. Im gleichen Maße wie Homogenität und kollektive Disziplinierungskraft der Aristokratie als Stand und ihrer zentralen Instanz sanken, wurden Kräfte freigesetzt, die sich deren Kontrolle entzogen, die sich in jeder Bedeutung des Begriffes verselbständigten und die dann nicht mehr zu integrieren waren – Kräfte, für die die Grenzen der «gewachsenen Verfassung» zu eng waren und die sie schließlich sprengten. Hier liegt die größte, für die aristokratische Republik fatale Aporie: Es waren ja Kräfte, die es immer gegeben hatte, weil diese Aristokratie sie nicht nur selbst hervorbrachte, sondern für ihren Erfolg und ihre Legitimität als politische Klasse auch notwendig brauchte – es waren die großen Persönlichkeiten aus der Nobilität selbst, in der Tradition des Standes aufgewachsen, mit den Spielregeln der Macht wie mit dem Imperium und seinen Problemen vertraut, ebenso talentiert und erfolgreich in Politik und Krieg wie typisch aristokratisch ehrgeizig. Solche Persönlichkeiten rissen die großen, dringenden, aber vom Senat ignorierten Aufgaben an sich, wie Pompeius – oder sie schufen sich selbst Aufgaben und setzten sich Ziele, wie zuerst Sulla als Dictator und schließlich Caesar in Gallien. Ohne den Senat, an ihm vorbei und schließlich gegen seinen immer hilfloseren Widerstand ließen sie sich die entsprechenden Aufträge und Funktionen, außerordentlichen Imperien und riesigen Ressourcen übertragen – und dabei blieben sie doch auf die traditionelle Wertewelt des Standes fixiert, aus dem sie kamen und den sie zugleich hinter sich lassen wollten: Für sie war es selbstverständlich, daß ihre besondere Leistung

«Senat und Volk von Rom» 35

auch durch besondere *dignitas* und *auctoritas*, durch Vorrang, überragenden Einfluß und die übrigen in der Grabrede auf Metellus genannten Prämien, und nicht zuletzt durch einen ewigen Ehrenplatz im kollektiven Gedächtnis des *populus Romanus* anerkannt und belohnt werden mußten – das war immer ein Kernbestandteil der kollektiven Moral des Standes gewesen.

Nicht nur Sulla, Pompeius und Caesar, sondern alle «großen» Römer der Republik waren *nobiles* im echten Sinne – und (gerade deswegen) zumindest potentielle, dann widerwillig akzeptierte und oft disziplinierte, schließlich unkontrollierbare und zuletzt mutwillige Verletzer des Prinzips der aristokratischen Gleichheit. Denn sie hatten nicht nur das Ethos ihrer Klasse verinnerlicht, sondern erfüllten darüber hinaus das Kriterium von Leistung in Politik und Krieg und den darauf begründeten Anspruch auf Rang und Vorrang in einem Grade, der das notwendige Mindestmaß an Gleichheit der Chancen, die Homogenität nach innen und die Geschlossenheit des Standes nach außen in Frage stellte und schließlich zerstörte.

In mehr als einer Hinsicht war es also der eingangs erwähnte einmalige Erfolg der Republik und ihrer politischen Klasse, an dem die kollektive Herrschaft der Senatsaristokratie und damit diese besondere Form eines antiken Stadtstaates letztlich scheiterte. Es waren aber auch dieser Erfolg, der Glanz der auf ihm gründenden Tradition, die ungebrochene Geltung des aristokratischen Ethos und deren über das Ende der Republik hinaus wirkende Macht, die noch die Gestaltung der neuen Herrschaftsform tief beeinflußten: Selbst der «Totengräber» der Republik mußte sich Zeit seines langen Lebens sehr konsequent, programmatisch und ideologisch als derjenige darstellen, der die *res publica* aus der Herrschaft einer egoistischen Clique «befreit» und damit eigentlich erst «wiederhergestellt» hatte – mindestens indem Augustus seine Monarchie ideologisch und pragmatisch als Republik (re-)konstruierte, kann er als der letzte Republikaner gelten. Als er im Jahre 14 n. Chr. starb, gab es keine anderen mehr – erst jetzt war die alte Republik endgültig tot und das neue Regime so alternativlos, wie es jene einstmals gewesen war. Die stolze Formel «Senat und Volk von Rom» hatte ihren alten Sinn verloren.

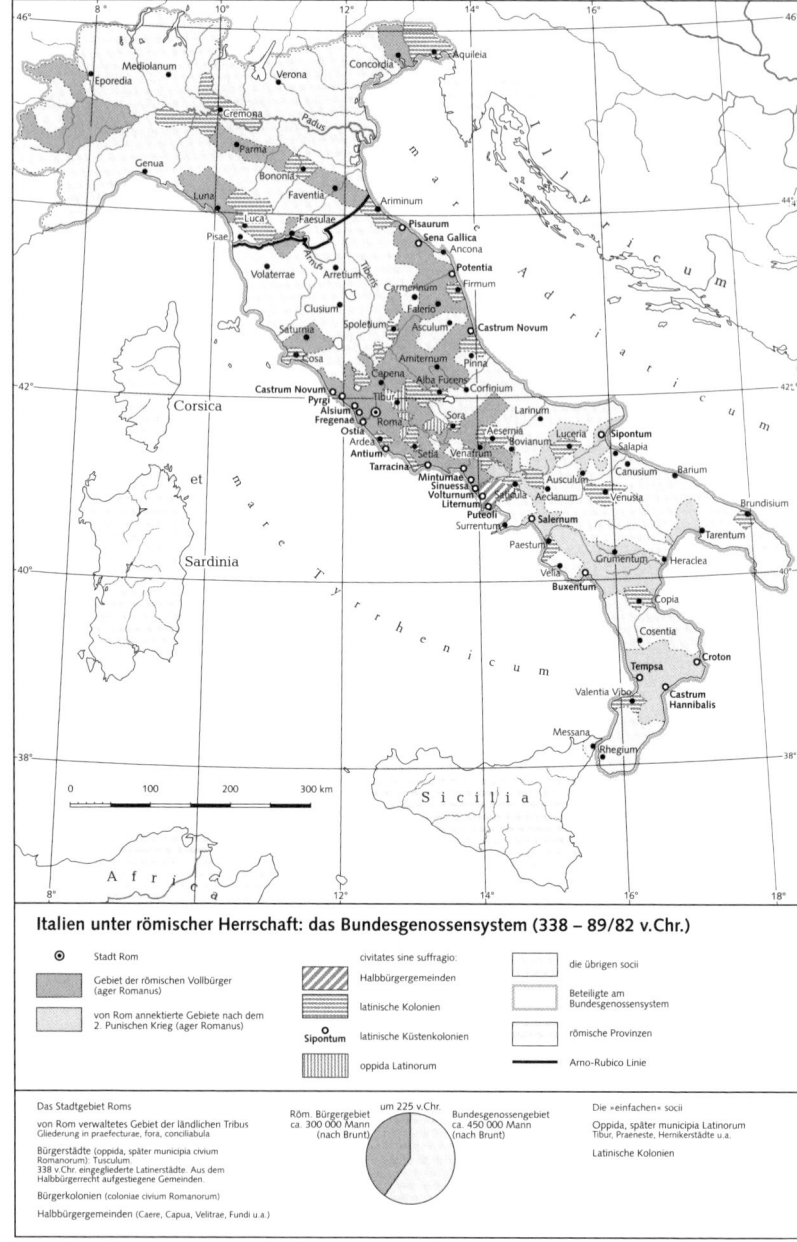

Italien unter römischer Herrschaft: das Bundesgenossensystem (338 – 89/82 v.Chr.)

- Stadt Rom
- Gebiet der römischen Vollbürger (ager Romanus)
- von Rom annektierte Gebiete nach dem 2. Punischen Krieg (ager Romanus)

civitates sine suffragio:
- Halbbürgergemeinden
- latinische Kolonien
- Sipontum latinische Küstenkolonien
- oppida Latinorum

- die übrigen socii
- Beteiligte am Bundesgenossensystem
- römische Provinzen
- Arno-Rubico Linie

Das Stadtgebiet Roms
von Rom verwaltetes Gebiet der ländlichen Tribus
Gliederung in praefecturae, fora, conciliabula
Bürgerstädte (oppida, später municipia civium Romanorum): Tusculum,
338 v.Chr. eingegliederte Latinerstädte. Aus dem Halbbürgerrecht aufgestiegene Gemeinden.
Bürgerkolonien (coloniae civium Romanorum)
Halbbürgergemeinden (Caere, Capua, Velitrae, Fundi u.a.)

Röm. Bürgergebiet ca. 300 000 Mann (nach Brunt)

um 225 v.Chr.

Bundesgenossengebiet ca. 450 000 Mann (nach Brunt)

Die »einfachen« socii
Oppida, später municipia Latinorum
Tibur, Praeneste, Hernikerstädte u.a.
Latinische Kolonien

Romulus –
Versuche, mit einem Stadtgründer Staat zu machen

von Jürgen von Ungern-Sternberg

Dem Andenken an Emilie von Hollander

I

«Sieben – fünf – drei: Rom kroch aus dem Ei» – dem etwas albernen Merkvers verdankt sich eines der wenigen Daten antiker Geschichte, die bis heute im allgemeinen (deutschsprachigen) Bewußtsein geblieben sind. Dabei ist das Datum ohne Gewähr genauso wie der Name des Stadtgründers, Romulus. Die moderne Forschung nimmt überhaupt keinen einmaligen Gründungsakt an, sondern rechnet mit einer längeren Periode der ‹Stadtwerdung›. Sie dürfte mit ersten kleinen Siedlungen im 10./9. Jahrhundert v. Chr. begonnen und einen gewissen Abschluß in der etruskischen Epoche der Königszeit, also im sechsten Jahrhundert, gefunden haben.

Warum dann aber eine Biographie des Romulus, am Beginn einer Serie von Porträts von Persönlichkeiten der römischen Republik? Wir werden auf die Frage zurückkommen. Zunächst genüge als Begründung, daß wir eben eine Biographie des Romulus aus der Feder des griechischen Schriftstellers Plutarch besitzen, parallel zu der des athenischen Urkönigs Theseus. Plutarch hat sie aber nicht etwa im zweiten Jahrhundert n. Chr. erfunden. Sie wurde seit dem Beginn römischer Geschichtsschreibung mit dem Werk des Fabius Pictor (um 200 v. Chr.) in den Grundzügen gleichbleibend erzählt und ist solchermaßen bei Cicero und Livius ebenso wie bei dem griechischen Historiker augusteischer Zeit, Dionysios von Halikarnaß, überliefert. Erzählen wir zunächst also, was die Alten erzählten.

II

Am Anfang stand für die Römer wie für die Griechen der Trojanische Krieg, über dessen überlebende Helden sich Anschluß an die große Zeit der Heroen gewinnen ließ. Aeneas, Sohn des Anchises und der Göttin Venus, hatte aus dem brennenden Troja seinen Vater und seinen Sohn Ascanius mitsamt den Hausgöttern (*Penaten*) retten können. Nach längerer Irrfahrt war er – die in ihn unglücklich verliebte Königin Dido in Karthago zurücklassend – an die Küste von Latium gekommen, hatte Lavinia, die

Tochter des dortigen Königs Latinus, geheiratet und schließlich die Stadt Lavinium gegründet. Mit seinem Sohn verlegte aber die Dynastie ihren Sitz zu den Albanerbergen in das nunmehr neugegründete Alba Longa und herrschte dort mehrere Jahrhunderte lang bis hin zu zwei Brüdern, Numitor und Amulius. An sich wäre jetzt das Königtum dem Numitor zugekommen, Amulius riß es jedoch an sich und machte, um die Herrschaft noch besser zu sichern, die Tochter seines Bruders, Rea Silvia, zur Vestalin. Als solche war sie zu Ehe- und Kinderlosigkeit verurteilt.

Die Priesterin wurde indes von dem Kriegsgott Mars schwanger und gebar die Zwillinge Romulus und Remus. Amulius wollte sich sogleich ihrer entledigen und befahl, sie in den Tiber zu werfen, der gerade Hochwasser führte. Die ausgesetzte Wanne mit den Zwillingen trieb aber nicht weit, sondern blieb bei einem Feigenbaum (*ficus Ruminalis*) in der Nähe des Palatin am Ufer hängen. Eine Wölfin ernährte die Kinder, bis sich der Hirt Faustulus und seine Frau Acca Larentia ihrer annahmen und sie aufzogen. Die beiden wuchsen zu kräftigen jungen Männern heran, die bald weitere Hirten um sich scharten. Bei einem Streit mit den Leuten Numitors wurde Remus von diesen gefangengenommen und schließlich von Amulius dem Numitor zur Bestrafung übergeben. In dieser dramatischen Situation kam die Wahrheit ans Licht. Gleichzeitig erkannte Numitor seinen Enkel Remus und erfuhr Romulus durch Faustulus von ihrer wunderbaren Rettung als Kinder. Gemeinsam beseitigten die Brüder den Tyrannen Amulius und übergaben ihrem Großvater die Herrschaft in Alba Longa.

Ihre eigene Stadt wollten sie an dem Ort gründen, an dem sie ausgesetzt und erzogen worden waren. Freilich konnten sie sich nicht darüber einigen, wem das Königtum zufallen solle, und beschlossen endlich, ein Vogelzeichen entscheiden zu lassen. Dem Remus auf dem Aventin erschienen zuerst sechs Geier, dem Romulus auf dem Palatin aber danach zwölf; der Streit ging weiter, und als Remus zum Spott sogar die von Romulus soeben errichtete Stadtmauer übersprang, wurde er von dem erzürnten Bruder erschlagen.

Romulus konnte nunmehr zur feierlichen Gründung der Stadt schreiten, an einem 21. April, dem Fest der *Parilia* – noch heute von den Römern als *natale di Roma* gefeiert.

Die Bevölkerung der neuen Stadt wuchs rasch an, da Romulus ein Asyl eröffnet hatte, in das sich viele Freie und Sklaven flüchteten. Es fehlte aber an Frauen und damit auch an Kindern für den Fortbestand Roms, weil die umliegenden Völker jede Eheverbindung mit den zweifelhaften Neuankömmlingen ablehnten. Schließlich griff Romulus zu einer List. Er sagte ein Fest mit Wettkämpfen für den Pferdegott Neptun an und lud dazu die Nachbarn ein. Diese kamen denn auch in großer Zahl, aus den Nachbarstädten Caenina, Crustumerium und Antemnae ebenso wie aus dem Land der Sabiner, alle mit ihren Frauen und Kindern. Als sie im Circus festlich versammelt waren, da gab Romulus seinen Leuten das verabredete Zeichen. Während sie sich der jungen Mädchen bemächtigten, stoben deren Eltern und Verwandte angstvoll auseinander. So einfach sollte es aber mit dem ‹Raub der Sabinerinnen› doch nicht sein Bewenden haben. Die Geraubten selbst zwar wußten ihre Ehemänner bald für sich zu gewinnen, ihre Angehörigen indes rüsteten sich zum Kampf. Freilich recht unkoordiniert, so daß die Römer zunächst die allein angreifenden Caeninenser leicht besiegen konnten. Romulus selbst erschlug den feindlichen König Acro und nahm ihm die Rüstung ab. Den anschließenden ersten Triumph von so vielen der römischen Geschichte krönte er, indem er die erbeuteten Waffen feierlich im neugeschaffenen Heiligtum des Juppiter Feretrius auf dem Capitol niederlegte, als sogenannte *spolia opima*, Waffen, die der römische Feldherr persönlich dem gegnerischen Feldherrn abgenommen hatte. Dieser auch in der Antike seltene Fall sollte sich während der gesamten Zeit der römischen Republik nur zweimal wiederholen. Auch über die Antemnaten und die Crustuminer wurden leichte Siege errungen und die Stadt um das Gebiet von Crustumerium vergrößert.

Mit den Sabinern unter ihrem König Titus Tatius war schwerer fertig zu werden, zumal sie sich sogleich des Capitols zu bemächtigen vermochten. Tarpeia, die Tochter des Burgkommandanten, hatte sie eingelassen gegen das Versprechen, das zu bekommen, was sie am linken Arme trügen. Sie hatte dabei deren goldene Armreifen im Auge gehabt, die Sabiner aber warfen ihre Schilde auf Tarpeia, bis sie unter deren Masse erdrückt wurde – eine gerechte Strafe für die Verräterin.

Zwischen Capitol und Palatin wurde nun auf dem Gebiet des späteren Forum Romanum der Entscheidungskampf ausgetragen. Der Sabiner Mettius Curtius geriet dabei mit seinem Pferd in einen Sumpf, aus dem er sich nur mit Mühe retten konnte. Noch später erinnerte der *lacus Curtius* daran. Insgesamt aber kämpften die Sabiner erfolgreicher und zwangen die Römer zu weichen, bis Romulus dem Juppiter Stator (dem ‹aufhaltenden› Juppiter) einen Tempel gelobte und so die Flucht wieder zum Stehen brachte. Als nun die Römer die Oberhand zu gewinnen schienen, da warfen sich die Sabinerinnen zwischen die Kämpfenden. Da sie Niederlage und Tod ihrer Ehemänner und Väter ihrer Kinder ebensowenig wünschen konnten wie die ihrer Väter und Brüder, erzwangen sie die Versöhnung der streitenden Parteien. Es kam zu einer Verschmelzung beider Völker unter dem Doppelkönigtum des Romulus und des Titus Tatius. Beider Regierungssitz wurde Rom, die Römer wurden aber auch Quiriten genannt nach der sabinischen Stadt Cures.

Die Doppelherrschaft dauerte freilich nur wenige Jahre. Verwandte des Titus Tatius vergriffen sich an Bewohnern von Lavinium, und als dieser der Angelegenheit nicht mit der gebührenden Strenge nachging, wurde er bei einem Opfer in Lavinium erschlagen. Romulus zeigte sich darüber nicht allzu empört. Jedenfalls wurde das Bündnis zwischen Rom und Lavinium bald darauf erneuert.

Wieder allein regierend, sammelte er weiter kriegerische Lorbeeren, zunächst gegen die etruskischen Bewohner von Fidenae, welche die wachsende römische Macht in einem verfehlten Präventivkrieg angegriffen hatten. Schwerwiegender war der dadurch ausgelöste Konflikt mit der mächtigen Nachbarstadt Veji. Doch hier war Romulus ebenso erfolgreich und erzwang die Abtretung eines Teils des Gebietes und eine Waffenruhe auf hundert Jahre. Endgültig entschieden aber wurde das erbitterte Ringen beider Städte erst etwa 360 Jahre später, als Camillus, ein ‹zweiter Romulus›, Veji erobern konnte.

Gegen Ende seiner langen Regierungszeit trat Romulus allzu selbstherrlich auf, legte sich eine Leibwache zu und erregte dadurch vor allem bei den Senatoren eine oppositionelle Haltung. Auch sein Tod geriet so ins Zwielicht. Nach der einen Überlieferung war er an den Nonen des Quintilis (7. Juli) beim ‹Ziegensumpf› auf dem Marsfeld gerade damit beschäftigt, das versammelte Heer zu mustern, als ein plötzliches Unwetter ihn mit Finsternis umhüllte. Im wiederkehrenden Licht war darauf nur noch der leere Königsthron zu sehen. War Romulus zu den Göttern entrückt, selbst zum Gott Quirinus geworden? Eine andere Version wollte wissen, daß die erbitterten Senatoren die Finsternis genützt hätten, um den König mit ihren bloßen Händen zu zerreißen und die Teile zu verbergen. Ein kluger Mann, Iulius Proculus, wußte freilich bald die Einigkeit zwischen Senat und argwöhnischem Volk wiederherzustellen. Er meldete in der Volksversammlung, daß ihm bei Tagesanbruch vom Himmel herab der vergöttlichte Romulus erschienen sei. Seine Botschaft an die Römer kündete von deren künftiger welthistorischer Sendung: «Geh und melde den Römern, daß nach dem Willen der Himmlischen mein Rom die Hauptstadt der Welt sei. Sie sollen deshalb ihr Militärwesen pflegen und dabei wissen – und es so auch den Nachkommen weitergeben –, daß keine menschliche Macht Roms Waffen widerstehen könne.» (Livius 1, 16, 7)

III

Vom grandiosen Schluß her wird der Sinn der Erzählungen über Romulus besonders deutlich. In der Gründungszeit Roms, in seinem Gründer, wird das Wesen der Stadt und ihre Geschichte definiert beziehungsweise vorweggenommen. Die Erzählungen scheinen in einer fernen Vergangenheit zu spielen, in Wirklichkeit aber beschreiben sie in der jeweiligen Gegenwart das eigene Gemeinwesen, das sich im kollektiven Bewußtsein widerspiegelt. Romulus verkörpert also den Typus des ‹Kulturheros›, wie er weltweit und zu allen Zeiten in den Anfängen einer Gemeinschaft geschildert wird.

Wir können dies im großen Zusammenhang wie im einzelnen verfolgen. Die Herleitung des Romulus von Aeneas schuf nicht nur den Anschluß an den Sagenkreis um Troja, sondern stellte seine Stadt in den alle Küsten des Mittelmeerraumes einspannenden griechischen Kulturraum. Die Neugründung erfolgte somit nicht in einer primitiven Urzeit, sondern im vollen Licht der Geschichte – zu der für Griechen wie Römer auch die Epoche ihrer Mythen gehörte – und entwickelter Staatlichkeit. Zugleich aber war Rom durch den König Latinus, seine Tochter Lavinia, durch die erste Stadt Lavinium und dann Alba Longa auch in das Gefüge von Latium und den Bund der Latiner eingeordnet – und doch zugleich durch den Bericht vom Asyl des Romulus und von der zweifelhaften Herkunft der Römer auch wieder ausgenommen und den Latinern gegenübergestellt.

Ein großes Erklärungspotential indes haben die Erzählungen auch für viele Details, indem sie zeigen, wie es zu seltsamen Örtlichkeiten und Ortsnamen, zu Bräuchen und Ritualen, Festen und Kulten gekommen ist. Wir sprechen dabei von ‹Aitiologien›, der Kunde von den Anfängen und ihren Gründen: Beides ist in dem griechischen Wort *aitia* enthalten. Vom Feigenbaum und vom *lacus Curtius* haben wir bereits gehört, der Tarpeische Felsen am Capitol erinnerte an die verräterische Tarpeia, die Wagenrennen im Circus Maximus an die ersten Spiele des Romulus und den Raub der Sabinerinnen. Mit ihm war aber auch der römische Hochzeitsruf *Thalassio* verbunden, weil ein besonders schönes Mädchen eben einem Thalassius zugeführt worden sein soll, was mit dem Ruf ‹Für Thalassius› den Entgegenkommenden angezeigt wurde. Im Kampf mit den Verwandten der geraubten Mädchen wiederum hat der Kult und der Tempel des Juppiter Feretrius – samt dem Ritus der Weihung der *spolia opima* – ebenso seinen Ursprung wie der Tempel für Juppiter Stator am Forum. Die anschließende Versöhnung und die Verschmelzung von Römern und Sabinern zu einem Volk erklärt die Anrede der römischen Bürger als *Quirites* ebenso wie den Namen eines der sieben Hügel *Quirinalis*. Römische Frömmigkeit sah sich schon in der Rettung der *Penaten* aus Troja begründet, aber auch in der Vogelschau der beiden Brüder, die die spätere Auguraldisziplin vorwegnahm.

Aber nicht mit allen Zügen der Erzählungen wußten spätere aufgeklärte Zeiten etwas anzufangen; man half sich dann mit rationalistischen Umdeutungen. So mochte kaum einer der uns erhaltenen antiken Autoren an die göttliche Vaterschaft des Mars glauben, sondern die entweder vergewaltigte oder verführte Rea Silvia habe ihn zu ihrer Entlastung vorgeschoben. Auch die hilfreich säugende Wölfin erregte Befremden. Da traf sich glücklich, daß das lateinische Wort für Wölfin *lupa* auch eine ‹Prostituierte› bezeichnete, und so kam die Ziehmutter Acca Larentia zu dem schlechten Ruf, den sie in vielen Berichten genießt. Bemerkenswert dabei ist aber, daß man Sachverhalte eben umdeutete, aber nicht etwa unbequeme Züge der Erzählung einfach wegließ. Das war so wenig möglich, wie wenn man heutigen Kindern von ‹Rotkäppchen› ohne Großmutter, Essenskorb und die großen Augen und das große Maul des Wolfes erzählen wollte. (Die Umdeutung des Wolfes aber in einen jungen Mann, der hübschen Mädchen auflauert, läßt sich belegen – freilich nicht in einer Version für Kinder.)

IV

Der eigentliche Sinn der Erzählung liegt jedoch nicht in all diesen Details, sondern ganz fundamental in der Gründung der Stadt Rom als eines staatlich verfaßten Gemeinwesens. Wir haben das bei unserem Überblick über die Geschichte nur angedeutet und müssen jetzt vieles nachholen. Romulus begnügt sich nicht mit der Ummauerung der Stadt und der Einrichtung von ersten Kulten. Er tritt sogleich als Magistrat in Erscheinung mit voller Amtsgewalt (*imperium*) und den entsprechenden Amtsabzeichen und dem Amtssitz aus Elfenbein (*sella curulis*), umgeben von zwölf Liktoren als Amtsdienern. Auch das Volk bleibt nicht lange ein ungeordneter Haufen. Es wird zu einer Volksversammlung einberufen und erhält eine Rechtsordnung. Für ein beratendes Gremium, den Senat, wählt Romulus hundert Männer aus, die, ehrenvoll als ‹Väter› (*patres*) benannt, zugleich das Patriziat bilden und vererben.

Volksversammlung – Senat – Magistrat(e): Das sind die konstituierenden Elemente der Verfassung jeder griechischen Polis, ebenso aber auch der römischen *res publica*. Romulus begründet also keine Monarchie, nicht die autoritäre Herrschaft eines einzelnen, er begründet die römische Republik als Rechtsordnung, als sozial abgestufte Ordnung – den Patriziern entsprechen die einfachen Bürger als Klienten –, in ihren grundlegenden Einrichtungen. So werden auch die geraubten Sabinerinnen sogleich zu rechtmäßigen, hochgeehrten Ehefrauen (Matronen), deren mutige Friedensvermittlung dadurch anerkannt wird, daß die neugeschaffenen dreißig Curien der Volksversammlung – eine erste Gliederung des Volkes in Stimmkörperschaften – nach ihnen benannt werden. Drei Hundertschaften (Centurien) Reiter treten neben die Legion, das Heer des Fußvolkes; es gibt also auch eine Heeresverfassung.

Allerdings kann all dies doch noch nicht die voll ausgebildete Republik ausmachen. Den folgenden sechs Königen bleibt viel auf dem Gebiete des Kultes, der Weiterentwicklung der Rechtsordnung, bei der Zusammensetzung und Gliederung des Senats und insbesondere der Volksversammlung zu tun. Ganz wesentliche Grundlagen der Republik, die Kollegialität der Magistrate und die Begrenzung ihrer Amtsdauer auf ein Jahr (Annuität), die Freiheitsrechte der römischen Bürger und das Volkstribunat zu ihrer Garantie, sind überhaupt erst in der *res publica libera* (im Freistaat) denkbar und realisierbar. Aber es blieb immer dabei, daß römische Erinnerung in dem Kulturheros Romulus den eigentlichen Schöpfer römischer Staatlichkeit erkannte. Ja, es ließe sich zeigen – was hier nicht möglich ist –, daß mit wechselnden Zeitumständen immer neue oder neu interpretierte Einrichtungen auf den Gründer der Stadt zurückgeführt wurden, ein Verfahren, das man schon geradezu als ‹Romulisation› der römischen Verfassung bezeichnen konnte.

V

Im Königtum (*regnum*) des Romulus lag freilich für den Freistaat Rom, der seit der Vertreibung des letzten Königs Tarquinius Superbus stets das *regnum* als das fundamentale Gegenteil zur *res publica libera* strikt ablehnte, eine gewisse unvermeidliche Ambivalenz. Ein Retter der Stadt konnte den Ehrentitel eines ‹zweiten Romulus› erwerben; so wurde es schon von dem Eroberer Vejis und Befreier Roms von den Galliern, Marcus Furius Camillus, berichtet, später von Marius und Pompeius; und auch Cicero wollte nach der Zerschlagung der Catilinarischen Verschwörung Anspruch auf diesen Titel erheben. Feindliche Polemik konnte mit dem Namen des Romulus aber auch das tyrannische Auftreten eines Politikers brandmarken, wie im Falle Sullas, aber wiederum auch des Pompeius und Ciceros. Die zunächst befremdliche Erzählung vom herrischen Benehmen des Romulus in seinen letzten Regierungsjahren und von seinem traurigen Ende unter den Händen der erzürnten Senatoren wird in dieser Atmosphäre der späten Republik entstanden sein, die sich mit den Ansprüchen der großen einzelnen auseinanderzusetzen hatte.

Beide Linien treffen sich in geradezu unheimlicher Weise in der Gestalt Caesars. Als Iulier Nachkomme der Venus und des aeneadischen Königshauses, legte er großen Wert auf die Angleichung an die römischen Könige bis hin zur Aufstellung seiner Statue im Tempel des vergöttlichten Romulus-Quirinus und zur Übernahme altrömischer Königstracht. Faßte er sich solchermaßen als rettenden ‹neuen Romulus› auf, so trafen ihn die Griffel der Senatoren als den tyrannisch gewordenen Gründerkönig, den es zu beseitigen galt. Ciceros bitterer Witz, er sehe Caesar lieber als den Tempelgenossen des Quirinus als den der Salus (der Göttin des Heils, der Rettung), hat sich an den Iden des März erfüllt. Die Vergöttlichung Caesars, analog zu der des Romulus, sollte freilich nicht lange auf sich warten lassen. Sie machte ihn zum Ahnherrn einer neuen großen Epoche der römischen Geschichte, der im wörtlichen Sinne ‹Kaiser›-Zeit.

Zunächst geriet Rom allerdings durch die Ermordung Caesars in eine Epoche neuer Wirren, neuer Bürgerkriege, ja geradezu in eine Situation der Ausweglosigkeit. Zu ihrer Erklärung begannen manche Zeitgenossen nach einer ‹Ur-Schuld› des Gemeinwesens zu suchen, einer ‹Erb-Sünde›, und fanden sie im anfänglichen Brudermord des Romulus an Remus. Unser erster Zeuge ist Cicero, dessen bis dahin durchweg positives Romulusbild in seinem letzten Werk *de officiis* (*Über das rechte Handeln*) sich deswegen ins Negative verkehrt zeigt. Seinen bekanntesten Ausdruck aber hat der Gedanke in der 7. Epode des Horaz gefunden. Ursprüngliches mythisches Denken, wie es noch der erste große römische Dichter Ennius um 200 v. Chr. repräsentiert, hatte die Beseitigung des Bruders durch den göttlich berufenen Gründer fraglos hingenommen, eine Heil-lose Zeit sah dies neu und gründlich anders. Das Ansehen des Romulus war damit auf einem Tiefpunkt angelangt.

VI

Octavian, der im Sommer des Jahres 44 v. Chr. selbstbewußt das Erbe seines Adoptivvaters Caesar antrat, zeigte sich davon freilich völlig unberührt. Er stellte sich von Anfang an in die Nachfolge des idealen Gründerkönigs Romulus und ließ deshalb propagieren, daß ihm beim Einholen der Auspizien für sein erstes Amt, den Consulat, am 19. August 43 v. Chr. zwölf Geier erschienen seien wie dereinst dem Romulus bei seinem ersten *Augurium* (Deutung des Vogelfluges).

In der nächsten Zeit verfolgte Octavian sein Ziel der Romulusangleichung in der verschiedensten Weise. So hören wir zum Jahre 38 von einem (sonst völlig unbekannten) Opfer der Priesterschaft der Pontifices in der Hütte des Romulus auf dem Palatin, die dabei unglücklicherweise abbrannte. Zwei Jahre darauf zog er selbst in die unmittelbare Nachbarschaft des Stadtgründers, indem er sich an der anderen Seite der altehrwürdigen Cacustreppe (*Scalae Caci*) auf dem Palatin sein Haus, die *domus Augusti*, errichten ließ. Ein Relief zeigte kurz darauf Romulus vor dem Haus des Augustus thronend, eingerahmt von Mars und Venus. Im Jahre 32 wurde der Tempel des Juppiter Feretrius auf dem Capitol erneuert und damit an die Sieghaftigkeit des Romulus erinnert.

An diese konnte Octavian nach der siegreichen Beendigung der Bürgerkriege, zuletzt nach dem Sieg im Bürgerkrieg über Antonius in der Seeschlacht bei Actium (31) und der Einnahme von Alexandria (30), in noch ganz anderem Maße anknüpfen. Am 13., 14. und 15. August 29 feierte er einen dreifachen Triumph über die Dalmater, wegen Actium und der Unterwerfung Ägyptens, in Analogie zu den drei Triumphen eines Romulus und später eines Pompeius.

Im gleichen Jahr wurde das Kollegium der *fratres Arvales* reorganisiert. Ursprünglich hatte diese uralte Priesterschaft wohl vor allem die Aufgabe, für das Gedeihen der Felder und Fluren zu beten, wobei ihre zwölf Mitglieder nach dem Ursprungsmythos des Kultes die elf Söhne der Ziehmutter des Romulus, Acca Larentia, umfaßten und dazu Romulus, der an die Stelle des verstorbenen zwölften Sohnes getreten war. Indem nun Octavian das Kollegium mit Angehörigen der ältesten patrizischen Familien besetzte und gleichzeitig selbst Mitglied wurde, identifizierte er sich ein weiteres Mal sehr sichtbar mit dem Gründer Roms. Entsprechend wurde es zur neuen Hauptaufgabe dieser Priesterschaft, die Ereignisse im Kaiserhaus mit Opfern festlich zu begehen.

Zur selben Zeit ließ der Feldherr und zweite Mann des Regimes, Marcus Vipsanius Agrippa, auf dem Marsfeld das Pantheon errichten nahe am ‹Ziegensumpf›, also genau dort, wo das plötzliche Verschwinden des Romulus und seine Apotheose lokalisiert wurden. Statuen des Mars und der Venus, aber auch Caesars verwiesen auf den dynastischen Charakter des Tempels, der noch deutlicher hervorgetreten wäre, wenn die ursprüngliche Planung realisiert worden wäre: die Einbeziehung des Augustus im Inneren des Baus und dessen Benennung als Augusteum.

Inzwischen hatte aber auch Vergil, der Dichter, der die Intentionen des Herrschers stets am genauesten erfaßte und wiedergab, das Seine getan, um die düstere Sicht seines Freundes Horaz von der Urschuld Roms zurechtzurücken. Dabei knüpfte er nicht an einen Versuch der späten Republik an, Romulus dadurch vom Brudermord zu entlasten, daß man Remus in einem Getümmel oder durch einen Truppenführer Celer umkommen ließ. Wesentlich eleganter war es – übrigens nach dem Vorbild Ciceros in seinem Werk über den ‹Staat› (de re publica) –, die Ermordung des Bruders einfach beiseite zu lassen. So endet das erste Buch der Georgica zwar mit dem schrecklichen Bild der Bürgerkriege nach Caesars Ermordung, der Grund dafür aber, die auch von Vergil nicht geleugnete Erbschuld, wird viel weiter zurück in die trojanische Vergangenheit verlegt, in einen Meineid des Königs Laomedon. So kann Romulus sogar zusammen mit den ‹altväterlichen Göttern› (di patrii indigites) und Vesta angerufen werden, Octavian bei der Rettung aus den verfahrenen Verhältnissen gewähren zu lassen. Im Finale des zweiten Buches werden dann die beiden Brüder (Remus et frater) und die herrlich erstandene Stadt Rom zusammen mit Sabinern und Etruskern kurzerhand in eine goldene Urzeit versetzt, die das Kriegsgeschrei der späteren Epochen noch nicht kannte. All dies präludiert wiederum dem Anfang des dritten Buches, in dem Vergil ankündigt, die Taten des jungen Caesar (d. h. des Octavian) zu besingen, von den Britanniern bis zum Ganges und zum Nil. Dabei wandelt sich aber der Gepriesene plötzlich in die Gestalt des Quirinus (victorisque arma Quirini), erscheint also als der vergöttlichte Romulus.

VII

Angesichts so vieler Bemühungen überrascht es nicht, daß man den Ehrennamen Romulus für Octavian ernsthaft in Betracht zog, als dieser sich im Januar 27 anschickte, seine in den Bürgerkriegen errungene Macht den republikanischen Traditionen Roms anzupassen. Die Wiederherstellung des Friedens und der res publica konnte durchaus als eine ‹zweite Gründung› der Stadt erscheinen. Überraschend ist eher, daß Octavian den Namen Romulus doch nicht erhielt, daß ihm vielmehr auf Antrag des Lucius Munatius Plancus vom Senat der Beiname «Augustus» verliehen wurde – auch wenn dieser mit seinem Bezug zu *augere* (‹der Mehrer›) und zum Auguralwesen (*augustum augurium*) durchaus ‹romulische› Aspekte aufweist.

Eben darin wird das Ergebnis eines Lernprozesses sichtbar, der zu einer der wichtigsten Maximen der Regierungskunst des Augustus geführt hatte. Augustus war klar geworden, daß er nicht gut die Erneuerung der Republik proklamieren und gleichzeitig seine – materiell durchaus fortbestehende – Herrscherstellung in einer eindeutigen Bezeichnung zusammenfassen konnte, sei diese nun staatsrechtlicher Natur, etwa als ‹Dictator› oder gar ‹König›, oder sei sie ein Name wie Romulus, der die Vorstellung eines Gründer*königs* unvermeidlich evozieren mußte. Deshalb begnügte er sich mit ‹Aspekten› der Macht, den Kompetenzen (nicht dem Titel!) eines Consuls, Proconsuls und Volkstribunen, ebenso aber auch mit ‹Aspekten› oder ‹Attributen› der bedeutenden Männer aus Roms Vergangenheit, wobei nun Romulus neben Aeneas, ebenso aber auch neben die vielen großen Namen der römischen Republik zu stehen kam.

Wiederum hat Vergil dem neuen Gedanken in der ‹Heldenschau› des sechsten Gesanges seiner *Aeneis* prägnanten Ausdruck verliehen, die dem Aeneas Augustus als Vollender des von Romulus begonnenen Werkes ankündigt, dazwischen aber eine Fülle anderer Heroen römischer Geschichte schattenhaft vorwegnimmt. Ihre monumentale Form jedoch erhielt diese Konzeption im Statuenprogramm auf dem Forum des Augustus, das am 12. Mai des Jahres 2 v. Chr. eingeweiht wurde. Dabei stand Aeneas in der Mittelnische der nördlichen Exedra des Forums inmitten der mythischen und historischen Ahnen des julischen Hauses, und damit des Augustus. Um Romulus, gegenüber in der Mittelnische der südlichen Exedra, sammelten sich die herausragenden Persönlichkeiten (*summi viri*) der römischen Königszeit und Republik. Unter allen Statuen waren Inschriften angebracht mit den Namen und Ämtern, Taten und Auszeichnungen – in ihrer Gesamtheit eine Summe römischer Tugenden (*virtutes*), wie sie dem *einen* Augustus im Ehrenschild mit den Aufschriften der vier Kardinaltugenden (*clupeus virtutis*) bereits im Jahre 27 zuerkannt worden war.

Am 5. Februar des Jahres 2 n. Chr. indes hatten Senat, Ritterstand und das gesamte römische Volk dem Augustus den Ehrentitel eines ‹Vater des Vaterlandes› (*pater patriae*) zuerkannt und diesen an einer Triumphalquadriga in der Mitte des Forum Augustum anbringen lassen. Auch dieser Titel war nicht völlig ungewöhnlich, indem er und sein Träger aber in das Zentrum der gesamten Anlage gerückt wurden, überstrahlten sie doch alle Vorgänger. Ganz folgerichtig bringt Ovid im zweiten Buch seiner *Fasti* (Festkalender) gerade bei dieser Gelegenheit einen Vergleich zwischen Romulus und Augustus, der nunmehr entschieden zugunsten des letzteren ausfällt.

VIII

Am Ende wurde Augustus aber doch zum ‹neuen Romulus›, indem im September des Jahres 14 n. Chr. allein die Apotheose des Stadtgründers zum Vorbild für das Verfahren bei der Konsekration des verstorbenen Herrschers geworden ist. Zunächst wurde ein Adler auf dem Scheiterhaufen freigelassen, als ob er die Seele des Augustus zum Himmel emportrüge. Dann folgte aber ein ‹Botenbericht›, der ganz dem des Iulius Proculus entspricht. Auf ihn bezog sich denn auch der gewesene Praetor Numerus Atticus ausdrücklich, als er in der Senatssitzung des 17. September eidlich versicherte, er habe Augustus zum Himmel aufsteigen sehen. Livia belohnte ihn für seine ‹Aufmerksamkeit› mit einer Million Sesterzen.

Mit der ‹Romulisierung› des ersten Kaisers hatte aber der ursprüngliche Romulus seine geschichtliche Sendung endgültig erfüllt. Er hatte für viele Konzeptionen und Erwartungen als Projektionsfläche gedient und war dabei selbst immer wieder gewandelt worden. Nun bedurfte man seiner in einer ebenfalls gründlich gewandelten Zeit nicht mehr. Da sich aber alle ernsthafte Geschichte nach dem Wort von Karl Marx als Farce wiederholt, so ist es vielleicht doch nicht nur ein Zufall, daß Odoaker im Jahre 476 gerade einen Romulus Augustulus als letzten Kaiser Westroms in Pension geschickt hat.

Lucius Iunius Brutus – ein fiktiver Revolutionsheld

von Karl-Wilhelm Welwei

Lucius Iunius Brutus ist ein Identifikationssymbol römischer Selbstdarstellung. Die wesentlichen Züge dieses legendären ersten Consuls im Geschichtsbild der Römer der späten Republik faßt Cicero in seinem zwischen 54 und 51 v. Chr. entstandenen Werk *Über den Staat* mit den Worten zusammen: «Lucius Brutus, ein Mann von großer Geisteskraft und Tüchtigkeit, befreite seine Mitbürger von jenem ungerechten Joch einer harten Knechtschaft (unter König Tarquinius Superbus). Obwohl er (damals) noch kein Amt bekleidete, übernahm er die Leitung des Staates und lehrte als erster in diesem Gemeinwesen, daß niemand ein Privatmann ist, wenn es um die Erhaltung der Freiheit (*libertas*) der Bürger geht.» Ciceros Terminologie verdeutlicht die Zeitgebundenheit dieser Stilisierung eines fiktiven Revolutionärs, dem die entscheidende Rolle bei der Vertreibung des letzten römischen Königs Tarquinius Superbus zugeschrieben wurde. Die Herrschaft des Tarquinius galt als Tyrannis, sein Sturz wurde als Befreiung eines Gemeinwesens verherrlicht, das (aus römischer Sicht) schon feste Konturen gewonnen hatte. Durch die Entschlossenheit der überragenden Persönlichkeit des Lucius Brutus soll der römische Staat damals die entscheidenden Impulse zur Konstituierung eines neuen institutionellen Gefüges erhalten haben, so daß die Römer ihre historische Mission erfüllen konnten, den Willen der Götter zu vollstrecken und den Erdkreis (*orbis terrarum*) zu befrieden. So gewann gegen Ende der Republik und in der Zeit des frühen Principats die Bruslegende eine Dimension, deren Weite erst vor dem Hintergrund römischer Weltherrschaftsvorstellungen voll verständlich wird.

Die Gestalt des Brutus wuchs im Laufe einer langen Entwicklung römischen Staats- und Geschichtsdenkens und im Zuge einer zunehmenden Ideologisierung römischer Expansion in die Rolle eines Vorbereiters römischer Größe, der seinem eigenen Leitbild der Freiheit bis zu einem ruhmvollen Tod auf dem Schlachtfeld im Kampf für die Unabhängigkeit und Selbstbestimmung der Römer treu blieb. In der literarischen Überlieferung wird Brutus erstmals Mitte des zweiten Jahrhunderts v. Chr. in dem Bericht des griechischen Historikers Polybios über den ersten römisch-karthagischen Vertrag erwähnt. Polybios datiert dieses Abkommen, indem er angibt, es sei unter Lucius Iunius Brutus und Marcus Horatius (Pulvillus), den beiden ersten Consuln «nach Vertreibung der

Könige», geschlossen worden. Er sucht diese Datierung, die er zweifellos erst nach seiner Deportation nach Rom im Jahre 167 erfahren hat, durch den Hinweis zu präzisieren, daß unter den genannten Consuln auch der Juppitertempel auf dem Capitol geweiht wurde, und zwar «achtundzwanzig Jahre vor dem Übergang des Xerxes nach Hellas» (d.h. 508 v. Chr.). Des weiteren berichtet der griechische Literat und Historiker Dionysios von Halikarnaß in der Zeit des Augustus, daß auf der Weihinschrift jenes Tempels der Name des Horatius Pulvillus gestanden habe. Er erwähnt in diesem Zusammenhang weder Lucius Brutus noch eine Amtsbezeichnung des Horatius Pulvillus. Eine exakte Datierung des Beginns der römischen Republik ist angesichts der Quellenlage nicht möglich, da der historische Kern der Überlieferung von Legenden überdeckt ist. Die Listen der Consuln der frühen Republik enthalten Elemente einer Geschichtskonstruktion, die davon ausgeht, daß der Doppelconsulat bereits nach dem Sturz der Tarquinier eingeführt wurde und die mit dem Begriff des *imperium* (höchste Befehlsgewalt) umschriebene königliche Macht auf die neuen, mit gleicher Amtsgewalt (*par potestas*) ausgestatteten Oberbeamten überging. Daß Repräsentanten der damals führenden Familien in Rom schon unmittelbar nach ihrer erfolgreichen Erhebung gegen das Königtum Jahr für Jahr zwei Standesgenossen ein umfassendes *imperium* übertragen haben, ist indes wenig wahrscheinlich. Der Übergang zur Republik konnte zweifellos nicht nahtlos vollzogen werden. Vielmehr vermochte der etruskische «König» Lars Porsenna von Clusium Ende des sechsten Jahrhunderts offenbar kurze Zeit die Herrschaft in Rom auszuüben. In der römischen Überlieferung wird Porsennas kurzfristiger Erfolg im Kampf gegen Rom durch Geschichtslegenden vertuscht. Hiernach soll Porsenna versucht haben, die vertriebenen Tarquinier nach Rom zurückzuführen. Er sei aber gescheitert, weil Horatius Cocles durch tapferen Widerstand auf der damals über den Tiber führenden Pfahlbrücke den Rückzug der römischen Truppen ermöglicht habe. Porsenna sei dann durch die Selbstverstümmelung des Gaius Mucius Scaevola, der einen mißglückten Anschlag auf die Person des Königs verübt habe, sowie durch die kühne Flucht der jungen Cloelia aus der Geiselhaft im etruskischen Lager derart beeindruckt gewesen, daß er die Belagerung Roms aufgegeben habe.

Im übrigen haben in der Originalurkunde des genannten römisch-karthagischen Vertrages die Namen des Brutus und des Horatius nicht gestanden. Ihre spätere Einfügung in die Consullisten setzt die Fiktion der Konstituierung einer «Consulatsverfassung» im späten sechsten Jahrhundert voraus, während aus einem von Livius erwähnten alten «Gesetz» die Institution eines «höchsten Praetors» (*praetor maximus*) bekannt ist. Dies läßt darauf schließen, daß es sich hierbei um den eigentlichen frührepublikanischen Oberbeamten handelte, dem wohl noch zwei nachgeordnete Praetoren (*praetores minores*) als Jahresbeamte zur Seite standen. Auch in einer längeren Phase von etwa 444 bis 367 v. Chr., in der oft hohe Funktionsträger in wechselnder Zahl – die sogenannten Militärtribunen mit consularischer Macht (*tribuni militum consulari potestate*) – amtierten, wurde offenbar die Führungsspitze des Leiters des Gemeinwesens (das heißt des *praetor maximus*) nicht beseitigt. Dies gilt wohl auch in bezug auf die zu vermutende Institution der *praetores minores*. In den Zwölftafelgesetzen (dem ältesten, zuverlässig dokumentierten römischen Gesetzeswerk, um 450 v. Chr.) ist die Einbindung eines *praetor* in die römische Rechtspflege belegt. Es dürfte sich hier um die bereits in der Zeit der Kodifikation des Zwölftafelrechtes gültige Amtsbezeichnung gehandelt haben. In der Folgezeit mußten die Funktionen der betreffenden Magistratur selbstverständlich auch dann ausgeübt werden, wenn Militärtribunen mit consularischer Macht eingesetzt wurden. Im übrigen war im fünften Jahrhundert v. Chr. in Rom der Prozeß einer Konsolidierung staatlicher Strukturen keineswegs schon abgeschlossen. Kodifikationen wie die Zwölftafelgesetzgebung setzen zwar Organe des Gemeinwesens voraus, die gewährleisten sollten, daß neue Normen auch realisiert werden konnten. Andererseits gingen von Kodifikationen generell auch neue Impulse zu einer weiteren Differenzierung der Funktionen der für die Rechtspflege zuständigen Organe aus. Auch unter diesem Aspekt dürfte das römische Konstrukt einer bereits zu Beginn der Republik im wesentlichen perfekten zentralen Magistratur kaum zutreffen.

Die klassische Consulatsverfassung mit zwei Consuln (und einem dritten, weiterhin als *praetor* bezeichneten Oberbeamten) entstand mit der Zulassung der Plebejer zum höchsten Amt der römischen Republik 367/66 v. Chr. Es wird dann noch einige Zeit vergangen sein, bis die Fiktion der Einführung des Doppelconsulats unmittelbar nach dem Sturz der Tarquinier fester Bestandteil des römischen Geschichtsbildes geworden ist und erfolgreiche politische Aufsteiger, die in die Führungselite gelangten, eindrucksvolle Stammbäume mit ruhmreichen Ahnen konstruieren konnten. Gänzlich unbekümmert auf diesem Gebiet waren die plebejischen Iunii Bruti, die 339 einen Reiterführer (*magister equitum*), 325 einen Consul, 307 einen Censor und 302 einen Dictator stellten und vor allem durch das Wirken des Gaius Iunius Brutus Bubulcus, der 317, 313 und 311 den Consulat bekleidete sowie 312 Dictator oder Reiterführer und 310 Reiterführer war, hohes Ansehen gewannen. In den Jahrzehnten ihres Aufstiegs wird es der Familie der Iunii Bruti gelungen sein, einen fiktiven patrizischen Ahnherrn in die (für die Frühzeit gleichfalls fiktiven) Consullisten zu lancieren, indem sie zunächst einen Begründer ihres gesellschaftlichen Ranges erfanden und diesen schließlich zum Freiheitskämpfer gegen die Tyrannei der Tarquinier zu stilisieren wußten.

Es ist anzunehmen, daß das eigenartige Cognomen (Beiname) «Brutus» (gewichtig, fest, starr; aber auch schwerfällig, dumm) einen Ansatzpunkt für jene Erzählung bildete, daß Lucius Brutus, angeblich ein Sohn der Schwester des Königs, nur dadurch den Verfolgungen durch seinen Verwandten Tarquinius Superbus entgangen sei, daß er vortrefflich die Rolle eines Tölpels gespielt habe. Brutus sei wegen seiner vermeintlichen Dummheit von Tarquinius Superbus sogar zum Spaßvogel der Königskinder bestellt und mit ihnen nach Delphi geschickt worden. Dort habe das Orakel demjenigen von ihnen die Herrschaft über Rom verheißen, der als erster die Mutter küssen werde. Bei der Rückkehr soll dann Brutus einen Sturz fingiert und hierbei die Erde geküßt haben, weil er sie als Mutter aller Menschen gedeutet und dementsprechend dem Orakelspruch einen tieferen Sinn abgewonnen habe. So sei die Verheißung bald in seinem Sinne in Erfüllung gegangen. Die Bruslegende hat durch die Lucretiageschichte noch eine weitere Ausgestaltung erfahren. Diese an sich zeitlose Erzählung von einer Frau, die eine Vergewaltigung (in diesem Fall in Collatia am Anio zwischen Rom und Tibur durch einen Königssohn) nicht überleben will und den Freitod vorzieht, wurde verknüpft mit Geschichten über Ursachen und Anlässe der Vertreibung der Tarquinier, so daß eine geradezu dramatische Ereignisfolge erfunden werden konnte: Brutus verstellt sich nun nicht mehr länger als Tölpel und veranlaßt den Gatten (Lucius Tarquinius Collatinus) und den Vater (Lucretius) der Lucretia, den König und seine gesamte verruchte Familie mit allen Mitteln zu verfolgen und fortan keine Königsherrschaft in Rom zu dulden. Nach einem Aufruf zur Erhebung in Collatia und einem Marsch auf Rom hält Brutus dort vor dem Volk eine flammende Rede, die eine Revolution auslöst und dazu führt, daß der König vertrieben wird.

Legenden über die Gründungszeit der Republik kannte bereits um 200 v. Chr. Fabius Pictor, der erste römische Geschichtsschreiber, auf den sich in frühaugusteischer Zeit Dionysios von Halikarnaß beruft, um die angebliche Verwandtschaft des Lucius Tarquinius Collatinus mit dem Königshaus zu erläutern. Nach 140 dienten Elemente der älteren Schichten der Brutus- und der Lucretiageschichte zur Verherrlichung der Familientradition der Iunii Bruti in einer Tragödie des Dichters Accius, dessen dramatisierende Darstellung legendären Geschehens eine Ehrung für seinen Mäzen Decimus Iunius Brutus Callaicus war, der 138 den Consulat bekleidete. Die Geschichten über einen Begründer der Republik wurden durch Konstrukte erweitert, die Erklärungen zur Entstehung römischer Bräuche und Institutionen bieten sollten. Besondere Bedeutung gewannen Erzählungen, wonach Brutus als eigentlicher Befreier der Römer im Einvernehmen mit Collatinus als erster die Rutenbündel als Zeichen seiner Amtsgewalt führte und seine erste Amtshandlung darin bestand, daß er dem Volk den Eid abnahm, keinen König mehr in Rom zu akzeptieren. Brutus selbst soll dann mit letzter Konsequenz an seinem politischen Ideal eines freien Staates festgehalten haben, als er seine eigenen Söhne hinrichten ließ, die im Begriff waren, neue Kriege zu entfesseln, indem sie mit den vertriebenen Tarquiniern konspirierten, die ihre verlorene Herrschaft über Rom zurückzugewinnen suchten.

Ebenso wie die neue Führungsstruktur mit den beiden Consuln an der Spitze wurden auch die für die Amtsführung unentbehrlichen Befragungen des Götterwillens durch die Beobachtung von Vorzeichen sowie die Einsetzung des Opferkönigs (*rex sacrorum*) für Riten und Kulte, die bisher vom König vollzogen worden waren, der Initiative des Lucius Iunius Brutus zugeschrieben. Mit der zuletzt genannten Erzählung von der Einführung eines neuen sakralen Amtes in der Nachfolge des Königs sollte offenbar verdeutlicht werden, daß nach der Vertreibung der Tarquinier die Römer in besonderem Maße im kultisch-religiösen Bereich bestrebt gewesen seien, alle erdenkliche Vorsicht walten zu lassen, weil man ja nicht gewußt habe, wie die Götter auf die Beseitigung des Königtums reagieren würden. Ferner galt die Bestätigung der den Consuln zukommenden Amtsgewalt durch die älteste bekannte Form der Volksversammlung (*comitia curiata*) als das Werk des Lucius Brutus. Hinzu kamen anachronistische Erzählungen über die Ergänzung des durch Tarquinius Superbus dezimierten Senats sowie die Legende von einer Erweiterung dieses Gremiums durch Berufung der angesehensten «Ritter» (*equites*). Hiermit sind in der mittleren und späten Republik angesehene Römer gemeint, die vielfach umfangreiche geschäftliche Aktivitäten entwickelten und oft auch große Grundbesitzer waren, aber (noch) nicht zur politischen Führungsschicht gehörten. Um 500 v. Chr. existierte indes der Ritterstand überhaupt noch nicht in der von den Erfindern jener Geschichte postulierten Form. Gleichwohl soll die zuletzt genannte Maßnahme des Brutus nach Livius in besonderem Maße die Eintracht zwischen Plebs und Patriziat gefördert haben. Diese Fiktion entsprach dem Ideal des Führungsanspruches senatorischer Kreise (Optimaten) in der späten römischen Republik.

Es gab auch sonst recht unterschiedliche Geschichten über die «Gründerväter» der Republik. Dionysios von Halikarnaß behauptet, daß Brutus und Collatinus gemeinsam das Volk durch einen Eid verpflichtet hätten, ein monarchisches System in Rom strikt abzulehnen. Des weiteren heißt es, daß Brutus nicht allein, sondern zusammen mit Valerius Poplicola, dem Amtsnachfolger des Collatinus, die Umbildung des Senats vorgenommen habe. Zu erklären sind solche Versionen wohl mit einem auf möglichst breiten Konsens als Basis öffentlichen Handelns ausgerichteten Politikverständnis in Rom. Im Geschichtsbild der Römer hatten natürlich auch die Könige ihren gebührenden Platz, denn es konnte aus römischer Sicht kein Zweifel bestehen, daß der großartige Aufstieg Roms bereits in der Königszeit durch die Stadtgründung an einem günstigen Ort seinen Anfang genommen hatte. Sinnfällig zum Ausdruck kam diese Überzeugung in der Aufstellung der Statuen der sieben kanonischen Könige auf dem Capitol. Dort befand sich aber auch ein altes Standbild des Lucius Brutus, dessen Kampf für die Freiheit durch ein gezücktes Schwert angedeutet wurde. Die Symbolik der Manifestation von legendärem Geschehen durch jenes Standbild auf dem Capitol ist darin zu sehen, daß durch die Initiative des Brutus das Gemeinwesen von einer Monarchie befreit wurde, die durch die Tyrannei des Tarquinius Superbus jede Berechtigung verloren hatte. Insofern wurde dem Freiheitshelden und Gründer der Republik ein ähnlicher Platz zugewiesen wie dem mythischen Stadtgründer Romulus. Im Zuge der Entwicklung römischer Weltherrschaftsvorstellungen gewann aber die Tat des Brutus auch eine neue Bedeutung, denn sie galt ja als wesentliche Voraussetzung für die kontinuierliche Expansion Roms nach der Gründung des Freistaates. Der «Reichsgedanke» der Römer, die Konzeption der durch göttlichen Willen zum «Haupt der Welt» erkorenen Stadt Rom, war geprägt durch die politische Ideenwelt der senatorischen Führungselite, deren Angehörige ihren Anspruch auf gesellschaftlichen Vorrang und Leitung des Gemeinwesens durch politische und militärische Leistungen für die Bürgergemeinschaft zu legitimieren suchten. Es war politisch und mentalitätsgeschichtlich von weitreichender Bedeutung, daß hochrangige Römer vorgaben, durch ihre Erfolge die Freiheit, Unabhängigkeit und Größe ihres Staates zu garantieren. So konnten Weltherrschaftsgedanke und Freiheitspropaganda in der späten Republik eine dynamische Wechselwirkung entfalten. Wenn nach den Wertvorstellungen und dem Selbstverständnis der römischen Führungsschicht, der Nobilität, die Errichtung der Herrschaft Roms über den Erdkreis ohne dauerhafte Wahrung der nach dem Sturz der Tarquinier errungenen Freiheit nicht möglich war, so ließ sich das hieraus resultierende Postulat eines vorbehaltlosen Einsatzes für die Erhaltung der überkommenen Ordnung freilich auch beliebig instrumentalisieren und gegebenenfalls zur Rechtfertigung von Gewalttaten und militärischen Aktionen gegen innere Gegner verwenden. In diesem Kontext konnte der «Gründer» der Republik geradezu eine Leitfigur politischen Handelns auf verschiedenen Ebenen und mit höchst unterschiedlicher Zielsetzung werden.

So ließ Marcus Brutus, der spätere Caesarmörder, 54 v. Chr. als Münzmeister Denare mit den Bildnissen seines als Freiheitsheld geltenden angeblichen Vorfahren Lucius Brutus prägen. Marcus Brutus wollte mit jenen Münzen seine Opposition gegen Gnaeus Pompeius Magnus demonstrieren, dem damals autokratische Ambitionen unterstellt wurden. Für Marcus Brutus wurde dann die vermeintliche Befreiungstat des Lucius Brutus zu einer bindenden Verpflichtung, als sich die Verschwörung gegen Caesar formierte. Man erwartete nach der Darstellung Plutarchs, daß Marcus Brutus es als eine von seinen Vorfahren ererbte Pflicht erachte, die Tyrannis Caesars zu beseitigen. Für Brutus und seine Mitverschwörer war die Stunde des Handelns gekommen, als Caesar nach dem Politikverständnis seiner Gegner im Begriff war, eine dauerhafte Alleinherrschaft zu konstituieren. Die theoretische Rechtfertigung für einen konsequenten Einsatz zur Verteidigung der Freiheit des Gemeinwesens hatte Cicero – wie gesagt – mit der These vom Widerstandsrecht der Bürger gegen Unterdrückung und Tyrannei geliefert, doch orientierte sich sein Hinweis auf das Beispiel jenes (fiktiven) frühen Brutus an älteren Erzählungen. Die Familientradition der plebejischen Iunii Bruti kannte bereits der griechische Philosoph Poseidonios (etwa 135–51/50 v. Chr.), der Zweifel an der Abstammung dieser *gens* von dem angeblich ersten Consul entschieden zurückgewiesen und die Ähnlichkeit der Gesichtszüge von einigen ihm bekannten prominenten Iunii Bruti seiner eigenen Zeit und der Brutusstatue auf dem Capitol hervorgehoben hatte. Poseidonios hatte sich auf eine ältere Familienlegende berufen, wonach jener «erste» Brutus außer seinen beiden, auf seinen eigenen Befehl hingerichteten Söhnen noch einen weiteren Nachkommen gehabt habe, von dem alle späteren (plebejischen) Iunii Bruti abstammen sollen. Es gab aber nach Plutarch auch Versionen, die erst nach der Ermordung Caesars entstanden waren. Sie waren von Haß und Feindschaft gegen den Caesarmörder Brutus erfüllt und bestritten vehement, daß der Republikgründer und Patrizier Brutus nach der Hinrichtung seiner beiden Söhne noch Nachkommen gehabt habe. Es hieß jetzt, daß die Vorfahren des Caesarmörders Marcus Brutus einem plebejischen Geschlecht entstammten, dessen Mitglieder erst in neuerer Zeit hohe Ämter in Rom bekleidet hätten. Sie seien lediglich namensgleich mit den mit Lucius Brutus ausgestorbenen patrizischen Bruti. Daß in der Zeit des Augustus Gegendarstellungen gegen die Familienlegenden der plebejischen Iunii Bruti verbreitet wurden, bestätigt Dionysios von Halikarnaß, der den Befreier Roms von der Königsherrschaft als bedeutendsten Römer bezeichnet und bestreitet, daß er der Ahnherr des Caesarmörders gewesen sei. Insofern lag in der Fiktion vom patrizischen Freiheitshelden für die augusteische Propaganda durchaus die Chance, jenem ersten Consul der römischen Republik seinen Platz in der großen Ahnengalerie der Römer zu wahren und zugleich den genealogischen Anspruch des von Octavian/Augustus geächteten und besiegten Caesarmörders zurückzuweisen.

In der «Heldenschau» der Aeneis verbindet der große römische Dichter Vergil die mythischen Anfänge des Römertums mit der als Höhepunkt der Geschichte gedeuteten Zeit des Augustus. Die Thematik des Aufstiegs Roms zur Weltherrschaft und das Prinzip der Freiheit als Leitmotiv traditioneller republikanischer Staatsethik werden hier zu einer grandiosen poetischen Vision zusammengefügt. In einer eindrucksvollen Reihe römischer Magistrate und Feldherren, die als leuchtende Beispiele für alle gegenwärtigen und künftigen Repräsentanten römischer Politik dienen sollen, erscheint Lucius Brutus an prominenter Stelle als Initiator der überaus erfolgreichen Führungsstrukturen einer auf Freiheit basierenden Staatsordnung. Der Freiheitsheros gewinnt aus dieser Perspektive einen geradezu welthistorischen Rang, weil dank seiner Tat das römische Volk in der Lage war, nach dem Willen der Götter den Erdkreis zu beherrschen. So ordnet Vergil in Übereinstimmung mit propagandistischen Intentionen des Begründers des Principats den Gründer der Republik in ein bereits kanonisch gewordenes Geschichtsklischee ein. Auch Augustus wollte ja als Neugründer des Staates gelten und stellte sein gesamtes politisches Wirken als Kampf für die Erhaltung bzw. Wiederherstellung der Freiheit des Gemeinwesens dar, während er in Wirklichkeit mit der Konstituierung einer neuartigen Führungsposition eine singuläre Form der Monarchie eingeführt hatte, die formal auf republikanischen Traditionen basieren und auf keinen Fall als Bruch mit dem bisherigen politischen System der Römer erscheinen sollte. Darüber hinaus wollte Augustus aber auch nach seiner eigenen Darstellung in seinem Taten- und Leistungsbericht als «Friedensfürst» ein Leitbild sein. Er beruft sich darauf, daß er die verderblichen Bürgerkriege beendet habe. Vor dem Hintergrund römischer Weltherrschaftsideologie bedeutet dies zugleich, daß Augustus auch den Anspruch erhebt, die ihm als Erben Caesars zufallende Aufgabe der Ausbreitung der Macht der Römer bis an die Grenzen der Erde erfüllt zu haben. Unter diesem Aspekt boten sich auch der Poesie in der Zeit des Augustus neue Möglichkeiten der Stilisierung der Gestalt des vermeintlichen Freiheitshelden Lucius Brutus. Vergil preist ihn als Repräsentanten altrömischer Strenge, indem er darauf verweist, daß er eine Konspiration seiner Söhne mit den Tarquiniern vereitelt habe. Der Dichter bringt hierdurch im Sinne der politisch-propagandistischen Intentionen des neuen Machthabers Augustus zum Ausdruck, daß Brutus den inneren Frieden im römischen Staat zu sichern vermochte. So konnte der legendäre Begründer der Republik in der frühkaiserzeitlichen Version in mehrfacher Hinsicht geradezu als komplementäre Figur zu einem neuen Idealbild, dem großen Staatsmann Augustus, erscheinen.

Zeitgeschichtliche Ereignisse und politischer Wandel ließen es aber offenbar auch geboten erscheinen, Legenden über die Entstehung der Republik gegebenenfalls zu modifizieren. Als Cicero zwischen 54 und 51 v. Chr. die Befreiungstat des Lucius Brutus rühmte, wollte er in einer schweren politischen Krise Roms zweifellos nicht zuletzt eine theoretische Rechtfertigung der Initiative eines Privatmannes zur Rettung des Staates vor gewaltsamer Unterdrückung durch machthungrige Usurpatoren liefern. In den Wirren und Machtkämpfen nach der Ermordung Caesars mochte dies freilich als ein brisantes Argument erscheinen. Nach traditionellem republikanischen Staatsverständnis konnten nur die für die Leitung des Gemeinwesens zuständigen Organe staatsrechtlich relevante Handlungen vollziehen. Unter diesem Aspekt konnte eine Aufforderung an private Bürger zur Intervention in Zeiten politischer Krisen natürlich auch als Anstiftung zum Aufruhr gelten. Derartige Vorwürfe ließen sich auch gegen Octavian vorbringen, dessen Putschversuch im Herbst 44 v. Chr. nach einem Marsch auf Rom gescheitert war. Nachdem ihm der Senat Anfang 43 aber offizielle Kompetenzen übertragen und ihm hierdurch einen erfolgreichen Einstieg in die Politik ermöglicht hatte, ergab sich indes eine neue Situation. Wir wissen allerdings nicht, ob mit dem tiefgreifenden Wandel der Machtverhältnisse in der Folgezeit eine gewissermaßen formalrechtlich unanfechtbare Umdeutung der «Befreiungstat» des Lucius Brutus in Verbindung zu bringen ist oder bereits vor 44 hierüber neue Versionen verbreitet worden waren. Bemerkenswert ist jedenfalls, daß in der Zeit der Konsolidierung der Position des Octavian/Augustus um 30 v. Chr. erstmals Livius und Dionysios von Halikarnaß zu berichten wissen, daß Lucius Brutus als Reiteroberst in der römischen Volksversammlung die allgemeine Zustimmung zur Absetzung des Königs Tarquinius Superbus eingeholt habe. Hiernach handelte es sich um eine nach römischem Rechtsverständnis legale Aktion eines Funktionsträgers, der als Teilhaber an der staatlichen Gewalt die für das Gemeinwesen und seine Bürger unverzichtbare Freiheit herstellte und dementsprechend keinesfalls als Revolutionär diffamiert werden konnte. Das Bemühen um eine gleichsam nachträgliche Legalisierung der Ereignisse beim Sturz der Tarquinier hat ferner seinen Ausdruck gefunden in der Darstellung der «Wahl» der ersten Consuln. Nach Livius hat nämlich angeblich Spurius Lucretius in der ihm noch von Tarquinius Superbus übertragenen Funktion eines Stadtpräfekten (*praefectus urbi*) die beiden ersten römischen Consuln wählen lassen. Hinzu kommen weitere Retuschen in Erzählungen von der Entmachtung des Collatinus, der nach Cicero wegen seiner Verwandtschaft zur Königsfamilie von Brutus abgesetzt wird, während er nach Livius freiwillig abdankt. Die von Livius bevorzugte Version befreit Brutus von jeglichem Verdacht, gegen tradierte Normen und herkömmliche Verfahrensweisen verstoßen zu haben.

Während in der Kaiserzeit nur noch politische Romantik den Caesarmörder Marcus Brutus feiern mochte und die Erinnerung an ihn mit Lebensgefahr verbunden sein konnte, wurde Lucius Brutus weiterhin gerühmt als Gründer des römischen Freistaates mit seiner spezifischen politischen Seinsform, deren Erneuerung Augustus als seine eigene historische Großtat propagiert hatte. Diese Lebenslüge des ersten Princeps wurde eine Vorgabe für viele Generationen von Römern und Reichsbewohnern. Der Kirchenvater Augustinus (354–430 n. Chr.) akzeptierte freilich nicht jenen kühnen Brückenschlag vom Principat des Augustus zur Gründung der Republik. Er zeichnete ein düsteres Bild des Lucius Brutus, der nicht davor zurückgeschreckt sei, seinen Mitconsul Collatinus aus dem Lande zu jagen und seine eigenen Söhne gnadenlos hinrichten zu lassen. Augustinus' Verdikt beeinträchtigte indes nicht die Rezeption der Figur des Lucius Brutus in der Neuzeit. Bismarck bezog sich auf den

Caesarmörder, als er in *Gedanken und Erinnerungen* bekannte, in seiner Schulzeit Brutus als Verbrecher angesehen zu haben. Zweifellos liegt hier keine Kontamination mit der Gestalt des Republikgründers vor, der in der Aufklärung und im intellektuellen Umfeld der Französischen Revolution als einzigartiges Leitbild im Kampf für Freiheit und republikanische Werte ein Eigenleben mit weitreichender Ausstrahlungskraft gewonnen hat.

Marcus Furius Camillus –
die schattenhafte Lichtgestalt

von Uwe Walter

Im Jahr des Consulats von Gaius Caesar und Lucius Aemilius Paullus macht sich ein Bürger des Städtchens Tusculum auf den Weg nach Rom. Dort, in der 16 Meilen entfernten Metropole, wo seit fast einer Generation der verehrte Augustus als Princeps das Imperium Romanum regiert, beabsichtigt unser Tusculanus seine Spurensuche fortzusetzen. Schon seit langem begeistert er sich für die Geschichte seiner Heimatstadt am Albaner Berg. Diese konnte sich immerhin rühmen, fast so alt wie Rom zu sein, war sie doch seinerzeit von Latinern aus Alba Longa gegründet worden, der Stadt, aus der auch Romulus, der mythische Gründerkönig, stammte. Schon früh war Tusculum mit der Tiberstadt im Norden in Berührung gekommen, einer der Stadtherrscher soll sogar der Schwiegervater des letzten römischen Königs Tarquinius Superbus gewesen sein. Viel später, in der Zeit des Kampfes gegen Karthago und die griechischen Könige im Osten, war aus dem bodenständigen Menschenschlag Tusculums ein Mann hervorgewachsen, der einem der angesehensten und wichtigsten Ämter in Rom ein ganz neues Gesicht gegeben hatte: Cato der Censor. Und nun, in der Gegenwart, davon ist unser Wanderer überzeugt, sind es wieder Städte wie sein Tusculum und ihre Bewohner, aus denen die Erneuerung der alten Sitten, wie sie von Augustus begonnen worden ist, ihre Vorbilder und ihre Kraft schöpfen kann. Doch nicht der ganz fernen Zeit und nicht den Problemen der Gegenwart gilt heute das Interesse des Tusculaners, er sucht vielmehr nach dem in seinen Augen größten Sohn seiner Heimatstadt, nach Marcus Furius Camillus. Das Familiengrab der Furii und die verwitterten, wenig aussagekräftigen Namensinschriften hat er bereits gefunden; nun will er in Erfahrung bringen, was man in der Metropole über den Mann weiß, dessen Name sich längst mit dem Existenzkampf Roms in der zweiten Hälfte des vierten Jahrhunderts seit der Gründung verbunden hat.

Auf dem Forum Romanum wird der Besucher schier erschlagen von der Fülle an Denkmälern, Statuen, Inschriften und Bauwerken, jedes Stück verbunden mit einem Ereignis oder einer Person aus der nun schon acht Zeitalter umfassenden Geschichte Roms. Seine Suche nach Camillus hat dennoch bald Erfolg, aber das Ergebnis überrascht und verwirrt ihn. Da gibt es zum einen eine offenbar alte Reiterstatue, die nach der beigefügten Inschrift Lucius Furius Camillus darstellt. Dieser hatte seinerzeit zusammen mit seinem Kollegen Maenius die Latiner besiegt, als sie ihren großen Aufstand gegen Rom unternahmen. In Tusculum war damals deswegen ein heftiger Streit entbrannt, doch die Stadt hatte sich insgesamt loyal verhalten, woran man die Römer später gelegentlich gern erinnerte. All das muß sich freilich eine oder zwei Generationen nach Marcus Camillus abgespielt haben. Endlich findet sich dann auch eine Statue von diesem selbst. Aber sie ist ganz offensichtlich nicht alt, sondern sieht nach Material und Stil so aus, als sei sie erst vor kurzem hier aufgestellt worden. Auf der Inschrift unter dem Standbild sind die Taten des Camillus aufgelistet; so steht dort etwa zu lesen: «Er ließ nicht zu, daß man nach der Eroberung der Stadt nach Veji auswanderte. Nach einem Sieg über die Etrusker bei Sutrium und der Unterwerfung der Aequer und Volsker triumphierte er zum dritten Mal. Zum vierten Mal tat er dies nach der Niederschlagung des Krieges gegen Velinterna und der Niedermetzelung der Gallier auf albanischem Gebiet.» (Degrassi, *Inscriptiones Italiae* XIII 3 [1937] Nr. 61)

Der Hinweis eines Ortskundigen lenkt den Tusculaner auf das gerade vor kurzem neu eingeweihte, repräsentative Forum des Augustus, wo er ebenfalls eine Statue des Marcus Camillus findet, eingereiht in eine lange Galerie der herausragenden und besonders erinnerungswürdigen Triumphatoren der römischen Geschichte, die in den Nischen zweier langgestreckter Säulenhallen zu beiden Seiten des Tempels für den ‹Rächenden Mars› (*Mars Ultor*) stehen. Die imposante, nicht von der hektisch-profanen Betriebsamkeit eines gewöhnlichen Forum erfüllte Platzanlage, die ganz auf den vierspännigen Triumphwagen mit der Statue des Augustus in der Mitte des Platzes vor dem Tempel ausgerichtet ist, beeindruckt den Besucher sehr. Doch der Inschrift zum Trotz: Denkmäler erzählen von sich aus keine Geschichte.

Schließlich geht er in die von dem Politiker und Schriftsteller Asinius Pollio gestiftete öffentliche Bibliothek an der Porta Fontinalis und läßt sich dort nach einem kurzen Gespräch mit dem gelehrten Bibliothekar aus dem noch unvollendeten Geschichtswerk des Titus Livius die beiden Papyrusrollen – es sind die fünfte und sechste – heraussuchen, in denen etwas über den sechsfachen Consulartribunen zu lesen ist. Diese Zahl hatte er zuvor dem Studium der capitolinischen Fasten, der nach Jahren geordneten Liste der obersten Amtsträger, entnommen. Leise, um die anderen Benutzer nicht zu stören, liest er sich den Text vor. Es ist zunächst eine ausführliche Darstellung der langen, von Rückschlägen und harten Konflikten zwischen Patriziern und Plebejern, Senat und Volkstribunen begleiteten Bemühungen Roms, die nach Norden gut zwölf Meilen entfernte etruskische Stadt Veji zu erobern. Der Erfolg zeichnet sich erst ab, als Camillus zum Dictator ernannt wird, das römische Heer reorganisiert und sich vor allem der Unterstützung der Götter versichert, indem er eine großzügige Weihung an den delphischen Apollon verspricht und der

Juno von Veji eine bessere Heimstatt in Rom zusichert. Nachdem man einen Tunnel in die Stadt gegraben hat, wird diese schließlich erobert und zur Plünderung freigegeben. Camillus befürchtet als einziger, daß die Götter den Sieger mit Übermut und Verblendung schlagen könnten, und wünscht ihre Vergeltung auf sich statt auf die Stadt herab. Doch auch er ist von Selbstüberhebung nicht ganz frei, feiert er doch einen mehr als prachtvollen Triumph, auf einem Wagen mit vier weißen Pferden, den Göttern ähnlicher als einem Menschen. Nach dem Sieg kommt es zu neuen inneren Zerwürfnissen; die notwendige Rückgabe eines Teils der Beute für das Weihgeschenk und eine mögliche Dependance Roms im unzerstörten Veji sind die Streitpunkte. Camillus erringt weitere Siege gegen die Feinde Roms, im innenpolitischen Kampf aber bezieht er mehr und mehr die Partei des Senats und wird schließlich von einem Volkstribunen angeklagt, einen Teil der Beute unterschlagen zu haben. Entnervt entzieht er sich der Verurteilung und geht in die Nachbarstadt Ardea ins Exil, «nicht ohne die unsterblichen Götter gebeten zu haben, wenn ihn dies Unrecht schuldlos treffe, sollten sie bei erstbester Gelegenheit die undankbare Bürgerschaft sein Fehlen spüren lassen» (Livius 5, 32, 9). Die Nemesis kommt bald in Gestalt der räuberischen Gallier. Die Römer ignorieren alle drohenden Vorzeichen, vergessen jede Vorsichtsmaßnahme und verstoßen bei Unterhandlungen mit den Galliern aufs gröbste gegen das Völkerrecht. Die mit Recht empörten Männer aus dem Norden besiegen ein römisches Aufgebot an der Allia und besetzen die panikartig geräumte Stadt. Nur das Capitol kann gehalten werden, der Rest wird von den Angreifern in provokativer Manier geplündert, teilweise auch niedergebrannt. Schließlich sind die Gallier bereit, gegen Zahlung von 1000 Pfund Gold abzuziehen, doch Camillus verhindert in letzter Sekunde diese Schmach; er vertreibt die Gallier und schlägt sie bald darauf vernichtend. Erneut feiert er einen Triumph, erneut löst er alle religiösen Gelübde ein, und in einer großen Rede kann er die Römer mit emotionalen Appellen an ihren Respekt vor den Göttern und der Geschichte davon abbringen, ihre Ruinenstadt zu verlassen und ins baulich unversehrte Veji überzusiedeln. Rom wird wieder aufgebaut, und Camillus steht in den folgenden Jahren wie ein Schutzschild gegen die feindlichen Nachbarn, die ihre Chance gegen die geschwächte Tiberstadt wittern. Auch in die inneren Konflikte, die sich mehr und mehr auf die Forderung nach Zulassung von Plebejern zum höchsten Amt, dem Consulat, konzentrieren, greift er ein. Nachdem Rom gesichert und der Konsens hergestellt ist, stirbt Camillus hochbetagt während einer Seuche in Rom.

Zugleich gefesselt und erschöpft von der Lektüre und stark beeindruckt von der fast makellosen Größe des Helden liest der Besucher noch den Nachruf des Geschichtsschreibers zu Beginn der siebten Buchrolle. Als einzigartig «in jedem Geschick, der erste im Frieden und im Krieg» wird Camillus da gerühmt, ein Mann, der sich seines großen Ansehens immer würdig gezeigt hat und mit Recht nach Romulus als zweiter Gründer der Stadt Rom bezeichnet worden ist (Livius 7, 1, 9–10). Beide Geschichten, die des Spurensuchers aus Tusculum im Jahre 1 n.Chr. und die des Camillus in der hier nur ganz knapp skizzierten Erzählung des Livius, sind fiktiv, wenn auch auf unterschiedliche Weise. In der modernen Erzählung stimmen alle Details. Die darin genannten Orte, Monumente und Texte hat es wirklich gegeben, ihre Überreste bilden die Grundlagen der wissenschaftlichen Rekonstruktion, allein der Reisende aus Tusculum ist erfunden. Bei dem livianischen Camillus hingegen ist es beinahe umgekehrt. Außer Zweifel steht nur, daß ein Mann namens Marcus Furius Camillus tatsächlich gelebt hat und nach etwa 400 v.Chr. ein prominenter militärischer Führer Roms war, der mehrfach das jährlich wechselnde oberste Staatsamt bekleidete. Für die Zeit zwischen 444 und 367 war dies das mehrstellige sogenannte Militärtribunat mit consularischer Amtsgewalt. In der historischen Tradition der Römer war freilich die Zeit des Camillus auch gekennzeichnet von bedrohlichen Situationen, weshalb er insgesamt fünfmal (396, 390, 389, 367, 366) zum Dictator ernannt worden sein soll. Die Dictatur in ihrer ‹klassischen›, bis in die Zeit des Hannibalkrieges gebräuchlichen Form war ein außerordentliches Notstandsamt mit umfassender Befugnis und in der Regel mit militärischer Funktion. Wenn eine Kriegssituation die Zusammenfassung aller Kräfte in der Hand eines starken Befehlshabers zu erfordern schien, konnte ein regulärer Oberbeamter – in Absprache mit dem Senat – einen ‹Dictator zum Zwecke der Kriegführung› (*dictator rei gerundae causa*) ernennen. Dieser verfügte dann für die Dauer der Bedrohung, längstens aber für sechs Monate, über eine unbeschränkte Kommando- und Zwangsgewalt, gegen die es keinen Einspruch gab. Der Dictator hatte auch keinen gleichberechtigten Kollegen, sondern ernannte einen Unterführer, den sogenannten ‹Reiteroberst› (*magister equitum*); alle anderen Amtsträger waren für die Dauer der Dictatur suspendiert beziehungsweise (später) weisungsgebunden. Man hat die Dictatur daher schon in der Antike ein ‹königliches› Amt genannt, ihre Inhaber ‹Monarchen›, aber sie blieb immer strikt eingebunden in die politische Kultur der aristokratischen Elite – die ungeschriebene Verfassung Roms – und war in gewisser Weise eher eine kontrollierte Wiederbelebung der ältesten Obermagistratur zu Beginn der Republik. Damals konnte auch der oberste Praetor (*praetor maximus*) weder durch den Einspruch (*intercessio*) eines Kollegen oder Volkstribunen noch durch einen Appell an die Volksversammlung (*provocatio ad populum*) behindert werden. Freilich lag bereits für die Autoren unserer Quellen die Übergangszeit vom Königtum zur Republik völlig im dunkeln, so daß sie sich damit behalfen, die Entstehung sehr viel jüngerer Ämter und Institutionen in die «Frühzeit der Republik», das frühe fünfte Jahrhundert, zurückzuspiegeln, als sie ganz gewiß noch nicht existierten.

Ob Camillus die Dictatur in den genannten Jahren bekleidet hat, ist unsicher. Außer 368, als er das Amt aus formalen Gründen rasch niederlegte, soll er jede seiner Dictaturen nach einem großen militärischen Sieg mit einem Triumph beschlossen haben, und es ist sehr wahrscheinlich, daß einige der Dictaturen erfunden wurden, vielleicht um Camillus' Ausnahmestellung in jener Zeit zu unterstreichen, oder auch deshalb, weil es den Römern später als sicher galt, daß Consulartribune nicht das Recht zu einem Triumph hatten. Vielleicht begann die Auffüllung der Listen von Beamten und Triumphatoren mit zusätzlichen Namen schon in der Zeit des oben genannten Lucius Furius Camillus, der wohl ein Enkel von Marcus und jedenfalls zweimal Consul war (338 und 325). Seit dieser Zeit blickten die Angehörigen der sich allmählich konsolidierenden Führungsschicht, der Nobilität, verstärkt in die Vergangenheit, und berühmte Vorfahren mit hohen Ämtern zu haben steigerte den eigenen Ruhm. Der moderne Historiker muß sich damit abfinden, daß das einigermaßen sichere Faktengerüst zu Marcus Furius Camillus, wie es die kritische Forschung schon im 19. Jahrhundert herausgearbeitet hat, dürr und rasch referiert ist: zwischen 401 und 394 v. Chr. (nach der von dem Gelehrten Varro erstellten Jahresrechnung) mehrmals im höchsten Amt, mit der Eroberung Vejis 396 und anschließendem Triumph als Höhepunkt; danach ein Karriereloch, im Kampf gegen die Gallier so gut wie sicher nicht besonders hervorgetreten; noch einmal zwischen 389 (oder, falls diese Dictatur auch unhistorisch ist: 386) und 381 als Consulartribun oder Dictator Befehlshaber römischer Truppen in den Auseinandersetzungen mit den benachbarten Aequern, Volskern und Etruskern; vielleicht ein zweiter Triumph; Tempelstiftungen und ein Weihgeschenk an Apollon nach Delphi; nichts Sicheres über Familie, Jugend und Tod; nicht einmal gesicherte Zeugnisse über seine Herkunft aus Tusculum.

Ebenfalls nur in Umrissen erkennbar ist die außenpolitische Lage in jener turbulenten Zeit. Rom hatte nach dem Zusammenbruch der etruskischen Herrschaft in Mittelitalien zu Beginn des fünften Jahrhunderts v. Chr. wegen des daraus resultierenden Machtvakuums unter starkem Druck der von den Bergen herabdrängenden Äquer und Volsker gestanden. Es konnte sich aber zusammen mit den anderen latinischen Städten behaupten und trat mit ihnen in ein enges Bundesverhältnis. An ihrer Nordgrenze standen die Römer freilich der etruskischen Stadt Veji allein gegenüber. Der Kampf gegen diese Stadt währte lange und hat sich in die historische Tradition, die in dieser frühen Zeit allein mündlich weitergegeben wurde, tief eingegraben. Später glaubte man sogar, daß sich im Laufe dieses Kampfes tiefgreifende Veränderungen im römischen Militärwesen vollzogen hätten. Der Krieg gegen Veji ‹begann› nämlich mit der Vernichtung der 306 Männer aus dem Geschlecht der Fabier, die angeblich im Jahre 479 als Gentilverband – als Clan sozusagen – den Kampf auf sich nahmen, am Cremera-Bach jedoch in einen Hinterhalt gerieten und in heroischem Kampf den Tod fanden – so jedenfalls berichtet die legendendurchwirkte Überlieferung. Nur ein Fabier soll in Rom zurückgeblieben sein und dadurch das Fortbestehen dieser bedeutenden *Gens* gesichert haben. Mehr als zwei Generationen später, als Veji schließlich erobert wurde, gab es in Rom ein besoldetes Bürgerheer, das angeblich sogar im Winter in seinen Belagerungsposten blieb – letzteres gewiß ein Anachronismus. Die Auslöschung Vejis verdoppelte das römische Territorium auf etwa 1500 km² und machte die Stadt zur mächtigsten im westlichen Mittelitalien. Auch die Plünderung und teilweise Zerstörung Roms durch die am Ende des fünften Jahrhunderts v. Chr. nach Oberitalien einbrechenden Kelten (Gallier) vermochte aufs Ganze gesehen den Prozeß der offensiven Konsolidierung Roms nicht aufzuhalten, zumal es schon bald zu einer zeitgemäßen Erneuerung des Bündnisses mit den anderen Latinern kam. Etwa gleichzeitig, im Jahre 367, führten auch die Auseinandersetzungen zwischen dem bis dahin allein regierenden Geburtsadel Roms, den Patriziern, und den vornehmen, nach Gleichberechtigung strebenden Vertretern der Nicht-Patrizier («Plebejer») zu einem ersten Ausgleich in den sogenannten licinisch-sextischen Gesetzen. Danach wurde die Spitze des Staates nunmehr dauerhaft mit drei jährlichen Oberbeamten besetzt, zwei Consuln und einem Praetor, wobei der eine Consul Plebejer sein konnte.

Welche Rolle Camillus in diesen Jahren der äußeren Bedrohungen und inneren Umbrüche tatsächlich spielte, ist über die oben genannten Daten hinaus nicht zu ermitteln. Er kann nur als Gestalt der konstruierten, im Horizont von aufeinanderfolgenden Gegenwarten sinnhaften geschichtlichen Erinnerung und Selbstvergewisserung der Römer in späterer Zeit von Interesse sein, und das in mehrfacher Weise. Für die Römer selbst war Camillus als der «vom Schicksal getragene Führer» (*fatalis dux*) beispielhafter Träger zentraler positiver Eigenschaften und zugleich die markante Verkörperung einer leuchtenden, immer wieder zu vergegenwärtigenden Vergangenheit. Für die moderne, sich als ‹kritisch› verstehende Wissenschaft bot die Camillus-Geschichte lange Zeit vor allem ein Exerzierfeld von gelehrter Quellenkritik, die darauf geeicht ist, Mythen zu zerstören und wohnliche Erinnerungsgebäude einzureißen, um den historischen ‹Kern› freizulegen und zugleich die immer breiter werdenden Traditionsströme zu kartographieren. Heute kann man in Camillus vor allem ein spannendes Beispiel für die *invention of tradition* innerhalb einer lebendigen Gedächtnis- und Geschichtskultur sehen, für die Vergangenheit nicht ein totes Objekt von Gelehrsamkeit, sondern ein atmender Organismus war, der immer wieder den aktuellen Orientierungsbedürfnissen angepaßt wurde und in den verschiedenen Medien des Gedächtnisses zusätzliche Metamorphosen erfuhr. Friedrich Münzer, der einst beste Kenner der republikanischen Aristokratie, listete in seiner noch heute grundlegenden kritischen Durchdringung der überaus komplexen Überlieferungswege «Phantasie und Tendenz, mythologische Spekulation und staatsrechtliche Konstruktion, Sage und Dichtung, gelehrte Forschung und literarische Kunst» als Faktoren der Aus- und Umgestaltung eines Stoffes auf.

Für die Geschichtskultur der Römer in republikanischer und frühaugusteischer Zeit ist Camillus aufschlußreich, weil sich an ihm zeigen läßt, in welcher Weise eine Figur zum konkreten Beispiel vorbildlichen Handelns (*exemplum*) gemacht und im Laufe der Zeit mit immer neuen Verweisen und Deutungen versehen werden konnte, bis sie in einer großen literarischen Synthese wie dem Geschichtswerk des Titus Livius in augusteischer Zeit dann als prägende Leitfigur einer ganzen Epoche hervortrat.

Wie man sich die Traditionsgenese vorzustellen hat, sei zunächst an einem vergleichsweise schlichten Detail illustriert: der Frage nach dem Verbleib des an die Gallier gezahlten Lösegeldes. Der vermutlich ältesten Fassung zufolge erkaufen die Römer den Abzug nach siebenmonatiger Besetzung mit 1000 Pfund Gold; Camillus fängt sie danach ab, als die Gallier eine andere Stadt belagern, und gewinnt Beute sowie Lösegeld zurück. Nach einer abweichenden Variante kehren die Gallier mit ihrer Beute ungefährdet in ihre Heimat zurück, von einer Rückgewinnung ist nicht die Rede. Das ist entweder eine noch ältere Version, oder ihr Gewährsmann stand der Überlieferung kritisch gegenüber und hat die Rückgewinnung des Goldes als patriotische Fabel fortgelassen. Gemeinsam ist beiden Fassungen, daß das Lösegeld tatsächlich bezahlt wurde. Als Rom später zur unangefochtenen Beherrscherin der Welt geworden war, lag es freilich nahe, eine kompensatorische Ausweitung und Korrektur der Überlieferung vorzunehmen. So ist es dann in der kanonisch gewordenen Version zu lesen: Der Lösegeldvertrag ist geschlossen, aber noch nicht vollzogen; während das Abwägen des Goldes noch im Gange ist, kommt der Dictator Camillus mit einem römischen Heer dazu, erklärt den Vertrag für nichtig und vertreibt die Gallier mit Waffengewalt aus der Stadt. Tags darauf werden sie in einer großen Schlacht vernichtet, ihr Anführer eigenhändig von Camillus getötet.

In Livius' Werk, der ‹Römischen Geschichte seit Gründung der Stadt› (*Ab urbe condita*), flossen beinahe alle früheren Traditionselemente zusammen. Der erste frühere Autor, von dem wir mit einiger Sicherheit sagen können, daß er die Camillus-Figur gestaltet hat, war Ennius († 169 v. Chr.) in seinem einflußreichen historischen Epos *Annales*. Dieser schuf nicht nur eine chronologische Gesamtdarstellung der römischen Geschichte, in der die Eroberung Vejis und die Zerstörung Roms durch die Gallier eine zentrale Rolle zu spielen hatten, sondern fühlte sich zugleich als Dichter der Tradition des Heldenepos in der Nachfolge Homers verpflichtet. Die Regeln dieser Gattung sahen eine Konzentration des erzählten Geschehens auf einige herausragende Gestalten vor. Camillus' prominente Rolle in jener Zeit war durch ein Weihgeschenk in Gestalt von drei goldenen Schalen mit einer Namensinschrift aus einem Beuteerlös im Juppiter-Tempel auf dem Capitol bezeugt. Sie gingen erst beim Brand des Capitols 83 v. Chr. unter und bildeten zweifellos einen wichtigen Kristallisationspunkt für die Traditionsbildung. Den offenbar langwierigen Kampf Roms mit Veji nach dem Muster des zehnjährigen Kampfes gegen Troja zu gestalten konnte einem homerisierenden Dichter nicht fernliegen. Auch sonst fallen die Parallelen auf: Die Eroberung gelingt weniger durch rohe Gewalt als durch List, die Voraussetzung aber ist religiöser Natur, im Falle von Camillus das feierliche Herausbitten (evocatio) von Juno, der Schutzgöttin von Veji, die in Rom eine neue Heimstatt erhält.

Wieviel auch immer von der ‹religiösen› Prägung der Camillus-Figur in der populären Tradition schon vorgebildet war – die überlieferten Tempelstiftungen, die Beuteweihungen und das Weihgeschenk nach Delphi konnten es nahelegen, Camillus nicht als einfachen Kriegshelden zu zeichnen, sondern als einen Mann, der eine zentrale römische Tugend verkörperte: *pietas*, d. h. steten Respekt und Wahrung der Kommunikationsregeln gegenüber den Göttern und den Menschen, vor allem den eigenen Eltern. Auch der Beiname Camillus wies einen gelehrten Dichter wie Ennius in die gleiche Richtung, bedeutete das Wort doch ‹edelgeborener Knabe in der Funktion als Opferdiener›. Bei Livius jedenfalls spielt Camillus' *pietas* – neben seiner Siegmächtigkeit – die zentrale Rolle, der Bericht ist überhaupt auffällig um religiöse Themen zentriert.

Offenbar fand Ennius in der Tradition keinen Hinweis darauf, daß Camillus in der folgenden Katastrophe des Galliersturms irgendeine maßgebliche Rolle spielte – abgesehen von der Wiedergewinnung des Lösegeldes nach dem Ende der Besetzung oder der Verhinderung seiner Auszahlung ganz an ihrem Ende (s. o.). Camillus mußte also dauerhaft und ehrenvoll abwesend sein. Als elegante historiographische Lösung bot es sich an, den großen Retter der Stadt zwischenzeitlich im Exil weilen zu lassen. Das war eine durchaus rationale Schlußfolgerung aus den gegebenen Daten und den Anforderungen einer plausiblen Erzählung. Aber das so erschlossene Exil mußte begründet werden, plausibel mit Rücksicht auf die Hörer und zugleich dem Manne würdig. Was lag näher, als einen unmittelbar gegenwärtigen Fall zu bemühen: War nicht Scipio Africanus, der gefeierte Sieger über Hannibal, gerade erst – etwa 187 v. Chr. – von mißgünstigen Figuren in kleinlicher Pedanterie wegen des ungeklärten Verbleibs von staatlichen Geldern vor Gericht gezerrt und aus dem öffentlichen Leben gedrängt worden? Konnte nicht Camillus Ähnliches widerfahren sein? Wenn die ungerechtfertigte Verfolgung des Camillus schließlich ausdrücklich als Voraussetzung für die anschließende Katastrophe genannt wird, so entsprach das nicht nur dem Bedürfnis, eine zeitliche Folge von Ereignissen ursächlich zu verknüpfen – dies ist eine ebenso notwendige wie riskante Operation im Alltagsgeschäft eines jeden Historikers –, sondern war gewiß auch dem naheliegenden Vorbild des schmollenden Achilleus bei Homer abgeschaut, dessen Rückzug vom Kampf die verbleibenden Griechen an den Rand einer Niederlage bringt. Die Gründe für das zeitweilige Zerwürfnis zwischen dem Volk und Camillus waren daneben veränderlich, was in einer späteren Bearbeitung dazu führen konnte, mehrere Motive zu verbinden und dabei sogar noch einen Schatten auf Camillus fallen zu lassen, sei doch auch er nicht von gefährlicher Selbstüberhebung frei gewesen.

An diesen mit den Mitteln von Dichtung und Geschichtsschreibung (re-)konstruierten Kern konnten nun leicht, je nach den jeweiligen Orientierungsbedürfnissen, politisch aktuellen Analogien und Erfordernissen von Plausibilität und literarischer Ausgestaltung, weitere Elemente angekoppelt werden. Im Kontext der späten Republik etwa seit Marius und Sulla spielte das Motiv des ‹Vaters des Vaterlandes›, des zweiten Romulus und Neugründers von Rom, eine wichtige Rolle. Der Gedanke einer möglichen Verlegung Roms aus der Mitte der Welt war im Bundesgenossenkrieg und dann wieder in Octavians Propaganda gegen Antonius und Kleopatra aktuell geworden. Diese Tradition gab es freilich auch mit negativem Akzent. Plutarch erwähnt den Vorwurf gegen Camillus, er wolle erzwingen, Rom wieder aufzubauen, «damit er nicht nur Führer und Feldherr von Rom, sondern auch sein Gründer genannt werde und Romulus verdränge» (Plutarch, *Leben des Camillus* 31).

‹Innenpolitisch› motiviert war auch das Bild von Camillus als einem genauen Bewahrer der Regeln. Das vertrug sich bestens mit seiner *pietas*, enthielt aber zugleich eine klare politische Botschaft – kein eigenmächtiges Handeln, sondern Rückbindung an den Senat beziehungsweise Konsens mit ihm. Der mitunter übergenaue Legalismus von Camillus in staatsrechtlicher Hinsicht schuf seinerseits wieder erzählerische Zwänge bzw. Gelegenheiten zur farbigen Ausmalung: Wie ernennt das auf dem Capitol eingeschlossene Volk einen exilierten Privatmann in einer anderen Stadt korrekt zum Dictator? Die Antwort auf diese Frage gestattete den tollkühnen Streich eines schwimmenden Boten einzuflechten, und dieser wiederum gab eine plausible und anschauliche Erklärung dafür, wie die Gallier den verborgenen Weg zum Capitol hinauf finden konnten, was beinahe zur Eroberung dieser letzten Bastion in Rom geführt hätte. Das Beispiel zeigt, wie sehr sich im historiographischen Text die Charakterisierung einer Figur als *exemplum* positiver Verhaltensweisen und die dramatisch akzentuierte Erzählung der Handlung, also die Normen einer leserorientierten Literatur, wechselseitig durchdringen und bedingen konnten.

Es fällt auf, daß trotz dieser spätrepublikanischen Überformungen, in denen man auch Anspielungen auf Sulla und Caesar finden kann, der Kern der Camillus-Gestalt auch in der zur Komplexität fähigen, mehrere ‹Bedeutungsschichten› aus verschiedenen Zeiten harmonisierenden Geschichtsschreibung durch außenpolitisch-militärische Handlungen und Leistungen gekennzeichnet blieb. So entstand ein Bild, das in der Weltgeschichte nicht vereinzelt dastehen sollte: der Haudegen, der sich in der Innenpolitik unwohl fühlt. Nach Plutarch wurde Camillus einmal gegen den Willen des Volkes vom Senat zum Dictator ernannt, «und er hatte auch selbst keine Neigung dazu und wollte nicht Leuten scharf entgegentreten, die nach vielen schweren Kämpfen wohl ein freies Wort zu ihm sprechen durften, da er mehr mit ihnen als Feldherr als mit den Patriziern als Staatsmann zu tun gehabt hatte» (*Leben des Camillus* 39, 2). Schwankend zwischen Sympathien für die einfachen Leute, Handeln im Auftrag des Senats und Streben nach Konsens in der ganzen Bürgerschaft blieb der ‹innenpolitische› Camillus auffällig konturlos, auch aufgesetzte Leidenschaft vermochte ihn nicht zum Leben zu erwecken.

Camillus erscheint als Träger zentraler Werte wie Tapferkeit, Gerechtigkeit, Klugheit und Strenge, vor allem aber Frömmigkeit und Verläßlichkeit. Diese blieben jedoch im römischen Verständnis nie abstrakt, sondern manifestierten sich immer wieder in konkreten Handlungen und sinnfälligen Geschichten, auf die bei strittigen Entscheidungen gegebenenfalls verwiesen werden konnte, wenn es darum ging, sich der erprobten und normgebenden ‹Gewohnheit der Vorfahren› (*mos maiorum*) zu versichern. So soll sich Camillus die Möglichkeit geboten haben, die Stadt Falerii nach langer Belagerung kampflos in seine Gewalt zu bekommen: Ein treuloser Lehrer führt die Kinder der vornehmsten Bürger ins römische Lager und bietet sie als Druckmittel gegen die Verteidiger an. Camillus aber läßt den Verräter fesseln und übergibt ihn seinen Schülern, die ihn zurück nach Hause prügeln. In Falerii führt dieses Verhalten zu solcher Begeisterung, daß die Stadt sich den Römern freiwillig unterwirft. Diese erlegen Falerii daraufhin lediglich die Soldkosten des Feldzuges auf und gewähren, obwohl der Gegner ihnen völlig ausgeliefert ist, einen Frieden ohne weitere Lasten. Das im Wortsinne mustergültige Verhalten des Siegers veranlaßt die falerischen Gesandten im römischen Senat zu den Worten, durch den Ausgang des Krieges seien der ganzen Menschheit zwei wertvolle Beispiele gegeben, weil die Römer die Bewahrung der *fides* auch im Kriege dem Sieg um jeden Preis vorgezogen und die Falerier im Gegenzug den Römern den Sieg freiwillig zuerkannt hätten. *Fides*, ein Begriff mit einem weiten Bedeutungsspektrum, der mit ‹Verläßlichkeit›, ‹Vertrauen› oder ‹Glaubwürdigkeit› nur lexikalisch korrekt wiedergegeben werden kann, bezeichnete die durch den Handschlag symbolisierte Basis jeder dauerhaften sozialen Beziehung, nämlich das erwiesene und erwartete Vertrauen auf künftige Berechenbarkeit. Im römischen Binnenraum bezog sich diese Verschränkung von gegenseitigen Verpflichtungen oft auf Bindungen zwischen Gleichen oder aber auf das Verhältnis zwischen Patron und Klient. Gegenüber anderen Staatswesen hingegen war *fides* ausschließlich eine Vokabel der Macht und zugleich ein zentrales Konzept römischer ‹Außenpolitik›. Der schwächere ‹Partner› hatte sich dem römischen Willen zunächst uneingeschränkt zu unterwerfen; ihm blieb allein die Aussicht, damit eine Beziehung auf Wechselseitigkeit begründet und die Römer zur Mäßigung bewogen zu haben. Das ‹Sich-Übergeben in die römische *fides*› (*deditio in fidem*) bezeichnete so geradezu die Kapitulation im völkerrechtlichen Sinn.

Über das Bedeutungsspektrum von *fides* muß sich unser eingangs vorgestellter Tusculanus keine Gedanken machen. Viel mehr beschäftigt ihn die Frage, was sein Landsmann mit der Gegenwart, vor allem auch mit Augustus, zu tun haben könnte. Hinweise hat er viele gefunden. So sagt Camillus bei Livius an einer Stelle selbst, daß seit der Gründung Roms 365 Jahre vergangen seien, ein ‹großes›, kosmisches Jahr – und etwa genauso lang war die Zeit zwischen der Neugründung Roms nach dem Galliersturm und jenem denkwürdigen Tag, an dem Octavian zum Princeps Augustus wurde (16. Januar 27 v. Chr.). Doch unser gebildeter Tusculanus spielt nicht mit dem magischen Hintersinn von Zahlen, er schaut sich lieber die großen Männer an – und die Gründe, warum sie groß genannt zu werden verdienen. Frömmigkeit, Festhalten an den Traditionen und Regeln, obwohl er so große Macht besitzt, vor allem aber das Bemühen um einen Konsens aller Patrioten, das alles zeichnet auch den gegenwärtigen Princeps aus. Insofern tritt der Reisende den Rückweg mit Optimismus an. Ist die Geschichte Roms und Italiens trotz aller Rückschläge und dunklen Momente insgesamt nicht eine Erfolgsgeschichte gewesen? Und verkörpert sich in Gestalten wie Camillus und Augustus nicht die Kontinuität zwischen den Epochen, die Bewahrung der alten Prinzipien und zugleich der Mut zum Neuanfang, zur Neugründung auf altem, heiligem Boden? Zusammen mit einer Abschrift der beiden Livius-Rollen nimmt der Tusculaner viele Einsichten und eine tiefe Befriedigung mit nach Hause. Nur auf die Frage, wie Camillus denn nun ausgesehen hat, weiß er noch immer keine Antwort.

Appius Claudius Caecus – ein Leben in Zeiten des Umbruchs

von Bernhard Linke

Im Jahre 279 v. Chr. stand der römische Senat vor einer schweren Entscheidung. Die Römer befanden sich seit zwei Jahren im Krieg mit der im Süden Italiens gelegenen bedeutenden Hafenstadt Tarent, deren Einwohner zum griechischen Kulturkreis gehörten. Dieser Konflikt, dessen ursprüngliche Kräftekonstellation sehr günstig für die Römer gewesen war, hatte eine jähe Wendung genommen, als die Tarentiner König Pyrrhos, den Herrscher von Epirus (einer Region, die Gebiete im heutigen Südalbanien und Nordgriechenland umfaßte), zu Hilfe riefen. Pyrrhos, dessen Lebenslauf schon bis dahin eine unruhige Suche nach Profilierungsmöglichkeiten im größeren Stil verriet, akzeptierte das Anliegen der Tarentiner und trat in den Krieg gegen Rom ein. Er verfügte zu diesem Zeitpunkt über eine zwar nicht sehr große, aber dafür hochprofessionelle Armee, deren Schlagkraft die Römer 280 in der Schlacht von Herakleia in Süditalien schmerzlich zu spüren bekommen hatten. Zwar war dieses militärische Treffen der beiden Kontrahenten keine katastrophale Niederlage für die Römer, da auch Pyrrhos erhebliche Verluste erlitten hatte, aber an seinem Sieg gab es nichts zu deuteln. Aus dieser überlegenen Position heraus machte nun der epirotische König den Römern ein verlockend klingendes Angebot: Wenn sie die Unabhängigkeit von Tarent achteten und Pyrrhos in den Kreis der außenpolitischen Freunde aufnähmen, verpflichtete sich Pyrrhos, sie bei der Durchsetzung ihrer Interessen in Mittelitalien zu unterstützen und sich selbst in sein Heimatgebiet zurückzuziehen.

Das zuständige Gremium zur Beratung dieser Offerte war selbstverständlich der Senat, dem alle aktiven Politiker der römischen Führungsschicht angehörten; Männer, die im Normalfall als Amtsinhaber, Truppenführer und Offiziere schon vielfältige politische und militärische Erfahrungen hatten sammeln können. Ein großer Teil der römischen Senatoren neigte nun schon zur Annahme dieser günstigen Konditionen für die Beendigung des Krieges, als sich überraschend ein alter und ehrwürdiger Senator noch einmal in die politische Diskussion einmischte. Dieser Mann war Appius Claudius, der aufgrund seiner Erblindung den Beinamen «Caecus» (der Blinde) trug. In einer dramatischen Stellungnahme, die zu den ersten schriftlich festgehaltenen und als rhetorische Vorbilder verwandten Reden gehörte, beschwor Caecus die Senatoren, das in den letzten Jahren in vielen Kriegen Erreichte nicht durch aus der Situation geborenen Kleinmut wieder zu gefährden. Rom werde nur noch mehr gierige Beutejäger anlocken, wenn es in diesem Fall nachgäbe. Seine flammenden Worte stimmten die Senatoren um, und so lehnten sie das Angebot von Pyrrhos kategorisch ab. Sie blieben auch standhaft, als der König einen weiteren, diesmal sprichwörtlich gewordenen ‹Pyrrhossieg› 279 bei Ausculum errang und erneut ein Arrangement anbot. Der weitere Verlauf sollte ihnen recht geben. 275 kehrte Pyrrhos, nachdem er sich, auch ohne durchschlagenden Erfolg, in Sizilien betätigt hatte, enttäuscht in sein Stammreich zurück, und die Tarentiner konnten, auf sich allein gestellt, ihre unabwendbare Niederlage nur noch bis 272 hinauszögern. Mit diesem Sieg gewann Rom die Kontrolle über ganz Italien, und in den folgenden 100 Jahren stieg es zur bestimmenden Macht des damals bekannten Erdkreises auf – eine Entwicklung, die vielleicht anders verlaufen wäre, wenn man im Jahre 279 nicht dem Durchhalteappell des Appius Claudius gefolgt wäre.

Wer war nun dieser Appius Claudius Caecus, der durch seine Standhaftigkeit und Autorität seine Mitbürger in entscheidender Weise beeinflußte? Über seine Jugend wissen wir wenig, nicht einmal sein Geburtsdatum ist überliefert, das wir nur ungefähr auf die Zeit um 350 schätzen können. Er stammte aus einem alten und hervorragenden Adelsgeschlecht. Der Überlieferung nach sollen die Claudii ursprünglich keine Römer gewesen sein, sondern zum Nachbarstamm der Sabiner gehört haben. Erst 504, am legendenumrankten Anfang der Republik, hätten sie sich mit ihrer Gefolgschaft den Römern angeschlossen. In jedem Fall gehörten sie unstrittig zum alten Geburtsadel der Patrizier. Dieser Geburtsadel sah sich in seiner Machtausübung von Beginn der Republik an mit dem Widerstand breiter Bevölkerungsschichten konfrontiert, der Plebejer, von denen der wohlhabendere Teil die politische Gleichberechtigung forderte, während die Ärmeren auf ihre unhaltbare wirtschaftliche Lage aufmerksam machen wollten. Im Rahmen dieser sogenannten Ständekämpfe, die der Überlieferung zufolge das politische Leben Roms in den ersten 150 Jahren der Republik prägten, vertraten die Claudii stets eine harte Linie gegenüber möglichen Kompromissen. Doch im Laufe der Zeit wurde eine Kompromißlösung unabdingbar, wenn der römische Staat nicht Gefahr laufen wollte, sich durch innere Querelen gefährlich zu schwächen. So wurden die politisch einflußreichen Familien der Plebejer seit 367 zunächst zum höchsten Amt, dem Consulat, zugelassen und erhielten dann in den folgenden 70 Jahren sukzessive den Zugang zu allen wichtigen Ämtern. Dies war kein konfliktfreier Prozeß, und das Ringen um die Neuordnung der Machtverhältnisse wird die Wahrnehmung des politischen Lebens durch den jungen Appius Claudius Caecus wesentlich geprägt haben.

Der zweite entscheidende Faktor, der die Realität römischer Politik seit den vierziger Jahren des vierten Jahrhunderts zu dominieren begann, war eine Kette fast permanenter militärischer Konflikte, die schließlich zum Ende des Jahrhunderts hin in einer Expansion großen Stils gipfeln sollten, die bis ins erste Jahrhundert v. Chr. andauerte. Der junge Caecus wuchs also in einem Staat auf, für den militärische Auseinandersetzungen in einem selbst für antike Verhältnisse außergewöhnlichen Umfang zur Normalität des gesellschaftlichen Alltags wurden. Krisen und Erfolge verliehen gerade in dieser Zeit der politischen Sphäre eine hohe Dynamik. Oft mußten innen- und außenpolitische Grundsatzentscheidungen von großer Tragweite getroffen werden. Nicht immer war es dabei möglich, sich von traditionellen Orientierungsmustern leiten zu lassen. Kurz, der junge Caecus wuchs in einer Zeit des Umbruchs auf, und sein späteres politisches Wirken wurde schließlich gleichfalls zu einem Teil dieses Prozesses.

Über die ersten Stationen der politischen Laufbahn von Caecus sind wir nur äußerst spärlich informiert. Aus einer Inschrift, die erst knapp 300 Jahre nach seinem Tod entstand, wissen wir, daß er zunächst dreimal als Militärtribun, das heißt als junger Offizier in einer Legion, diente. Danach bekleidete er zweimal das Amt des curulischen Aedils. Die Inhaber dieser Position hatten für die Ordnung auf den Marktplätzen und in den Tempeln zu sorgen und die dort auftretenden Streitigkeiten zu entscheiden. Da wir über die reine Tatsache der Bekleidung des Amts durch Caecus hinaus keine Informationen über Zeitpunkt und Ausprägung der Amtsführung besitzen, können wir nur mutmaßen, inwieweit er diese Chance zur persönlichen Profilierung genutzt hat. Bemerkenswert ist allerdings der Umstand, daß er der einzige Römer der Republik ist, von dem wir hören, daß er dieses Amt zweimal bekleidet hat. Den Umstand, daß zu seiner Zeit die politischen Karriereverläufe noch nicht so strikt wie in späteren Perioden reglementiert waren, nutzte Caecus vielleicht dazu, sich durch eine zweifache Bekleidung dieses Amtes stärker im Bewußtsein der Öffentlichkeit zu verankern. Die Ursache dafür könnte in der Tatsache gelegen haben, daß die Claudii zwar von prominenter Herkunft waren, aber in den zurückliegenden 100 Jahren nur wenige Erfolge bei der Besetzung hoher Ämter aufweisen konnten. Auch in Rom verblaßte Prominenz im Laufe der Zeit, und so könnte sich Caecus gezwungen gesehen haben, dieses ‹Formtief› seines Geschlechts durch besonders fleißige Übernahme von unteren Magistraturen zu kompensieren.

Das erste hohe Amt, dessen Ausübung durch Caecus wir sicher datieren können, ist seine Censur im Jahre 312. Zunächst bedarf wohl das Amt des Censors selbst einer kurzen Erläuterung, die es gebührend von seinen wenig rühmlichen Nachfahren in der Terminologie des politischen Lebens der Neuzeit abgrenzt. Abgeleitet ist die Amtsbezeichnung von dem lateinischen Verb *censere* (‹zählen, einschätzen›). Dieses Wortfeld enthält bereits den entscheidenden Hinweis auf den ursprünglichen Kernbereich der censorischen Tätigkeit, die Eintragung der Römer in die Bürgerliste bei gleichzeitiger Einordnung in Vermögensklassen; letztere waren für den Militärdienst, die Besteuerung und das Stimmrecht in der wichtigsten Volksversammlung, den *comitia centuriata*, von wesentlicher Bedeutung. Vertraut man den in ihrer Zuverlässigkeit oft zweifelhaften Quellen zur frühen Republik, so war die Erstellung der Bürgerlisten in der ersten Hälfte des fünften Jahrhunderts, als das Gemeinwesen noch relativ klein und übersichtlich war, eine eher lästige bürokratische Pflicht, die die Oberbeamten nebenher erledigten. Im weiteren Verlauf der Entwicklung wurde sie ihnen dann abgenommen und den Inhabern des neugeschaffenen Censorenamtes übertragen, deren Tätigkeit zunächst nicht zu den herausragenden Ämtern gehörte. Gestärkt wurde aber die Stellung der Censoren durch die Tatsache, daß ihnen in zunehmendem Maße auch Verantwortung für die öffentlichen Bauten zuwuchs.

Der entscheidende Anlaß für die Aufwertung dieses Amtes auf der Prestigeskala der adligen Wettbewerbslogik war aber zweifellos die den Censoren durch das ovinische Gesetz im vierten Jahrhundert zugebilligte Kompetenz, auch die Liste der Senatoren zu erstellen und mithin einen nicht unwesentlichen Einfluß auf die Zusammensetzung des entscheidenden Gremiums der römischen Republik auszuüben. Auch wenn sie dabei natürlich nicht rein willkürlich vorgehen konnten, sondern in den Konsens der Oberschicht eingebunden waren und in späterer Zeit auch rechtliche Normen zu beachten hatten, verblieb doch ein beachtlicher Spielraum. Dieser Ermessensfreiraum bestand nicht nur in der Möglichkeit, Verwandte und politische Freunde bei der Aufnahme in den Senat zu bevorzugen, sondern auch Senatoren aus dem Gremium wieder zu entfernen, wenn ihnen grobe Verstöße gegen die traditionelle Ordnung zur Last gelegt werden konnten. Durch die *cura morum*, die Aufsicht über die Einhaltung der Sitten, erhielt die Censur einen hohen Stellenwert in dieser Gesellschaft, für die die althergebrachte Ordnung eine der wesentlichen Leitlinien des gesellschaftlichen Handelns darstellte.

312 stand die Censur noch am Anfang dieser Entwicklung, und die Rangordnung der Ämter hatte sich noch nicht verfestigt. Die meisten Censoren der zurückliegenden Jahrzehnte hatten vor der Amtsübernahme schon einmal das höchste Amt der Republik, den Consulat, bekleidet, ein untrügliches Indiz für die gewachsene Bedeutung der Censur. Nicht so Appius Claudius Caecus, er war vorher nur Aedil gewesen. Grund genug eigentlich, um besonnen und vorsichtig die neue Tätigkeit anzugehen. Doch dieses ‹eigentlich› galt nicht für Caecus. Es wurde kein leiser Einstieg in eine politische Karriere. Im Gegenteil, es war ein Paukenschlag, mit dem sich Caecus auf der höheren politischen Bühne einführte.

So legte er, wahrscheinlich gegen den Widerstand des Senats, eines der ehrgeizigsten Bauprogramme in der Geschichte des römischen Gemeinwesens auf, das die Staatsfinanzen stark strapazierte. Die Stadt wurde mit einer neuen Wasserleitung ausgestattet, die das anwachsende urbane Zentrum mit dem notwendigen Trinkwasser versorgte. Nach Süden hin begann er mit dem Bau einer neuen Straße, die nach ihrer Fertigstellung eine der entscheidenden Verkehrsadern des antiken Italien werden sollte. Wie es in Rom Sitte war, trugen diese Bauwerke den Namen ihres Schöpfers – im Falle des Appius also *Aqua Appia* und *Via Appia* – und verewigten ihn auf diese Weise im Gedächtnis der Römer.

Mehr noch als diese Bauprojekte erhitzte jedoch die Senatsliste, die Caecus vorlegte, die Gemüter. Die Consuln des Jahres 311 warfen ihm vor, verdienstvolle Männer zugunsten unwürdiger Kandidaten übergangen zu haben. Sogar Söhne von Freigelassenen, also ehemaliger Sklaven, soll Caecus in den Senat berufen haben. Die Consuln weigerten sich denn auch, den Senat nach der neuen Liste einzuberufen, und hielten sich statt dessen an die alte. Der Skandal war perfekt.

Damit nicht genug, Caecus ließ es zu, ja beförderte es vielleicht sogar, daß sich Teile der ärmeren Stadtbevölkerung, darunter auch Freigelassene, in die ländlichen Stimmbezirke, *tribus rusticae*, eintrugen. Die *tribus* waren als Stimmeinheiten in den Volksversammlungen wichtige Bausteine bei Entscheidungsprozessen in der römischen Republik. Ihre Zusammensetzung basierte ursprünglich auf dem Wohnortsprinzip, so daß die nach *tribus* gegliederten Versammlungen den regionalen Aufbau der Gesellschaft widerspiegelten. Die Wohnbezirke, die die *tribus* konstituierten, besaßen jedoch ganz unterschiedliche Ausdehnungen und Einwohnerzahlen. Da aber bei den Abstimmungen jede *tribus* zunächst intern eine Entscheidung fällte und diese dann mit einer Stimme in die Versammlung einbrachte, besaßen die Stimmen von Bürgern, die in kleineren und bevölkerungsärmeren *tribus* eingeschrieben waren, wesentlich mehr Gewicht als diejenigen der Bürger aus großen *tribus*. Die mit Abstand einwohnerreichsten Bezirke waren die vier städtischen *tribus*. Der individuelle Einfluß der dort abstimmenden Bürger war gegenüber demjenigen der Einwohner kleinerer Landtribus marginal. Die Aufgabe des Prinzips, die Eintragung in die ländlichen *tribus* an den Wohnort bzw. an Landbesitz zu binden, mußte die Kräfteverhältnisse in den Versammlungen merklich verschieben. Je mehr Bürger einer *tribus* in Rom bei der Abstimmung anwesend waren, um so geringer war der Wert der Stimme des einzelnen, und um so schwerer war die Beeinflussung des Ergebnisses. Diese Maßnahme in der Censur des Caecus war also nicht förderlich für die dominierende Position der römischen Oberschicht im politischen System der Republik, und deshalb wurde sie nach kurzer Zeit von nachfolgenden Censoren wieder aufgehoben.

Doch Caecus blieb seiner Linie treu. Nachdem sein Consulat im Jahre 307 ruhig verlaufen war, wurde 304 offensichtlich mit seiner tätigen Unterstützung Gnaeus Flavius, der Sohn eines Freigelassenen, zum curulischen Aedil gewählt. Allein die Tatsache, daß ein Mann von so niederer

Herkunft ein solches Amt erlangen konnte, sorgte für helle Empörung in der Oberschicht. Viele ihrer Angehörigen sollen aus Protest gegen diese Entwürdigung der republikanischen Institutionen die Ehrenabzeichen ihrer gesellschaftlichen Stellung zurückgegeben haben. Dieser massive Widerstand veranlaßte aber Flavius keineswegs dazu, der Oberschicht in der Amtsführung besonders entgegenzukommen, um deren ablehnende Haltung zu überwinden. Ähnlich wie sein Mentor Caecus und von diesem offensichtlich bestärkt, nutzte Flavius das Amt zur Einführung von Neuerungen: Er veröffentlichte nicht nur einen Kalender, der die Festlegung von Gerichtstagen für die gesamte Bevölkerung nachvollziehbar machte, sondern auch die im römischen Recht festgelegten Prozeßformeln, die für eine Prozeßführung von großer Bedeutung waren. Diese Aktivitäten trafen die römische Oberschicht empfindlich, da eine wichtige Basis ihrer herausgehobenen Stellung gegenüber der Restbevölkerung im Besitz von Herrschaftswissen bestand, das man nur durch die Ausübung bestimmter Ämter erlangen konnte. So legten die komplizierten kalendarischen Berechnungen die Tage fest, an denen öffentliche Aktivitäten erlaubt bzw. verboten waren. Deren Kenntnis – schon lange im vorhinein – bildete einen nicht zu unterschätzenden Organisationsvorteil im öffentlichen Raum. Diesen verloren nun die Angehörigen der Oberschicht genau wie ihr Wissensmonopol auf die altertümlichen Prozeßformeln, ohne deren Beherrschung niemand eine Erfolgschance vor Gericht besaß.

Die bisherigen Schilderungen der politischen Aktivitäten des Caecus lassen ihn als einen Politiker erscheinen, der sich trotz seiner vornehmen Herkunft in einem überraschenden Maße für die Interessen und Rechte der breiten plebejischen Bevölkerung einsetzte. Doch in den Jahren 301 und 300 opponierte dann Appius Claudius Caecus in einer ganz vehementen Art und Weise gegen das Gesetzesprojekt der Volkstribunen Quintus und Gnaeus Ogulnius, die auch Vertreter aus plebejischen Familien zu den wichtigen Priesterkollegien der Auguren und Pontifices zulassen und ihnen sogar eine feste Zahl von Stellen garantieren wollten. Caecus pochte hingegen auf die altangestammten und exklusiven Bindungen zu den Göttern, die allein den Familien des alten patrizischen Erbadels Roms attestiert wurden. Die Gefährdung der Beziehungen zu den sakralen Mächten war seit alters her ein erprobtes Kampfargument der Patrizier gegen eine Beteiligung der Plebejer an der politischen Führung gewesen. Nun nahm ausgerechnet der ansonsten so plebejerfreundlich agierende Caecus diese Argumente wieder auf, um auf verlorenem Posten gegen die Vollendung der Gleichberechtigung der Plebejer im politischen und sakralen Bereich zu kämpfen. Durchsetzen konnte er sich jedenfalls nicht, und so wurde die *lex Ogulnia* einer der letzten Marksteine auf dem Weg, strukturelle und institutionell fixierte Nachteile für plebejische Politiker zu beseitigen.

Trotz dieser politischen Niederlage versuchte Caecus dann bei den Consulatswahlen von 297 erneut das Rad der Zeit zurückzudrehen, indem er eine gemeinsame Kandidatur mit dem hoch angesehenen Patrizier Quintus Fabius Maximus Rullianus anstrebte. Da auch Caecus aus einer patrizischen Familie stammte, wäre der zwischen Patriziern und Plebejern geschlossene Kompromiß, Vertretern aus beiden Ständen jeweils eine Consulatsstelle pro Jahr zuzusichern, durchbrochen worden. Dies mußte bei den führenden plebejischen Familien für erhebliche Aufregung sorgen. Die Situation wurde aber dadurch entschärft, daß Fabius Rullianus auf seine Kandidatur verzichtete und Caecus in seinem zweiten Consulat im Jahr 296 von der Volksversammlung doch ein plebejischer Kollege an die Seite gestellt wurde.

Wie erklärt sich nun diese unterschiedliche Haltung von Caecus gegenüber den Anliegen der Plebejer? Gab es bei ihm einen Stimmungsumschwung in der Bewertung der politischen Situation, war er ein Opportunist, der sich in seinem Handeln von rein situativen und egoistischen Motiven leiten ließ, oder aber gibt es eine Erklärung, die seine ambivalente Haltung konsistent und einsichtig erscheinen läßt?

Letzteres scheint denkbar, wenn man sich vor Augen führt, daß es nie eine einheitliche plebejische Bevölkerungsgruppe in Rom gegeben hat, die in den politischen Auseinandersetzungen homogene Interessen vertreten hätte. Die Plebejer waren stets eine politische Notgemeinschaft ganz unterschiedlicher sozialer Gruppen gewesen, die nur durch den äußeren Druck zusammengeschweißt wurden, den die Monopolisierung der Machtausübung durch die Patrizier erzeugte. ‹Den Plebejer› gab es nicht. Familien, die reich genug waren, um sich politische Ambitionen leisten zu können, gingen ein Zweckbündnis mit den armen Bevölkerungsgruppen ein, die aus schierer persönlicher Not zur Konfrontation mit dem Patriziat bereit waren. Das gemeinsame politische Kampfbündnis bot für beide Seiten große Vorteile: Die reichen Plebejer bekamen erst durch die Masse der ärmeren Plebejer das politische Druckmittel in die Hand, das sie für die Durchsetzung ihrer Forderung nach Beteiligung an der Macht gegenüber dem Patriziat brauchten. Die ärmeren Plebejer erhielten durch das Bündnis mit den wohlhabenden Plebejern erst die erforderliche politische Führung, die die Erreichung ihrer sozialen Ziele nicht mehr illusorisch erscheinen ließ.

Mit dem Kompromiß von 367 wurde für diese Zweckgemeinschaft eine Wende angebahnt. In einem zähen Ringen erreichten die wohlhabenden Plebejer innerhalb der folgenden 70 Jahre den Zugang zu allen wichtigen Staatsämtern. Große plebejische Staatsmänner wie Quintus Publilius Philo oder Publius Decius Mus, die mehrfach den Consulat bekleidet hatten, waren in ihrem Prestige und ihrer gesellschaftlichen Stellung kaum mehr von den herausragenden Patriziern wie Marcus Valerius Corvus oder Quintus

Fabius Maximus Rullianus zu unterscheiden. Die Intensität der Bindungen an die ärmeren Plebejer, für die die Möglichkeit der Übernahme eines Staatsamts illusorisch blieb, konnte davon nicht unberührt bleiben. Zwar hatten auch die ärmeren Bevölkerungsteile einiges erreicht. So war der Verkauf verschuldeter Bürger in die Schuldsklaverei, das *nexum*, verboten worden, und vielleicht ist es im Zuge der Regelungen von 367 auch zu einer gerechteren Verteilung des Staatslandes gekommen. Doch eine sozialpolitische Programmatik verfolgten die plebejischen Oberbeamten nach 367 in keinem Fall. Politik hatte in Rom vor allem eine personale und kaum eine inhaltliche Dimension, und dies sollte auch nach dem sogenannten Ausgleich der Stände so bleiben. Nicht wenige der ärmeren Plebejer, die keine besondere persönliche Beziehung zu einer der neuen plebejischen Führungskräfte besaßen, werden durch diese Entwicklung in ihrer gesellschaftlichen Orientierung verunsichert worden sein.

Im Patriziat andererseits müssen auch erhebliche Spannungen aufgetreten sein, da dieser alte Adel nur noch einen von zwei Consuln stellte. Bei der Auswahl der aristokratischen Kandidaten im Rahmen der Besetzung dieser Stelle gab es Gewinner und Verlierer. Die politisch erfolgreich agierenden Familien suchten offensichtlich den Interessenausgleich mit den aufstrebenden plebejischen Familien und legten damit den Grundstein für die patrizisch-plebejische Oberschicht der klassischen Republik, die Nobilität.

Die patrizischen Familien, die beim Ringen um die politischen Führungspositionen weniger erfolgreich waren, sahen langfristig ihre politische Stellung gefährdet, auch wenn ihre vornehme Herkunft nie angezweifelt wurde. Angesichts der eher bescheidenen Präsenz der Claudii in den Beamtenlisten dieser Epoche ist es daher gut möglich, daß Appius Claudius Caecus in einem familiären Umfeld aufwuchs, das in seinem gesellschaftlichen Status verunsichert war. In dieser Situation lag es nahe, die Plebejer, die nicht von dem Aufstieg ihrer Standesgenossen profitiert hatten, im politischen System zu stärken und damit die eigene Machtgrundlage zu vergrößern. Hierin könnte einer der Beweggründe für die politischen Aktivitäten des Caecus liegen, die so gar nicht zu einem Sproß aus einer konservativen patrizischen Familie passen wollen. Mit der Unterstützung dieser Bevölkerungskreise war aber in keiner Weise die Sympathie mit den aufgestiegenen Plebejern verbunden. Ganz im Gegenteil, je besser die Plebejer sich in den Führungspositionen etablierten, um so geringer waren die verbleibenden Standesprivilegien der Patrizier. Daher galt dem Zurückdrängen ihres Aufstiegs die politische Energie des Caecus. Die Unterstützung der Mittel- und Unterschichten der Plebejer war somit nicht unvereinbar mit der Bekämpfung der gesellschaftlichen Arrivierung der plebejischen Oberschicht.

Die innenpolitische Lage Roms in der zweiten Hälfte des vierten Jahrhunderts war also ausgesprochen kompliziert. Die den Patriziern abgerungenen Zugeständnisse an die reichen Plebejer lösten einen Prozeß der politischen Neuorientierung in den führenden Kreisen der römischen Republik aus. Diese dynamische Situation ließ neue Konstellationen möglich erscheinen, und die aufstrebenden ‹Sieger› sahen sich mit ungewöhnlichen Aktivitäten statusgefährdeter ‹Verlierer› konfrontiert. Aber wie konnte es nun dazu kommen, daß ein Mann wie Caecus, der in dieser komplexen Gemengelage offensichtlich eine besonders umstrittene Rolle spielte, um 279 im Krieg gegen Pyrrhos mit so großer und offenbar allgemein anerkannter Autorität die Entscheidung herbeiführen konnte? Die Lösung dieser Frage liegt im Phänomen der Entstehung eines neuen gesellschaftlichen Gleichgewichts begründet, das sich in der Generation von Caecus ausbildete. Zweifellos beruhte dieses Gleichgewicht in vielerlei Hinsicht auf den Gesetzen und innenpolitischen Regelungen des vierten Jahrhunderts. Ein Großteil der Brisanz dieser Neuregelungen konnte jedoch nur dadurch verringert werden, daß es zeitgleich zu dramatischen Veränderungen in der äußeren Situation des römischen Gemeinwesens kam. Durch die einsetzende Expansion und die Entstehung der mit ihr verbundenen neuen Aufgabenfelder und Chancen veränderte sich auch die innenpolitische Konstellation der Republik vollständig.

Schon 338 hatten die Römer mit der Festigung ihrer Vormachtstellung in ihrer Heimatregion Latium einen wichtigen ersten Schritt zur Sicherung ihrer Position in Mittelitalien gemacht. Die Ausdehnung ihrer Interessensphäre nach Campanien, ins Hinterland von Neapel, brachte sie schließlich in Konflikt mit dem Samnitischen Bund, einem Zusammenschluß von Bergstämmen im südlichen Apennin. Nach der demütigenden Niederlage von Caudium 321 konnten die Römer sich allmählich Vorteile verschaffen, so daß sie 304 in überlegener Position Frieden schließen konnten. Bereits in den vorausgegangenen Jahren waren sie militärisch, aber auch diplomatisch nach Osten bis zur Adriaküste, nach Norden in Etrurien und nach Nordosten in Umbrien sehr erfolgreich aktiv geworden. Von 298 bis 290 kam es dann zu einem letzten, wenn auch vergeblichen Kraftakt der betroffenen Völker in dem Bemühen, die römische Dominanz abzuschütteln. In nur 50 Jahren hatte sich die politische Welt der Einwohner der italienischen Halbinsel von Grund auf verändert. Ein mittelgroßes Gemeinwesen, dessen politische Ausstrahlung sich lange nur auf das eigene regionale Umfeld erstreckt hatte, war zur Hegemonialmacht in Italien aufgestiegen.

Einen zentralen Pfeiler für die dauerhafte Herrschaftsetablierung der Römer in Italien bildete die Gründung einer großen Zahl von Wehrsiedlungen, Colonien, die die Römer in Italien anlegten. Die Siedler in diesen Colonien waren verpflichtet, die militärischen Interessen Roms vor Ort wahrzunehmen, und erhielten dafür im Gegenzug Grund und Boden zur landwirtschaftlichen Nutzung zugewiesen. Mit Hilfe dieser Colonien gelang es Rom, seine Hauptgegner in Italien zunächst militärisch einzukreisen und später nach dem Sieg in der Bündnisloyalität zu halten. Ein bedeutender Teil der erheblichen Zahl von Siedlern, die für die Errichtung dieses Systems erforderlich war, kam aus den ärmeren Bevölkerungsschichten, die auf diese Weise am Erfolg ihres Gemeinwesens partizipierten. Ein Nebenprodukt des Aufstiegs Roms in Italien war daher auch die Entschärfung der sozialen Gegensätze im Inneren. Diese dauerhafte Stabilisierung breiter Bevölkerungsteile in wirtschaftlicher und sozialer Hinsicht hat nicht unwesentlich zu einer starken Identifikation auch der Mittel- und Unterschichten mit dem römischen Gemeinwesen beigetragen.

Der atemberaubende Aufstieg Roms zu einer Großmacht des Mittelmeerraums brachte also Vorteile für alle Bevölkerungsschichten. Die ärmeren Römer hatten Anteil am materiellen Erfolg der Expansion, die führenden Kreise bekamen machtpolitische Möglichkeiten, von denen ihre Vorfahren nicht zu träumen gewagt hätten. So überrascht es nicht, daß dieser Aufstieg mit einer zunehmenden Überhöhung des eigenen Gemeinwesens und seiner weltgeschichtlichen Rolle im Bewußtsein der Römer verbunden war. Erfolg schweißt zusammen. Er milderte auch die Konflikte zwischen den politischen Interessengruppen, und das Gefühl der Einheit bestimmte künftig die Wahrnehmung der neuen Oberschicht. Der hohe Blutzoll, den insbesondere diese Kreise für die fast permanente Kriegführung zu zahlen hatten, wird auch dazu beigetragen haben, die Konkurrenz um die hohen politischen Ämter in erträgliche Bahnen zu lenken. Als Caecus sich also 279 so nachdrücklich zu Wort meldete, waren die Konflikte, in denen er manch eigenwillige Position eingenommen hatte, verblaßt und hinter die grandiose römische Erfolgsgeschichte der letzten Jahrzehnte zurückgetreten.

Quintus Fabius Maximus – Musterkarriere ohne Zögern

von Hans Beck

«Ein einziger Mann hat uns durch sein Zögern den Staat wiederhergestellt. Denn irgendwelches Gerede ging ihm nicht über das Wohl der Allgemeinheit. Im nachhinein glänzt sein Ruhm daher jetzt noch mehr.» Das Elogium des Dichters Ennius auf die bedächtig-zögerliche Kriegführung des Fabius Maximus war in Rom von kanonischer Berühmtheit. In ihrem Kern priesen diese Verse die Ermattungsstrategie des Fabius als Dictator des Jahres 217: Da die Römer in den ersten Schlachten des Zweiten Punischen Krieges schwere, ja teilweise vernichtende Niederlagen erlitten hatten, entwickelte Fabius die ebenso einfache wie scheinbar geniale Strategie, Hannibal eine weitere große Feldschlacht zu verweigern und die karthagischen Kontingente statt dessen in kleineren Gefechten und Scharmützeln zu zermürben.

Die römische Geschichtsschreibung hat die Dictatur des Fabius später in leuchtenden Farben ausgemalt und insbesondere den Konflikt zwischen Fabius und seinem *magister equitum* (Reiteroberst) Marcus Minucius Rufus um die behutsame Kriegführung des Dictators mit allerlei dramatischen Elementen ausgeschmückt, immer freilich in der rückblickenden Gewißheit, daß die sprichwörtlich gewordene *cunctatio* (Zögerlichkeit) des Fabius letztendlich Hannibals Untergang besiegelt und so – zumindest an ihrem Ergebnis gemessen – über alle inneren Widerstände triumphiert hatte. In der jüngeren Annalistik wurde die Zögerlichkeit des Fabius zum *exemplum*, zum Paradebeispiel römischer Beharrlichkeit, was schließlich zur Erfindung des berühmten Beinamens «Cunctator» (der Zögerer) geführt hat, unter dem Fabius in die Geschichte eingegangen ist. In Plutarchs Lebensbeschreibung des Fabius Maximus sind Zögerlichkeit und Zurückhaltung bereits zu alles überlagernden Charakterzügen des Römers geworden; Plutarch weiß denn auch von einem weiteren (ebenfalls erfundenen) Cognomen, *Ovicula* (das Schäfchen), das der junge Fabius aufgrund seines sanftmütigen, bisweilen gar schwerfälligen Wesens erhalten haben soll. Hinter diesen moral-biographischen Deutungsvarianten der Fabischen *cunctatio* bleibt die tatsächliche Vita des Fabius Maximus bei Plutarch und in der antiken Überlieferung insgesamt dagegen relativ konturlos.

Fabius ist in dieser Traditionsbildung aber auch zur wirkkräftigen Symbolfigur über die Antike hinaus geworden, die bis heute in der europäischen Tradition weiterlebt. Der «Cunctator» ist in der großen Literatur vielfach rezipiert worden, etwa in den Werken Macchiavellis und Molières – mal als prinzipienfester Staatsmann, mal als schüchterner, beinahe komischer Zauderer. In der Renaissance-Malerei wurde der Ruhm des Fabius mit einer pietätvoll-religiösen Aura umgeben – Francesco da Siena hat dem Dictator einen eigenen Gemäldezyklus gewidmet. Und im Großbritannien des ausgehenden 19. Jahrhunderts wurde Fabius zur Referenzfigur der sozialistischen «Fabian Society» hochstilisiert, die ihr Programm der Verstaatlichung privater Produktionseinrichtungen erklärtermaßen im Sinne der Fabischen *cunctatio* verwirklicht wissen wollte. Kurzum: Fabius Maximus ist in der kulturellen Erinnerung der Neuzeit zum westlich-abendländischen Paradigma für Charakterfestigkeit, Ausdauer und Prinzipientreue umgeformt worden. Kehren wir zu Ennius, dem jüngeren Zeitgenossen des Fabius und Ausgangspunkt dieser Traditionsgenese zurück, so ist freilich nach der konkreten politisch-historischen Konfiguration zu fragen, unter der *cunctatio* überhaupt erst als besondere Leistung verstanden werden konnte. Paradoxerweise scheint Zögerlichkeit ja zunächst einmal die vorübergehende Aufschiebung einer anderen Leistung zu bedeuten. Und zum römischen Tugendkanon gehörte Zögerlichkeit schon gar nicht.

Quintus Fabius Maximus «Verrucosus» (der Bewarzte) wurde um das Jahr 275 v. Chr. geboren. Wenngleich der Ständegegensatz zwischen den Patriziern und dem einfachen Volk zu dieser Zeit faktisch beseitigt war und dieses Ende 287 in der *Lex Hortensia* auch rechtlichen Reflex gefunden hatte, waren mit der patrizischen Geburt weiterhin wichtige Standesprivilegien verknüpft. Für einen Sprößling aus dem Hause der Fabier traf dies in besonderer Weise zu. Als eine der fünf *gentes maiores* gehörten die Fabier zum «inner circle» der Nobilität, zur Elite der aristokratischen Oberschicht, die ihr Sozialprestige vor allem auch aus sagenumwobenen Heldengeschichten und mythischen Genealogien bezog.

Nach einer weitläufig bekannten Version der Fabischen Familiengeschichte, wie sie vielleicht schon vom Geschichtsschreiber Quintus Fabius Pictor vorgeformt wurde, führte die *gens Fabia* ihren Stammbaum bis auf Herakles zurück. Im berühmten Privatkrieg der Fabier gegen Veji sollen allerdings alle 306 männlichen Mitglieder des Clans am Cremera-Bach in einen Hinterhalt gelockt und getötet worden sein (der Tradition nach im Jahr 479 v. Chr.) – bis auf einen minderjährigen Sohn freilich, der dem Publikum derartiger Geschichten das Fortleben der Fabier plausibel machte. Solche Deutungsmuster der Vergangenheit waren natürlich Aitiologien, die die gegenwärtige Machtstellung einer *gens* mit ihren myth-historischen Ursprüngen erklären (und legitimieren) sollten. Als solche waren sie aber fester Bestandteil des aristokratischen Selbstverständnisses und damit Spiegel des Adelsethos der römischen Nobilität.

Hohes Sozialprestige verlangte in Rom jedoch zuallererst nach Kriegsruhm. Die Verdienste der Fabier um die *res publica* waren unbestritten, in der jüngeren Vergangenheit mithin unübertroffen: Quintus Fabius Maximus Rullianus hatte es aufgrund seiner militärischen Leistungen in der Ära der Samnitenkriege fünfmal zum Consulat gebracht und galt seit der sagenumwobenen Schlacht von Sentinum (295) als der strahlende Held Roms. Viel von diesem Glanz ist auf seinen Sohn Quintus Fabius Maximus Gurges (erstmals Consul 292) und dessen gleichnamigen Sohn und Vater des Verrucosus, Q. Fabius Maximus Gurges (erstmals Consul 265) übergegangen. Immerhin konnten die Fabii Maximi in den folgenden Generationen durchweg die Würde des *princeps senatus* für sich beanspruchen, der die übrigen Senatoren zwar nicht an Amtsgewalt, wohl aber an *dignitas* und *auctoritas* überflügelte. Ob es der jugendliche Fabius verstehen würde, dieses symbolische Kapital als «Einstiegsticket» in eine erfolgreiche Karriere zu nutzen, mußte sich im heraufziehenden Krieg gegen Karthago herausstellen.

Mit dem Ende des Pyrrhoskrieges hatte sich die machtpolitische Konstellation im westlichen Mittelmeerraum grundlegend gewandelt. Da auf absehbare Zeit nicht mehr mit der Intervention einer der hellenistischen Mächte zu rechnen war, kamen in der *Magna Graecia* nur noch Rom, die neue Herrin der Apennin-Halbinsel, und Karthago als Ordnungsmächte in Frage, deren jeweilige Einflußzonen sich am Stiefel Italiens unmittelbar berührten. Unter diesen geostrategischen Rahmenbedingungen riefen im Jahr 269 in Messina ansässige Söldner – eine Räuberbande, die sich selbst *Mamertini* (Marssöhne) nannte – die Karthager gegen Hieron II. von Syrakus zu Hilfe und richteten dann, nachdem sie sich mit der karthagischen Besatzung überworfen hatten, ein Freundschaftsgesuch an die Römer (264). Polybios, unsere Hauptquelle für diese und die folgenden Ereignisse, berichtet, daß das Mamertinergesuch den Senat vor eine schwere Entscheidung gestellt haben soll. Vor allem mußte unter den Senatoren die Frage strittig sein, ob nach der soeben abgeschlossenen Eroberung Italiens ein Krieg in Sizilien ratsam schien, der die römischen Kräfte längerfristig jenseits der Straße von Messina binden würde. Der kriegslüsterne Consul Appius Claudius Caudex brachte die Angelegenheit schließlich vor das Volk, das in der Hoffnung auf schnelle und reiche Beute für die Aufnahme der Mamertiner in die Liste der befreundeten Staaten votierte. Weitsichtigeren Senatoren mußte klar sein, daß dieser Vorstoß von den Karthagern als Einmischung in ihre traditionelle Interessensphäre empfunden werden konnte. Dieses Risiko einer Eskalation des Konfliktes wurde auf römischer Seite bewußt in Kauf genommen.

Die ersten Kampfhandlungen konzentrierten sich auf Sizilien. Zu einer Ausweitung des Krieges kam es erst, als die Römer eine eigene Flotte auf Kiel legten, mit der der Consul Gaius Duilius bei Mylai vor der Nordküste Siziliens einen spektakulären Sieg errang (260). Beflügelt von ersten

Erfolgen zur See faßte der Senat den Beschluß, im Jahr 256 eine Flotte von 230 Penteren (sog. Fünfruderer) zu entsenden, die den Krieg in einer großangelegten Invasion nach Afrika tragen sollte. Zwar erfocht die römische Armada bei Eknomos vor der Südküste Siziliens erneut einen fulminanten Sieg über eine karthagische Entsatzflotte; das eigentliche Ziel der Expedition endete allerdings im Desaster. Entgegen der Weisung des Senats unternahm der im Spätherbst gelandete Consul Marcus Atilius Regulus einen Vorstoß in das karthagische Kernland, wo sein Heer vernichtend geschlagen wurde. Von den 15 000 Legionären kamen kaum mehr als 2000 mit dem Leben davon. Nautische Unerfahrenheit führte im Folgejahr zum Verlust einer Flotte von fast 300 Penteren – die Zahl der Toten ging in die Zehntausende; kurze Zeit später sanken drei weitere römische Geschwader in Sturmkatastrophen. Nach diesem desaströsen Scheitern der doppelten Afrika- und Seestrategie verfielen die Kämpfe wieder in einen Stellungskrieg auf Sizilien, aus dem man sich erst wieder löste, als die Römer unter Aufbietung der letzten Ressourcen abermals eine Flotte ausrüsteten und die Karthager bei den Ägatischen Inseln schlugen (241). Karthago verstand sich daraufhin zum Frieden.

Die Karriere des Fabius während dieses mehr als 20 Jahre andauernden Krieges ist uns nicht bekannt. Doch steckt gerade in den kollektiven Erfahrungen, die Fabius mit den jungen *nobiles* seiner Generation teilte, manches, was die individuelle Biographie erhellt. So müssen die Unbeugsamkeit und die Zähigkeit, mit denen der Krieg auf römischer Seite geführt wurde und die den Staat zwischenzeitlich an den Rand der völligen Erschöpfung gebracht hatten, für die jungen Soldaten prägende Erfahrungen gewesen sein. Roms Stärke lag dabei nicht im Schlagen von Schlachten selbst, sondern vor allem in seiner inneren Geschlossenheit und in der Stabilität des Bundesgenossensystems. Um so schwerer wogen vermeidbare strategische Fehlentscheidungen. Die späteren Haudegen des Hannibalkrieges, Fabius Maximus, Marcus Claudius Marcellus und Quintus Fulvius Flaccus – jetzt Männer in ihren Zwanzigern, die beim Ableisten ihres Militärdienstes ihre ersten Sporen verdienten – dürften das Regulus-Fiasko und das Scheitern der Afrikastrategie als einschneidende Ereignisse empfunden haben.

Das wenige, was wir über die frühe Karriere des Fabius wissen, fällt in die unmittelbare Nachkriegszeit. Anhaltspunkt ist die Inschrift der Ehrenstatue des Fabius auf dem Augustusforum, die in einer Abschrift aus Arretium erhalten geblieben ist. Danach war der junge Fabius nach Ableistung seiner Militärstipendien zweimal *tribunus militum* (Legionsoffizier); um das Jahr 237/6 erfolgte der Eintritt in die Ämterlaufbahn, zunächst die zweimalige Bekleidung der Quaestur, dann der Aedilität; 233 der erste Consulat (die Praetur wurde übersprungen) und der erste Triumph, 230 die Censur, 228 bereits der zweite Consulat.

Hinter diesem dürren Datengerüst steckte eine patrizische Musterkarriere. Während Bewerber um die Quaestur seit 267 um acht Stellen konkurrierten, stieg der Druck unter den patrizischen Kandidaten für die Aedilität merklich an. Da den Plebejern grundsätzlich die zwei *aediles plebis* reserviert waren und zu curulischen Aedilen im Jahreswechsel je zwei Patrizier und zwei Plebejer gewählt wurden, blieben ihnen alle zwei Jahre gerade einmal zwei Stellen zur Verwirklichung entsprechender Ambitionen. Eine straffe Reglementierung der Ämterlaufbahn, wie sie in der *Lex Villia annalis* im Jahr 180 festgeschrieben wurde, hat es im dritten Jahrhundert noch nicht gegeben; die Auslassung der Praetur auf dem Weg zum Consulat war demnach kein Sonderfall. Allerdings wurde die im Jahr 342 mit den *Leges Genuciae* verabschiedete zehnjährige Sperrfrist für die Wiederholung des Consulats in den Jahrzehnten nach dem Pyrrhoskrieg im allgemeinen respektiert. Fabius' Iteration nach nur vier Jahren stellte hier eine der seltenen Abweichungen dar, die den Ausnahmecharakter der steilen Karriere ebenso unterstreicht wie der Triumph im ersten Consulat: Obwohl seine Kriegführung in Ligurien keinen durchschlagenden militärischen Erfolg gezeitigt hatte, wurde dem Fabius ein Triumph gewährt. Den anderen Feldherren der Ligurerkriege blieb diese Auszeichnung weitestgehend versagt.

Die im Karthagerkrieg intensivierten Kontakte zur griechischen Welt bewirkten in der Dekade nach dem Lutatius-Frieden, daß Rom nun auch verstärkt in den Bannkreis der hellenischen Kultur gezogen wurde. Bis dahin unterhielten nur vereinzelte Adelshäuser intensivere Kontakte nach Griechenland, allen voran die *gens Fabia*, auf deren Erfahrungen und Kompetenz der Senat bei diplomatischen Missionen in den Osten rekurrierte. In dieser Familientradition hatte auch Fabius Maximus eine exzellente griechische Ausbildung erhalten. Nicht zuletzt deshalb scheint Fabius – Cicero sollte ihn später als erstaunlich belesenen und rhetorisch geschulten Mann loben, «gerade für einen Römer» (*Über das Alter* 12) – maßgeblichen Einfluß auf die erste «Hellenisierungswelle» der Tibermetropole genommen zu haben. Ein Jahr nach Ende des Karthagerkrieges brachte Livius Andronicus eine griechische Tragödie in lateinischer Umarbeitung auf die Bühne, und um das Jahr 235 – Fabius bekleidete gerade die Aedilität, bei der die Organisation solcher Veranstaltungen lag – folgte Gnaeus Naevius mit einer ersten Komödie. Den ersten Höhepunkt dieses wechselseitigen Annäherungsprozesses hellenischer und römischer Kultur stellte die Zulassung römischer Wettkämpfer zu den Isthmischen Spielen im zweiten Consulat des Fabius 228 dar – für die Nobilität eine Sensation, die man mit dem griechischen Engagement des Consuls in Verbindung bringen mußte.

Dieser kulturelle Aufschwung der Nobilität wurde im Jahr 218 abrupt durch den Ausbruch des Zweiten Punischen Krieges unterbrochen. Die Karthager hatten sich in den Jahren nach 237 unter Hamilkar Barkas eine neue Machtbasis in Iberien geschaffen, die die Verluste Sardiniens und Siziliens kompensieren und die drückende Last der Reparationszahlungen des ersten Krieges gegen die Römer lindern sollte. In Rom wurde der Aufstieg der Barkiden mit Aufmerksamkeit verfolgt, der Senat begnügte sich aber im Jahr 226 damit, den weit nördlich des barkidischen Operationsgebietes fließenden Ebro als Demarkationslinie karthagischer Ambitionen festzulegen. Zu Streitigkeiten kam es, als Hannibal sich im Frühjahr 219 an die Belagerung Sagunts machte, einer Stadt 150 km südlich der Ebromündung und somit im karthagischen Interessengebiet, die aber seit einiger Zeit freundschaftliche Beziehungen mit Rom pflegte. Sagunt wurde nach achtmonatiger Belagerung erobert und zerstört.

Der Fall Sagunts führte zu heftigen Debatten im Senat. Wie sollte man reagieren? Der Überfall auf einen befreundeten Staat mußte nicht nur die Gemüter der «Falken» erregen. Daß zwischen Rom und Sagunt aber kein formales Bündnis bestand – die römische Überlieferung verschleierte diesen Sachverhalt später sorgfältig und präsentierte das Verhältnis zu Sagunt im Lichte einer gegenseitigen Treueverpflichtung – und Sagunt zudem im karthagischen Einflußgebiet lag, konnte selbst von den Kriegsbefürwortern nicht geleugnet werden. Der kaiserzeitliche Historiker Cassius Dio berichtet von einer Debatte, in der Fabius dafür plädiert haben soll, von einer sofortigen militärischen Intervention abzusehen und statt dessen die diplomatischen Möglichkeiten zur Beilegung der Krise auszuloten; ein Waffengang sollte erst als letzte Option erwogen werden (Cassius Dio *Fragment* 55). Die Quellenanalyse hat gezeigt, daß diese Rede des Fabius wahrscheinlich eine Erfindung Dios ist, so also nie gehalten wurde. Dies leuchtet auch insofern ein, als Fabius' zögerliches und bedächtiges Auftreten augenfällig in die legendendurchwirkte Tradition vom *Cunctator* gehört und demnach eher kaiserzeitliche Vorstellungen vom «großen Zauderer» widerspiegelt als seine tatsächliche Politik.

Quellenkritik und Überlieferungsgeschichte dürfen allerdings nicht den Blick auf den historischen Bezugsrahmen verstellen: Die Schauplätze eines neuerlichen Krieges mit Karthago lagen potentiell in Iberien und Afrika. Nach den Erfahrungen des Ersten Punischen Krieges mußten die Ausmaße eines solchen Überseekrieges alles übersteigen, was Rom bis dahin erfahren hatte. Schon allein deshalb wird es auf römischer Seite einen Kreis von Senatoren gegeben haben, der zur Vorsicht mahnte; wahrscheinlich trat Fabius als Exponent dieser Politik auf. Im Frühjahr 218 wurde tatsächlich eine Gesandtschaft nach Karthago geschickt – die Quellen nennen einen Fabius als Gesandtschaftsführer, vielleicht Fabius Maximus selbst –, welche allerdings über keinen sonderlichen Verhandlungsspielraum verfügte. Als die karthagischen Oberbeamten die Auslieferung Hannibals ablehnten, erklärten die Römer den Krieg.

Wie auch immer die römische Kriegsstrategie ausgesehen hatte, Hannibals kühne Alpenüberquerung und sein blitzartiger Vormarsch nach

Oberitalien hatten sie gründlich durchkreuzt. Noch im Herbst 218 kam es zu einer für die Römer verlustreichen Reiterschlacht am Ticinus; kurz darauf schlug Hannibal ein römisches Aufgebot an der Trebia. Im Frühjahr wurde ein Heer unter Führung des Consuls Flaminius am Trasimenischen See vernichtet. Die Nachricht vom Untergang des Flaminius verbreitete sich in Rom wie ein Lauffeuer. Hatten zuvor allerlei Prodigien zu Verängstigung und Unruhe in der Bevölkerung geführt, so brach nun offene Hysterie aus. In dieser kritischen Situation entschloß man sich zu tiefgreifenden Maßnahmen: Da künftig allein die militärische Expertise von Bewerbern um den Consulat ausschlaggebend sein sollte, wurden die Sperrfrist und alle weiteren Beschränkungen bei der Wiederwahl von Consularen durch das *plebiscitum de lege solvendis consularibus* suspendiert (Livius 27, 6, 7). Zur Führung des Staates sollte ein Dictator bestellt werden, doch machte dieser Schritt die Anwesenheit eines Consuls erforderlich, bei dem das alleinige Recht zur Ernennung des Dictators lag. In dieser verzwickten Lage – Flaminius war gefallen und Gnaeus Servilius mit seinen Truppen von Rom abgeschnitten – ging der Senat zu der unkonventionellen Lösung über, den Dictator durch das Volk wählen zu lassen, ebenso wie den Reiteroberst, der für gewöhnlich vom Dictator ernannt wurde. Die Wahl der Volksversammlung in den Centuriatcomitien fiel auf Fabius Maximus und Minucius Rufus (Mai 217).

Fabius' erste Amtshandlung galt der Wiederherstellung der *pax deorum* (Frieden mit den Göttern). Nach Befragung der Sibyllinischen Bücher wurde verkündet, daß eine *supplicatio* (Bittfest) und ein *lectisternium* (Göttermahl) abzuhalten seien. Ferner wurde ein *ver sacrum* gelobt: Falls der Staat in den nächsten fünf Jahren erhalten bliebe, sollte alles Herdenvieh eines Frühjahrs geopfert werden. Fabius selbst gelobte der Venus vom sizilischen Eryx-Berg einen Tempel – den Sibyllinischen Büchern zufolge sollte dies der Mann mit der höchsten Staatsgewalt übernehmen. Der Gatte seiner Nichte, Titus Otacilius Crassus, versprach einen Tempel für die Göttin Mens.

Nichts verdeutlicht die tiefe Glaubenskrise, in die die altrömische Religion in den ersten Kriegsjahren geraten war, besser als Fabius' umfassender Maßnahmenkatalog zur Sühnung der Prodigien. In der modernen Forschung wird diese religiöse Tätigkeit des Dictators teils als echte Gläubigkeit, teils aber auch als bloßer Steigbügel für politische Zwecke gedeutet; beide Urteile greifen zu kurz. Wir haben hier vielmehr mit einer seltsamen Gemengelage aus Religiösem und Rationalem, aus *pietas* und ihrer Verquickung mit dem Politischen zu rechnen, die nach modernem Verständnis nur schwer nachzuvollziehen ist. Um die erzürnten Götter zu versöhnen, wurden die traditionellen Opferzeremonien mit penibler Sorgfalt praktiziert und unter Fabius' Federführung erstmals um fremde, meist griechische Kultfeiern und Riten erweitert. Diese religiöse Gewissenhaftigkeit sollte das Vertrauen der Bevölkerung in die Staatsführung stärken und die *plebs urbana* beruhigen. Indes konnte diese Intensivierung des Kultischen auch in abscheuliche Massenhysterie entgleisen, wie im Falle eines Menschenopfers auf dem Forum Boarium nach der Schlacht von Cannae.

Auf dem Schlachtfeld wandte sich Hannibal nach dem furiosen Sieg am Trasimenischen See nach Südosten und zog entlang der Adriaküste nach Apulien. Bei Aikai traf er auf vier Legionen unter dem Kommando des Fabius. Nach Livius setzte nun die berühmte Ermattungsstrategie des Fabius ein: Während Hannibals Heer plündernd und brandschatzend durch Samnium nach Campanien zog, hielt sich Fabius an seiner Flanke und beschränkte sich darauf, hie und da kleinere karthagische Abteilungen zu überfallen, die sich zum Fouragieren über das Land verteilt hatten. Auf eine offene Feldschlacht ließ sich der Dictator trotz massiver Provokationen Hannibals nicht ein. Livius berichtet, daß Fabius dabei vor allem auf den unbegrenzten Nachschub durch die römischen Bundesgenossen vertraut haben soll. Würde es aber gelingen, Hannibal in Campanien einzukreisen, wären die Karthager ihrerseits von der Unterstützung durch die Kelten abgeschnitten, ihrem Heer drohte dann ein ernster Versorgungsengpaß. Als Hannibal erkannte, daß Fabius nicht zur Schlacht bereit war, zog er mit Blick auf das bevorstehende Winterquartier zurück nach Apulien, wobei sich sein Heer durch die «Ochsenlist» aus der Umklammerung des Fabius löste – die römische Wachmannschaft am Callicula-Joch ließ die Feinde entwischen, weil sie nachts von einer Herde Ochsen getäuscht wurde, denen Fackeln an die Hörner gebunden waren.

In Fabius' Stab rumorte es. Der Reiteroberst Minucius sprach offen von der Feigheit des Dictators. Als Fabius wegen religiöser Zeremonien nach Rom beordert wurde, führte Minucius das Heer auf eigene Faust gegen zerstreute Abteilungen Hannibals und besetzte das verlassene Lager der Feinde. In Rom steigerte sich die latente Unzufriedenheit mit Fabius' Defensivstrategie nach Bekanntwerden dieses (aufgebauschten) Erfolges zur akuten Anfeindung. Volk und Senat empfanden die Kriegführung des Dictators als Schande. Auf Antrag des Volkstribunen Marcus Metilius wurde dem Minucius in einem einzigartigen Akt ein *imperium* gleich dem des Fabius übertragen, der Reiteroberst also zum «Co-Dictator» erklärt. Erwartungsgemäß ergriff der ehrgeizige Minucius die erstbeste Gelegenheit zur Schlacht und geriet prompt in einen Hinterhalt. Ein totales Debakel wurde nur vereitelt, weil Fabius mit seinem gefechtsbereiten Heer zu Hilfe eilte und den Kampf ausglich.

Der livianische Bericht dieser Ereignisse ist in vielem unstimmig. Dies beginnt schon bei den Ausgangsprämissen der Fabischen *cunctatio*. Sollte es wirklich das vorrangige Ziel des Fabius gewesen sein, die Karthager in Campanien auszuhungern, dann beruhte diese Strategie auf einem elementaren Rechenfehler: Es gab in der fruchtbaren Landschaft reichlich Vorräte, die Hannibal vorerst mit mehr als nur dem Nötigsten ausstatteten. Fabius' Verzögerung der Kriegführung dürfte vielmehr daraus resultiert haben, daß der Dictator einen günstigen Zeitpunkt für seinen Angriff abwartete. Im offenen Feld dominierten Hannibals Kriegskunst und die numidische Reiterei. Könnte man die Karthager jedoch in einem Gelände überfallen, in dem diese Vorteile von vornherein neutralisiert waren, dann durfte man durchaus auf einen glücklichen Schlachtenausgang hoffen. Bis dahin galt es, sich vom Feind fernzuhalten.

Hier lag ein neuerlicher Rechenfehler. Solange Fabius' Heer in den campanischen Bergen lagerte, ging von ihm keine ernsthafte Gefahr aus. Die Folge war, daß die campanischen Bundesgenossen schutzlos den Raubzügen Hannibals ausgeliefert waren; der Dictator erweckte gar den Anschein, als sähe er tatenlos zu, wie die Ländereien der *socii* (Bundesgenossen) verheert wurden. Minucius hatte die Brisanz dieser Lage richtig eingeschätzt: Da Hannibal sich die Befreiung der Italiker auf die Fahnen geschrieben hatte, schien es nach den Vorfällen in Campanien nur noch eine Frage der Zeit, bis diese Freiheits-Parolen entsprechende Wirkung zeigten. Gerieten die Römer aber erst einmal in den Ruf, ihre *socii* zu opfern, um ihre eigene Haut zu retten, würden die Bundesgenossen möglicherweise zuhauf abfallen. Fabius' Verzögerungsstrategie war daher mehr als riskant.

Der Senat hatte frühzeitig versucht, die Kommandogewalt des Fabius zu desavouieren – seine Rückberufung nach Rom war mehr als ungewöhnlich, selbst wenn dies mit den bevorstehenden *ludi Romani* begründet wurde, denen der Dictator präsidieren sollte. Als Fabius dann zum Heer zurückgekehrt war und sich beim Callicula-Joch endlich die langersehnte Gelegenheit für den römischen Angriff eröffnet hatte, zögerte Fabius zuzupacken. Seine Männer ließen sich statt dessen von ein Paar Ochsen zum Narren halten! Jetzt wurde *cunctatio* endgültig zum schwerwiegenden Vorwurf, ja sie war gleichbedeutend mit der Schmach, die Fabius in den Augen des Volkes und auch des Senats über den Staat gebracht hatte.

Die Dictatur des Fabius hatte nicht den erhofften Durchbruch gebracht. Der Senat drängte daher auf eine neuerliche Feldschlacht. Ende Juli 216 bezogen die Consuln Gaius Terentius Varro und Lucius Aemilius Paullus mit acht Legionen bei Cannae am unteren Aufidus-Lauf Stellung. Trotz der zahlenmäßigen Überlegenheit der Römer – ihr Aufgebot hatte mindestens 60000 Mann betragen, während die Karthager 40000 Fußsoldaten und 10000 Reiter ins Feld führten – setzte sich abermals die taktische Finesse Hannibals durch. Die Niederlage war vollständig; die Zahl der Gefallenen ging in die Zehntausende. Am Abend des 2. August gab es in Italien «keine einzige römische Heeresabteilung mehr, die diesen Namen verdiente» (J. Bleicken).

Die Ausweichtaktik des Fabius hatte in dieser Katastrophe in fataler Weise Bestätigung gefunden. Hatte die Defensivstrategie vor Cannae nur Häme und Spott erzeugt, so erschien sie nun «göttlich inspiriert» (Plutarch) – ihr Initiator wurde zur Lichtgestalt. Fabius übernahm jetzt uneingeschränkt die Kriegführung. Strategisch hielt der nunmehr 60jährige an seiner Maxime fest, sich Hannibal an die Fersen zu heften und aus sicherer Distanz zu drohen, ohne vorschnell in die Offensive zu stürmen. Nach Cannae hatten sich aber neue Rahmenbedingungen für diese Strategie ergeben. Während die Kritiker des Fabius im Jahr 217 zu Recht davor gewarnt hatten, die Loyalität der Bundesgenossen überzustrapazieren, boten sich die nach 216 vornehmlich im unteritalischen Raum abgefallenen *socii* jetzt als ideale Ziele eines Stellvertreterkrieges gegen Hannibal an. Die Kriegführung nach Cannae war folglich von einer Doppelstrategie bestimmt: Fabius hielt Hannibal in Schach, während Marcellus die zu den Karthagern übergelaufenen Städte bekriegte – daher rührte die spätere Bezeichnung der beiden als «Schild und Schwert Roms». Hannibal geriet in dieser Situation zunehmend in die Defensive. Ein Entlastungsangriff auf Rom im Jahr 211 brachte keine Erleichterung für die zu ihm abgefallenen Bundesgenossen. Im Jahr 212/1 nahm Marcellus das mächtige Syrakus ein, kurz darauf ergab sich Capua dem Fulvius Flaccus, und im Jahr 209 fiel Tarent dem Fabius durch Verrat in die Hände.

Im Inneren wurde Fabius nach Cannae zum unangefochtenen Lenker des Staates. Noch 216 wurde er auf eigenes Betreiben zum *duumvir* ernannt und in das Kollegium der Pontifices kooptiert. Da Fabius bereits dem Augurenkollegium angehörte, wurde ihm das Sonderprivileg der Doppelmitgliedschaft in zwei der vier großen römischen Priesterschaften gewährt. Die grundsätzliche Bedeutung der Zugehörigkeit zum elitären Priesterzirkel und der damit verbundenen Konstanten in der Karriere eines *nobilis* werden – gerade im Vergleich zu den «eruptiven» Jahresämtern der Magistratur – häufig unterschätzt. So veranlaßten die Auguren, als Marcellus zum Suffectconsul für 215 nachgewählt wurde, aufgrund dubioser Vorzeichen seinen Rücktritt; für ihn wurde Fabius in seinen dritten Consulat gewählt. Weite Teile der Forschung glauben in diesem Akt eine Intrige des Fabius erkennen zu können, der die Deutung der Prodigien manipuliert haben soll, um selbst in den Consulat nachzurücken. Eine solche Erklärung hat gewiß manches für sich, verkennt aber erneut die tiefe Verzahnung politischer und religiöser Axiome in dieser Affäre. Mit der Abdikation des Marcellus sollte verhindert werden, daß es 215 erstmals zu einem plebejischen Doppelconsulat kam, und zwar weniger aus «standespolitischen» Gründen, sondern weil dem Consulat zweier Plebejer die sakrale Autorität eines Patriziers fehlte. Die Abdikationsforderung der Auguren entsprach also im wesentlichen der religiösen Unsicherheit dieser Jahre. Ähnliche Sakralbeschlüsse konnten auch Fabius selbst treffen. So mußte Fabius von einer ersten, ansonsten nicht näher bekannten Dictatur (zwischen 221 und 219) wegen des Pfeifens einer Spitzmaus bei Amtsantritt abdizieren, weil dies ebenfalls als ominöses Vorzeichen galt.

Bei den Wahlen für 214 zeichnete sich nach dem Votum der zuerst abstimmenden Centurie ein Wahlerfolg des Otacilius Crassus und Aemilius Regillus ab; Fabius erklärte daraufhin als Wahlleiter die Abstimmung kurzerhand für ungültig und setzte seine eigene und die Wahl des Marcellus durch. Eine solche Selbstrenuntiation war ohne Präzedenzfall; gleiches galt für das Einkassieren des unliebsamen Votums der *centuria praerogativa*. Wenn dies mit der angeblichen militärischen Inkompetenz der Bewerber gerechtfertigt wurde, dann wirkte es geradezu grotesk, daß Fabius' militärisch kaum ausgewiesener Sohn Quintus Fabius Maximus 214 zur Praetur gelangte und 213 unter der abermaligen Wahlleitung seines Vaters in den Consulat gewählt wurde.

Diese Machinationen wurden vom Senat geduldet, weil es nach der Katastrophe von Cannae das oberste Gebot sein mußte, die Nachteile aus dem jährlich wechselnden Oberbefehl zu kompensieren und die defensive Kriegführung zu stabilisieren. Mit der Wahl seines Sohnes hatte Fabius aber den Bogen überspannt. Für 212 ließ der Senat die Wahlen von einem Wahldictator abhalten, «da es nicht gut schien, die Consuln von der Kriegführung abzuberufen, der sie sich so eifrig widmeten» (Livius 25, 2, 3). Dennoch wurde Fabius für 209 zum nunmehr fünften Mal als Consul renuntiiert und wurde noch im selben Jahr *princeps senatus*. Nichts läßt die eminente soziale und politische Autorität des Fabius deutlicher werden als das Paradox, daß ihm diese Würde strenggenommen überhaupt nicht zustand – der älteste patrizische Censorier war Titus Manlius Torquatus.

Der Senat gewährte seinem neuen *princeps* noch 209 einen Triumph für die Einnahme Tarents – Marcellus' ungleich größere Verdienste um Syrakus wurden lediglich mit einer *ovatio* abgespeist. Auch sonst wurde die Rückgewinnung Tarents im großen Stil propagandistisch «ausgeschlachtet». Mit der Weihung des Venus-Erycina-Tempels auf dem Capitol hatte Fabius bereits die besondere Affinität seiner *gens* zur griechischen Welt herausgestellt und über Venus, die Schutzgöttin Siziliens, einen Anknüpfungspunkt an die Aeneas-Sage geschaffen. Hinzu kam jetzt eine aus Tarent geraubte kolossale Herakles-Statue, des mythischen Ahnherrn der Fabier – eigentlich ein Beutedenkmal, neben dem kurzerhand ein bronzenes Reiterstandbild des Fabius aufgestellt wurde. Auf dem Capitol ist dadurch ein in seiner Bildsprache vernetztes, vielfach aufeinander bezogenes und verschieden interpretierbares Fabisches Ensemble entstanden, mit dem Fabius sich und seine *gens* in die Nähe gleich zweier mythischer Genealogien, der Aeneas-Geschichte und der Herakles-Sage, rücken und so den im Mythos verankerten Führungsanspruch seiner Familie in einzigartiger Weise demonstrieren konnte. Das grundsätzlich kollektive,

aber eben immer auch konkurrierend-kompetitive Adelsethos der Nobilität erreichte mit dieser Selbstinszenierung des Fabiers eine neue Dimension, die alles bislang Bekannte in den Schatten stellte.
Seit 211 mußte Fabius trotz alledem einen allmählichen Rückgang seines politischen Einflusses hinnehmen. Der Grund hierfür lag darin, daß mit dem 25jährigen Publius Cornelius Scipio ein Rivale im engeren Kreis der Nobilität erwuchs, der bald zum Hoffnungsträger der *res publica* avancierte. Die Fabische Strategie hatte dem Staat nach 216 eine gewisse Verschnaufpause beschert. Der Krieg war mit ihr jedoch nicht zu gewinnen. Erstmals seit Cannae schien dem Senat im Jahr 211 daher wieder die Zeit für eine energische und offensive Kriegführung reif. Im Volk steigerten sich die Sympathien für den draufgängerischen Scipio daraufhin ins Unermeßliche. Für viele verkörperte er den Feldherrn, der die entscheidende Wende im Krieg herbeizuführen versprach.

In den Quellen wird der Gegensatz zwischen Fabius und dem jungen Scipio nicht nur als Kontroverse um unvereinbare strategische Konzepte hingestellt, sondern auch als Generationenkonflikt zwischen dem greisen, traditionsbewußten Fabier und dem jungen, verwegenen Scipio dramatisiert. Das Bild des alten Fabius steht dabei in schroffem Gegensatz zur vorhergehenden Stilisierung des «Cunctator». Wurde Fabius' Zögerlichkeit zuvor stets als positive Charaktereigenschaft gedeutet, so tritt im Konflikt mit Scipio nun zum ersten (und einzigen) Male eine negative Interpretation hinzu, die der *pigritia* (Trägheit). Die Überlieferung hat den Fabier als mißgünstigen Verzögerer gezeichnet, seine letzten Lebensjahre bis zu seinem Tod im Jahr 203 werden von finsteren Machinationen gegen Scipio, den strahlenden Sieger von Zama, überschattet. Es bedarf keiner besonderen Phantasie, um sich vorzustellen, wie das Bild des alten Fabius ausgesehen hätte, wenn das Afrika-Unternehmen Scipios gescheitert wäre.

Sanftmut in der Kindheit, Beharrlichkeit und Charakterstärke als Mann, Trägheit im Alter – in der antiken Biographik stehen die einzelnen Lebensabschnitte des Fabius ganz im Zeichen eines einheitlichen, auf *cunctatio* ausgerichteten Charakterbildes. Ihren Ausgangspunkt verdankt diese Tradition dem literarischen Kunstgriff des Ennius, der dem Vorwurf der Zögerlichkeit mit seinen markanten Fabius-Versen eine neue Sinnrichtung, die der Rettung der *res publica*, verliehen hat. Die massive Kritik im Volk und im Senat wurden dagegen als «irgendwelches Gerede» verschleiert. In dieser Tradition wurde die «holistische» Figur des großen Zauderers geboren, dessen Biographie auf *cunctatio* verdichtet wurde und schließlich ganz mit ihr verschmolzen ist. Im Kontrast zu angeblichen Heißspornen vom Schlage eines Minucius oder auch Flaminius hat der bedächtig-verantwortungsbewußte Patrizier eingängige Konturen gewonnen.

Die historische Biographie des Fabius enthüllt eine facettenreichere Figur. Sie zeigt den einflußreichen Politiker und erfahrenen, aber eben auch umstrittenen Militär, den *princeps senatus* und *pontifex*, schließlich den herausragenden *nobilis* seiner Zeit, unter dessen Federführung ein dramatischer Wandel der politischen Kultur eingeleitet wurde. Fabius' Karriere im Zweiten Punischen Krieg bestand aus einer Verkettung von Regeldehnungen und Regelsuspendierungen, durch die die Grundprinzipien der römischen Verfassung zeitweilig außer Kraft gesetzt wurden – der dauerhafte Erhalt dieser Prinzipien war in Krisenzeiten paradoxerweise eben nur durch ihre vorübergehende Aufhebung zu erreichen. Mit der Karriere des Fabius wird damit aber auch das Gestaltungspotential augenfällig, welches sich einem machtbewußten und ambitionierten *nobilis* in existenzgefährdenden Kriegen und Krisen der *res publica* eröffnete.

Gaius Flaminius –
oder: wie ein Außenseiter zum Sündenbock wurde

von Burkhard Meißner

Ende April 217 v. Chr. geriet ein großes römisches Heer unter dem Kommando des Consuls Gaius Flaminius am Trasimenischen See (bei Perugia in Umbrien) in einen Hinterhalt, den der karthagische Feldherr Hannibal gelegt hatte. 6000 Römer wurden gefangengenommen, 15000 fielen, unter ihnen auch Flaminius, den man in der anonymen Masse toter Körper nicht einmal mehr identifizieren konnte. Den Karthagern öffnete diese Niederlage den Weg nach Mittel- und Süditalien, für Rom war sie der Auftakt zu einer existenzgefährdenden Phase des Zweiten Punischen Krieges, die in der Schlacht von Cannae im folgenden Jahr gipfelte, als 80000 Römer eingekesselt und mehr als 50000 getötet wurden.

Rom überlebte diese Serie militärischer Katastrophen vor allem deshalb, weil seine Bundesgenossen im wesentlichen bei der Stange blieben und weil es erfahrene und tatkräftige Mitglieder der militärischen Elite wiederholt mit Sondervollmachten ausstattete, die zwar seiner republikanischen Ordnung nicht entsprachen, aber für eine einheitliche Willensbildung sorgten, eine offensive Kriegführung gegen Karthago in Spanien und Afrika möglich machten und schließlich zur Vernichtung des größten Teiles des karthagischen Heeres bei Zama (202 v. Chr.) und zur Niederlage der Punier führten.

Für Rom beschwor Flaminius' Desaster am Trasimenischen See zunächst eine nachhaltige Existenzgefährdung herauf, und dafür stempelten die führenden Kreise im Senat ihn zum Sündenbock: Seine innenpolitischen Gegner verdunkelten nach seinem Tod sein Ansehen und machten ihn zum ehrgeizigen Demagogen, zum Verächter der Götter, der die Regeln des politischen Kräftespiels innerhalb der Nobilität verletzt habe.

Zu einer großen Gestalt der römischen Republik wurde Flaminius also nicht als positiver, sondern als negativer Held, dessen Gestalt teilweise fiktionale Züge trägt. Sein Negativbild als Außenseiter und Versager war noch für Cicero bestimmend: Weil Flaminius unglückliche göttliche Vorzeichen mißachtet habe, sei er mit seinem Heer zugrunde gegangen. Die Perspektive, unter der Cicero den Verlierer vom Trasimenischen See betrachtete, war beeinflußt von den Auseinandersetzungen der Gracchenzeit: Flaminius beantragte während seines ersten Consulats 223 ein Ackergesetz, um römischen Siedlern am Rande der Poebene erobertes

Land zuzuweisen. Dies geschah gegen den Willen einer starken Gruppe im Senat, die Cicero wie selbstverständlich als «Gutgesinnte» (*optimates*) bezeichnet und denen er Flaminius als Demagogen und Popularen entgegensetzt.

Der Kern dieses negativen Flaminiusbildes ist aber nicht erst durch eine Rückprojektion der sozialen und politischen Wertbegriffe entstanden, die in der römischen Revolutionszeit die Parteiauseinandersetzungen bestimmten, sondern wurde bereits Ende des dritten Jahrhunderts von einem Zeitgenossen des Flaminius geprägt, dem römischen Geschichtsschreiber Quintus Fabius Pictor. Im zweiten Jahrhundert übernahm es der griechische Historiker Polybios und schrieb Flaminius' Politik geradezu eine nachhaltig zerstörerische Wirkung auf die politische Kultur der Republik zu. Polybios, mit den politischen Theorien von Platon und Aristoteles vertraut, betrachtete den römischen Staat als System klug ausbalancierter Machtbefugnisse und erklärte dessen Überlebensfähigkeit mit seinem Charakter als Mischverfassung. Er erwartete aber, daß auch ein solches System einmal durch Machtgier und Reichtum korrumpiert werde – im Namen der Freiheit und der Herrschaft des Volkes. Den Beginn der Verfallsgeschichte Roms, die «Wendung des Volkes zum Schlechteren» (2, 21, 7–8), sah er in Flaminius' Agitation für jene Verteilung eroberten Keltenlandes als Eigentum an römische Bürger gegen den Willen des Senats.

Dieses Negativbild des Flaminius ist um so bemerkenswerter, als sich – auch bei Polybios – noch Reste einer durchaus positiven Bewertung des Redners und Militärkommandeurs finden: Flaminius' Sieg über die keltischen Insubrer an der Adda während seines ersten Consulats 223 wertete man als großen Erfolg. Um diesen zu erringen, hatten die Römer eigens eine neue Taktik entwickelt und trainiert. Die Überlieferung bemühte sich jedoch, das Verdienst an dieser Leistung den subalternen Kriegstribunen zuzuschreiben und Flaminius für seine angeblich ungeschickte Anlage und Führung der Schlacht zu tadeln. Die militärischen Leistungen des Heerführers wurden also nachträglich verdunkelt durch das Klischee des Versagers: Flaminius' Erfolge wären noch geringer gewesen, hätte man ihn nur selbst gewähren lassen.

Wer eine Gestalt verstehen will, die derartig unter Verfälschungen, Um- und Fehldeutungen verborgen liegt, wird zunächst versuchen, nach den vernünftig nachvollziehbaren praktischen Maximen seiner Politik zu fragen, und er wird nach den Motiven suchen für die Umwertung des Kriegshelden und -opfers zum Versager und Antihelden. Im politischen System der Republik war es nämlich nicht gerade wahrscheinlich, daß ein Aufsteiger (*homo novus*) gleich zweimal den Consulat (223 und 217) und außerdem die Censur (220) erreichte, ohne daß er über eine breite Anhängerschaft verfügt und Absichten sowie Fähigkeiten besessen hätte, die als anerkennenswert galten. Wie konnte ein Außenseiter in der harten

Konkurrenz um die höchsten Ämter so erfolgreich sein? Was war das für ein Mann, von dem sich nach seinem Tod die tonangebenden Kreise des Senats so sehr distanzierten, obwohl er – gemessen an seinen militärischen Erfolgen sowie Rang und Zahl der von ihm bekleideten Ämter – zu den erfolgreichsten Römern seiner Zeit gehörte – bis zu jener Schlacht, in der er fiel?

Die plebejische *gens Flaminia*, der Flaminius entstammte, war nicht Teil der Nobilität, gehörte aber bereits seit etwa zwei Generationen zu den einflußreicheren Familien, denn schon Gaius' Vater und Großvater hatten politisch-militärische Ämter inne, nicht jedoch das des Consuls. Den Beginn von Flaminius' überlieferter politischer Tätigkeit markiert sein Volkstribunat im Jahre 232 – Polybios' Urteil zufolge der Beginn von Roms Niedergang und eine Ursache eines langen Krieges gegen die Kelten. Schrittweise hatte Rom im dritten Jahrhundert auf Kosten der Kelten im Norden Italiens große Gebiete erobert. Im Dritten Samnitenkrieg hatten keltische Stämme gegen Rom gestanden und waren zusammen mit Etruskern und Umbrern bei Sentinum 295 geschlagen worden. Die Römer hatten Anfang des dritten Jahrhunderts mehrere Colonien in Oberitalien gegründet und 268 den Stamm der Pikener unterworfen, in dessen Gebiet sie die Colonie Ariminum (Rimini) angelegt hatten; militärisch wichtig, wurde sie von Siedlern besetzt, die einen Teil des Landes als Eigentum zugewiesen erhielten, während der größere Rest römisches Staatsland blieb und verpachtet wurde, möglicherweise auch an die dort wohnenden Pikener bzw. Senonen. Einen Teil von diesen hatten die Römer an den Golf von Salerno umgesiedelt, um eigenen Siedlern Platz zu machen. Der Krieg gegen die Pikener hatte zwei Jahre gedauert; an seinem Ende ermittelten die Römer die große Zahl der von ihnen Unterworfenen: 360000 – ein Indiz für Bedeutung und Reichtum des Pikenergebietes.

Nicht nur Populismus war also das Motiv für Flaminius' Gesetz über eine Ansiedlung von Kolonisten im Keltenland Oberitaliens: Rom hatte schon lange ein strategisches Interesse an der Poebene, und an diese expansive Strategie knüpfte Flaminius' Politik an. Als Volkstribun ließ er zusätzliches Gebiet als Eigentum an römische Siedler verteilen, den *ager Gallicus Romanus*. Diese Siedler erhielten südlich von Rimini fruchtbares, für den Weinanbau geeignetes Land. Durch diese Ansiedlung landloser Veteranen konnte Rom seine bereits bestehenden Colonien stärken und sich die Kontrolle über wichtige Adriahäfen sichern. Einige jener Colonien sollten 209 tatsächlich zu den wenigen Gemeinden gehören, die noch Menschen und Material für den Krieg gegen Karthago zur Verfügung stellen konnten.

Rom geriet andererseits durch seine Ausbreitung in den Norden der Halbinsel, von Flaminius tatkräftig gefördert, in Konflikt mit den sich in der Poebene ausbreitenden Kelten, die sich ihrerseits durch Rom bedrängt sahen. Daher sollte Hannibal schließlich beim Einmarsch in Italien auf die Unterstützung durch oberitalische Kelten gegen Rom bauen können, und darum werden wohl auch die weniger Risikofreudigen unter den Senatoren gegen Flaminius' Politik opponiert haben.

Die Verteilung des Keltenlandes durch Flaminius hatte aber auch eine innenpolitische Dimension, war sie doch geeignet, diesem eine breite Anhängerschaft zu sichern und das sensible Machtgleichgewicht in der Nobilität zu seinen Gunsten zu verschieben. In seinem Streben nach Einfluß und Anerkennung unterschied Flaminius sich grundsätzlich nämlich nicht von anderen *nobiles*, und seine in den folgenden Jahren anhaltenden Bemühungen um eine weitere Absicherung der römischen Kontrolle über die Poebene setzten nur ein Verhaltensmuster seiner Standesgenossen fort, die auf kriegerische Erfolge ihre politischen Karrieren gründeten. Um so mehr bemühte sich die prosenatorische Überlieferung, ihn als Außenseiter seit Beginn seiner politischen Karriere darzustellen: Der eigene Vater soll qua väterlicher Gewalt und im Interesse des Senats Flaminius daran gehindert haben, eine Versammlung der *plebs* abzuhalten, damit jener kein Gesetz zur Landverteilung beschließen lassen konnte. Dieser Vorgang kondensierte schließlich geradezu zum juristisch-rhetorischen Musterbeispiel einer Pflichtenkollision zwischen der konkret-handhaften Gewalt des Vaters (*patria potestas*) und der sakral überhöhten Macht des Volkstribunen; dabei stand die abstrakte *maiestas*, die Hoheit des staatlichen Amtes, gegen die ihrer Natur nach private, aber in Rom in den öffentlichen Raum hineinwirkende *potestas*. Die Überlieferung bewertete Flaminius' durchaus begründbares Handeln als sinister: Es sei ein Aufruhr (*seditio*) gegen den Senat gewesen, das Gesetz von 232 über die Landverteilung zu verabschieden.

Verantwortlich für diese Trübung des Flaminiusbildes war das kulturelle Klima gegen Ende des Zweiten Punischen Krieges, als die erschütterte Senatsautorität wieder aufgerichtet wurde, indem man den Kriegserfolg der Integrationsleistung des Senats zuschrieb und eine abwartende Kriegführung zur hinreichenden Ursache für Roms Erfolg im Kampf gegen Karthago erklärte. Es bedurfte vieler Umwertungen und Fiktionen, der aktiven und lange erfolgreichen Kriegführung des Flaminius die Katastrophe Roms und einer passiv-hinhaltenden Strategie, nämlich der des Quintus Fabius Maximus ›Cunctator‹, den Erfolg zuzuschreiben. Es war paradox: Zwar fehlten Rom nach den Niederlagen von 217 tatsächlich die Voraussetzungen für eine offensive Strategie, und in der Schonung seiner Kräfte lag eine Bedingung seines Überlebens – doch besiegt wurde Karthago schließlich durch Vorwärtsstrategien. Fabius Pictor aber, der Senator und erste römische Geschichtsschreiber, akzentuierte den Gegensatz zwischen der Zurückhaltung des berühmtesten Angehörigen seiner Familie, des Fabius Maximus, und einer expansiven Politik, wie sie viele ehrgeizige Angehörige der römischen Nobilität ganz selbstverständlich verfolgten, unter ihnen auch Flaminius. Fabius Pictor schrieb auf Griechisch, um den Griechen Süditaliens und Griechenlands Roms Elite als eine auch ihnen akzeptable Führungsschicht zu präsentieren. Um nicht weite Kreise der Nobilität für Landnahme, Expansion und Aggression verantwortlich machen zu müssen, machten er und seine literarischen Nachfolger daher allein Flaminius zum Urheber territorialer Habgier in Rom. So entlastete dieses Bild die Römer in den Augen mißtrauischer Nachbarn und Bundesgenossen. In der annalistischen Überlieferung stimmen daher nicht einmal die faktischen Details von Flaminius' politischer Karriere bis ins Jahr 217.

Nach dem Volkstribunat wurde Flaminius 227 zunächst einmal Praetor und erster Statthalter der Provinz Sizilien. Selbst die ihm feindlich gesonnene Annalistik erinnerte sich daran, daß er diese Aufgabe erfolgreich erfüllte und Beifall dafür fand: Sein Sohn erwirkte 196 als Aedil Weizenspenden aus Sizilien, nicht zuletzt aufgrund von Flaminius' Ansehen. Bis ins erste Jahrzehnt des zweiten Jahrhunderts waren Flaminius' Leistungen nicht vergessen.

Ab 225 stand die römische Politik dann zunächst unter dem beherrschenden Einfluß des Keltenkrieges. Seitdem Rom durch Brennus und seine Keltentrupps 387 geplündert worden war, begegneten die Römer Veränderungen im Norden der Apenninenhalbinsel – insbesondere dem Zuzug weiterer Kelten – mit besonderer Furcht. Wenn daher die feindselige Überlieferung Flaminius mit der Verantwortung für den Krieg von 225 belastete, dann wollte sie den Anschein erwecken, er persönlich habe eine alte, für Rom existenzbedrohende Gefahr durch seine Politik erneut heraufbeschworen. Ganz in diesem Sinne betonte die bei Polybios greifbare Überlieferung den Interessengegensatz zwischen Römern und Kelten seit der Verteilung des *ager Gallicus*, um Flaminius zum Hauptschuldigen für den lang dauernden Krieg zwischen Rom und den keltischen Boiern zu machen. Dieser Krieg brach aber nicht unvorhergesehen aus, sondern wurde von beiden Seiten mit großem Aufwand vorbereitet: Die Römer sahen sich einer Koalition keltischer Stämme unter Einschluß von Bewohnern des Rhône-Tales gegenüber und erstellten zur Organisation ihrer Kräfte ein Verzeichnis aller waffenfähigen römischen Bürger sowie der Kontingente der autonomen, Rom durch ein Militärbündnis verpflichteten Gemeinden Italiens. Die Nobilität war sich dabei trotz aller Konkurrenz und Interessenunterschiede einig in der Absicht, das fruchtbare Land am Südrand der Poebene zu halten, und auch Mitglieder der *gens Fabia* kämpften gegen die Kelten: Der Geschichtsschreiber Fabius Pictor erzählte diesen Krieg aus eigenem Erleben als untergeordneter Kommandeur; auf ihn gehen die Überlieferung über den Krieg und die Zahlenangaben über die wehrfähigen Männer Italiens zurück – und er war es wohl auch, der rein persönliche Motive des Flaminius zu einer wesentlichen Kriegsursache erklärte.

Die Kelten verfolgten bei ihren Einfällen nach Italien eine ähnliche Strategie wie später Hannibal. Schlachten gegen massierte römische Truppen vermeidend, suchten sie kleinere römische Abteilungen separat niederzukämpfen, aber auch Beute zu machen. Die Römer erwarteten andererseits, daß die Kelten die durch Rom annektierten Gebiete am Rande der Poebene bedrohten; sie bezogen daher dort Stellung, wurden umgangen und zunächst geschlagen. Nach Verstärkung ihrer Truppen und Aufstellung eines zusätzlichen consularischen Heeres konnten sie den keltischen Vorstoß bei Telamon 225 aber abwehren, und die Boier schlossen einen Unterwerfungsvertrag mit den Römern. Diese wandten in den folgenden Jahren die Strategie der Kelten, den Gegner nach Möglichkeit zu spalten und einzeln zu bekämpfen, gegen die Mitglieder des keltischen Bündnisses selbst: 223 und 222 bekämpfte Rom die Insubrer, und diese Kämpfe führte Flaminius 223 als Consul. Er setzte dabei die Strategie der bestimmenden Kreise Roms fort und bewirkte nicht jenen Kontinuitätsbruch, den die Überlieferung später konstruierte.

Die unterschiedlich akzentuierten Darstellungen dieses Krieges bei Polybios und Livius machen die argumentativen Strategien deutlich, mit denen Flaminius' Andenken als das eines Gegners der Senatsherrschaft nachträglich belastet wurde: Flaminius wurde als ein von den Göttern verlassener Kommandeur vorgestellt und als unfähiger Militär, der seine Erfolge nur der Umsicht seiner Untergebenen verdankte. Um Distanz zwischen ihm und der Gesamtheit der Elite Roms zu schaffen, machte die bei Livius wiedergegebene Tradition ihn zum religiösen, Polybios zum militärischen Außenseiter. Brieflich seien Flaminius und sein Kollege Publius Furius Philus nach priesterlichen Einwänden vom Kriegsschauplatz zurückgerufen worden: Ungünstige Vorzeichen, so Livius, hätten den Rücktritt der Consuln erfordert, der dann aber doch nicht erfolgte.

Diese Darstellung verknüpft die Ereignisse mit ähnlich gelagerten aus Flaminius' zweitem Consulat 217, um, wie es Personendarstellungen in antiken Geschichtswerken und Biographien oft tun, einen kontinuierlich sich entwickelnden Charakter zu konstruieren: Im Falle des Flaminius war dieser von zunehmender Auflehnung gegen Staat und Götter geprägt. Nicht Geschehensdetails, sondern die Fehler dieses Charakters stehen daher im Zentrum des Flaminiusbildes. So soll er gegen den Rat höherer Militärs gehandelt und Erwartungen der Masse einfacher Soldaten erfüllt haben – ungeachtet der Tatsache, daß Flaminius' Kriegführung gegen die Kelten 223 erfolgreich war. Im Einvernehmen mit den Massen und gegen den Willen des Senats schob er die religiösen Hindernisse angeblich einfach beiseite und feierte einen Triumph über die Insubrer.

Polybios beschreibt die vermeintlichen Parallelen von 223 und 217 mit stärker militärischem Akzent. Flaminius' Sieg über die Insubrer an der

Adda erklärt er mit einer neuen Taktik gegen die keltischen Hiebschwerter: Die Römer verstärkten ihre ersten Schlachtreihen mit den Wurflanzen der hinteren (*triarii*), näherten sich im Schutz des Lanzenhagels der gegnerischen Schlachtreihe, nahmen so den keltischen Hiebwaffen die Wirkungsmöglichkeit und setzten ihre eigenen Schwerter als Stichwaffen ein. Die Entwicklung dieser Taktik schreibt Polybios den Militärtribunen und ihrer vorausschauenden Planung zu. Flaminius, der Kommandeur, wird dagegen getadelt: Durch seine unbewegliche Anlage der Schlacht und die beengte Aufstellung des Heeres habe er die Römer um den Vorteil ihrer Taktik gebracht und sein Heer gefährdet. Daß die untergeordneten Tribunen tatsächlich das Schlachtgeschehen gegen die Absicht des Kommandeurs bestimmt hätten, ist aber unwahrscheinlich: Flaminius sollte der Erfolg abgesprochen, sein Triumph als unberechtigt dargestellt werden. Polybios bestreitet sogar, daß die Kelten überhaupt zu Strategie und koordiniertem Vorgehen in der Lage gewesen seien, und relativiert dadurch die Bedeutung dieses Erfolges. Die Kräfte der Keltenkoalition waren indes wohl tatsächlich zu schwach für einen Angriff auf die römischen Truppen bei Ariminum und für eine Belagerung Roms. Die Kelten suchten statt dessen römische Kräfte durch Mobilität zu binden. Die Koordination ihrer Operationen spricht aber gegen die Richtigkeit des abwertenden Urteils, und die Römer nahmen offensichtlich die Kelten Oberitaliens als Kriegsgegner sehr ernst.

Der Verlauf der politischen und militärischen Karriere des Flaminius in den zwanziger Jahren, so zeigt sich, widerspricht dem Bild eines fundamentalen Gegensatzes zwischen ihm und der Senatsaristokratie, das die Überlieferung bestimmt. Gegen den entschiedenen Widerstand der maßgeblichen Kreise des Senats hätte er diese Karriere kaum durchlaufen können. Flaminius gehörte vielmehr zu denjenigen Militärs und Politikern, denen man angesichts der Bedrohung durch die Kelten Oberitaliens und dann durch das Heer der karthagischen Barkiden Führungsverantwortung zutraute. Wohl 221 amtierte er laut Valerius Maximus als Kavalleriekommandeur (*magister equitum*) des Dictators Fabius Maximus. Wiederum erzwangen sakrale Gründe (das Fiepsen einer Spitzmaus) den Rücktritt beider. Wiederkehrendes Motiv der Überlieferung auch hier: Flaminius erfüllt Schlüsselaufgaben, wird aber von den Göttern abgelehnt.

220 wurde Flaminius Censor. In dieses Amt wurden wohl kaum Außenseiter gewählt, sondern in der Regel ehemalige Consuln, die sich besonderen Ansehens erfreuten. Flaminius und sein Kollege, Lucius Aemilius Papus, der Sieger von Telamon, hatten öffentliche Aufträge zu vergeben: Investitionen in Straßen-, Wege- und Brückenbau waren vorzunehmen, aber auch Verpachtungen. Mit Flaminius' Namen verbunden blieb der Bau der *via Flaminia* nach Sena Gallica (seit dem zweiten Jahrhundert bis

Ariminum/Rimini), einem Schwerpunkt der Auseinandersetzungen zwischen Rom und seinen norditalischen Nachbarn. Flaminius sicherte also durch die Straße eine strategische Hauptstoßrichtung römischer Expansion nach Norditalien. Zwei Jahre später wurden auf ehemaligem Gebiet der Kelten die Colonien Cremona und Placentia gegründet. Flaminius erwies sich also als tatkräftiger Repräsentant römischer Politik in strategisch wichtigen und wirtschaftlich potenten Gebieten.

In Rom selbst, dem Schauplatz des politischen Wettbewerbs innerhalb der Nobilität, baute er mit dem Circus Flaminius den wichtigsten Versammlungsplatz der *plebs* für lange Zeit. Als Censor nahm er außerdem Einfluß auf die Zusammensetzung der politischen Führungsschicht, indem er die Liste der Senatoren führte, und er vermochte in gewissem Ausmaß die Zusammensetzung der Bürgerschaft zu bestimmen und die Gewichte zwischen den Stimmabteilungen zu verschieben. So erneuerte Flaminius eine ältere Vorschrift, wonach Freigelassene (ehemalige Sklaven) nur in die vier städtischen Stimmbezirke (*tribus*) eingeschrieben werden durften. Mit dieser Einschreibung waren sie aber stimmberechtigte Bürger und fortan als Soldaten verfügbar, was einer Neuformierung und Erweiterung des Rekrutierungsreservoirs unter der Drohung militärischer Gefahren gleichkam.

Beide Censoren veranlaßten ferner einen gewissen Metilius – möglicherweise den Volkstribunen Marcus Metilius –, ein Gesetz einzubringen, demzufolge bestimmte Kreidesorten zur Glättung bestimmter Tuchqualitäten zu verwenden seien. Wenn damit Normen für die Herstellung weißer Gewänder festgelegt wurden – an denen Ritter und Senatoren rote Streifen trugen –, dann war Flaminius weniger darum bemüht, sich von der Nobilität abzusetzen, sondern darum, dem Erscheinungsbild dieser Gruppe in der Öffentlichkeit Gestalt zu geben und vielleicht einen unkontrollierten Wettbewerb durch Kleiderluxus zu verhindern. Die politische Identität der *plebs* profitierte vom Bau seines Circus. Kurz vor Beginn des Zweiten Punischen Krieges pendelten sich also die politischen Gewichte der gesellschaftlichen Schichten neu ein, und Flaminius hatte an diesem Prozeß einen Anteil, den die Senatorenschicht gegen Ende des Krieges gern aus dem öffentlichen Bewußtsein gestrichen hätte.

Ein Ausdruck des in der Nobilität und darüber hinaus verbreiteten Bedürfnisses nach einer gewissen Selbstbeschränkung und Festschreibung eines bäuerlichen Lebensideals für die römische Aristokratie war auch die *lex Claudia de nave senatorum*. Dieses von dem Volkstribunen Quintus Claudius 218 eingebrachte Gesetz verbot den Senatoren Besitz und Betrieb von Seeschiffen mit einer über den Eigengebrauch hinausgehenden, für kommerzielle Aktivitäten geeigneten Kapazität: Seehandel und die damit verbundenen Risiken entsprachen nicht den Soliditätsforderungen an die politisch-militärische Führungsschicht Roms. Gegen die neuen verlockenden Möglichkeiten zu solchen Geschäften nach dem Ersten Punischen Krieg und während der römischen Expansion im Adriaraum sicherte aber nicht mehr ein etablierter Konsens, sondern dieses Gesetz. Mit den Risiken beschnitt es den Senatoren natürlich auch kommerzielle Möglichkeiten und reservierte diese für die sich entwickelnde Schicht ritterlicher Händler und Bankiers. Dem Eintreten des Flaminius für dieses Gesetz schrieb die Überlieferung daher seine Popularität bei den Volksmassen (*plebs*) zu, die ihn deswegen für 217 erneut zum Consul gewählt hätten.

Diese Wahl erfolgte aber bereits vor dem Hintergrund des drohenden neuen Konfliktes mit Karthago. Seit Mitte der zwanziger Jahre bereits hatte Rom der Expansion der Barkiden in Spanien vertragliche Grenzen zu setzen versucht. Der Konflikt mit den Kelten entwickelte sich parallel zu den Spannungen mit den Karthagern, und da diese in den Kelten natürliche Verbündete in Italien finden würden, war die Wahl des erfahrenen Keltenkriegers Flaminius zum Consul nur konsequent. Dessen politische Karriere vor 217 betraf außerdem beide geographischen Schwerpunkte möglicher Auseinandersetzungen mit Karthago: Sizilien und Oberitalien.

Hannibal suchte mit seiner Strategie in diesem Krieg Teile der Gegner auf seine Seite zu bringen bzw. separat zu bekämpfen. Dazu verfuhr er großzügig mit besiegten Verbündeten Roms und propagierte seinen Krieg als Befreiung. Mit den Kelten Oberitaliens hatte er frühzeitig Kontakt aufgenommen und den Weg über die Alpen genau geplant. An die Griechen richtete er während des Feldzuges in Unteritalien einen «Tatenbericht», den er öffentlichkeitswirksam im Heraheiligtum am Lakinischen Vorgebirge in Süditalien deponierte, wo ihn Polybios viel später las und exzerpierte.

Der karthagische Feldherr hatte am Po über den Consul von 218, Publius Cornelius Scipio, und seine Reiter gesiegt. Die Römer verfügten zwar über größere militärische Reserven, doch waren diese gegen die Angreifer schwer mobilisier- und konzentrierbar. Rom mußte außerdem zur Kontrolle seiner Erwerbungen in der Poebene ein erhebliches militärisches Potential vorhalten. Sein Heer war nach Ausbildung, Bewaffnung und Loyalität nicht viel einheitlicher als das von Hannibal, und Rom mußte damit rechnen, daß die Bundesgenossen zunächst das eigene Territorium verteidigten und sich nur schwer in eine Gesamtstrategie einordneten. Rom hatte zwei Optionen, die aber beide erhebliche Risiken bargen: Es konnte entweder die Kräfte konzentrieren und einen mobilen Krieg führen, mußte dafür aber weite Räume ohne Schutz und Kontrolle lassen und den Zerfall des eigenen Bündnissystems riskieren, oder aber es konnte eine defensive Hinhaltestrategie verfolgen, die es unter Umständen zu einem Mehrfrontenkrieg in unmittelbarer Umgebung der Stadt bei schwindenden Ressourcen zwang. Die Nobilität war angesichts dieses Dilemmas gespalten, und ihre Planungen für 217 wirken deshalb wie ein Kompromiß. Hannibal befand sich bei Faesulae; die neuen Consuln, Flaminius und Gnaeus Servilius, sollten die Karthager an zwei wichtigen Punkten vom Übergang über den Apennin abhalten, bei Ariminum am Südrand der Poebene und bei Arretium/Arezzo, von wo aus eine Straße über Chiusi nach Rom führte. Die ersten Schlachten des Kriegsjahres spielten sich in der Nähe dieser Verkehrsadern ab.

Was in diesem fatalen Jahr 217 geschah, berichten die Quellen so unterschiedlich, daß man annehmen muß, ein Teil der Tradition oder die ganze Überlieferung stelle die Abfolge der Ereignisse bewußt und absichtsvoll falsch dar. Livius zufolge trat Flaminius – außergewöhnlich genug – seinen zweiten Consulat nicht in Rom, sondern ohne die dafür nötigen sakralen Riten in Ariminum an, angeblich, damit nicht der Senat abermals unter dem Vorwand sakraler Tabus ihn seiner Position beraube – eine Wiederholung des Motivs von 223 und 221, das jedoch nicht zur strategischen Lage und Aufgabenverteilung im Jahr 217 paßt. Die Darstellung verbindet sich engstens mit der Behauptung, zwischen Flaminius einerseits und dem Senat und den Göttern andererseits habe abgrundtiefe Feindschaft bestanden: Sie macht aus dem Consul den politisch und sakralrechtlich Alleinverantwortlichen der Katastrophe von 217, weil er seine Aggression gegen die Götter selbst richtete. Zudem habe Flaminius den Ratschlag seiner Offiziere, in Arezzo zu warten, bis der Senat ihn und sein Heer zur Verteidigung der Hauptstadt zurückrufe, nicht beachtet: Flaminius sollte sich negativ abheben vom Vorbild des Camillus.

Polybios stellt Interessen und Strategien anders dar. Flaminius habe sich zwar mit dem Senat darin einig gewußt, eine Verwüstungsstrategie Hannibals in Mittelitalien unter allen Umständen zu verhindern, dann aber voller Ungeduld eine Konzentration der römischen Kräfte gegen Hannibal, der seinerseits den Krieg zur Schonung seiner Bundesgenossen nach Süden vortragen wollte, nicht abwarten können. Die angebliche Charakterschwäche der Voreiligkeit stempelte Flaminius zum Gegenbild des Fabius Maximus, des Exponenten der *cunctatio*, einer Abnützungsstrategie, die den karthagischen Angreifer seine Mobilitätskosten selbst tragen ließ, ohne entscheidende Schlachten zu riskieren.

Livius betont Flaminius' Feindschaft zu Senat, Staat und Göttern, Polybios seine charakterlichen Fehler. Der römische Annalist kehrt sogar die Aufgabenverteilung um: Tatsächlich verteidigte Flaminius das besonders gefährdete Arezzo, und sein Kollege Servilius bezog bei Ariminum Posten. Es ging im Kriegsrat des Flaminius wahrscheinlich auch nicht um eine Zurückhaltung von Reserven für die Verteidigung Roms, sondern um die Frage, ob man vor einer Schlacht gegen Hannibal die beiden Heere der Consuln erst zusammenfassen sollte. Roms Desaster wurde wohl schon von Fabius Pictor einer voreiligen Entscheidung des Flaminius zugeschrieben, und Polybios folgte dieser Bewertung. Vorausgesetzt wird dabei eine identische Beurteilung der Gefährdungslage und der Optionen durch den Senat und durch Flaminius, der aber aus Ehrgeiz und Aktionismus seine Chance, Hannibal Einhalt zu gebieten, überschätzt habe. Bei Livius dagegen rechnet Flaminius, anders als seine Berater und der Senat, mit einem unmittelbar bevorstehenden Vormarsch Hannibals auf Rom. Flaminius wird aber in Wirklichkeit mit seinem Stab, anders als Livius behauptet, nur über untergeordnete Details, nicht über die grundsätzliche Strategie debattiert haben. Denn über Hannibals Absichten, über die Lage und die strategischen Alternativen mußte in Rom bereits entschieden worden sein, bevor die beiden Heere unter Führung der Consuln nach Rimini und Arezzo verlegt wurden.

217 wollte der Senat offenbar durch Ausnützung des Geländes, Kontrollieren der Wege und Verstellen der Vormarschmöglichkeiten Hannibal einen Angriff auf Rom und einen Abnützungskrieg gegen Roms Bundesgenossen unmöglich machen. Es entsprach dieser Strategie, wenn Flaminius am Trasimenischen See, an einer Enge der Straßenverbindung nach Perugia und Rom, versuchte, Hannibals Vormarsch zu verzögern und seine Kräfte zu schwächen – bei Begrenzung eigenen Risikos und unter Ausnutzung des Zeitfaktors. Wäre es Hannibal gelungen, das Bundesgenossensystem mit seiner Parole «Freiheit für die Italiker» zu sprengen, wäre die römische Sache verloren gewesen. Hannibal bei diesem Versuch zu stören, ohne das ganze römische Heer zu riskieren, konnte durchaus richtig erscheinen – vorausgesetzt, die Consuln und ihre Heere operierten koordiniert, nützten die Verkehrswege klug aus und verfügten über genaue Informationen über Position, Bewegung und Intention Hannibals. Genau an dieser Aufklärung von Hannibals Vorgehen aber mangelte es auf seiten der Römer und des Senats.

Flaminius' Aktion mißlang, weil er nicht darüber informiert war, daß sein Gegner die Höhen, die die Engstelle am Trasimenischen See beherrschten, bereits besetzt und zum Hinterhalt ausgebaut hatte. Selbst diese Unkenntnis schreibt Polybios Flaminius' persönlichen Fehlern, seiner Voreiligkeit, zu. Sein Einmarsch in die Enge wäre tatsächlich töricht gewesen, wenn Flaminius nicht Ähnliches vorgehabt hätte wie Hannibal, nämlich die Enge zu besetzen und den Gegner unter Ausnutzung des Geländes zu attackieren. Aufklärungs- und Koordinationsdefizite bewirkten das militärische Desaster. Hinzu kamen Hannibals strategische Übersicht und taktisches Geschick. Polybios aber macht Flaminius' Niederlage zum Resultat eines persönlichen Mangels an Urteilsvermögen und Vorsicht, den Senat aber gegen alle sachliche Wahrscheinlichkeit zum einzigen Ort ruhiger Überlegung in der Katastrophe. Dieses Bild des Senats als ruhender Pol steht schon im Widerspruch zur Schilderung der Wirkung, welche die Niederlage, der Tod des Flaminius und die zusätzliche Vernichtung eines Kavalleriekontingentes von 4000 Mann ausübten: Volk und Senat seien tief erschüttert und in ihrer Willensrichtung vollkommen verändert worden. An Stelle der regulären Jahresbeamten wurde Fabius Maximus zum Dictator ernannt. Seine außerordentlichen Maßnahmen, nämlich als Kampfkommandant Befestigung, Abriegelung und Verteidigung der Stadt Rom zu organisieren, seien, so die Überlieferung, vom Senat gebilligt worden.

Allen diesen widersprüchlichen antiken Berichten über Flaminius ist das Bild eines geradezu neuzeitlich anmutenden Aktivismus gemeinsam: Flaminius hält sich nicht zurück, ist übermäßig ehrgeizig, muß überall mitmischen; ihm fehlt die Ehrfurcht vor Senat und Göttern, er ist darum aber populär bei den Massen, die das Interesse an Beute und schnellen Erfolgen hegen. Hannibal dagegen nutzt vernünftigerweise diese Schwächen seines Gegners aus. In der römischen Annalistik überlagert dabei, wie im Falle von Flaminius' Sieg über die Kelten an der Adda, das negative Bild ein älteres positives, demzufolge der Kommandeur umsichtig die Schlachtreihe wiederhergestellt und seinen Leuten Mut gemacht habe. Zugleich wird Flaminius' Tod in der Schlacht als Racheakt eines Kelten dargestellt – damit schlägt die Erzählung den Bogen zu Flaminius' erstem Consulat. Auch Polybios läßt diesen das ganze Wirken des Flaminius umspannenden Zusammenhang anklingen, um das Versagen des Römers zu unterstreichen. Die bestimmend gewordenen negativen Momente des im ganzen so widersprüchlichen Bildes von Flaminius gehen dabei wahrscheinlich auf Fabius Pictor zurück, der Flaminius zum Außenseiter und Hauptschuldigen aller vermeintlichen und tatsächlichen römischen Desaster in der halben Generation vor 217 machte, um die Nobilität als Ganze von der Verantwortung dafür freizusprechen und sie wieder aufzurichten.

Schon früh wurde Flaminius auch mit der Behauptung belastet, religiöse Vorzeichen hätten auf sein Scheitern vorausgewiesen, und er habe diese aus Ehrgeiz und Machtgier mißachtet. Die Berichte über solche Warnungen der Götter an den Consul wucherten in der Tradition und bildeten rasch miteinander kaum zu vereinbarende Versionen heraus. Flaminius' Pferd soll gescheut haben – noch vor dem Abmarsch des Heeres aus Rom, beim Marsch nach Arezzo oder in Arezzo selbst. Bis zu Coelius Antipater (zweites Jahrhundert v. Chr.), dem Autor einer Monographie über den Hannibalkrieg, war bereits eine ganze Liste solcher Vorzeichen auf Flaminius' Unheil zusammengekommen. Immer mehr trat, um Flaminius' Scheitern deterministisch zu deuten, seine angebliche Nachlässigkeit zu den Göttern gegenüber persönlichen Fehlern in den Vordergrund. Aufwendige sakrale Sühneriten, welche Fabius Maximus als Dictator nach der Katastrophe am Trasimenischen See parallel zur Entwicklung seiner nervenzehrenden Abnützungsstrategie durchführen ließ, konnten um so zweckmäßiger erscheinen, je deutlicher Flaminius den Göttern gegenüber gefehlt hatte. In der *neglegentia caerimoniarum*, mangelnder religiöser Observanz, soll nach einem Diktum des Dictators das Versagen des Flaminius gelegen haben, weniger in seinem Mangel an Besonnenheit und Wissen: Die Götter selbst haben Rom durch Flaminius gestraft.

An der Durchsetzung einer solchen Deutung, welche die politische Klasse Roms als Ganze von ihrem Versagen entlastete, mußte diese trotz ihrer inneren Konflikte auch als Ganze ein Interesse haben, denn die Niederlage am Trasimenischen See und die Katastrophe von Cannae hatten das Vertrauen in die Autorität und Führungskompetenz der Nobilität als einer informierten, erfahrenen und urteilsfähigen Elite zunächst erschüttert. Man wußte 217 nicht, wo Hannibal war und was er vorhatte – und zeigte sich daher nicht wohlorientiert, sondern überrascht. Hannibal konnte denn auch nur besiegt werden, indem wesentliche Grundlagen des Regimes der Nobilität, nämlich die sachliche und zeitliche Begrenzung jeder Amtsautorität, ausgesetzt und die Institutionen zu ihrer Rettung über legitime Grenzen hinaus gedehnt wurden – augenfällig in den Ausnahmebestimmungen für zwei große Römer, Fabius Maximus und Scipio Africanus. Diese Paradoxie kommt im Werk des Polybios noch zum Ausdruck: Dieser sah die wesentliche Ursache für Roms Durchhalten in seiner Verfassung und beschrieb doch den Dictator, ohne den es nicht ging, gar nicht als normalen Teil der römischen Institutionenordnung.

Die Senatsaristokratie gewann ihre verlorene Autorität aber nicht zuletzt deshalb zurück, weil sie ihre Deutungshoheit über das Geschehen behauptete. Dazu bedurfte sie eines Sündenbocks, um Distanz zwischen sich und den Katastrophen zu schaffen, denn in der Praxis dürften die politisch-militärischen Gegensätze – auch der zwischen Flaminius und Fabius Maximus – weniger grundsätzlicher Natur gewesen sein, als alle Berichte sie darstellen. Zum Sündenbock aber war Flaminius nach seinem Tod prädestiniert, konnte man ihn doch zum negativen Gegenbild eines bedächtigen, frommen und senatstreuen Fabius Maximus aufbauen. Fabius' hinhaltende Strategie wurde aus einer Notwendigkeit umgewertet zu überlegter, gewollt gewählter Zurückhaltung – zum scheinbaren Paradoxon eines Sieges durch Abwarten. So konnte die Nobilität das Verdienst an der Rettung Roms für sich reklamieren. In der Krise des Hannibalkrieges und nach ihrer Überwindung machte man aus Flaminius den negativen, aus Fabius den positiven Helden des Staates der Nobilität, weil diese eines neuen Selbstverständnisses und einer neuen Deutung ihrer Rolle bedurfte, und weil das Scheitern des zu ihrem Gegner umgedeuteten Flaminius den Herrschaftsanspruch des führenden Standes auch gegenüber den in diesem Krieg hervorgetretenen außerordentlichen Individuen neu begründen konnte.

Hinter dem Versagen der römischen Elite gegenüber Hannibal wie hinter den Versuchen der Senatoren, dieses nachträglich Flaminius anzulasten, steht als Voraussetzung die intensive Konkurrenz der Senatoren untereinander. Flaminius' militärische, rhetorische und administrative Befähigung, seine Rücksichtslosigkeit gegenüber den Ambitionen der Standesgenossen sowie seine in den Kriegen gegen die Karthager und die als Erzfeinde angesehenen Kelten erwiesene Führungsfähigkeit verschafften ihm Wettbewerbsvorteile in der harten Auseinandersetzung um militärische Ämter und politischen Einfluß, brachten ihn aber zugleich in die Position eines Außenseiters. Wie alle Aristokraten war Flaminius ehrgeizig bemüht um Macht, Anerkennung und Nachruhm. Begrenzt sahen die Mitglieder dieser Elite ihr Streben durch sakrale Schranken und durch die Deutungshoheit von ihresgleichen über ihr Tun. Ihr Erfolg war daher abhängig von der Bewertung durch die Standesgenossen, und diese Abhängigkeit wuchs noch über den Tod hinaus mit der Dauer, auf die sich ihr Streben nach Ruhm und Ehre richtete. Darin bestand ein egalisierendes Moment im Wettstreit aller um Geltung und Größe. Besonders Ehrgeizige und Erfolgreiche in diesem Wettbewerb waren von nachträglicher Schmälerung ihres Nachruhms bedroht. Im außerordentlichen Erfolg lag daher bereits ein Kern seiner negativen Umdeutung und des Scheiterns: das Übermaß.

Publius Cornelius Scipio Africanus der Ältere – Eroberer zwischen West und Ost

von Karl-Heinz Schwarte

Die Zeit des Zweiten Punischen Kriegs umfaßt ziemlich genau die Lebensmitte der beiden Protagonisten, Hannibal und Publius Cornelius Scipio. Beide waren von vornehmer Abstammung und verdankten die Ausprägung ihrer eminenten politischen und militärischen Begabung auch dem Erfahrungsschatz, den große Väter an ihre Söhne weitergeben konnten. Hannibal war zehn Jahre alt, als Rom im Jahre 237 durch die erpresserische Annexion Sardiniens die Beherrschung des westlichen Mittelmeeres abgerundet und seinen Schlußstrich unter den Ersten Punischen Krieg gezogen hatte. Durch Rom um den Erfolg seines Sieges im Söldnerkrieg gebracht, eröffnete Hannibals Vater, der karthagische Stratege Hamilkar Barkas, im selben Jahr durch sein Ausgreifen nach Spanien seinem Tatendrang einen neuen Schauplatz. Im folgenden Jahr 236 wurde Scipio geboren – als Mitglied der *gens Cornelia* Angehöriger einer der großen patrizischen Familien Roms.

In dem Maße, wie Hamilkar in Iberien Fuß fassen und sein Schwiegersohn und Nachfolger Hasdrubal (seit 229) dort barkidische Herrschaft errichten konnte, änderte Rom sein Zuwarten in zielstrebige Intervention. 226 wurde mit Hasdrubal ein Vertrag geschlossen, der den Ebro als Demarkationslinie zwischen barkidischem und römischem Hoheitsgebiet in Spanien bestimmte. Die Übereinkunft war folgenreich, aber zunächst so unspektakulär, daß sie in der stadtrömischen Öffentlichkeit sowenig wie bei dem damals zehnjährigen Scipio eine vernehmbare Resonanz gefunden haben dürfte.

Zu einem akuten Thema römischer Politik wurde Spanien nach dem Amtswechsel von Hasdrubal auf Hamilkars Sohn Hannibal (221). Die Frage, ob Hannibal die vereinbarte Begrenzung barkidischer Herrschaft in Spanien respektieren werde, beschäftigte den Senat, nachdem jener sogleich begonnen hatte, seine Herrschaft nordwärts in Richtung auf die Ebro-Grenze auszudehnen. Eine Gesandtschaft an Hannibal erbrachte beruhigende Auskünfte, und so wurden die Consuln des Jahres 219 beauftragt, nach Illyrien ins Feld zu ziehen. Bald aber drängten sich die Ereignisse. Im Mai 218 ging Hannibal über den Ebro, der Senat einigte sich in einer von Quintus Fabius Maximus dominierten Beratung darauf, vor einer Kriegserklärung an Hannibal die Kriegsbereitschaft Karthagos zu erkunden. Karthago stellte sich auf die Seite Hannibals, und damit war, noch vor dem Beginn des Krieges gegen den Barkiden, aus einem *bellum Hannibalicum* der zweite römisch-karthagische Krieg geworden. Rom mußte nun mit mindestens zwei Kriegsschauplätzen, also Nordafrika und Spanien, rechnen.

Scipios Vater war seit dem 1. März dieses entscheidungsträchtigen Jahres 218 Consul. Er war nicht für diesen Krieg gewählt worden, und er war nicht in der Absicht zur Wahl angetreten, in Spanien Kriegsruhm zu erringen. Nach der Kriegserklärung Hannibals an Rom und Roms an Karthago blieb dem Senat keine Wahl: Die amtierenden Consuln mußten den Krieg übernehmen; Scipios Vater fiel in dem unerwarteten Zweifrontenkrieg der Kampf gegen Hannibal zu. Dem im Grunde überraschenden römischen Eingreifen in Afrika und Spanien begegnete der Barkide mit dem überaus kühnen Plan, den Krieg sogleich nach Italien zu tragen und den Gegner von außeritalischen Aktionen abzuhalten. Rom erkannte zu spät, daß der Krieg formell gegen zwei alliierte Gegner zu führen sei, daß in Wirklichkeit aber nur einer das Geschehen bestimmte – Hannibal. Der Beschluß, den amtierenden Consuln Sizilien mit Zielrichtung Karthago und Spanien mit Zielrichtung Hannibal zuzuweisen, war nach dem aktuellen Informationsstand des Senats der einzig vertretbare, denn die Senatoren des Jahres 219/218 kannten nicht Hannibals genial spontanen Kriegsplan und konnten daher nicht wissen, daß die Entsendung des Tiberius Sempronius Longus nach Sizilien/Afrika und des Publius Cornelius Scipio nach Spanien ins Leere laufen mußten. Immerhin reagierte Rom unverzüglich. Sempronius wurde zurückberufen, Scipio brach angesichts der Rhôneüberquerung Hannibals seinen Vormarsch ab, beorderte seinen Bruder Gnaeus Cornelius Scipio mit einem Teil des Heeres nach Spanien; er selbst brachte mit der Flotte die übrigen Truppen nach Pisa zurück und von dort nach Piacenza. In dieser Region wurde Ende November 218 durch den Consul Publius Scipio die erste militärische Auseinandersetzung Roms mit Hannibal ausgelöst: ein Gefecht am Ticinus, das mit der ersten von drei weiteren römischen Niederlagen endete. Als kaum Achtzehnjähriger nahm der spätere Africanus an dem Gefecht teil. Daß er damals durch mutiges Eingreifen seinen schwerverwundeten Vater vor Gefangenschaft und Tod bewahrt habe, scheint nur eine historiographische Antizipation späterer Ruhmestaten zu sein, doch greift die Intention dieser historischen Fiktion tiefer: Roms Krieg gegen Hannibal und Karthago war vom kläglichen Anfang bis zum triumphalen Ende die Sache einer einzigen Familie, und diese schicksalhafte Verknüpfung des Zweiten Punischen Krieges mit den Cornelii Scipiones wird bekräftigt durch die Behauptung, daß der spätere Africanus von Anfang an in den Krieg einbezogen gewesen sei. Zwei Jahre später konnte sich Hannibal durch seinen Sieg bei Cannae in Süditalien festsetzen. Der Mutlosigkeit, die diese Katastrophe bei einer Gruppe junger Offiziere auslöste, soll Scipio, Militärtribun im Alter von nicht ganz 20 Jahren, entgegengetreten sein, indem er sie schwören ließ, den Staat des römischen Volkes niemals im Stich zu lassen. Vielleicht war es nicht erst die spätere Tradition, für die (wie für Livius 22, 53, 6) Scipio «der vom Schicksal bestimmte Führer dieses Krieges» war. Er wußte um die Wirkung seiner früh gereiften Persönlichkeit auf die Öffentlichkeit, und er setzte diese Wirkung zielstrebig für seinen politischen Aufstieg ein. Des Wahlerfolges gewiß, kandidierte er 213, im Rahmen des üblichen Mindestalters, für die curulische Aedilität.

Scipios Vater war nach dem Ablauf seines Consulats, mit proconsularischer Amtsgewalt (*imperium*) versehen und mit beachtlicher Flotten- und Truppenmacht ausgestattet, nach Spanien gegangen. Im Sommer 217 vereinigte er sich mit seinem Bruder Gnaeus, der noch 218 mit zwei Legionen dorthin gekommen war. Als gemeinsamen Kriegserfolg konnten sie 217 die Überquerung des Ebro verbuchen. Die Rückeroberung Spaniens machte derart Fortschritte, daß die Scipionen Ende 216 nach Rom melden konnten, es werde von dort keine Gefährdung Italiens mehr geben. In den folgenden Jahren arbeiteten sie mit Erfolg daran, die karthagischen Stützpunkte auszuräumen; 212 war Sagunt endgültig zurückerobert.

Für das nächste Jahr beschlossen die Brüder, getrennt gegen die drei karthagischen Heerführer vorzugehen. Indes endete die Initiative für beide tödlich, obwohl ihre Armeen ungeschlagen blieben und vorerst das Gebiet nördlich des Ebro behaupten konnten. So war der Tod der Scipionen im Frühsommer 211 nicht so sehr eine Katastrophe für die römische Position in Spanien als vielmehr eine persönliche Tragödie, die angesichts der im Frühjahr des gleichen Jahres 211 geglückten Rückeroberung Capuas um so bitterer war.

Die unmittelbare Reaktion des Senats auf die Ereignisse in Italien und in Spanien war eine Standardlösung. Da der Praetor Gaius Claudius Nero als Kommandant vor Capua nicht mehr benötigt wurde, wurde er in die Funktion des in Spanien gefallenen Proconsuls eingesetzt. Erfolge erzielte er nicht, und da seine Amtszeit 211 endete, suchte der Senat einen Nachfolger, der den militärischen Anforderungen gewachsen war. In den Centuriatcomitien – einer der Wahlversammlungen des römischen Volkes – wurde dem gerade vierundzwanzigjährigen Scipio als Nachfolger des Claudius Nero ein proconsularisches *imperium* übertragen. Die glorifizierende Erinnerung an die gefallenen Scipionenbrüder wird die Entscheidung erleichtert haben, und möglich ist auch, daß die Häupter der führenden Familien den 211 so hart getroffenen Cornelii Scipiones auch weiterhin eine Führungsposition in Spanien überlassen wollten. Indes ist es kaum vorstellbar, daß die Nobilität die exzeptionelle Wahl Scipios allein im Hinblick auf ein tragisches Familiengeschick ins Werk gesetzt haben könnte. Die wichtigste Frage ist nämlich, welchen Einfluß Scipio auf diese Entscheidung genommen hat. Die Überlieferung spricht glaubhaft von einer Initiative Scipios, wenngleich sie diese im Laufe der Jahr-

Publius Cornelius Scipio Africanus der Ältere 109

hunderte zu einem heroischen Selbstopfer hochstilisiert hat. So behauptet Livius (26, 18, 6 f.), noch zu Beginn der Wahlversammlung habe es wegen der allgemeinen Verzweiflung und Mutlosigkeit keinen einzigen Kandidaten gegeben, und erst die Bewerbung Scipios habe die Wende gebracht und die Wahl ermöglicht.

Die Wahl war schon wegen des jugendlichen Alters des Kandidaten ungewöhnlich, vor allem aber enthielt sie eine verfassungsrechtliche Neuerung: Nie zuvor war die magistratische Amtsgewalt (*imperium*) einem Privatmann übertragen worden, der nicht zuvor regulär, das heißt durch die Wahl zum Consul oder Praetor, ein *imperium* erhalten hatte. Die Trennung von Amt und Amtsgewalt, die in der späten Republik den Aufstieg der großen Einzelpersönlichkeiten begünstigte und im Principat institutionell verfestigt wurde, hat in dieser Wahl ihren Anfang genommen. Vielleicht haben viele Wähler über die ungewöhnliche Kandidatur zunächst gestaunt, doch ließen Scipios überzeugende Persönlichkeit, sein schon vielfach bewährtes politisches Talent und nicht zuletzt sein zielgerichtet in die Öffentlichkeit getragenes Sendungsbewußtsein die unerhörte Wahl als ein risikoloses Experiment erscheinen.

Senat und Bürgerschaft sollten nicht enttäuscht werden. Mit zusätzlichen Truppen war der neue Befehlshaber in Ampurias gelandet. Um die Karthager aus Spanien zu vertreiben, war ein Ausgreifen in das Land südlich des Ebro nötig, und dabei kam Carthago Nova (Cartagena), der von Hasdrubal gegründeten Hauptstadt des Barkidenreiches, besondere Bedeutung zu. Scipio hatte erkundet, daß jeder der drei karthagischen Feldherren mindestens zehn Tagesmärsche von Neukarthago entfernt war. Nur den Flottenpräfekten Laelius – seinen treuergebenen Freund – weihte er in das Unterfangen ein, in kürzester Zeit und unbemerkt die Armee vor die Stadt zu führen. Ganze sieben Tage nur sollen die Flotte und das von Scipio geführte Landheer für die 400 km von der Mündung des Ebro bis nach Neukarthago gebraucht haben. Die Verteidigung der auf einer Landspitze gelegenen Stadt lag, von geringen Militärkontingenten abgesehen, in den Händen der eilends bewaffneten Bürgerschaft. Eine erste Mauererstürmung ließ Scipio an der Hafenseite von den Schiffen aus vornehmen, den entscheidenden Angriff aber ließ er durch einen Stoßtrupp von etwa fünfhundert Soldaten führen, die mit geschulterten Sturmleitern das seichte Wasser der Lagune an der Nordseite der Stadt durchwateten. Theodor Mommsen rühmt die Eroberung von Neukarthago als einen «der kühnsten und glücklichsten Handstreiche, die die Geschichte kennt» (Römische Geschichte, Band I, S. 633). Dabei war das entscheidende Strategem Scipios der Weg durch die verebbte Lagune; die zentrale Frage ist daher, ob er das Eintreten des Niedrigwassers vorausberechnen konnte, was offensichtlich der Fall war. Ein einzelnes Detail darf als Indiz dafür hinreichen: Scipio macht den für das waghalsige Unternehmen ausgesuchten Soldaten mit der Behauptung Mut, der Plan sei ihm von Neptun/Poseidon eingegeben worden, und der Gott habe ihm versprochen, bei der Ausführung sichtbaren Beistand zu leisten. Das klingt nicht nach hastiger Improvisation, sondern nach längerfristiger Projektion. Im übrigen macht dieser Vorgang generell deutlich, daß Scipio einzelne Götter für seine politischen Ziele in Dienst genommen hat. Außer Neptun spielten Juppiter und der capitolinische Juppitertempel eine Rolle in der religiösen Selbstdarstellung des künftigen Africanus. Daß, unter anderem von Polybios bezeugt, schon um die Mitte des zweiten Jahrhunderts eine Legendenbildung einsetzte, die auf eine Heroisierung Scipios hinauslief, gehört in einen anderen Zusammenhang. Die Eroberung von Neukarthago nun erbrachte für Scipio wenigstens zweierlei: die Aura des in der Gunst eines Gottes stehenden Feldherrn und eine immense Kriegsbeute, darunter die Gold- und Silberschätze, die die Barkiden in mehr als zwanzig Jahren hier zusammengetragen hatten. Aber nicht nur die Stadt, auch die Herzen ihrer Bewohner gewann er, durch großzügige Freilassung ihrer Bürger ebenso wie durch spektakuläre Gnadenakte wie bei der Verlobten eines keltiberischen Fürstensohnes, der er effektvoll das beigebrachte Lösegeld zum Brautgeschenk machte. Das Signal wirkte. Auf dem Weg in das Winterlager bei Tarragona konnte Scipio die Unterwerfung mehrerer iberischer Fürsten entgegennehmen. Für die Karthager bedeutete dies einen stetigen Schwund ihrer Bundesgenossenschaft, für Hasdrubal Barkas, den Bruder Hannibals, einen Grund mehr für das Bemühen, die Position der Karthager in Spanien zu festigen, bevor er zur Unterstützung seines Bruders nach Italien aufbrach. Auch Scipio suchte die Schlacht, hatte er doch seit seinem Eintreffen in Spanien noch keine Gelegenheit gefunden, die drei dort stationierten karthagischen Armeen zu bekämpfen. Im Frühjahr 208 traf er auf dem Marsch von Tarraco in den Süden bei Baecula (dem heutigen Bailén) auf Hasdrubal. Dieser hatte die günstigere Stellung, was Scipio durch seine kluge Strategie wettmachte. Er schlug den Gegner in die Flucht, verzichtete aber auf eine Verfolgung, da zu befürchten war, daß Mago und Hasdrubal Gisgo dem Barkiden Hasdrubal zu Hilfe kommen würden. So konnte der Bruder Hannibals seinen Zug nach Norden fortsetzen; er nahm seinen Weg durch die Westpyrenäen nach Gallien und wiederholte Hannibals Alpenüberquerung, konnte aber die Lage der Karthager in Italien nicht mehr bessern, da er 207 in einer Schlacht in Oberitalien fiel.

In Spanien war die barkidisch-karthagische Herrschaft Ende 208 entscheidend geschwächt und gefährdet, aber keineswegs vernichtet. Das entscheidende militärische Ereignis des folgenden Jahres (gegen 207 spricht kaum mehr als für 206) war die Schlacht Scipios gegen Hasdrubal Gisgo bei Ilipa, einem nicht mehr identifizierbaren Ort im Baetistal nördlich von Sevilla. Wiederum brachte eine von Scipio erdachte neuartige Taktik den Erfolg der Römer. Nur ein Unwetter und die hereinbrechende

Nacht verhinderten eine Katastrophe für das karthagische Heer, das sich nach Gades zurückzog. Treffend urteilt Livius (28, 16, 14), daß damit das Ende der karthagischen Herrschaft in und über Spanien angebrochen war. Von Gades aus kehrte Hasdrubal Gisgo 206 nach Afrika zurück, und überzeugt, daß dort der Krieg entschieden werde, suchte Scipio den Boden zu bereiten für den siegreichen Abschluß des römisch-barkidischkarthagischen Krieges, der, jedenfalls in seiner spanischen Dimension, zu einer Familiensache der Cornelii Scipiones geworden war.

Schon im Ersten Punischen Krieg hatte es römische Kriegführung in Afrika gegeben, aber damals war die alleinige Stoßrichtung ein Angriff von Sizilien aus. Nach den Erfolgen in Spanien schien ein Angriff auf Karthago von Spanien her gute Aussichten zu eröffnen, aber diese Strategie erforderte den Zugriff auf numidisches Territorium. Bei den Massylern im Osten regierte damals der König Gala, im Westen bei den Masaesylern der König Syphax (220–203). Die geographische Nähe zu Karthago erklärt unschwer, daß Gala auf die Seite der Karthager getreten war; zu ihrer Unterstützung hatte er seinen Sohn Massinissa mit einem Truppenkontingent nach Spanien aufgeboten. Der natürliche Verbündete Roms und seines Stellvertreters in Spanien war also Syphax. Scipio war mit der politischen Szenerie in Nordafrika schließlich so vertraut, daß er Gefahr und Mühen nicht scheute, nach Numidien überzusetzen, um mit Syphax über einen Beistandsvertrag zu verhandeln. Dramatisierend, aber kaum widerleglich erzählen die Quellen, daß gleichzeitig Hasdrubal Gisgo mit demselben Ziel angereist sei, Syphax aber das erwünschte Bündnis mit Scipio abgeschlossen habe. Am Ende aber blieb die heikle Expedition Scipios doch erfolglos. Denn im Winter 205/4 ging Syphax zu den Karthagern über und schloß mit ihnen ein Bündnis, nachdem ihm Hasdrubal seine Tochter Sophoniba zur Frau gegeben hatte. Scipios zwar weitsichtige, aber diplomatisch unabgesicherte Expedition erschien der ihm gewogenen Tradition derart diskreditierend, daß sie Onkel und Vater des künftigen Africanus in der Weise zu Vorläufern der Syphax-Expedition ihres Nachfolgers machte, daß sie diese drei Offiziere (*centuriones*) zu Syphax senden ließ. Will man den Wankelmut des Syphax nicht zum entscheidenden Kriterium machen, dann war die Numidien-Initiative Scipios ein signifikantes Beispiel seines vorausschauenden Wagemuts.

Im Jahr 206 war Spanien im ganzen, aber noch nicht ganz unter römischer Herrschaft. Gades, den letzten Stützpunkt der Karthager, hielt Mago so lange, bis er zur Unterstützung Hannibals nach Italien abkommandiert wurde. Die Stadt konnte einen Vertragsfrieden erreichen, den Rom dann allerdings ignorierte; auch Gades bekam eine römische Besatzung. Für Scipio bedeutete dies den Abschluß seiner Kriegführung in Spanien, das er noch 206 verließ. Rechtzeitig vor den Consulwahlen, also spätestens Januar 205, war er in Rom zurück. Die Wahlbeteiligung war ungewöhnlich groß. Neben Scipio wurde der Oberpriester, der *pontifex maximus* Publius Licinius Crassus, zum Consul für das am 1. März 205 beginnende Amtsjahr gewählt. Da Crassus wegen seines Priesteramtes Italien nicht verlassen durfte, wurde ihm Bruttium als Verwaltungsbereich (*provincia*) zugesprochen. Scipio erhielt Sizilien. Das bedeutete, wörtlich genommen und soweit voraussehbar, den Ausschluß von aller militärischen Mitwirkung an der endgültigen Beendigung des Krieges gegen Hannibal und die Karthager, und daher erhob Scipio Anspruch auf ein Kommando in Afrika. Indes stand hinter diesem scheinbar gegen die Person Scipios gerichteten Dissens ein politischer Konflikt, dessen Existenz nicht schon deshalb bezweifelt werden kann, weil Livius (28, 40–44) die politische Grundsatzfrage auf eine Rede des Fabius Cunctator und eine Gegenrede Scipios reduziert hat. Fabius also und seine Anhänger vertraten eine auf Italien beschränkte Politik; ihnen hätte es genügt, Hannibal aus Italien zu vertreiben und mit Karthago Frieden zu schließen. Scipio dagegen machte die Niederwerfung Karthagos zum Mittelpunkt seiner Planungen: Ein Angriff auf die Basis des Gegners würde Hannibal zur Rückkehr nach Afrika zwingen und dadurch seine Anwesenheit in Italien beenden. Daß im Senat tatsächlich diese politische Alternative erörtert wurde, ergibt sich aus dem schließlichen Kompromiß, daß Scipios *provincia* Sizilien bleiben solle, daß er aber nach Afrika übersetzen dürfe, wenn der Nutzen des Staates es erfordere. Die Halbherzigkeit dieser bedingten Ausweitung der consularischen *provincia* zeigt sich in der Scipio bewilligten Ausstattung. Er mußte sich mit dem begnügen, was er in Sizilien übernehmen oder rekrutieren konnte. Militärpolitische, machtpolitische und persönliche Motive wirkten zusammen bei diesem Einspruch gegen das Konzept und den Ehrgeiz des jugendlichen Kriegshelden. Vielleicht glaubten manche Senatoren nun, Scipio an die Kette gelegt zu haben, tatsächlich aber war ihm die Chance gelassen zu beweisen, daß er «nicht nur zur Führung des Krieges, sondern auch zu seiner Beendigung zum Consul gewählt worden» sei (Livius 28, 40, 2). Ohne jede Unterstützung durch die Staatsfinanzen brachte er die Flotte und die Truppen zusammen, die er für die erstrebte Kriegführung in Afrika benötigte. In Mittelitalien gewann er an die 7000 Freiwillige, viele Städte Etruriens steuerten eifrig Ausrüstungen und Versorgungsgüter bei. In aller Eile wurden für die Überfahrt nach Sizilien 30 Schiffe gebaut. In Sizilien war Scipio während des Jahres 205 weiterhin damit beschäftigt, die für den Afrikafeldzug benötigten Truppen zusammenzubringen. Dort konnte er auf zwei Legionen zurückgreifen, die aus der Schlacht bei Cannae (216) entflohen waren und nun seit zehn Jahren auf der Insel Strafdienst leisteten. So gerüstet setzte Scipio, dessen Kommando zunächst für ein Jahr verlängert worden war, im Sommer 204 nach Afrika über; einen Teil der Flotte befehligte er, mit seinem Bruder Lucius im Gefolge, selbst, den anderen der bewährte Präfekt Gaius Laelius. Ohne auf Widerstand zu stoßen landete das Geschwader bei Utica.

Als überaus hilfreich sollte sich ein unverhoffter Bundesgenosse erweisen: Massinissa, der Sohn des Massylerkönigs Gala, der von seinem Vater zur Unterstützung der Karthager nach Spanien aufgeboten worden war und bei der Rückkehr nach Afrika seinen Vetter Lakumazes als den durch numidisches Erbrecht legitimierten Erben Galas vorfand. Wiederholte Versuche, das Erbe zurückzuerobern, scheiterten an Interventionen eben jenes Syphax, der im letzten Winter (205/204) das mit Scipio geschlossene Bündnis verlassen hatte. Massinissa also stellte sich mit seiner gesamten Truppenmacht ein, die allerdings aus nicht mehr als 200 Reitern bestand. Mehr zählte, daß Massinissa für Scipio der einzige einheimische Verbündete in Afrika bei seinem Kampf gegen Karthago war. In einem ersten Reitergefecht besiegte Massinissa das karthagische Aufgebot unter Hanno. Scipio selbst begann Ende 204 mit der Belagerung Uticas, verschanzte aber bei Anbruch des Winters das Heer auf einem Landrücken östlich der Stadt. Mit dem Frühjahr 203 trat der Krieg in seine entscheidende Phase. Hanno und Syphax rückten an das Lager Scipios heran, das sich auf einer engen, felsigen Halbinsel befand. Bei einem nächtlichen Überfall steckten die Römer und ihre Verbündeten die feindlichen Lager in Brand – Massinissa und Laelius das Lager des Syphax, Scipio das Lager der Karthager unter Hasdrubal. Die Karthager ersetzten die Verluste durch die Rekrutierung neuer Truppen, vor allem aber gelang es ihnen, den zunächst zögernden Syphax zur weiteren Teilnahme am Krieg zu bewegen. Die verbündeten Truppen unter Syphax und Hasdrubal Gisgo trafen in der «Großen Ebene», etwa 120 km südwestlich von Karthago, auf das römische Heer. Scipio entschied dank seiner Reiterei die Schlacht für sich. Zwar konnte Syphax fliehen, doch setzten ihm Laelius und Massinissa mit Scipios Billigung nach. In seinem Gebiet kam es zu einer Schlacht, aus der Laelius und Massinissa als Sieger hervorgingen. Syphax wurde gefangengenommen, Massinissa eroberte die von Syphax eingenommene massylische Hauptstadt Cirta und konnte auf diese Weise das Reich seines Vaters zurückgewinnen. Auch das westlich anschließende Reich des Masaesylers Syphax brachte er unter seine Herrschaft, freilich nur deshalb, weil der römische Feldherr es so wollte. Unerbittlich vereitelte Scipio dagegen die Absicht Massinissas, durch eine Blitzheirat die unglückliche Karthagerin Sophoniba, die als Mitschuldige am seinerzeitigen Bündnisbruch ihres Gemahls Syphax erschien, der Rache Roms zu entziehen. Solche Insubordination untersagte Scipio selbst dem einzigen Verbündeten, den er in Afrika gefunden hatte. Massinissa mußte sich mit der Verleihung des Königstitels trösten.

Der Rat von Karthago reagierte auf die Niederlage und die anschließende Besetzung von Tunis durch Scipio mit der Rückberufung Hannibals. Gleichzeitig wurde im Sommer 203 eine dreißigköpfige Abordnung zu Scipio nach Tunis aufgeboten, um Friedensbedingungen zu sondieren und wohl auch um Zeit zu gewinnen. Scipio nannte seine Bedingungen, der Rat von Karthago akzeptierte sie und ließ während des eingeräumten Waffenstillstandes eine Delegation mit dem römischen Senat über den Frieden verhandeln. Nach langwierigen Erörterungen, zu deren schleppendem Verlauf senatorische Animositäten gegen Scipio ihr Teil beitrugen, wurden, wohl im Winter 203/202, dessen Friedensbedingungen von Senat und Volk gebilligt; damit war zugleich eine Verlängerung seines Kommandos für ein weiteres Jahr (202) vorentschieden.

Als Hannibal im Frühjahr 202 (oder schon Ende 203?) bei Hadrumetum landete, war die Fortführung des Kriegs für beide Seiten, die Karthager ebenso wie Scipio, beschlossene Sache. Die Schuld hieran freilich mußten sich die Karthager zuschreiben lassen, die im Frühjahr 202 als erste den Waffenstillstand brachen. An Massinissa richtete Scipio die Order, sich mit möglichst vielen Truppen rasch zu ihm zu begeben; noch rechtzeitig fand sich der König von Scipios Gnaden mit 6000 Fußsoldaten und 4000 Reitern ein, um seinen Beitrag zu leisten zur Entscheidungsschlacht, die man «die Schlacht bei Zama» zu nennen pflegt, ohne sie mit Sicherheit lokalisieren zu können; die plausibelsten Vermutungen weisen in das Tal des Edjerda etwa 125 km westlich von Hadrumetum. Dem historischen Gewicht dieser Entscheidungsschlacht entspricht es, daß die antike Geschichtsschreibung «die größten Heerführer nicht allein ihrer Zeit» (Livius 30, 30, 1) vor der Schlacht zu einer Unterredung zusammenkommen läßt. Selbst wenn das Faktum des Gesprächs zweifelhaft ist, der angebliche Inhalt spiegelt die historische Realität: Für Scipio gab es nach dem gescheiterten Frieden nichts mehr zu verhandeln – sein Ziel war die Kapitulation Hannibals und der Karthager. An einem Tag im Herbst 202 zogen die beiden Heere in die Schlacht, die ein militärhistorisches Paradestück ist. Seinen ungefährdeten Sieg verdankte Scipio der Unterstützung durch Massinissa, der überlegenen Zahl seiner Reiter, der Erfahrung und Homogenität seiner Fußtruppen und nicht zuletzt seiner intelligenten, abermals die Bahnen des Gewohnten verlassenden Taktik. Die Hälfte der Soldaten Hannibals fand den Tod, die übrigen 20000 gerieten in Gefangenschaft. Hannibal flüchtete nach Hadrumetum, bevor er vor den Rat in Karthago trat und die Bitte um einen Frieden als die einzige den Karthagern verbliebene Möglichkeit darstellte. Die Karthager signalisierten dem römischen Feldherrn ihre Kapitulation, und dieser teilte den Gesandten neue, härtere Friedensbedingungen mit. Die territorialen Auflagen waren wie zuvor: Verzicht auf Spanien und die Inseln zwischen Italien und Afrika. Empfindlich verschärft waren dagegen die Bestimmungen, die zum Ziel hatten, Karthago auf den Rang eines Lokalstaates ohne jegliche außenpolitische Betätigungsmöglichkeit zu reduzieren. Dabei erwiesen sich die auferlegten Reparationszahlungen als ebenso erträglich wie die

Publius Cornelius Scipio Africanus der Ältere 115

Auslieferung aller Elefanten und der Kriegsschiffe bis auf 10 Dreiruderer. Einschneidend waren dagegen die politischen Restriktionen: das generelle Verbot jeglicher Kriegführung außerhalb Afrikas und das Verbot von Rom nicht genehmigter innerafrikanischer Kriegführung. Der folgenreichste Teil der Friedensbedingungen waren indes die Massinissa involvierenden Bestimmungen: Karthago mußte dem Numiderkönig bis zu einer festzulegenden Grenze alle Gebiete zurückgeben, die er oder seine Vorfahren irgendwann besessen hatten. Wäre damals den Ansprüchen Massinissas tatsächlich eine Grenze gesetzt worden, so hätte für Karthago zumindest innerhalb dieser Grenze Rechtssicherheit bestanden und am Ende (149) nicht die Versuchung, aus einem Grenzstreit den Anlaß zum Dritten Punischen Krieg entstehen zu lassen. Aber offenbar ist eben diese Grenzziehung absichtlich niemals vorgenommen worden. Nach dem Rat von Karthago billigte auch der Senat in Rom den Friedensentwurf Scipios. Dessen Proconsulat wurde für das Jahr 201 abermals verlängert, doch war der Widerstand der scipionenfeindlichen Senatoren um den Consul Gnaeus Cornelius Lentulus keineswegs schon gebrochen. Vielmehr befand der Senat, Scipio solle den Frieden nicht alleine schließen, sondern im Einvernehmen mit einer Zehnerkommission, die von Rom nach Afrika entsandt wurde. Im Gegenzug wurde durch die ungewöhnliche Entsendung von Fetialen, denen Scipio an Ort und Stelle Auftrag und Vollmacht zur Beeidung des Friedensvertrags erteilen sollte, der endgültige Friedensschluß von seiner Einwilligung abhängig gemacht.

Der Triumph, den der mit dem Siegestitel «Africanus» geehrte Bezwinger Hannibals in Rom feiern durfte, war der erste Höhepunkt einer noch nicht an ihrem Schlußpunkt angelangten, außergewöhnlichen Adelskarriere. 199 wurde Scipio zum Censor gewählt, und parallel zu dieser Krönung der Ämterlaufbahn wurde er mit dem Ehrenrang des «ersten Senators», des *princeps senatus*, ausgezeichnet. In diesen Jahren war Scipio der angesehenste Mann in Rom, der mächtigste war er nicht, und dies nicht etwa deshalb, weil er, einem Marius vergleichbar, der Kriegsmann gewesen wäre, der sich nur unzureichend auf die Finessen der Innenpolitik verstand. Vielmehr war es gerade Scipios herausragende Stellung im Staat, die einem noch höheren Aufstieg im Wege stand. Denn noch war der Senat konform und stark genug, das politisch-soziale Gleichgewicht innerhalb der Nobilität aufrechtzuhalten. Daher ist es nicht verwunderlich, daß der neue Schwerpunkt römischer Außenpolitik, der Zweite Makedonische Krieg gegen Philipp V., von einer anderen, der *gens Quinctia*, dominiert wurde. Der außerordentliche Aufstieg zum Consulat, der seinerzeit dem jugendlichen Scipio zugestanden worden war, wurde für das Jahr 198 dem kaum dreißigjährigen Titus Quinctius Flamininus gewährt, dem dann Makedonien als Provinz zugeteilt wurde. Hätte Scipio diese Position für sich beansprucht, er hätte dafür schwerlich die nötige Unterstützung gefunden.

Charakteristisch für die Fortsetzung der Karriere Scipios ist die strikte Einhaltung der konventionellen Laufbahnfristen: Für seinen zweiten Consulat im Jahre 194 wartete er den Ablauf des obligatorischen Zehnjahresintervalls ab. Daß die Wahl unter dem Eindruck der Flucht Hannibals zu Antiochos III. stand und dadurch begünstigt wurde, mindert nicht den Kontrast zu dem Drängen Scipios im Jahre 205. Im Widerspruch zur Politik des Flamininus trat Scipio vergeblich dafür ein, einem der beiden Consuln Makedonien als Provinz zuzuweisen, damit Griechenland nicht auf sich selbst gestellt sei, falls Antiochos von Syrien dort einfallen werde. Aber Scipios Griechenland betreffende Initiative schlug fehl – beiden Consuln wurde Italien als Provinz verordnet, und Flamininus konnte, im Einklang mit seiner Freiheitsproklamation, den Abzug des römischen Heeres aus Griechenland ankündigen. Im übrigen blieb Scipios zweiter Consulat ohne herausragende Vorkommnisse, wenn man Catos Triumph und vor allem die hypertrophe Selbstdarstellung des Triumphators Flamininus beiseite läßt. Zur Zeit der Verhandlungen Roms mit Antiochos ging Scipio 193 als Mitglied einer Dreiergesandtschaft nach Karthago, um eine Grenzstreitigkeit zwischen Karthago und Massinissa zu untersuchen. Einen römischen Schiedsspruch gab es freilich nicht, vielleicht, weil Scipio seinen bewährten Schützling begünstigte, vielleicht auch mit Rücksicht auf den drohenden Konflikt mit Antiochos.

Die Consulatswahlen für 192 endeten kaum in Sinne Scipios: Gewählt wurde – neben Gnaeus Domitius – Lucius Quinctius, der Bruder des siegreichen Titus Flamininus; das flamininische Konzept der Selbstbestimmung Griechenlands war damit personell bestätigt.

Die Notwendigkeit, in Griechenland Krieg zu führen, bedeutete indes einen politischen Rückschlag für Flamininus. Hatte bereits die Wahl des Manius Acilius Glabrio zum Consul für 191 und dessen Aufgebot gegen Antiochos ein Wiedererstarken der Position Scipios zur Folge, so bewirkte der Consulat seines Bruders Lucius im Jahre 190 einen letzten Höhepunkt im Leben des Africanus. Viele hätten lieber ihm den Krieg gegen Antiochos in Kleinasien übertragen, aber die Regeln verboten einen weiteren Consulat nur vier Jahre nach dem des Jahres 194. Immerhin ernannte der Senat den ruhmreichen Publius Scipio zum Ratgeber des Consuls, und so leitete der Africanus «unter dem nominellen Oberbefehl seines etwas blassen Bruders» (Bleicken, Geschichte der römischen Republik ⁴1992, S. 53) die Operationen, die Ende 190 bei Magnesia am Mäander schließlich zur Niederlage des Antiochos führten. Den erstmaligen Übergang eines römischen Heeres nach Asien ermöglichte nicht zuletzt das diplomatische Geschick, mit dem Scipio Philipp von Makedonien und Prusias von Bithynien an die Seite Roms band bzw. brachte. Sogleich nach dem Übergang der Scipionen über den Hellespont reagierte Antiochos mit (für ihn günstigen) Friedensvorschlägen und mit Angeboten bis hin zu dem Anerbieten, Scipios in die Gefangenschaft des Königs gefallenen Sohn ohne sonstige Gegenleistung freizugeben. Scipio wies alle Angebote, aus denen seine politischen Gegner später gleichwohl Kapital schlagen sollten, zurück. Die Verhandlungen waren beendet, der Krieg ging weiter. Bald darauf erkrankte Scipio Africanus, an dem anschließenden Geschehen konnte er nicht teilnehmen. Den Sieg bei Magnesia erfocht Gnaeus Domitius Ahenobarbus, der nun anstelle des verhinderten Africanus für den untüchtigen Consul das Kommando führte. Wieder genesen, leitete Africanus die Verhandlungen mit den Gesandten des Antiochos, aber anders als 201 beanspruchte der Senat das letzte Wort. Er forderte den Rückzug des Antiochos aus Kleinasien, so wie es dann im Frühjahr 188 im Friedensvertrag von Apameia festgelegt wurde. Diesen Schlußstein des Krieges gegen Antiochos zu setzen wurde den Scipionen verwehrt, denn vor dem Hintergrund der Angriffe Catos auf die Anhänger des Africanus hatten die Consuln des Jahres 189 leichtes Spiel, als sie im Senat forderten, einem von ihnen selbst Asia als Provinz zu übertragen: Lucius Scipio wurde durch den Consul Gnaeus Manlius Vulso ersetzt. Im Laufe des Jahres 188 kehrten die beiden Scipionen nach Rom zurück, Lucius konnte seinen Triumph feiern, aber die wichtigsten Parteigänger der Scipionen in Rom waren bei verschiedenen Wahlen erfolglos gewesen und daher in ihrem aktuellen innenpolitischen Einfluß geschmälert. Das machte es dem Senat leichter, im Jahre 188 das Kommando des Manlius Vulso zu verlängern und diesem zu gewähren, was er Lucius (und mithin auch Publius) Scipio verweigert hatte – die definitive Beendigung des Kriegs gegen Antiochos durch einen Friedensvertrag.

Die Consulate des Jahres 187 gingen an Gaius Flaminius und Marcus Aemilius Lepidus; der erste stand wahrscheinlich und der zweite ganz gewiß auf der Seite des Africanus, dessen Einfluß damit wieder aufzuleben schien. Auf diese Situation gehen die nur annähernd rekonstruierbaren «Scipionenprozesse» zurück, deren Umrisse immerhin erkennbar geblieben sind. Es ging um Gelder aus dem Krieg gegen Antiochos, die angeblich der Staatskasse vorenthalten worden waren. So wurde 187 offenbar Lucius Scipio von Volkstribunen angeklagt, 500 Talente Kriegsentschädigung unterschlagen zu haben, während er selbst den Betrag als Kriegsbeute auslegte. Africanus unterstützte das Argument, indem er vor den Senatoren die Rechnungsbücher aus dem Antiochoskrieg zerriß. Nur eine tribunizische Intercession bewahrte Lucius vor dem Gefängnis, das ihm der Ankläger angedroht hatte, weil er die geforderte Kaution nicht zahlen wollte. Drei Jahre später, im Jahre 184, richtete sich der Angriff gegen den Africanus selbst, wahrscheinlich wegen seiner – privaten – Friedensvorverhandlungen mit Antiochos. Wie es scheint, setzte er der Anklage allein den Hinweis auf seine großen Verdienste um Rom entgegen, was seine Lage nicht eben verbesserte.

Bald danach nämlich verließ der Africanus Rom. Er ging nach Liternum, wo er ein Jahr später starb. Was wie ein freiwilliges Exil anmutet, war eher der Protest gegen ebenso kleinliche wie fanatische Anfeindungen. Ohne Einzelheiten mitzuteilen, machen wichtige Quellen für die Angriffe auf die beiden Scipionen Cato verantwortlich. Vieles deutet darauf hin, daß diese Anklagen persönlich motiviert waren; dabei dürften aktuelle Anlässe (wie die Censorenwahl für 184, bei der Lucius Scipio gegen Cato kandidierte) eine größere Rolle gespielt haben als etwa prinzipielle Differenzen in der Bewertung der damals nach Rom einströmenden griechischen Sprache und Denkweise. Überhaupt bestand die Entfernung von der römischen Tradition, die man dem Älteren Scipio Africanus vorhalten könnte, nicht in dem von vielen seiner Zeitgenossen geteilten Philhellenismus als vielmehr in der zielstrebigen Mißachtung der für den Erwerb staatlicher Ämter geltenden Regeln. Vielleicht wurde die irreguläre Übertragung des Oberbefehls in Spanien weniger von Scipio selbst als von der Familie der Cornelii Scipiones und ihren Parteigängern initiiert und durchgesetzt, sein Consulat aber und die (wenngleich konditionierte) Ausweitung seines consularischen *imperium* auf Afrika sind ganz und entscheidend seiner persönlichen Anstrengung zuzuschreiben.

Den Sachverhalt gerecht zu würdigen ist freilich nicht möglich ohne die komplementäre Feststellung, daß sich die Laufbahn des Africanus seit dem Jahr 200 in den Bahnen des traditionellen Regelwerks bewegte. Diesen Wandel durch geänderte politische Umstände erklären zu wollen, hieße das verkennen, was Scipio als seine ureigene, sich stetig ausweitende Sendung angesehen hat: Aus der Fortsetzung des von Vater und Onkel geführten Abwehrkampfes wurde die Vertreibung der Karthager aus Spanien und bereits damals der Plan eines direkten Angriffs auf Karthago. Am Anfang dieses Weges stand die Niederwerfung der Karthager in Spanien als ein verpflichtendes Vermächtnis des Vaters vor Augen; spätestens bei der Überfahrt von Spanien zu Syphax nach Mauretanien aber war der Plan gereift, von Afrika her Roms Krieg mit Hannibal zu beenden. Gelang es Scipio, mit diesem Unternehmen betraut zu werden, dann war damit offiziell anerkannt, daß die Beendigung des zweiten Karthagerkrieges eine Sache der Cornelii Scipiones sei, und dies anzuerkennen fiel vielen Senatoren derart schwer, daß sie den zum Consul gewählten Publius Scipio faktisch von aller Kriegführung abzuschneiden suchten. Nachdem Scipio dem Senat die Genehmigung zur Fortsetzung des Krieges gegen Karthago abgerungen hatte, war die Erfüllung seiner Mission im Prinzip gesichert und ohne weitere «verfassungsrechtliche» Irregularitäten zu vollenden möglich. Als Censor und *princeps senatus* konnte der Africanus den strahlenden Ruhm seiner Taten und den ungetrübten Glanz seines überragenden gesellschaftlichen Ansehens, seiner *dignitas*, genießen, bis er sich nach seinem zweiten Consulat nochmals auf die innenpolitischen Fährnisse des militärischen Tagesgeschehens einließ. Der Sieg über Antiochos III. hat dem Africanus wenig Ruhm und

Publius Cornelius Scipio Africanus der Ältere   119

noch weniger Dank eingetragen. Vielmehr war er auf dem Tiefpunkt seiner Laufbahn angekommen, als er sich nach Liternum zurückzog. Den Tod fern der Vaterstadt hatten Sieger und Besiegter, Scipio Africanus und Hannibal, gemeinsam. In der historischen Resonanz seiner Persönlichkeit ist Hannibal nur von wenigen und jedenfalls nicht von seinem Besieger übertroffen worden, in der Nachhaltigkeit der Wirkung aber überragt Scipio. Er war der Begründer der römischen Herrschaft in Spanien, Afrika und Kleinasien. Er war dem römischen Volk ein frühes Exempel für den Willen, aktuelle militärische Erfordernisse über das gewohnheitsrechtliche Reglement von Ämterlaufbahnen zu setzen. Und er war der Vater einer Tochter, der er den Namen Cornelia mitgeben konnte, den die Nachwelt um den Ehrentitel «Mutter der Gracchen» bereichert hat. Sich auszumalen, wie der Africanus über die restaurativ-revolutionäre Politik seiner Enkel Tiberius und Gaius Sempronius Gracchus geurteilt hätte, wäre ein sicherlich erhellendes Gedankenspiel.

Titus Quinctius Flamininus –
Griechenfreund aus Gefühl oder Kalkül?

von Linda-Marie Günther

An einem Tag im April des Jahres 196 v. Chr. versammelte sich am Isthmos bei Korinth eine große Menge illustrer Griechen aus nah und fern, um im Stadion den panhellenischen Spielen beizuwohnen, die hier jedes zweite Jahr stattfanden. Bei der feierlichen Eröffnung wurden alle Besucher Zeugen eines großen historischen Momentes: der römischen Freiheitsproklamation für die Griechen. Diese politische Sensation ist untrennbar mit Titus Quinctius Flamininus verbunden, dem ersten Philhellenen der römischen Geschichte.

Unter den Festgästen war wohl auch Lykortas, ein vornehmer Mann aus Megalopolis, der später immer wieder von dem großartigen Erlebnis erzählt haben muß, denn sein Sohn Polybios, damals ein Kind, hat in seinem späteren Geschichtswerk einen ungemein lebhaften Bericht von jenem Geschehen einschließlich der begeisterten Dankesbezeugungen für Flamininus gegeben: Kaum hatte in der Mitte des Stadions der Herold die Deklaration verlesen, erhob sich ein gewaltiger Beifallslärm. Die meisten trauten ihren Ohren nicht. Tausende schrien, der Herold solle die Bekanntgabe wiederholen. Wieder brach ein unbeschreiblicher Lärm aus. Alle redeten durcheinander, wie trunken vor Begeisterung. Auf die Athleten achtete keiner mehr.

Daß die Römer zu dem Entschluß gekommen waren, alle Kosten und jede Gefahr auf sich zu nehmen, um den Griechen die Freiheit zu bringen, erschien den Zeitgenossen als Wunder. Ungläubig hörten sie die Deklaration: «Der römische Senat und der Proconsul und Imperator Titus Quinctius Flamininus verkünden, nachdem sie Philipp und die Makedonen besiegt haben: Wir geben die Freiheit und Selbstverwaltung, ohne Besatzungen hineinzulegen, ohne Tributzahlungen zu fordern, den Korinthern, Phokern, Lokrern, Euböern, phthiotischen Achäern, Magneten, Thessalern und Perrhaebern.» Frei waren also Korinth und die Städte der genannten Griechenstämme, insofern sie von den Römern aus der Herrschaft des Makedonenkönigs Philipp befreit worden waren und nun die Römer selbst dort keineswegs ihre eigene Herrschaft etablieren wollten. Kritische Stimmen hatten behauptet, die Römer würden die Städte Chalkis, Demetrias und Korinth in eigene Regie übernehmen, die «Fußfesseln Griechenlands», die wegen ihrer strategischen Bedeutung seit Generationen Hauptstützpunkte der makedonischen Besatzungsmacht waren.

Die üble Parole – statt frei zu werden, tauschten die Griechen doch nur den neuen Herrn Rom gegen den alten – kam von den Ätolern, den ersten und langjährigen Verbündeten Roms in Hellas. Sie hatten schon die Hauptlast des Ersten Makedonischen Krieges gegen Philipp getragen und waren nach ihrem bedeutsamen Engagement im Zweiten Krieg und nach dem gemeinsamen Sieg über Philipp bei Kynoskephalai (197) sehr unzufrieden damit, wie Flamininus sie am neuen Friedensvertrag beteiligt hatte. Vergeblich hatten sie auf gewisse territoriale Gewinne und auf den Sturz Philipps vom Makedonenthron gehofft.

Die Friedensregelungen oblagen indessen in jener kritischen Phase aufkeimender Mißstimmung zwischen dem römischen Feldherrn und seinen Verbündeten nicht allein dem Flamininus, sondern auch einer eigens entsandten Senatskommission. Polybios berichtet, daß Titus Quinctius durchaus Mühe hatte, die zehnköpfige Delegation aus Rom von seiner eigenen Auffassung über die rechte Politik gegenüber den Griechen zu überzeugen. Seine Meinung, daß die Römer allen Städten ohne Ausnahme die Freiheit schenken müßten, wenn sie den Griechen beweisen wollten, daß sie nicht um eines eigenen Machtgewinns willen diesen Krieg geführt hätten, setzte sich schließlich durch. Die Freiheitsproklamation vom Isthmos nahm den bösartigen Unterstellungen den Wind aus den Segeln, zumal die Stadt Korinth sogleich freigegeben wurde. Die hochgelegene Bergfestung Akrokorinth behielt der Proconsul allerdings ebenso noch in seiner Hand wie Chalkis und Demetrias. Als Flamininus dann 194 tatsächlich mit allen seinen Truppen Griechenland verließ, zogen die römischen Soldaten von Akrokorinth ebenso ab wie aus den beiden Hafenstädten: Titus Quinctius hatte Wort gehalten und wurde von der Bevölkerung erneut als Retter und Befreier gepriesen, wie der spätere Geschichtsschreiber Livius in Anlehnung an Polybios schildert. Als der siegreiche Feldherr dann nach Rom zurückkehrte, feierte er einen prächtigen dreitägigen Triumph «über Philipp und die Makedonen», den wiederum Livius beschreibt und bei dem nicht nur erbeutete Waffen, Rüstungen, Gold und Silber in unverarbeiteter, verarbeiteter und ausgemünzter Form vorgeführt wurden, sondern auch erbeutete Bildwerke aus Marmor und Bronze. Schließlich wurden 114 Goldkränze gezeigt, die griechische Städte ihrem Wohltäter Titus geschenkt hatten. Eine in der Geschichte der Triumphzüge einzigartige Gabe bildete den Abschluß der Prozession: mehr als tausend Römer mit nach Sklavenart kahlgeschorenen Köpfen, vormalige Kriegsgefangene, die es im Hannibalkrieg nach Hellas verschlagen hatte und die von den Griechen freigekauft und Flamininus überlassen worden waren. Mit dem Zug dieser Befreiten zeigte Titus Quinctius seinen Landsleuten, daß die Griechen ihre politische Freiheit nicht zum Nachteile Roms erhielten, sondern daß sie bereitwillig ihrer Schuldigkeit eingedenk waren.

Drei Jahrhunderte später, unter Kaiser Trajan, urteilte der Grieche Plutarch in seiner Biographie des Flamininus, daß die Römer Vertrauen und

Einfluß bei den Griechen als Dank für ihre Wohltaten an jenen ernteten: Da ihre Feldherren nunmehr freudig aufgenommen, ja herbeigerufen wurden, sei dem römischen Volk in kurzer Zeit alles untertan geworden. Er unterstreicht, daß Griechenland wohl nicht so leicht die gewohnte Herrschaft mit einer fremdländischen – also die makedonische mit der römischen – getauscht hätte, wenn nicht Titus ein lauterer Charakter gewesen wäre, der sich überall durch Güte Vertrauen gewann und leidenschaftlich für Recht und Gerechtigkeit eintrat. Ausdrücklich heißt es, daß es der größte Stolz des Flamininus war, Griechenland befreit zu haben.

Das Flamininus-Bild der modernen Geschichtsschreibung ist der Perspektive der antiken Gewährsmänner verpflichtet. Der Makedonensieger habe, so die allgemeine Ansicht, der römischen Ostpolitik völlig neue Impulse gegeben und damit die Weichen gestellt für den schnellen Aufstieg Roms zur Vormacht im östlichen Mittelmeerraum. Daß der entscheidende Faktor in der neuen Politik des Titus Quinctius sein Philhellenismus gewesen sei, wird zwar weitgehend akzeptiert, umstritten ist jedoch das Ausmaß seiner Selbstlosigkeit. Gelehrte Kontroversen behandeln Flamininus als Idealisten oder als Realpolitiker, als ehrlichen Makler bei den ewig zerstrittenen Griechen oder als selbstsüchtigen Intriganten im Dienste ausschließlich römischer Interessen.

Im folgenden soll nach seinem politischen Umfeld, also Förderern, Freunden und Beratern, gefragt werden: Inwieweit repräsentierte Titus einen Wandel in der römischen Ostpolitik? Inwieweit war die «Wende» des Jahres 198/7 sein persönliches Verdienst? Als Titus Quinctius Flamininus zum Consul für das Jahr 198 gewählt wurde, also das oberste reguläre Amt der Republik erlangte, war er kaum älter als 29 Jahre und hatte es zuvor als Quaestor (206) erst auf die erste Stufe der Ämterlaufbahn gebracht. Sein etwas älterer Bruder Lucius, der im Jahr 199 bereits Praetor und somit für die Gerichtsbarkeit zuständig war, konnte ihn daher als propraetorischer Kommandeur der Flotte nach Griechenland begleiten. Hat das römische Volk damals, nach zwei wenig erfolgreichen Kriegsjahren gegen Philipp von Makedonien, mit Titus einen ziemlich unerfahrenen Mann in das höchste militärische Amt gewählt? Resultierte der erstaunliche Karrieresprung aus dem Wunsch, in jenem Krieg fortan auf neuartige Bündnisstrategien und daher auf einen jungen Mann zu setzen, der sich aufgrund seiner Dienstzeit in Tarent und in der unteritalischen *Magna Graecia* als ‹Griechenfreund› empfahl?

Bei genauerer Betrachtung ergibt sich ein differenziertes Bild von der Consulwahl für 198: Titus fand als Kandidat größte Unterstützung bei der Senatsmehrheit, die sogar einen Einspruch zweier Volkstribunen gegen ihn zurückwies. Trotz seiner Jugend hatte der Kandidat nämlich die erforderliche militärische Begabung – neben seinem unzweifelhaften diplomatischen Talent – durchaus bereits bewiesen. Zunächst hatte er als Militärtribun im Stab des Consuls Marcus Claudius Marcellus, eines alten Haudegen, gedient (208); zwei Jahre später kam er als Quaestor zum Legionskommandanten im politisch wie strategisch so wichtigen Tarent. Rom befand sich damals in der Endphase des Hannibalkrieges; es kam infolge der knappen Personalreserven zu häufigen Amtsverlängerungen (Prorogationen). So amtierte dort beispielsweise der Praetor, der mit dem Schutze Tarents, einer vormaligen Hochburg der Anhänger Hannibals, betraut war, seit dem Jahre 208; als er 206/5 verstarb, erhielt sein (Pro-) Quaestor Titus Quinctius die propraetorische Befehlsgewalt (*imperium*). Diese ungewöhnliche Maßnahme erklärt sich teils aus einem Zwang zur Improvisation, teils aus dem besonderen Vertrauensverhältnis zwischen Vorgänger und kommissarischem Nachfolger: Der Propraetor Kaeso Quinctius Claudus Flamininus war ein Onkel des (Pro-)Quaestors Titus.

Der gemeinsame Beiname Flamininus leitet sich von der Würde eines Juppiterpriesters (*flamen Dialis*) her, die Titus' Großvater Lucius um die Mitte des dritten Jahrhunderts innegehabt hatte. Titus' Bruder Lucius hatte die priesterlichen Traditionen fortgesetzt, als er im Alter von etwa 16 Jahren in das neunköpfige Augurenkollegium aufgenommen wurde (213). Die altehrwürdige patrizische Familie der Quinctii, die 271 mit Kaeso Quinctius Claudus, dem Vater des Juppiterpriesters, letztmals einen Consul gestellt hatte, war gegen Ende des dritten Jahrhunderts auf der politischen Bühne durchaus präsent: Im Jahr 208, als die militärische Karriere des Titus begann, amtierte nicht nur jener Kaeso Quinctius als Praetor, mit Titus Quinctius Crispinus war ein anderer Verwandter Consul. Daß unser Titus nicht bei diesem als Militärtribun – eine Art Stabsoffizier – antrat, sondern bei dessen Kollegen Claudius Marcellus, läßt auf engere familiäre Beziehungen zu der renommierten *gens Claudia*, also der Familie der Claudier, schließen. Seine Beziehungen zur gleichfalls höchst prominenten *gens Fabia* gründeten in seiner Ehe mit einer Frau aus dieser Familie.

Die Frage nach weiteren bedeutsamen Beziehungen zu mächtigen Senatoren stellt sich schließlich angesichts einer ganz ungewöhnlichen Aufgabenhäufung im Jahr 200. Titus Quinctius, der seit dem Vorjahr, dem Jahr des Friedens mit Karthago, als Mitglied einer zehnköpfigen Senatskommission zur Ansiedlung von Veteranen des Hannibalkrieges in Unteritalien wirkte, erhielt parallel dazu in einem dreiköpfigen Kollegium den Auftrag, der römischen Colonie Venusia neue Siedler zuzuführen. Im Zusammenhang mit diesen Ackerlandzuteilungen auf dem neu zu organisierenden unteritalischen Territorium wird Flamininus auch den politischen Freunden des Publius Cornelius Scipio zugerechnet.

In der Tat waren es freiwillige Soldaten aus dem über Hannibal siegreichen Heer, die einen großen Teil der Truppen des Titus Quinctius gegen den Makedonenkönig stellten. Der junge Flamininus, dessen ausgeprägte Ruhmsucht von den antiken Autoren betont wird, wird alles daran gesetzt haben, sich als ebenso tüchtig zu erweisen wie der nur wenig ältere Scipio Africanus. Ziel dieses Wetteifers war ein Sieg über einen ähnlich gewaltigen Gegner wie Hannibal.

Der Makedonische Krieg, ein zweiter Waffengang gegen König Philipp, war im Frühjahr 200, sehr bald nach dem Ende des Hannibalkrieges, ausgebrochen. Schon in den Jahren 215 bis 205 hatte Rom gegen diesen Feind gekämpft, der sich die katastrophale römische Niederlage bei Cannae (216) zunutze gemacht und ein Bündnis mit Hannibal geschlossen hatte. Damit bezweckte er, sich die wachsende römische Präsenz im östlichen Adriaraum und potentielle Unterstützung für seine dortigen Feinde vom Halse zu schaffen. Freilich hatte er zugleich als Nachfahre Alexanders des Großen und des Epirotenkönigs Pyrrhos, an den sich die Römer höchst ungern erinnerten, in Italien panische Angst vor einer makedonischen Invasion geweckt. Zwar war Rom im Jahr 205 durch die Kapitulation der verbündeten Ätoler zu einem unrühmlichen Friedensvertrag mit Philipp gezwungen worden, doch nun stand nach der Niederringung Hannibals der Weg für eine Revanche im Osten offen. Rachlüsterne Feinde hatte der noch junge und angriffslustige Makedonenkönig auch in der Ägäis – Attalos I. von Pergamon und die Inselrepublik Rhodos, die gemeinsam kürzlich am Tiber um Hilfe gegen Philipp gebeten hatten. Also konnten die Römer, ihrer unbedingten Pflicht zur Verteidigung bedrängter Freunde folgend, zum erneuten Kampf mit dem ‹zweiten Pyrrhos› eilen.

Der Mann, der diesen Krieg entschieden befürwortet hatte, war Publius Sulpicius Galba, ein ‹Ostexperte› ersten Ranges, der in seinem ersten Consulat (211) und mit jahrelangen Verlängerungen seines Kommandos gegen den Makedonenkönig gekämpft hatte.

Bedeutsam war schon damals die Kooperation mit Attalos I., einem engen Verbündeten der Ätoler, die ihrerseits seit 212/1 für die Römer an der makedonischen Front standen. Ihr Waffenbund sah vor, daß ihnen die eroberten Städte, den Römern die mobile Beute samt der Bevölkerung zufielen. Dies ist auch praktiziert worden, nicht nur im Fall der Insel Ägina (210), deren Bürger von den Römern versklavt wurden, während das Territorium von den Ätolern als neuen Eigentümern an Attalos I. verkauft wurde. Der König, der Pergamon zur Flottenmacht aufzurüsten hoffte, verbrachte auf Ägina den Winter 209/8 gemeinsam mit dem römischen Proconsul Sulpicius. Beide Männer haben offenbar in intensiven politischen Gesprächen das gegenseitige Verständnis vertieft und die bilateralen Beziehungen gefestigt. Dies wirkte sich dann auf den Zweiten Makedonischen Krieg aus, für den Sulpicius zum zweiten Mal zum Consul gewählt wurde (200). Attalos stellte nicht nur wieder seine Streitkräfte gegen Philipp zur Verfügung, sondern warb auf dem diplomatischen Parkett für die Römer und gewann schon zu Beginn des Krieges die Athener für das antimakedonische Bündnis. Prorömische Werbung tat not, denn das brutale Vorgehen des römischen Militärs an der Seite der ohnehin wenig geachteten Ätoler hatte die griechische Öffentlichkeit schockiert. Indem Attalos die westlichen Barbaren als wohlmeinende Freunde pries, säte er, was Titus Quinctius Flamininus dann ernten sollte.

Nachfolger des Consuls und Feldherrn Sulpicius im neuen Makedonischen Krieg war 199 Publius Villius Tappulus, der erst im Spätsommer zur Ablösung eintraf, aber bis zur Ankunft des folgenden Consuls im Frühjahr 198 nicht viel bewirkte. Der ‹Ostexperte› Sulpicius hat in Rom die Wahl des jungen Titus Quinctius vehement unterstützt und in ihm den geeigneten Mann gesehen, die Operationen in Griechenland fortzusetzen. Nicht als Neuerer der römischen Strategie übernahm der Consul von 198 den Oberbefehl, sondern trat mit frischer Energie, aber gemäß den bisherigen militärisch-diplomatischen Vorgaben hochmotiviert gegen Philipp an. Aufgrund seiner Erfahrungen im Hannibalkrieg, die er in der *Magna Graecia* bei früheren Verbündeten des Feindes gesammelt hatte, wußte er um den Nutzen einer politischen Isolierung des Gegners. Also galt es, diejenigen griechischen Staaten zu Freunden Roms zu machen, die mit Philipp sympathisierten. Dieser Linie, die Neutralität kaum zuließ, waren auch Sulpicius und Villius gefolgt. Freilich bot die politische Landkarte des Südbalkans kein simples Bild makedonenfreundlicher und -feindlicher Staaten. In der Ägäis bekriegte die pergamenisch-rhodische Allianz seit 201 Philipp; Rom kam unter Sulpicius hinzu, doch die Ätoler entschlossen sich erst 199 zum Beitritt, übrigens gemeinsam mit den nördlich benachbarten Athamanen unter König Amynander. Verbündete Philipps waren vornehmlich die Thessaler, die seit Generationen dem Makedonenreich angegliedert waren. Neutral blieben hingegen – trotz unzweideutiger Neigung zu Makedonien – die Bünde der Epiroten, Phoker, Böoter und Achäer.

Das römische Kriegsziel, eine direkte und schnelle Invasion Makedoniens und dort der Sieg über Philipp, wurde durch die Nord-Süd-Barriere des Pindos-Gebirges behindert. Wegen des schwierigen Terrains blieben die Feldherren zudem auf ihre logistische Basis an der Adriaküste sowie auf Versorgung durch die Verbündeten angewiesen. Überfälle auf die neutralen Epiroten zur Lebensmittelbeschaffung hatte schon Sulpicius seinen Truppen untersagt. Diese Schonung trug bald Früchte. Einer der führenden Männer des Bundes und persönlich ein Gegner epirotischer Makedonenfreunde versorgte die Römer mit Informationen über Philipps Verteidigungsmaßnahmen.

Schließlich vermittelte er dem Flamininus einen Bergführer zur heimlichen Umgehung der feindlichen Schlüsselposition am Aoos-Paß, was dem jungen Feldherrn zu einem überraschenden Etappensieg verhalf. Wenn auch weitere mühsame Belagerungen makedonischer Festungen den Weg in die thessalische Ebene noch versperrten, so war doch die diplomatische Taktik erfolgversprechend, nämlich der Vertrauensgewinn bei latent makedonen-feindlichen Kräften in neutralen Staaten. Diese ließ

Flamininus schonen, während er besiegte Gegner (Phaloria, Daulis, Elateia) mit herkömmlicher Brutalität für ihren Widerstand bestrafte. Auch die Flotte unter Lucius Quinctius verfolgte im Seekrieg der Alliierten dieselbe Linie: Auf Euböa wurden die makedonischen Garnisonen von Eretria und Karystos besiegt, die Städte zerstört. Als sich dann die Angriffe gegen Korinth richteten, wurde der Propraetor Lucius Flamininus bei den Achäern vorstellig. Das Gerücht, bereits damals sei die künftige Überlassung Korinths an jene als Preis für die Aufgabe ihrer Neutralität genannt worden, war wohl kaum aus der Luft gegriffen. Bei der Herbsttagung des Bundes in Sikyon kam es dann zu heftigen Auseinandersetzungen über die Neutralitätsfrage. Als Aristainos, der höchste Bundesbeamte, direkt den Wechsel an die römische Seite vorschlug, verließen Delegierte einiger bedeutender und traditionell promakedonischer Städte, darunter Argos, die Versammlung, die daraufhin die Preisgabe ihrer Neutralität beschloß. Der unmittelbare Vorteil für die Römer lag in einem logistisch günstigen Winterquartier, das nunmehr Titus Quinctius mit den Landtruppen am Korinthischen Golf in Antikyra beziehen konnte.

Nach dem achäischen Kurswechsel gerieten die neutralen Böoter, deren führender Politiker Brachylles ein Freiwilligenkorps des Bundes im Makedonenheer befehligte, ins Visier römischer Diplomatie. Im März 197 kam Flamininus höchstpersönlich nach Theben, in Begleitung des hochbetagten Attalos I. und des begeisterungsfähigen Aristainos. Auch hier wurde bei der Bundestagung ein Antrag auf Unterstützung der Römer beraten. Allerdings schuf die handstreichartige Präsenz von 2 000 römischen Soldaten eine höchst gespannte Atmosphäre, in deren Folge der pergamenische König mitten in seiner werbenden Rede einen Schlaganfall erlitt und bald darauf verstarb. Die Versammlung stimmte trotz verbreiteten Widerwillens für ein Zusammengehen mit den Römern, woraus Flamininus noch im selben Jahr Schwierigkeiten erwuchsen.

Das militärische Ende des Makedonischen Krieges war bereits im Juni 197 erreicht. In der Entscheidungsschlacht im südöstlichen Thessalien, am Fuß des Höhenzuges Kynoskephalai (Hundsköpfe) – dem «Jena der makedonischen Monarchie» –, verdankte sich der Erfolg der rund 18 000 römischen Soldaten wesentlich dem wagemutigen Einsatz der griechischen Verbündeten, nämlich der rund 8 000 Ätoler. Auch hier lauerten künftige Komplikationen; schon das stolze Siegeslied eines Dichters aus Messene kränkte, wie drei Jahrhunderte später noch Plutarch wußte, den ehrgeizigen römischen Feldherrn: «Dreißigtausend liegen hier auf thessalischer Erde, keine Träne, kein Grab, Wanderer, wird ihnen zuteil. Uns überwanden im Kampf die Ätoler und die Latiner, die aus Italiens Flur Titus herübergeführt, dir zum Leid, makedonisches Land…». Es blieb aber nicht beim Streit um Ruhmesanteile. Die Ätoler forderten weitgehende Mitgestaltung des Friedens mit Philipp und verbreiteten, als sie ihre Erwartungen unerfüllt sahen, Titus verrate das Kriegsziel, nämlich die Befreiung aller Griechen. Hatten nicht längst etwa weitsichtige Achäer vor einer Fremdherrschaft der «Barbaren aus dem Westen» gewarnt? Flamininus hatte freilich das geradezu übermenschliche Prestige eines ‹Befreiers› ebenso erkannt wie die Dynamik der Freiheitsparole im Machtkampf um die Gunst der Griechen. Daß er daher alles tat, um seine und der Römer Glaubwürdigkeit in der griechischen Öffentlichkeit zu beweisen, zeigen neben den Berichten von Polybios, Livius und Plutarch auch erhaltene Inschriften. In der Steinabschrift eines Briefes des Proconsuls an die Stadt Chyretiai betreffs vermögensrechtlicher Fragen heißt es beispielsweise, er wünsche sich in jeder Hinsicht als Verfechter des Ehrenvollen zu erweisen gegen ungehörige Verleumdungen, damit die Bürger erkennen, «daß wir in keiner Weise uns bereichern wollen, weil wir Recht und Ehre obenanstellen». Hier ist Titus' Orientierung an der römischen Tugend wohlwollender, treuer Zuverlässigkeit (*fides*) dokumentiert, unter deren Schutz auch die Freiheitsgarantie eine neue Dimension der Beständigkeit erhalten sollte.

Flamininus hat als erster römischer Feldherr im hellenistischen Osten die Bedeutsamkeit der «Freiheit der Griechen» als das wesentliche politische Instrument römischer Dominanz begriffen. Die antiken Berichte lassen trotz mancher Widersprüche erkennen, daß Titus Quinctius – ebenso wie sein Bruder Lucius, der Flottenpropraetor – das Schlagwort von der Freiheit der Griechen erst während des Aufenthaltes in Hellas im Zweiten Makedonischen Krieg zu benutzen gelernt hat, und zwar im Gedanken- und Erfahrungsaustausch mit Verbündeten und Beratern (zum Beispiel Attalos I., Charops, Aristainos). In der langen Tradition hellenistischer Freiheitspropaganda stand selbstredend auch sein Gegner, der Makedonenkönig Philipp, mit dem sich Flamininus mehrfach – auch schon vor dem Sieg bei Kynoskephalai – zu Friedenssondierungen getroffen hat. Ein erstes Gespräch fand bereits kurz nach seiner Übernahme des Oberbefehls statt, im Sommer 198 am Aoos-Fluß und auf Vermittlung der neutralen Epiroten. Wenn der König damals gehofft hatte, den neuen Consul angesichts fehlender römischer Waffenerfolge friedensbereit zu finden, so mußten ihn die harschen Forderungen des Titus Quinctius nach Abzug aller seiner Garnisonen aus griechischen Städten sogar in Thessalien darüber belehrt haben, daß dieser junge Mann nicht das Kriegsende, sondern eigenen Schlachtenruhm suchte. Am zweiten ‹Gipfeltreffen›, das im November 198 in Nikaia am Golf von Malia stattfand, nahmen zwar auch die neuen griechischen Verbündeten der Römer teil, doch kam es zu einem bilateralen Geheimgespräch, nach dem der König in eine Waffenpause einwilligte und eine Gesandtschaft zu direkten Verhandlungen mit dem Senat nach Rom schickte. Dort fanden sich zugleich Delegationen der griechischen Alliierten ein.

Flamininus nutzte den zweimonatigen Waffenstillstand im Winter 198/7 dazu, in Rom die Verlängerung seines Kommandos und die Fortsetzung des Makedonischen Krieges zu erreichen – mit Erfolg. Hätte wider Erwarten die Senatsmehrheit einen Friedensschluß oder die Entsendung eines anderen Oberbefehlshabers favorisiert, hätte Titus noch als Consul mit Philipp Frieden geschlossen, um nicht einen größeren Erfolg einem anderen überlassen zu müssen. In einem solchen Fall hätte er freilich die Maximalforderungen seiner griechischen Freunde nicht weiter berücksichtigt. So betrieb er über die Köpfe der Verbündeten hinweg ein abgekartetes Spiel, bei dem er sich auf seine Freunde am Tiber verlassen konnte. Folgerichtig scheiterte die Friedenssondierung – übrigens an der für die Makedonen unerwarteten Forderung nach Aufgabe der Garnisonen in Korinth, Chalkis und Demetrias –, und der Krieg in Griechenland ging weiter, bis der Tag von Kynoskephalai mit dem Sieg über den alexanderähnlichen Philipp, den gefährlichen Freund Hannibals, die schönsten Hoffnungen des Titus Quinctius erfüllte.

Seinen Einsatz für die Vertrauenswürdigkeit Roms in der griechischen Öffentlichkeit krönte Flamininus mit der Freiheitsproklamation bei den Isthmischen Spielen im Frühjahr 196. Die uneingeschränkt freiheitliche Neugestaltung der politischen Verhältnisse in Griechenland war ein persönlicher Erfolg des Proconsuls gegen die warnenden Stimmen selbst in der Senatskommission, die einen Rückzug der neuen Schutzmacht aus Griechenland für verfrüht hielten angesichts weiterer Herausforderungen an militärische Präsenz. Nicht unbegründete Sorge machte erstens Nabis, Alleinherrscher in Sparta, der auf der Peloponnes achäische Staaten bedrohte, und zweitens König Antiochos III. ‹der Große›, der Herrscher des riesigen Seleukidenreiches, der sich im europäischen Thrakien festzusetzen suchte und dort das Erbe Philipps anzutreten schien. Auf beide Monarchen setzten bereits die Ätoler neue Bündnishoffnungen gegen die Römer.

Titus Quinctius, der 194 nach einem kurzen Feldzug gegen Nabis mit seinen Truppen Hellas verließ, trifft keine Schuld an der weiteren Eskalation der Spannungen, die sich 191 in einem Krieg Roms gegen Antiochos und die Ätoler entluden. Verantwortung trägt er aber sehr wohl für den weiteren Umgang Roms mit seinen griechischen Alliierten und für den politischen Stil bei deren inneren Auseinandersetzungen. Von dem Widerwillen gegen den prorömischen Kurs des Böotischen Bundes im Frühjahr 197 war schon die Rede, ebenso von Brachylles, der sich aufgrund langjähriger Beziehungen an der Seite Philipps engagierte. Es waren seine innenpolitischen Gegner, die den böotischen Anschluß an Rom in der Hoffnung auf die eigene künftige Dominanz im Bund arrangiert hatten. Als aber schon die Beamtenwahlen für das Jahr 197/6 wieder Brachylles an die Spitze des Staates brachten, wandten sich die Romfreunde an Flamininus persönlich und verleumdeten ihren prominenten Landsmann als gefährlichen Unruhestifter. Sie erwirkten freie Hand für den Mord an Brachylles, was zunächst heftige antirömische Ausschreitungen und

Übergriffe auf römische Soldaten in Böotien zur Folge hatte, dann eine Kriegsandrohung und strenge Strafmaßnahmen des Proconsuls. Insofern ambitionierte Politiker römischer Rückendeckung gewiß sein konnten, wenn sie ihre Rivalen nachdrücklich des Hochverrats bezichtigten, war der Weg zur künftigen Radikalisierung pro- und antirömischer Gruppen in den freien und autonomen griechischen Städten vorgezeichnet; hier hatte Flamininus den Anfängen zumindest nicht gewehrt.

Noch zwei weitere Male fiel auf Titus Quinctius der Schatten des Verdachts, den Tod prominenter Männer mitverschuldet zu haben. Im makedonischen Hochverratsprozeß gegen Philipps jüngeren, in Rom wohlgelittenen Sohn Demetrios, der mit der Hinrichtung des Prinzen endete (180), soll ein Brief des Flamininus entscheidend gewesen sein. Jedenfalls scheint eine Einflußnahme des hochmögenden Römers – der übrigens im Jahr 189 in Rom zum Censor gewählt wurde und damit für die Vermögensschätzung und Musterung der Bürger zuständig war – in die inneren Angelegenheiten der makedonischen Monarchie nur allzu plausibel gewesen zu sein. Starb in der dunklen Demetrios-Affäre ein Freund Roms, so betrifft der zweite Fall den alten Erzfeind Hannibal. Der Karthager, seit 195 v. Chr. vor römischen Auslieferungsgesuchen auf der Flucht, war schließlich bei Prusias I. von Bithynien aufgenommen worden und kommandierte dessen Flotte in einem Krieg gegen den Romfreund Eumenes von Pergamon (um 185). Als im Jahr 183 Titus Quinctius mit einer Gesandtschaft zur Friedensvermittlung nach Kleinasien kam, forderte er von Prusias die Herausgabe Hannibals, der sich jedoch das Leben nahm, um nicht den Römern in die Hände zu fallen (183). Hatte Flamininus einen Senatsauftrag für seine Forderung? Oder handelte er aus eigener Autorität, zur Befriedigung seines Geltungsbedürfnisses? Die antiken Quellen erlauben keine schlüssige Antwort, doch dürfte den Titus kaum «das ehrgeizige Verlangen, durch Hannibals Tod sich einen Namen zu machen» (Plutarch), zu seinem Schritt bewogen haben. Vielmehr handelte er aufgrund seiner Einschätzung des beizulegenden Konflikts. Es ging letztlich wieder um die Zuverlässigkeit Roms als Protektor seiner Freunde im Osten, erwartete doch der treue Eumenes eine militärische Intervention zu seinen Gunsten, die niemand im Senat wollte, und spielte aufreizend mit dem Argument, Hannibal plane von Bithynien aus erneut den Untergang Roms. Indem das Auslieferungsgesuch an Prusias – und der Tod des mystifizierten Erzfeindes – den Römern jedes weitere Taktieren gegenüber Eumenes ersparte, erwies Flamininus bei Prusias seine diplomatische Meisterschaft. Sein Ehrgeiz als Friedensvermittler zielte nicht auf die Überwindung Hannibals um ihrer selbst willen, sondern auf den Ruhm Roms, im hellenistischen Osten – in Griechenland wie in Kleinasien – eine praktizierbare neue politische Ordnung geschaffen zu haben.

In den Jahrzehnten nach der Isthmischen Proklamation entwickelte sich indessen ein neuer römischer Umgangston gegenüber den griechischen Vasallen, ja fast schon Untertanen, in dem nicht mehr viel von der alten *fides* nachklang. Polybios, der im Dritten Makedonischen Krieg seine bitteren Erfahrungen mit der neuen römischen Politikergeneration gemacht hatte, schildert mit nostalgischer Wehmut in seinem Geschichtswerk den Titus Quinctius als ‹Griechenfreund›, als ehrlichen Befreier der Griechen, und daher als vorbildlichen Römer! Flamininus hat den endgültigen Zusammenbruch seiner Vision eines freien Griechenland nicht mehr erlebt. Er starb im Jahr 174. Sein gleichnamiger Sohn richtete eine aufwendige Totenfeier aus, die ebenso drei Tage dauerte wie zwanzig Jahre zuvor der prächtige Triumphzug über Philipp. Sein Sieg über den Makedonenkönig blieb für die Römer seine erinnerungswürdigste patriotische Leistung. Seine Zeitgenossen hätten es nicht verstanden, daß heutzutage Flamininus als Vorkämpfer für die griechische Freiheit gesehen wird. Es würde allerdings die Politik des Flamininus ebensowenig wie die historiographischen Leistungen eines Polybios, Livius und Plutarch schmälern, wenn sich die moderne Interpretation des historischen Titus Quinctius Flamininus vom bis heute wirkungsmächtigen philhellenischen Überschwang des 19. Jahrhunderts stärker zu distanzieren verstünde.

Lucius Aemilius Paullus – militärischer Ruhm und familiäre Glücklosigkeit

von Egon Flaig

Lucius Aemilius Paullus, aus einem der vornehmsten patrizischen Geschlechter, geboren etwa 228 v. Chr., war der älteste Sohn des gleichnamigen Consuls, welcher 216 in der Schlacht bei Cannae fiel. Er war etwa 8 Jahre jünger als Scipio Africanus, der eine Schwester des Paullus heiratete, und ebenso alt wie Titus Quinctius Flamininus, der spätere Sieger über König Philipp V. von Makedonien. Gegenüber diesen beiden Senkrechtstartern wirkt er wie ein Spätzünder. Seine Karriere verlief nicht geradlinig.

1. Karriere

Spätestens 195 wurde er Quaestor. Wann er die Tochter des Papirius Maso, des Consuls von 232, heiratete, ist ungewiß. 194 wählte man ihn in das Dreimännerkolleg zur Gründung der römischen Colonie in Kroton. Im selben Jahr gewann er die Wahl zur curulischen Aedilität – die zweite Amtsstufe der senatorischen Ämterlaufbahn – vor zwölf Mitbewerbern. Er war also sehr populär, und man konnte erwarten, daß er rasch die Ämterleiter erklomm. Als curulische Aedile ließen sich Paullus und sein entfernter Verwandter Marcus Aemilius Lepidus auf eine Konfrontation mit Weidepächtern ein, die unrechtmäßig Land okkupiert hatten. Die Reichen bemächtigten sich der Ländereien, die Rom abtrünnigen italischen Verbündeten abgenommen hatte, in einem solchen Ausmaß, in einer so wildwüchsigen Weise und mit einer Skrupellosigkeit, daß das Gemeinwesen den Überblick verlor. Dabei war die herrschende Klasse gespalten. Teile der senatorischen Aristokratie bemerkten, daß man damit die italischen freien Bauern ruinierte; andere betrieben diesen Landraub gezielt. Die Strafmaßnahmen der beiden Aedilen hießen nicht, daß sie die Okkupationen grundsätzlich verurteilten, vielleicht wollten sie lediglich Auswüchse bekämpfen. Doch die Plebs konnte das anders verstehen: Die beiden Aedilen standen für Gerechtigkeit ein und für einen Stop der Bereicherung großer Teile der herrschenden Klasse auf Kosten des öffentlichen Vermögens. Die verhängten Bußgelder reichten aus, um goldene Schilde anfertigen zu lassen, die man am Juppitertempel anbrachte, und um eine Säulenhalle vor der Porta Trigemina und einen Stapelplatz am Tiber zu errichten. Solche Investitionen von Bußgeld in öffentliche Bauten waren populär, schon wegen ihrer politischen Symbolik – so wie die Übergriffe der Weidepächter ein Sieg des privaten Egoismus über das Gemeinwohl waren und den Staat arm machten, so waren die Strafen ein Sieg des Gemeinwohls über den räuberischen Egoismus, und sie verschönerten und bereicherten das Gemeinwesen. Freilich ist zu vermuten, daß ein großer Teil der Senatoren diese Politik nicht billigte – entweder weil sie selber sich an ausufernden Okkupationen beteiligten oder weil eine stattliche Menge der Verurteilten ihre Klienten waren, die sich bei ihnen beschwerten und denen sie als Patrone Beistand leisten wollten, wenn auch ohne allen Erfolg. Die beiden Aemilier machten sich durch ihr Vorgehen Feinde, mit denen sie später zu rechnen hatten.

Im Jahre 192 wurde Aemilius Paullus Augur, Deuter göttlicher Zeichen; er beachtete die kultischen Vorschriften in einem auch für römische Verhältnisse ungewöhnlichen Maße genau. 191 ging er als Praetor und Statthalter ins jenseitige Spanien; der Senat hatte ihn dazu mit der Amtsgewalt, dem *imperium*, eines Proconsuls ausgestattet. 190 wurde sein *imperium* prorogiert, d. h. um ein Jahr verlängert. Er erlitt eine schwere Niederlage gegen die Lusitaner, hatte 6000 Gefallene zu beklagen und mußte nochmals große Verluste beim Rückmarsch hinnehmen. In Rom traf diese Nachricht ein, als Acilius Glabrio gerade seinen Triumph über Aetolien feierte. Diese Niederlage war im Jahre 190 die erste seit langer Zeit; sie schadete dem Ansehen des Paullus, von welchem man anderes erwartet hatte. Wie schwer der Krieg in Spanien tatsächlich zu führen war, stellte sich erst später heraus – und bis die römische Aristokratie und das Volk dessen innewurden, war das Ansehen des Paullus bereits geschädigt. Er stellte rasch ein neues Heer auf und schlug die Lusitaner vernichtend, bevor sein Nachfolger eintraf. Das Heer akklamierte ihn zum Imperator. Auf diese Siegesnachricht hin beschloß der Senat ein Dankesfest (*supplicatio*). Doch damit war die Niederlage nur symbolisch ausgeglichen, nicht vergessen. 189 war Paullus unter den 10 Legaten (Gesandten), die in Kleinasien den Frieden mit dem Seleukidenkönig Antiochos III. aushandeln sollten.

Danach hätte er sich um den Consulat bewerben können. Dennoch benötigte er sechs Jahre, um in das Oberamt gewählt zu werden. Mehrere Umstände benachteiligten ihn. Seine Niederlage in Spanien war noch in allgemeiner Erinnerung. Obendrein wurde er 187 in eine Reihe von Auseinandersetzungen verwickelt, die ihm schadeten. Zunächst widersetzte sich sein ehemaliger Amtskollege, Marcus Aemilius Lepidus, als Consul rabiat und mit unlauteren Mitteln dem Antrag des Fulvius Nobilior, einen Triumph über Aetolien feiern zu dürfen. Lepidus scheiterte dabei kläglich. Gerade zu dieser Zeit kehrte Gnaeus Manlius als Proconsul aus Kleinasien zurück, der dort Kriege ohne Genehmigung des Senats und ohne Volksbeschluß geführt hatte – und nun wollte er auch noch einen Triumph feiern. Die Mehrheit der Legatenkommission, welche nach

Asien entsandt worden war, sprach sich gegen den Antrag aus, ihm den Triumph zu gewähren. Als sein heftigster Gegner profilierte sich Aemilius Paullus. Er machte insbesondere geltend, daß Manlius nicht nur Krieg ohne Senatsentscheid und Volksbeschluß geführt, sondern auch das Fetialrecht, das für eine reguläre Kriegserklärung nach römischem Brauch vonnöten war, dabei verletzt hatte. Dennoch entschied der Senat, nach längerem Zögern, daß Manlius einen Triumph feiern durfte. Paullus hatte damit eine politische Niederlage erlitten. Schlimmer war, daß der Öffentlichkeit beide Ereignisse – die Auseinandersetzungen um den Triumph des Fulvius Nobilior und des Gnaeus Manlius – als parallel gelagerte Fälle erscheinen mußten, insofern als in beiden Fällen ein Aemilier versucht hatte, den Triumph anderer zu verhindern. Ferner wurde im selben Jahr Lucius Cornelius Scipio, der in Kleinasien Krieg gegen das Seleukidenreich unter Antiochos III. geführt und gesiegt hatte, wegen Unterschlagung von Geldern des Königs angeklagt. Der Prozeß endete mit einer Verurteilung. Dabei engagierte sich Scipio Africanus, der im Krieg gegen Antiochos als Legat unter seinem Bruder Lucius gedient hatte, in einer maßlosen und schließlich inakzeptablen Weise für den Angeklagten. Das mußte seinem Schwager, Aemilius Paullus, um so mehr schaden, als bekannt war, daß Paullus der Zehnerkommission zur Regelung der asiatischen Angelegenheiten angehört hatte.

Paullus verspürte jedenfalls Gegenwind, sobald er sich um den Consulat bewarb. Wann er das zum erstenmal tat, ist nicht bekannt. 185 nahm er den zweiten Anlauf und fiel bei den Wahlen wiederum durch. Warum er scheiterte, wird deutlicher, wenn wir einen Blick auf die Mitbewerber werfen. Seine patrizischen Konkurrenten waren Quintus Fabius, Servius Sulpicius Galba (die ebenfalls zum zweitenmal antraten), sowie Publius Claudius. Drei Plebejer bewarben sich; auch sie hatten es beim erstenmal nicht geschafft. Von den sieben Kandidaten trat ein einziger zum ersten Male an – es herrschte also eine harte Konkurrenz. Die Chancen, zum Consulat zu gelangen, lagen für ehemalige Praetoren in der Regel bei dreißig Prozent, und für die patrizischen Geschlechter waren sie noch schlechter.

Hinzu kam noch die finanzielle Situation des Paullus. Falls er die hohen Kosten für die öffentlichen Spiele während seiner Aedilität aus einem umfangreichen eigenen Vermögen bezahlt und nicht bei seiner sehr potenten Verwandtschaft hatte borgen müssen, dann hätte jener Beuteanteil, den er als Feldherr in Spanien für sich einbehalten konnte, ausgereicht, um sein Vermögen auf einen Stand zu bringen, der es erlaubte, die Ausgaben für die Consulwahlen zu bestreiten; denn diese Ausgaben stiegen bei der scharfen Konkurrenz seit den 90er Jahren rasch an.

Aber es ist unwahrscheinlich, daß er genug angesammelt hatte, um im Laufe von sechs Jahren sich dreimal um den Consulat zu bewerben. Noch schwerer fiel ins Gewicht, daß Paullus eben in diesen sechs erfolglosen

Jahren sich von seiner Frau scheiden ließ. Er hatte die gesamte Mitgift zu erstatten. Wenn die Mitgift seiner zweiten Frau 150 000 Denare (der Denar war die silberne Standardmünze, sie wog 4,5 g) betrug, dann hatte seine erste Gattin, die Tochter des ehemaligen Consuls Papirius Maso, kaum weniger in die Ehe gebracht. Diese Summe zurückzuzahlen kostete ihn sicherlich soviel wie drei Wahlkämpfe um den Consulat. Die Scheidung schränkte seine Ressourcen also drastisch ein; und ohne Ressourcen waren die Wahlen nicht zu bestehen. Die Gepflogenheiten der verwandtschaftlichen Solidarität verlangten, daß nicht wenige wichtige Personen ihn unterstützten, so die Verwandten seiner Frau, und vor allem sein eigener Schwager Scipio Africanus. Doch solche Unterstützung ließ nach, wenn sich der Erfolg nicht einstellte. Falls einige seiner Unterstützer dennoch an ihm festhielten, so war Paullus, als er 183 zum Consul gewählt wurde, seinen Gönnern über das Übliche hinaus verpflichtet, und es ist sehr wahrscheinlich, daß einige seiner familialen Entscheidungen dazu dienten, Dank abzustatten. Als Consul führte er 182 in Ligurien Krieg und trug mit seinen Siegen und seiner großzügigen Behandlung der Unterworfenen dazu bei, daß zwei Jahre später mit der Umsiedlung von 40 000 Ligurern in Italien eine geographisch lückenlose Pax Romana – ein von den Römern diktierter Frieden – hergestellt wurde. Wegen dieses Sieges feierte er als Proconsul einen Triumph. 171 wählten ihn Bewohner der spanischen Provinzen, die gegen Übergriffe römischer Magistrate klagten, zu einem ihrer vier Patrone.

2. Familiale Strategien

Paullus hatte aus der ersten Ehe zwei Söhne und zwei Töchter. Er war von seiner ersten Frau bereits geschieden, als er zum Consul gewählt wurde. Spätestens im Jahr seines Consulats verheiratete er sich zum zweiten Mal; aus dieser Ehe stammten zwei Söhne. Daß er diese mit besonderer Sorgfalt durch griechische Lehrer hätte erziehen lassen, ist weder nachzuweisen noch wahrscheinlich. Römische Aristokraten betrachteten griechische Hauslehrer – falls diese nicht ohnehin Sklaven waren – als Vermittler technischer Fertigkeiten, und sie behielten die Erziehung im engeren Sinne selber in der Hand. Diese galt insbesondere der Vermittlung der eigentlichen römischen Bildung, nämlich der Sozialisation gemäß den Werten und Normen der familiären, sozialen und politischen Hierarchie, einer Sozialisation, die in Rom stets viel stärker durch Familie und Verwandtschaft stattfand als in Hellas. Die Söhne aus erster Ehe gab er zwei anderen vornehmen Familien zur Adoption. Es ist sehr wahrscheinlich, daß er dies erst tat, als der jüngste Sohn aus zweiter Ehe das vierte oder fünfte Lebensjahr erreicht hatte, also etwa 175. Zu der Zeit war der jüngere Sohn aus erster Ehe, der als Scipio Aemilianus in die Geschichte einging, zehn Jahre alt.

Was bezweckte er damit? Adoptionen waren in der römischen Aristokratie ebenso wie Heiraten und Scheidungen wichtige Elemente familialer Strategien. Mit Adoptionen schlossen römische Familien genauso feste Allianzen wie mit Heiraten. Statt einer Tochter gab man einer anderen Familie einen Sohn. Jedoch verfolgte Paullus in beiden Fällen jeweils unterschiedliche Ziele: Den jüngeren Sohn ließ er von dem Sohn des Scipio Africanus adoptieren, dieser war sein Neffe schwesterlicherseits – Paullus war also sein *avunculus* (Oheim) und hatte als solcher eine besonders enge Bindung zum Schwestersohn. Falls dieser Schwestersohn kinderlos war, verhalf ihm Paullus als Mutterbruder zu legitimer Nachkommenschaft. Diese Adoption schuf zwischen den verwandten Häusern der Paulli und der Scipionen ein dauerhaftes Band. Dabei waren die Scipionen die Nehmer, sie nahmen in der Generation des Paullus eine Frau und in der darauf folgenden einen jungen Mann. Zwischen den beiden Linien verstärkten sich auf diese Weise die verwandtschaftlichen Bande.

Anders verhielt es sich mit der Übergabe des ältesten Sohnes zur Adoption. Ihn gab der Vater einem Nachkommen des mehrfachen Consuls und Dictators Fabius Maximus, des berühmten Cunctators und erfolgreichen Gegenspielers Hannibals. Fabius Maximus (Praetor 181) adoptierte nicht allein den Sohn des Paullus, der so zu dem Namen Quintus Fabius Maximus Aemilianus kam, sondern noch einen Servilius Caepio (Quintus Fabius Maximus Servilianus). Eine solche Adoption verstärkte bereits bestehende freundschaftliche Bande. Ob die Übergabe der Söhne eine Geste der Dankbarkeit an Freunde war, die den Paullus in schwierigen Zeiten nicht im Stich gelassen hatten, muß offenbleiben.

Die beiden Söhne übergab Paullus alten patrizischen Familien, welche zu den ganz großen *gentes* (Geschlechter) gehörten. Andere Zwecke verfolgte er mit der Verheiratung seiner Töchter – beide stellten Ehebündnisse mit Vertretern neuer, aufsteigender *gentes* her. Die eine Tochter gab er einem Sohne des älteren Cato zur Frau; er besiegelte damit die Position, die sich die Familie der Porcier durch den *homo novus*, den Aufsteiger Cato, erworben hatte.

Die andere Tochter verheiratete er mit einem Aelius Tubero. Während die Hauptlinie dieser *gens*, die Aelii Paeti, ein altes plebejisches Nobilitätsgeschlecht waren und schon seit dem dritten Jahrhundert Consuln stellten, waren die Aelii Tuberones ebenso neu im Senat wie die Porcier. Publius Aelius Tubero war 202 plebejischer Aedil; da bei der Aedilenwahl ein Formfehler unterlaufen war, legten beide Aedilen ihr Amt nieder, nachdem sie die Plebejischen Spiele abgehalten hatten. Trotz dieses Rücktritts wurde Aelius Tubero im selben Jahr zum Praetor gewählt und übernahm 201 Sizilien. Er schaffte es jedoch nicht, Consul zu werden. Im Jahre 189 befand er sich in der Senatskommission, die nach der Niederlage des Antiochos III. die Angelegenheiten in Kleinasien im Sinne der Senatsbeschlüsse regeln sollte. Zu dieser Zehnerkommission gehörte auch

Aemilius Paullus, und es ist wahrscheinlich, daß die beiden während der langen und intensiven Zusammenarbeit einander kennen und schätzen lernten. Bis zur Heiratsverbindung zwischen den beiden Familien dauerte es allerdings noch mehr als 15 Jahre. Bis dahin war Paullus schon Consul (182) und Aelius Tubero zum zweitenmal Praetor (177) gewesen. Paullus ‹investierte› seine Tochter nicht ohne hohe Erwartung. Er erhoffte sich, daß es seinem Schwiegersohn gelang, in die Nobilität aufzusteigen, und sparte nicht mit Protektion und Gesten, die den jungen Mann auszeichnen und ihm die Karriere erleichtern sollten. Nach der Schlacht von Pydna (168) ehrte er ihn für seine Tapferkeit mit 2 Silbergefäßen und übertrug ihm die Bewachung des gefangenen makedonischen Königs. An weiterer Protektion kann es kaum gefehlt haben, denn als Aemilius Paullus aus Makedonien zurückkehrte, war er der prestigereichste Consular im Senat und besaß die Mittel, seinen Schwiegersohn zu fördern. Dennoch hören wir nichts von einer Karriere dieses Aelius Tubero. Welche Umstände ihr entgegenstanden, ist nicht festzustellen. Wahrscheinlich ist, daß diese Familie mit sehr begrenzten Mitteln auskommen mußte, denn die Tochter des Aemilius lebte im Hause ihres Gatten zusammen mit 16 Aeliern samt ihren Frauen und Kindern. Eine solche häusliche Gemeinschaft war Teil einer anderen familialen Strategie: Die Familie vermied es, das Vermögen durch Erbteilung aufzusplittern, denn dann hätte keiner der Brüder genug besessen, um bei einer Vermögensschätzung den Rittercensus zu erreichen, und niemand hätte eine senatorische Laufbahn einschlagen können. Statt dessen privilegierte der Familienverband denjenigen, der Karriere machen sollte, indem alle anderen um seinetwillen zurückstanden. Eine solche Strategie war nur zu verfolgen, wenn die benachteiligten Brüder eisern zusammenhielten und den Hoffnungsträger unterstützten – selbstverständlich in der Erwartung, daß sein Aufstieg die ganze Familie nach oben zog. Diese Strategie barg jedoch Risiken: Scheiterte der Hoffnungsträger, dann fielen die hohen Kosten, welche er in seine Karriere hatte investieren müssen, als Verluste für das gesamte Familienvermögen an, während die erhofften Gewinne ausblieben. Der familiäre ‹Konsumverzicht›, welchen die Beteiligten auf der einkalkulierten ‹Durststrecke› auf sich genommen hatten, wurde dann fatalerweise zum dauerhaften Vermögens- und vielleicht auch Statusverlust für alle.

3. Der Sieg über Perseus

Im Jahre 172 beschlossen der Senat und die Volksversammlung, gegen König Perseus von Makedonien Krieg zu führen. Der Consul Publius Licinius Crassus setzte mit zwei frisch ausgehobenen Legionen, die zum großen Teil aus ungeübten Rekruten bestanden, über die Adria und erlitt 171 eine Niederlage in einem Reitergefecht in Mittelgriechenland. Zwar gewann er das nächste Gefecht, aber der anfängliche Mißerfolg verursachte einen politischen Erdrutsch in vielen griechischen Städten, und zwar auch in solchen, die bereits römische Bundesgenossen waren. Dadurch erhielt die Niederlage politisch eine Bedeutung, die ihr militärisch gar nicht zukam. Bei den jährlichen Aushebungen kam es wiederholt zu Widerspenstigkeiten; und mehrmals ernannten die Consuln Legaten als Legionschefs, anstatt vom Volk Militärtribunen wählen zu lassen. Aulus Hostilius Mancinus führte 170 den Krieg weiter. Er drängte die makedonischen Truppen aus Mittelgriechenland hinaus, konnte aber Operationen des Perseus in den Gebirgen des Balkan westlich von Makedonien nicht verhindern. In Illyrien erlitt der dortige praetorische Befehlshaber eine schmähliche Niederlage. Im darauffolgenden Jahr erzielte der Consul Quintus Marcius Philippus deutliche Erfolge, und in Illyrien besiegte der neue praetorische Befehlshaber (Anicius) den illyrischen König und zwang ihn zur Kapitulation. Bei den Consulwahlen 169 wurde Aemilius Paullus zum zweiten Mal gewählt, sein Amtsgenosse wurde Gaius Licinius Crassus. Ob diese Wahl mit dem Krieg in Makedonien im Zusammenhang stand, ist zweifelhaft, auch wenn es sich im nachhinein so darstellen mag. Denn inzwischen standen die Dinge an der makedonischen Front gut; und ohnehin mußte ja gelost werden, welcher der beiden Consuln den Krieg in Makedonien weiterführen sollte. Das Los entschied zugunsten des Aemilius Paullus, der 168 etwa sechzig Jahre alt war.

Die Makedonen hatten sich zwar ausgezeichnet verschanzt, doch Philippus gelang es, in einem abenteuerlichen Marsch über einen der vielen gut verteidigten Pässe nach Makedonien einzubrechen. Daß er den Vorteil nicht nutzen konnte, lag an logistischen Fehlern der römischen Flotte, von deren Versorgung er abhängig war. Perseus war nur noch in der Defensive und bezog Stellung am Elpeios. Daher erklärt sich die unglaubliche Schnelligkeit, mit der Paullus zum Heer in Makedonien reiste – hätte er sich mehr Zeit gelassen, dann hätte Philippus die Schlacht gegen die Makedonen geschlagen. Für Paullus blieb nicht mehr viel zu tun: Das römische Heer hatte inzwischen Kampferfahrung gesammelt, Disziplin und Gefechtswert waren tadellos. Ein Umgehungsmanöver zwang den König, seine stark befestigte Stellung aufzugeben und sich am 22. Juni vor Pydna zur Schlacht zu stellen. Es gelang den Römern, Lücken in der makedonischen Phalanx auszunutzen, um zum Schwertkampf zu kommen, in welchem sie schnell und überlegen siegten; die makedonischen Verluste waren enorm (20 000 Tote, 11 000 Gefangene).

Daraufhin brach das makedonische Reich erstaunlich schnell zusammen. Die Städte ergaben sich reihenweise geradezu um die Wette. Lediglich Pydna, Aignion und Ainia leisteten Widerstand; sie wurden eingenommen und geplündert. Ebenso verfuhr man mit Agassai, weil die Stadt sich bereits Philippus ergeben hatte, dann aber wieder zu Perseus abgefallen war. Der König flüchtete nach Samothrake, wurde dort gefangen und zum römischen Befehlshaber gebracht. Überall bekamen die Römerfreunde Oberwasser und eröffneten die Jagd auf Römerfeinde, die in Scharen vertrieben, an die Römer ausgeliefert oder denunziert wurden. Die römischen Befehlshaber ließen sich von Städten, die geschwankt hatten, Geiseln in einem nie dagewesenen Ausmaß stellen; allein der Achäische Bund hatte 1000 Geiseln zu stellen, die nach Italien gebracht wurden. Während Paullus wartete, bis die vom Senat zusammengestellte Zehnerkommission zur Regelung der makedonischen Angelegenheiten eintraf, unternahm er eine Inspektionsreise durch Griechenland, die vor allem dem Zweck diente, den Griechenstädten, in denen der Krieg zu mörderischen Polarisierungen geführt hatte, die römische politische Obsorge glaubhaft zu machen. Die politischen Verhältnisse in den Städten waren instabil geworden, die Bürgerschaften tief verunsichert. Der enorme Umfang der Geiselnahmen hatte die Ausmaße von regelrechten Deportationen von Teilen der Oberschicht nach Italien angenommen. Die Römerfreunde gebärdeten sich in einem solchen Ausmaß als Denunzianten, daß man um die Redefreiheit bangte. Paullus, inzwischen Proconsul, mußte die Gemüter beruhigen. Römische Magistrate sparten in solchen Fällen nicht an Gesten demonstrativer Nähe gegenüber Unterworfenen oder Abhängigen, und so besuchte auch Paullus Heiligtümer, um Opfer darzubringen und bisweilen auch Kunstwerke zu besichtigen. Mit Philhellenismus hatte das nichts zu tun. Sein besonderes Interesse galt den Festungsanlagen. In Athen erbat er sich einen Maler zur Ausschmückung seines Triumphes und einen Philosophen zur Erziehung seiner Kinder aus zweiter Ehe. Man gab ihm einen gewissen Metrodoros, der beides zugleich war – und unbedeutend in beidem blieb.

In Delphi sah Paullus den Sockel eines Monuments, das Perseus für sich geplant und noch nicht ganz fertiggestellt hatte. Der Relieffries um den Sockel war zwar vollendet, aber es fehlte noch die vergoldete Statue des Königs. Der Römer entschied kurzerhand, daß ihm als Sieger das Monument des Besiegten zustand. Er ließ seine eigene Statue auf der Basis aufstellen und die Inschrift anbringen: «Der Imperator L. Aemilius, Sohn des Lucius, nahm dieses dem Perseus und den Makedonen weg». Die brutale Sprache der Umwidmung machte den Griechen klar, daß an einer ihrer heiligsten Stätten römische Magistrate sich anmaßen durften, Verfügungen zu treffen und Siegesmonumente zu errichten, falls es ihnen beliebte. Paullus wählte als Sprache der Inschrift nicht Griechisch, sondern Latein; unmißverständlich demonstrierte er, daß er kein Wohltäter am Griechentum war, sondern römischer Imperator. Dabei ließ er es nicht bewenden, sondern er ordnete an, den Relieffries, der bereits die Basis zierte, umzumeißeln, so daß die Kampfszenen zu einer Art römischen ‹Historienreliefs› wurde. Das hellenistische Kunstwerk dergestalt zu verschandeln, zeugt von keiner hohen Kunstsinnigkeit des Römers. Er hätte kaum deutlicher seinen geringen Respekt vor der griechischen Kultur bekunden können.

4. Die Feier von Amphipolis und die Plünderung von Epirus

Aemilius Paullus veranstaltete eine Feier anläßlich seines Sieges über König Perseus und ließ in der griechischen Welt zur Teilnahme einladen. Er hatte den Göttern Spiele gelobt, falls er die Schlacht gewann. Es war üblich, solche *ex voto*-Spiele in Rom zu veranstalten, im Anschluß an einen Triumph. Doch ein Triumph in Rom wandte sich ausschließlich an die römische Bürgerschaft. Paullus hingegen wollte der hellenistischen Welt ein Exempel dafür geben, wie Rom seine Oberhoheit durchsetzte, falls man sie anzuzweifeln wagte; und dafür brauchte er einen neuartigen zeremoniellen Rahmen. Während Titus Quinctius Flamininus 30 Jahre zuvor sich bei einem traditionsreichen griechischen Agon, einem Wettkampf, hatte feiern lassen, zitierte Paullus die hellenistische Welt zur Feier eines römischen Sieges. Man gehorchte, Gesandtschaften und Athleten erschienen zahlreich. Als Ort wählte der Proconsul nicht die makedonische Hauptstadt Pella, sondern die alte Griechenstadt Amphipolis. Eine solche Feier zu veranstalten verlangte von den römischen Magistraten eine hohe Organisationsleistung, was Paullus entsprechend kommentierte: Als Aedilen mußten sie Spiele ausrichten, als Praetoren und Consuln Schlachten schlagen, als Senatoren (vor allem als Priester) Bankette ausrichten; sie mußten dabei die Ressourcen bereitstellen, die Arbeitsgänge zuweisen und ihre Abfolge in eine strikte Ordnung bringen.

Die Feier von Amphipolis war ein römisches Spektakel, eingerahmt von römischer politischer Symbolik, welche die Griechen und ihre Athleten zu Statisten degradierte. Umgeben von dem Zehnmännerkollegium, welches der Senat geschickt hatte, um die Verhältnisse von Thrakien, Illyrien, Makedonien bis nach Mittelgriechenland zu ordnen, saß der Imperator zu Gericht. Liktoren sperrten den Zugang, ein Praeco – ein Amtsdiener mit der Funktion des Ausrufers – gebot Ruhe. Der Imperator verlas seine Anordnungen in Latein. Ein Praetor übersetzte ins Griechische, wodurch sinnfällig die Hierarchie der Sprachen betont wurde: Das Lateinische war die Sprache der neuen Herren, der Gebrauch des Griechischen eine Höflichkeitsbekundung, eine Kondeszendenz. Die Verlesung der Anordnungen dauerte lange – sie hörten sich an wie Urteilsverkündungen, und es währte den gesamten ersten Tag, bis die Bestimmungen über Makedonien bekanntgegeben waren: Die Städte und Regionen des makedonischen Königreiches wurden in vier selbständige Gebiete eingeteilt, zwischen denen keine Heiratsverbindungen mehr erlaubt waren; alle Gebiete zusammen mußten hinfort an Rom einen Tribut entrichten, halb so hoch wie der an die makedonischen Könige. Makedonien existierte nicht mehr. Am zweiten Tag folgten die Bestimmungen über die Aetoler, Akarnaner und alle anderen, samt den Strafmaßnahmen. Wahrscheinlich danach wurden die nichtitalischen Überläufer wilden Tieren vorgeworfen; dann hatten die griechischen Athleten ihren Auftritt. Am Ende verbrannte man eine riesige Menge von Waffen für Mars, Minerva, Lua Mater und andere Götter; der Imperator, das Haupt verhüllt, entzündete das Feuer. Die gesamte in Makedonien gemachte Beute wurde zur Schau gestellt. Schließlich verabschiedeten die Römer die Gesandtschaften und beschenkten sie.

Der Synkretismus der Rituale täuscht. Die griechische Agonistik war keineswegs gleichwertig, sondern sie war in die Inszenierung der römischen Macht eingebettet. Diese Inszenierung erfolgte nach römischen Regeln: als Tribunal und als römischer *ludus* (als ‹Spiele›) unter dem Befehl römischer Magistrate. Die Auflösung des makedonischen Staates wurde allen Gesandtschaften vorgeführt, ein Exemplum statuiert. Die Aufteilung der den Göttern geweihten Beute in jenen Teil, der zu vernichten, und jenen, der in Rom zu weihen war, machte klar, daß hier andere kultische Regeln galten als in Hellas. Die Tötung der Überläufer durch wilde Tiere (*damnatio ad bestias*) schärfte den anwesenden Griechen ein, was es für die kämpfenden Einheiten bedeutete, das *foedus*, das Bündnis, mit Rom zu brechen, und mahnte sie zur Treue. Sie flankierte die Deportationen, die gleich Hammerschlägen so viele griechische Städte trafen.

Mit dieser Feier manifestierte Aemilius Paullus die völlige Veränderung des Kräfteverhältnisses im östlichen Mittelmeerraum. Wenige Monate nach der Schlacht von Pydna hatte Rom die politischen Verhältnisse auf dem gesamten Balkan in seinem Sinne neu geordnet. Die Griechen sollten begreifen, daß Rom auf der diplomatischen Ebene nun eine Dauerpräsenz ausübte und jederzeit zu militärischem Eingreifen bereit war, falls es die Sachlage erforderte, und daß das, was mit Makedonien passierte, jedem anderen Feind Roms zustoßen konnte. Er machte klar, was Rom unter einem *foedus* verstand, und bereitete die griechische Welt darauf vor, wie Rom anschließend König Eumenes behandeln und mit Rhodos verfahren sollte. Eindringlicher war die dramatische Einengung des Handlungsspielraums der hellenistischen Monarchien nicht zu choreographieren.

Danach brach Paullus mit seinem Heer nach Epirus auf. Die molossischen Gebiete von Epirus waren während des Krieges zu Perseus übergegangen. Der Senat hatte beschlossen, daß die Truppen des Paullus die Epiroten bestrafen sollten. Paullus schrieb an Anicius, der Epirus zurückerobert hatte und dessen Truppen vor Ort standen, er möge sich aus den Vorgängen heraushalten, der Senat habe die Bestrafung der abtrünnigen Städte ihm übertragen. Er ließ sich von den führenden Männern jeder Stadt sämtliches Silber und Gold aus Privathäusern und Tempeln aushändigen. Danach wurden alle Städte geplündert, freilich unsystematisch, da das Heer in viele kleine Gruppen aufgeteilt war. 150000 Epiroten wurden in die Sklaverei verkauft, 70 Städte zerstört. Die Gegend brauchte mehr als zwei Jahrhunderte, um sich von dieser Verwüstung zu erholen.

5. Der Kampf um den Triumph in Rom

Im Jahre 167 kehrte Paullus mit seinem Heer zurück; er fuhr auf dem Schiff des besiegten Königs den Tiber hinauf in die Stadt. Der Senat bewilligte ihm einen Triumph, ebenso dem Propraetor Lucius Anicius Gallus, der in Illyrien siegreich gekämpft hatte, sowie dem Propraetor Gnaeus Octavius, dem Kommandeur der Flotte gegen Makedonien. Die Abstimmung über den Triumph des Paullus in der Volksversammlung wurde beinahe zu einem Debakel. Ganz selten in der Geschichte der römischen Republik stimmte das Volk gegen den Antrag, den ihm Magistrate oder Tribune im Auftrag des Senats vorlegten. Der Vorfall illustriert daher, welche Rolle der Volksversammlung in der römischen Republik zukam. Die Volkstribunen beriefen eine Informationsversammlung (*contio*) ein, um das versammelte Volk über den Senatsbeschluß in Kenntnis zu setzen und es aufzufordern, am folgenden Tag bei der Abstimmung zahlreich zu erscheinen. Freilich hatten auch die heimgekehrten Soldaten darüber abzustimmen; und bei denen war Paullus nicht sonderlich beliebt. Nun ertrugen römische Soldaten normalerweise Strapazen, ohne zu murren. Probleme gab es bei offensichtlichen Führungsfehlern oder bei Härtemaßnahmen, deren Sinn nicht nachvollziehbar war; Aemilius Paullus hatte wahrscheinlich das Maß verfehlt. Jedenfalls zeigten die Soldaten keine große Lust, zur Volksversammlung zu kommen, um ihm den Triumph zu bewilligen. Der Befehlshaber der zweiten Legion, der Praetorier Sulpicius Galba, nutzte die Stimmung und hielt auf der *contio* eine Rede, in welcher er Paullus beschuldigte, er habe gravierende Führungsfehler begangen, die Strapazen des Feldzugs unsinnig verschärft, ferner habe er mit Prämien geknausert und viel zu wenig Auszeichnungen verliehen. Er forderte die Soldaten auf, nun gerade zahlreich zu erscheinen, aber nicht um mit Ja zu stimmen, sondern um den Antrag zu Fall zu bringen.

Als am nächsten Tag der versammlungsleitende Volkstribun den Antrag zur Abstimmung stellte, stimmte eine Tribus nach der anderen gegen den Triumph. Das war unerhört. Die ranghohen Senatoren mitsamt den Consuln stürmten auf den Versammlungsplatz; sie drängten den Versammlungsleiter dazu, die Abstimmung abzubrechen und die Stimmversammlung (Comitien) an Ort und Stelle in eine *contio* zu transformieren. Während die Bürger sich erneut aufstellten, bearbeiteten die Senatoren wen immer sie kannten und schalten den aufsässigen Sulpicius Galba öffentlich aus. Danach ergriff ein alter Consular, Marcus Servilius Pulex Geminus, das Wort, tadelte die Abstimmenden, appellierte an die militärischen Tugenden des römischen Volkes, öffnete die Toga und zeigte seine Narben. Dann drohte er, er werde sich auf die Brücken in den Stimmpferchen stellen und sich genau merken, welche Bürger mit Nein zu stimmen wagten. Anschließend wurde erneut abgestimmt. Und alle 35 Tribus bewilligten dem Paullus seinen Triumph.

Bezeichnenderweise waren die Soldaten des Paullus nicht auf die Idee gekommen, gegen den Antrag zu stimmen. Statt dessen hatten sie erwogen, erst gar nicht zur Abstimmung zu kommen. Die Vorstellung, sie könnten in den Comitien ihren eigenen Willen ausdrücken, war ihnen fremd; darauf mußte sie erst ein Senator bringen. Sie waren also nicht daran gewöhnt, ihren eigenen Willen eventuell mit einem Nein auszudrücken. Die römischen Bürger faßten somit die Comitien nicht als den Ort auf, wo sie ihren abweichenden politischen Willen äußern konnten, sondern als den Ort, wo sie zuzustimmen und ihren Konsens auszusprechen hatten. Sie betrachteten die Comitien als Konsensritual.

Hätte das abstimmende Volk sich wiederholt und kontinuierlich so verhalten, dann hätte sich die Funktionsweise der römischen Comitien verändert, dann wäre die senatorische Aristokratie gezwungen gewesen, ihre Herrschaft auf eine bisher ungewohnte Weise auszuüben – kurz, das politische System hätte sich schnell verändert. Die Abstimmung über den Triumph des Paullus wäre zu einem Ereignis geworden, welches einen grundlegenden Wandel der Herrschaftsmodalität der römischen Aristokratie markiert hätte.

Von daher versteht sich die heftige Reaktion der Senatoren. Sie erblickten in der drohenden Ablehnung des Antrags ein Ereignis allerersten Ranges, welches es zu verhindern galt. Andernfalls riskierten sie, daß die Gehorsamsmodalität des Volkes sich veränderte und damit die aristokratische Herrschaftsweise tangierte. Die Volksversammlung als Institution funktionierte also nur deshalb im Sinne der aristokratischen Herrschaft, weil die Senatoren nötigenfalls geschlossen auftraten und mit einem energischen Einsatz ihrer sozialen und politischen Autorität das Volk dazu brachten, sich so zu verhalten, wie man es von ihm erwartete.

6. Der Triumph

Anfang September 167 feierte Paullus seinen Triumph. Ein wesentlicher Bestandteil römischer Feiern war stets eine *pompa* – eine Prozession, eine streng geordnete Zeremonie, deren Elemente festgelegt, aber variierbar waren und Raum ließen für signifikante Hervorhebungen oder auch für Steigerungen. Regelmäßig fanden Prozessionen anläßlich von Zirkusspielen und zum Amtsantritt der Consuln statt, häufig gab es Leichenfeiern, bei denen die langen Ahnenserien der alten Familien vorbeidefilierten. Der Triumphzug hingegen war etwas Außergewöhnliches. Nur Feldherren (fast immer Consuln oder von consularischem Rang), die unter eigenem Kommando einen großen Sieg über Feinde davongetragen hatten, wurde ein Triumph gestattet, die höchste Ehre für einen römischen Adligen. Rom war geschmückt, das Volk stellte sich entlang der vorgegebenen Strecke auf, um den Feldherrn, das siegreiche Heer und die ausgestellte Beute zu bewundern und damit sowohl die Sieghaftigkeit des Gemeinwesens als auch den Feldherrn zu feiern. Diesmal dauerte der Triumph drei Tage und übertraf alle vorangegangenen Siegesfeiern.

Der Triumphzug war nach symbolischer Wichtigkeit gegliedert: Was am ersten Tag an der hauptstädtischen Bürgerschaft vorbeigetragen wurde, wurde am zweiten überboten, und der dritte brachte den Höhepunkt. Am ersten Tag wurden Bildnisse, Gemälde und Statuen auf 250 Wagen vorbeigetragen. Den Kunstwerken kam also nur ein geringer politischer Symbolwert zu. Die Obsorge für die künstlerische Ausschmückung und für die Anfertigung von Gemälden, auf denen Szenen des Krieges zu sehen waren, trug der Künstler und Philosoph Metrodoros, den Paullus in Athen engagiert hatte. Griechische Kunst wurde entweder als Beute vorgeführt oder als dekoratives Zubehör römischer militärischer Leistung. Am zweiten Tag rollten zuerst lange Wagenkolonnen angefüllt mit makedonischen Waffen vorbei, anschließend kamen 750 Gefäße mit je 3 Talenten gemünzten Silbers (was 13,5 Mio. Denaren entsprach); schließlich wurden silberne Gefäße aller Art gezeigt. Am dritten Tag wurde der Zug eröffnet unter dem Klang der Kriegstrompeten. Zuvorderst kamen 120 für das bevorstehende Opfer geschmückte Ochsen; davon konnte der Triumphator ein Opfermahl für etwa 60 000 Bürger ausrichten. Dann wurden 77 Gefäße mit je 3 Talenten geprägten Goldes vorgezeigt (18 Mio. Denare). Eine Schale aus zehn Talenten Gold folgte. Anschließend war das Tafelgeschirr von König Perseus zu sehen. Darauf folgte der Wagen des Königs mit seinen Waffen. Dahinter gingen die Kinder des Königs, denen die römische Plebs Mitleid entgegenbrachte. Ihnen folgte der König selber. Hinter ihm wurden 400 goldene Kränze vorbeigetragen, welche die griechischen Städte dem siegreichen Feldherrn als Siegespreise überreicht hatten. Sodann erschien der Triumphator, im Triumphalgewand auf dem Wagen stehend, einen Lorbeerzweig in der Hand. Hinter ihm marschierte in Formation das siegreiche Heer, lorbeerbekränzt. Der Zug nahm eine vorgeschriebene Route durch Rom, übers Forum und hinauf aufs Capitol, wo der Triumphator den Göttern ein großes Opfer darbrachte. Üblicherweise wurde gleichzeitig der besiegte Gegner im Carcer, dem Gefängnis, getötet, doch Paullus ersparte Perseus dieses Ende. Der ehemalige König wurde in milde Privathaft genommen, wo er bald verstarb.

In diesem Ritual übereigneten Senatoren und Volk in zeremonieller Eintracht den Sieg der Gemeinschaft dem Feldherrn. Die Bürgerschaft bestätigte, daß sie den Sieg nicht nur unter den Auspizien des Triumphators errungen hatte, sondern daß der Sieg dem Triumphator gehörte. Stets konnte er sich darauf berufen. Solche Triumphe zu feiern war eine kulturelle Praxis, die unweigerlich wie eine gigantische Maschine zur Produktion ‹großer Männer› fungierte; sie wurden in der Tat serienmäßig mit Hilfe dieses Rituals und seiner Wiederholbarkeit hervorgebracht.

Vor dem anschließenden Fest wies der Feldherr dem Heer einen Beuteanteil zu. Die Fußsoldaten erhielten 100 Denare, die Centurionen das Doppelte, die Reiter das Dreifache. Das war sehr großzügig. Zwischen 194 und 187 hatten die triumphierenden Feldherren den Fußsoldaten nur 25 Denare gegeben; Manlius Vulso hatte 186 seinen Soldaten 42 Denare ausbezahlt; Fulvius Flaccus hatte 180 diesen Anteil auf 50 Denare erhöht. Paullus verdoppelte somit das Donativ, das Geschenk, an die Truppen. Die Feldherren verfügten über die Beute und legten die Quoten für die Staatskasse, für die Stiftungen an Tempel, für die Ausrichtung von Spielen und für die Truppen gemäß eigenem Gutdünken fest. Es war Brauch, daß sie einen Teil der Beute für sich behielten. Da der privat einbehaltene Anteil seit dem hannibalischen Krieg dramatisch anstieg, kämpften einige Senatoren gegen diese Bereicherungsmöglichkeit, so vor allem Cato Censorius, der sehr früh erkannte, welche verhängnisvolle Rolle diese private Aneignung von mit Bürgerblut erkauftem Reichtum bedeutete. Doch die Mehrheit des Senats akzeptierte diesen Brauch, welcher schließlich ein Jahrhundert später dahin führte, daß superreiche Senatoren riesige Klientelen aufbauten und die politischen Institutionen der Republik manipulierten und lahmlegten. Wenn die Truppen ständig darüber klagten, daß die Feldherren sie nicht genügend an der Beute beteiligten, dann erfolgte diese Klage augenfällig zu Recht. Die Soldaten, deren Bauernhöfe in Italien herunterzukommen drohten und aufgekauft wurden von reichen Grundbesitzern, wurden mit winzigen Beträgen abgespeist, während die Nobilitätsfamilien durch die Kriege ungeheure Vermögen erwarben – Reichtümer, mit denen sie noch mehr Bauernhöfe aufkauften. Insofern enthielt die Verdoppelung des Beuteanteils eine politische Dimension, da die führenden Senatoren nicht vergessen hatten, wie groß die Rekrutierungsschwierigkeiten waren, als man die Legionen für den Krieg in Makedonien zusammengestellt hatte. Genausowenig wie von anderen Feldherren wissen wir von Paullus, welche Summen er sich aus der Beute privat aneignete. Er scheint dabei Maß gehalten zu haben; an Sachwerten nahm er lediglich die Bibliothek des Königs Perseus und schenkte sie seinen Söhnen.

Allein das gemünzte Geld, das im Triumphzug mitgeführt worden war, betrug 30 Mio. Denare. Jene Silber- und Goldgegenstände, die Paullus nicht in die Tempel weihte, sondern an die Staatskasse aushändigte, wurden eingeschmolzen, so daß das deponierte Barvermögen des römischen Staates insgesamt um 75 Mio. Denare zunahm. Zudem bezog Rom fortan jährlich 100 Talente an Tributen aus Makedonien (das heißt 0,6 Mio. Denare). Seit diesem Jahr blieben in Italien sowohl die römischen Bürger als auch die Bundesgenossen frei von Abgaben.

7. Die Familie und die letzten Jahre

Auf dem Gipfel seines Ruhmes traf Paullus ein schwerer Schicksalsschlag. Ohnehin nicht von familiärem Glück begünstigt, verstarb dem nun 61jährigen fünf Tage vor dem Triumph der jüngere Sohn aus zweiter

Ehe im Alter von zwölf Jahren; sein noch verbliebener vierzehnjähriger Sohn starb drei Tage nach dem Triumph. Der Volkstribun Marcus Antonius berief wenige Tage später eine *contio* ein, auf welcher der nun amtlose Paullus dem Volk von seinen Taten berichten sollte. Paullus kontrastierte in dieser Rede das Gedeihen des Gemeinwesens und sein eigenes familiäres Unglück auf ergreifende Weise: Seine Familie werde mit ihm selber erlöschen. Der zweifache Triumphator wurde 164 Censor, zusammen mit Marcius Philippus, welcher vor ihm den Oberbefehl gegen Makedonien innegehabt hatte. Wann er Interrex (hohes Amt mit Wahlaufgaben) war, ist nicht zu ermitteln.

Die Biographie des Aemilius Paullus bietet ein eindrückliches Beispiel für eine fehlgeschlagene familiale Strategie. Die Kinder als entscheidendes Kapital der Familie waren nicht optimal eingesetzt worden. Der unwahrscheinliche Fall, daß Söhne jenseits des Kindesalters starben, traf ihn zweimal und gleichzeitig. Die beiden Söhne aus erster Ehe gediehen, doch sie gehörten nicht mehr seiner Familie an. Warum er die Linie der Aemilii Paulli nicht mit Hilfe einer Adoption fortsetzte, bleibt unerfindlich. Von den Töchtern war diejenige, die er an Catos Sohn verheiratet hatte, ‹gut plaziert›. Die andere freilich brachte für beide Seiten keinen Gewinn: Quintus Aelius Tubero, ihr Gatte, machte keine Karriere. Das war um so bitterer, als der Hauptzweig der *gens Aelia* weiterhin erfolgreich blieb: 167 wurde abermals ein Aelius Paetus Consul. Als Quintus Aelius Tubero starb, mußte seine Familie den wichtigsten landwirtschaftlichen Betrieb verkaufen, um die Mitgift an die Tochter des Aemilius zurückzuzahlen. Beide verschwägerten Familien hatten somit durch diese Heiratsallianz Verluste.

Die manchenorts überlieferte Vermögenslosigkeit des Paullus ist eine Übertreibung. Zwar mußten die Söhne Teile des unbeweglichen Vermögens verkaufen, um die Mitgift der zweiten Frau des Aemilius zurückzuerstatten, und diese Mitgift war groß: 150000 Denare (das könnte zu jener Zeit das Sechsfache des senatorischen Mindestvermögens betragen haben). Doch das war kein Zeichen von Armut, sondern charakteristisch für eine familiale Strategie, die darauf aufbaute, daß die Töchter verheiratet waren und außer Hauses lebten, während keine Söhne mehr da waren. Aemilius hatte zu Lebzeiten aus seinem nicht unbeträchtlichen Vermögen aufwendige Geschenke gemacht. Daß er riskierte, daß seine Erben das Haus verkaufen mußten, war nur konsequent, da er seine Linie als erloschen ansah. Wenn für seine Töchter verhältnismäßig wenig zu erben blieb, dann deswegen, weil er testamentarisch hohe Summen an Fabius Maximus Aemilianus und Scipio Aemilianus vermacht hatte, die nicht mehr zu seiner Familie gehörten, und weil enorme Beträge für seine Leichenfeier ausgegeben wurden.

Er starb 160. Die Magistrate ließen die Amtsgeschäfte am Tag seiner Bestattung ruhen. Die Anteilnahme war überwältigend; zur prächtig ausgestalteten Leichenfeier strömten nicht nur die hauptstädtische Bürgerschaft, sondern auch viele Bürger aus den italischen Städten. Man ließ hinter der gewaltigen Prozession der Ahnenmasken die Bahre von Spaniern, Ligurern und Makedonen tragen, also von Angehörigen jener Völker, die er einst unterworfen hatte, und schuf damit eine neue Form, das Prestige des einzelnen und seiner Familie zu demonstrieren. Ein sehr teurer Gladiatorenkampf machte diese Leichenfeier zu einer der aufwendigsten der Epoche. Zwei Dramen von Terenz wurden aufgeführt – die Römer konnten im Theater miterleben, wie unfähig die Griechen waren, ihre Sklaven zu beherrschen und ihre Frauen im Zaum zu halten. So wurde selbst das Leichenbegängnis des Aemilius Paullus zur neuerlichen Siegesfeier der *gens Aemilia* und der römischen Kultur.

Marcus Porcius Cato Censorius – ein Bild von einem Römer

von Hans-Joachim Gehrke

Marcus Porcius Cato (214–149 v. Chr.) ist einer der ersten Römer, die wir als Persönlichkeit wirklich näher fassen können. Wir sind dazu nicht auf späte, von Legenden überwucherte Überlieferungen angewiesen, sondern können sogar auf Selbstzeugnisse zurückgreifen, besonders auf ein literarisch-praktisches Werk über die Landwirtschaft und auf etliche markant-würzige Passagen aus Reden. Die historiographische und biographische Tradition über ihn ist entsprechend eingehend und plastisch. So steht uns auf den ersten Blick ein Römer wie aus dem Bilderbuch gegenüber: Seine Lebensführung ist die eines schlichten Bauern. Arbeit auf dem Felde und sparsames Wirtschaften bilden ein gesundes ökonomisches Fundament. Schlichte Ernährung und einfache Kleidung sind Ausdruck eines bescheidenen Lebenswandels. Soziale Kontakte bestehen in fürsorglicher Nachbarschaft und moderat-herzlicher Gastlichkeit. Gegen Tendenzen zu aufwendigem Protzen mit Reichtum – ostentativem Konsum, wie das heutige Soziologen nennen –, gegen Schlaffheit und Verweichlichung stehen Bescheidenheit und Schlichtheit. Gegen moderne Zeitströmungen, wie sie vor allem in der liederlichen Lebensweise der Griechen, ihrem Hang zur Angeberei und ihrer intellektuellen Debattiersucht zum Ausdruck kommen, erhebt sich in Cato die altrömische Strenge. Ein Mann der Taten, nicht der Worte steht vor uns, ein wahrhaft perfekter Römer auf allen Gebieten, auf die es im politischen Leben ankam: ein Kenner des Rechts, ein mitreißender Redner, ein tapferer Soldat, ein begnadeter Feldherr. So wirksam war dieses Bild, daß der kaiserliche Offizier Plinius später – ganz ‹unrömisch› – sagen kann, Catos Ausstrahlung und Autorität beruhten nicht auf seinem Triumph und seiner Censur, sondern auf seiner Persönlichkeit (*in ipso, Naturkunde* 29, 13).

Dieses schöne Bild zeigte aber schon in der Antike leichte Risse. Bei einigen Autoren wird auch deutlich, daß ihm so manches widersprach: Dem Mahner vor zuviel Gräkomanie, ja dem «Griechenhasser» ließ sich ein vorzüglicher Kenner griechischer Sprache, Rhetorik, Philosophie und Literatur gegenüberstellen, der den polyglotten Dichter Ennius für Rom «entdeckte» und selbst ein klares – und damit auch griechisch geprägtes – intellektuelles Profil hatte. Hinter dem moderaten Landwirt wurde ein reicher Großgrundbesitzer und knallharter Geschäftsmann sichtbar, und, kurzum, hinter dem altfränkischen Bewahrer traditionell römischer Sitte ein den Tendenzen der Zeit gegenüber offener, ja «moderner» Kopf. Es sind gerade solche Brüche und Risse, die zu einem kritischen Blick hinter die Kulissen der Überlieferung einladen. Womöglich zeigen sich Widersprüche, Ecken und Kanten bereits in der Person selbst.

Cato stammte aus einer Grundbesitzerfamilie aus Tusculum, einem Ort im Sabinerland am Rande der Albaner Berge. Seine Familie war zwar wohlhabend – sie gehörte dem Ritterstand an und damit auch dem niederen römisch-italischen Landadel. Aber von den hohen Rängen der Nobilität war sie weit entfernt, auch wenn sie mit einigen vornehmen Herren aus diesen Kreisen soziale und nachbarschaftliche Kontakte hatte. Cato konnte stolz sein auf seinen militärisch tüchtigen Vater und noch mehr auf einen Urgroßvater, der im tapferen Einsatz fünfmal ein Ritterpferd verloren und wieder von Staats wegen ein neues erhalten hatte. Nicht in der politischen Leitung der *res publica* zu amtieren, aber im tapferen Einsatz für sie als Soldat und Offizier zu dienen und sich Ruhm zu erwerben, zugleich ein ehrenwerter Patron für die einfachen Leute aus seiner Umgebung und ein Helfer seiner Freunde zu sein – das waren übliche Perspektiven für einen solchen Landedelmann.

Doch die Zeiten, in die Cato hineingeboren war, stellten besondere Anforderungen und eröffneten damit auch weitere Möglichkeiten. Als er im Alter von 17 Jahren, wie es üblich war, seinen ersten Kriegsdienst leistete, stand Hannibal *ante portas*, befand sich Rom am Rande der Katastrophe. Es war die Zeit vor und nach der Niederlage von Cannae. Vor allem dank seiner militärischen Qualitäten, durch hohe persönliche Tapferkeit und vor allem taktisch-planerisches Geschick, bewährte sich der junge Mann. Wohl schon 216 hatte er unter Marcus Claudius Marcellus gedient, einem der großen römischen Kommandeure des Zweiten Punischen Krieges. Dieser nahm ihn zwei Jahre später als Stabsoffizier mit auf seinen Sizilien-Feldzug, der vor allem der Eroberung der reichen griechischen Stadt Syrakus diente. Nach dessen Abschluß (210) war Cato unter dem Kommando des Quintus Fabius Maximus, des berühmten Zauderers (*Cunctator*), an der Einnahme von Tarent (209) beteiligt, und wiederum zwei Jahre später tat er sich unter Gaius Claudius Nero in der Schlacht bei Sena Gallica, in der Hannibals Bruder fiel, besonders hervor.

Beachtliche Fähigkeiten zeigte Cato aber auch auf politischem Felde – nicht in der großen Politik, die von den Herren im Senat gemacht wurde, aber dort, wo auch jüngere und weniger bekannte Leute sich Verbindungen schaffen und Renommee erwerben konnten, vor Gericht, als Kläger oder Fürsprecher in Prozessen, die sehr oft einen politischen Hintergrund hatten. Hier waren juristische Kenntnisse und vor allem rhetorische Fähigkeiten gefragt, und damals erwarb sich Cato einige Meriten.

Doch um in die ganz hohen Kreise zu gelangen, waren auch Protektion und Patronage nötig. Daran fehlte es Cato nicht, und es waren Leute der ersten Garnitur, die ihn unterstützten, seine ehemaligen Kommandeure Marcellus und Maximus, die seine Talente aus erster Hand kannten, und vor allem sein Nachbar Lucius Valerius Flaccus, der Sohn eines zu seiner Zeit besonders einflußreichen Senators, aus bester Familie, die zudem mit der des Marcellus freundschaftlich verbunden war. So konnte es dem «neuen Mann» (*homo novus*) gelingen, in den *inner circle* der römischen Macht zu gelangen, der zwar noch nicht so verbarrikadiert war wie zu Zeiten Ciceros, aber doch normalerweise außerhalb seiner Reichweite gelegen hätte: Vermögen, Leistung und Protektion, und das in schwierigen Zeitläuften, öffneten den Weg.

Der erste Schritt gelang mit der Wahl zu dem untersten der höheren Ämter, der *honores*, mit dem üblicherweise der Anspruch auf einen Sitz im Senat und damit der Aufstieg in den senatorischen Adel verbunden war: Im Jahre 205 wurde Cato Quaestor und erhielt die gewiß faszinierendste und verantwortungsvollste Aufgabe, die zu jener Zeit zu vergeben war: Er wurde nämlich dem Consul Publius Cornelius Scipio zugeteilt, der auf Sizilien die Invasion Afrikas und den unmittelbaren Angriff auf Karthago vorbereitete. Das Verhältnis zwischen diesem charismatischen Heerführer, einem Angehörigen höchster Adelsränge, und dem Aufsteiger aus dem Sabinerland entwickelte sich denkbar schlecht, vielleicht schon deshalb, weil Angehörige der Kreise, die Cato förderten, dem Cornelier kritisch gegenüberstanden, aber sicherlich deswegen, weil die Vorstellungen über militärische Disziplin und finanzielle Korrektheit beim Consul entschieden großzügiger waren als bei dem – für die Kriegskasse zuständigen – Quaestor. In dem zwischen Scipio und einem Teil des Senats wegen dessen Amtsführung ausbrechenden Konflikt engagierte sich Cato offenkundig gegen seinen Vorgesetzten. Man nimmt deshalb an, daß er zwar noch den Übergang nach Afrika (204) mitmachte, aber wohl im folgenden Jahr nach Rom zurückkehrte – wobei er übrigens den messapischen Dichter Ennius, auf den er aufmerksam geworden war, mitnahm.

Seit 202 war Cato überwiegend in Rom tätig, und er wird seine Verbindungen gepflegt und seinen Bekanntheitsgrad weiter gesteigert haben, so daß er schließlich für das Jahr 199 gemeinsam mit Gaius Helvius, ebenfalls einem Aufsteiger, zum Aedil gewählt wurde. Die beiden taten sich bei ihrer wichtigsten Aufgabe, der Veranstaltung der *ludi plebeii*, der großen Kultfeiern der römischen Plebs mit der Göttermahlzeit für Juppiter, so hervor, daß sie direkt für das nächste Jahr (198) zu Praetoren gewählt wurden. Cato erhielt als Provinz Sardinien zugelost, wo die römische Herrschaft besonders schwer lastete. Er ging deshalb energisch gegen die Geschäftemacherei der Wucherer vor. Mit der Praetur hatte Cato bereits ein Amt erhalten, mit dem die Befehlsgewalt, das *imperium*, verbunden war. Die Vollendung einer Aufsteiger-Karriere war allerdings die Bekleidung des höchsten Amtes, des Consulats. Damit gelangte man nicht nur definitiv in den engeren Kreis der Führungsschicht, die Nobilität, sondern auch in die kleine Gruppe der Consulare, den informellen Führungszirkel der *res publica*. Entsprechend hoch waren die Hürden, die sich den «neuen Männern» in den Weg stellten, gerade vor diesem Amt.

Seine Wahl zum Consul des Jahres 195 wurde Cato gewiß dadurch erleichtert, daß die Wahlleitung bei dem Sohn seines alten Förderers Marcellus lag und daß sein Patron, der hoch vornehme Lucius Valerius Flaccus, mit ihm gemeinsam kandidierte. Aber die Protektion wird nicht der allein ausschlaggebende Grund für diesen großen Erfolg gewesen sein, sondern auch Catos weithin bekannte Kompetenz und Leistungsfähigkeit. Diese zeigten sich auch in dem Kommando, das ihm als Consul zugelost wurde, nämlich in der Provinz *Hispania citerior* (diesseitiges Spanien), wo Aufstände einheimischer Stämme ausgebrochen waren und die Römer immerhin über 50 000 Mann zum Einsatz bringen mußten. Ohne die Aufstandsbewegung völlig beenden zu können – sie sollte sich später noch ausweiten und die Römer noch jahrzehntelang in Atem halten –, brachte doch Cato im nordöstlichen Spanien durch geschickte Verhandlungen, taktisch kluge Kriegführung, aber auch durch exemplarische Härte und Massaker die römische Macht wieder zur Geltung. Als Auszeichnung für diese Leistung wurde ihm vom Senat ein Triumph bewilligt. Dieser war nun die Krönung jeder und so auch seiner Laufbahn. Der gesellschaftliche Rang, den er erreicht hatte, kommt auch darin zum Ausdruck, daß er bald danach eine Frau aus dem vornehmen Geschlecht der Licinier heiratete. Später konnte er seinen Sohn aus dieser Ehe mit einer Tochter des Patriziers Aemilius Paullus verheiraten. Dahinter steckte auch eine freundschaftliche Verbundenheit, die dann übrigens auch für Catos Beziehung zu dessen leiblichem Sohn, dem jüngeren Scipio, galt.

Wie schon angedeutet, mit Patronage allein wäre ein solcher Weg nicht möglich gewesen. Nicht zuletzt war dies auch Cato selbst nur zu klar, und dieses Selbstverständnis ist einer seiner persönlichen Charakterzüge, die wir am besten greifen können. Er war doch in gewisser Weise ein Selfmademan, und er hat sich auch durchaus so verstanden. Deutlich hat er das Selbstbewußtsein des Aufsteigers immer wieder in seinen Äußerungen und Reden herausgestrichen. Vor allem für die solcher Karriere zugrundeliegende Leistungsethik hat er kräftige Worte gefunden und damit auf die Überlieferung gewirkt. «So groß war die Kraft seines Geistes und seiner Begabung», schreibt der Historiker Livius (39, 40, 4), «daß er, gleich in welchem Stand er geboren wäre, immer sein Glück selbst gemacht hätte». Daß er selber seines Glückes Schmied war, wußte Cato nur zu gut: Ein «neuer Mann» – so ließ er sich vernehmen – sei er im Hinblick auf Ämter und sozialen Rang, aber «uralt» sei er, wenn es um die Taten und die Tüchtigkeit seiner Vorfahren gehe (Plutarch, *Cato der Ältere* 1, 2). Und gegenüber dem adelsstolzen Scipio, der ihn gerne in Spanien abgelöst und ihm den Triumph verdorben hätte, führte er seine Tüchtigkeit gegen dessen Herkunft und Ansehen ins Spiel, also eigene Leistung gegen lediglich ererbte. Cato hatte auch keine Probleme damit, seine eigenen Leistungen im einzelnen gebührend herauszustellen. So ließ er sein Verhalten als Consul in Spanien, insbesondere seine militärischen Führungsqualitäten, als exemplarisch-vorbildlich erscheinen. Besonders eingängig und nachdrücklich rühmte er seine eigenen Taten und Erfolge während der Schlacht bei den Thermopylen: Im Jahre 191 zog ein römisches Aufgebot unter dem Consul Manius Acilius Glabrio gegen König Antiochos den Großen ins Feld, eine Auseinandersetzung mit dem Herrscher des mächtigsten der hellenistischen Großreiche. Entsprechend ernst nahmen die Römer diesen Krieg. Den Consul begleiteten erfahrene Senatoren und Kommandeure als Berater und Legaten, darunter auch Cato. Dieser war zunächst diplomatisch tätig, in Verhandlungen mit den Griechen in Achaia, Korinth und Athen. Später trug er dazu bei, daß die Verteidigungsstellung des Antiochos am Thermopylen-Paß überrannt wurde. Das nächtliche Umgehungsmanöver, das unter seiner Führung stattfand, hat er selbst liebevoll ausgemalt. Damit rückte er – quasi ein umgekehrter Leonidas – in die Nähe der bekannten Großereignisse der Perserkriege am selben Ort. So hat es später in seinem Geschichtswerk gestanden, aber ähnlich wird er es schon dargestellt haben, als er vom Consul mit der Siegesnachricht nach Rom geschickt worden war.

Solches Leistungsbewußtsein und hohes Selbstverständnis ist gar nicht denkbar ohne ein beträchtliches Maß an Ehrgeiz. Für die intensive, vibrierende Leidenschaftlichkeit, mit der Cato seine Ziele verfolgte, haben wir auch deutliche Belege. Streitsüchtig und konfliktfreudig scheute er in zahlreichen Prozessen und politischen Debatten keine Auseinandersetzung. Manchen ließ das an einen struppig-ruppigen Köter denken. In einem Epigramm hieß es über ihn: «Den rothaarigen, sehr bissigen, blauäugigen Porcius nimmt Persephone nicht einmal tot im Hades auf.» (Plutarch, *Cato der Ältere* 1, 4)

Politik war für Cato Kampf und Konflikt, in Offensive und Defensive, bis ins hohe Alter hinein. Seine Interessen und was seiner Karriere nutzte, verfolgte er ohne viele Skrupel und Bedenken, so als er in den erbitterten Wahlkämpfen um die Censur des Jahres 189 gegen seinen einstigen Kampfgefährten von den Thermopylen, Acilius Glabrio, vorging. Zugleich konnte es gar nicht ausbleiben, daß auch persönliche Freundschaften und Feindschaften, die Verpflichtungen von Solidarität und Revanche, ins Spiel kamen. Besonders deutlich wird das in seiner erbitterten und letztlich unversöhnlichen Gegnerschaft zu dem großen Scipio Africanus und dessen Familie, die beim Kampf um die Censur von 189 erneut manifest wurde. Cato ließ nicht locker, bis er diesen zur Strecke gebracht hatte.

Besonders interessant ist, daß Cato in der ausgeprägten Selbstdarstellung, derer er fähig war, gerade den Aspekt des persönlichen Interesses und der persönlichen Verbundenheit, der sozusagen kumpanenhaften Seite der Freundschaft, ganz zurücktreten ließ. Immer wieder betonte er, daß er nur aus sachlichen Gründen die Konflikte auf sich nehme, daß er sich – zusammenfassend gesagt – persönliche Feindschaften allein der *res publica* wegen zugezogen habe, daß das gemeinsame Interesse und Wohl des Staates sein politisches Verhalten leite. Hier sind wir an einem entscheidenden Punkt. Vieles davon war gewiß Selbststilisierung – so wollte sich Cato verstanden wissen. Dies ist zugleich der Ausgangspunkt des schönen Bildes, von dem eingangs die Rede war. Bereits Cato selbst hat es entworfen und in kräftigen Zügen skizziert, damit mögliche Risse und Widersprüche verdeckend.

Doch ist das nicht alles nur Fassade und Ideologie. Man kann sich sogar vorstellen, daß Cato selbst daran geglaubt hat. Mit solchem Verhalten stand er gar nicht allein: Extremer politischer Ehrgeiz, getragen von dem Gefühl der Verpflichtung gegenüber dem Ruhm der Vorfahren und der Familie, war für den Angehörigen der römischen Elite normal. Und dies führte zur Bereitschaft, das eigene Fortkommen mit größter Energie voranzutreiben. Zugleich brachten Leistungen für den Staat besonderes Ansehen, waren also dem Fortkommen besonders günstig. So vermischten sich die Dinge häufig, Verfolgung eigener und allgemeiner Interessen konnten, mindestens im Selbstverständnis, zusammenfallen, zumal man ja nicht nur die individuellen, sondern auch die öffentlichen Belange zur eigenen Sache machte und die persönlichen Interessen im öffentlichen Disput durchsetzen mußte.

Diese Zusammenhänge werden in Catos Censur (184) schlagartig deutlich, die nach dem Triumph wegen des spanischen Feldzuges ein weiterer Höhepunkt in seiner Karriere war und ihm später den ehrenden Beinamen «Censorius» eintrug. Sein erster Griff nach diesem zwar nicht mächtigsten, aber doch besonders prestigeträchtigen Amt für die soziale Kontrolle, öffentliche Ordnung und Infrastruktur war im Jahre 189 gegen starke Konkurrenz und vor allem auf Grund der Gegnerschaft der Scipionen gescheitert. Nachdem es nicht zuletzt Cato in den Jahren seit 187 gelungen war, diese aus ihrer glanzvollen Position, die sie dem Triumph über Antiochos verdankten, zu verdrängen, war der Weg zur Censur für ihn frei. Er bekleidete sie mit seinem alten Förderer Flaccus, den er an politischem Gewicht mittlerweile weit übertraf, doch sogleich zum ersten Mann im Senat (*princeps senatus*) machte, also zu dem Senator, der seine Meinung als erster vortrug und damit die Debatte oft schon entscheidend prägte.

Die wichtigsten mit dem Amt verbundenen Aufgaben, die Musterung der Senatoren und Ritter sowie die Einstufung der römischen Bürger im Census, nahm Cato sehr sorgfältig wahr, im Sinne einer konsequenten Sittenaufsicht, ohne Rücksicht auf Rang und Ansehen, aber sicher auch nicht ohne persönliche Genugtuung. So entzog er Lucius Cornelius Scipio, dem

Bruder des Hannibalsiegers, das Staatspferd. Durch Erhebung einer Luxussteuer versuchte er gleichzeitig der allzu offenkundigen Ostentation von Pracht und Reichtum zu begegnen und Mittel für die von ihm in Angriff genommenen Infrastrukturmaßnahmen zu schaffen. Er ließ nämlich die *Cloaca Maxima*, die alte Abwässeranlage, ausbessern und kümmerte sich intensiv um die Wasserversorgung. Außerdem wurde auf seine Initiative eine geschlossene Halle griechischen Bautyps (*basilica*) auf dem Forum errichtet, wo Marktgeschäfte und Gerichtsverhandlungen bis dato unter freiem Himmel stattfanden. Durch hartes Verhandeln mit den Unternehmern und Pächtern sorgte Cato für eine Reduktion der Kosten für die aufwendigen Vorhaben. Das alles ging nicht ohne Konflikte ab, aber es wird deutlich, daß es Cato hier aufs Ganze gesehen weniger um persönliche Vorlieben und Interessen ging, sondern daß er seine individuellen Energien und Fertigkeiten vornehmlich im Sinne dessen einsetzte, was er als das Interesse der *res publica* ansah.

Deutlich ist darüber hinaus, daß er damit keineswegs allein stand. Dies zeigt nicht nur die Tatsache, daß er seine Maßnahmen durchsetzen konnte und in den Jahren nach der Censur weiterhin zu den einflußreichsten Politikern gehörte. Vieles von dem, was er selber initiierte oder unterstützte, lag auf einer bestimmten Linie, welche auch von anderen Vertretern der Nobilität verfolgt wurde.

Nach dem Sieg über Hannibal und den raschen Erfolgen gegen die hellenistischen Herrscher gelangten – in Form von Beute, Tributen und neuen Geschäftsmöglichkeiten – enorme Finanzmittel und Werte nach Rom. Die Besitzverhältnisse änderten sich, aber auch die Mentalität: Sein Einkommen auf möglichst effiziente Art zu mehren, auch durch Geschäfte, die Senatoren eigentlich nicht anstanden oder sogar untersagt waren, im Handel und Bankwesen, galt nicht mehr als anrüchig, oder besser, mochte noch als unanständig gelten, wurde aber dennoch praktiziert; Cato selber ist ein Beispiel dafür. Die griechische Kultur – Lebensstil und Kunst, Literatur und Philosophie – übte stärkste Faszination aus, es war attraktiv, *à la grecque* zu leben. Das hieß aber auch, seinen Rang und seine soziale Position besonders ostentativ zur Schau zu stellen und die neuen Reichtümer dafür zu verwenden und zu verschwenden. Ferner wurde der politische Konkurrenzkampf zunehmend intensiviert; Ämter und Feldzüge konnten schnelles Geld bringen, und dieses konnte zur Verbesserung der Position in der internen Rangordnung und Machtverteilung eingesetzt werden. Ein problematischer Regelkreis entstand, der nicht nur den Rahmen der inneraristokratischen Auseinandersetzung verschob, sondern auch zu erhöhtem Druck auf die Untertanen führte und zugleich Macht und Gewicht von Geschäftsleuten, Steuerpächtern und Financiers erheblich wachsen ließ.

Gerade in der Zeit um Catos Censur herum, in den 80er Jahren des zweiten Jahrhunderts, gab es eine Reihe von Maßnahmen, die gegen solche Auswüchse gerichtet waren, überwiegend in Form von Gesetzen. Es ging nicht um Sittlichkeit im Sinne populärer Moral, sondern um den *mos*, um Brauch und Herkommen, die die römische Ordnung trugen. Diese – und damit die traditionelle Dominanz und die bei allen Konflikten doch erhebliche Kohärenz der Nobilität – sollten gewahrt werden. Insbesondere sollte verhindert werden, daß einzelne Große, durch militärischen Ruhm, Reichtum und Charisma begünstigt, zu mächtig für das Kollektiv der *nobiles* wurden. Die Möglichkeiten, sie einzubinden und zu kontrollieren und zur Not durch Prozesse aus der Elite oder gar der *res publica* zu eliminieren, sollten auch durch Gesetze vergrößert werden.

Unter den Senatoren, die sich in diesem Sinne betätigten, tat sich Cato besonders energisch hervor. Hierzu gehört sein Eintreten für Gesetze gegen unlauteren Wettbewerb im Wahlkampf (*ambitus*) durch den Kauf von Stimmen (181) oder gegen die Möglichkeit der Wiederwahl zum Consulat (152). Schon als Consul hatte er sich für die Beibehaltung eines älteren Gesetzes gegen übertriebenen Kleideraufwand ausgesprochen, und im Jahre 181 votierte er für ein Gesetz zur Einschränkung des übertriebenen Aufwands bei Feierlichkeiten.

Bezeichnend war auch Catos Einsatz zugunsten einer Gesetzesinitiative des Volkstribunen Quintus Voconius Saxa, die für Angehörige der reichsten Schicht Einschränkungen der Testierfreiheit vorsah (169): Untersagt wurden die Einsetzung von Frauen als Erbinnen und die Übernahme von Legaten, die höher waren als das Vermögen, welches einer der Erben erhielt. Hier ging es um die Sicherung der Eigentumsverhältnisse der bedeutenderen Familien im Sinne der traditionellen Übertragung vom Familienvater auf seine Söhne. Gerade innerhalb der Oberschicht bestanden zahlreiche soziale Verpflichtungen im regelmäßigen Austausch von Gaben und Gefälligkeiten. Diese kamen nicht zuletzt auch in testamentarischen Zuwendungen an Freunde und Klienten zum Ausdruck, und das führte – zumal in Zeiten intensivierter Beziehungspflege und wachsenden Einsatzes von Geldmitteln zu diesem Zweck – zu einer Gefährdung der Familienvermögen, weil für die eigentlichen Erben, und damit die Wahrer von Tradition und Ansehen, nicht mehr genügend übrigblieb. Die Einrichtung selbst wie die jetzt aus dem Ruder laufende Entwicklung sind für die römische Gesellschaft sehr charakteristisch – und Catos Engagement ebenso.

Denn Zurückhaltung im Sinne von Selbstkontrolle und Selbstbeschränkung, die notfalls auch durch Sanktionen zu erzwingen war, war etwas, das Cato nachdrücklich predigte. Er stand damit keineswegs allein, sondern war eher der Repräsentant oder Exponent solcher Politik. Cato gehörte auch zu denen, die es nicht bei gesetzlichen oder juristischen Maßnahmen beließen. Vielmehr mußte der Kampf um die Bewahrung der rechten Sitte und Ordnung auch durch Überzeugung geführt werden. Jetzt wurden Sitte und Ordnung als alt und ehrwürdig bezeichnet und idealisiert, als von den großen und glorreichen Vorfahren tradiertes Gut, als *mos maiorum*. Cato wurde nicht müde, auf die Beispiele der Vorfahren zu verweisen, auf ihre Bescheidenheit und Zurückhaltung, auf ihre Strenge und Sparsamkeit, ihre Rechtlichkeit und Religiosität. Dies war aber nicht unbedingt ein authentisches Bild, sondern eher eine spiegelverkehrte Projektion: Um gewissen Tendenzen der Zeit entgegenzutreten, schrieb man das Gegenteil von dem, was man ablehnte, was aber üblich war, den Vorfahren zu. Das lief übrigens in der Regel auf eine Doppelbödigkeit, um nicht zu sagen Schizophrenie, hinaus: Während man die Tugenden der Vorväter liebevoll ausmalte, praktizierte man ziemlich ungeniert das, was gerade nicht in deren Sinne gewesen wäre. Während man minutiös seine religiösen Aufgaben wahrnahm, machte man sich mit einem Augurenlächeln über den Mummenschanz lustig.

Genau diese Ambivalenz zeigt sich auch in Catos Persönlichkeit. Seine Idealisierung des *mos maiorum* wirkte sich auch auf seine Selbststilisierung aus: Er war jetzt der echte, alte Römer, wie er im Buche steht (das er freilich selbst geschrieben hat). So kommt das eingangs erwähnte Bild zustande. Es spricht auch aus dem Text einer Ehreninschrift, die sich auf einer Statue Catos befand, die später im Tempel der Göttin des Staatswohls, der Salus, aufgestellt wurde. Er wird geehrt, «weil er den römischen Staat, der ins Wanken geraten war und sich zum schlechteren neigte, als Censor durch gute Amtsführung und kluge Gewöhnung und Belehrung wieder ins Lot brachte» (Plutarch, *Cato der Ältere* 19, 4). Auf der anderen Seite verstand sich Cato hervorragend auf die Maximierung von Reichtum mit modernsten Methoden; und das Wort vom Augurenlächeln geht – wenn auch nicht ganz korrekt (er sprach von den *haruspices*) – auf ihn zurück.

Das idealisierte Bild ist aber nicht völlig aus der Luft gegriffen, sondern hat bei aller Widersprüchlichkeit einen Kern in einer von vielen getragenen und von Cato besonders verfochtenen Politik. Sie äußerte sich auch nach außen, in der Organisation des Reiches und im Umgang mit Feinden wie Bundesgenossen. Schon als Praetor hatte sich Cato für die Provinzialen von Sardinien eingesetzt. Später griff er mehrfach römische Amtsträger an, die gegen Untertanen unrechtmäßig oder unverhältnismäßig vorgegangen waren, so noch im Alter von 85 Jahren den ehemaligen Praetor Servius Sulpicius Galba mit einer Rede, die er sogar in sein Geschichtswerk aufnahm, also programmatisch für die Nachwelt festgehalten wissen wollte.

Nach dem römischen Sieg bei Pydna (168) über Perseus von Makedonien sprach sich Cato in einer Stellungnahme für die Rhodier nachdrücklich gegen ein Vorgehen gegen diesen alten Alliierten aus (167). Diese Rede zeigt einen nüchternen Politiker, der einen klaren Blick auch für die Interessen, Bedürfnisse und Ängste des politischen Kontrahenten hat und dem von daher klar ist, wie furchterregend und erdrückend, nämlich wie eine «Versklavung», die römische Herrschaft wahrgenommen wird, gerade da sie keine Schranken und Grenzen mehr hat. Die Römer selbst fühlten sich durch nichts gebunden: «Wir wollen mehr und mehr haben» heißt es (Fragment 167 M.), und Cato hält ihnen tyrannische Eigenschaften, Willkür und Brutalität (*superbia* und *ferocia*), vor. Er sieht das entscheidende Problem in der Maßlosigkeit, und dies erklärt, warum er für eine Politik der Zurückhaltung eingetreten ist, nicht nur im Inneren und gegen mächtige Individuen innerhalb der Nobilität, sondern auch gegenüber den verschiedenen Partnern und Kontrahenten der Römer. Dabei ging es nicht um Mäßigung als solche, im moralischen Sinne, sondern um nüchternes Interessendenken, weil Maßlosigkeit die gewachsene Ordnung der *res publica* gefährdete.

Daß es primär um das Abwägen von Interessen ging, zeigt sich – ganz zuletzt – auch in Catos Eintreten für die Zerstörung Karthagos. Aus diesem spricht nicht gerade machtpolitische Zurückhaltung. Aber Cato, der sich, über 80jährig, während einer Gesandtschaftsreise nach Afrika zwecks Vermittlung in einem Konflikt zwischen Karthago und dem Numiderkönig Massinissa (152) ein Bild von dem Wohlstand und der Machtfülle Karthagos hatte machen können, sah hier offenbar einen möglicherweise ernsten Konkurrenten Roms wieder erstarken. Mit der kühlen Berechnung, mit der er politische Interessen taxierte, aber auch seine Erträge kalkulierte, entschied er sich für einen Präventivkrieg. Sein berühmtes, jedem Votum im Senat hinzugefügtes *ceterum censeo* («Im übrigen beantrage ich die Zerstörung Karthagos») zeigt zugleich die Hartnäckigkeit, mit der er seine Ziele verfolgte.

So darf man auch seine Äußerungen zur Lebensführung und Erziehung, die er in seinen «Büchern an den Sohn» (*libri ad filium*) lieferte, nicht primär als Zeugnisse privater Moral sehen. Natürlich wollte er auf seinen Sohn einwirken, aber das sollte zugleich eine exemplarische Erziehung, eine betont römische Formung sein. Daraus resultiert die Bedeutung der Erinnerung und der Geschichte, der guten Beispiele der Vorfahren, die bereits in dieser Schrift betont wird. Auch sonst hielt Cato vieles in Lehrschriften fest, die auf praktische Wirkung abzielten. Über sein «Sittengedicht» (*carmen de moribus*) wissen wir nichts Näheres. In einer medizinischen Schrift hat er selber traditionelle Rezepte zusammengestellt. Vor allem verfaßte er eine – noch heute erhaltene – Abhandlung über die Landwirtschaft. Sie bringt die Ambivalenz und Widersprüchlichkeit in Catos Denken und Wirken deutlich zum Ausdruck. Schon im Vorwort ist von «unseren Vorfahren» und ihren Vorstellungen die Rede sowie von den Vorzügen der Landwirtschaft und des Bauerntums. Aber im wesentlichen geht es in dem Werk um eine Haushalts- und Wirtschaftsführung, die extrem ertragsorientiert ist und für patronale Fürsorge oder gar Menschlichkeit, etwa gegenüber Sklaven, keinen Platz läßt. Wir wissen, daß Cato auch in der Gestaltung seiner wirtschaftlichen Verhältnisse selbst sich von Grundsätzen der Gewinnmaximierung leiten ließ, nicht nur in der Landwirtschaft, sondern auch in größeren Geld- und Handelsgeschäften, welche er durch Strohmänner betrieb, da sie Leuten seines Standes untersagt waren.

Der alte Römer, Verfechter der guten alten Zeit, ging durchaus mit der Zeit, nutzte die modernsten Methoden hellenistischer Wirtschaftsführung. Analoges wird auch in Catos intellektuellem Profil deutlich. Die markante Zuwendung zur griechischen Zivilisation, die für seine Zeit so charakteristisch wurde, läßt sich auch für ihn nachweisen. Vertraut mit griechischer Sprache, Literatur und Philosophie, aber auch mit der griechischen Mentalität, ließ er sich in vielfältiger Weise anregen. Daß er für seinen Sohn ein Bildungsprogramm formulierte, war ein im Grunde schon griechisches Grundkonzept. Die Schrift über die Landwirtschaft steht – auch mit ihrer Gewinnorientierung – in der Tradition griechischer ökonomischer Abhandlungen. Gerade weil er um die Attraktivität des Griechischen wußte, zog er aber auch hier Grenzen. Die griechischen Elemente werden nur benutzt, um in der eigenen, der römischen Welt und im eigenen, dem römischen Sinn besser wirken zu können. Man äfft nicht nach, sondern sucht gezielt aus und bleibt sich seiner Überlegenheit über das «nichtswürdige und unbelehrbare» Volk (Cato bei Plinius, *Naturkunde* 7, 14) bewußt. So gehört zur Selbststilisierung Catos auch, daß er seine Kenntnis der griechischen Zivilisation herunterspielte, sie im wesentlichen als einen intellektuellen Zeitvertreib des Alters bezeichnete.

Wieviel Cato der griechischen Geisteswelt verdankte, zeigt nicht zuletzt sein Geschichtswerk, die *origines*. Dort geht es zunächst um die Ursprünge Roms (in der Königszeit) und der verschiedenen italischen Gemeinwesen, aber ganz in griechischer Art, nämlich in einem System genealogisch-verwandtschaftlicher Herkunft. So können sogar die Spartaner (über die berühmten Sabinerinnen, deren Stammvater Sabo spartanischer Herkunft war) als Vorfahren der Römer erscheinen und kann damit ihre Disziplin ein Vorbild römischer *disciplina* bilden. Die politischen Ordnungen (im Falle von Karthago ist das erwiesen, für Rom zu erschließen) werden mit den Kriterien der griechischen Staatstheorie – also in der Differenzierung nach den demokratischen, aristokratischen, monarchischen Elementen – erfaßt. Aber das griechische Genre und die griechischen Denkfiguren werden eingesetzt, um in Rom Wirkung zu erzielen, ganz im Sinne der ‹moralischen› Verbesserung des politischen Feldes. Das Werk hat einen deutlich pädagogischen Impetus: Wie die für den Sohn festgehaltene Geschichte sollen ihre *exempla* vorbildhaft wirken. Dazu gehört, daß Cato in der Darstellung der großen Kriege Roms gegen die Karthager keinen römischen Feldherrn beim Namen nennt. Die Leistungen sind die des römischen Volkes, des *populus Romanus*. Als beispielhaft wird deshalb etwa die tapfere Aufopferung eines Militärtribunen im Ersten Punischen Krieg beschrieben und der Leistung des spartanischen Heldenkönigs Leonidas an die Seite gestellt. Aber Cato selbst kommt in den *origines* hinreichend vor, als tüchtiger Militär und kluger Redner; denn er ist selbst eine exemplarische Größe.

Hier zeigt sich nun doch die Ambivalenz besonders deutlich: Die großen Einzelnen treten zurück und sollen zurücktreten. Das macht Roms Größe aus. Aber der große Einzelne Cato tritt hervor und soll hervortreten. Er ist so herausragend, weil er mit seinen Qualitäten Roms Größe verkörpert. Catos Selbststilisierung als exemplarischer Römer ist eindeutig. Gerade das zeigt, wie kritisch Roms Lage geworden war, jedenfalls wenn man sie an der idealisierten Vergangenheit mißt. Damals dürfte es eigentlich solche Figuren nicht gegeben haben; oder besser, damals hätte man es nicht nötig gehabt, einzelne Personen so ins Licht zu rücken, und schon gar nicht sich selbst.

Aber womöglich war Cato nicht nur in der von ihm selbst begründeten Stilisierung ein exemplarischer Römer, sondern überhaupt in seiner ganzen realen Existenz, Energie und auch Widersprüchlichkeit. Mußten sich nicht alle Triumphatoren und Feldherren, die wußten, sie würden in ihren Leichenreden als «Beste der Besten» gefeiert werden und in ihren Totenmasken weiterleben, als exemplarische Römer vorkommen, als Personen, deren politisches Trachten und Handeln mit den Interessen und dem Wohl der *res publica* zusammenfiel? Ist die unverhohlen drastische Selbstdarstellung nicht gerade von dieser Identifizierung her verständlich und erklärbar?

Dann wäre Cato auch in dieser Hinsicht ein Bild von einem Römer gewesen. Typisch und in gewisser Weise repräsentativ für seine Zeit war er schon, schillernd und nicht frei von Widersprüchen: Modernen Tendenzen gegenüber aufgeschlossen, ja aktiv und insofern ein Kind seiner Zeit, hatte er wohl gerade deshalb einen Nerv für die Gefährdung, die manche dieser Tendenzen in sich bargen (vor allem wenn sie bei anderen wirksam waren!). So suchte er Grenzen zu setzen und griff auf das zurück, was er für authentisch-römisch hielt, auch wenn er es für sich selbst nicht immer gelten ließ. Eine leidenschaftliche Kämpfernatur, ein kühler Rechner, ein vielseitiger und befähigter Politiker und Militär, hatte er einen klaren Blick für seine eigenen Interessen, die der römischen Nobilität und die des gesamten Staates. Für ihn fielen diese in eins: Sein Kampf gegen Scipio förderte auch seine persönliche Position, aber diente doch dem Wohl des Staates. Solches Selbstverständnis hat genauso gewirkt wie Catos Selbststilisierung. Man nahm ihm ab, daß er nur für das Vaterland gewirkt habe. Und damit hat er weitergewirkt, gerade als die Zeiten kritischer und kritischer wurden. Als die Republik ihrem Ende zutrieb, war er der gute alte Römer, das Monument der guten alten Zeit.

Publius Cornelius Scipio Aemilianus – der intrigante Enkel

von Michael Zahrnt

In seinem Dialog *Über die Freundschaft*, der ein Gespräch wiedergibt, das wenige Tage nach Scipios Tod stattgefunden haben soll, läßt Cicero Gaius Laelius über seinen verstorbenen Freund folgendes sagen: «Was hat er nicht erreicht, was ein Mensch überhaupt wünschen darf? Die hochgeschraubten Hoffnungen seiner Mitbürger, die sie auf ihn schon als Knaben gesetzt hatten, hat er gleich als junger Mann dank seiner unglaublichen Tüchtigkeit noch überboten; um den Consulat hat er sich niemals beworben und wurde doch zweimal Consul, das erste Mal vor seiner Zeit, das zweite Mal im vorgeschriebenen Alter, aber für den Staat beinahe zu spät; zwei Städte, die Todfeinde dieses Reiches waren, hat er zerstört und damit nicht nur gegenwärtige, sondern auch zukünftige Kriege aus der Welt geschafft. ... Wie lieb er seinen Mitbürgern war, zeigte die Trauer bei seinem Begräbnis. ... Sein Leben war so reich an Erfolg und Ruhm, daß nichts mehr hätte hinzukommen können, und die Schnelligkeit des Todes hat ihn diesen nicht spüren lassen. Es ist schwer, über einen solchen Tod etwas zu sagen; was die Leute argwöhnen, wißt ihr ja. Soviel kann man aber doch mit gutem Gewissen behaupten: Für Publius Scipio war von den vielen herrlichen und freudigen Tagen, die er in seinem Leben sah, jener am glänzendsten, an dem er gegen Abend nach der Senatssitzung von den Senatoren, dem römischen Volk, den Bundesgenossen und den Latinern nach Hause geleitet wurde, einen Tag bevor er aus dem Leben schied, so daß er von dieser hohen Stufe der Anerkennung eher zu den Himmlischen als in die Unterwelt gelangt zu sein scheint.»

Hiernach war Scipio allseits beliebt und hat nach dem von Politikern gern in Anspruch genommenen Motto «Versöhnen statt Spalten» gehandelt. Tatsächlich hat er wie kaum ein anderer seiner Zeit polarisiert und tatkräftig an einer Entwicklung mitgewirkt, die schließlich die turbulenten Ereignisse des Jahres 133 möglich machte. Dies im einzelnen nachzuzeichnen ist indes nicht immer ganz einfach: Die Quellenlage für diese Jahrzehnte ist dürftig; zudem ist die antike Tradition über Scipio in starkem Maße durch Polybios, der seinem Freund treu ergeben war und ihn auf seinen Kriegszügen begleitet hat, und durch dessen Fortsetzer Poseidonios bestimmt; außerdem verdanken wir unser Wissen in großem Maße Cicero, der Scipio häufig idealisierte.

Dieser wurde wohl in der zweiten Hälfte des Jahres 185 als zweiter Sohn des Lucius Aemilius Paullus geboren und entstammte einem alten und angesehenen patrizischen Geschlecht; noch in jungen Jahren wurden sein älterer Bruder und er von einem Nachkommen des Fabius Cunctator bzw. vom Sohn des Siegers über Hannibal adoptiert, um die Kontinuität zweier traditionsreicher, aber jetzt vom Aussterben bedrohter Nobilitätsfamilien zu sichern, und führten fortan die Namen Quintus Fabius Maximus Aemilianus und Publius Cornelius Scipio Aemilianus. Offensichtlich kümmerte sich Aemilius Paullus auch in der Folgezeit um die Erziehung seiner Söhne, die zwar römischen Vorstellungen und Normen folgte, aber zugleich stark griechisch geprägt war. Gerade für Scipio sind zahlreiche Beziehungen zu lateinischen Dichtern wie Terenz und Lucilius sowie zu bedeutenden Vertretern griechischer Bildung wie dem Historiker Polybios oder dem Philosophen Panaitios bezeugt. Er selbst war zwar nie literarisch tätig, aber als Redner berühmt; seine Reden wurden später noch gelesen und beispielsweise von Cicero gelobt.

Ihren ersten Kriegsdienst leisteten die beiden unter ihrem Vater im Jahr 168, wobei Scipio an der Schlacht bei Pydna teilnahm, sich in den Jagdgründen des geschlagenen Makedonenkönigs Perseus vergnügen und in dessen Bibliothek bedienen durfte, seinen Vater auf dessen Reise durch Griechenland begleitete und sich mit dem späteren Historiker Polybios anfreundete. Die nächste Nachricht stammt aus dem Jahr 155, als er in Rom den Vorträgen der berühmten Philosophengesandtschaft lauschte. Etwa zu dieser Zeit muß er die Quaestur bekleidet haben, wenig später finden wir ihn im Senat.

Seine politische Karriere kann erst vom Jahr 151 an verfolgt werden. Kurz zuvor waren in den spanischen Provinzen, in denen es 25 Jahre lang ruhig geblieben war, die Kämpfe wieder ausgebrochen; dabei hatten die römischen Truppen einige schwere Niederlagen hinnehmen müssen. In dieser Situation wurde Marcus Claudius Marcellus, der schon 166 und 155 den Consulat bekleidet und zwei Triumphe gefeiert hatte, zum Consul für 152 gewählt und ins diesseitige Spanien geschickt. Wir erfahren nicht, wie es ihm gelungen war, das Verbot, den Consulat vor Ablauf von zehn Jahren erneut zu bekleiden, zu umgehen, wir wissen nur, daß als Reaktion auf diesen Vorgang jede erneute Bekleidung des Consulats durch Gesetz verboten wurde; obendrein verwarf der Senat den von Marcellus mit den Gegnern ausgehandelten Vertrag und verwehrte ihm dadurch die Möglichkeit eines dritten Triumphes. Nutznießer war der Consul Lucius Licinius Lucullus, der 151 als sein Nachfolger nach Spanien geschickt wurde, doch verzögerte sich sein Aufbruch, weil es bei den Aushebungen zu schweren Unruhen kam, in deren Verlauf die Consuln von den Volkstribunen ins Gefängnis geworfen wurden, wohl weil sie (im Einverständnis mit dem Senat) deren Intercession – das Einspruchsrecht der Volkstribunen gegen die Entscheidung von Amtsträgern – mißachtet hatten. Dabei blieb die Angst vor dem Kriegsdienst in Spanien nicht auf die unteren Schichten beschränkt; auch die adlige Jugend drückte sich unter allen möglichen Vorwänden und Ausflüchten. In dieser Situation gab der junge Scipio nach Polybios ein persönliches Beispiel, das die anderen beschämte und mitriß: Obwohl er eine Einladung nach Makedonien habe, um in den dortigen inneren Wirren zu vermitteln, stelle er sich freiwillig für den Offiziersdienst in Spanien zur Verfügung. In den nächsten Tagen seien die Männer nur so zur Aushebung geströmt. Die Geschichte ist natürlich übertrieben, aber im Kern wahr. Scipio befürwortete diesen Krieg (wie später jenen gegen Karthago) und sah eine Möglichkeit, sich durch schneidige Haltung zu profilieren und bei der Senatsmehrheit positiv aufzufallen. Allerdings hatte Marcellus den Krieg inzwischen doch beenden können, und Lucullus unternahm einen unautorisierten Kriegszug, der sich durch Vertragsbrüche und schwierige Belagerungen auszeichnete, und wenn wir von Leistungen und Erfolgen hören, sind es solche des jungen Offiziers Scipio, der einen spanischen Reiter im Zweikampf besiegte, als erster die Mauer von Intercatia erstieg und erfolgreich die Kapitulation der Stadt aushandelte; daß er irgendwann einmal Lucullus' Vorgehen mißbilligt hätte, verlautet nicht. Dieser schickte ihn vielmehr im Jahr 150 nach Afrika zum König Massinissa, um Elefanten für den Krieg zu beschaffen. Dort hatte er Gelegenheit, von einem Berg herab eine Schlacht zwischen Numidern und Karthagern zu verfolgen und dabei ein Schauspiel zu erleben, wie es nach seinen eigenen Worten vor ihm nur Zeus auf dem Ida oder Poseidon von Samothrake aus vergönnt gewesen war. Auch baten ihn die geschlagenen Karthager, einen Frieden zu vermitteln, was allerdings mißlang. Gegen Ende des Sommers war er wieder in Rom und verwendete sich erfolgreich bei Cato für die Rückkehr der überlebenden achäischen Internierten, unter ihnen sein Freund Polybios.

Als Scipio nach Rom zurückkehrte, wurde bereits für einen neuen Krieg gerüstet. Der im Jahr 201 abgeschlossene Friedensvertrag hatte den Karthagern die Führung eines Krieges außerhalb Afrikas grundsätzlich verboten und in Afrika nur mit römischer Zustimmung gestattet. Dies nutzte der Numiderkönig Massinissa zu Einfällen in karthagisches Territorium, über die die Römer im Laufe der Zeit immer großzügiger hinwegsahen, bis die Karthager etwa im Jahr 153 zur Selbsthilfe griffen – sicher nicht zufällig zu einem Zeitpunkt, da die Römer mehrere Niederlagen in Spanien erlitten hatten und alle Aufmerksamkeit und Kräfte auf dieses Gebiet konzentrieren mußten. Es folgten mehrere römische Gesandtschaften nach Nordafrika und Catos Forderung nach der Zerstörung Karthagos. Damit stieß er auf Widerstand im Senat, während Scipio Catos Ansichten teilte und seine Politik unterstützte. Die Karthager spielten den Kriegstreibern in Rom in die Hände, als sie nach erneuten Übergriffen Massinissas mit einem Heer in dessen Gebiet einfielen. Mit diesem formalen Vertragsbruch lieferten sie den Römern einen juristisch einwandfreien Kriegsgrund, und schon 149 waren der Krieg erklärt und beide Consuln gegen Karthago eingesetzt. In diesem ersten Kriegsjahr wurden allerdings nur wenige Erfolge errungen, und nach unserer Überlieferung war es weitgehend der Tüchtigkeit des Militärtribunen Scipio zu verdanken, daß überhaupt etwas erreicht wurde; zudem soll er mehrfach das Heer aus schwierigen Situationen befreit haben, sei es bei feindlichen Überfällen auf das römische Lager, sei es bei mißglückten Unternehmungen, wobei die Schuld natürlich beim Consul oder bei anderen Unterführern lag; die Rettung einiger Kohorten, die beim Rückzug abgeschnitten worden waren, brachte ihm eine Auszeichnung ein. Die Besatzungen feindlicher Befestigungen wollten nur mit ihm verhandeln, und auch im benachbarten Numidien spielte er eine wichtige Rolle. Hier war im Winter 149/8 Massinissa gestorben, nachdem er Scipio als Testamentsvollstrecker eingesetzt hatte, um auf diesem Wege die Anerkennung seiner Nachfolgeregelung durch Rom zu sichern. Scipio setzte drei von Massinissas Söhnen als Gesamtherrscher ein und verteilte die Regierungsaufgaben unter ihnen. Auf dem Rückweg gelang es ihm noch, den Führer der gegnerischen Reiterei zum Übertritt auf die römische Seite zu bewegen; mit diesem wurde er wenig später nach Rom geschickt. In diesem Jahr 148 ging nur ein Consul auf den afrikanischen Kriegsschauplatz; Fortschritte wurden kaum erzielt.

Das sollte Konsequenzen bei den Consulwahlen für das Jahr 147 haben. Neben dem bisher offensichtlich nicht besonders hervorgetretenen Marcus Livius Drusus wurde Scipio gewählt, der weder das notwendige Mindestalter aufwies noch die für die Kandidatur zum Consulat verbindlich vorgeschriebene Praetur bekleidet hatte und zudem damals gerade für die Aedilität kandidierte. Für seine Wahl zum Consul gab es keinen Präzedenzfall; die hier erstmals verletzten Vorschriften waren über 30 bzw. schon 50 Jahre alt, und sie waren geschaffen worden, um ein Ausbrechen junger ehrgeiziger Senatoren, die über eine entsprechende Anhängerschaft unter den Wählern verfügten, aus den Regelungen und Normen der Ämterlaufbahn zu verhindern. Außerdem war Scipio gegen den Widerstand des wahlleitenden Consuls und der Senatsmehrheit gewählt worden. Seinen Erfolg verdankte er neben der Unzufriedenheit mit dem bisherigen Kriegsverlauf seinen bisher gezeigten militärischen Leistungen, nicht nur jüngst in Nordafrika, sondern auch schon vorher in Spanien. Ihre Schilderung durch Polybios und von diesem abhängige Schriftsteller mag übertrieben sein, aber selbst nach den möglicherweise notwendigen Abstrichen bleiben sie beeindruckend genug, und für seinen damaligen Ruf in Rom spricht die Tatsache, daß der noch im Jahr 149 verstorbene Cato Scipios Taten in Afrika mit dem Vers kommentierte: «Er allein ist beseelt, die andern sind flatternde Schatten.» (*Odyssee* 10, 495) Wenn Übertreibungen vorliegen, dann kursierten sie schon damals in Rom, und Scipio, der inzwischen in der Stadt weilte, sowie seine Freunde werden dafür gesorgt haben, daß nicht nur Scipios Leistungen bekannt wurden, sondern daß sich auch allgemein die Erkenntnis verbreitete, nur der Enkel des Siegers über Hannibal und Sohn des Siegers über Perseus könne den Krieg gegen die Karthager siegreich beenden. Aber mit Stimmungsmache allein ließen sich die Bestimmungen nicht umgehen, und die Überlieferung, das Volk habe seine Wahl durchgesetzt, kann so nicht akzeptiert werden. Erstens hätte Scipio offiziell seine Kandidatur beim Wahlleiter anmelden und dieser ihn wegen fehlender Qualifikation zurückweisen müssen; zweitens wären dennoch für ihn abgegebene Stimmen ungültig gewesen, da er nicht in der offiziellen Kandidatenliste verzeichnet war. Das Volk, das ihn zu wählen gesonnen war, muß seine Entschlossenheit auf andere Weise und zu einem früheren Zeitpunkt, also noch vor dem eigentlichen Wahlvorgang, zum Ausdruck gebracht haben, beispielsweise durch Zusammenrottungen, Sprechchöre und Pfeifkonzerte. Der Consul beharrte auf seinem Standpunkt, bis ein Volkstribun drohte, die Durchführung aller Wahlen durch sein Veto zu verhindern, wenn Scipio nicht auf die Kandidatenliste komme. Daraufhin beauftragte der Senat die Volkstribunen, ein Gesetz einzubringen, welches die einschlägigen Vorschriften für ein Jahr außer Kraft setzte, was im Endeffekt bedeutete, daß Scipio eine persönliche Befreiung von gesetzlichen Bestimmungen gewährt wurde. Er wurde gewählt, und als sein Kollege forderte, die Amtsbereiche sollten wie üblich verlost werden, schlug einer der Volkstribunen vor, die Ernennung zum Oberbefehlshaber gegen Karthago durch das Volk vornehmen zu lassen; erneut war das übliche Verfahren außer Kraft gesetzt worden, um die Bestellung des Mannes zu sichern, der die Gunst der Menge besaß. Damit waren zweimal kurz nacheinander gesetzliche und verfassungsmäßige Beschränkungen bzw. Regelungen dem schieren Populismus geopfert worden. Auch hatte sich bei der Wahl Scipios zum Consul das Argument durchgesetzt, gesetzliche Beschränkungen gälten nur so lange, wie das Volk es wünsche. Das waren genauso gefährliche Ansätze wie der Einsatz des tribunizischen Vetos als Mittel politischer Erpressung – nämlich durch die Drohung, die Durchführung aller Wahlen zu verhindern. Die Emotionen der Masse und das Geschrei der Menge hatten sich als wirksame politische Waffe erwiesen und sowohl über gesetzliche Hindernisse als auch über die Opposition des Senats den Sieg davongetragen. Dieses Beispiel erfolgreicher Gewinnung und Ausnutzung der Volksgunst eröffnete ehrgeizigen jungen Männern ganz neue Möglichkeiten, nicht nur bei Wahlen, sondern auch in der Gesetzgebung. Und die Verantwortung dafür lastete zu einem großen Teil auf Scipio selbst. Wir wissen nicht, inwieweit er diese Ungesetzlichkeiten selbst zu verantworten hatte beziehungsweise in welcher Form er hinter der Szene agierte oder agitierte. Es genügte, daß er weder gegen den unzulässigen Wahlvorschlag noch gegen die verfassungswidrige Art der Kommandovergabe protestierte.

Allerdings hat er die auf ihn gesetzten Hoffnungen erfüllt, wenn auch nicht sofort. Bei seiner Ankunft vor Karthago mußte er feststellen, daß der Legat seines Vorgängers mit einer Truppe in die Vorstadt Megara eingedrungen, dann aber in Schwierigkeiten geraten war. Scipio rettete ihn und schickte ihn nach Rom, wo dieser später für sich in Anspruch nahm, als erster in die Mauern Karthagos eingedrungen zu sein. Scipio kümmerte sich erst einmal um die Wiederherstellung der Heeresdisziplin und machte sich dann an die vollständige Einschließung der Stadt: Zur Landseite wurde sie durch eine doppelte Befestigung abgeriegelt, ferner die Hafeneinfahrt durch einen Steindamm gesperrt, eine eilig aufgestellte Flotte der Karthager ausgeschaltet und schließlich der Außenkai des Handelshafens besetzt. Dann wandte sich Scipio gegen die letzten Stützpunkte und Bundesgenossen der Karthager im Landesinneren. Verhandlungen, die der karthagische Oberbefehlshaber angeknüpft hatte, zerschlugen sich, obwohl Scipio ihm persönlich im Hinblick auf die bevorstehenden Consulwahlen und die Möglichkeit seiner Ablösung attraktive Angebote gemacht hatte; von der Forderung nach Zerstörung der Stadt konnte er allerdings nicht abgehen. Tatsächlich fielen die Consulwahlen für 146 nicht in seinem Sinne aus, doch wurde ihm, anders als seinen Vorgängern auf dem nordafrikanischen Kriegsschauplatz, das Kommando verlängert bzw. die Provinz keinem der neuen Consuln übergeben; vielleicht war an den Volksbeschluß des Vorjahres erinnert oder erneut mit einem tribunizischen Veto gedroht worden. Der ehrgeizige Consul Lucius Mummius, der schon nach seiner Statthalterschaft in Spanien einen Triumph gefeiert hatte und gern auch über Karthago triumphiert hätte, wurde später auf den Kriegsschauplatz in Griechenland geschickt und durfte hier Korinth ausplündern und zerstören.

Im Frühjahr 146 setzten die römischen Truppen zum entscheidenden Sturm auf Karthago an. Eine Abteilung unter Laelius besetzte das Gebiet um den Kriegshafen, von dem aus hügelaufwärts die Stadt in mehrtägigen Häuser- und Straßenkämpfen erobert wurde; Zehntausende gerieten in Gefangenschaft und wurden später verkauft. Die Stadt wurde gründlich geplündert, wobei Scipio nichts von der Beute für sich beanspruchte; an die sizilischen Städte erging die Aufforderung, die ihnen von den Karthagern geraubten Kunstwerke zurückzuholen (und damit Klienten des neuen «Africanus» zu werden). Einige Zeit nach Einnahme und Plünderung der Stadt gab Scipio den Befehl, die Reste vollständig niederzubrennen. Polybios schildert, wie der Feldherr beim Anblick dieser endgültigen Katastrophe Tränen vergossen und auf Befragen gestanden habe, daß er derlei auch für seine Vaterstadt fürchte; dann habe er aus der Ilias die Worte Hektors zitiert, mit denen dieser den Untergang Trojas prophezeit hatte. Aber nach dieser sentimentalen Anwandlung mußte er sich wieder praktischen Aufgaben zuwenden und zusammen mit der Senatskommission an die Neuregelung der Verhältnisse gehen. Mit der Vernichtung Karthagos war in Nordafrika ein Vakuum geschaffen, dessen Ausfüllung man kaum den Erben Massinissas überlassen konnte, und so gab es nur die Alternative, hier ein ständiges militärisches Kommando zu schaffen und das ehemalige Territorium Karthagos unter dem Namen *Africa* als Provinz einzurichten. Dann kehrte Scipio mit seinen Truppen nach Rom zurück, feierte einen glänzenden Triumph und erhielt den Beinamen «Africanus» – im Alter von noch nicht einmal vierzig Jahren.

Scipio hatte einen bedeutenden militärischen Sieg errungen und den Staat von einem vermeintlichen Erzfeind befreit; jetzt mußte sich zeigen, ob er auch in der Innenpolitik eine führende Rolle zu spielen vermochte. Bei den Consulwahlen für 145 war zwar sein Bruder Fabius erfolgreich, bekam aber als Kollegen den Legaten von 148, den Scipio einst aus größter Gefahr gerettet hatte und der nun auf seine Verdienste vor Karthago hinwies. Auch fand das Beispiel der Wahlen von 148, die Volksversammlung gegebenenfalls auch gegen den Senat zu verwenden, Nachahmer: Ein Volkstribun brachte ein Gesetz ein, demzufolge die Kooptation in die Priesterkollegien durch Volkswahl ersetzt werden sollte, und um den volksfreundlichen Charakter seines Vorschlags zu demonstrieren, wandte er sich während einer Rede statt wie üblich an den kleinen Kreis der Senatoren direkt an das Volk. Scipios Freund Laelius konnte in einer berühmt gewordenen Rede den Antrag zu Fall bringen, ehe er als Praetor ins diesseitige Spanien ging. Im jenseitigen kommandierte Scipios Bruder. Allerdings bestand dessen Heer nur aus Rekruten, da die aus Afrika, Makedonien und Griechenland zurückgekehrten Soldaten nicht erneut eingesetzt worden waren. Der Verzicht auf erfahrene Soldaten ist vielleicht politisch zu erklären: Im Gegensatz zu ihren bisherigen Einsatzorten würde der Dienst in Spanien nicht nur lange dauern, sondern auch schwerer sein und große Verluste, aber wenig Beute einbringen. Je länger die Kriege in Spanien andauerten, desto mehr wuchs die Abneigung, ja geradezu die Furcht, dort eingesetzt zu werden. Die Veteranen, die aus Afrika beziehungsweise von der Balkanhalbinsel zurückgekehrt waren und von einem Einsatz in Spanien verschont wurden, waren zugleich Wähler in den Volksversammlungen, und die siegreichen Oberbefehlshaber des Jahres 146 wurden im Jahr 142 Censoren.

Allerdings war der Weg dorthin nicht ohne Schwierigkeiten: Für 144 wurden zwei Consul gewählt, die zu Scipios politischen Gegnern zählten, doch konnte er wenigstens die Ablösung seines Bruders verhindern, indem er im Senat erklärte, seiner Ansicht nach solle keiner der beiden Consul nach Spanien geschickt werden, weil der eine nichts besitze und der andere nicht genug bekommen könne. Es versteht sich, daß er sich mit derartigen Äußerungen noch mehr Feinde schuf, und unsere Überlieferung kennt eine große Zahl solcher oft bissiger Bemerkungen aus seinem Munde.

Einer der Consuln des nächsten Jahres, Appius Claudius Pulcher, der spätere Schwiegervater des Tiberius Gracchus, gehörte zu Scipios schärfsten Rivalen und hatte bei der Verlosung der Provinzen Italien erhalten. Ausgeschickt, um einen Streit zwischen den Salassern im oberen Aostatal und ihren Nachbarn zu schlichten, griff er erstere an, wurde anfangs unter großen Verlusten zurückgeschlagen und errang schließlich einen Sieg. Als der Senat ihm die Durchführung eines Triumphes verweigerte, feierte er diesen aus eigener Machtvollkommenheit und finanzierte ihn aus eigenen Mitteln. Dem Senat blieb nur noch die Möglichkeit, diesen mit Hilfe des Vetos eines Volkstribunen zu verhindern. Aber auch das wußte der Consul zu vereiteln: Er nahm seine Tochter, die Vestalin war, zu sich auf den Wagen, so daß der Volkstribun ihn nicht, wie angekündigt, herunterziehen konnte, ohne sich gegen die Unverletzlichkeit der Vestalin zu vergehen. Daß römische Beamte, aus Ehrgeiz oder Eifersucht gegenüber Kollegen, auch mal einen Krieg entfachten, dessen erfolgreiche Beendigung ein Triumphzug krönte, war nichts Neues, ebensowenig der Versuch, einen Triumph gegen den Willen der Senatsmehrheit durchzusetzen; in derartigen Fällen konnte man auf den Albanerberg ausweichen. Claudius hingegen wollte unbedingt die stadtrömische Kulisse. Das Neuartige in seinem Fall war allerdings nicht so sehr der von ihm angewandte Trick (welcher ehrgeizige Consul hatte schon eine unberührbare Tochter?) als überhaupt die erfolgreiche und folgenlose Umgehung des tribunizischen Vetos, die zur Nachahmung animieren konnte und dies, wie sich wenige Jahre später zeigen sollte, auch wirklich tat.

Im nächsten Jahr kandidierte Claudius bei den Censorenwahlen als Rivale Scipios und unterlag ihm nach einem angeblich recht emotional geführten ‹Wahlkampf›. Aber auch dieser errang nur einen Teilerfolg, da er als Kollegen Mummius erhielt, der kürzlich einen nicht weniger glänzenden Triumph gefeiert und die Beute großzügig verteilt hatte. Die Vorstellungen der beiden von ihrem Amt waren recht verschieden und die Beziehungen zwischen ihnen gespannt. Mummius war vornehmlich auf die Ausschmückung Roms und anderer Städte bedacht, Scipio hatte sich offensichtlich Cato als Vorbild und die militärische Negativbilanz der letzten Jahre als Rechtfertigung seines Wirkens gewählt und plante ein strenges Sittenregiment. Gemeinsame Baumaßnahmen der beiden sind kaum bekannt, und bei der Auswahl der Senatoren und Ritter machte Mummius einige der Maßnahmen seines Kollegen wieder rückgängig. Aber das war nicht die einzige Enttäuschung dieses Jahres: Quintus Pompeius, ein unter Scipios Patronage aufgestiegener politischer Neuling, fiel ihm in den Rücken, indem er entgegen seinem Versprechen, Laelius' Kandidatur für den Consulat zu unterstützen, selber kandidierte und gewählt wurde. Laelius erreichte den Consulat erst im folgenden Jahr und brachte ein Ackergesetz ein, dessen Inhalt wir nur vermuten können, das aber möglicherweise wie dasjenige des Tiberius Gracchus den damals unübersehbaren Rekrutierungsproblemen entgegenwirken sollte. Ohne Frage stand Scipio hinter diesem Antrag, so daß ein Teil der Popularität, die bei erfolgreich durchgeführten Ansiedlungsmaßnahmen für den Antragsteller zu erwarten war, auch ihm zugute gekommen wäre. Das dürfte die vehemente Opposition erklären, auf die Laelius' Vorschlag bei der Senatsmehrheit traf und die ihn zwang, seinen Antrag zurückzuziehen.

Ob zwischen Laelius' Vorstoß und einem im selben Jahr gegen Scipio angestrengten Prozeß ein Zusammenhang besteht, muß offenbleiben: Der Volkstribun Tiberius Claudius Asellus, den der Censor Scipio aus dem Ritterstand gestoßen, sein Kollege Mummius aber rehabilitiert hatte, erhob vor dem Volk Anklage wegen gewisser Vorgänge in Scipios Censur. Einzelheiten des Vorwurfs und des Prozesses sind kaum bekannt; wir wissen nur, daß Scipio die Anklage zwar nicht ernst nahm, aber mehrere Reden gegen Asellus halten mußte, dem er unter anderem Verderbtheit, Verschwendungssucht und Hinterlist vorwarf. Das Verfahren scheint mit einem Freispruch geendet zu haben. Auch ist zu vermuten, daß Asellus bei seinem Versuch, sich an Scipio zu rächen, nicht allein stand, sondern einflußreiche Hintermänner hatte, die sich eine Verurteilung oder zumindest Diskreditierung Scipios erhofften, was aber angesichts dessen ungebrochener Popularität mißlang.

Eine ausgedehnte Gesandtschaftsreise in den Osten, die Scipio zusammen mit Lucius Caecilius Metellus Calvus (Consul 142) und Spurius Mummius, dem Bruder des Consuls von 146, unternahm, fällt entweder in die Jahre 144/3 oder in die Zeit nach dem Prozeß. Sie führte über Ägypten, wo neben Alexandria auch Memphis besucht wurde, nach Rhodos, Zypern und Syrien, von dort durch Kleinasien, wo ein Besuch im Königreich Pergamon sicher bezeugt ist und zur Zeit der Gracchen Folgen zeitigen sollte, und durch Griechenland wieder zurück nach Rom. Die Gesandten hatten weitreichende Vollmachten, doch ist über die Ergebnisse ihres Auftretens kaum etwas bekannt; Scipio, in dessen persönlicher Begleitung sich der Philosoph Panaitios befand, hat damals allerdings einige Verbindungen angeknüpft, die ihm gegen Numantia von Nutzen sein sollten.

Erst einmal meldete er sich in der Innenpolitik zurück und klagte den ehemaligen Consul Lucius Aurelius Cotta, dessen Entsendung nach Spanien er seinerseits verhindert hatte, vor dem Repetundengerichtshof, der für Klagen gegen Statthalter zuständig war, an, doch wurde Cotta freigesprochen – angeblich damit man nicht sagen könne, das Ansehen des Anklägers sei für das Urteil verantwortlich zu machen. In Wahrheit dürfte sich Scipio bei den senatorischen Richtern nicht durchgesetzt haben, und diese Schlappe könnte sein nächstes bezeugtes Auftreten veranlaßt haben: 139 hatte der Volkstribun Aulus Gabinius, dessen Hintermänner und Auftraggeber wir nicht kennen, ein Gesetz eingebracht, wonach die Stimmabgabe bei Wahlen schriftlich erfolgen sollte; das minderte entschieden die Einflußmöglichkeiten mächtiger Patrone. Ein Gesetzesantrag des Jahres 137 wollte die geheime Abstimmung auf Verfahren vor dem Volksgericht ausweiten, was auf Opposition im Senat stieß. Der von hier vorgeschickte Volkstribun konnte zwar durch sein Veto die Beschlußfassung verzögern, ließ sich dann aber von Scipio zum Nachgeben überreden; inwieweit dieser den Antrag initiiert hatte und aus welchen Motiven er sich für ihn einsetzte, muß offenbleiben. Allerdings dürfte er es dieser und ähnlichen Aktionen verdankt haben, daß senatsfeindliche Politiker des ersten Jahrhunderts ihn bisweilen als einen der Ihren reklamierten.

Inzwischen war nicht nur der Krieg in Spanien weitergegangen und hatte es mehrfach Rekrutierungsprobleme gegeben; spätestens im Jahr 136, wahrscheinlich schon 138, war es auf Sizilien zu einer Erhebung und in ihrer Folge zu Versorgungsschwierigkeiten in Rom gekommen. Aber während auf Sizilien nur praetorische Heere geschlagen wurden, wurden im Jahr 137 beim spanischen Numantia ein consularisches Heer eingeschlossen und der Consul Gaius Hostilius Mancinus zum Abschluß eines Vertrages gezwungen, der gegen die Anerkennung der numantinischen Unabhängigkeit dem römischen Heer freien Abzug gewährte. Im Senat war die Empörung groß; der Consul und die Offiziere, die den Vertrag mitbeschworen hatten, wurden zur Rechenschaft nach Rom beordert. Nach längeren Beratungen, bei denen Scipio eine, wenn nicht die entscheidende Rolle spielte, wurden 136 die Ablehnung des Vertrags und die Auslieferung des Consuls an die Numantiner beschlossen. Diese verweigerten die Annahme, und der Krieg, der fast von Anfang an von Unfähigkeit, Treulosigkeit und Grausamkeit der römischen Befehlshaber gekennzeichnet war, ging weiter; Erfolge wurden nicht erzielt.

Wir wissen nicht, ob Scipio bei seinem Auftreten gegen Mancinus schon daran dachte, selbst den Krieg in Spanien siegreich zu beenden, aber zwei Jahre später sollte er die Möglichkeit dazu erhalten, als er trotz des seit 151 bestehenden Iterationsverbots für 134 zum Consul gewählt wurde. Die Vorgänge sind sehr viel schlechter zu rekonstruieren als bei seiner ersten Wahl im Jahr 148. Soviel indes läßt sich erschließen: Erneut müssen die für den Eroberer Karthagos entfachte Begeisterung des Wählervolkes überwältigend und der zugunsten seiner Kandidatur ausgeübte Druck stark genug gewesen sein, um den Senat zu zwingen, seine Dispensierung von den gesetzlichen Bestimmungen in die Wege zu leiten. Da bekanntlich gerade der spontan geäußerte Wille des Volkes meist wohlorganisiert ist, müssen wir auch dieses Mal mit entsprechenden Agitationen hinter der Szene rechnen. Natürlich wurde ihm auch das Kommando gegen Numantia übertragen, entweder durch Volksbeschluß oder im Einvernehmen mit seinem Kollegen.

Scipios Wahl hatte der Senat nicht verhindern können, ebensowenig seine Entsendung nach Spanien. Aber wenigstens sollte er es dort nicht leicht haben; und so gab man ihm weder Geld für die Kriegführung, noch gestattete man ihm die Aushebung neuer Truppen in Italien, erlaubte ihm aber wenigstens, die Meldungen von Freiwilligen für den Spanienfeldzug entgegenzunehmen. Aus den Städten Italiens, von den Königen des Ostens und aus Numidien kamen nicht weniger als 4000 Mann zusammen; ferner konnte Scipio aus Klienten und Freunden eine persönliche Leibwache von 500 Mann aufstellen. Für die Finanzierung griff er auf seine und seiner Freunde Mittel zurück. Die numidischen Hilfstruppen standen unter dem Kommando Jugurthas, der vor Numantia auf seinen späteren Gegner und Bezwinger traf, Gaius Marius, der hier seinen ersten Kriegsdienst leistete. Überhaupt hatte Scipio eine illustre Gesellschaft um sich versammelt. Sein Bruder diente ihm als Legat, dessen Sohn als Quaestor und der Dichter Lucilius als Reiter. Der über 60jährige Polybios hatte sich aus Achaia herbeibemüht, um Scipio als väterlicher Freund und Berater zur Seite zu stehen und später eine Schrift über diesen Krieg zu verfassen. Militärtribunen waren unter anderen die späteren Historiker Publius Rutilius Rufus und Sempronius Asellio sowie Gaius Sempronius Gracchus. Allerdings brauchte Scipio auch gute Leute in seinem Stab, mußte er doch erst einmal das vollkommen heruntergekommene und demoralisierte Heer disziplinieren und einüben. Erst danach konnte er es gegen den Feind führen. Dabei wurden zuerst die umliegenden Gebiete geplündert und verwüstet, um den Numantinern die Zufuhr abzuschneiden. Dann legte Scipio noch im Herbst 134 vor Numantia zwei Lager an und von diesen aus den archäologisch nachweisbaren Belagerungsring um die Stadt, bestehend aus Graben, Mauer, Türmen und Kastellen. Bis in den Hochsommer 133 dauerte die Belagerung, dann kapitulierten die letzten Verteidiger, die nicht verhungert waren oder Selbstmord begangen hatten, und wurden größtenteils in die Sklaverei verkauft. Ohne die Anweisungen des Senats abzuwarten, ließ Scipio die Stadt dem Erdboden gleichmachen und ihr Gebiet unter ihre Nachbarn verteilen. Auch kehrte er noch vor der Ankunft der üblichen Zehnerkommission nach Rom zurück. 132 feierte er hier seinen zweiten Triumph, der allerdings recht mager gewesen sein soll: Die Beute war dürftig, die Zahl der mitgeführten Gefangenen gering, und die siegreichen Soldaten erhielten pro Mann nur sieben Denare. Numantia war eben mit Karthago nicht zu vergleichen, und der Beiname «Numantinus», den Scipio damals annahm, ist nur in späteren literarischen Quellen faßbar und scheint sich nicht durchgesetzt zu haben; Cicero gebrauchte ihn nie.

Scipios Eile ist verständlich. Während er vor Numantia lag, hatte sein Schwager Tiberius Gracchus sein Ackergesetz gegen den Widerstand der Senatsmehrheit durchgebracht und eine dreiköpfige Ackerkommission eingesetzt, die auch nach seinem Tode weiter bestand und der als prominentestes Mitglied Scipios Erzrivale Claudius Pulcher angehörte. Damit schien das seinerzeit von Laelius vorgeschlagene und wieder fallengelassene Ansiedlungsprogramm doch noch realisiert werden zu können, nur würde die den Reformern winkende Popularität anderen zufallen. Auf die Nachricht von Tiberius' gewaltsamem Tod soll Scipio mit dem Homervers reagiert haben: «So möge auch jeder andere zugrunde gehen, wer derlei tut!» (*Odyssee* 1, 47) Deutlicher konnte er kaum ausdrücken, wie er zum Reformvorhaben und zur Art seiner Durchbringung stand. Allerdings mußte er nach seiner Rückkehr feststellen, daß es nicht nur nicht mehr rückgängig gemacht werden konnte, sondern daß die Ackerkommission ihre Arbeit bereits aufgenommen hatte und daß die pergamenische Erbschaft für ihre Finanzierung verwandt werden sollte.

Um aber an diese heranzukommen, mußte erst einmal der Prätendent Aristonikos besiegt werden. Um diesen Auftrag bemühten sich die beiden Consuln des Jahres 131, obwohl sie durch ihre Priestertümer an Rom gebunden waren. Die Angelegenheit wurde vor die Volksversammlung gebracht und hier der Vorschlag gemacht, Scipio das Kommando zu übertragen, doch es stimmten lediglich zwei der 35 Tribus dafür. Dieses Abstimmungsergebnis war vielleicht die Quittung für die Art seines Auftretens gegen den Volkstribunen Gaius Papirius Carbo. Dieser hatte ein Gesetz eingebracht, das die unbeschränkte Wiederwahl zum Volkstribunat erlaubte und im Falle seiner Annahme den Tod des Tiberius Gracchus, der seine Wiederwahl zum Volkstribunen betrieben hatte, in einem anderen Licht hätte erscheinen lassen. Scipio trat in einer Volksversammlung gegen diesen Vorschlag auf, und als Carbo ihn fragte, was er über den Tod des Gracchus denke, bekannte er freimütig, wenn dieser beabsichtigt habe, die Macht im Staat an sich zu reißen, sei er zu Recht getötet worden. Als daraufhin die Menge zu lärmen begann, soll Scipio sie beschimpft haben. Carbos Antrag fiel zwar durch, aber für Scipio war es ein teuer erkaufter Sieg, der ihn möglicherweise das Kommando in Kleinasien kostete (die zeitliche Abfolge ist nicht eindeutig gesichert). Dennoch setzte er den Kampf gegen die Arbeit der Ackerkommission fort, auch über den Tod des Claudius Pulcher hinaus.

Gegen Ende des Jahres 130 häuften sich die Klagen der Bundesgenossen über deren Tätigkeit, weil sie zwar okkupiertes Land abgeben mußten, ihre Landsleute aber nicht in den Genuß der Landanweisungen kamen und weil die Entscheidungen über strittiges Land von den Mitgliedern der Ackerkommission getroffen wurden, worin sie eine Verletzung ihrer Bundesgenossenverträge sahen. In Scipio, der ihnen wegen der ihm im Numantinischen Krieg gewährten Unterstützung verbunden war, fanden die Italiker einen Fürsprecher. Dieser setzte tatsächlich durch, daß die bei der Durchführung der Agrarreform anfallenden Prozesse nicht mehr von der Ackerkommission, sondern vom Consul Gaius Sempronius Tuditanus entschieden werden sollten. Dieser entzog sich nach kurzer Zeit seiner Aufgabe, indem er zur Niederschlagung einer lokalen Erhebung nach Illyrien aufbrach. Offensichtlich plante Scipio noch weitere Schritte gegen die richterlichen Kompetenzen der Kommissionsmitglieder, was natürlich deren und ihrer Anhänger erbitterten Widerstand hervorrief. Erneut kam es in einer Volksversammlung zu einem heftigen Wortwechsel, bei dem angeblich sogar zur Ermordung des Tyrannen aufgerufen wurde und Scipio sein Schicksal mit demjenigen Roms verknüpfte. Kurz darauf verstarb er im Alter von 56 Jahren. Er war nach einer Senatssitzung von Senatoren, römischen Bürgern und italischen Bundesgenossen nach Hause begleitet worden, hatte sich mit einer Schreibtafel in sein Schlafzimmer zurückgezogen, um eine am nächsten Tag in der Volksversammlung zu haltende Rede vorzubereiten, und wurde am Morgen tot aufgefunden. Eine gerichtliche Untersuchung wurde nicht durchgeführt; dennoch werden in den Quellen und von manchen Forschern die Anhänger der Gracchen für Scipios Tod verantwortlich gemacht.

In der Leichenrede, die Laelius für ihn verfaßt hatte, dankte Scipios Neffe den unsterblichen Göttern, daß Scipio gerade in diesem Staate geboren worden sei; denn zwangsläufig sei die Weltherrschaft dorthin gelangt, wo er gelebt habe. Polybios sah das anders und ließ die Weltherrschaft schon nach dem Sieg über Hannibal erreichbar erscheinen und mit dem Sieg über Perseus im Jahr 168 bei Pydna errungen sein. Über diesen hatte sein Vater, über jenen sein Adoptivgroßvater triumphiert. Beide hatten zwei Consulate bekleidet und die Censur erreicht. Scipio wollte es offenbar beiden gleichtun, aber für die Erreichung dieses Zieles setzte er Mittel ein, die ihn weniger zu einem Nachahmer seiner Vorfahren als zu einem Vorläufer der Gracchen und vieler anderer senatsfeindlicher Politiker machen sollten.

Tiberius und Gaius Sempronius Gracchus – und Cornelia: Die *res publica* zwischen Aristokratie, Demokratie und Tyrannis

von Kai Brodersen

Cornelia

«Einen feierlichen Eid könnte ich leisten, daß mir – außer den Mördern des Tiberius Gracchus – nie einer meiner Feinde so viel Ungemach und so viel Kummer bereitet hat wie Du wegen dieser Dinge! Du aber hättest doch den Anteil aller Kinder, die ich je hatte, auf Dich nehmen und Dich darum kümmern müssen, daß ich im Alter möglichst wenig Beschwerden hätte! Du solltest alles, was Du tust, vor allem mir zuliebe tun und es für schlimm halten, irgend etwas Größeres gegen meine Ansicht zu tun – zumal mir nur noch wenig Lebenszeit bleibt. Ja, die Tatsache, daß es sich nur mehr um eine so kurze Zeit handelt, könnte doch wenigstens bewirken, daß Du mir nicht zuwider bist und die *res publica* zerrüttest!

Wird denn endlich einmal Ruhe einkehren? Wann wird unsere Familie einmal aufhören, wahnwitzig zu sein? Wann wird einmal damit haltgemacht werden können? Wann werden wir aufhören, nicht eher zufrieden zu sein, als wir nicht Ungemach erleiden und bereiten? Wann werden wir einmal in Scham versinken, die *res publica* zu verwirren und aufzurühren? Wenn das wirklich keinesfalls geschehen kann, dann bewirb Dich eben um das Amt des Volkstribunen erst, wenn ich tot bin. Von mir aus kannst Du tun, was Du willst, wenn ich es nicht mehr fühle. Wenn ich dann tot bin, wirst Du mir Totenopfer bringen und die Elterngottheit anrufen. Wirst Du Dich dann nicht schämen, Segen von den Göttern zu erflehen, die Du, da sie lebendig und gegenwärtig waren, vernachlässigt hast? Das möge Juppiter verhüten, daß Du darin verharrst, und er lasse Dir so große Torheit nicht in den Sinn gelangen! Wenn Du aber dabei bleibst, so fürchte ich, daß Du Dir durch Deine eigene Schuld für Dein ganzes Leben so viel Kummer einhandeln wirst, daß Du zu keiner Zeit mit Dir zufrieden sein kannst.»

Eine Frau kommt hier zu Wort – Cornelia, eine Mutter von zwölf Kindern, die sich im Jahr 124 v. Chr. in einem dringenden Brief an einen ihrer Söhne wendet. Neun ihrer Kinder waren bald nach der Geburt gestorben, nur eine Tochter und zwei Söhne hatten das Erwachsenenalter erreicht – und acht Jahre zuvor war einer der Söhne, Tiberius Sempronius Gracchus, Opfer von Mördern geworden, wie Cornelia zu Beginn des Briefes schreibt. Nun wendet sie sich an den einzigen ihr noch gebliebenen Sohn, Gaius, und sucht ihn davon abzubringen, in die Fußstapfen des neun Jahre älteren Tiberius zu treten, sich um das Amt eines Volkstribunen zu bewerben – und damit, wie jener, sein Leben zu riskieren.

Sicher sind die wichtigsten historischen Quellen für die Geschichte der Gebrüder Gracchus die Darstellungen in der Doppelbiographie, die mehr als zwei Jahrhunderte später der Philosoph Plutarch von Chaironeia anfertigte, und das erste Buch über die Bürgerkriege im Rahmen der *Römischen Geschichte* des Appian von Alexandria, der nochmals ein halbes Jahrhundert später schrieb. Doch bereits aus der Zeit der Gracchen stammen wohl zwei Auszüge aus Briefen der Cornelia: Sie finden sich am Ende von bestimmten mittelalterlichen Handschriften, denen wir die Kenntnis eines kleinen Werkes «über berühmte Männer» von Cornelius Nepos aus dem ersten Jahrhundert v. Chr. verdanken. Die beiden Briefauszüge (wir werden auch den anderen noch kennenlernen) stehen dabei nicht im Zusammenhang mit jenem Werk, sind sie doch Texte nicht eines berühmten *Mannes*, sondern einer Frau – einer Frau freilich, die eine Tochter einer «großen Gestalt der römischen Geschichte» war, nämlich des älteren Scipio Africanus, und die Gattin eines ebenfalls berühmten Mannes, des Tiberius Sempronius Gracchus. Jener Tiberius – er war etwa dreißig Jahre älter als Cornelia und zum Zeitpunkt ihres Briefes schon fast dreißig Jahre tot – stammte aus einem alten und angesehenen Plebejergeschlecht: Bereits sein Großvater war Consul gewesen, im Jahr 238 v. Chr., und hatte Sardinien für Rom gewonnen; Tiberius selbst war 190 mit den Scipionen in den Krieg gegen Antiochos den Großen gezogen und ein paar Jahre danach als Gesandter bei Philipp V. von Makedonien gewesen. 182 hatte er als curulischer Aedil prächtige Spiele in Rom ausgerichtet, zwei Jahre später als Praetor und dann als Statthalter in *Hispania Citerior* gewirkt. 177 zum ersten Mal selbst Consul, hatte er das vom Großvater eroberte Sardinien als Aufgabengebiet (*provincia*) übernommen und zwei Jahre danach einen Triumph für seine militärischen Erfolge auf der Insel feiern können. 169 war er Censor, 163 erneut Consul und im Jahr darauf als Proconsul für Sardinien und Korsika zuständig – kurz: Cornelias Gatte Tiberius hatte eine ansehnliche Karriere absolviert, die wichtige Ämter für «Senat und Volk von Rom» in der Stadt ebenso umschloß wie bedeutende und erfolgreich gemeisterte Aufgaben in der Außenpolitik. Ihn also meint Cornelia nicht, wenn sie fragt: «Wann wird unsere Familie einmal aufhören, wahnwitzig zu sein?»

Tiberius Gracchus

Es ist Cornelias Sohn, der nach dem Vater benannte Tiberius Sempronius Gracchus, dem sie vorwirft, die *res publica*, zu deren Stützen ihr Vater ebenso wie ihr Gatte gehört hatten, «zu verwirren und aufzurühren». Dabei hatte auch das Leben ihres Sohnes durchaus nicht mit «Wahnwitz» begonnen: 147–146 v. Chr. war er an der Niederwerfung Karthagos beteiligt gewesen, 137 hatte er die Quaestur bekleidet, vier Jahre später das Amt des Volkstribunen – eine politische Karriere war für ihn als Angehörigen eines der großen Geschlechter vorgezeichnet. Und doch lebte Tiberius in einer anderen Welt als seine Vorfahren – und nahm diese Veränderung auch wahr. In einem Brief, den Plutarch in seiner obengenannten Biographie (8) in Auszügen überliefert, hat dies sein Bruder Gaius später dargestellt: «Als Tiberius auf einer Reise ... durch Etrurien kam und die Öde des Landes sah und als er beobachtete, daß alle Feldarbeiter und Hirten aus der Fremde stammende kriegsgefangene Sklaven waren, da sei zuerst jener Plan in ihm entstanden – ein Plan, der (wie Plutarch hinzufügt) ihm und seinem Bruder unzählige Leiden bringen sollte.»

Worin also hatte die Veränderung der Welt bestanden? Eine umfassendere Schilderung verdanken wir Appians obengenanntem Buch (26 ff.): «Als die Römer nach und nach Italien im Krieg unterwarfen, nahmen sie jedesmal einen Teil des Landes (als sogenannten *ager publicus*, «öffentlichen Grund») für sich, gründeten Städte darauf oder wählten für die schon vorhandenen Gemeinden aus ihren Reihen Siedler aus. Diese Städte sollten – so war ihre Absicht – Festungen ersetzen; von dem jeweils erbeuteten Land aber verteilten sie den beackerten Teil sogleich an die Siedler oder verkauften oder verpachteten ihn. Für den Teil des Landes jedoch, der unbebaut war – und das war bei weitem der größere –, nahm man sich für die Verteilung nicht die Zeit; vielmehr sprachen sie es durch eine Bekanntmachung vorerst denjenigen zu, die es bearbeiten wollten, und zwar gegen eine bestimmte Abgabe vom jährlichen Ertrag: eines Zehntels der Getreideernte, eines Fünftels der Baumfrüchte. Auch für die, die das Land nur als Weide benutzten, war eine Abgabe von Groß- und Kleinvieh festgesetzt. Die Römer taten dies, um den italischen Stamm, der ihnen besonders ausdauernd erschien, zu vermehren, um so Bundesgenossen aus dem eigenen Lande zu haben.

Doch gerade das Gegenteil davon trat ein: Die Reichen rissen den größten Teil dieses nicht verteilten Bodens an sich und wurden mit der Zeit zuversichtlich, daß ihnen niemand das Land wieder wegnehmen werde. Von dem angrenzenden Land und dem sonstigen Kleinbesitz der Armen kauften sie das eine nach gutem Zureden auf, das andere nahmen sie mit Gewalt an sich. So bebauten sie bald große Landgebiete an Stelle einzelner Plätze, die sie mit gekauften Landarbeitern und Hirten bewirtschafteten, um zu vermeiden, daß freie Bauern für den Kriegsdienst von der Landarbeit abgezogen würden. Dazu brachten ihnen jene auch noch reichen Gewinn ein durch ihren Kinderreichtum, da sie sich dank ihrer Befreiung vom Kriegsdienst gefahrlos vermehrten. Infolgedessen wurden die Mächtigen immer reicher, und die Schicht der Sklaven nahm auf dem Land überhand. Die Italiker hingegen nahmen an Zahl und Stärke ab, da sie durch Armut, Abgaben und Kriegsdienst aufgerieben wurden. Und selbst wenn sie einmal hiervon Ruhe hatten, waren sie doch zu Müßiggang gezwungen, da das Land im Besitz der Reichen war und diese Sklaven, nicht Freie, als Landarbeiter beschäftigten. Das Volk (von Rom) war zwar darüber erbittert, da so Bundesgenossen aus Italien nicht mehr so gut zu bekommen waren und die Herrschaft durch eine solche Menge von Sklaven nicht ungefährdet war – doch sahen sie für die Besserung der Verhältnisse kein Mittel; es wäre auch nicht leicht gewesen!»

Das Problem für Rom bestand also darin, daß ein Mangel an wehrfähigen Männern auf der italischen Halbinsel immer deutlicher spürbar wurde – und daß die Methode, Teile der eroberten Gebiete «jedem, der das Land bearbeiten wollte», zuzuweisen, gescheitert war: Statt freier Bauern, die dank einer gesicherten (land)wirtschaftlichen Grundlage für Nachwuchs für Roms Heere sorgen konnten, waren es reiche Großgrundbesitzer gewesen, die das Gebiet übernahmen und von Unfreien und Landarbeitern bewirtschaften ließen. An einen militärischen Einsatz dieser Leute für Rom war nicht zu denken – ja, er konnte gefährlich sein: Der erste große Sklavenaufstand in Sizilien hatte wenige Jahre zuvor, von 136 an, gezeigt, daß man mit dieser «Schicht» sicher keinen Staat machen konnte. Dies war eine Erkenntnis, die Tiberius sich zu eigen machte (Appian 35 f.): «Tiberius Sempronius Gracchus, ein angesehener Mann von außergewöhnlichem Ehrgeiz und einer gewaltigen Redekunst – und deshalb allen bekannt –, sprach nun als Volkstribun mit feierlichem Ernst von dem Stamm der Italiker, seiner großen Kriegstüchtigkeit und seiner Verwandtschaft mit den Römern. Er legte dar, wie jener Stamm allmählich in Armut und Menschenmangel herabsinke und keine Hoffnung auf Besserung der Verhältnisse haben könne. Er sprach voller Empörung über die Schicht der Sklaven, die für den Krieg nicht zu gebrauchen sei und niemals Treue gegen die Herren kenne – wobei er anführte, was erst vor kurzem den Herren in Sizilien von ihren Sklaven widerfahren sei, wo die Zahl der Sklaven ja ebenfalls wegen ihres Einsatzes als Landarbeiter allzu stark angeschwollen sei; der Krieg der Römer gegen sie sei weder leicht noch kurz gewesen, sondern habe sich lang hingezogen und mancherlei gefährliche Wendungen mit sich gebracht.»

Die Lösung des Problems sah Tiberius in der Anwendung eines über 200 Jahre alten, in Vergessenheit geratenen (oder doch erst damals erfundenen?) Gesetzes, einer *lex Licinia* (Appian 37 ff.): «Tiberius brachte erneut das Gesetz ein, demzufolge (von dem zu verteilenden *ager publicus*) kein römischer Bürger mehr als 500 *iugera* (etwa 125 Hektar) als Eigentum haben dürfe. Für die Söhne legte er über dieses alte Gesetz hinaus noch einmal die Hälfte dieser Fläche dazu. Was jedoch darüber hinausginge, sollte eine jährlich neu zu wählende Kommission von drei Männern (*triumviri agris iudicandis adsignandis*) unter die Armen verteilen. Es war dieser letzte Punkt, der den Reichen am meisten zur Last fiel, daß sie mit Rücksicht auf diese Kommission nicht mehr wie früher das Gesetz mißachten und Land, das anderen zugefallen war, aufkaufen konnten. Tiberius Gracchus hatte nämlich in weiser Voraussicht den Verkauf von Land verboten. So rotteten sich die Reichen in Gruppen zusammen, jammerten und hielten den Armen die Aufwendungen vor, die sie seit langer Zeit für Feldbestellung, Anpflanzungen und Gebäude gemacht hätten. Andere wiesen auf die Kaufsumme hin, die sie an die Nachbarn gezahlt hatten, und fragten, ob sie auch die zusammen mit dem Grundstück verlieren sollten. Wieder andere erwähnten die dort befindlichen Gräber ihrer Väter, die auf dem Boden lägen, der ihnen bei der Aufteilung der väterlichen Güter zugewiesen worden sei. Andere führten die Mitgift ihrer Frauen an, die sie in diese Grundstücke investiert hätten, oder sagten auch, das Land sei ihren Kindern als Aussteuer gegeben worden; Gläubiger wiesen auf die Schuldtitel hin, die auf diesem Boden lagen – kurz: Überall herrschte nichts als Unordnung, Jammer und Empörung. Auf der anderen Seite klagten die Armen, sie würden aus Wohlstand in die äußerste Armut gestürzt und dadurch wieder zur Unfähigkeit verdammt, Kinder aufzuziehen. Dazu zählten sie alle Feldzüge auf, die sie bei der Eroberung des Landes mitgemacht hätten, und murrten, daß sie um ihren Anteil am Gemeinbesitz gebracht werden sollten. Zugleich warfen sie den Reichen vor, sie hätten sich an Stelle von Freien – Bürgern wie Soldaten – Sklaven genommen, ein treuloses und stets übelgesinntes Volk, das deshalb auch im Krieg nicht einzusetzen sei.

Während nun beide Parteien solche Klagen vorbrachten und sich gegenseitig Vorwürfe machten, kam noch eine weitere Menge von Leuten hinzu, die in den römischen Siedlercolonien und freien Landstädten Italiens oder sonstwie an diesem Lande Anteil genommen hatte und jetzt um ihren Anteil fürchten mußte, und verteilte sich auf die beiden Seiten. Im Vertrauen auf ihre große Zahl wurden sie ausfällig, zettelten erbitterte Aufstände an und warteten auf die Bestätigung des Gesetzes....

Wonach aber (Tiberius) Gracchus mit seinem Gesetz der Sinn stand, war nicht Wohlstand, sondern eine gesunde Bevölkerung. Begeistert von dem Nutzen seines Vorhabens, dem Besten und Herrlichsten, was Italien je geschehen könne, bedachte er in keiner Weise die damit verbundenen Schwierigkeiten.»

Tiberius Sempronius Gracchus hatte also seiner Diagnose der – wie man sagen könnte – italischen Krankheit, des Mangels an «gesunder Bevölkerung» auf der Halbinsel, als Therapie eine bessere Verteilung des *ager publicus* folgen lassen, von der er sich eine wirtschaftliche Gesundung der breiten bäuerlichen Schichten und damit eine größere Kinderzahl versprach: Die hohe Kindersterblichkeit kannte er nicht zuletzt aus seiner eigenen Familie, die freilich zu den bedeutendsten der Stadt Rom zählte – wieviel häufiger werden also Kinder in den erbärmlichen Verhältnissen des gemeinen Volkes die ersten Monate nach der Geburt nicht überlebt haben!

Daß Tiberius in seiner «Begeisterung» für seine Therapie die «damit verbundenen Schwierigkeiten» übersah, hat nicht erst Appian gesehen, sondern bereits seine Mutter, wenn sie im eingangs zitierten Brief vom «Wahnwitz» der Familie spricht. Doch ist dieser Vorwurf berechtigt? Plutarch (9) verneint dies: «Das Gesetz entwarf Tiberius nicht allein, sondern zog würdige und angesehene Männer Roms als Berater hinzu, darunter den *pontifex maximus* Crassus, den Rechtsgelehrten Publius Mucius Scaevola, der damals Consul war, und seinen Schwiegervater Appius Claudius. Tatsächlich ist gegen ein solches Übermaß von Unrecht und Habgier wohl nie ein milderes und gemäßigteres Gesetz ergangen! Es verlangte von denen, die von Rechts wegen für ihren Ungehorsam hätten bestraft werden und die so lange widerrechtlich bebauten Felder gegen eine Geldbuße hätten herausgeben müssen, nur, daß sie ihren unrechtmäßigen Besitz an die hilfsbedürftigen Bürger abtreten und dafür noch eine Entschädigung bekommen sollten.»

Tiberius' Therapie war in der Tat milde, die Reaktion der Betroffenen hingegen nicht, wie Plutarch (9) berichtet: «Die Reichen und Besitzenden haßten aus Habgier das Gesetz, aus Zorn und Ehrgeiz seinen Urheber, und versuchten, das Volk von seiner früheren Zustimmung abzubringen: Die Neuaufteilung des Landes sei für Tiberius nur ein Vorwand, die *res publica* umzustürzen und eine Revolution herbeizuführen.

Doch erreichten sie damit nichts. Tiberius nämlich verfocht seine gute und gerechte Sache mit einer Beredsamkeit, die auch ein geringeres Anliegen hätte schmücken können. Er war als Gegner gefährlich, ja unüberwindlich, wenn er – vom Volk umlagert – auf der Rednerbühne stand und von den Besitzlosen sprach: ‹Die wilden Tiere, die Italien bevölkern, haben ihre Höhlen, und für jedes von ihnen gibt es eine Lagerstätte, einen Schlupfwinkel. Die Männer aber, die für Italien kämpfen und sterben, haben nichts als Luft und Licht; unstet, ohne Haus und Heim, ziehen sie mit Kindern und Frauen im Land umher. Die Feldherren lügen, wenn sie in der Schlacht ihre Soldaten aufrufen, Gräber und Heiligtümer gegen die Feinde zu verteidigen: Keiner von diesen armen Römern hat ja einen väterlichen Altar, keiner ein Grab seiner Ahnen. Für Wohlleben und Reichtum anderer kämpfen und sterben sie. Herren der Welt werden sie genannt – in Wirklichkeit aber gehört ihnen kein Krümel Erde.›»

Revolutionär waren – den zitierten Vorwürfen zum Trotz – weder Tiberius' Therapie noch die Methode, mit der er sie durchzusetzen suchte. Rhetorisches Geschick war seit jeher der beste Weg, Unterstützung für die eigene Position zu erlangen. Und doch eskalierte die Lage rasch: Die «Reichen» ließen einen ihnen ergebenen Volkstribun, Marcus Octavius, Einspruch gegen das Gesetz erheben.

Tiberius' Bitten und Vermittlungsvorschläge führten zu nichts – und nun ließ die «Begeisterung» für seinen Plan Tiberius das tradierte Verfahren vergessen: Er gewann das Volk dafür, Octavius das Amt des Volkstribunen wieder zu entziehen und an seiner Statt einen seiner Klienten, Quintus Mucius, zu wählen. War bereits dies ein Verstoß gegen die traditionellen Regeln der *res publica*, brachte seine Reaktion auf eine – durch einen historischen Zufall just in jene Wochen fallende – außenpolitische Wendung, das Eintreffen des Testaments von König Attalos von Pergamon in Kleinasien, Tiberius' Gegner vollends in Rage (Plutarch 14): «Attalos Philometor war gestorben, und Eudemos von Pergamon brachte nun das Testament, in dem das römische Volk zum Erben seines Reiches eingesetzt war, nach Rom. Sofort brachte Tiberius dem Volk zu Gefallen ein Gesetz ein, daß die königlichen Schätze herangeschafft werden und denjenigen Bürgern, die ein Landlos erhalten hatten, zum Beginn des Anbaus und zur Anschaffung der nötigen Ackergeräte dienen sollten. Über die Städte aber, die zum Reich des Attalos gehörten, solle nicht der Senat verfügen – er selbst werde in der Sache dem Volk einen Vorschlag machen. Dies war eine schwere Beleidigung für den Senat. Der Senator Quintus Pompeius erhob sich und erklärte, er sei ein Nachbar des Tiberius und habe gesehen, wie Eudemos von Pergamon ihm ein königliches Diadem und einen Purpurmantel als dem künftigen König von Rom überreichte.»

Der ungeheuerliche Vorwurf gegen Tiberius also war, daß er nach dem Königtum strebe, einer in Rom seit Jahrhunderten verhaßten Institution. Hinzu kam, daß auch die Bevölkerungsgruppen, zu deren Gunsten Tiberius agieren wollte, einen Bruch der Tradition wahrnahmen (Plutarch 15): «Er bemerkte, daß sein politisches Vorgehen bei der Absetzung des Octavius nicht bei den Mächtigen allein, sondern auch bei dem niederen Volk Unwillen hervorgerufen hatte. Das hohe, angesehene Amt des Volkstribunen, das bis zu jenem Tag in Ehren gestanden hatte, war tief herabgesetzt und entwürdigt worden. So erging Tiberius sich vor dem Volk in einer langen Rede. ... Die Person des Tribunen, so führte er aus, sei heilig und unverletzlich, weil er dem Dienst des Volkes geweiht und Schützer des Volkes sei. Wenn er aber seiner Bestimmung untreu werde und dem Volk gar ein Unrecht zufüge, indem er es an der Ausübung seiner Rechte hindere und ihm das Stimmrecht entziehe, dann bringe er sich selbst um sein Amt, weil er das nicht erfülle, wofür er angetreten sei: Man müsse einen Tribun zwar, selbst wenn er das Capitol niederreiße oder das Schiffsarsenal in Brand stecke, gewähren lassen, auch wenn er unter diesen Bedingungen ein schlechter Tribun sei. Wenn er aber das Volk auflöse (also die Demokratie aufhebe), so sei er überhaupt kein Volkstribun mehr.»

Tiberius hatte erkannt, daß er seine gutgemeinte und potentiell wirksame Therapie, die er für die «italische Krankheit» gefunden hatte, nämlich die Agrarreform, mit inakzeptablen Mitteln hatte durchsetzen wollen

– und damit für das Jahr seines Amts als Volkstribun, 133, gescheitert war. Eine erneute Bewerbung um das Amt war nach den traditionellen Regeln der *res publica* nicht möglich. Nun aber konnte er, wie später seine Mutter den Söhnen vorwarf, nicht mehr «aufhören, wahnwitzig zu sein», nicht mehr «haltmachen». Dazu Plutarch (16): «Angesichts der Drohungen und Zusammenrottung seiner Gegner gaben ihm seine Freunde den Rat, sich für das folgende Jahr noch einmal um das Amt des Volkstribunen zu bewerben. Da suchte er die Gunst der Menge durch neue Gesetzesvorschläge zu gewinnen. ... Mit allen Mitteln suchte er jetzt den Einfluß des Senats zu brechen, dabei leitete ihn eher Zorn als Rücksicht auf Recht und Nutzen.

Sowie aber seine Anhänger bei der Abstimmung merkten, daß die Gegengruppe die Mehrheit erhalten würde..., beriefen sie die Versammlung für den folgenden Tag erneut ein. Als Tiberius dann am nächsten Morgen auf das Forum kam, versuchte er zunächst, in demütiger Haltung weinend um das Mitleid der Menge zu werben, dann sprach er von seiner Befürchtung, seine Feinde könnten nachts in sein Haus dringen und ihn beseitigen. Durch solche Klagen gewann er die Leute dafür, daß sie in Scharen zu seinem Haus zogen und dort die ganze Nacht im Freien als Wache kampierten.»

Es kam zu Unruhen, wie sie Rom seit Menschengedenken nicht mehr erlebt hatte (Plutarch 20): «Dies soll, wie man berichtet, der erste Aufstand gewesen sein, der durch Bürgermord und Bürgerblut entschieden wurde, seit in Rom die Königsherrschaft gestürzt worden war. Sonst pflegte man Zwistigkeiten gütlich und friedlich beizulegen, auch wenn sie nicht weniger gefährlich und aus nicht geringerer Ursache entstanden waren – doch kamen die Parteien sich entgegen. Die Regierung fürchtete die Macht der Menge, das Volk hatte Achtung vor dem Senat. Auch diesmal hätte man Tiberius wohl leicht zum Nachgeben bewegen können, und er selbst hätte um so bereitwilliger nachgegeben, wenn man ihn nicht mit Mord und Totschlag bedroht hätte, hatte er doch nicht mehr als 3 000 Leute bei sich. Es scheint auch, als wenn eher Zorn und Haß der Optimaten die Ursachen der Zusammenrottung gegen ihn gewesen seien als die Gründe, die man vorschützte. Ein klarer Beweis dafür ist die unmenschlich rohe Behandlung des Leichnams: Als nämlich sein Bruder bat, ihn mitnehmen und nachts bestatten zu dürfen, schlug man ihm dies ab und warf den Toten mit den anderen Leichen in den Tiber.»

Tiberius hatte die Art, in der er seine Therapie der «italischen Krankheit» gegen die traditionellen Regeln der *res publica* durchzusetzen gesucht hatte, mit dem Leben bezahlt. Der Anführer der Mörder, ein Senator, rechtfertigte sich (laut Diodor 34, 33) damit, Tiberius habe nach der widerrechtlichen Monarchie gestrebt, nach der Tyrannis.

Gaius Gracchus

Die von Tiberius Gracchus vorgeschlagene Therapie überlebte ihren Urheber. Seine Stelle in der «Dreimännerkommission zur Beurteilung und Zuweisung von Ackerland», die im ersten Jahr ihres Bestehens außer mit ihm selbst mit seinem jüngeren Bruder Gaius und seinem Schwiegervater Appius Claudius Pulcher besetzt worden war, wurde nun mit einem anderen Mitglied der Oberschicht besetzt, wovon eine bei Capua gefundene Inschrift aus der Zeit bald nach Tiberius' Ermordung zeugt (Corpus Inscriptionum Latinarum, Bd. I^2, Nr. 640): «Gaius Sempronius Gracchus, Sohn des Tiberius; Appius Claudius Pulcher, Sohn des Gaius; Publius Licinius Crassus, Sohn des Publius: *triumviri agris iudicandis adsignandis*.» Ja, von Tiberius' jüngerem Bruder Gaius wissen wir, daß er dieser Kommission noch weitere zehn Jahre angehörte: Eine Agrarreform nämlich hatte sich angesichts der «italischen Krankheit» tatsächlich als notwendig erwiesen.

Gaius Sempronius Gracchus war ebensowenig ein «geborener» Revolutionär wie sein älterer Bruder, und wie jener erlangte auch er zunächst einige Positionen, die einem Mitglied der römischen Oberschicht wohl anstanden: 126 v. Chr. war er Quaestor, in den beiden darauffolgenden Jahren als Proquaestor für Sardinien zuständig, das sein Urgroßvater für Rom gewonnen und sein Vater erneut besiegt hatte. Dann aber befiel auch ihn der von der Mutter beklagte «Wahnwitz», und es ist das Jahr 124, in das der eingangs zitierte Brief der Cornelia gehört: Gaius nämlich wollte sich für das Folgejahr um das Amt des Volkstribunen bewerben und tat seiner Mutter damit «so viel Ungemach und so viel Kummer» an, wie sie schrieb. Ahnte Cornelia, daß auch ihr letzter überlebender Sohn wie sein Bruder eines Bruchs mit der *res publica* bezichtigt werden würde, des Strebens nach der Tyrannis, der widerrechtlichen Monarchie? Hören wir wieder Appian (86 ff.): «Die Aufteilung des Bodens hatten (nach Tiberius' Tod) die Besitzenden durch allerlei Manöver weitestgehend ins Stocken gebracht.... Das Volk, das sich so lange Hoffnung auf das Land gemacht hatte, verlor den Mut. In dieser Stimmung paßte es ihnen, daß Gaius Gracchus, der jüngere Bruder des Gesetzgebers (Tiberius) Gracchus, der zu der Dreimännerkommission gehört hatte, sich um das Amt des Volkstribunen bewarb. Er hatte bis dahin lange geschwiegen zu dem Unglück seines Bruders, doch als ihm viele im Senat ihre Mißachtung zeigten, bewarb er sich um das Amt.

Nachdem die Wahl glänzend verlaufen war, begann er sogleich, gegen den Senat zu intrigieren, indem er aus öffentlichen Mitteln eine monatliche Getreidezuteilung für jeden Angehörigen des Volkes festsetzte, was vorher nicht üblich gewesen war. So brachte er schnell durch diese eine politische Maßnahme das Volk auf seine Seite ... und unmittelbar danach wurde er auch für das kommende Jahr zum Volkstribun gewählt.»

Der «Wahnwitz» hatte auch von Gaius Besitz ergriffen. Zwar war die Wiederwahl eines Volkstribunen inzwischen erlaubt, populistische Maßnahmen aber verstießen noch immer gegen das, was «üblich» gewesen war. Dies gilt insbesondere für die Schaffung eines neuen Gegengewichts gegen den Senat durch die Stärkung des Ritterstands (Appian 91 ff.): «Da Gaius Gracchus nun das Volk um Sold für sich gewonnen hatte, zog er auch die sogenannten Ritter, die der Würde nach in der Mitte von Senat und Volk stehen, durch ein ähnliches Manöver dieser Art auf seine Seite. Er übertrug die Gerichtshöfe, die durch ihre Bestechlichkeit in schlechtem Rufe standen, von den Senatoren auf die Ritter... Gaius Gracchus soll nach der Annahme des Gesetzes geäußert haben, er habe da den Senat auf einen Schlag entmachtet – ein Wort, das sich in der praktischen Auswirkung als noch viel weittragender erweisen sollte: Daß nämlich Ritter zu Gericht saßen über alle Römer und Italiker, sogar über die Senatoren, und zwar mit der Vollmacht, über Eigentum, Verlust der Ehrenrechte und Verbannung zu entscheiden, erhob sie gewissermaßen zu Herren über den Senat und machte die Senatoren gleichsam zu ihren Untergebenen. Als sich dann die Ritter bei den Abstimmungen auf die Seite der Volkstribunen stellten und von ihnen als Gegenleistung alle ihre Wünsche erfüllt bekamen, wurden sie den Senatoren immer gefährlicher. Bald kam es so weit, daß sich die Machtverhältnisse in der *res publica* ganz umkehrten, indem der Senat nur noch das Ansehen hatte, die Ritter aber die Macht besaßen.»

Der derart gestärkte Ritterstand erwies sich freilich als kaum weniger bestechlich als der deshalb geschwächte Stand der Senatoren (Appian 96 f.): «Die Bestechlichkeit übernahmen sie (von den Senatorengerichten), und als auch sie erst einmal von den riesigen neuen Gewinnmöglichkeiten gekostet hatten, nutzten sie sie noch schamloser und maßloser aus. Gedungene Ankläger ließen sie auf die Reichen los und verhinderten die gerichtliche Verfolgung von Bestechungen dadurch, daß sie zusammenstanden und sogar Gewalt anwendeten.»

Erfolgreicher waren andere Maßnahmen, von denen Plutarch (26 f.) berichtet (wobei er bezüglich des Gesetzes über die Richter den eben zitierten Angaben bei Appian widerspricht); die Zuordnung der Maßnahmen zum ersten oder zweiten Amtsjahr des Gaius Gracchus als Volkstribun ist bereits in den Quellen unterschiedlich überliefert und bleibt mithin umstritten: «Von den Gesetzesanträgen, die er dann einbrachte, um die Gunst des Volkes zu gewinnen und den Einfluß des Senats zu brechen, sollte das Ackergesetz den *ager publicus* unter die Armen verteilen. Dem Militärgesetz zufolge sollte den Soldaten die Ausrüstung aus öffentlichen Mitteln gestellt und ihnen dafür nichts vom Sold abgezogen werden; auch dürfe kein Soldat unter 17 Jahren zum Militärdienst ausgehoben werden. Dem Bundesgenossengesetz zufolge sollten die italischen Völker das gleiche Bürgerrecht bekommen wie die römischen Bürger. Dem Getreidegesetz zufolge sollte den Armen billiges Getreide geliefert werden. Dem Gerichtsgesetz zufolge schließlich sollte insbesondere der Einfluß der Senatoren in der Rechtsprechung beschnitten werden; sie allein nämlich hatten die Gerichtsbarkeit in Händen und waren deshalb bei Volk und Rittern verhaßt. Gaius aber bestimmte außer den 300 Senatoren noch 300 Ritter und ließ die Entscheidungen von den 600 gemeinsam treffen.

Für die Annahme dieses Gesetzes soll er sich mit besonderem Eifer eingesetzt und dabei auch eine Neuerung eingeführt haben: Wenn früher nämlich die Volkstribunen eine Rede hielten, so wandten sie sich dem versammelten Senat und dem sogenannten Comitium (Versammlungsplatz) zu. Gaius aber wandte sich damals zuerst der anderen Seite, dem Forum, zu, als er die Rede hielt. Damit verwandelte er gewissermaßen die *res publica* aus einer Aristokratie in eine Demokratie, so daß die Redner ihre Worte an das Volk, nicht mehr an den Senat richteten.

Das Volk nahm nicht nur das Gesetz einstimmig an, sondern beauftragte Gaius auch mit der Wahl der Richter, die aus dem Ritterstand genommen werden sollten. Es war eine fast monarchische Machtbefugnis, die ihm zufiel, und selbst der Senat ließ sich seinen Rat gefallen. Allerdings entsprachen alle seine Ratschläge auch durchaus der Würde und dem Ansehen des Senats.»

Gaius Gracchus gelang es also, mit einer fast «monarchischen» Machtbefugnis – wir erinnern uns an den Vorwurf, sein Bruder habe nach dem Königtum gestrebt – die «aristokratische» Verfassung Roms mit dem großen Gewicht des Senats in eine eher «demokratische» zu verwandeln. Es ist ein großer Satz, den Plutarch hier ausspricht, wenn auch ein vielleicht mißverständlicher. Volksfreundlich nämlich waren die Maßnahmen des Gaius Gracchus durchaus, eine «Demokratie» wurde aus der römischen Mischverfassung freilich noch lange nicht, ebensowenig eine «Monarchie», auch wenn Plutarch (27 f.) darlegt, daß Gaius Gracchus viele Maßnahmen persönlich leitete: «Er brachte ein Gesetz ein über die Gründung von Colonien, den Bau von Straßen und die Errichtung von Getreidemagazinen. In allen diesen Angelegenheiten übernahm er selbst den Vorsitz und ließ sich bei all solchen wichtigen Unternehmungen nicht verdrießen. Staunenswert waren auch die Schnelligkeit und Energie, mit der er jeden einzelnen Plan durchführte... Die Menge staunte, wenn sie sah, wie ihn ein ganzes Heer von Bauunternehmern, Handwerkern, Gesandten und Beamten, Militärs und Gelehrten umlagerte. Alle behandelte er leutselig, ohne seiner Würde mit dieser Freundlichkeit etwas zu vergeben... So strafte er damit die böswilligen Verleumder Lügen, die behaupten wollten, er sei ein roher und gewalttätiger Übeltäter... Am meisten kümmerte er sich um den Straßenbau und war dabei ebensosehr auf den Nutzen wie auf Schönheit und Bequemlichkeit bedacht. In schnurgeraden Linien durchliefen die Straßen das Gelände; sie wurden mit behauenen Steinen gepflastert oder mit gestampften Sandaufschüttungen

befestigt. Vertiefungen wurden ausgefüllt; wo Bäche oder Schluchten das Gelände durchschnitten, baute man Brücken.»
Als Erschließer Italiens hätte Gracchus in die Geschichte eingehen können – als Mann, der erkannt hatte, daß eine Verbesserung der Verhältnisse auf der Halbinsel nicht nur Landzuweisungen erforderte, wie dies sein Bruder diagnostiziert hatte, sondern auch die Möglichkeit, auf diesem Land nicht nur Subsistenzwirtschaft, Landwirtschaft allein zum Eigengebrauch, durchzuführen, sondern auch Märkte zu erreichen. Natürlich ermöglichten gute Straßen aber auch, daß im Falle eines Falles die (wie erhofft, bald dank guter Bedingungen größeren) Streitkräfte rascher für Rom zur Verfügung stünden. An der Diagnose des Tiberius hatte sich nichts geändert, in der Therapie war Gaius Gracchus einen Schritt weiter gegangen als der Bruder.

In einem jedenfalls eiferte er seinem Bruder besonders nach: im «Wahnwitz». Auch er sprach vor dem Volk davon, «die Aristokratie aufzulösen und eine Demokratie einzurichten» (Diodor 34, 25), doch fand er in einem Kollegen einen unerwarteten Widerpart, wie Plutarch (29 f.) berichtet: «Als er sah, wie der Senat ihm feindlich gegenüberstand..., suchte er die Menge wieder mit neuen Gesetzen an sich zu ziehen und schlug vor, Siedler nach Tarent und Capua zu schicken und den Latinern das Bürgerrecht zu verleihen. Der Senat aber fürchtete, Gaius könne ihn vollends außer Gefecht setzen, und versuchte ein neues, noch nie dagewesenes Mittel, um eine Entfremdung zwischen Gaius und dem Volk herbeizuführen: Er wollte Gaius in seinen demagogischen Bestrebungen übertrumpfen und sogar gegen das beste Interesse der *res publica* dem Volk zu Willen sein. Unter Gaius' Amtsgenossen gab es einen Mann namens Livius Drusus, der an Herkommen und Erziehung keinem vornehmen Römer nachstand.... An ihn wandten sich also die Vornehmen und legten ihm nahe, einen Schritt gegen Gaius zu unternehmen und ihm mit ihnen gemeinsam entgegenzuwirken... So lieh Livius sein Amt als Volkstribun dem Senat für diesen Zweck und brachte ein Gesetz nach dem andern ein, und dies ohne Rücksicht auf Ehre oder Vorteil der *res publica*, um Gaius mit Gefälligkeiten bei der großen Menge auszustechen... Wenn Gaius etwa die Aussendung von zwei Colonien beantragte und die angesehensten Bürger dafür bestimmte, warf man ihm vor, er buhle um die Volksgunst. Livius, der zwölf beantragte und in jede 3000 bedürftige Bürger schicken wollte, fand Unterstützung.»

Der Senat also versuchte mittels eines ihm ergebenen Volkstribunen, die populistischen Vorschläge des Gaius Gracchus durch noch populistischere auszustechen. Doch wie bei Tiberius der historische Zufall der Erbschaft des Attalos-Reiches eine Wendung verursacht hatte, so war es auch bei Gaius Gracchus ein Zufall, genauer: ein Losentscheid, der dem Senat die erhoffte Behinderung von Gaius' Erfolgen brachte (Plutarch 31): «Rubrius, einer seiner Kollegen, stellte den Antrag, das von Scipio zerstörte

Karthago wieder zu besiedeln, und Gaius wurde durch das Los bestimmt, nach Afrika zu fahren und die Anlage der *colonia* zu leiten. Seine Abwesenheit benutzte Drusus, um dem Volk noch mehr zuzusetzen und es auf seine Seite zu bringen.»

Tatsächlich wurde Gaius Gracchus nicht, wie er dies erhofft hatte und nach seinen zahlreichen volksfreundlichen Maßnahmen auch erwarten durfte, ein drittes Mal zum Volkstribun gewählt: Seine lange Abwesenheit wegen des nordafrikanischen Unternehmens hatte ihn viele Anhänger gekostet. Zu spät bemühte er sich gleich nach seiner Rückkehr wieder um die Unterstützung der Leute «am Forum», in dessen Nähe die einfachen Menschen wohnten (Plutarch 33 f.): «Nach seiner Rückkehr war das erste, daß er vom Palatin in die Gegend am Forum zog; damit wollte er seine Verbundenheit mit dem Volk zeigen... Dann brachte er die übrigen Gesetze heraus, um über sie abstimmen zu lassen. Als aber eine gewaltige Menschenmenge von überall her zusammenströmte, um sie durchzubringen, wies der Senat den Consul Fannius an, alle Nichtrömer aus der Stadt zu weisen. So erging der unerhörte und seltsame Befehl, daß keiner der «Bundesgenossen und Freunde» sich in diesen Tagen in Rom aufhalten dürfe...

Dann (im Jahr 121) wurde Opimius zum Consul gewählt, worauf man eine Reihe von Gaius' Gesetzen wieder aufhob... Damit wollte man Gaius reizen und ihn für den Fall, daß er sich zu einem unbesonnenen Schritt verleiten lassen sollte, beseitigen. Anfangs ließ er sich alles ruhig gefallen. Als aber seine Freunde... seinen Ehrgeiz anstachelten, begann er erneut damit, die Gegner des Consuls um sich zu scharen. Auch seine Mutter sei, wie manche angeben, mit von der Partie gewesen;... das jedenfalls habe sie – verrätselt – in ihren Briefen an den Sohn geschrieben. Andere freilich geben an, Cornelia habe Gaius' Vorgehen mit einem sehr großen Unwillen betrachtet.»

Der «Wahnwitz», vor dem Mutter Cornelia in dem eingangs zitierten Brief so eindringlich gewarnt hatte, hatte die Oberhand gewonnen: An dem Tag, an dem der Consul Opimius die Aufhebung jener Gesetze durchsetzen wollte, wurde das Capitol gleich am Morgen von Anhängern beider Gruppen besetzt, wie Plutarch berichtet. Und dann geschah es: Ein Liktor des Opimius, also ein Träger seiner Hoheitszeichen, wurde von erregten Anhängern des Gaius getötet – Blut floß auf dem Capitol (Plutarch 34 f.): «Gaius war verärgert und tadelte seine Anhänger, weil sie der Gegenpartei ihren längst gehegten Wunsch erfüllt und sich ins Unrecht gesetzt hatten. Für Opimius war es ein Glücksfall, der ihn ganz übermütig machte, und so rief er das Volk zur Vergeltung auf. Doch wurde für dieses Mal die Versammlung aufgelöst, weil ein Wolkenbruch niederging.»

Doch auch die wahrhaft kalte Dusche konnte den «Wahnwitz» nicht mehr aufhalten. Den Volkstribun Gaius Gracchus traf der Vorwurf, nach der Tyrannis, der widerrechtlichen Monarchie, zu trachten, so wie man einst seinem Bruder vorgeworfen hatte, er trachte nach dem Königtum. Der Senat griff jetzt – vielleicht erstmals – zum äußersten Mittel, der faktischen Ausrufung des Staatsnotstandes und der Übertragung diktatorischer Vollmachten auf den Consul in einem sogenannten «äußersten Senatsbeschluß», dem *senatus consultum ultimum* (Plutarch 35): «In der Frühe des folgenden Morgens berief der Consul den Senat ein und beriet über die Lage... Die Senatoren gaben durch einen Beschluß dem Consul Opimius die Vollmacht, er solle nach Kräften die Stadt schützen und die Tyrannen vernichten. Opimius befahl nun den Senatoren, in Waffen zu erscheinen, und trug jedem Ritter auf, sich am anderen Morgen mit zwei bewaffneten Sklaven einzufinden.»

Auch Gaius' Anhänger bewaffneten sich, und wieder floß Blut. Die Anhänger des Consuls zerstreuten den Anhang des Gaius mit Gewalt. Er selbst floh und ließ sich in aussichtsloser Lage von einem treuen Sklaven töten. Eine große Zahl seiner Anhänger wurde hingerichtet. Hören wir noch einmal Appian (121): «So also endete der Aufstand des jüngeren Gracchus. Nicht lange danach wurde ein Gesetz in Kraft gesetzt, das den Inhabern den Verkauf des strittigen Landes erlaubte. Gerade das war auf Veranlassung des älteren Gracchus verboten worden. Und sogleich begannen nun die Reichen, von den Armen Land zu kaufen – oder zwangen sie unter solchen Vorwänden dazu. So blieb den Armen noch weniger übrig, bis der Volkstribun Spurius Thorius (um 111 v. Chr.) ein Gesetz einbrachte, man solle das Land nicht weiter verteilen, sondern es solle den derzeitigen Inhabern gehören, die dafür Abgaben an das Volk zahlen sollten; diese Gelder sollten verteilt werden. Diese Geldverteilung war zwar eine Art Beschwichtigung für die Armen – sie trug jedoch nichts zu einem Anstieg der Bevölkerungszahl bei. Als aber einmal mit diesen Winkelzügen das Gracchen-Gesetz zunichte gemacht war – das beste und nützlichste, hätte es durchgeführt werden können –, hob nicht lange danach ein anderer Volkstribun auch die Abgaben auf, und das Volk hatte alles zusammen verloren.»

Die Diagnose der «italischen Krankheit» durch die Gracchen war unverändert richtig – ihre Therapie war jedoch am «Wahnwitz» der Brüder gescheitert, ja sie hatte zum Gegenteil geführt.

Noch einmal Cornelia

Mit Tiberius und Gaius Gracchus beginnt die Epoche der Krise der Republik. Wie die Darstellung gezeigt hat, setzte mit den Reformen der Gracchen tatsächlich etwas Neues ein. Zielten die Reformen auch auf die Wiederherstellung eines vorherigen Zustands, waren sie also im Wortsinne «konservativ», so sollten sie doch mit «revolutionären» Mitteln durchgesetzt – oder verhindert – werden. Der alte Konsens zwischen Senat und Volk war brüchig geworden. Die folgenden Jahrzehnte sollten zeigen, welche anderen Therapien der «italischen Krankheit» versucht worden sind und zu welchen Ergebnissen sie führten. Das letzte Wort in dieser Darstellung soll jedoch Cornelia gehören. In dem anderen Auszug aus ihrem eingangs zitierten Brief an Gaius Gracchus heißt es: «Du wirst sagen, es sei schön, sich an den Feinden zu rächen. Es gibt niemanden, dem das größer und schöner scheint als mir, aber nur, wenn man es mit einer gesunden *res publica* erreichen kann. Weil aber das nicht geschehen kann, ist es besser, wenn unsere Feinde jederzeit und überall weiterwirken und so, wie sie jetzt sind, bleiben, als wenn die *res publica* zerrüttet und zugrunde gerichtet wird.»

Gaius Marius –
oder: der Anfang vom Ende der Republik

von Lukas Thommen

In Marius erkannten bereits die antiken Autoren den aus einfachen Verhältnissen stammenden, altrömischen Haudegen: «ein Bauernkerl, aber ein ganzer Kerl» (*rusticanus vir, sed plane vir*; Cicero, *Gespräche in Tusculum* 2, 53), «im Krieg der Beste, im Frieden der Schlechteste» (Velleius Paterculus 2, 11, 1). Gelobt werden seine Bescheidenheit und Sittenstrenge, kritisiert seine staatsmännischen Unzulänglichkeiten und seine politische Konzeptionslosigkeit, die ihn zu demagogischem Populismus und zu unglücklichen Verbindungen mit jenen Hitzköpfen getrieben hätten, die ihre politischen Ziele mit Hilfe des Volkes und gegen die Interessen der Senatsaristokratie durchzusetzen versuchten (sog. *populares*). Als Aufsteiger (*homo novus*) habe Marius zeitlebens im Clinch mit der von ihm gehaßten Aristokratie gelegen, in deren Kreis er sich selbständig zu behaupten versuchte. Dank seiner Herkunft vom Lande habe er zwar eine harte Erziehung genossen, zugleich aber bewußt auf die in der Oberschicht übliche griechische Bildung verzichtet.

Von klein auf vertraut war Marius das Bundesgenossen- und Italikerproblem, das seit der Gracchenzeit ungelöst geblieben war. Erst wenige Jahre vor Marius' Tod – nach einer großen Erhebung – wurde es endlich einer langfristigen Lösung zugeführt: Alle Italiker, die südlich des Po wohnten, konnten im Jahre 89 v. Chr. das römische Bürgerrecht erlangen. Das Hauptproblem, das sich zur Zeit des Marius stellte, war nach wie vor die Landfrage. Die Verteilung von Ländereien an römische Bürger und Soldaten war in der Zeit nach den Gracchen zum Erliegen gekommen. Dies hatte wiederum Auswirkungen auf das römische Bürgerheer, dessen Zusammensetzung laufend geändert werden mußte. Marius wird üblicherweise mit einer umfassenden Heeresreform in Verbindung gebracht, die das Milizheer, das sich – im Bedarfsfall ausgehoben – aus zumeist bäuerlichen römischen Bürgern rekrutierte, in ein Berufsheer umgewandelt habe und somit bereits auf das Heer der Kaiserzeit vorauswies. Marius selber gilt schließlich als «der letzte große Feldherr alten Stiles» (Kromayer-Veith), der seine Fähigkeiten im Interesse des Staates und im Gegensatz zu seinen Nachfolgern nicht im Dienste persönlicher Machtambitionen einsetzte.

Der Antike ist Marius in erster Linie als Sieger über die Germanenstämme der Cimbern und Teutonen in Erinnerung geblieben, die gegen

Ende des zweiten Jahrhunderts v. Chr. nach Italien vorzudringen versuchten. Plutarch zufolge, der in seiner Marius-Biographie ausführlich über diese Ereignisse berichtet, ist er – nach Romulus und Camillus – sogar als «dritter Gründer Roms» bezeichnet worden. Außergewöhnlich war zudem die siebenmalige Bekleidung des Consulats. Diese wiederholte Ausübung des Oberamtes verstieß gegen die Regeln der römischen Magistratur, wurde aber in Zeiten der Not vom Senat geduldet und soll im Falle des Marius sogar vom Volk ausdrücklich gewünscht worden sein. Marius hat sich dabei aber nicht nur militärisch bewährt, sondern auch politische Erfolge verbucht, wie im folgenden anhand des Aufstieges und der Taten dieser bedeutenden Persönlichkeit in den turbulenten Zeiten der späten Republik deutlich werden wird.

Die Anfänge des *homo novus*

Gaius Marius wurde um das Jahr 158/7 in dem kleinen ländlichen Ort Cereatae im Gebiet von Arpinum geboren. Er stammte aus einer wenig bedeutenden Familie, die aber keinesfalls der einfachen Plebs, sondern dem Ritterstand zuzurechnen ist und über Verbindungen zur römischen Regierungsschicht – der Nobilität – verfügte. Marius leistete zunächst Kriegsdienst unter Scipio Africanus gegen die Keltiberer in Spanien. Bei der Belagerung von Numantia (134/133) bewies er seine Tapferkeit und erlangte die ersten Ehrungen. Im Anschluß daran erreichte er durch Volkswahl das Amt eines Militärtribunen. Seine politische Karriere begann er um 123/122 mit der Quaestur, und im Jahre 119 versah er das Amt des Volkstribunen.

Bei der Bewerbung um das Volkstribunat hatte sich die Unterstützung der Meteller-Familie, insbesondere des Lucius Caecilius Metellus, der gleichzeitig selbst den Consulat anstrebte, als hilfreich erwiesen. Dennoch stellte Marius sofort seine Unabhängigkeit unter Beweis und setzte gegen den Willen des Metellus und der Mehrheit des Senats gewaltsam ein Gesetz durch, aufgrund dessen die bei Abstimmungen aufgestellten Wahlbrücken verschmälert werden konnten. Durch die Verengung der Brücken, welche die Bürger bei der Abgabe ihrer Stimmtafeln zu passieren hatten, wurden die Tafeln weniger leicht einsehbar und mithin die Wähler besser vor der offenen Kontrolle ihres Stimmverhaltens durch ihre Patrone geschützt. Diese Maßnahme war ganz im Sinne anderer popularer Anträge seit der Gracchenzeit, mit deren Hilfe man versuchte, das Volk bei der Stimmabgabe dem Wettbewerb der Klientelverhältnisse zu entziehen und Wahlbestechung zu verhindern. Dennoch ergriff Marius gleichzeitig auch die Initiative gegen ein populares Getreidegesetz, das offenbar Grundlage für eine Verbesserung der Versorgung der Plebs in Rom hätte werden sollen. Durch dieses undiplomatische Verhalten dürfte er auch in der Bevölkerung Popularität eingebüßt haben.

Marius bewarb sich jedenfalls zweimal vergeblich um das nächsthöhere Amt, die Aedilität. Im Jahre 116 erreichte er mit Mühe die Wahl zum Praetor – dem führenden Justizbeamten – für das nächste Jahr. Er handelte sich dabei eine Anklage wegen Bestechung ein, wurde aber bei Stimmengleichheit unter den Richtern freigesprochen. Im Jahre 114 übernahm er den Proconsulat im jenseitigen Spanien, wo er im Guerillakrieg gegen Räuberbanden neues Ansehen erlangte. Seinen Aufstieg untermauerte er schließlich durch eine neue familiäre Bindung, denn nach seiner Rückkehr heiratete er die Patrizierin Iulia, die spätere Tante Caesars.

Der Wüstenkrieg: Jugurtha

Gelegenheit, sich auszuzeichnen, erhielt Marius im Krieg gegen den Numiderkönig Jugurtha. Dieser hatte Rom im Jahre 111 durch die gewaltsame Beseitigung seiner Mitregenten herausgefordert. Im Steppenkrieg zeigte sich die Unfähigkeit und Bestechlichkeit der vom Senat bestellten Kommandeure, die zu schmachvollen vorzeitigen Friedensschlüssen führten. Dies gab erstmals seit den Tagen der Gracchen wieder Gelegenheit zu neuen Agitationen gegen die Nobilität und hatte gerichtliche Anklagen gegen die Feldherren zur Folge, die insbesondere von popular gesinnten Volkstribunen betrieben wurden. Im Jahre 109 übernahm daher der unbescholtene Consul Quintus Caecilius Metellus das Kommando gegen Jugurtha.

Marius erreichte, daß er Metellus als Legat an die Seite gestellt wurde und dann in Afrika leitende Aufgaben übernehmen konnte. Die beiden ambitionierten Kriegsherren entzweiten sich aber zusehends, als – trotz großer Bemühungen – ein durchschlagender militärischer Erfolg ausblieb. Als sich Marius im Laufe des Jahres 108 in Rom um den Consulat bewerben wollte, versuchte Metellus, seine Abreise zu verzögern. Daraufhin wandte sich Marius mit propagandistischen Reden an seine Freunde aus dem Kreis der Italiker und Ritter, die in Nordafrika ungestört Handel treiben wollten und an einer baldigen Beendigung des Krieges interessiert waren. Es gelang ihm schließlich, eine günstige Stimmung zu verbreiten und Metellus in Mißkredit zu bringen.

Die Agitation des Marius führte dazu, daß dieser nach seinem Eintreffen in Rom für das Jahr 107 als *homo novus*, also als erstes Mitglied seiner Familie, zum Consul gewählt wurde. Dies bedeutete einen außergewöhnlichen politischen Aufstieg ins oberste Amt, der vor ihm nur wenigen gelungen war. Die Provinz Numidien war vom Senat allerdings bereits dem Metellus zugewiesen worden. Es zeigte sich jetzt, daß Marius gewillt war, auch gegen alles Herkommen von seinen magistratischen Möglichkeiten Gebrauch zu machen, um seine Ambitionen zu verfolgen. Der Volkstribun Titus Manlius Mancinus verstand sich dazu, das Kommando gegen Jugurtha von der Volksversammlung auf Marius übertragen zu lassen. Damit konnte Marius die Kriegführung in Numidien übernehmen, obwohl Metellus Jugurtha in der Zwischenzeit in die Defensive gedrängt hatte.

Marius rekrutierte vor seiner Abfahrt neue Truppen und betrieb dabei auch eine scharfe Abrechnung mit seinen Gegnern. Sallust (*Jugurthinischer Krieg* 85, 13-15) schreibt ihm eine flammende Rede zu, die folgende Aufforderung enthält: «Vergleicht nun, Mitbürger, mit jenen stolzen Herren mich, den Neuling ohne Ahnen! Was sie meist nur hören oder lesen, das habe ich erlebt oder selber ausgeführt; was sie aus Büchern wissen, das hab' ich im Feld gelernt. Jetzt urteilt selbst, ob Taten oder Worte mehr bedeuten! Sie verachten meine bürgerliche Abstammung, ich ihre Lässigkeit; mir wirft man meinen niederen Stand vor, ihnen ihr schmachvolles Verhalten. Indes ich meine, von Geburt sind wir Menschen alle gleich, nur der Tatkräftige hat den wahren Adel.» (Übersetzung W. Schöne)

Marius weckte bei vielen neue Hoffnungen und fuhr, durch Ersatztruppen gestärkt, nach Utica (im heutigen Tunesien), wo er das Heer des Metellus übernahm. Zunächst wurde im Hinterland Numidiens die Jugurtha günstig gesinnte Stadt Capsa eingenommen und durch die Auslöschung der Bevölkerung ein furchtbares Exempel statuiert. Marius beabsichtigte, im weiteren mit einer systematischen Einkreisungstaktik gegen Jugurtha vorzugehen. Auch in den beiden folgenden Jahren (106/105) konnte er das Kommando behalten, und zwar als Proconsul.

Im Jahre 106 drangen seine Truppen bis an die Westgrenze Numidiens vor. Schließlich gelang es ihnen, Jugurtha in die Flucht zu schlagen. Dieser setzte sich zu seinem Schwiegervater, König Bocchus von Mauretanien, ab, der ebenfalls in die Kämpfe verwickelt war. Als Bocchus um Unterhändler bat, erhielt Sulla, der Marius als Quaestor beigeordnet war, die Gelegenheit, aus dem Schatten des Feldherrn hervorzutreten. Auf Sullas Rat hin entschloß sich Bocchus nämlich, Jugurtha auszuliefern. Sulla zog sich durch diesen persönlichen Erfolg nicht nur die Feindschaft des Marius zu, sondern bahnte gleichzeitig den eigenen politischen Aufstieg an.

Am 1. Januar 104 hielt Marius einen glänzenden Triumphzug in Rom ab, bei dem er Jugurtha zusammen mit zweien von dessen Söhnen vorführte. Schon zuvor war er aufgrund seines Erfolges in Abwesenheit für einen zweiten Consulat gewählt worden. Dies war im Prinzip völlig unüblich und gesetzeswidrig. Es galt jedoch, eine weitere und noch wesentlich größere militärische Aufgabe zu bewältigen.

Regierungsjahre: Marius' Consulate

Im Jahre 113 waren die Germanenstämme der Cimbern, Teutonen und Ambronen, von der Nordsee her kommend, ins Gebiet des heutigen Österreich eingedrungen, wo sie den Römern eine Niederlage bereiteten. In Rom verbreitete sich die Angst vor einem Einfall nach Italien. Erinnerungen an die Katastrophe, welche die Hauptstadt während der Invasion der Gallier mehr als 250 Jahre zuvor erlebt hatte, wurden wach. Die Cimbern zogen aber mit anderen germanischen und keltischen Stämmen zunächst nach Südgallien, wo sie erneut die Römer besiegten. Im Jahre 105 vernichteten die Germanen bei Arausio (Orange) sogar zwei römische Heere und fügten damit Rom die schwerste Niederlage seit dem militärischen Debakel von Cannae gegen den karthagischen Feldherrn Hannibal (216) zu. Der Proconsul in Gallien, Quintus Servilius Caepio, war nicht bereit gewesen, mit dem als Neuling in den Consulat gelangten Gnaeus Mallius zusammenzuarbeiten. Die römischen Heerführer, insbesondere der Vertreter der Nobilität, hatten versagt und waren erneut heftigen Angriffen von popularer Seite ausgesetzt. Sie endeten für die Fehlbaren mit der gerichtlichen Verurteilung und ihrer Ausweisung ins Exil.

Marius erschien in dieser ebenso verfahrenen wie bedrohlichen Situation als Retter in der Not und schaffte es in der Folge, viermal hintereinander (104-101) zum Consul gewählt zu werden. Als Provinz erhielt er jeweils Gallien zugeteilt. Kein anderer Feldherr schien fähig, die Germanengefahr abzuwenden. Die Soldaten hatten Marius gegenüber ausdrücklich ihre Loyalität bekundet, und tatsächlich bezwang er den Feind. Dennoch handelte es sich um eine unerhörte, regelwidrige Verfahrensweise, die sowohl das Verbot der Kontinuation als auch die Vorschrift mißachtete, mindestens einen zehnjährigen Abstand zwischen zwei Amtsperioden als Consul zu wahren.

Marius war in dieser Zeit aber nicht nur mit militärischen Problemen konfrontiert. Unter anderem standen auch das Sklaven- und Seeräuberproblem zur Lösung an. Im Jahre 104 führte Marius einen Senatsbeschluß herbei, der die römischen Statthalter zur Freilassung aller widerrechtlich Versklavten verpflichtete. Der Widerstand der sizilischen Sklavenhalter führte auf der Insel zu einem bedrohlichen Sklavenaufstand, der erst im Jahre 101 nach der Entsendung des Consuls Manius Aquillius niedergeschlagen werden konnte. Im östlichen Mittelmeer wurde zudem im Jahre 102 eine massive Aktion gegen die Piraten eingeleitet, die den römischen Handel immer wieder empfindlich gestört hatten; kurze Zeit danach erließen die Römer sogar ein Gesetz zur konsequenten Verfolgung der Seeräuber. Wahrscheinlich wurde in dieser Zeit auch die Besteuerung des ehemaligen Territoriums des Königreichs Pergamon geregelt, das ins römische Provinzialsystem überführt worden war. Während der Consulate des Marius erfolgten also ganz verschiedenartige Verbesserungen im Innern des Imperium Romanum. Marius hat seine langfristige Amtsführung nicht zuletzt für eine Neuordnung der Armee genutzt.

Die Heeresreform: Marius' neue Armee

Mit dem Ausgreifen des Reiches hatten sich die Kriege der Römer in immer entferntere Gebiete verlagert und forderten immer mehr Bürger, die zusehends länger unter Waffen standen. Das Ideal, daß sich der römische Ackerbauer mit Hilfe seines Einkommens selbst als Soldat auszurüsten vermochte, war in der Praxis kaum mehr zu erfüllen, da zunehmend auch untere Bürgerschichten zum Heeresdienst herangezogen werden mußten – bis sich Marius abermals zu einem neuen Schritt entschloß: zur Rekrutierung von Besitzlosen. Seine Maßnahme weckte entsprechendes Mißtrauen: «Dies geschah – so meinten manche – weil es wenig reiche Bürger gab; andre glaubten, der Konsul wolle sich beliebt machen; denn von solchen Leuten war ihm zu Ansehn und Ehren verholfen, und einem auf Macht erpichten Manne sind die Ärmsten grade am willkommensten, die ihr Besitz nicht kümmert, weil sie keinen haben, und denen alles, was Gewinn bringt, ehrenhaft erscheint.» (Sallust, *Jugurthinischer Krieg* 86, 3; Übersetzung W. Schöne)

Marius hatte also angeblich schon für den Jugurthinischen Krieg gegen alles Herkommen besitzlose römische Bürger rekrutiert, die noch unterhalb der fünf Besitzklassen eingestuft waren. Sie wurden dementsprechend bei den Steuerschätzungen durch die Censoren nicht nach Vermögen, sondern nur «nach Köpfen gezählt» (*capite censi*). Diese Form der Rekrutierung war schon im Zweiten Punischen Krieg und vereinzelt auch in späteren Notsituationen vorgekommen. Sie drängte sich wegen des Rückgangs der wehrfähigen Bürgerschicht geradezu auf. Der Census der fünften Klasse hatte schon im Zweiten Punischen Krieg von 11000 auf 4000 As (Kupfermünze) als persönliches Vermögen gesenkt werden müssen und war in gracchischer Zeit sogar auf 1500 As geschrumpft, was aber offensichtlich noch immer nicht ausreichte.

Im Germanenkrieg machte sich der Soldatenmangel immer deutlicher bemerkbar und forderte entsprechende Gegenmaßnahmen. Unter dem Kommando des Marius kam daher jene Rekrutierungsform zum Tragen, die sich nicht mehr ausschließlich auf die allgemeine Wehrpflicht und auf selbstausgerüstete Bürger stützte, sondern die freiwillige Meldung zum Soldatendienst berücksichtigte. Die Rekrutierten wurden fortan vom Staat ausgerüstet und vom Feldherrn persönlich betreut, woraus sich eine besondere Bindung bzw. eine eigene Form des Klientelverhältnisses ergab (Heeresklientel). Die Soldaten erhielten von ihrem Feldherrn Sold und Beuteanteile und konnten damit rechnen, nach Ableistung ihrer Dienstzeit ein Stück Land zu erhalten, um ihre künftig zivile Existenz zu sichern. Mit Marius entstand ein neuer Soldatentyp, der härterem und professionellerem Training als bislang unterzogen wurde. Er verdiente in der Armee sein Geld und fand in ihr vorübergehend einen neuen Lebensrahmen, der ihm seine heimatlichen und familiären Bindungen ersetzte.

Marius setzte jedoch keine ein für allemal geltende Reform durch, sondern die Änderungen ergaben sich vielmehr durch die neue Praxis, die sich von der Aushebung nach Vermögensklassen mehr und mehr entfernte. Es entstand aber noch keine eigentliche Berufs- oder Söldnerarmee; bis ans Ende der Republik kam es weiterhin zu ad-hoc-Rekrutierungen, die vom zuständigen Feldherrn durchgeführt wurden. Die Dienstpflicht der besitzenden Bürger wurde jedoch zunehmend durch Anwerbung und willkürliche Aushebungen abgelöst, die langfristig verfügbare Soldaten hervorbrachten; diese wurden daher zwangsläufig auch zu einem politischen Faktor.

Die Erhaltung des römischen Weltreiches forderte zudem eine neue Art der Kriegführung, die dauernde Präsenz in verschiedensten Gebieten bedingte. Gerade im Kampf gegen die Germanen drängte sich eine veränderte Taktik auf, bei der größere, aber dennoch bewegliche und schlagkräftige Infanterieeinheiten (cohortes) zum Tragen kommen sollten. Marius dürfte daher wesentlich am Wechsel von der alten Manipular- zur Kohortentaktik beteiligt gewesen sein, wobei gleichzeitig die Reiterei und Leichtbewaffneten zu Sondereinheiten ausgegliedert wurden. Die Legion wurde damit von einem Armeekörper zu einem einheitlich ausgerüsteten Truppenkörper umgewandelt und erhielt gleichzeitig den Adler als Truppen- und Feldzeichen. Die Sollstärke betrug 6000 Mann: zehn Kohorten à 600 Mann, aufgeteilt in 6 Centurien, die drei Manipeln entsprachen. Die durch hartes Exerzieren geübten Soldaten mußten ferner zur Entlastung des Trosses und im Sinne der Selbständigkeit auch das Marschgepäck nach neuen Maßgaben auf Holzgestellen mitführen, was ihnen den Spitznamen «marianische Maulesel» eintrug.

Die ‹Germanensiege›: Rettung für Rom

Da die Cimbern nach ihrem Sieg von 105 nach Spanien ausgewichen waren, nutzte Marius mit seinen Soldaten die Zeit einerseits für technische Verbesserungen und vermehrtes Exerzieren, andererseits um einen Kanal von Arelate (Arles) zu der Küste hinunter anzulegen. Diese fossa Mariana sollte helfen, das Rhônedelta zu sichern und die Versorgung der Armee vom Meer her auf direktem Wege zu garantieren.

Im Jahre 103 kehrten die Cimbern nach Nordgallien zurück, um sich wieder mit den Teutonen zu vereinigen und im nächsten Frühjahr gemeinsam mit ihnen erneut Richtung Süden vorzustoßen. Die Cimbern drangen dabei mit keltischen Stammesgruppen über die Alpen nach Norditalien in die Poebene vor; die Teutonen und Ambronen gelangten in die Rhôneebene. Das getrennte Anrücken der beiden Verbände sollte sich für Marius und die Römer als Glück erweisen. Marius, der zunächst Angriffe auf sein Lager abwehren mußte, fing die Gegner im Herbst in der Nähe von Aquae Sextiae (Aix-en-Provence) ab; in mehrtägigen Gefechten schlug er sowohl die Ambronen als auch die Teutonen. Demgegenüber konnte sein Kollege, der Consul Quintus Lutatius Catulus, in Oberitalien gegen die Cimbern und ihre Verbündeten aber nichts erreichen. Daher vereinigte Marius im nächsten Frühjahr (101) sein Heer mit jenem des Catulus. Daraufhin gelang den Römern bei Vercellae (in der Nähe von Rovigo) schließlich auch der Sieg über diese germanisch-keltischen Einheiten. Dem Vormarsch der germanischen Völker, die zum ersten Mal ins Imperium Romanum eingefallen waren und dort nach neuen Siedlungsgebieten suchten, war damit ein Riegel vorgeschoben. Marius stand als Sieger auf dem Höhepunkt seiner Karriere. Er feierte mit Catulus einen gemeinsamen Triumph.

Populare Agitation: Lucius Appuleius Saturninus

Aufgrund seiner militärischen Erfolge wurde Marius für das Jahr 100 zum sechsten Mal zum Consul gewählt. Die Anfeindungen aus den Reihen der Nobilität konnten ihm dabei nichts anhaben. Behilflich waren Marius sowohl die Soldaten als auch der Volkstribun Gaius Servilius Glaucia, der mit den Rittern in Verbindung stand und im nächsten Jahr die Praetur bekleiden sollte. Zu diesem gesellte sich Lucius Appuleius Saturninus, der für das Jahr 100 zum zweiten Mal zum Volkstribun gewählt worden war. Dieser verstand sich auf die populare Methode und wußte die Möglichkeiten seines Amtes gründlich zu nutzen. Schon in seinem ersten Tribunat vom Jahre 103 hatte er gegen den Einspruch (*Veto*) eines Kollegen gewaltsam ein Gesetz durchgebracht, aufgrund dessen Beuteland in Afrika an die Veteranen des Marius aus dem Jugurthinischen Krieg verteilt werden sollte. Damit wurden also die Zielsetzungen des Gaius Gracchus, Volkstribun der Jahre 123/122, wieder aufgenommen, der römischen Bürgern – auf dem Boden des ehemaligen Karthago – ebenfalls eine außeritalische Colonie als Ersatz für italische Ländereien in Aussicht gestellt hatte. Nun aber, zwanzig Jahre später, waren die Interessen eines Feldherrn ins Spiel gekommen, der insbesondere für seine Veteranen sorgen mußte. Störungen des politischen Friedens waren damit vorprogrammiert.

Im Jahre 100 unternahm Saturninus für Marius einen neuen Versuch, die Veteranen aus dem Germanenkrieg anzusiedeln – diesmal in der Region *Gallia Cisalpina*, in Sizilien, Achaia und Makedonien, aber auch in Gebieten der Poebene, die den Cimbern abgenommen worden waren. Dabei wurde wiederum der Wille der Senatsmehrheit übergangen, und Saturninus ließ sich zur gewaltsamen Vertreibung opponierender Tribunatskollegen hinreißen. Ein weiterer und ungeheuerlicher Affront lag darin, daß die Senatoren einen Schwur auf das Gesetz zu leisten hatten. Als Metellus, Marius' ehemaliger Vorgesetzter im Jugurthinischen Krieg, den Eid verweigerte, wurde er ins Exil getrieben. Bei den Consulwahlen für das Jahr 99, an denen der Praetor Glaucia entgegen dem Verbot der Ämterreihung teilnehmen wollte, kam es sogar zum Mord an einem gegnerischen Bewerber. Der Senat ließ daraufhin den Notstand ausrufen (*senatus consultum ultimum*) und beauftragte die Consuln, für die Wiederherstellung der Ordnung zu sorgen. Bemerkenswert, aber auch bezeichnend ist, daß sich Marius in dieser Situation von seinen früheren Verbündeten distanzierte und sich auf die Seite des Senats stellte. Wollte er sich nicht außerhalb der staatlichen Ordnung begeben beziehungsweise auf Gedeih und Verderb den Kampf mit der Führungselite aufnehmen, blieb ihm keine andere Wahl. Saturninus und seine Anhänger wurden gefangengenommen und ins Senatsgebäude eingesperrt, wo die aufgebrachten Verfolger, die sowohl aus der Nobilität als auch aus dem Ritterstand und dem Volk stammten, zur Lynchjustiz schritten. Die geplanten Veteranenansiedlungen waren damit zum Scheitern verurteilt.

Plutarch zufolge büßte Marius durch diese Aktionen alle Sympathien ein und stand Ende des Jahres 100 völlig isoliert in der politischen Landschaft Roms. Er begab sich nach Ablauf seines Amtsjahres nach Kappadokien und Galatien, wo er auch Kontakt mit Mithridates, dem König von Pontos, aufnahm und diesen durch eine Zurechtweisung gegen Rom aufzubringen suchte. Möglicherweise hatte Marius aber auch einen offiziellen Verhandlungsauftrag, bei dem er Mithridates zur Räumung von Paphlagonien bewegen sollte. In Rom wurde Marius jedenfalls im Jahre 98/7 *in absentia* das priesterliche Amt des Augurs zuteil, was eine große Auszeichnung bedeutete. Im Jahre 97 kehrte er nach Rom zurück und bezog ein Haus in der Nähe des Forums. Er engagierte sich in verschiedenen Prozessen und wartete auf eine neue Chance zur Rückkehr in die Politik.

Der Bundesgenossenkrieg: Aufstand gegen Rom

Diese ergab sich im Bundesgenossenkrieg (‹Marsischer Krieg›), der im Jahre 91 ausbrach. Da die Verleihung des römischen Bürgerrechts an die Bundesgenossen trotz der Bemühungen des senatstreuen Volkstribunen Marcus Livius Drusus auch in diesem Jahr versäumt worden war, zeigten sich nun verschiedene italische Volksstämme bereit, für ihre Gleichstellung mit den römischen Bürgern zu den Waffen zu greifen. Sie schlossen sich militärisch zusammen und organisierten einen eigenen Bundesstaat. Tonangebend waren dabei die mittelitalischen Stammesgruppen der Marser (nördlich und östlich von Rom) sowie der Samniten (im südöstlichen Teil des Apennin).

Marius wurde im Jahre 90 Legat des Consuls Publius Rutilius Lupus, der den nördlichen Kriegsschauplatz übernahm; der zweite Consul, Lucius Iulius Caesar, kämpfte im Süden. Beide Kommandanten erlitten jedoch Niederlagen, und als Lupus getötet wurde, hatte Marius die Chance, dessen Heeresabteilung zu übernehmen. Marius gelang es rasch, ein paar kleinere Erfolge zu erzielen. Die Gelegenheit, die sich aus dem vergrößerten Kommando ergab, wußte er aber nicht zu nutzen, angeblich auch aus gesundheitlichen Gründen. Der Widerstand gegen die Gewährung des Bürgerrechts an die Italiker war letztlich zwecklos. Den Bundesgenossen mußten endlich die gleichen Rechte wie den römischen Bürgern zugestanden werden. Marius war also auf der Suche nach einer aussichtsreicheren Aufgabe, die er sich nicht mit anderen Heerführern teilen mußte.

Der Marsch auf Rom: Sulla

Marius bewarb sich daher – zunächst erfolglos – um seinen siebenten Consulat. Er blieb dem Kriegsschauplatz fern und schloß sich erneut mit einem Volkstribunen zusammen: Publius Sulpicius. Sein Ziel war es, ein prestigeträchtiges Kommando zu übernehmen, nämlich jenes gegen König Mithridates von Pontos. Dieser war in Bithynien und Kappadokien eingefallen und dann in die römische Provinz Asia vorgedrungen, wo er sich unter Aufruf zur Ermordung der Italiker und Römer als Befreier feiern ließ. Das Kommando gegen Mithridates war für das Jahr 88 vom Senat bereits dem Consul Sulla zugelost worden. Dem Volkstribunen Sulpicius gelang es jedoch, mittels Volksbeschluß das Kommando auf Marius zu übertragen.

Sulla und seine Soldaten waren freilich nicht geneigt, sich das gewinnversprechende Unternehmen entgehen zu lassen. Die Folgen waren ungeheuerlich: Sulla setzte sich mit seiner Armee in Richtung Rom in Bewegung. Zum ersten Mal in der Geschichte der römischen Republik wurden jetzt Soldaten eingesetzt, um ein innenpolitisches Ziel zu verwirklichen. Marius floh in aussichtsloser Lage aus Rom und gelangte schließlich auf abenteuerliche Weise zu der afrikanischen Colonie Cercina, einer Insel in der Kleinen Syrte, die von seinen Veteranen besiedelt war. Zwar erklärte Sulla seinen Rivalen und dessen Anhänger für vogelfrei, doch blieb ihm wenig Zeit, die Angelegenheiten in der Stadt zu regeln. Er brach bald in den Osten auf, um gegen Mithridates anzutreten.

Marius nutzte im nächsten Jahr die Möglichkeit zur Rückkehr. Er rekrutierte in Etrurien 6000 Mann und bemächtigte sich zusammen mit dem vertriebenen Consul Lucius Cornelius Cinna in einem neuerlichen militärischen Handstreich der Stadt Rom – nicht ohne am Toreingang die Aufhebung seiner Verbannung durch die Volksversammlung verlangt zu haben. Nach dem Betreten der Stadt kam es zu blutigen Racheakten und Proscriptionen, denen auch manche Mitglieder der Nobilität zum Opfer fielen. Sulla wurde zum Staatsfeind deklariert. Cinna war wenig zimperlich bei dem Versuch, ein neues Regiment zu errichten.

Für das Jahr 86 erklärten sich Cinna und Marius eigenmächtig selber zu Consuln, so daß Marius das Amt zum siebenten Mal übernehmen konnte. Er führte zu jener Zeit seinen Neffen Caesar ins öffentliche Leben ein und ließ ihn zum Juppiterpriester (*flamen Dialis*) wählen. Am 13. Januar setzte der Tod allen Plänen des Marius ein Ende; er starb an einer Rippenfellentzündung. Seine Absicht, gegen Mithridates im Osten anzutreten, konnte er nicht mehr weiterverfolgen. Die politische Neukonzeption der erschütterten römischen Republik blieb daher seinem Konkurrenten Sulla überlassen. Dieser ließ nach seiner Rückkehr aus dem Osten Marius' Asche in den Anio streuen. Erst Caesar rief die Erinnerung an den Germanensieger wieder wach: Im Jahre 69 ließ er anläßlich des Begräbnisses seiner Tante Iulia die Bilder des Marius und seines Sohnes im Leichenumzug mitführen.

Epilog

Die Taten des Marius lassen insgesamt ein Profil erkennen, das weit über das vorgefaßte Bild des politischen Aufsteigers und militärischen Haudegens hinausgeht. Marius' Politik und Schicksal sind in mehrerer Hinsicht symptomatisch für die Problematik, welche die römische Republik seit den Gracchen geprägt hat. Die im Senat vereinigte Führungselite hatte es versäumt, den Bürger- und Heeresverband durch wirtschaftliche und politische Reformen langfristig abzusichern. Korrupte Feldherren aus dem Kreis der Nobilität, die vorwiegend auf ihre eigenen Vorteile und Ehre schauten, trieben Rom in unnötige militärische Niederlagen und nachteilige Friedensschlüsse.

In dieser Situation erhielt Marius als *homo novus* die Chance für eine außergewöhnliche, an militärischer Leistung orientierte Karriere. Er setzte sich sowohl für eine verbesserte Heerführung als auch für eine Reorganisation der Truppenverbände ein. Damit versuchte er, eine Entwicklung zu steuern, die durch die unterlassene Versorgung der Bürgersoldaten mit Land – als Existenzgrundlage nach geleistetem Kriegsdienst – verursacht worden war. Es entstand ein neuer Soldatentypus, der vom Feldherrn versorgt werden mußte und im Heeresdienst eine langfristige, berufsmäßige Aufgabe fand. Die Kehrseite dieser militärpolitischen Veränderung zeigte sich aber bereits unter Sulla. Die Soldaten ließen sich im Vertrauen auf den Feldherrn und in der Erwartung von Beute sogar zum Marsch auf Rom bewegen; die *res publica* wurde damit zum Spielball der Truppenführer und ihrer Soldatenklientel.

Marius hatte gegenüber den traditionellen Strukturen des Staates grundsätzlich Loyalität bekundet und sich im Kreise der Aristokratie zu behaupten versucht. Neben seinen militärischen Erfolgen konnte er sich lange Zeit auch in der Innenpolitik durchsetzen und an der Leitung des römischen Gemeinwesens beteiligen. Nach einem vorübergehenden

Rückschlag, hervorgerufen durch die popularen Aktionen seines Gefährten Saturninus, versuchte Marius anläßlich des Bundesgenossenkrieges, sich wieder in der militärischen Führungsspitze zu etablieren. Im Grunde aber blieb er auf der Suche nach einer aussichtsreicheren Aufgabe und strebte abermals den Consulat an. Im Streit mit Sulla um das Kommando gegen Mithridates beschritt Marius zwar erneut den Weg über die Volksversammlung, doch offenbarten sich nun erstmals die neuen Machtverhältnisse: Sulla mobilisierte seine Heeresklientel und setzte sich mit militärischen Mitteln durch; die traditionellen Institutionen begannen ihren Abstieg zu republikanischer Staffage. Marius, der zu Beginn des Jahres 86 zum siebenten Mal den Consulat bekleidete, blieb es schließlich verwehrt, das Kräftemessen mit Sulla aufzunehmen. Dieser begann nach seiner Rückkehr aus dem Osten und einem neuerlichen Bürgerkrieg, die Republik mit jener Konsequenz zu restituieren, die es seit den Gracchen nicht mehr gegeben hatte. Dennoch wurde durch sein militärisches Vorgehen gegen Marius die Zeit der Bürgerkriege eröffnet, welche die Republik schließlich in den Abgrund führten.

Lucius Cornelius Sulla – Revolutionär und restaurativer Reformer

von Karl-Joachim Hölkeskamp

Auf dem Höhepunkt seiner Macht und seines «Glücks», das er selbst immer wieder beschworen hatte, trat Lucius Cornelius Sulla Felix plötzlich von der politischen Bühne ab. Er weigerte sich nicht nur, sich noch einmal zum Consul wählen zu lassen, sondern legte auch seine unbeschränkte und umfassende Gewalt als Dictator nieder und zog sich als Privatmann auf sein Landgut bei Puteoli am Golf von Neapel zurück. Damit verzichtete Sulla freiwillig auf eine Macht, die kein einzelner Römer vor ihm je besessen hatte.

Schon für seine Zeitgenossen und erst recht für die Nachwelt war es nicht zuletzt dieser Rücktritt, der Sulla zu einem Rätsel und zu einem Mythos machte. Sein Biograph Plutarch wunderte sich darüber ebenso wie der etwas jüngere Appian – ein Grieche aus Alexandria, der im Rom der «guten» Adoptivkaiser im zweiten Jahrhundert n. Chr. lebte und eine Geschichte der römischen Bürgerkriege schrieb. Dort heißt es (in der Übersetzung von O. Veh): «Dieser Akt scheint mir ans Wunderbare zu grenzen – daß Sulla als der erste und bis dahin einzige Mann ein so riesiges Amt ohne jeden Zwang in andere Hände legte», und zwar nicht in diejenigen von Söhnen, wie es die Könige des Ostens oder auch die Kaiser seiner eigenen Zeit taten. Nein, Sulla gab nicht einfach nur dem Volk das Recht wieder, die Consuln zu wählen, sondern legte überhaupt die ganze Macht in die Hände derjenigen, die er gerade noch tyrannisiert hatte – und das nach allem, was in den Jahren zuvor geschehen war: Zuerst war Sulla mit seinem Heer auf die Hauptstadt marschiert – ein bis dahin unerhörter Einbruch militärischer Gewalt in den politisch-zivilen Raum der *res publica*, der alle traditionellen, niemals zuvor in Frage gestellten Regeln und Prinzipien brutal verletzte. Dann folgte ein Bürgerkrieg, den Sulla mit einer ebenso beispiellosen Grausamkeit beendet hatte. Zehntausende waren darin gefallen, weitere Tausende ließ Sulla noch als Sieger erbarmungslos verfolgen, auch Dutzende von Senatoren und sogar ehemalige Consuln waren entweder tot oder auf der Flucht und lebten als Verbannte mittellos im Elend. Aber Sulla ließ sich von nichts schrecken, so wieder Appian, «weder von den Bürgern zu Hause noch von den Verbannten in der Ferne und auch nicht von den Städten, denen er ihre Zitadellen, Mauern, Ländereien, Geldmittel und Privilegien genommen hatte». Nachdem er sich auf diese Weise «unter vielen Gefahren den Weg zur Herrschaft gebahnt hatte», gab er sie freiwillig auf. Der Dictator entließ seine Leibwache und «legte die Rutenbündel und Beile ab» – die symbolischen Zeichen der Gewalt über Leben und Tod, die von nicht weniger als 24 Liktoren als Amtsdienern getragen worden waren: Auch diese Zahl war beispiellos gewesen, ein weiterer Bruch mit dem Herkommen, der vor dem Hintergrund der anderen Umstürze real bedeutungslos, aber als Symbol vielsagend erscheinen mußte. Damit nicht genug – jetzt erklärte sich Sulla nicht nur einfach zum Privatmann, sondern hielt auch noch eine Ansprache auf dem Forum und sagte vor dem Volk, daß er jedem, der das wolle, Rechenschaft über seine Taten ablegen werde. Dann ging er, nur von wenigen Freunden begleitet, noch längere Zeit auf dem Forum umher, «während die Menge selbst da noch in tiefster Scheu auf ihn schaute».

Der Rücktritt erschien der Nachwelt als eine große Geste, rational bis zynisch kalkuliert auf ihren Effekt hin – nicht nur herablassend, sondern verächtlich gegenüber den überlebenden Opfern und einer zutiefst verängstigten Bürgerschaft, nicht nur aristokratisch selbstsicher, sondern geradezu provozierend selbstgewiß.

Es war die letzte und spektakulärste, aber nicht die erste Selbstinszenierung des Mannes. Sulla hatte schon immer viel von Inszenierungen und theatralischen Effekten verstanden, seine gesamte Karriere war davon begleitet gewesen: Er war ja nicht allein ein *nobilis*, gehörte also zu einer Klasse mit einem großen Repertoire von Gesten, Posen und Ritualen der Selbstdarstellung wie Triumphen und Totenfeiern, die mit den verschiedenen öffentlichen Rollen als Magistrat, Imperiumsträger und Heerführer, Senator, Redner und Anwalt, Priester, Patron und *pater familias* untrennbar verbunden waren und eine besondere Aura von Würde, gebieterischer Autorität und herrischer Überlegenheit verbreiteten. Seit seiner Jugend hatte Sulla außerdem mit Schauspielern, Tänzerinnen und anderen Komödianten verkehrt, und noch als Dictator, so hieß es, bewegte er sich allzu gern und oft in diesen Kreisen und feierte berühmt-berüchtigte Gelage.

Aber es war nicht in erster Linie dieser Umgang und der notorisch lockere Lebenswandel eines eleganten Wüstlings, der Sulla schon früh zum Außenseiter prädestinierte. Dazu wurde er vielmehr durch eine Karriere, die von Anfang an von Ambivalenz und Widersprüchen, glanzvollen Taten und Rückschlägen und vor allem von gezielten Provokationen und Regelverletzungen geprägt war – und dabei stach immer wieder gerade die Art und Weise hervor, in der Sulla sich selbst, seine Taten und seine Ansprüche auf Ruhm und Anerkennung öffentlich inszenierte. Einige dieser Demonstrationen erschienen sogar nach den großzügigen Maßstäben des Standes übertrieben und unangemessen, ja als Belege einer geradezu egomanen Eitelkeit. Mehrfach machte er sich dadurch also selbst zum Außenseiter, mutwillig und, wie es zuweilen scheinen mag, mit einer gewissen Freude an dieser Pose.

Sulla begann seine Karriere spät, und er brachte keineswegs optimale Voraussetzungen mit. Um 138 geboren, war er zwar patrizischer Abkunft und gehörte sogar dem berühmten Clan der Cornelier an, wie etwa auch die Scipionen. Im Gegensatz zu diesem höchst erfolgreichen Zweig hatte Sullas Familie allerdings seit Generationen politisch allenfalls in der zweiten Reihe gestanden. Seit dem letzten Consulat des Publius Cornelius Rufinus im Jahre 277 – eines Mannes von zweifelhaftem Ruf, dessen Habgier notorisch war und der schließlich sogar wegen seines anstößig luxuriösen Tafelgeschirrs aus dem Senat gestoßen wurde – hatten seine väterlichen Vorfahren in fünf Generationen das höchste Amt nicht mehr erreichen können; Rufinus' Sohn, der als erster das *cognomen* (den Zunamen) Sulla geführt haben soll, hatte das hoch angesehene Priesteramt des Juppiterpriesters versehen, das allerdings eine politische und militärische Karriere ausschloß. Der Urgroß- und der Großvater des späteren Dictators hatten immerhin noch die Praetur erreicht. Sein Vater scheint es allerdings nicht einmal so weit gebracht zu haben – von ihm ist nichts weiter bekannt, als daß er seinem Sohn so wenig Vermögen hinterließ, daß der in seiner Jugend angeblich in einem Mietshaus mit einem freigelassenen Sklaven als Nachbarn leben mußte. Erst durch zwei Erbschaften soll sich seine finanzielle Lage wirklich gebessert haben, so daß ihm endlich ein standesgemäßes Leben möglich wurde: Zuerst hinterließ ihm seine Stiefmutter erhebliche Mittel – über diese zweite Ehefrau seines Vaters erfahren wir bezeichnenderweise genausowenig wie über diesen selbst, nicht einmal ihr Name und familiärer Hintergrund sind bekannt; dann beerbte er auch noch eine ebenfalls wohlhabende Dame allerdings eher zweifelhaften Rufes namens Nicopolis – eine bekannte Figur in den Kreisen, in denen Sulla so gern verkehrte, nämlich eine Hetäre, mit der er längere Zeit liiert gewesen sein soll.

Was an dieser Version der Biographie des jungen Sulla eigentlich authentisch ist, werden wir nie wissen – die Gemengelage von Legende und Wahrheit war schon in der Antike nicht mehr zu entwirren. Dafür hatte noch Sulla selbst gesorgt, mit voller Absicht und einigem literarischen Geschick. Am Ende seines Lebens nämlich schrieb er seine Memoiren – und diese (Re-)Konstruktion seiner Vita war ein integraler Teil seiner Selbstdarstellung und -stilisierung, durch die der Außenseiter, Revolutionär und Sieger in einem blutigen Bürgerkrieg ganz ernsthaft seinen Anspruch auf einen besonderen Platz in den Annalen der *res publica* und im kollektiven Gedächtnis ihrer politischen Klasse rechtfertigte. Es war Sullas eigenes, konsequent in diesem Sinne gestaltetes Bild seines Aufstiegs, seiner ruhmvollen Taten, seiner Leistungen als Consul, Heerführer und Dictator, das die zumeist ambivalent zwischen widerwilliger Anerkennung und Horror schwankende Wahrnehmung der Nachwelt nachhaltig beeinflußte.

In das Genre solcher Memoiren und die darin übliche romantische Verklärung paßte es gut, die Armut in der Jugend, die widrigen Umstände der politischen Anfänge und die Größe der eigenen Anstrengungen zu betonen – vor einem solchen Hintergrund mußte die folgende legendäre Karriere noch glanzvoller, die eigene «männliche Tatkraft», wie man das komplexe, typisch römisch-aristokratische Konzept der *virtus* vielleicht übersetzen sollte, die persönlichen Fähigkeiten und Vorzüge noch überragender erscheinen.

Tatsächlich war Sulla natürlich kein «neuer Mann» von obskurer Herkunft – römisch gesprochen, ein *homo novus* – im strengen Sinne, selbst wenn es um Ansehen und Vermögen seiner Familie schon einmal besser bestellt gewesen sein mochte. Aber er war auch keinesfalls gleich «von Geburt an ein designierter Consul», wie Cicero es später in bezug auf einen *nobilis* aus einer der ersten Familien seiner eigenen Generation formulieren sollte.

Obendrein scheint der junge Herr trotz guter, standesgemäßer Erziehung und Begabung zunächst wenig Neigung gehabt zu haben, diese Nachteile durch eigene Bemühungen auszugleichen – im Gegenteil: Es heißt, daß Sulla den eigentlich obligatorischen Militärdienst nicht geleistet habe, etwa als Militärtribun oder im Stab eines Befehlshabers, der als arrivierter Senator consularischen Ranges und väterlicher Freund oft auch später noch den weiteren Aufstieg fördern konnte. Für einen jungen Mann mit politischen Ambitionen wäre das der übliche Einstieg in die Karriere gewesen. Als sich der dreißigjährige Sulla schließlich doch um eine Quaestur für das Jahr 107 bewarb, verfügte er in den Augen des Wahlvolkes also weder über eine beeindruckende «Empfehlung» durch seine Vorfahren (*commendatio maiorum*), das heißt durch die akkumulierten Leistungen vieler Consuln und Triumphatoren aus seiner Familie für die *res publica*, noch hatte er irgendwelche Erfahrungen vorzuweisen oder war gar durch eigene erste Verdienste auf dem Schlachtfeld schon bekannt geworden.

Dennoch wurde Sulla gewählt und als Quaestor dem Consul Marius zugeteilt, und damit begann eine – bei allem späteren Haß – enge, die weiteren Wege der Beteiligten und die Geschichte der Republik beeinflussende Beziehung. Marius war und blieb ebenfalls immer ein Außenseiter, allerdings von ganz anderer Art als Sulla: Er war nun wirklich ein *homo novus* aus der tiefen Provinz, angeblich ohne Erziehung, Eleganz und Schliff, als Politiker ein Taktierer ohne viel Fortune, aber populär als erfahrener und erfolgreicher Troupier und bald als legendärer Feldherr. Jetzt, in seinem ersten Consulat, übernahm er zunächst gegen den Widerstand weiter Kreise der Nobilität den Oberbefehl in einem denkbar schmutzigen Krieg, der sich durch die Unfähigkeit und Korruption der meisten vorherigen Befehlshaber aus eben diesen Kreisen schon seit Jahren hingezogen hatte – der Krieg gegen den Numiderfürsten Jugurtha. Es ist müßig, über die Frage zu spekulieren, warum dieser Mann ausgerechnet den unerfahrenen patrizischen Lebemann Sulla mit einer ganzen Serie wichtiger militärischer und diplomatischer Aufgaben betraute. Jedenfalls bewährte sich der Neuling ebenso schnell wie glanzvoll. Zuerst hob er in Italien selbständig zusätzliche Reiterei aus, führte sie dann nach Afrika und wurde dort bald zu einem bei der Truppe anerkannten Unterführer und zu einer Stütze des Oberbefehlshabers Marius. Der wichtige Sieg bei Cirta, an dem Sulla erheblichen Anteil hatte, führte zu einer entscheidenden Wende, als Jugurthas Schwiegervater und wichtigster Verbündeter, der mauretanische Potentat Bocchus, sich anschickte, die Fronten zu wechseln. Es war Sulla, der in Marius' Auftrag mit dem schwankenden und hinterhältigen Bocchus verhandelte und ihn schließlich auf seine Seite ziehen konnte. Nach einem verwegenen Ritt durch die Wüste – ein Stoff, aus dem Legenden werden – inszenierte Sulla im Quartier des Bocchus ein riskantes Ränkespiel, und der Erfolg gab ihm recht. Mit Bocchus' Hilfe wurde Jugurtha in einen Hinterhalt gelockt, gefangengenommen und an Marius ausgeliefert. Damit war der Krieg zu Ende.

Sulla hatte sich damit als Militär und Diplomat, nicht nur als Unterführer und Ratgeber seines Kommandeurs, sondern auch als dessen selbständig und geschickt agierender Bevollmächtigter einen Namen gemacht – und dabei sollen ihm bestimmte, ambivalente und geradezu beunruhigende Charaktereigenschaften zugute gekommen sein. Er galt als wortgewandt und verbindlich, verstand es, zu überzeugen und sein Gegenüber in vertrautem persönlichen Umgang für sich einzunehmen – zugleich aber war er, wie Sallust es umschrieb, von einer unglaublichen tiefgründigen Verschlossenheit, so daß er seine wahren Pläne und Ziele perfekt zu verbergen wußte. Zumindest seine Gegner fürchteten ihn als ebenso zynischen wie verschlagenen Intriganten – niemand brachte das so treffend auf eine Formel wie einer von ihnen, der ihn gut kannte und der als einer der Führer seiner Gegner im Bürgerkrieg sein Todfeind war, Gnaeus Papirius Carbo: Er habe mit zwei Bestien, die in Sulla steckten, zu kämpfen, nämlich einem Fuchs und einem Löwen, aber der Fuchs mache ihm mehr zu schaffen.

Mit dem Jugurthinischen Krieg trat noch eine weitere Seite der komplexen Persönlichkeit Sullas hervor. Zwar war er immer, um es wieder in die Worte Sallusts zu fassen, «gierig nach sinnlichen Genüssen» aller Art, noch begieriger sei er jedoch nach «Ruhm» gewesen. Das Streben nach Anerkennung, Ansehen und Reputation – all dies steckt auch in diesem anderen typisch römischen Wertbegriff *gloria* – war an sich nichts Außergewöhnliches, im Gegenteil: Es gehörte selbstverständlich zum Image, zum öffentlichen Auftreten und zur Rolle ambitionierter Aristokraten, durchaus selbstbewußt die eigenen Leistungen und Verdienste immer wieder zu betonen, bei allen möglichen Gelegenheiten und auf jede denkbare Weise, in Reden und Habitus, durch anspielungsträchtige Weihungen und Stiftungen von Tempeln und anderen Gebäuden, Statuen und Bildern.

Sulla aber überschritt die ohnehin weiten Grenzen des Akzeptablen, indem er offen für sich in Anspruch nahm, daß die Beendigung des Krieges zuallererst ihm zu verdanken sei – und das auch noch öffentlich dokumentierte und inszenierte. Zunächst ließ er sich – vielleicht schon bald nach dem Krieg – einen Siegelring anfertigen, den er dann immer benutzt haben soll. Darauf war eine vielsagende, noch Jahrzehnte später gewissermaßen zitierte Version der Übergabe Jugurthas an Sulla abgebildet: Sein Sohn Faustus ließ als Münzmeister diese Szene auf seine Serien prägen. Man wird sich die Darstellung, insbesondere das absichtsvolle Arrangement der beteiligten Personen, so vorzustellen haben wie jenes Monument, das später, wohl im Jahre 91, anläßlich seiner Anerkennung als «Bundesgenosse des römischen Volkes» von Bocchus gestiftet und auf dem Capitol aufgestellt wurde – wohl mit Zustimmung des Senats, aber sicherlich auf «Anregung» Sullas: Diese Gruppe von goldenen Statuen zeigte Sulla selbst – sitzend (oder sollte man sagen: thronend) im Zentrum, dem Betrachter frontal zugewandt und damit natürlich die ganze Situation dominierend; rechts stand oder kniete Bocchus – sich ihm zuwendend und einen Lorbeerzweig als Zeichen der Verhandlungs- und Friedensbereitschaft überreichend; und links sah man Jugurtha – unterworfen, kniend und in Fesseln.

Diese dreiste Inanspruchnahme des Erfolges durch Sulla, der ja nur Quaestor gewesen war und allenfalls durch Marius mit propraetorischer Gewalt ausgestattet wurde, kollidierte mit dem Vorrang seines Oberbefehlshabers, der als Consul und dann Proconsul, Inhaber des *imperium* und der Auspizien zunächst Anspruch auf *gloria* hatte – auch und gerade nach den Regeln derjenigen Kreise, die ihm herablassend, mißtrauisch bis ablehnend gegenüberstanden. Marius reagierte denn auch scharf auf diese kalkulierte Provokation. Die Auseinandersetzung darüber wurde dann aber nicht mehr ausgetragen, weil der Bundesgenossenkrieg ausbrach. Damit wurde alles anders, in jeder Hinsicht und unwiderruflich.

Wann dieses – in erster Linie offenbar durch Sullas Anmaßung verschärfte, wenn nicht verursachte – Zerwürfnis begann, läßt sich nicht sagen. Sofort nach dem afrikanischen Krieg hat Marius Sulla jedenfalls erneut in wichtiger Position verwendet. Vermutlich blieb ihm auch gar keine Wahl. Schon drohte Rom und dem Reich eine tödliche Gefahr aus dem Norden. Nach schweren Niederlagen im Kampf gegen die wandernden Cimbern und Teutonen in den Jahren seit 108 mußte man sogar eine Invasion Italiens fürchten. Marius war wieder der Mann der Stunde, wurde gegen die Regel schon für das Jahr 104 erneut zum Consul gewählt, übernahm sofort den Oberbefehl und begann mit organisatorischen, strategischen und diplomatischen Vorbereitungen für den Entscheidungskampf gegen die Germanen. In einer solchen Situation konnte Marius auf einen bewährten Unterführer wie Sulla nicht verzichten – zumal die Niederlagen und auch die kriegerischen Ereignisse der folgenden Jahre zeigten, daß die Republik nicht über allzu viele befähigte und erfahrene Führungspersönlichkeiten verfügte. Als Legat und dann Militärtribun in den Jahren 104 und 103 wurde Sulla also wieder mit schwierigen Missionen ähnlicher Art wie in Afrika betraut – es gelang ihm, den Anführer eines aufsässigen Gallierstammes gefangenzunehmen und einen anderen Stamm zu einem Bündnis mit Rom zu bewegen.

Dann diente Sulla unter dem Kollegen des Marius im Consulat des Jahres 102, dem militärisch nicht gerade erfolgreichen Quintus Lutatius Catulus – und wie die auffällig unklare, wenig vertrauenerweckende Überlieferung durchblicken läßt, scheint er hier längst nicht immer und überall erfolgreich und von seinem Glück begünstigt gewesen zu sein. Die strategische Großwetterlage war zunächst einigermaßen eindeutig: Während Marius im Westen, im Rhône-Gebiet, gegen die Teutonen operierte und im Sommer dieses Jahres bei Aquae Sextiae (Aix-en-Provence) einen glanzvollen totalen Sieg errang, fiel Catulus die Aufgabe zu, Venetien gegen die von Norden heranziehenden Cimbern zu sichern und sie dadurch an einem Einfall in das italische Kernland zu hindern.

In diesen Zusammenhang sollen auch die Operationen gehört haben, die Sulla angeblich – und zwar weitgehend selbständig und höchst erfolgreich, wie er selbst in seinen Memoiren behauptete – gegen die unruhigen Stämme «der Barbaren» im südlichen Alpenraum durchführte; dann wollte er auch noch die prekäre Verpflegungslage zu seiner Sache gemacht und die Logistik so großartig organisiert haben, daß das Heer des Catulus geradezu im Überfluß schwelgen konnte und sogar für die Truppen des Marius noch etwas abfiel. Der sei darüber höchst verärgert gewesen – mißgünstig, maßlos ehr- und eigensüchtig wie er war, so sollte dieser Seitenhieb suggerieren, gönnte er Sulla den Erfolg und das daraus resultierende Ansehen nicht.

Wiederum ist es müßig, über einen möglichen wahren Kern in Sullas Version der Ereignisse der Jahre 102 und 101 zu spekulieren – vor allem über die Frage, ob dieser vergleichsweise banale Anlaß tatsächlich der Beginn einer großen Feindschaft gewesen sei oder bereits Sullas Wechsel zu Catulus das beginnende Zerwürfnis indizierte. Wenn man ihn allerdings beim Wort nimmt und akzeptiert, daß Catulus ihn mit den «ersten und wichtigsten Aufgaben» betraute, stellt sich zumindest die Frage, welche Rolle Sulla eigentlich in den weiteren, wenig rühmlichen Ereignissen spielte – davon ist auffälligerweise nirgends die Rede. Tatsache ist, daß Catulus vor den heranrückenden Germanen überhastet die Stellung an der Etsch räumen mußte und der folgende fluchtartige Rückzug seines demoralisierten Heeres erst südlich des Po zum Stehen kam. Die Lage stabilisierte sich nur, weil Marius zu Beginn des Jahres 101 dort erschien und mit seinen eigenen rasch herangeführten Truppen die Initiative zurückgewann. Unter seinem Oberbefehl wurden schließlich bei Vercellae (bei Rovigo am unteren Po) auch die Cimbern vernichtet, so daß das Trauma einer Invasion Italiens endgültig gebannt war.

Bezeichnenderweise genau an diesem Punkt wurde Sulla in seinen Memoiren offenbar wieder recht ausführlich: Nach seiner Version sei Marius, der die Entscheidung der Schlacht auf den Flügeln erwartete und sich deswegen dort den Befehl gesichert hatte, um wie üblich möglichst allein die zu erwartende *gloria* zu ernten, an der Masse der Germanen vorbeigestürmt und lange Zeit in der weiten Ebene des Schlachtfeldes umhergeirrt; währenddessen habe das Zentrum den Sieg errungen, unter dem Kommando des Catulus – und nirgendwo anders stand natürlich auch Sulla.

Ob man im Rom der Jahre nach 101 Sullas Verdienste um die Rettung der *res publica* sehr hoch einschätzte, darf bezweifelt werden. Seine weitere Karriere verlief jedenfalls keineswegs so geradlinig, wie das bei einem berühmten Kriegshelden und brillanten Kommandeur eigentlich zu erwarten gewesen wäre. Sulla wollte die zweite Stufe der Ämterlaufbahn, die Aedilität, einfach überspringen und bewarb sich direkt um die Praetur – und fiel prompt durch. Erst im Jahre 97 erreichte er dieses Amt dann angeblich nur durch massive Wahlbestechung. Nun richtete er auch jene opulenten Spiele aus, die das Volk von ihm als Aedil erwartet hätte – deswegen sei er nämlich bei der Praetorenwahl für 98 durchgefallen, so behauptete er wiederum selbst (und diesmal glaubt ihm nicht einmal Plutarch). Da mußte jetzt etwas Spektakuläres her: 100 Löwen, ein Geschenk seines Freundes Bocchus, ließ Sulla im Circus vorführen – und zwar, das war unerhört, ohne Ketten; dann wurden die Löwen durch geübte Speerwerfer, die Bocchus gleich auch noch gestiftet hatte, erlegt.

Im folgenden Jahr ging Sulla als Propraetor in die Provinz Cilicia in Kleinasien, um in dem benachbarten Königreich Kappadokien Ordnung im Sinne Roms zu schaffen, nämlich einen gefügigen König dort einzusetzen. Dazu mußte Sulla erst einmal den Statthalter eines anderen Potentaten vertreiben – nämlich jenes Mithridates VI., der als König des am Schwarzen Meer gelegenen Reiches von Pontos schon seit einiger Zeit ebenso einfallsreich wie skrupellos eine Expansion seines Herrschaftsbereiches betrieben hatte, die ihn in den folgenden Jahrzehnten zum gefährlichsten Gegner Roms im Osten werden ließ. Denn diese Expansion zielte in alle Richtungen, und er verfolgte sie mit allen Mitteln – Krieg, Diplomatie und dynastische Verbindungen gehörten dazu genauso wie öffentliche Agitation, heimliche Intrigen und Mord.

Mithridates' Aktivitäten in Kleinasien mußten unweigerlich zu Kollisionen mit römischen Interessen führen, die jetzt Sulla energisch, mit militärischen und diplomatischen Mitteln, wahrzunehmen hatte. Er rückte rasch in Kappadokien ein, hatte auch unter den schwierigen Bedingungen im Taurus-Gebirge und gegen zahlenmäßig überlegene Kräfte einigen Erfolg und stieß sogar bis zum Euphrat vor. Dort fand sich in Sullas Lager dann bald ein Abgesandter des Königs der Parther ein, der – so der Sprachgebrauch der römischen Quellen – die Freundschaft des römischen Volkes erbitten sollte. Es soll der erste direkte Kontakt Roms mit einem Reich gewesen sein, das die neue Großmacht des mittleren Ostens wurde, und dieser Kontakt führte sogleich zu einer Verstimmung. Denn für die Verhandlungen ließ Sulla drei Sitze aufstellen, inszenierte sich wieder einmal selbst als Herrn der Lage, indem er sich sofort in die Mitte setzte, und lud den kappadokischen Potentaten und den parthischen Gesandten ein, sich links und rechts von ihm niederzulassen. Die Situation und der Anspruch des Römers waren unmißverständlich – auch der Partherkönig verstand sie: Er ließ seinen Botschafter hinrichten, weil der sich von Sulla auf die gleiche Ebene wie einen kleinen Klientelkönig von Roms Gnaden hatte stellen lassen.

Auch sonst war die Bilanz des Propraetors Sulla alles andere als glänzend. Sein militärischer Erfolg gegen Mithridates' Statthalter war nicht von Dauer, der erwähnte kappadokische Klientelkönig wurde bald wieder vertrieben. Obendrein wurde Sulla nach seiner Rückkehr auch noch wegen habgieriger Erpressung der «befreundeten» Kappadokier angeklagt – da der Ankläger zum Gerichtstermin nicht erschien, verlief das Verfahren im Sande.

Im Rom dieser Jahre war Sulla immer noch eine durchaus umstrittene Figur. Einerseits war seine militärische, diplomatische und administrative Karriere nicht ganz makellos verlaufen. Andererseits dürften seine eitlen Selbstinszenierungen nicht nur bei Marius auf feindselige Ablehnung gestoßen sein, sondern auch in Kreisen der Nobilität zumindest Stirnrunzeln verursacht haben – selbst wenn man gleichzeitig die Aufstellung des Bocchus-Monuments deckte, um den Parvenu Marius zu treffen. Vielleicht waren das wesentliche Gründe, warum Sulla sich in den folgenden Jahren nicht um den Consulat beworben zu haben scheint, obwohl er mittlerweile längst das notwendige Mindestalter erreicht hatte – aber das sind nur Vermutungen.

Sicher ist hingegen, wie gesagt, daß am Ende des Jahres 91 wieder alles anders wurde. Nach scharfen innenpolitischen Auseinandersetzungen und der Ermordung des bekannten Volkstribunen Marcus Livius Drusus brach der sogenannte «Bundesgenossenkrieg» aus, ein erbittert geführter italischer Bruderkrieg zwischen Rom einerseits und einem großen Teil seiner *socii* andererseits – jenen Stämmen, Städten und Staaten der italischen Halbinsel, die durch alte Verträge an die Hegemonialmacht gebunden waren. Sie waren Rom seit Jahrhunderten in seinen vielen Kriegen gefolgt, ohne ihre Aufgebote, Schiffe und Mannschaften wäre die Unterwerfung der Mittelmeerwelt nicht möglich gewesen, und doch hatten sie nie einen entsprechenden Anteil an den Früchten des Imperiums erhalten, im Gegenteil. Das Gefälle von Macht und Reichtum zwischen dem *populus Romanus* und seiner Elite einerseits und den *socii* andererseits war permanent gewachsen (und durch die Arroganz der römischen Aristokraten auch spürbarer geworden), und viele hatten noch nicht einmal das römische Bürgerrecht.

Jetzt erhoben sich diese zu allem entschlossenen und militärisch ebenbürtigen *socii* gegen Rom, das dadurch in tödliche Gefahr geriet. Alle verbliebenen materiellen und personellen Ressourcen, vor allem die römischen Veteranen, die noch in den jüngst vergangenen Kriegen gemeinsam mit ihren neuen Gegnern gekämpft hatten, mußten aufgeboten werden – und dazu gehörten nicht zuletzt sämtliche bewährten Kommandeure, darunter ehemalige Consuln und andere Imperiumsträger, die als Legaten unter dem Oberbefehl der amtierenden Consuln der folgenden Jahre auf den verschiedenen Schauplätzen dieses Mehrfrontenkrieges dienten. Erst recht brauchte man nun wieder Kriegshelden wie Marius und Sulla.

Als Legat führte Sulla relativ selbständig die Offensive nach Süden und Südosten, nach Campanien und Samnium, eroberte die Städte Stabiae und Pompeji und schlug ein samnitisches Heer bei dem nahegelegenen Nola. Hier kam es auf seinen Befehl zu einem Blutbad unter den Besiegten – später sollten weitere folgen. Und hier verliehen seine Soldaten Sulla auch jene doppelt anspielungsträchtige Auszeichnung, die er in seinen Memoiren wiederum besonders hervorhob: den «Graskranz», den mehr als 250 Jahre zuvor, im ersten Samnitenkrieg, ein anderer legendärer Retter des Heeres aus höchster Gefahr erhalten hatte und der Sulla nun zugleich mit seinem Ahn Rufinus auf eine Stufe stellte – der hatte nämlich als Consul des Jahres 290 den zweiten Samnitenkrieg siegreich beendet.

Im Jahre 89 stieß Sulla dann von Nola aus in das Kernland der Samniten vor und eroberte ihre Hauptstadt Bovianum (Boiano in den Abruzzen) – hier stellt sich allerdings wieder die Frage, wie effizient und dauerhaft erfolgreich diese Operationen eigentlich waren. Bovianum konnte nämlich nicht gehalten werden, und die Samniten waren keineswegs entscheidend geschlagen. Überhaupt blieb die politische und militärische Lage Roms so prekär, daß weitere massive Zugeständnisse an die aufständischen *socii* notwendig waren. Vor diesem eher düsteren Hintergrund reichten schon einige verwegene Operationen und begrenzte Erfolge aus, um Sullas Prestige als Heerführer nun endlich so zu festigen, daß er sich um das höchste Amt bewerben konnte. Im ziemlich fortgeschrittenen Alter von fast 50 Jahren erreichte er schließlich den Consulat für das Jahr 88, gemeinsam mit Quintus Pompeius Rufus.

Um diese Zeit ging Sulla auch eine neue, die vierte Ehe ein, durch die er sich mit einer der ganz großen Familien der Aristokratie verband. Er heiratete Caecilia Metella – Tochter, Enkelin und Urenkelin von Consuln und Censoren, Nichte und Cousine eines guten halben Dutzend weiterer Caecilii Metelli gleichen Ranges und Witwe jenes ebenso intriganten wie mächtigen Aemilius Scaurus, von dem Cicero später einmal sagen sollte, daß allein durch «sein Kopfnicken der ganze Erdkreis regiert wurde».

Auch wenn man dem patrizischen Parvenu ohne consularische Ahnen in gewissen besonders hochnäsigen Aristokratenkreisen angeblich zwar den Consulat, aber nicht die Ehe mit dieser großen Dame gegönnt haben soll – Sulla hatte nun mehr erreicht als seine Vorfahren, und mit ihm war seine Familie in den inneren Zirkel der Nobilität zurückgekehrt. Und bald winkte ihm noch viel mehr – weiterer Ruhm, reiche Beute und vielleicht ein Triumph. Denn der große Krieg gegen Mithridates stand unmittelbar bevor, und tatsächlich erhielt der Consul Sulla die Provinz Asia und damit den Oberbefehl im Osten.

Doch dann drohte der schwerste Rückschlag seiner bisherigen Karriere. Es begann mit einer innenpolitischen Konfrontation um ein Bündel von Anträgen des Volkstribunen Publius Sulpicius Rufus, die vor allem ein gleichberechtigtes Stimmrecht für die italischen Neubürger in den römischen Volksversammlungen vorsahen – damit sollten die erwähnten Konzessionen an die aufständischen *socii*, nämlich die Aufnahme in den römischen Bürgerverband, praktisch umgesetzt werden. Sulla und sein Kollege versuchten mit formalen Manövern, die Gesetzesvorhaben zu Fall zu bringen. Die Auseinandersetzungen eskalierten rasch, es kam zu einer Straßenschlacht auf dem und um das Forum, in der der Volkstribun und seine bewaffnete Anhängerschaft die Oberhand behielten: Beide Consuln mußten fliehen, und Sulla soll ausgerechnet im nahegelegenen Stadthaus des Marius Zuflucht gesucht haben. Man nötigte ihn, die Maßnahmen gegen die Vorlagen des Sulpicius formell aufzuheben, wobei die persönliche Rolle des Marius wieder einmal unklar bleibt, und ließ ihn erst dann aus Rom entkommen.

Sulla begab sich umgehend nach Campanien zu seinem Heer, das in einem Lager bei Nola bereits für den bevorstehenden Feldzug gegen Mithridates zusammengezogen worden war. Hier wurde er mit einer neuen Situation konfrontiert. Durch einen zusätzlichen Antrag des Sulpicius war der immer noch amtierende Consul Sulla seines Kommandos im Osten entsetzt und gleichzeitig der amtlose Privatmann Marius zum neuen Oberbefehlshaber im Krieg gegen Mithridates bestellt worden. Eine solche Maßnahme war als Volksbeschluß zwar formal legal, aber nach römischen Vorstellungen dennoch illegitim und unerhört, da sie einen ebenso beispiellosen wie willkürlichen Verstoß gegen bestehende Praktiken und Regeln des Senatsregimes darstellte.

Ob Sulla von dieser Entwicklung völlig überrascht wurde, kann dahingestellt bleiben. Jedenfalls war er in die Enge getrieben und mußte sich die Frage stellen, ob er diese Demütigung neuer Qualität auch noch hinnehmen wollte. Da hatte der als Consul und *nobilis*, in seiner Autoriät und Würde, *auctoritas* und *dignitas* ohnehin angeschlagene Sulla keine Wahl: Wenn er die mühsam aufgebaute Reputation, den gerade erst erreichten Rang und Namen nicht gleich wieder und dann endgültig verlieren wollte, mußte er zurückschlagen, und zwar sofort, rücksichtslos und mit allen Mitteln. Und diese Mittel konnten nach Lage der Dinge nur seine Legionen sein. In einer Rede stachelte er die Soldaten auf, mit Klagen über die Zurücksetzung und mit der demagogischen Andeutung, daß Marius andere Truppen vorziehen und zu Ruhm und Reichtum führen werde. Es gab den erwarteten Aufruhr, die Soldaten steinigten die Militärtribune, die als Boten in Marius' Namen die Übergabe des Heeres verlangt hatten, und forderten Sulla auf, sie gegen Rom zu führen.

Ohne Zögern gab Sulla dann den Befehl zum Marsch auf die Stadt – und statuierte damit seinerseits jenes Exempel, das die gesamte Geschichte der folgenden Jahrzehnte überschatten sollte und letztlich den Untergang der freien Republik einläutete. Zum ersten Mal führte ein Consul und Feldherr des römischen Volkes seine eben aus diesem Volk rekrutierten Truppen gegen die eigene Hauptstadt; zum ersten Mal sollten Soldaten das *pomerium*, jene heilige Grenze um die Stadt, an der nach uraltem Recht die Befehlsgewalt jedes Feldherrn endete und der sakral geschützte Innenraum begann, einfach überschreiten; zum ersten Mal sollte damit mitten in diesem Raum, auf dem Forum und in den Straßen Roms, eine politische Machtfrage mit dem Mittel militärischer Gewalt entschieden werden.

Genauso lief es jetzt ab, mit einer nicht aufzuhaltenden Eigendynamik. Auch Sulla selbst konnte jetzt nicht mehr zurück; denn mit dem Befehl zum Marsch auf Rom hatte er sich mehr denn je zum Außenseiter gemacht. Das war schon klar geworden, als ihm sämtliche Offiziere bis auf einen Quaestor sofort den Gehorsam verweigerten – diese Senatoren oder Senatorensöhne, seine Standesgenossen, konnten und wollten ihm nicht folgen. An dieser Isolierung konnte auch Sullas stereotype Antwort auf die wiederholten Avancen des Senats, der ihn zur Umkehr oder wenigstens zum Haltmachen zu bewegen versuchte, nichts ändern: Er wolle die Stadt nur von ihren Tyrannen befreien. Der damit proklamierte Anspruch, als Consul im Sinne des Senats und im Namen der *res publica* gegen einen aufrührerischen Volkstribun und seine Banden genauso vorzugehen, wie es der «äußerste Senatsbeschluß» (*senatus consultum ultimum*) gegen Gaius Gracchus und Saturninus nahegelegt hatte, wurde durch das von Sulla geduldete Verhalten seiner Truppen und durch seine eigene Vorgehensweise Lügen gestraft: Die zuerst als Gesandte auftretenden Praetoren wurden mißhandelt, ihre purpurverbrämte Amtstracht zerrissen und die Rutenbündel ihrer Liktoren, die symbolischen Zeichen, zerbrochen – ein symbolisch-absichtsvoller Akt der Rebellion gegen die Staatsgewalt und ihre legalen Vertreter, denen man den Gehorsam aufkündigte und die man nur noch verachtete. Sulla täuschte die letzte Gesandtschaft und blieb nicht vor der Stadt stehen, sondern ließ Tore und Brücken im Handstreich besetzen, drang in die Stadt ein und griff dort nicht nur die schwachen Kräfte an, die Marius und der «Aufrührer» Sulpicius noch hatten aufbieten können, sondern schlug auch den Widerstand des unbewaffneten Volkes rücksichtslos nieder, das die sullanischen Truppen von den Dächern der Häuser mit Ziegeln und Steinen bewarf.

Schließlich war Sulla der Herr der Stadt – und blieb gerade als solcher erst recht der Außenseiter, der allenthalben, beim Volk wie in weiten Kreisen des Senats, auf Ablehnung und mehr oder minder offenen Widerstand stieß. Als er seine prominenten Gegner – Marius, Sulpicius und zehn weitere Herren, was angesichts seiner späteren Praxis erstaunlich milde erscheint – zu Staatsfeinden und damit für vogelfrei erklären lassen wollte, soll ein hochangesehener älterer Senator ihm entgegnet haben, daß er jedenfalls durch keine Drohung dazu zu bewegen sei, der Ächtung des Retters der Stadt und Italiens zuzustimmen. Tatsächlich entkam Marius nach einer romantisch-abenteuerlichen Flucht, wie übrigens auch die meisten anderen – nur Sulpicius wurde gefangen und hingerichtet. Auch sonst konnte Sulla seinen Willen nur durch den Druck seiner Legionäre durchsetzen, etwa als er die Aufhebung der zuvor von Sulpicius durchgesetzten Beschlüsse und auch gleich die Beschneidung des Antragsrechtes der Volkstribune betrieb.

Ansonsten gelang nicht einmal jetzt etwas. Sullas College Pompeius Rufus – einer der wenigen hochrangigen Senatoren, die bedingungslos auf seiner Seite standen – wurde von den Soldaten des anderen, nördlich von Rom stehenden Heeres als neuer Befehlshaber nicht anerkannt und kurzerhand erschlagen. Bei den Wahlen für das Jahr 87 fielen sullanische Sympathisanten zumeist durch, und obendrein wurde sogar ein erklärter Gegner Sullas, Lucius Cornelius Cinna, in das Consulkollegium gewählt.

Als Sulla sich dann zu seinem Heer aufmachte, das er schon zuvor – nicht zuletzt zur Beruhigung der feindseligen Stimmung in Rom – wieder in das Lager in Campanien geschickt hatte, war seine Position keineswegs besser als vor seinem Staatsstreich. Das Gegenteil war der Fall: Sulla war als amtierender Consul der Republik zum Hochverräter geworden, die Fronten hatten sich verhärtet, und Todfeindschaften waren entstanden. Vor allem zeigten die sich bald überstürzenden Ereignisse, daß gerade Sullas Gegner sein Vorgehen besonders gut zu imitieren verstanden: Als Cinna die Sache der Neubürger zu der Seinigen machte, sich aber in Rom nicht durchsetzen konnte und als Consul vom Senat sogar abgesetzt wurde, verließ er die Stadt – um dann seinerseits mit einem Heer, das er auf seine Seite gebracht hatte, zurückzukehren und die Stadt zu erobern. Cinna und der mittlerweile zurückgekehrte Marius inszenierten nun ein mörderisches Kesseltreiben gegen tatsächliche und vorgebliche Gegner und ließen sich inmitten dieses gewalttätigen Schreckensregiments zu Consuln für das folgende Jahr wählen.

Mittlerweile hatte Sulla Italien schon verlassen und war mit seinem Heer in Griechenland erschienen, um die große Aufgabe anzugehen, die er immer noch und jetzt erst recht als seine ureigene Sache ansah: den Krieg im Osten. Dort hatte sich Mithridates mit dem Partherkönig und den Herrschern von Armenien und Syrien arrangiert und nutzte dann die gute Gelegenheit, als Rom durch das Chaos des Bundesgenossenkrieges gelähmt war, zu weiträumigen Eroberungen. Zu Beginn des Jahres 87 beherrschte er ganz Kleinasien, nachdem er mehrere römische Statthalter geschlagen und die Provinz Asia besetzt hatte, und seine Feldherren operierten bereits im griechischen Mutterland – auch hier ließ sich Mithridates als Befreier der Griechen vom römischen Joch feiern. Wie zuvor konnte er dabei auf eine verbreitete romfeindliche Stimmung zählen, die durch Korruption, Ausbeutung und die notorische Habgier römischer Magistrate und Steuereintreiber so weit angefacht worden war, daß sie sich bereits Mitte 88 in einem besonderen Gewaltexzeß entladen hatte: Mithridates' «Blutbefehl von Ephesos» war in den griechischen Städten Kleinasiens weitgehend befolgt worden. Etwa 80 000 Römer und Italiker waren dem Massaker zum Opfer gefallen.

Angesichts dieser Lage ging Sulla erstaunlich langsam vor – offenbar um seine Legionen zu schonen, ihnen schon einmal Gelegenheit zur Bereicherung zu geben und sie dadurch nur noch enger an sich zu binden. Durch solche Großzügigkeit, durch demonstrative Fürsorge und Nachsicht bei Plünderungen und selbst bei disziplinarischen Vergehen und durch eine besondere Mischung von Jovialität und Härte, Nähe und Distanz hatte er es schon immer verstanden, die ihm unterstellten Truppen für sich einzunehmen, und darauf würde er noch mehr angewiesen sein – nicht so sehr als Proconsul und Befehlshaber in Feindesland, sondern vor allem als charismatischer Führer einer nur ihm persönlich bedingungslos folgenden Bürgerkriegsarmee.

Von dieser langfristigen Zielsetzung – Rückkehr nach Italien mit einem ebenso schlagkräftigen wie loyalen Heer und Kampf gegen das Regime im Rom Cinnas – wurde Sullas Strategie von Anfang an bestimmt. Er wartete ab, ließ es sogar zu, daß andere Befehlshaber – der «cinnanische» Consul und Nachfolger des Anfang 86 verstorbenen Marius, Lucius Valerius Flaccus, und dann sein Legat Gaius Flavius Fimbria – gegen Mithridates vorgingen. Sulla selbst eroberte erst Athen, das sich auf Mithridates' Seite geschlagen hatte, und schlug dann noch im Jahre 86 dessen Feldherren in zwei großen Schlachten in Mittelgriechenland, bei Chaironeia und bei Orchomenos.

Als Fimbria im darauffolgenden Jahr einigen Erfolg hatte und sogar Mithridates in der kleinasiatischen Küstenfestung Pitane einschließen konnte, wurde dann allerdings offensichtlich, daß der Krieg gegen die «aufgeblähte Macht» des «pontischen Zwergkönigs» (W. Dahlheim) längst ein Vorstadium des Bürgerkrieges war. Die Flotte unter Sullas Unterführer Lucius Licinius Lucullus ließ erst Mithridates über das Meer entkommen, um den «Cinnaner» Fimbria um den Erfolg zu bringen; dann setzte sie die Landstreitkräfte Sullas über den Hellespont. Nach dieser Demonstration legte der es aber gar nicht mehr auf eine militärische Entscheidung an, sondern verhandelte mit Mithridates erst indirekt, dann persönlich und gewährte diesem gleich vor Ort, in Dardanos, einen äußerst günstigen Frieden. Mithridates mußte zwar seine Eroberungen aufgeben, Schiffe und einige Truppen abtreten und eine mäßige Reparation zahlen, blieb jedoch im Besitz der übrigen erbeuteten oder erpreßten Reichtümer und vor allem seines ursprünglichen Herrschaftsbereichs – ja, Sulla behandelte ihn sogar wie einen «Freund und Bundesgenossen des römischen Volkes».

Der ruchlose Erzfeind Roms im Osten war damit nach Lage der Dinge gut weggekommen – viel zu gut, wie selbst Sullas sonst so treue Legionäre fanden. Aber diese und auch die Truppen Fimbrias, die bald zu ihm überliefen, wurden auf die übliche Art und Weise ruhiggestellt. Nachdem Sulla Mithridates selbst geschont hatte, brach ein furchtbares Strafgericht über jene kleinasiatischen Städte herein, die mehr oder weniger freiwillig zu ihm übergegangen waren: Nachdem sie bereits im Krieg ausgepreßt worden waren, mußten sie nun nicht nur eine Kontribution in Höhe des Zehnfachen der Summe aufbringen, die Sulla gerade Mithridates auferlegt hatte, sondern auch noch die Soldaten und Offiziere der Legionen aufnehmen und mit einem Vielfachen ihres jeweiligen regulären Soldes alimentieren.

Sulla ließ sich wieder viel Zeit, bevor er den entscheidenden Kampf gegen die zumindest formal legale Regierung in Rom tatsächlich aufnahm. Wenn es für ihn dazu je eine andere, friedliche Option gegeben haben sollte, so bestand diese spätestens im Jahre 84 nicht mehr. Tatsächlich hatte es ja mehrfach Kontakte zwischen Sulla und dem Senat gegeben, der keineswegs nur aus radikalen «Marianern» beziehungsweise «Cinnanern» bestand; zeitweise wollte man dem Proconsul ohne rechtmäßiges Kommando irgendwie entgegenkommen. Mittlerweile war Sulla zum Staatsfeind erklärt, sein Haus niedergebrannt und seine Landgüter verwüstet worden, und viele Aristokraten – auch seine Frau Metella – waren zu ihm geflohen. Darauf wies Sulla hin und verlangte nicht nur vollständige Wiedereinsetzung in Rang, Rechte und Eigentum, sondern ließ auch immer wieder drohend durchblicken, daß er auf Rache an seinen Feinden nicht verzichten wolle.

Im Frühjahr 83 betrat Sulla schließlich italischen Boden und landete mit etwa 40 000 Mann in Brundisium (Brindisi). Das schien wenig im Vergleich zu dem militärischen Potential, das die Führer der Gegenseite jetzt zu mobilisieren versuchten, vor allem Papirius Carbo – Cinna war schon im Vorjahr bei einer Meuterei seiner Truppen umgekommen. Dagegen konnte Sulla sich auf seine kriegserfahrenen, absolut loyalen und nun auch im Wortsinne, durch einen feierlichen Eid, auf ihn persönlich eingeschworenen Legionen verlassen. Und sehr bald erhielt er zudem Unterstützung von vielen Seiten. Enge Freunde wie Caecilius Metellus Pius, der Cousin seiner Frau, stießen ebenso zu ihm wie Überläufer und selbst alte Feinde: Sogar einer der zwölf Herren, die Sulla im Jahre 88 geächtet hatte, erschien jetzt in seinem Lager. Alle stellten sich als Legaten zur Verfügung, einige brachten Geld mit, angeblich sogar Carbos Kriegskasse, andere führten Sulla neue Truppen zu wie der junge Pompeius, der unter den alten Gefolgschaften seiner Familie auf eigene Rechnung drei Legionen aufgestellt hatte. Wenig später erhielt Sulla auch Zulauf von der Gegenseite – so trat die Armee des Consuls Scipio geschlossen auf seine Seite über.

Trotz dieser Erfolge und trotz einer Serie von Siegen Sullas und seiner Unterführer dauerte der Bürgerkrieg noch über ein Jahr, und auch dann erlosch der Widerstand in Afrika und Spanien noch nicht. Aber seit der Schlacht am Collinischen Tor direkt vor Rom am 1. November 82, als alles noch einmal auf Messers Schneide stand, war der Außenseiter und Consul, Rechtsbrecher, talentierte Feldherr und skrupellose «Warlord» Sulla der Herr der Stadt, Italiens und weiter Teile des Reiches.

Das war ebenso beispiellos wie die Rache, die nun folgte. Tausende von kriegsgefangenen Samniten wurden abgeschlachtet, weil der Machthaber sie als Erz- und Erbfeinde Roms nun ganz vernichtet sehen wollte; ganze Städte und Bürgerschaften, die auf der falschen Seite gestanden hatten, wurden verwüstet bzw. dezimiert, entrechtet und enteignet – in den weiten konfiszierten oder ganz entvölkerten Landstrichen wurde dann der größte Teil der demobilisierten Soldaten Sullas angesiedelt, insgesamt 120 000 Mann. Zugleich wurden Hunderte von mehr oder weniger prominenten Gegnern Sullas erbarmungslos verfolgt und ermordet, und viele weitere Angehörige der römischen und italischen Oberschichten fielen dem Terror zum Opfer – sei es, weil auch Sullas Freunde und Helfer jetzt ihre alten Rechnungen mit persönlichen Feinden beglichen, oder sei es, weil die Opfer einfach reich waren. Das Vermögen der Geächteten wurde nämlich automatisch konfisziert und galt, so Sulla selbst, als Beute. Er saß den öffentlichen Auktionen persönlich vor, bei denen ganze Güter zu Schleuderpreisen an Sullaner verkauft wurden, die riesige Vermögen anhäuften. Damit nicht genug – Sulla verfolgte sogar die Toten und ihr Andenken. Er ließ das Grab des Marius schänden und die Denkmäler seiner Siege zerstören. Und seine Rache traf noch die Nachkommen der Geächteten, die nicht nur ihres Erbes, sondern auch der politischen Rechte beraubt wurden.

Diese in der Geschichte der Republik unerhörte Art der Verfolgung und Sippenhaft wurde auch noch – wie zur Verhöhnung der Opfer – in eine scheinlegale Form gegossen, so daß aus einer Orgie völlig wahllosen Tötens ein geregeltes Massaker wurde. Selbst Sullas Freunde verlangten von ihm, daß er diejenigen, die er «bestrafen» wolle, bekanntgeben sollte, um wenigstens die anderen, die er zu schonen beschlossen habe, von der Ungewißheit zu befreien. Sulla ließ nun eine Tafel mit den Namen der Geächteten öffentlich aushängen – weitere solcher «Proscriptionslisten», auf denen immer neue Namen auftauchten, sollten bis Mitte 81 noch folgen. Schon im November 82 wurden außerdem alle Akte Sullas als Consul und Proconsul durch Senatsbeschluß für rechtmäßig erklärt, auch die Proscriptionen.

Zugleich erhielt Sullas Position als Machthaber ebenfalls eine scheinlegale Form, und zwar durch ein vom Volk beschlossenes Gesetz, das von einem anderen Valerius Flaccus eingebracht wurde, der nach dem Tod der beiden Consuln nach alter Sitte vom Senat zum «Zwischenkönig» (*interrex*) bestellt wurde und als solcher für die Bestellung neuer legitimer Obermagistrate zu sorgen hatte. Dahinter stand natürlich Sulla selbst, wie auch hinter dem Inhalt der (formal korrekt) nach dem *interrex* benannten *lex Valeria*: Danach wurde die oberste Staatsgewalt einem Dictator «zur Abfassung von Gesetzen und zur Einrichtung des Staates» übertragen – unbefristet, ausgestattet mit Gesetzgebungsmacht und unumschränkter Gewalt über Leben und Tod. Eine solche Dictatur hatte mit dem altrömischen Notstandsamt nur noch den Namen gemein, die damit verbundene Allgewalt war wiederum nach republikanischen Traditionen beispiellos.

Sulla hatte dem *interrex* gegenüber keinen Zweifel daran gelassen, wen er für diese Position für geeignet hielt, und ließ sich in einer Volksversammlung wählen. Wieder legte er geradezu provozierend eine peinliche Korrektheit bei der Einhaltung von Formen und Regeln an den Tag – auch wenn diese «Wahl» und ihre «gesetzliche» Grundlage nur äußerlich etwas mit dem hergebrachten Staatsrecht zu tun hatten. Diese demonstrative Inszenierung sollte wohl ein Signal sein: Jetzt ging es um die Rückkehr zu Legalität und Legitimität und die Wiederherstellung von Institutionen und Verfahren.

Dem sollte auch jene umfassende Gesetzgebung dienen, die der Dictator nun ins Werk setzte. Sie betraf Magistrate und Promagistrate, ihre Funktionen und Kompetenzen ebenso wie den Senat, seine Mitgliederzahl und Ergänzung, die Gerichtsverfassung, das Strafrecht und die Provinzialverwaltung – insgesamt stellt sie einen in der Geschichte der Republik wiederum beispiellosen Versuch einer Gesamtreform der politischen Ordnung durch ein vernetztes System aufeinander abgestimmter Regelungen dar. Dabei ging es um ein einziges Ziel, die Absicherung des Senats als konkurrenzlosem Zentrum der gesamten Ordnung. Diesem Ziel diente nicht nur die radikale Schwächung des Volkstribunats, das

Sulla als vom Senat unabhängige Basis gesetzgeberischer Initiativen ausschalten wollte, sondern auch die Wiedereinführung des senatorischen Monopols auf die Besetzung der wichtigen Geschworenengerichtshöfe und vor allem die Stärkung der Kontrolle des Senats über die Statthalter und ihre Aktivitäten als Feldherren.

So konsequent und teilweise auch zukunftweisend Sullas Gesetzgebung erscheinen mag, die dadurch geschaffene Ordnung war und blieb von einer schweren Hypothek belastet. Diese Hypothek bestand nicht allein in jenen Maßnahmen, die offensichtlich nur einer legalisierten Befriedigung der überschießenden Rachsucht des Dictators dienten, und solchen radikalen Eingriffen in gewachsene Strukturen wie den Regelungen über das Volkstribunat, die traditionswidrig und daher letztlich systemfremd waren. Vielmehr war Sullas Neuordnung als Ganze von vornherein durch Vorgeschichte und Umstände ihrer Entstehung belastet – und nicht zuletzt eben durch die Rolle, die ihr Urheber dabei gespielt hatte. Zunächst war er es ja gewesen, der erst als Außenseiter, dann als Revolutionär und zuletzt auch noch als allmächtiger Dictator alle möglichen hergebrachten Regeln und Traditionen verletzt hatte – und jetzt wollte er es sein, der Recht und Ordnung dauerhaft wiederherstellte. Dabei war es auch noch Sulla allein, der dies aus eigenem Gutdünken und aus eigener Machtvollkommenheit ins Werk setzte. Diese schlichte Tatsache konnte auch der neue Stil des Dictators nicht camouflieren: Demonstrativ verzichtete Sulla darauf, seine Gesetze einfach zu erlassen, sondern legte sie Senat und Volksversammlung zur Beschlußfassung vor. Durch dieses Verfahren wollte er wiederum der Form Genüge tun, die aber gerade deswegen hohl und sinnlos erscheinen mußte, weil nur der Wille eines über den hergebrachten Institutionen stehenden Gewalthabers vollzogen wurde – gerade das sollte und durfte es aber in jenem kollektiven Regime der politischen Klasse im und durch den Senat, das er dauerhaft etablieren wollte, nicht geben. Sulla selbst war und blieb die schwerste Belastung seines eigenen Systems der senatorischen Kollektivherrschaft.

Obendrein war es wiederum Sulla selbst, der sich auch symbolisch über seine Standesgenossen erhob, indem er sich – zumeist wiederum vom Senat – besondere Ehrungen zubilligen ließ und damit einmal mehr den Rahmen der zulässigen Selbstdarstellung eines noch so erfolgreichen Aristokraten sprengte: Als «Sieger» wollte Sulla jetzt auch offiziell «Felix», der «Glückliche», genannt werden – er hatte sich schon immer für einen Liebling der Götter, vor allem der Aphrodite/Venus, der Kriegsgöttin Bellona und des Apollon, gehalten und seine persönliche «Theologie des Sieges» (H. Volkmann) dabei auch politisch und propagandistisch effektvoll zu nutzen gewußt. Auf der goldenen Reiterstatue, die man ihm an der Rednertribüne auf dem Forum errichtete, prangte denn auch die Inschrift «dem Dictator Cornelius Sulla Felix», und es wurden jährliche

Spiele der *Victoria Sullana* eingerichtet. Noch unerhörter war nur ein anderes, altehrwürdiges Ritual, das Sulla wiederbelebte, um sein Verdienst um die Erweiterung des Imperiums zu zelebrieren: Wie ein altrömischer König erweiterte er in einem feierlichen Akt die heilige Stadtgrenze – eben jenes *pomerium*, das er wenige Jahre zuvor so eklatant verletzt hatte.

Genauso provozierend wirkte sein Rückzug, den er vermutlich schrittweise vollzog und der sich mit der ebenso demonstrativen Wiedereinsetzung der regulären Consulatsverfassung überschnitt: Im Jahre 80 übernahm Sulla noch selbst den Consulat mit Caecilius Metellus, bevor er sich dann offiziell zurückzog – und wieder wußte natürlich jedermann, daß er damit noch weniger als irgendein anderer Aristokrat ein wirklicher «Privatmann» wurde. Sulla blieb der mächtigste Mann – er mischte sich zwar nur noch gelegentlich ein, empfahl hier und widersprach da, aber hinter ihm stand, als Schutz und permanente Drohung, eine Anhängerschaft von mehr als hunderttausend Veteranen und der zehntausend freigelassenen Sklaven der Proscribierten, die sich «Cornelii» nannten.

Sulla war und blieb präsent, bis zu seinem Tode im Jahre 78 und darüber hinaus – und zwar weniger durch die politische Ordnung, die er hatte schaffen wollen: Wesentliche Teile der «sullanischen Verfassung» überlebten ihren Schöpfer nur wenige Jahre – und es waren gerade jene Männer, die unter seiner Herrschaft groß geworden waren, die diese Demontage betrieben. Ebensowenig war Sullas Versuch, seine absolute Herrschaft auf die Erinnerung auszudehnen, das Andenken an Marius aus dem kollektiven Gedächtnis des römischen Volkes auszulöschen und seine eigene Sicht der Dinge durch seine Monumente und Memoiren der Nachwelt aufzuzwingen, dauerhaft erfolgreich. Auch dieser Versuch schlug ins Gegenteil um – die Erinnerung an Sulla selbst war schon bald, wie der englische Historiker Sir Ronald Syme es treffend formuliert hat, sogar jenen verhaßt, die die Ordnung billigten, die er geschaffen hatte. Auch dieses Paradox resultierte noch aus jener extremen Polarisierung von Politik und Gesellschaft, die Sulla selbst wesentlich verursacht und vorangetrieben hatte. Der Machtmensch und Aristokrat scheint das sogar für die Erfüllung eines ungewöhnlich erfolgreichen Lebens gehalten zu haben: Sullas letzte Botschaft, die von ihm selbst verfaßte Inschrift an seinem Grabmonument auf dem Marsfeld, wonach er alle Freunde im Erweisen von Gutem und alle Feinde im Antun von Bösem übertroffen habe, war ebenso typisch aristokratisch wie ambivalent – und sie paßte zum Bild des Mannes, seiner Taten, seiner Erfolge als Politiker und Feldherr und nicht zuletzt zu deren fataler Zweischneidigkeit.

Vor allem blieb Sulla durch die schwere Erblast präsent, die er der folgenden Generation hinterließ, die nicht zuletzt durch seine Schuld die letzte Generation der Republik werden sollte. Die innere und äußere Stabilisierung von *res publica* und Imperium war keineswegs erreicht – eher im Gegenteil, und dafür war er selbst sogar direkt verantwortlich. In Spanien sammelten sich die Reste der erbarmungslos ausgegrenzten, aber nicht vollends vernichteten Gegner um den früheren «marianischen» Statthalter Quintus Sertorius, und im Osten wurde Mithridates schon wieder zu einer Bedrohung.

Diese Probleme wogen aber noch nicht einmal schwer im Vergleich zu einem anderen Erbe, das Sulla weder durch glanzvolle Siege noch durch eine vorausschauende Gesetzgebung oder einen spektakulären Rücktritt loswerden konnte: Das schlechte, ja für die Republik fatale Beispiel, das er selbst gegeben hatte und dessen Wiederholung er durch seine Neuordnung um jeden Preis hatte verhindern wollen, war nicht mehr aus der Welt zu schaffen. Als Sulla sich zurückzog, war die nächste Persönlichkeit, deren Position und Ansprüche in seinem System der Senatsherrschaft keinen Platz haben durften, bereits etabliert und warf von da an einen ebenso langen wie drohenden Schatten auf die Republik: Der junge Pompeius hatte propraetorische Imperien in Italien, Sizilien und Afrika erhalten, ohne auch nur Quaestor gewesen zu sein – das war ein eklatanter Verstoß gegen Sullas eigene Regelungen über die ordentliche Ämterlaufbahn. Obendrein hatte Pompeius ihm eine Rückkehr nach Rom im Triumph abgetrotzt. Zu guter Letzt soll er sich dann auch offen und öffentlich mit Sulla verglichen und provozierend bemerkt haben, daß eher die aufgehende als die untergehende Sonne verehrt werde. Und wieder war es Sulla selbst gewesen, der diesen jungen Herrn nicht nur zuerst als «Imperator» anerkannt und «den Großen» (*Magnus*) genannt hatte – er selbst machte ihn erst wirklich dazu.

Der andere Erbe Sullas war Caesar, vor dem er, so will es die Legende, gewarnt haben soll: «In dem schlecht gegürteten Knaben steckt mehr als ein Marius.» Tatsächlich war ihm Caesar ähnlicher, als ihm lieb gewesen wäre – beide waren einerseits typische Aristokraten, die auf die Ethik des Wettbewerbs in der Leistung für die *res publica* fixiert waren und denen ihre *dignitas*, ihr persönlicher Rang und ihre Ehre, über alles ging; gerade dadurch stehen andererseits auch beide für jene rücksichtslose Übersteigerung von Macht, Ambition und Agon, die in die Gewalt von Bürgerkriegen führte, die diese *res publica* zerstören sollten. Sulla war hier für den ersten, entscheidenden Dammbruch verantwortlich, und auch sein theatralischer Rückzug konnte daran nichts mehr ändern – wenigstens in diesem Sinne hatte sein Erbe Caesar recht, wenn er über jenen Versuch der Rückgewinnung einer unwiderruflich verlorenen Unschuld bündig sagte, daß Sulla das ABC der Politik nicht verstanden hatte.

Marcus Licinius Crassus –
oder: Geld allein macht nicht glücklich

von Leonhard Burckhardt

Marcus Licinius Crassus hatte bereits eine außerordentlich erfolgreiche politische Karriere hinter sich, als er spät im Jahr 55 v. Chr. an der Spitze mehrerer Legionen von Rom nach Syrien aufbrach in der erklärten Absicht, einen Krieg gegen das Königreich der Parther anzuzetteln, aber mit dem unerklärten Hintergedanken, durch den zu erwartenden Erfolg mit seinen großen Rivalen Caesar und Pompeius in Rang und Status gleichzuziehen. Crassus hatte zweimal den Consulat und im Jahre 65 die Censur innegehabt, war steinreich und hatte Verbindungen im gesamten Adel und weit darüber hinaus. Er konnte gewiß sein, daß gegen seinen Willen im Staate nichts Bedeutungsvolles geschehen würde. Er wollte sich aber mit seiner Stellung als herausragender Senator und ehemaliger Consul nicht begnügen, weil er offensichtlich erkannt hatte, daß sich die herkömmlichen Spielregeln für die Verteilung von Macht und Einfluß in der Republik verändert hatten: Seitdem Feldherren wie Sulla oder Pompeius dank erfolgreicher, große Gebiete umfassender Kriegszüge ihre Klientel, ihren Reichtum, ihr Ansehen und ihre Beziehungen gewaltig gemehrt hatten, besaßen sie eine Machtfülle, die diejenige konkurrierender Adliger weit übertraf. Zunächst Sulla, dann Pompeius und schließlich Caesar hatten auf diese Weise die aristokratische Gleichheit, auf der das Regierungssystem beruhte, gestört, wenn nicht gar gesprengt. Crassus wollte es ihnen gleichtun, indem er seinerseits im Krieg gegen die Parther militärischen Ruhm ohnegleichen errang. Wie jene war er mit diesem Anspruch und Vorgehen eine Figur, die sich nicht mehr selbstverständlich Tradition und Gesetzmäßigkeiten senatorischen Regierens unterordnete, sondern er trug mit seinem Verhalten – wohl eher ungewollt – dazu bei, daß die späte römische Republik in der Ordnung, wie sie ihr Sulla auferlegt hatte, nicht sehr lange lebensfähig war. Zudem scheint Crassus auch mit seinem wirtschaftlichen Gebaren herkömmliche Normen gesprengt zu haben; zumindest erwarb er damit den Ruf eines besonders habgierigen Geldmenschen, der vor nichts zurückschreckte, um ein einträgliches Geschäft abschließen zu können.

I

Obwohl es sich bei Crassus ohne Zweifel um einen wichtigen Mann handelte, ist es schwierig, seinen Lebenslauf präzise zu verfolgen. Direkte Äußerungen von ihm sind nicht überliefert, und die Biographie des kaiserzeitlichen Schriftstellers Plutarch – die einzige aus der Antike erhaltene, die es über Crassus gibt – ist in vielen Punkten offensichtlich tendenziös, spekulativ und von mißgünstigen Gewährsmännern abhängig, so daß man ihr dort nur ungern vertraut, wo allein sie einen Sachverhalt aus Crassus' Leben berichtet. Lediglich Cicero schreibt in seinen Briefen, Reden und philosophischen Texten als Zeitgenosse über Crassus – häufig aber nur beiläufig oder aus einem selbstbezogenen Blickwinkel heraus, was bei der Deutung zur Vorsicht mahnt. Das meiste ist ohnehin Crassus' politischer Tätigkeit gewidmet, seine wirtschaftlichen Aktivitäten werden allenfalls gestreift, der Privatmann Crassus bleibt fast völlig ausgespart.

Diese Quellenlage zwingt zu Beschränkung und zu vorsichtiger Vermutung bei der Rekonstruktion von Crassus' Lebensporträt. Die hohe Gewichtung des Politischen ist aber auch symptomatisch: Crassus war wie beinahe alle Angehörigen der Nobilität primär an Teilnahme an und Führung in der Politik interessiert. Er war nicht, wie oft geglaubt wird, ein Nabob, der sich in die Politik verirrt hatte, sondern er war ein Politiker, der außerordentlich viel Geld erworben hatte.

Darauf deutet schon seine Herkunft. Seine Abstammung aus einer einflußreichen und angesehenen Familie bildete gewiß ein Sprungbrett für seine erfolgreiche Karriere. Die Licinii Crassi hatten schon mehrere Consuln gestellt und Bedeutendes geleistet; so hatte auch Crassus' Vater Publius Licinius Crassus den Consulat erreicht (97 v. Chr.) und war 89 Censor gewesen. Man darf annehmen, daß der 115 oder kurz danach geborene Marcus diejenige Bildung erhielt, welche für einen jungen *nobilis* damals üblich war. Er dürfte in Rhetorik und damit auch dem gängigen Wissenskanon geschult worden sein, etwas Griechisch gelernt und einen gewissen Einblick in die römische Geschichte erworben haben. Die Gelegenheit, erste militärische Erfahrungen zu sammeln, bestand während der Statthalterschaft seines Vaters im jenseitigen Spanien (*Hispania ulterior*) in den Jahren 96–93 und auch während dessen Kommando als Legat im Bundesgenossenkrieg im Jahre 90. Vermutlich hat Crassus an diesen Feldzügen im Gefolge seines Vaters teilgenommen.

Den Einstieg in die Ämterlaufbahn, der üblicherweise mit etwa 30 Jahren erfolgte, verhinderte freilich der Bürgerkrieg zwischen Sullanern und Marianern. Nach der Machtübernahme der letzteren in Rom 87 kamen Vater und Bruder um, sie hatten auf der falschen Seite gekämpft. Crassus selbst mußte 85 ins Exil nach Spanien fliehen. Wir wissen nicht, weshalb er nach dem Tod seiner Angehörigen noch zwei Jahre in Rom ausharrte, obwohl Sympathien und Verbindungen sowie das Schicksal seiner Angehörigen es ihm verboten, sich der marianischen Seite anzuschließen. Er lief damit durchaus ein gewisses Risiko, auch wenn das Regime Cinnas nach einer ersten gewalttätigen Phase milder wurde. Möglicherweise bewogen ihn die Furcht um das Familienvermögen wie die Ungewißheit über das Schicksal seiner jungen Familie im Falle einer Flucht, vorerst in Rom zu bleiben.

Die Erzählung Plutarchs über die Umstände seines Exils romantisiert und ist völlig unzuverlässig, so daß wir über Einzelheiten nichts Gesichertes wissen. Plausibel aber ist, daß Crassus, offenbar auf die Nachricht vom Tode Cinnas hin, auf eigene Faust eine Truppe aufbaute, mit der er auf der Seite Sullas in den Bürgerkrieg einzugreifen gedachte. Möglich war das nur, weil die Licinier in Spanien über weitreichende Verbindungen verfügten, die Crassus' Vater während seiner mehrjährigen Statthalterschaft aufgefrischt und wohl auch seinem Sohn weitervermittelt hatte. Freunde und Klienten unterstützten den jungen Crassus wahrscheinlich sowohl mit Geld und Material als auch mit eigenen Diensten. Mit seinem schließlich 2 500 Mann umfassenden Heer setzte Crassus nach Nordafrika über, wo sich unter dem Kommando des Metellus Pius dem Sulla ergebene Truppen gesammelt hatten. Dort kam es aber offenbar zu einem Zerwürfnis mit Metellus, über dessen Gründe uns Plutarch freilich im unklaren läßt. Unter Sulla scheint sich Crassus dann einige militärische Verdienste im Kampf gegen die marianische Seite erworben zu haben; trotzdem gehörte er noch nicht zu den führenden Kreisen der sullanischen Elite, gewiß vor allem seiner Jugend wegen, aber auch das zerrüttete Verhältnis zu Metellus, dem vornehmsten Mitkämpfer Sullas, wird seinem Ruf nicht gerade förderlich gewesen sein. Immerhin hatte er auf der Seite der Sieger gestanden, und die Möglichkeiten, die diese Situation ihm als jungem *nobilis* bot, nutzte er offensichtlich resolut aus.

II

Crassus hat während und nach der Dictatur Sullas ein Vermögen erworben, das ihm einen fast sprichwörtlichen Ruf eines unermeßlich reichen Mannes eintrug, obwohl der väterliche Besitz nur 300 Talente (das entspricht 7,2 Mio Sesterzen) umfaßt haben soll, seine Startbasis also vergleichsweise bescheiden war. Am Ende seiner Karriere hingegen soll Crassus 7 100 Talente besessen haben.

Wie kam Crassus zu seinem Geld? Was machte er damit? Was bedeutete sein Reichtum für ihn, und vor allem welche Rolle spielte Geld im politischen und gesellschaftlichen Leben Roms überhaupt? In welchem Verhältnis stand es zu anderen Faktoren, die Macht und Einfluß versprachen?

In einem Brief Ciceros an seinen Freund Atticus aus dem Jahre 66 heißt es: «Wenn ich dereinst einmal in der Lage bin, deine (also Atticus') Bücher kaufen zu können, ‹übertreffe ich den Crassus an Reichtümern›.» Schon damals galt Crassus' Name also als Synonym für Reichtum – er muß demnach sein Eigentum recht schnell gemehrt haben. Das ging auch durch ein noch so kluges Wirtschaften nicht ausschließlich mit Landwirtschaft und Landbesitz, den traditionellen Einnahmequellen der römischen Adligen; sie reichten meist für ein großzügiges Auskommen und gewiß auch für stetige Besitzmehrung, für ein rasches Vermögenswachstum aber war die agrarische Produktivität in der Antike im allgemeinen zu gering. Natürlich hat Crassus auch Ländereien besessen. Plinius sagt sogar, deren Wert hätte 200 Mio. Sesterzen betragen; aber es ist zu vermuten, daß Crassus sie mit dem Ertrag aus anderen Erwerbsquellen als Sicherung und ehrbare Eigentumskategorie und wohl auch, um sein wirtschaftliches Risiko auf diverse Produktionszweige zu verteilen, gekauft hat. Es ist bekannt, daß die meisten Aristokraten als Streubesitz Güter und Villen in ganz Italien hatten. Crassus hielt sich also wohl an ein vielfach praktiziertes Modell, das einen aber gerade, weil es das übliche war, nicht viel reicher machen konnte als alle anderen Angehörigen des Adels.

Plutarch nennt denn auch mehrere andere Geldquellen des Crassus, die als wesentlich weniger ehrenhaft betrachtet wurden denn die Landwirtschaft. Er sagt insbesondere, daß sich Crassus an dem Vermögen der Opfer sullanischer Proscriptionen gütlich getan und deren Güter für geringes Geld ersteigert oder auf andere Weise erworben habe. Weiter schreibt der Biograph, Crassus habe sich auch durch eine originelle Form der Immobilienspekulation bereichert: Er kaufte brennende Liegenschaften und ihre Nachbarhäuser, erhielt sie um einen kleinen Preis, baute sie mit einer Schar von Bausklaven wieder auf und – so ist zu ergänzen – verkaufte sie mit Gewinn weiter oder vermietete sie teurer. Beides ist nicht unplausibel, auch wenn es sonst nirgends explizit vermerkt wird.

Es haben auch andere *nobiles* bei den Proscriptionen zugegriffen, und es läßt sich nachweisen, daß die Mieten im stark brandgefährdeten Rom erstaunlich hoch waren. Beides waren Einkommensfelder, auf denen man schnell zu Reichtümern gelangen konnte. Wahrscheinlich war Crassus hier erfolgreicher und skrupelloser als andere.

Crassus' ökonomische Aktivitäten scheinen sich aber nicht auf die genannten Erwerbsquellen beschränkt zu haben. Er besaß laut Plutarch nicht nur viele Bausklaven, sondern auch solche, die er zu Fachleuten in anderen Tätigkeiten ausbildete und dann wahrscheinlich vermietete. Diese bezeichnet Plutarch sogar als seinen wertvollsten Besitz. Zudem hatte Crassus wohl auch Silberminen und beteiligte sich vermutlich an Pachtgesellschaften, die an der Ausbeutung der römischen Provinzen teilhatten. Letzteres war für Senatoren zwar leicht anrüchig und offiziell nicht gebräuchlich, aber das hinderte nicht, mehr oder weniger diskret an solchen Quellen mitzuverdienen.

Trifft diese Schilderung zu – und es spricht wenig dagegen –, so waren

Crassus' ökonomische Interessen breit gestreut. Er scheint sich ihnen auch sehr intensiv gewidmet zu haben und unterschied sich darin vielleicht von vielen seiner Standesgenossen. Cicero, der Crassus freilich wenig schätzte, behauptet an einigen Stellen, daß er ganz besonders habgierig vorging, und Plutarchs Biographie ist als Ganze ein Angriff auf diese Habgier, die in seinen Augen Crassus' sämtliche übrigen Eigenschaften weit überragte. Inwieweit diese Charakterisierung richtig ist, können wir nicht mehr überprüfen; zutreffend aber ist wohl, daß Crassus es besser als andere verstand, die ökonomischen Möglichkeiten zu nutzen, die die Zeitumstände und auch die Ausbeutung des römischen Reiches boten. Wo andere *nobiles* ihr Geld in Luxusvillen mit entsprechend eleganter Ausstattung anlegten, scheint er Investitionen bevorzugt zu haben, die einen gewissen Wiederverkaufswert versprachen; seine persönlichen Bedürfnisse werden jedenfalls als bescheiden bezeichnet. Sein Beispiel macht aber besonders augenfällig, daß die wirtschaftlichen Interessen der römischen Aristokratie sich nicht mehr nur auf die traditionelle agrarische Tätigkeit beschränkten, sondern sich vielmehr stark ausdifferenzierten. Crassus war auf diesem Gebiet einer der Geschicktesten, und das mag nicht überall gern gesehen worden sein. Später allerdings wurde sein Reichtum von demjenigen des Pompeius und Caesars wohl noch übertroffen, die auf ihren lang andauernden Kriegszügen für sich, die Soldaten und die Staatskasse gewaltige Schätze erbeuteten.

Was aber wollte Crassus mit seinem auf mehr oder minder ehrenhafte Weise angehäuften Vermögen eigentlich anfangen? Antike Äußerungen lassen daran kaum Zweifel zu. Velleius Paterculus nennt neben Habgier die Ruhmsucht als Hauptcharakteristikum des Crassus, Cicero zitiert Crassus indirekt mit den Worten, wer aus den Zinsen seines Vermögens kein Heer unterhalten könne, dürfe sich nicht *princeps civitatis* – einen der Ersten im Staat – nennen, und Plutarch berichtet von Einladungen an breite Kreise und zinslosen Darlehen an Freunde. Crassus verpflichtete sich führende Herren, die Geld benötigten, mit Krediten zu vorteilhaften Bedingungen, er machte sich bei der Menge beliebt, indem er Massenspeisungen ausrichtete, und zur Not war auch er bereit, Truppen zu finanzieren. Dazu kamen Bestechungen von Wählern und Richtern im eigenen Interesse oder in demjenigen von Freunden. Geld erscheint hier als Schmiermittel einer politischen Karriere, das sich vielfältig einsetzen ließ, es war gewiß kein Selbstzweck, mit dessen Hilfe man sich ein Genußleben leisten konnte. Die politischen Auseinandersetzungen in der nachsullanischen Zeit konnten sehr intensiv sein, und Geld war ein Faktor, sie im eigenen Interesse zu beeinflussen. Je mehr man davon hatte, desto größer waren die Möglichkeiten, damit Einfluß zu nehmen, sich Beziehungen zu schaffen, Popularität zu suchen, Leute an sich zu binden, Prozesse und Wahlen zu beeinflussen. Crassus scheint kaum Hemmungen gehabt zu haben, sich dies zunutze zu machen.

Neben der direkten Einflußnahme auf den Gang der Politik diente Reichtum einem römischen *nobilis* wie Crassus aber durchaus auch ganz elementaren Zwecken. In der stark hierarchisierten römischen Gesellschaft war Geld ein Maßstab, um den Status einer Person festzulegen. Jeder Ritter und jeder Senator hatte einem Mindestcensus zu genügen, um als Mitglied des eigenen Standes anerkannt zu werden. Auch der übrige *populus* – die römischen Bürger im allgemeinen – wurde censiert und je nach Besitz einer bestimmten Vermögens- und damit Heeres- wie Abstimmungsklasse zugeordnet. Zudem war es undenkbar, daß ein römischer Adeliger körperlicher Arbeit nachging, um seinen Lebensunterhalt zu verdienen. Man mußte in der Lage sein, seine Zeit der Öffentlichkeit, das heißt der Politik und der Ämterlaufbahn, zu widmen. Da Magistraturen nicht honoriert wurden, bedeutete dies, daß man reich genug sein mußte, um sein Auskommen zu haben. Darüber hinaus wurde freilich eine angemessene Lebensführung erwartet: Ein Haus möglichst auf oder nahe beim Palatin gehörte ebenso dazu wie Villen auf dem Land, eine beträchtliche Dienerschar mußte einem zur Hand gehen, die Häuser mußten schön ausgestattet sein, je nach Geschmack zum Beispiel mit griechischen Originalkunstwerken, mit Büchern oder erlesenen Möbeln. Nicht alle großen Herren besaßen weitläufige Gärten mit Fischteichen, und es gab zweifelsfrei große Unterschiede in den Vermögensverhältnissen und im Lebensstil, aber einem gewissen Mindeststandard mußte jeder genügen, der in der Gesellschaft ernst genommen werden wollte. Dadurch hob man sich von der Masse ab und wies sich als Mitglied der Führungsschicht aus.

Die Verfügung über ein ausreichendes Vermögen war also eine grundlegende Voraussetzung für eine politische Tätigkeit und die Mitwirkung in der politischen Elite. In der späten Republik scheint der Geldbedarf der Nobilität ständig gewachsen zu sein, weil sowohl die Ansprüche an die Lebensführung wie auch die Ausgaben für direkte und indirekte Wahlbestechung gestiegen waren. Manche Herren stürzten sich in Schulden, die sich nur mit einem Wahlsieg und der sich daraus ergebenden Chance, sich als Statthalter einer Provinz zu sanieren, tilgen ließen. Wir kennen einige erfolgreiche Beispiele eines solchen Vorgehens, Caesar ist darunter nur das prominenteste; von den Wahlverlierern aber wissen wir weniger. Es ergibt sich im übrigen aus dem Gesagten, daß die Provinzialen die Leidtragenden waren, die das bezahlten. Sie mußten mit ihren vielen Abgaben immer wieder neue Statthalter alimentieren.

III

Geld war im politischen Leben Roms zwar unabdingbar, garantierte aber keineswegs die freie Bahn zur Macht. Das wußte auch Crassus. Er arbeitete unermüdlich daran, das Netz seiner Beziehungen auszubauen, indem er zum Beispiel häufig als Gerichtsredner auftrat oder politische Anliegen im Interesse bestimmter Gruppen vorbrachte oder unterstützte. Crassus galt als recht guter und fleißiger, wenn auch nicht übermäßig begabter Redner. Nach römischen Usancen verpflichtete er sich die Herren, zu deren Gunsten er auftrat, und das wiederum konnte sich in Form politischer Unterstützung auszahlen. Man darf auch annehmen, daß Crassus als Persönlichkeit, deren Einfluß ständig wuchs, als Patron sehr gesucht war und daß es für einen Angeklagten gewiß beruhigend war, ihn auf seiner Seite zu wissen. Manchmal scheint er sogar mehr durch die bloße Präsenz als durch die Kraft seiner Rede gewirkt zu haben. Schon Mitte der 60er Jahre war er nach Sallust ein Mann *summa potentia, summis divitiis*, also von höchster Macht und höchstem Reichtum, den man sich besser nicht zum Feind machte.

Wenden wir uns nunmehr den Ereignissen zu, die Crassus in diese beneidenswerte Position brachten. Er hatte wahrscheinlich im Jahre 73 die Praetur inne und war wohl in der ersten Hälfte der 70er Jahre Aedil gewesen, hatte also die zweite Stufe der römischen Amtskarriere erklommen; seine frühe Ämterlaufbahn ist freilich nicht genau bekannt. Nach seiner Praetur erhielt er das Kommando im Spartacus-Krieg als Privatmann mit proconsularischer Befehlsgewalt. Spartacus war der Anführer eines Sklavenheeres, das sich seit dem Jahr 73 in offener Rebellion gegen Rom befand. Eine ursprünglich recht kleine Schar waffengeübter Gladiatoren war zu einer Armee angeschwollen, die ganz Italien in Unruhe versetzte. Die Anhänger rekrutierten sich wohl vornehmlich aus Land- und Hirtensklaven, aber auch vereinzelte verarmte freie Bauern und Tagelöhner hatten sich dem Sklavenheer angeschlossen, um einem perspektivlosen Dasein in Armut zu entrinnen. Der Spartacus-Aufstand gehört in eine Reihe mehrerer Sklavenaufstände, die seit der zweiten Hälfte des zweiten Jahrhunderts v. Chr. immer wieder römische Provinzen wie *Asia* und *Sicilia* erschütterten und die von Rom mit militärischen Mitteln bekämpft werden mußten.

Spartacus wurde besonders bekannt, weil sich der nach ihm benannte Aufstand im Zentrum des Reiches, in Italien, abspielte und sehr erfolgreich war und weil er einen Moment sogar die Hauptstadt selber zu bedrohen schien. Die Aufständischen schlugen jedenfalls mehrere römische Heere, darunter auch diejenigen der Consuln des Jahres 72. Erst Crassus konnte die in römischen Augen wenig ruhmvolle Aufgabe, dieser Sklaven Herr zu werden, bewältigen. Er hat das Heer um sechs zusätzliche Legionen, möglicherweise mit Veteranen Sullas, verstärkt und für deren Finanzierung vermutlich dem Senat einen Vorschuß geleistet. Mit diesen Truppen hat Crassus den Spartacus-Krieg in sechs Monaten beendet. Um sich Respekt zu verschaffen und im geschlagenen consularischen Heer Disziplin herzustellen, ging er wenig zimperlich vor: Eine Einheit, die einen Befehl mißachtet hatte, wurde der Dezimierung (*decimatio*) unterzogen, das heißt, es wurde jeder zehnte Mann hingerichtet – eine Strafe, die einem Feldherrn zwar zu Gebote stand, die aber seit langem nicht mehr praktiziert worden war. Zu Hilfe kam dem Crassus die Heterogenität des Sklavenheeres, das aus Männern ganz unterschiedlicher Herkunft zusammengesetzt und deswegen nur schwer auf ein einheitliches Ziel zu verpflichten war. Es zerfiel immer wieder in kleinere Gruppen, die eigenständige Absichten verfolgten, und als solche leichter zu überwältigen waren. Crassus gelang es bald, das Hauptheer der Sklaven unter Spartacus auf einer Landzunge in Kalabrien einzuschließen. Es konnte zwar ausbrechen, wurde aber von Crassus verfolgt und schließlich in einer entscheidenden Schlacht geschlagen. 6000 der Gefangenen wurden entlang der Via Appia gekreuzigt, eine Hinrichtungsart, mit der die Römer üblicherweise flüchtige Sklaven bestraften.

Crassus war der Sieger im mühseligen Sklavenkrieg, auch wenn der aus Spanien zurückkehrende Pompeius einen letzten Trupp von 5000 Mann aufrieb, und konnte wenigstens einen kleinen Triumph, eine *ovatio*, feiern. Eine fast natürliche Folge war, daß er für das Jahr 70 zum Consul gewählt wurde. Als Kollegen mußte er freilich seinen permanenten Rivalen Pompeius akzeptieren, der ihn als jugendlicher Held in der Gunst Sullas und später der Plebs, des einfachen römischen Volkes, übertroffen hatte und dessen militärisches Renommee das seine deutlich in den Schatten stellte. Immerhin brachte der Consulat dieser beiden Herren, die auf sehr unterschiedliche Weise vom sullanischen Bürgerkrieg profitiert hatten, die Restitution des Volkstribunats und die Beilegung des Konfliktes um die Besetzung der Geschworenengerichte. Beides waren so tiefgreifende Änderungen der sullanischen Verfassung, daß deren wesentliche Idee, nämlich die Stärkung des Senats als politisches Zentrum der Republik durch Zurückdrängung potentiell rivalisierender Gewalten, praktisch aufgegeben wurde. Wie groß Crassus' Anteil an diesen Reformen war, ist nicht mehr zu eruieren – er hat sie jedenfalls nicht behindert, wohl weil er die Popularität beider Anliegen erkannte und die Gunst des Volkes nicht verlieren wollte.

Als gewesener Consul zählte er in den folgenden Jahren zum inneren Zirkel der Macht. Sein Name wird während der 60er Jahre mehr oder weniger glaubhaft im Zusammenhang mit diversen Vorhaben und Intrigen genannt, die er entweder selber in Gang gebracht oder aber unterstützt haben soll. Zudem verband er sich immer wieder mit jüngeren, hoffnungsvollen Herren, deren Karriere er fördern half. Dazu zählten zum Beispiel Catilina, Clodius und Caesar. Es ist allerdings kaum wahrscheinlich, daß er an der Catilinarischen Verschwörung direkt beteiligt war.

Aus diesen Aktivitäten wird erkennbar, daß Crassus kein Optimat war, also kein Politiker, der sich strikt an der Tradition ausrichtete und Politik primär, ganz wie von Sulla intendiert, über den Senat betreiben wollte. Er konnte durchaus auch ohne Rücksicht auf dieses Gremium vorgehen, wenn es seine Interessenlage gebot. Freilich ist bei aller taktischen Flexibilität bei ihm, wie im übrigen bei vielen Politikern seiner Zeit, kein konkretes politisches Projekt oder eine längerfristige Strategie faßbar, die er verfolgt hätte; es ging ihm wohl schlicht um die Entwicklung seiner eigenen Position und seines Einflusses. Um diese zu stärken, versuchte er die sich je nach Situation bietenden Gelegenheiten zu nutzen. Unter diesen Umständen wirkten seine vielfältigen politischen Aktivitäten im nachhinein betrachtet etwas erratisch, weil sie weder an inhaltlichen Zielen noch an einem traditionalen Rahmen orientiert waren.

IV

Immerhin aber errang Crassus mit seiner Politik so viel Prestige und Einfluß, daß er für Pompeius und Caesar im Jahre 60 zum ebenbürtigen Partner für ein gegen die Optimaten gerichtetes Bündnis wurde. Jeder der drei Herren betrieb seine eigenen Ziele, als sie diesen Dreibund aus der Taufe hoben. Pompeius wollte endlich die von ihm seiner Soldatenklientel längst versprochene, aber vom Senat hartnäckig verweigerte Versorgung der Veteranen aus dem Mithridatischen Krieg durchsetzen und zugleich seine Neuordnung des römischen Ostens genehmigen lassen, Caesar wollte sich als Consul des folgenden Jahres ein interessantes Kommando sichern, um die Chance zu haben, eine ähnliche Stellung zu erringen wie Pompeius, und Crassus' Anliegen schließlich war es, einen Pachtnachlaß für die Steuerpächter der Provinz *Asia*, mit denen ihn wahrscheinlich wirtschaftliche Interessen verbanden, zu erreichen. Darüber hinaus wurde, so schreibt der römische Gelehrte Varro, nur festgelegt, daß im Gemeinwesen nichts geschehen sollte, was einem der drei nicht paßte. Caesar als Consul sollte für die Durchsetzung dieser Ziele sorgen, und Pompeius und Crassus sollten ihn mit ihren Verbindungen und Anhängerschaften dabei notfalls auch gegen den Senat unterstützen. Das gelang auch, allerdings um den Preis großer Verstimmung von Volk und Senat, die den rüden Umgang mit der Verfassung, den Caesar für notwendig hielt, nicht hinnehmen wollten.

Der Dreibund war ein reines Zweckbündnis, das so lange hielt, wie es jeder Partner für profitabel ansah. Es zeigten sich denn auch bald, nachdem die genannten Ziele erfüllt waren, erste Risse zwischen Crassus und Pompeius. Dennoch waren seine Existenz und das Vorgehen seiner Protagonisten verhängnisvoll für die Republik, weil sie ohne Rücksicht auf die herkömmlichen Strukturen, unter Manipulation der rechtmäßigen Verfahren und unter Mißachtung des Senats, also des eigentlichen Führungsorgans des Gemeinwesens, so viel Einfluß auf sich konzentrierten, daß sie das auf aristokratischer Gleichheit basierende republikanische System zu sprengen drohten. Einzeln wäre der Senat bei entschlossener Führung mit jedem der drei Herren vielleicht fertig geworden, zusammen verfügten diese aber über so viel Ansehen, Geld,

Klientelen, Beziehungen und auch militärisches Potential, daß das nicht mehr möglich war.

Die Erkenntnis, daß eine gegenseitige Absicherung ihnen allen dienlich war, lag auch der Erneuerung des Dreibundes im Jahre 56 zugrunde, als die drei sich erneut auf einen Ausgleich ihrer Interessen verständigten. Es wurde vereinbart, daß das Provinzkommando für Caesar in Gallien um weitere fünf Jahre verlängert werden und daß Pompeius und Crassus im Jahre 55 Consuln werden und danach ihrerseits je eine bedeutende Provinz übernehmen sollten. Als eigentlicher Gewinner dieses Arrangements kann getrost Crassus bezeichnet werden, der beim ersten Zusammenschluß noch im Schatten des Pompeius gestanden, jetzt aber die Chance hatte, zu seinem wirtschaftlichen Potential und seinem Beziehungsnetz auch noch militärischen Ruhm zu erringen und damit seinen Partnern und Rivalen auch auf diesem Feld ebenbürtig zu werden. Er hatte in den Jahren zuvor von seinen politischen Möglichkeiten offensichtlich so wirkungsvoll Gebrauch gemacht, daß er für Caesar und Pompeius mit Blick auf sein gefährliches Störpotential unentbehrlich geworden war: Crassus hatte seine Pfeile durchaus auch gegen Pompeius abgeschossen. Er besaß die Fähigkeit, nach allen Seiten offenzubleiben und für alle Seiten akzeptabel zu sein; es war deswegen besser, ihn und die von ihm mobilisierbaren materiellen, personellen und politischen Ressourcen im eigenen Boot zu wissen.

Die im gemeinsamen Consulatsjahr von Pompeius und Crassus erlassene *lex Trebonia* brachte letzteren schließlich ans Ziel: Er erhielt die Provinz Syria zugesprochen mit dem Recht, Krieg und Frieden erklären und unbeschränkt Truppen ausheben zu dürfen.

Den Krieg gegen die Parther brach Crassus gegen heftige innerrömische Opposition nur um persönlicher Interessen willen vom Zaun. Crassus wollte sich Thronwirren im Partherreich zunutze machen, um leichter zum Erfolg zu kommen, aber einen wirklichen Anlaß für einen römischen Angriff hatte man auf parthischer Seite nicht gegeben. Zwar hatten sich die römisch-parthischen Beziehungen während des Kommandos von Pompeius im Mithridatischen Krieg verschlechtert, weil sich der römische Oberbefehlshaber nicht an mit dem parthischen König geschlossene Verträge hielt, sondern die in diesen akzeptierte Euphratgrenze mehrmals überschritten hatte, aber die Parther hatten danach keine Anstalten zu einer energischen Gegenreaktion gemacht.

Die Parther hatten ihren Herrschaftsraum seit der zweiten Hälfte des dritten Jahrhunderts v. Chr. unter der Dynastie der Arsakiden von der iranischen Hochebene aus gegen Westen über Mesopotamien an den Euphrat ausgedehnt und waren während des zweiten Jahrhunderts zu einem Großreich herangewachsen. Die Römer waren während des Mithridatischen Krieges näher mit ihnen in Berührung gekommen, waren aber nicht hinreichend vertraut mit ihrer Lebens- und noch weniger mit ihrer hauptsächlich auf einer beweglichen Reiterei beruhenden Kampfesweise. Genau dies sollte aber Crassus und seiner 36 000 oder gar 42 000 Mann starken Armee zum Verhängnis werden. Es war ihm zunächst gelungen, nach dem Überschreiten der Euphratgrenze im Sommer 54 einige vorgelagerte Garnisonen einzurichten, er zog sich dann aber in die Winterquartiere nach Syrien zurück. Im Jahr darauf nahm er die Kampfhandlungen wieder auf, überschritt den Euphrat erneut und setzte dem weichenden Feind durch die syrische Wüste nach. In einer Ebene bei Carrhae kam es schließlich zur Schlacht, wobei Geländewahl und taktische Anlage ganz auf die Stärken der parthischen Armee ausgerichtet waren. Leichte Reitertruppen zermürbten die auf Nahkampf eingestellten römischen Legionäre durch wiederholte Pfeilhagel, zu einem eigentlichen Handgemenge kam es nie. Der Kampf war entschieden, als die Parther eine römische Heeresgruppe unter dem Sohn des Crassus, Publius Crassus, in eine Falle gelockt und durch die Kataphrakten, schwer bewaffnete und gepanzerte Kavallerie, aufgerieben hatten. Crassus selbst ging unter, nur 10 000 Mann der römischen Armee konnten sich retten.

Die unmittelbaren militärischen Folgen des Desasters blieben relativ gering, die Römer konnten die Euphratgrenze halten, verloren aber Armenien, und die strategische Balance hatte sich verschoben: In den nächsten Jahren waren die Parther tendenziell in der Offensive. Die Niederlage hatte jedoch bei den Römern einen enormen Eindruck hinterlassen und wirkte in der römischen Öffentlichkeit lange nach als eine der größten Katastrophen, die eine römische Armee je hatte erleiden müssen; Augustus konnte es sich hoch anrechnen, im Jahre 20 die bei Carrhae verlorenen Feldzeichen wiedererlangt zu haben. Crassus freilich, seine Gier und sein Ehrgeiz wurden für das militärische Debakel verantwortlich gemacht, sein Bild war in der Nachwelt auf Dauer getrübt.

V

In der Tat gibt es in Crassus' Leben wenig Erfreuliches, das das düstere Urteil der antiken Publizistik aufzuhellen geeignet wäre. Er erwies sich als geschickter Taktiker der häuslichen Politik, hatte eine glückliche Hand in Geschäften, war ähnlich wie Caesar von grenzenlosem Ehrgeiz beseelt und skrupellos. Eine politische Vision für das Gemeinwesen fehlte ihm völlig, vielmehr schien er letztlich nur ein Ziel zu kennen, nämlich führender Mann des Staates zu werden. Aber selbst um dies zu erreichen, fehlte ihm schließlich neben der militärischen Erfahrung auch die Fortune, eine Perspektive und die innere Unabhängigkeit, die Caesar bei all seinen Mängeln auszeichnete. Crassus hingegen scheiterte militärisch, ehe sein politisches Scheitern hätte offenkundig werden müssen, und die Erinnerung an ihn bleibt nachhaltig von nur der Tätigkeit geprägt, die er am besten beherrschte: der Mehrung seines Reichtums.

Gnaeus Pompeius Magnus –
«immer der erste zu sein und die anderen überragend»

von Werner Dahlheim

Das Ziel des Lebens

Im Sommer des Jahres 70 v. Chr. wurde Rom Zeuge eines denkwürdigen Schauspiels. Der amtierende Consul Pompeius, dem sein Amt die Würde eines Senators verlieh, zelebrierte vor dem Tribunal der Censoren seinen Abschied von den Rittercenturien als Triumphzug eines Einzigartigen: «Da sah man Pompeius auf den Markt herunterkommen», berichtet Plutarch, «mit allen Abzeichen seiner Würde angetan, aber sein Pferd mit eigener Hand am Zügel führend. Als er nahe war und alle ihn sahen, befahl er seinen Liktoren, beiseite zu treten, und führte sein Pferd vor das Tribunal.» Die Neugierigen rissen das Maul auf vor Begeisterung und spitzten erwartungsvoll die Ohren, als der Censor dem Angetretenen die Frage stellte, ob er die vom Gesetz vorgeschriebenen Feldzüge mitgemacht habe. «Ich habe sie alle mitgemacht», rief der Gefragte laut und fügte hinzu: «und alle unter meinem Kommando.» Tosender Beifall war die Antwort, und Censoren und Volk gaben ihrem Helden das Ehrengeleit, als er in sein Haus zurückkehrte.

Für Augenblicke wie diese, in denen ihm die ungetrübte Zustimmung von Adel und Volk entgegenschlug, lebte Pompeius – schienen sie doch zu bestätigen, daß er wirklich groß war und Rom dies anerkannte. Zweifel daran plagten ihn nie, auch nicht, als er erfahren mußte, daß seine Gegner über ihn triumphierten. Denn das Ziel des Lebens war einfach und klar: Im Jahre 67, auf der Jagd nach Seeräuberschiffen, hatte er in Rhodos haltgemacht und dort den Philosophen Poseidonios gefragt, was er denn mit seinem Leben anfangen solle (Strabon 11, 492). Die Antwort des Greises klang, als bestätige eine ferne Stimme aus der Vergangenheit, was ihm schon lange Leitstern war und für immer sein sollte: «immer der erste zu sein und die anderen überragend». Der Held Peleus hatte seinem Sohn Achill diesen einen Satz mit auf den Weg gegeben, und er enthielt alles, was zählte (*Ilias* 11, 784).

Der Sohn der Revolution

Angefangen hatte alles im Jahre 106 im Hause einer adligen Familie. Sie war jung, kam nicht aus Rom, sondern der italischen Provinz, und ihre Anfänge verloren sich nicht in der mythischen Vergangenheit der Republik. Niemand wußte von nennenswerten Taten zu berichten, kein Wappentier erinnerte wie der Elefant der Meteller an Siege gegen die Karthager oder andere Völker. Selbst um die Vorbildlichkeit der wenigen Ahnen war es schlecht bestellt. Der Großvater hatte als Statthalter in Makedonien erfolglos auf dem Balkan gekämpft und dort sein Leben im Kampf gegen marodierende keltische Banden verloren. Der Vater war und blieb zeitlebens ein Außenseiter, den allein das Kriegsglück zum Consul machte. In einem solchen Hause war die Zukunft eines Knaben, wenn ihn der Vater vom Boden aufgenommen und als seinen Sohn anerkannt hatte, genau vorgezeichnet. Er wurde hineingeboren in das Grundgesetz aristokratischen Lebens: Politik und Krieg. Beide – dies lernte der Knabe früh – waren gestrenge Herren und forderten asketische Hingabe. Wer ganz nach oben wollte, sorgte sich gewöhnlich um eine gründliche Ausbildung als Redner und Rechtskundiger, übte früh, im Salon, vor den Schranken des Gerichts und im Zelt des Soldaten gleichermaßen zu Hause zu sein, lernte Disziplin und die Unterordnung unter die Ideale der Vorfahren, suchte einflußreiche Freunde und hoffte auf den großen Krieg.

Ihn brauchte der Heranwachsende nicht zu suchen. Er kam zu ihm, und sein Bannerträger war der eigene Vater Pompeius, genannt «der Schielende» (Strabo). Er besaß in Picenum ausgedehnte Ländereien und verfügte dort über eine weitverzweigte und ergebene Gefolgschaft. 92 hatte er es zur Praetur gebracht und erhielt, als die Forderungen nach dem Bürgerrecht für die italischen Bundesgenossen 90 in Mord und Krieg endeten, das Kommando gegen die Aufständischen in der ihm wohlvertrauten Heimat. Als er Erfolg hatte und Asculum, die Hauptstadt der Rebellen, einschloß, gab ihm die erleichterte Nobilität den Weg zum Consulat für das Jahr 89 frei. In seinem Generalstab tat der erst siebzehnjährige Sohn Gnaeus Dienst. Dort, in Märschen, bei Siegen und Belagerungen, lernte der junge Mann alle Gesetze des Krieges, alle Tugenden eines Truppenführers, den Rausch des Sieges und die Verzweiflung der Niederlage – sie spiegelte sich im November 89 in den langen Zügen des Elends, die sich aus dem zur bedingungslosen Kapitulation gezwungenen Asculum bewegten.

Lehren ganz neuer und revolutionärer Art kamen hinzu. Im Frühjahr 88 erschlugen im Feldlager des Vaters die Soldaten den zur Kommandoübergabe angereisten Consul Pompeius Rufus wie einen tollen Hund und schworen ihrem alten Feldherrn die Treue, da er Erfolg, Beute und Versorgung versprach. Im Sommer stürmte Sulla Rom wie eine feindliche Stadt, und die Boten berichteten Unerhörtes: Zum erstenmal in der Geschichte Roms brannten die Wachfeuer der eigenen Truppen auf dem Forum, zum erstenmal trieben Legionäre Senatoren und Ritter aus ihren Häusern und umzingelten den Sitzungssaal des Senats, in dem ein General seine Befehle verlas, zum erstenmal erniedrigte sich ein ohnmächtiger Senat vor einem Militär und hoffte auf Rettung durch einen anderen, noch mächtigeren Soldaten. Im Jahr darauf, Sulla war im fernen Asien in den Mithridatischen Krieg verstrickt, marschierten drei Armeen unter einander feindlichen Kommandeuren auf Rom zu: Cinna und Marius mit einem buntgewürfelten Haufen von Söldnern, Veteranen und italischen Neubürgern, die Feldherren des Senats mit im Bundesgenossenkrieg erprobten Truppen, und Pompeius Strabo mit der stärksten Armee, offenkundig gewillt, als Retter des Vaterlands in Rom einzuziehen und dem Senat den zweiten Consulat abzutrotzen.

In wenigen Monaten erlebte der Sohn des eigenwilligen und selbstherrlichen Siegers über Asculum, was ihn für immer prägen mußte: Der Bürgerkrieg stieß selbst einem Außenseiter das Tor zu einer großen Karriere auf, wenn er nur entschlossen genug war, den Griff nach den Sternen als Kommandeur einer ergebenen Truppe zu wagen. Diese zu lenken hieß, einen Wolf an den Ohren halten, und forderte einen Mann, der sein Leben, sein Herz und seine Zukunft dem Krieg verschrieb. Und noch eine Lehre erteilten diese Monate: Wer verlor, fiel tief. 87, auf dem Höhepunkt seiner Macht, war der Vater einer Seuche zum Opfer gefallen. Als der Tote nach Rom gebracht wurde, zündete der Pöbel sein Haus an und schleifte den Leichnam des nach Cicero «vom Himmel und vom Adel gehaßten» Mannes an Haken durch die Gassen. Der jetzt 19jährige Sohn wurde über Nacht zum Gejagten. Geschützt von einigen Gönnern, verbarg er sich auf seinen picenischen Gütern und wartete auf seine Stunde.

Als sie kam, zeigte der junge Offizier, daß er die Lehren des Vaters ebenso wie die der Zeit verstanden hatte. Im Frühjahr 83 landete der geächtete Sulla mit 40 000 Soldaten in Brundisium. Er hatte sich in Asien mit den ersten militärischen Siegen zufriedengegeben und seinen königlichen Gegner zu einem Frieden gezwungen, der im Osten den alten Zustand der Provinzen wiederherstellte. In Italien verstärkte er sein Heer durch Truppen, die ihm befreundete senatorische Familien zuführten, marschierte auf der Via Appia nach Norden und eroberte am 1. November 82 ein zweites Mal Rom. An seiner Seite ritt Pompeius in die Stadt ein. Er hatte ein Jahr zuvor die Rekrutierungsoffiziere des Senats in seiner Heimat zum Teufel gejagt, eigenmächtig drei volle Legionen aus den Klienten und Veteranen des Vaters mobilisiert und mit dem Heer des aufrührerischen Proconsuls vereinigt. Von Sulla ehrerbietig als Imperator begrüßt und damit als seinesgleichen anerkannt, schien er nun am Ziel seiner Wünsche. Es machte nicht viel, daß der alt gewordene Krieger aus einer Familie der römischen Hocharistokratie und der junge vor Ehrgeiz fiebernde Offizier aus einem unbekannten plebejischen Geschlecht einander gründlich mißtrauten. Denn beide einte die wilde Entschlossenheit, dem in Rom herrschenden Regime den Garaus zu machen – auch wenn es galt, Gesetz und Recht zu brechen, wo immer es not tat.

Als dies getan war und der Sieger mit pathologischer Rachsucht Vergeltung geübt und 40 Senatoren und 1 600 Ritter dem Beil des Henkers oder selbsternannten Kopfjägern ausgeliefert hatte, trennten sich die Wege des ungleichen Paars: Sulla, zum Dictator gewählt und von der Rache gesättigt, gehorchte dem jahrhundertealten Ethos seines Standes und reformierte den Staat von Grund auf. Pompeius, jugendlicher und begehrter Held des Krieges und der Salons und zu hoch gestiegen, um noch an eine bürgerliche Ämterlaufbahn zu denken, gehorchte den Lehren der neuen Zeit und zog in den Krieg, dorthin also, wo alle Träume eines Emporkömmlings in Erfüllung gehen konnten. So forderte und bekam er von Sulla das Kommando über die Armee, die in Sizilien und Afrika die Truppen der Marianer stellen sollte. Im März 79 kehrte er als Sieger heim, und der nunmehr 26jährige triumphierte in Rom; stolz trug er den Beinamen «der Große» (Magnus), mit dem ihm seine Anhänger als wiedererstandenem Alexander huldigten und der Dictator ihn vor den Toren Roms begrüßt hatte.

Sulla, so wird berichtet, habe dem Triumphzug nur zähneknirschend zugestimmt. Denn was Rom an diesem Tag sah, war nie dagewesen und sollte als Menetekel die folgenden Jahrzehnte verdüstern: War doch der verfluchte Augenblick gekommen, an dem der Held der Schlachtfelder nicht nur über den äußeren Feind, sondern auch über Recht und Tradition des eigenen Staates triumphierte. Cicero hat es genau gewußt und das jedermann Offenkundige noch Jahre später und schon im Dienst des großen Mannes nur mühsam kaschieren können: «Was war so neu, als daß ein ganz junger Mann ohne Amt ein Heer aufbrachte, als der Staat in Bedrängnis war? Er tat es. Daß er dieses Heer befehligte? Er tat es. Daß er auf seinem Posten große Leistungen vollbrachte? Er tat es. Was war so wider das Herkommen, als daß man einem so jungen Mann, dessen Alter weit entfernt war vom Senatorenrang, ein Kommando und ein Heer übergab, ihm Sizilien und Afrika anvertraute und den dort zu führenden Krieg?» (*Über den Oberbefehl des Pompeius* 61)

Der Herr des Krieges

Die senatorischen Erben und Nutznießer des sullanischen Systems hätten diesem Gesetzesbrecher und jugendlichen Helden seinen Kopf mit den Locken Alexanders liebend gern vor die Füße gelegt. Denn hier war einer, der in jeder Stunde seines bisherigen Soldatenlebens er selbst, nicht aber der exekutive Arm des Senats sein wollte und wohl niemals bereit war, in das Hohelied auf den Senat einzustimmen, das sein gleichaltriger Zeitgenosse Cicero intoniert hatte: «Den Senat haben die Vorfahren zum Wächter, Schützer und Verteidiger des Staates bestimmt; sie verlangten, daß sich die Beamten nach dem Willen dieses Standes richteten und gewissermaßen die Diener dieser ehrfurchtgebietenden Institution seien.» Dies war vorbildlich gedacht und schön formuliert dazu. Gleichwohl waren die Zeiten so, daß sich niemand danach richten wollte – schon gar nicht

Pompeius. Vor ihm gab es kein Entrinnen. Denn unmittelbar nach Sullas Tod entfachte der Consul Lepidus in Etrurien einen Aufstand, den nur einer niederschlagen konnte: Pompeius. Wenig später nahm der Krieg, den Sertorius, der begabteste Offizier des Marius, in Spanien gegen das sullanische Rom führte, den Charakter eines nationalen Unabhängigkeitskampfes der spanischen Völker an, und wiederum war nur einer bereit, ihn zu beenden: Pompeius. Und schließlich, am Ende der siebziger Jahre, zitterten viele vor den Horden aufständischer Sklaven und riefen nach einem Retter des Staates: Pompeius. Als im Winter 72/1 der schon geschlagene Sklavenführer Spartacus in Süditalien den Sperrriegel der Legionen noch einmal durchbrochen hatte, bat ihr General Crassus in der wohl schwärzesten Stunde seines Leben den Senat, zu seiner Unterstützung Pompeius aus Spanien abzuberufen. Dieser – ohnehin auf dem Wege nach Italien – machte daraufhin in Etrurien einige tausend Sklaven nieder und berichtete stolz dem Senat, Crassus habe zwar die Sklaven besiegt, er aber habe den Krieg bis zur Wurzel ausgerottet und begraben. Damit war der Weg endgültig geebnet, in Rom – von den Fesseln des Ämtergesetzes befreit – für das Jahr 70 gemeinsam mit dem so unglücklich um den alleinigen Ruhm betrogenen Crassus zum Consul gewählt zu werden.

Zum erstenmal betrat damit der nunmehr 36jährige das glatte Parkett der Innenpolitik. Dort gehorchte die Macht Regeln, die nicht von Befehl und Gehorsam sprachen. Dort zählte anderes: persönliche Verbindungen, sorgfältig gepflegte Gefolgschaften, behutsam abgestufte Gefälligkeiten und die tägliche Mühe um alte und neue Verpflichtungen. Das Zentrum des Spiels und der Hüter seiner Regeln war der Senat, und dieser hatte gelernt, Übermütige zu zügeln, wenn es not tat. Politisch war Pompeius, der ungebärdige, lästige, aber unentbehrliche Helfer Sullas, an keine Gruppierung gebunden und auch nach seiner Entscheidung für Sulla niemals gezwungen gewesen, für irgend etwas Partei zu ergreifen, außer für sich selbst. Als er aber in seinem Wahlkampf erklärte, das von Sulla kassierte Recht der Volkstribune, selbständige Gesetzesvorlagen vor das Volk zu bringen, müsse wiederhergestellt werden, forderte er alle senatorischen Familien in die Schranken, die in der Beschränkung des Volkstribunats die beste Sicherung gegen Agitation und Volkes Stimme gesehen hatten. Nach den Jahren von Mord und Totschlag war ihr Bedürfnis nach Verläßlichkeit in der Politik übermächtig, und wer dies verriet, konnte nicht auf Nachsicht rechnen.

Fürs erste aber war gegen die Übermacht der Consuln nichts auszurichten. So ausdauernd sich diese auch über vieles streiten mochten, einig waren sie sich in dem Ziel, die wichtigsten Teile der sullanischen Verfassungsreform aufzuheben. So kehrten die Ritter, einflußreiche Bankiers, Heereslieferanten und Steuerpächter also, auf die Bänke der Geschworenengerichte zurück, von denen sie Sulla vertrieben hatte, und die Volkstribunen legten nach zehn Jahren erzwungener Abstinenz wieder eigene Gesetzesanträge dem Volk zur Abstimmung vor. Am Ende des Jahres hörten alle die überraschende Ankündigung des Pompeius, keine Provinz übernehmen zu wollen. Naiven Gemütern erschien dies als Geste des großmütigen Verzichts, war doch noch jeder Statthalter mit leeren Taschen in seine Provinz gezogen und hatte sie prall gefüllt zurückgebracht. Die meisten ließen sich jedoch nicht täuschen: Hier blieb einer in Rom, der auf große Dinge hoffte und nicht ein oder mehrere Jahre lang als Proconsul dienen wollte, um dann mit bescheidenem Ansehen und goldbeschwerten Händen zurückzukehren. Der große Krieg war es, den dieser Mann begehrte wie nichts sonst und dem er Diener sein wollte mit jeder Faser seines Körpers und jeder Regung seiner Seele. So wartete der große Pompeius, wartete auf den Tag, da Rom ihn brauchte.

Noch war er nicht angebrochen, noch die große Sehnsucht nicht gestillt. Aber es konnte nur eine Frage der Zeit sein. Denn in den 70er und den beginnenden 60er Jahren tönten Kriegsgeschrei und Siegesmeldungen aus fast allen Teilen der Welt. In Spanien hatte Pompeius selbst im Bund mit Metellus Pius Ordnung geschaffen, ein weiterer Meteller eroberte das von Piraten heimgesuchte Kreta, Publius Servilius kämpfte erfolgreich in Kilikien, der jüngere Lucullus führte die Legionsadler von Makedonien bis an die Küsten des Schwarzen Meeres und die Donaumündung, und Marcus Antonius Creticus, mit einem unbefristeten Kommando betraut, hatte glücklos die Piratenflotten vor den Küsten Spaniens, Siziliens und Kretas gejagt. Der Glanz des ganz großen Ruhms fiel in diesen Jahren jedoch auf Lucius Licinius Lucullus. Seine Legionen waren 73 zum Angriff auf den pontischen König Mithridates angetreten, hatten diesen aus seinem Reich verjagt und schickten sich an, Armenien zu erobern. Als 69 im fernen Rom Pompeius als Privatmann lebte und ein schlechtgekleideter und unauffälliger Iulius Caesar Quaestor wurde, überschritt Lucullus den Euphrat, stieß über den Tigris vor, marschierte auf Tigranokerta, die armenische Hauptstadt, zu und vernichtete ein großes feindliches Heer; das Bulletin des stolzen Siegers an den Senat sprach von hunderttausend gefallenen Feinden und einem kopflos flüchtenden Großkönig. Ein neues großes Reich war erobert, und Mesopotamien lag nahezu schutzlos vor dem römischen Feldherrn, der im Jahre 68 Nisibis in seine Gewalt brachte.

Lucullus hatte alle diese großen Kriegszüge begonnen, ohne das Einverständnis des Senats abzuwarten. Dabei war er der Schüler und Freund Sullas, ein Mann des Senats und von dem politischen Glauben beseelt, dessen gerade restaurierte Herrschaft unter allen Umständen wahren zu müssen. Der Sieg und der Ruhm fegten alle Bedenken beiseite. Pompeius wird diese Nachrichten mit unverhohlener Schadenfreude und grimmiger Genugtuung gehört haben. Denn von jetzt an sollte im Sog der militärischen Erfolge das Verfügungsrecht des Senats über die Außenpolitik Stück für Stück auseinanderbrechen. Es zählte ohnehin nur noch wenig angesichts der neuen Wahrheit, die die in Tigranokerta und Nisibis einrückenden Legionen verkündeten: Die Götter hatten die Römer zu Herren der Welt berufen und segneten die, die diesen Auftrag erfüllten. Der Taumel dieser Gewißheit verdeckte die Warnzeichen, die von der Übermacht der Generäle sprachen. Viele warteten gierig auf ihre Chance, und der erste, der sie bekam, war Pompeius.

Im Jahre 67 war es soweit, und es waren die Piraten, die Pompeius endgültig beweisen ließen, daß er als Soldat einzigartig war. Der Zusammenbruch der hellenistischen Staaten seit dem Ende der Makedonischen Kriege Mitte des zweiten Jahrhunderts hatte den Seeräubern einige fette Jahrzehnte beschert. Es gab niemanden mehr, der ihnen im Osten des Mittelmeeres gefährlich werden konnte, solange Rom dem wilden Treiben tatenlos zusah und gar davon profitierte. Denn als der Krieg den Bedarf an Sklaven in Italien nicht mehr decken konnte, waren die Seeräuber eingesprungen. Ohne politische Rücksichten nehmen zu müssen, ohne Angst vor den spärlichen Resten der in den Häfen der einst mächtigen hellenistischen Seereiche dümpelnden Flotten und häufig im stillen Einvernehmen mit den römischen Machthabern jagten sie an allen Küsten des östlichen Mittelmeeres Menschen und Schiffe. Feine Unterschiede wurden nicht gemacht: Ein römischer Gefangener zahlte für seine Freiheit so gut wie ein athenischer Kaufmann, ein römisches Handelsschiff war eine ebenso fette Beute wie ein rhodisches, und ein römischer Transporter mit Nachschub für die Truppen war nicht minder willkommen als ein ägyptisches Getreideschiff aus Alexandria. Warum als Pirat einen Römer schonen, wenn er sich nicht wehrte? Auf Dauer war dies natürlich eine Rechnung ohne den Wirt, aber warum schon ans Bezahlen denken, wenn das Fest auf seinem Höhepunkt ist?
 Das Fest war zu Ende, als die immer dreister werdenden Züge der Kaperfahrer den Herrschaftsanspruch der Weltmacht der Lächerlichkeit preisgaben und das königliche Selbstverständnis der Senatsaristokratie verhöhnten. Die ersten Abwehrschlachten konzentrierten sich seit dem Beginn des Jahrhunderts auf Kilikien, Libyen und Kreta. Siege wurden dabei viele errungen und gefeiert, aber der Erfolg blieb aus. Am Ende hatte man lernen müssen, daß die Herrschaft über das Meer nur unter zwei Bedingungen zu haben war: langfristig die Provinzialisierung aller Küsten des Mittelmeerraumes, um den Herren der Meere ihre Häfen zu nehmen, kurzfristig die Einrichtung eines umfassenden militärischen Kommandos, das mehr als eine Provinz umfaßte und zeitlich nicht an die übliche Jahresfrist gebunden war. Der ersten Bedingung hatte sich Rom durch die Provinzialisierung Kilikiens (103/2), der Kyrenaika (75/74) und Kretas (67) gebeugt, die zweite konnte nach der Verfassung nur durch ein

Volksgesetz erfüllt werden, das ein außerordentliches Kommando einrichtete. Darüber aber hatte nach Lage der Dinge eine von den Volkstribunen geleitete Volksversammlung zu entscheiden.

Daß ihr Auserwählter nur Pompeius sein konnte, lag militärisch nahe: «Es gibt keine Provinz des Krieges, in der er nicht seine Erfahrungen gesammelt hätte», rief Cicero dem Volke zu. Wer wollte ihm widersprechen? Der Senat. Als im Januar 67 der Volkstribun den Gesetzesvorschlag «über die Einsetzung eines Feldherrn gegen die Seeräuber» vorlegte, nahm er den Fehdehandschuh auf, und einer seiner Ersten, Hortensius, der Consul des Jahres 69, skandierte den Ruf, mit dem es in die Schlacht ging: «Wenn einem alles zuzuerkennen wäre, so ist Pompeius der Würdigste; aber es darf nicht alles einem übertragen werden» (Cicero, *Über den Oberbefehl des Pompeius* 52). Damit war klipp und klar das Dilemma beschrieben, das die Republik peinigte: Seeräuber, das wußten die Herren der Welt besser als jeder andere, konnten nur durch koordinierte Operationen von See- und Landstreitkräften bezwungen werden. Die Macht des Generals jedoch, der sie führte, gesteigert durch einen großen Sieg, bedrohte den senatorischen Machtanspruch und damit die Ordnung der Republik. Und dies wog schwerer als die wachsende Anarchie auf den Meeren. Also sagte die Republik ihren Helden den Kampf an: Wer sich wie Romulus gebärde, werde auch wie Romulus enden, rief der Consul Piso dem Pompeius zu.

Dieser siegte nach langem Streit. Ein Volksgesetz gab ihm, was immer er verlangte – die Kommandogewalt (*imperium*) eines Proconsuls, die ihrem Inhaber 20 Legionen, 50 Schiffe und eine prall gefüllte Kriegskasse unterstellte und in allen Provinzen des Mittelmeeres bis zu 50 km landeinwärts der Amtsgewalt der ordentlichen Statthalter übergeordnet war. Der Erfolg war überwältigend: Binnen drei Monaten brannten an allen Küsten die Stützpunkte der Piraten, und 846 ihrer Schiffe sanken auf den Grund des Meeres – so die dankbare Botschaft des triumphierenden Siegers an die Götter. Erst jetzt beherrsche Rom tatsächlich das Mittelmeer vom Ozean bis zum Schwarzen Meer «wie einen sicheren und geschlossenen Hafen», jubelte Cicero, hingerissen von den Siegesmeldungen. Er hatte recht und hätte hinzufügen können, daß noch nie ein General derart überzeugend bewiesen hatte, wozu er und seinesgleichen fähig waren, wenn man ihnen eine Befehlsgewalt ohne die üblichen zeitlichen und räumlichen Beschränkungen gab: Sie rissen mit ihren Legionen den Himmel ein, wenn es not tat.

Was aber sollte daraus werden? Zunächst ein neuer, großer Krieg. Als Pompeius gegen die Piraten auslief, hatten Senat und Volk dem Lucullus den Oberbefehl im Krieg gegen Mithridates entzogen, ohne einen fähigen Nachfolger zu entsenden. Die Folgen waren verheerend. So gut wie alles, was in sieben harten Kriegsjahren gewonnen worden war, ging wieder verloren. Als diese Hiobsbotschaft in Rom bekannt wurde, hatte Pompeius seine Arbeit getan. Wer wollte es nun noch wagen, ihm den Befehl über die asiatischen Legionen zu verweigern, den er, der zweite Alexander, begehrte? Niemand. Noch einmal erhielt er, was immer er forderte – selbst das Recht, Kriege zu erklären und im Namen Roms Bündnisse zu schließen. Die Übergabe des Kommandos in einer Burg östlich des Halys war kurz und haßerfüllt: Wie ein Geier sei Pompeius auch diesmal herbeigeeilt, um sich über den Kadaver eines Krieges herzumachen, entfuhr es dem schwer gekränkten Lucullus, der sieben Jahre wie ein Monarch über weite Gebiete Asiens geherrscht hatte und sich nun um seinen Sieg betrogen sah.

Pompeius bewies, daß der Vorwurf ungerecht war. Seine Legionen drangen bis an das Kaspische Meer vor, verwüsteten Armenien, marschierten auf den alten Hauptstraßen Asiens und zerschlugen, südwärts vordringend, den alten Seleukidenstaat in Syrien; ihre Vorhuten überschritten die Grenze nach Arabien. In Rom wurden Siege über Völker bestaunt, deren Namen noch niemand gehört hatte, und die Phantasie entzündete sich an der Vorstellung, zwölf Könige hätten dem Feldherrn Roms Geschenke gebracht und ihre Knie gebeugt. Pompeius war auf dem Gipfel des Ruhms angekommen. Er krönte seine Siege mit einer umfassenden Neuordnung der Länder vom Bosporus bis Palästina. Die Menschen des griechischen Ostens hatten nicht unrecht, wenn sie diesen Römer wie einen zweiten Alexander feierten. «Retter und Wohltäter, Hüter der Erde und des Meeres» stand auf den Ehreninschriften in den Städten Asiens zu lesen. Der so Gepriesene sah es nicht anders, wenn auch mit römischen Augen. So rühmte ihn im römischen Tempel der Venus Victrix eine Weihinschrift als Eroberer der Welt, der die Ozeane befreit, die Bundesgenossen geschützt und «die Grenzen des Reiches bis an die Enden der Erde vorgeschoben und die Einkünfte der Römer teils gerettet, teils vermehrt hat» (Diodor 40, 4).

In diesem Jahr 63 war Pompeius der mächtigste Mann der Welt, aber er war nicht der Herr Roms. Um auch dies zu werden, hätte er den Preis einer neuerlichen militärischen Vergewaltigung der Stadt bezahlen müssen. Wie aber hätte der Tag danach ausgesehen, was hätte der Sieger mit seiner Beute anfangen sollen? Nein, wer Realist war, stellte sich darauf ein, daß Pompeius nach friedlichen Möglichkeiten suchen werde, seine Rolle als erster Mann des Staates zu festigen. In welcher Form und in welchem Ausmaß dies geplant war, wagte niemand zu mutmaßen. Die Ungewißheit währte nicht lange. Im Dezember 63 legte der Volkstribun Quintus Caecilius Metellus Nepos, Legat und Schwager des Pompeius, den Antrag vor, Pompeius solle mit seinem Heer nach Italien gerufen werden, um den bewaffneten Aufstand des Catilina niederzuwerfen. Offensichtlich dachte Pompeius daran, wie im Jahre 71 vorzugehen – dem Retter Italiens sollte der Consulat zufallen. Doch diesmal war das Szenarium anders: Catilina war nicht Spartacus und seine Anhänger in Rom längst abgetan. So fiel der Antrag durch. Es war ein schöner Sieg des Senats. Aber er beantwortete die Frage nicht, was der General tun würde, der Ende des Jahres begann, seine siegreichen Legionen in den unteritalischen Adriahäfen auszuschiffen.

Er tat, was viele Zeitgenossen wie ein Wunder bestaunten. Er entließ seine Truppen und kehrte, umgeben nur von seinen Freunden, nach Rom zurück. Dort mußten sie ihn nun ehren wie keinen Römer vor ihm, dort mußte er endlich die Bürde des Außenseiters abstreifen, die er nunmehr 43 lange Jahre getragen hatte. Denn bis zu diesem Tag war seine Karriere eine Kette von Rechtsbrüchen gewesen, und so großartig die darauf gegründeten Erfolge auch waren, so erbärmlich waren sie im Angesicht der Verfassung und ihrer senatorischen Hüter. Gewiß, er hatte viele Freunde und Anhänger, und jeder Erfolg vermehrte ihre Zahl ins kaum mehr Zählbare. Aber er war arm an jener Autorität, die nur eine Handvoll Männer gewähren konnte, die den Staat seit Menschengedenken führten und seine Geschichte verkörperten. So blieb er auf Befehl des Senats vor der Stadt und konzentrierte sich auf die Organisation seines Triumphzuges, der am 28. und 29. September 61 zwei Tage lang ganz Rom dem «Großen» zujubeln ließ. Der wiedererschienene Alexander feierte seinen Sieg über die Länder vom Asowschen bis zum Roten Meer und unterstrich als Welteroberer seinen Anspruch, der Erste in Rom zu sein. Es war der dritte Triumph, den er feierte, und es war der dritte Erdteil, den er für Rom bezwungen hatte. Pompeius hatte guten Grund für seine Gewißheit, daß der Staat ihm zu Dank verpflichtet sei.

Er mußte auf demütigende Weise erfahren, daß der Senat mehrheitlich anderer Meinung war. Was immer er anpackte, endete mit einer Niederlage. Jetzt zeigte sich, daß die großen Familien, die er 67 mit der Hilfe willfähriger Volkstribune bezwungen hatte, niemals bereit waren, ihm die tiefe Spur von Gewalt und Rechtsbrüchen zu verzeihen, die er in die Geschichte der vergangenen zwei Jahrzehnte gezogen hatte. Nun wies man dem vermeintlich Wehrlosen die Tür. Es begann damit, daß ihm Marcus Porcius Cato brüsk die Hand seiner Nichte verweigerte. Dann ließ der vornehme Metellus Celer, Consul des Jahres 60, die Maske eines Freundes fallen, da es Pompeius bei seiner Rückkehr gewagt hatte, seiner Frau Mucia, einer Halbschwester des Celer, den Scheidebrief zu schicken.

Gegen seine wütenden Attacken half Pompeius auch nicht, daß sein treuer Legat Lucius Afranius zum zweiten Consul gewählt worden war. Holzköpfig und hilflos tappte dieser in jede Falle, die ihm seine listigen Gegner stellten. Schließlich verweigerte der Senat die Entlohnung der Veteranen mit Siedlungsland, und als die Debatte um die Ratifizierung seiner Verfügungen im Osten begann, erhob sich Lucullus. Rachsüchtig forderte er, die von Pompeius erwartete pauschale Billigung seiner Maßnahmen abzulehnen und sie statt dessen Punkt für Punkt durchzugehen und zu prüfen. Pompeius wurde unsicher und verlor an Überzeugungskraft. 30 Jahre lang hatte ihm das Schwert Beruf und Berufung bedeutet. Es war das Instrument, das ihm Ansehen und Reichtum verschafft und ihm, dem Sohn eines glücklosen Vaters, den Weg gewiesen hatte, die Öffentlichkeit in Rom zu beeindrucken. Nun, nachdem es ihm den größten Erfolg geschenkt hatte, den ein nach Alexander geborener Sterblicher erringen konnte, wirkte es nicht mehr, und sein Träger verfing sich hilflos in den Schlingen seiner Gegner. «Unbefriedigend für die kleinen Leute, nichtssagend für die Lumpen, für die Geldleute wenig ermunternd, für die Optimaten ungefährlich», kommentierte händereibend Cicero das öffentliche Auftreten des großen und nun auch einsam gewordenen Generals (*An Atticus* 1, 14, 1).

Seine Gegner triumphierten zu früh. Sie mußten leidvoll erfahren, daß ihre Hoffnung eitel und ihre Politik kurzsichtig war. Von allen Seiten bedrängt und hinters Licht geführt, begehrte Pompeius auf und entschloß sich zum coup d'état. Seine Ehre als Soldat war dahin, wenn er seine Veteranen ohne Lohn ins offene Elend ziehen ließ. Kassierte der Senat gar seine Organisation des Ostens, so stürzten sie dort die Standbilder und Altäre, die ihm im frommen Glauben an seine Macht errichtet worden waren.

Nach einem zu allem bereiten Bundesgenossen brauchte nicht lange gesucht zu werden, ja er drängte sich geradezu auf: Iulius Caesar. Dieser hatte die Wahlen zum Consulat des Jahres 59 zwar gewonnen, aber nicht verhindern können, daß der Senat, um den angerichteten Schaden zu begrenzen, als proconsularischen Geschäftsbereich für das Jahr 58 die Pflege der «Wälder und Triften» in Italien eingerichtet hatte. Der ehrgeizige Caesar sollte nicht Herr einer großen Provinz, sondern Anführer einer Schar von Feldmessern werden, die eifrig die Saumpfade Italiens kartierten. Die Kampfansage war beleidigend und bedeutete, würde sie Wirklichkeit, das Ende aller hochfliegenden Pläne Caesars. So blieb ihm nur der Weg in das Haus des Pompeius, der seinerseits hatte wissen lassen, daß er die Hilfe des aufstrebenden Caesar in den vergangenen Jahren durchaus nicht übersehen hatte. Was er sich von einem Bündnis mit dem künftigen Consul versprach, war nicht minder klar als die Erwartungen Caesars – der eine brauchte ein Gesetz über die Ansiedlung seiner Veteranen und die Bestätigung seiner Maßnahmen im Osten, der andere suchte Hilfe bei der Durchsetzung eines Volksbeschlusses, der ihm das Schicksal ersparte, tatsächlich die Saumpfade Italiens abgehen zu müssen. Ihre Machtmittel waren schnell gewogen – der eine bot das ungeheure Ansehen des Reichsfeldherrn und seine ergebenen Veteranen, der andere hatte das Amt, mit dem ein entschlossener Politiker viel erreichen konnte.

Da war aber auch noch Crassus. Er hatte auf Caesar gesetzt und dessen Wahl unterstützt. In den letzten zehn Jahren war ihm nicht mehr viel geglückt; seine unverhohlene Feindschaft zu Pompeius hatte ihm viele Türen verschlossen und die Häupter des Senats dennoch nicht beeindruckt. Gleichwohl – Crassus war unvorstellbar reich und verfügte als Licinier über die vielfältigsten Verbindungen. Aus der Sicht Caesars wäre es unklug gewesen, diesen bewährten Freund vor den Kopf zu stoßen und ihn in die Arme der Feinde zu treiben. Es lag ihm auch nicht. Teil seiner patrizischen Ehre war der Stolz, seine Freunde nie im Stich gelassen zu haben. Also mußte Crassus mit ins Boot. Auch für Cicero war ein Platz vorgesehen: Er war der beste Redner Roms, und die Macht seiner Worte wog schwer in einer Welt, die politische Entscheidungen in öffentlichen Redeschlachten zu fällen gewohnt war. Aber er lehnte ab. Er hatte sich als *homo novus* den hohen Herren des Senats unentbehrlich gemacht und ihre Anerkennung gefunden. Niemand konnte ihn verführen, diese aufs Spiel zu setzen.

Die drei Männer, die sich schließlich fanden, hatten eines gemeinsam: Sie wollten mehr, als künftig mit ihresgleichen im Senat den Ton angeben und den Machtanspruch seiner großen Familien stützen. Sie sannen nicht auf Umsturz, aber sie wollten herausragen, mehr Ansehen und Macht besitzen als andere. Alle drei hatten ihre eigenen Erfahrungen gemacht, aber daraus einen Schluß gezogen: Das Ziel war nur zu erreichen, wenn man in langen Zeiträumen dachte. Als sie nun im Spätsommer des Jahres 60 darangingen, dies vereint zu tun, hoben sie am Ende die politische Ordnung der Republik aus den Angeln. Diese hatte immer Bündnisse und Gruppenbildungen ihrer führenden Familien gekannt; Politik wäre anders auch gar nicht zu treiben gewesen. Solche Koalitionen gingen viele ein, häufig konkurrierend und immer auf bestimmte, kurzfristig erreichbare Ziele begrenzt. Jetzt aber arbeiteten drei Männer zusammen, die Gefolgschaften, Geld und Verbindungen in bisher unbekannter Größenordnung kombinieren konnten und dies taten, um sich selbst für lange Zeit die alleinige Macht zu erhalten. Die einfache Formel, auf die sie sich einigten, kündigte die Gründung eines politischen Kartells an: «Nichts solle im Staat künftig geschehen, was einem von ihnen mißfallen sollte» (Sueton, *Iulius Caesar* 19,2).

Bei den Wahlen im Spätsommer 59 demonstrierte «das dreiköpfige Ungeheuer», so der düpierte Cicero, daß es fähig war, weite Teile der Staatsmacht an sich zu reißen. Unter dem Eindruck des Schreckens, den dieser Vorgang auslöste, wucherten nun auch die ersten Legenden über den Aufstieg Caesars, in dem man den eigentlichen Drahtzieher des Komplotts gegen den Staat entdeckte. Keiner der späteren Interpreten der Ereignisse wollte noch glauben, daß Caesar im Schatten des Pompeius und weitgehend unbeachtet groß geworden war. Und schon gar nicht mochte man verstehen, daß er, als er im Juli 60 seine Bewerbung um den Consulat anmeldete, eine politische Konstellation vorfand, die sich ohne sein Zutun eingestellt hatte. Trotzdem war es so. Denn die zentrale Rolle spielte immer noch Pompeius, den seine kurzsichtigen Gegner in den Staatsstreich getrieben hatten, als sie seine Ehre zu vernichten drohten. Wenige Tage waren in der Geschichte der untergehenden Republik so bedeutsam wie der, an dem Cato, von seiner eigenen Rechtschaffenheit zum Narren gemacht, den Brautwerbern des Pompeius die Tür wies. Er und seine Freunde schoben mit dieser beleidigenden Geste die letzten Hindernisse beiseite, die Pompeius und Caesar von der Macht trennten. Als sich die Mehrheit des Senats stark genug wähnte, den Eroberer Asiens in die Knie zwingen zu können, planierte sie – blind für die Realitäten und ihr Schicksal – am Ende die Straße für den Eroberer Galliens, der sie alle vernichtete.

Der Gefangene der Politik

Von Versöhnung sprach niemand mehr. So wurde die für Pompeius zentrale Gesetzesvorlage zur Versorgung der Veteranen im Senat mit allen Mitteln der Obstruktion zu Fall gebracht. Für die Triumvirn war der Tag gekommen, nunmehr ihre Macht zu demonstrieren. Gemeinsam traten sie vor das Volk und begründeten den Gesetzesantrag. Anschließend fragte Caesar Pompeius, ob er gewillt sei, das Gesetz vor feindlichen Angriffen zu schützen. Pompeius hob die Faust: «Wenn jemand wagt, das Schwert zu zücken, werde ich mein Schwert und meinen Schild aufnehmen», rief er der begeisterten Menge zu, darunter viele seiner Veteranen (Plutarch, *Pompeius* 47, 7). Als am Tag der Abstimmung der zweite Consul Bibulus von seinem Vetorecht Gebrauch machte, schlug ihn der wütende Pöbel nieder, stülpte ihm einen Kübel Mist über den Kopf und zerschlug die Rutenbündel seiner Liktoren. Das Gesetz wurde angenommen.

Was folgte, war eine Serie von Gewalt und Rechtsbrüchen. Gegen jede weitere Gesetzesvorlage Caesars kämpften Senatoren und Beamte mit den Rechtsmitteln der Intercession und der Meldung angeblicher unheilvoller Vorzeichen, und am Tag der Abstimmung ließen sie sich von Schlägerkommandos niederknüppeln. Zwischen den Triumvirn und ihren Gegnern riß eine Kluft auf, die von Tag zu Tag tiefer und schließlich unüberbrückbar wurde. Pompeius, den die ständige Vergewaltigung des Rechts und der offene Haß seiner Standesgenossen tief betroffen machten, wurde zusehends unruhiger; verließ er das Bündnis, war auch für Caesar und Crassus alles verloren.

Was es wieder festigte, waren Planung und Glück. Caesar gab Pompeius die Hand seiner einzigen Tochter Iulia. Ihrem Zauber erlag der dreißig Jahre ältere General, und aus der politischen Heirat wurde ein inniges Liebesverhältnis. Die Liebe des Pompeius zu Iulia wie deren Liebe zu ihrem Mann und zu ihrem Vater verbanden beide Politiker enger miteinander, als es ihre verschiedenen Charaktere an sich gestatten konnten. Der frühe Tod der jungen Frau im Jahre 54 beendete denn auch das herzliche Einvernehmen beider und ließ ihre immer unterschiedlichen Positionen schärfer hervortreten.

Doch lag dies noch im Schoß einer ungewissen Zukunft. Zunächst verlangte die Sicherung der Macht Armeen, Provinzen und willfährige Politiker in Rom. Ein erster Volksbeschluß gab Caesar das Kommando für fünf Jahre über Gallien, als Consuln für 58 wurden Gabinius, ein alter Gefolgsmann des Pompeius, und Calpurnius Piso gewählt, dessen Tochter Caesar heiratete. Auch für ihre Provinzen wurde gesorgt: Gabinius erhielt Syrien, Piso Makedonien; beide sollten dort mehrere Jahre regieren. Schließlich Pompeius selbst: Ihm übertrug das Volk nach einer Hungersnot in Rom im Herbst 57 ein mit weitreichenden Vollmachten ausgestattetes Kommando, fünf Jahre lang die Getreideversorgung der Hauptstadt sicherzustellen. Pompeius hat diese Aufgabe seinen Legaten überlassen und selbst in seinem Landhaus vor den Toren Roms wie die Spinne im Netz die Fäden gezogen. Gleichwohl, die Macht war verteilt und gesichert. Die Triumvirn verfügten über Provinzen, Legionen und folgsame Magistrate. Die Gegner waren ausgeschaltet oder entmutigt und hofften auf den Tag, an dem der Dreibund zerfiel.

Not schärft die Beobachtungsgabe. So fiel bald auf, daß Pompeius der unsicherste Bündnispartner war. Er hatte zwar während Caesars Consulat seine Ziele erreicht und Rache an seinen Gegnern genommen. Langfristig aber konnte es seinen Ehrgeiz nicht befriedigen, die Getreideversorgung Roms zu sichern. Während Caesar in Gallien marschierte und der Reichtum des ausgepreßten Landes in viele Taschen floß und neue Freunde schuf, quälte er sich in der Innenpolitik, die ihm nicht lag und in der er täglich den Zorn seiner Standesgenossen zu spüren bekam, die ihn für das wachsende Chaos in der Stadt verantwortlich machten. Davon gab es genug. Mehrfach blieben die wichtigsten Ämter für mehrere Monate verwaist, und die Wahlen verwandelten Rom regelmäßig in einen Hexenkessel, in dem die Straßenbanden der rivalisierenden Parteien aufeinander einschlugen. Zudem wollte das Gerücht nicht verstummen, Pompeius schüre das Feuer der Unruhe und hoffe, der Senat werde ihn eines Tages auffordern, Ordnung zu schaffen. Pompeius wäre gerne Dictator wie Sulla geworden. Aber er wußte, daß dies weder der Senat noch seine beiden Bundesgenossen zugelassen hätten. So blieb ihm nur das ständige und publikumswirksame Bemühen um den gezielt in Unordnung versetzten Staat, um wenigstens den Anspruch auf eine Ausnahmestellung aufrechtzuerhalten.

Zwei Ereignisse veränderten die politische Landschaft völlig: der Tod der Iulia und die Katastrophe des Crassus im fernen Mesopotamien. Der Sechzigjährige war im Frühjahr 54, beladen mit unheilvollen Vorzeichen und den Flüchen seiner Feinde, mit einem großen Heer nach Syrien gezogen, um die Adler seiner Legionen auf den Mauern der parthischen Königsfeste Ktesiphon aufzupflanzen. In der Sandwüste bei Carrhae wurde er in eine Falle gelockt und verlor Heer und Leben. Pompeius' junge Frau Iulia starb im September 54 im Wochenbett, und ihr Kind folgte ihr nur wenige Tage später. Ganz Rom nahm Anteil an ihrem Tod und erzwang ihre Beisetzung auf dem Marsfeld, dort, wo die Ehrengräber besonders verdienter Bürger lagen. «Ach», besang Jahrzehnte später Lukan das Schicksal dieser jungen Frau, «hätte das Schicksal dir länger unter der Sonne zu weilen erlaubt, du würdest allein schon Gatten wie Vater zurückgehalten, ihnen die Waffen aus den Fäusten gerissen, zum Handschlag vereinigt sie haben, wie die sabinischen Mädchen einst Väter und Gatten versöhnten» (*Pharsalia* 1, 111 ff.). So aber rückte der Tag näher, an dem beide Rom in einen Bürgerkrieg stürzen sollten, der in den fünf Jahren, die er dauerte, die Republik zerstören sollte.

Seine erste Stunde schlug, als das Jahr 52 ohne Consuln begann und die offene Anarchie ausbrach. Daraufhin rief der Senat den Notstand aus und bot Pompeius den Consulat ohne einen Amtskollegen an. Dieser griff begeistert zu und räumte unter dem Beifall aller in Rom auf – so, wie er es sich immer gewünscht hatte: als Retter des Staates. Seine Truppen schafften Ordnung in den Straßen, schleiften die notorischen Friedensbrecher vor Gericht und schützten neue Gesetze, die das wüste Treiben bei den Wahlen eindämmten. Als er sein Amt niederlegte, war die Zeit gekommen, sich nach neuen Bundesgenossen umzusehen, die seine jetzt unbestrittene Führungsrolle weiter festigen sollten. Caesar, der im fernen Gallien durch schwere Aufstände an den Rand des Abgrunds gedrängt wurde, hatte ihm eine neue Verbindung ihrer Familien vorgeschlagen: Pompeius sollte seine Großnichte Octavia, er selbst eine Tochter des Pompeius heiraten. Doch diesmal ging Pompeius auf den Schacher mit Frauen und Provinzen nicht ein – er wollte keine Bekräftigung des Bündnisses, er wollte die Bestätigung seiner singulären Machtstellung. Dazu schien ihm die Verbindung mit dem erlauchten Haus des Metellus Scipio viel geeigneter, da dies die Front seiner Gegner im Senat notwendig spalten mußte. Die erstarrten Positionen lösten sich auf, neue Koalitionen zeichneten sich ab. In den Köpfen der Opposition verwandelten sich lang gehegte Hoffnungen in politische Planung: Wenn es gelang, Pompeius in die offene Fehde mit Caesar zu drängen, mochte auch der Tag nicht mehr fern sein, an dem die um die Macht betrogenen großen Familien doch noch den endgültigen Sieg davontrugen.

Der Schwertarm des Senats

So tat der Senat alles, um Pompeius dazu zu bringen, das Schwert gegen Caesar aufzunehmen. Dieser wollte sich im Sommer 49 um den Consulat für das Jahr 48 bewerben, ohne in Rom persönlich zu erscheinen. Da dies gegen Recht und Gesetz verstieß, war eine Ausnahmeregelung zwingend notwendig. Sie zu verweigern, war die letzte Chance, den verhaßten Proconsul Galliens doch noch in die Knie zu zwingen. Wer aber, wenn nicht Pompeius, konnte den Sieger über Gallien aufhalten, wenn der sich gegen die ehrverletzende Weigerung zur Wehr setzte und seinen Truppen den Angriff auf Italien befahl? Wer anders als Pompeius konnte auf Soldaten hoffen, die es mit den kriegsgewohnten Legionen des gallischen Proconsuls aufnehmen konnten? Nein, es gab nur ihn, das immer noch ungeliebte, aber in den römischen Jahren vielleicht doch gezähmte Raubtier, das es gegen die barbarischen Horden aus Gallien zu hetzen galt.

Am Ende gehörte nicht viel Überredung dazu. Denn Pompeius zählte nicht zu den Männern, denen es genügte, eine Zeile in der Geschichte Roms zu schreiben. Es mußten schon viele und leuchtende sein, und niemand sollte daneben bestehen können. Auch nicht Caesar, von dem zu erwarten war, daß er als Consul Rache für Carrhae und das Kommando zu einem großen Partherkrieg fordern und auch erhalten würde. Schon die frischen Siegeslorbeeren des Herrn über Gallien warfen tiefe Schatten auf die eigenen und gefährdeten den seit den Siegen im Osten von niemandem bestrittenen Anspruch auf die Rolle des ersten Mannes im Staate. Pompeius machte sich nichts vor. Ein zweiter Consulat Caesars und ein Triumph über die Parther mußten alles verändern und zu Machtverschiebungen führen, an deren Ende sein eigener Stern gesunken wäre. Da war es besser, den Schwertarm Männern zu leihen, von denen keiner den Ruhm des großen Pompeius zu verdunkeln vermochte.

Und es gab noch etwas, das zum Handeln trieb: das Alter. Aus dem einst jugendlichen Soldaten, dem strahlenden Helden im Kostüm Alexanders, dem Geliebten einer schönen, jungen Frau war unübersehbar ein alternder Patriarch geworden. Gewiß, gegen den äußeren Schein konnte man etwas tun. So zwängte sich der grau Gewordene ab und an in die Rüstung, sprang auf Pferde und zeigte staunenden Rekruten, was es hieß, das Waffenhandwerk zu beherrschen. Aber es änderte natürlich nichts. Denn auch der große Pompeius war so alt, wie er war, und nicht, wie ihn der schöne Schein machte. Dagegen half auch die Einsicht nichts, daß Caesar nur wenige Jahre jünger war. Er war es eben, und alle Initiative lag bei ihm. Handelte Pompeius jetzt nicht, so gab er seine Zukunft verloren – zu allen Zeiten das untrüglichste Zeichen des nahen Endes. Und schließlich – die Götter hatten Pompeius gegeben, immer der erste zu sein. Und so sollte es bleiben, mochte der Ehrgeiz des gallischen Proconsuls auch grenzenlos sein.

Also rüstete sich der 56jährige zum Krieg. Der war seit Sommer 50 immer wahrscheinlicher geworden – Zeit genug also, sich vorzubereiten. Im Dezember war die strategische Planung des Mannes fertig, der wie kein zweiter gelernt hatte, auf dem Land wie auf dem Meer zu kämpfen und zu siegen. Am 11. Januar 49 trat der ungünstigste Fall, mit dem zu rechnen war, tatsächlich ein. Caesar griff zum frühestmöglichen Zeitpunkt, mitten im Winter, an und verstärkte seine Armee täglich durch Überläufer und durch in Eilmärschen aus Gallien und Oberitalien herangezogene kampferprobte Einheiten. Das Schicksal Italiens war damit vorerst besiegelt. Die dort stationierten und frisch ausgehobenen Truppen waren nicht einmal annähernd gut genug ausgebildet, um Caesars Legionen aufhalten zu können. Also konnte es nur darauf ankommen, möglichst viele der eigenen Truppen dem Zugriff des Gegners zu entziehen und über den Kriegshafen Brundisium (Brindisi) nach Griechenland in Sicherheit zu bringen. Gelang dies, mußte langfristig der Sieg sicher sein. Denn alle bisherigen Erfahrungen lehrten, daß der Herr des Mittelmeeres stärker war als alles, was Italien aufbieten konnte. So blickte der bei Kriegsausbruch verzweifelte Cicero bald wieder hoffnungsfroh in die Zukunft: «Sein ganzer Plan ist eines Themistokles würdig», jubelte er, «Pompeius glaubt nämlich, daß, wer die See beherrscht, den Krieg gewinnt. Deshalb ... galt der Flottenausrüstung stets seine vornehmste Sorge. Er wird also zur gleichen Zeit mit gewaltigen Flotten in See stechen und in Italien landen» (*An Atticus* 10, 8, 4).

Nicht alle Senatoren lasen dies als frohe Botschaft. Die einen begriffen erst jetzt, da sich die pompeianischen Truppen eilends nach Süden absetzten und die Stadt Rom preisgaben, um welchen Preis allein die Vernichtung Caesars zu haben war: ein weltweit geführter Krieg mit hohem Einsatz, großen Blutopfern und einem allmächtigen Feldherrn Pompeius. Die anderen verstanden nichts vom Seekrieg und hielten alle großräumigen Planungen für Spiegelfechtereien, die nur das feige Aufgeben der Heimat bemänteln sollten. Diese Männer waren ehrenwert und zur Unzeit borniert. Wie in einem Weltreich Krieg zu führen sei, wußte wohl nur der weitsichtige Pompeius genau. Gelang ihm tatsächlich das geplante Absetzungsmanöver nach Griechenland mit großen intakten Verbänden, so war die Flotte sofort in der Lage, Italien von der Getreideversorgung aus Sizilien, Nordafrika und Ägypten abzuschneiden. Dazu standen die schier unerschöpflichen Reserven des ganzen Ostens bereit, um in die Waagschale geworfen zu werden. Der offenkundige Nachteil dieses Plans, mit Italien auch den Nimbus der Unbesiegbarkeit zu verlieren, mußte fürs erste in Kauf genommen werden.

Ende März 49 war eine erste Entscheidung gefallen und die beiden Kontrahenten Sieger und Verlierer zugleich. Pompeius hatte seine Rekrutenarmee tatsächlich in Griechenland in Sicherheit gebracht und Italien verloren, Caesar war zwar Herr Italiens, aber gezwungen, sich auf einen Weltkrieg vorzubereiten und die Adria zu überqueren. Ein Jahr später schien die Strategie des Pompeius aufzugehen. Caesar, nach der Landung in Griechenland geschlagen und von jedem Nachschub abgeschnitten, sah sich in die Fruchtebenen Thessaliens und Böotiens zurückgedrängt. Retten konnte ihn nur noch ein Wunder, und zwar eines, das sich noch vor Einbruch des Winters ereignete. Kam dieser früh, krepierte Caesars Armee an Ruhr und Hunger.

Das Wunder kam in der Gestalt einer Schlacht. Sie war wohl nicht des Pompeius und sicher nicht Caesars Werk, sondern das von dessen senatorischen Todfeinden. Sie wollten sie um fast jeden Preis, und sie hatten gute Gründe dafür. Denn Caesar hatte in allen Friedensverhandlungen offen darauf spekuliert, sein ehemaliger Schwiegersohn und Partner werde früher oder später begreifen, daß sein Zusammengehen mit den Mächtigen des Senats nach einem Sieg in Feindschaft umschlagen werde. So lebten im Lager des Pompeius viele seit dem Ausbruch des Krieges in der Furcht, daß sich die beiden Großen letztlich doch auf ihre Kosten verständigten. Ihnen bot nur die schnelle Entscheidung die sichere Gewähr, daß es nicht zum Umsturz der Bündnisse kommen würde und der zum Greifen nahe Sieg ihren Händen entglitt. So machte sich der aus militärischer Einsicht zögernde Pompeius verdächtig – bei denen, die ihm mißtrauten, und bei denen, die nach schneller Beute und Rache, nach Ämtern und Ruhm gierten. Im August 48 waren sie nicht mehr gewillt, noch länger darauf zu warten, nur weil ihr Feldherr seine Führungsrolle wie ein zweiter Agamemnon möglichst lange genießen wollte.

Pompeius gab ihrem Drängen nach. Ob er selbst inzwischen die militärische Lage und die Kampfkraft seiner Legionen günstiger beurteilte oder ob er das Gezänk einfach satt hatte – die Antwort darauf hat er mit ins Grab genommen. Am Morgen des 9. August meldeten die Kundschafter dem erleichterten Caesar, daß sich am Horizont das ersehnte Wunder ankündigte: Der Gegner rückte in die Ebene von Pharsalos und machte sich kampfbereit. Jetzt war sie da, die kaum mehr erwartete Chance, der tödlichen Falle in Griechenland doch noch mit einem einzigen großen Sieg entrinnen zu können. Auf seine Offiziere und Soldaten, obwohl dem Gegner an Zahl unterlegen, war Verlaß. Sie wußten, daß es um Sieg oder Tod ging; keiner von ihnen konnte auf Gnade hoffen – dies hatte ihnen der rachsüchtige Gegner durch öffentliche Hinrichtungen gefangener Soldaten drastisch vor Augen geführt.

Die Tapferkeit und Erfahrung seiner Männer brachten Caesar den Sieg. Am Mittag bereits war die Schlacht entschieden und Pompeius auf der Flucht. Die Reste seiner Armee ergaben sich am folgenden Tag. Im peloponnesischen Elis, im Tempel der Minerva, wandte sich das Standbild der Victoria zur Tür, und in Pergamon dröhnten die Pauken im unzugänglichen Allerheiligsten. Ein Zeitalter war zu Ende gegangen. Pompeius floh, gehetzt vom nachsetzenden Caesar, der jeden noch möglichen Widerstand rasch im Keim ersticken wollte. Die Jagd ging quer durch Griechenland zum Hellespont, durch die Ägäis nach Zypern; sie endete in Ägypten. Als Caesar am 2. Oktober in Alexandria eintraf, war sein großer Rivale tot.

Der Besiegte

Pompeius hatte gehofft, in Ägypten Hilfe zu finden. Das Land war reich, leicht zu verteidigen, und den Kern des ägyptischen Heeres bildeten einige römische Kohorten, mit deren Unterstützung er rechnete. Der Vater des amtierenden unmündigen Pharao war mit seiner Hilfe auf den Thron gekommen; der Sohn schuldete also Dank. Dessen Ratgeber sahen es anders. Denn der königliche Knabe führte gerade Krieg bei Pelusion gegen seine Schwester und Mitregentin Kleopatra, die, vom Hofe vertrieben, mit einem Heer gewaltsam ihre Ansprüche zu wahren suchte. Half der König Pompeius, so war abzusehen, daß sich der heranstürmende Caesar der Sache Kleopatras annehmen und damit den Streit entscheiden würde. Also schien es besser, sich beizeiten auf die richtige Seite zu schlagen und Pompeius zu opfern.

Als dessen Geschwader vor Pelusion eintraf, schickte ihm sein königlicher Mörder ein Schiff, um ihn an Land zu bringen. Dort starb Pompeius, die Toga über das Gesicht gezogen, von der Hand eines alten Soldaten, der ihm als Centurio im Seeräuberkrieg gedient hatte. Caesar wandte sich mit Tränen in den Augen ab, als ihm einige Tage später die dienstbeflissenen Mörder den Siegelring und das Haupt des Toten brachten. Er befahl, es feierlich zu verbrennen und in aller Ehre zu bestatten.

Pompeius starb am 28. September 48. Dreizehn Jahre zuvor war er an diesem Tag feierlich in Rom eingezogen – triumphierend als Sieger über den griechischen Osten und eingehüllt in den Sternenmantel Alexanders des Großen. Wie kein zweiter stand der Name Pompeius für den Glanz und das Elend der weltbeherrschenden Republik. Aufgestiegen im Schatten Sullas und sein militärischer Arm bei der Niederwerfung des popularen Widerstandes in Afrika und Spanien, hatte er stolz und herausfordernd den Beinamen «der Große» geführt. Dreißig Jahre lang war er es auch, und während dieser Zeit wurde die römische Herrschaft über die Länder des Mittelmeeres in einem Maße gefestigt, daß zum ersten Mal das Imperium als einheitliches Ganzes ins römische Blickfeld trat. Allen voran hatten die Menschen des Orients Grund, diesen Römer als einen zweiten Alexander zu feiern und ihn als Heiland und Retter zu preisen. Nicht, weil sie ihn liebten, sondern weil die Anbetung der Macht in ihm den richtigen Mann für ihr vielfältiges Vokabular gefunden hatte. Sein Einfluß hatte den Osten und die Provinzen des Westens durchdrungen. Grenzen setzten ihm nur der Stolz, das Ethos und der Neid der auf die Plätze hinter ihm verbannten römischen Elite.

Ihnen konnte er sich nicht zugesellen, so sehr er es an manchen Tagen gewünscht haben mag. Selbst als sie mit ihm den Pakt zur Abwehr der Machtansprüche Caesars schlossen und er die Tochter des vornehmsten Mannes in Rom heiratete, wurde er nicht zu einem der Ihren. Sie brauchten ihn als Werkzeug, und sie waren sicher, ihn nach dem Sieg zur Unterordnung zwingen oder vernichten zu können. Er selbst erwartete die Bestätigung seines Anspruches auf die Rolle des Ersten im Staate. Nur dafür war er bereit gewesen, seinen langjährigen Bundesgenossen und schließlichen Rivalen Caesar zu stürzen. Am Ende stand er allein da; allein war er auch, als er am Strand von Pelusion starb. Seine senatorischen Freunde sammelten sich in Afrika, Caesar war ihm als Feind auf den Fersen, und der ptolemäische König, von dem er Dank für erwiesene Wohltat erhoffte, bezahlte seinen Mörder.

Für Caesar war der Tod seines Rivalen auf den ersten Blick ein Glücksfall. Für beide war auf dieser Erde kein Platz mehr. Solange Pompeius lebte, kämpfte er und wies jede Geste der Versöhnung schroff zurück. Sein Blut klebte nun an den Händen ägyptischer Höflinge, und niemand konnte Caesar für ihr elendes Komplott verantwortlich machen. Erst jetzt war er für Rom und Italien der Sieger. Trotzdem war seine Trauer echt. Der Tod des in der ganzen römischen Welt seit über einer Generation gerühmten Generals, dessen Leichnam kopflos und unbestattet an einem ägyptischen Strand lag, wies drohend auf das künftige eigene Schicksal. Jetzt, im Angesicht der Toten von Pharsalos und des erbärmlich erschlagenen Pompeius, wurde die am Rubikon mühsam unterdrückte Ahnung zur Gewißheit, daß ihm weder die Toten noch die Lebenden vergeben würden.

Marcus Tullius Cicero – der Neuling, der zu spät kam

von Martin Jehne

Als sich Cicero am 1. Januar des Jahres 63 v. Chr. in den Senat begab, war er am Ziel seiner Träume: Mit diesem Tag begann sein Consulat, das höchste regelmäßige Amt, das ein Römer erreichen konnte, und die Eintrittskarte in den inneren Zirkel der kleinen Gruppe, die den römischen Staat lenkte. Aber es war keine Zeit, sich befriedigt zurückzulehnen, der Consul war gleich gefordert, da der Volkstribun Servilius Rullus ein Ansiedlungsgesetz vorgeschlagen hatte, sehr zum Ärger vieler Magnaten. Der sich abzeichnende Konflikt bot Cicero die Gelegenheit, den versammelten Senatoren die politische Verläßlichkeit und Kampfbereitschaft ihres neuen Consuls vor Augen zu führen. In der Rede, deren später ausgearbeitete und publizierte Form uns zum größeren Teil erhalten ist, ergeht sich Cicero hauptsächlich in scharfer Polemik gegen die Pläne des Rullus, aber am Ende läßt er etwas von dem Stolz auf das Erreichte durchscheinen und von seinen Hoffnungen für die Zukunft:

«Ich werde mich in diesem Amt so führen, daß ich einen Volkstribunen, der gegen den Staat wütet, in die Schranken weisen und einen, der gegen mich wütet, verachten kann. Deswegen, bei den unsterblichen Göttern, reißt euch zusammen, ihr Volkstribune, verlaßt die, von denen ihr, wenn ihr es auch nicht voraussieht, bald verlassen werdet, tut euch mit uns zusammen, stimmt überein mit den Guten, verteidigt den gemeinsamen Staat mit gemeinsamem Eifer und gemeinsamer Zuneigung. Es gibt viele geheime Wunden des Staates, viele verderbliche Pläne frevelhafter Bürger. Es besteht keine Gefahr von außen, kein König, kein Stamm, kein Volk ist zu fürchten. Von innen droht das Übel, es ist intern, bei uns zu Hause! Jeder von uns muß dem abhelfen, wir alle müssen das heilen wollen. Ihr irrt, wenn ihr glaubt, das, was ich sage, werde zwar vom Senat gutgeheißen, das Volk dagegen wünsche etwas anderes. Alle, die wohlbehalten sein wollen, folgen der Autorität eines Consuls, der frei ist von Gier, keine Leichen im Keller hat, vorsichtig ist bei Gefahren und nicht ängstlich in Konflikten. Wenn aber jemand von euch hofft, er könne sich durch turbulentes Verhalten für die Karriere Rückenwind verschaffen, der möge erstens diese Hoffnung unter meinem Consulat aufgeben und sich zweitens mich selbst zum Beispiel nehmen, der ich, obwohl ich aus dem Ritterstand stamme, Consul bin: Der Weg des Lebens führt gute Männer leicht in Amt und Würden. Wenn ihr, Senatoren, mir eure Bereitschaft erklärt, die gemeinsame Würde zu verteidigen, dann werde ich in der Tat erreichen, was dem Staat am meisten fehlt, daß nämlich die Autorität, die dieser Stand zur Zeit unserer Vorfahren genoß, nach langer Unterbrechung nun für den Staat wiederhergestellt zu sein scheint.» (Cicero, *Erste Rede über das Siedlungsgesetz* 26 f.)

Daß es gar so leicht war, in Rom vom Ritterstand bis ins Consulat aufzusteigen, glaubte Cicero natürlich nicht. Aber an diesem 1. Januar 63, als er sein Ziel erreicht hatte, scheint er sich in der Bescheidenheitspose des Ausnahmetalents gefallen zu haben, das damit kokettiert, als sei der eigene Erfolg gar nichts Besonderes. In der späten Republik mußte sich in Rom jeder, der Consul werden wollte, mit großem Einsatz um das Wohlwollen der Arrivierten und das Image beim Volke bemühen, aber die Startpositionen waren sehr ungleich, und wenn man wie Cicero aus einer Familie stammte, die bisher noch nicht einmal einen Senator, geschweige denn einen Consul hervorgebracht hatte, standen in dieser abstammungsfixierten Gesellschaft die Chancen schlecht.

Die Tullii Cicerones waren ein führendes Geschlecht in Arpinum (ca. 100 km südöstlich von Rom gelegen) wenigstens seit der Zeit des Großvaters. Sie gehörten als römische Ritter zur Schicht der Reichen, die sich um ihren Lebensunterhalt nicht zu sorgen brauchten. Der zweite römische Stand unterschied sich vom ersten, dem der Senatoren, nicht unbedingt in ökonomischer Hinsicht. Auch was den gesellschaftlichen Verkehr anging, waren Ritter und Senatoren normalerweise in eine gemeinsame Geselligkeitskultur eingebunden. Aber die Senatoren waren diejenigen, die aktiv in Rom Politik machten, ja deren ganzes Leben der Politik gewidmet war. Die Ritter dagegen beteiligten sich gelegentlich an der Honoratiorenverwaltung in ihren Heimatgemeinden, mehrten ihr Vermögen und führten ansonsten häufig ein eher ruhiges Leben. Ihnen fehlte also der Einfluß auf das Weltgeschehen, aber auch der stressige Tagesablauf der von Sonnenaufgang bis nach Sonnenuntergang in politische Entscheidungsbildungen und Repräsentationsaufgaben eingebundenen Senatoren.

Im Hause Cicero scheint man den am 3. Januar 106 geborenen Sohn Marcus ebenso wie dessen etwa vier Jahre jüngeren Bruder Quintus von Anfang an auf eine Karriere in Rom vorbereitet zu haben, obwohl sich weder der Großvater noch der Vater jemals um ein senatorisches Amt bemüht hatten. Dabei dürfte eine Rolle gespielt haben, daß die außerordentliche Begabung Ciceros schon früh ins Auge stach, aber es war für die Familie wohl auch einfach an der Zeit, ihre durchaus bestehenden Verbindungen in höhere römische Kreise nun zur Förderung des vielversprechenden Nachwuchses zu nutzen. Nach der gängigen Schulausbildung wurde Cicero nacheinander im Gefolge dreier renommierter ehemaliger Consuln untergebracht, die als Redner bzw. als Rechtsgelehrte höchstes Ansehen genossen. Zwischenzeitlich sammelte Cicero während des für Rom bedrohlichen Bundesgenossenkrieges 90/89 militärische Erfahrungen im Stab des Pompeius Strabo, des Vaters des großen Pompeius, und bei Sulla, dem späteren Dictator. Aber daß seine Talente nicht auf militärischem Gebiet lagen, war ihm sicher bald klar. Cicero war ein Meister des Wortes, in der gesprochenen Form als Redner wie in der geschriebenen als äußerst vielseitiger Literat. Daß wir von den letzten Jahrzehnten der römischen Republik so viel wissen wie von keiner anderen Periode der antiken Geschichte, liegt vordringlich an dem riesigen Œuvre Ciceros, von dem uns deshalb, weil die kanonische Geltung seines Stils schon bald unbestritten war, große Teile tradiert wurden. Nun war das Schreiben von Texten, seien es nun ausgearbeitete Reden, Fachbücher, Geschichtswerke, Dramen oder Gedichte, eine verbreitete Freizeitbeschäftigung von Angehörigen der Oberschichten, ja es gehörte zum normalen Bildungsgang, daß Heranwachsende nicht nur alle Kniffe der Rhetorik lernten, sondern auch berühmte Werke übersetzten, exzerpierten und nachdichteten. Doch Ciceros Schriften unterschieden sich von solchen Gelegenheitsproduktionen durch die stilistische wie gedankliche Qualität und durch den hohen Anspruch, in Rom auch als Vermittler der griechischen Philosophie und als Verfasser von Lehrbüchern zur Rhetorik sowie von vorbildhaften Reden in die Annalen einzugehen. Sein erstes Werk, eine Schrift über die Auffindung und Strukturierung des Stoffes durch den Redner (*De inventione*) aus der Mitte der 80er Jahre, beschränkt sich weitestgehend auf die Transferierung griechischer Konzepte ins Lateinische. Doch den Anfang der Schrift bildet eine Kulturentstehungslehre, bei der die Rhetorik als Bedingung von Kommunikation charakterisiert und zur treibenden Kraft der Entwicklung stilisiert wird, und diese Darlegungen sind angereichert mit zeitkritischen Bemerkungen über die Gefahren virtuoser Redetechnik, die nicht durch die Orientierung am Wertehaushalt des römischen Staates kontrolliert ist: Ein solches Vorwort im Werk eines etwa Zwanzigjährigen zeigt deutlich seine Ambitionen, auch als Vordenker im eigenen Gemeinwesen zu wirken.

Die schiere Menge der Schriften Ciceros, ihre thematische Spannweite und ihr beachtliches Niveau sind um so erstaunlicher, wenn man berücksichtigt, daß die literarische Produktion für Cicero immer nur eine Nebentätigkeit war, der er sich widmete, soweit ihm die Politik dafür Zeit ließ. Für einen ehrgeizigen Römer kam auch gar nichts anderes in Frage, denn in dieser politikversessenen Gesellschaft brachte nichts in vergleichbarer Weise Ehre, Ruhm und natürlich Einfluß ein wie die Betätigung im öffentlichen Leben. Ein politisch abstinenter Poet oder Schriftsteller konnte, solange er aus seinem Vermögen und nicht von seinen Schriften lebte, einen gewissen Respekt genießen, aber wirklich breite Bewunderung und Anerkennung wurde nur dem erfolgreichen Redner, dem führenden Senator, dem siegreichen Feldherrn zuteil. Ich folge also hier der Schwerpunktsetzung Ciceros und seiner Zeit, wenn ich ihn vor allem als Politiker porträtiere.

Die wilden Zeiten nach dem Bundesgenossenkrieg, als Rom von Bürgerkriegen erschüttert wurde, die mit dem militärischen Sieg Sullas endeten, verbrachte Cicero mit der Vervollkommnung seiner Ausbildung. Erst 81, noch unter dem Regiment Sullas, debütierte er als Prozeßredner, der übliche Karrierestart für Nachwuchspolitiker in Rom. Schon ein Jahr später verteidigte er Sextus Roscius aus dem umbrischen Städtchen Ameria. Ciceros Mandant war an sich unbedeutend, doch das Verfahren besaß eine erhebliche Brisanz, weil auf der Gegenseite Männer involviert waren, die dem Dictator Sulla nahestanden, und man konnte nicht sicher sein, ob sich diese Leute nicht mit Hilfe ihres mächtigen Freundes durchsetzen würden. Doch Sulla hielt sich aus der Angelegenheit heraus, und Cicero siegte.

Mit diesem Erfolg gewann Cicero einiges Ansehen, und er wurde trotz seiner relativen Jugend ein gefragter Verteidiger. Begeistert stürzte er sich in diese Aufgaben, doch scheint er sich dabei körperlich übernommen zu haben. Seiner angegriffenen Gesundheit wegen drohte ihm sogar das Aus in seiner Karriere als Politiker und Anwalt, die in Rom ein robustes Naturell erforderte. Aber Cicero verordnete sich eine Zwangspause und schaffte es, sich während eines gut zweijährigen Aufenthalts im griechischen Osten zu regenerieren, den er darüber hinaus nutzte, um vor allem in Athen berühmte Philosophen zu hören und auf Rhodos seine Redetechnik zu perfektionieren. Als er im Sommer 77 zurückkehrte, engagierte er sich erneut im Prozeßwesen, heiratete eine Frau aus gutem Hause mit einem ansprechenden Vermögen und strebte sein erstes senatorisches Amt an: 75 wurde er Quaestor.

Seit den Reformen Sullas wurde man nach Bekleidung der Quaestur automatisch Senator. Es gab jährlich 20 Quaesturen, so daß die Chancen auch für Männer, die nicht aus den berühmten Familien stammten, nicht schlecht standen. Ciceros Erfolg ist also keine Sensation. Bezeichnend für seinen Ehrgeiz ist es jedoch, daß er das Amt zum frühestmöglichen Zeitpunkt bekleidete, den die von Sulla erneut eingeschärften Altersvorschriften zuließen. Und ebenfalls vielsagend ist es, daß er nach eigener Aussage in dieses Amt nicht wie in die späteren als allererster gewählt wurde, sondern nur unter den ersten war. Solche Feinheiten wurden in der für Rangabstufungen sensiblen römischen Gesellschaft sorgsam registriert, und Cicero aus Arpinum war eben trotz seiner Geschäftigkeit als Anwalt noch keineswegs erste Wahl in Rom.

Als Quaestor war Cicero in Sizilien tätig, führte dort ordentlich sein Amt und knüpfte nützliche Verbindungen zur Oberschicht der Provinz. Als er 74 zurückkehrte, erlebte er allerdings eine Enttäuschung. Niemanden in Italien kümmerte es, was Cicero in Sizilien geleistet hatte. Von der Provinz aus konnte man die römische Öffentlichkeit nur als Feldherr eines spektakulären Krieges beeindrucken. Da dies nicht Ciceros Sache war, zog er für sich die Konsequenzen: Fortan blieb er in Rom und sorgte als Gerichtsredner auf dem Forum, wo die Prozesse stattfanden, für seine fast permanente Präsenz vor den Augen der römischen Öffentlichkeit.

Ende des Jahres 71 stand Cicero vor einer schweren Entscheidung. Freunde aus Sizilien waren an ihn herangetreten, um ihn zu veranlassen, als Vertreter der Provinz vor Gericht den Statthalter Gaius Verres zu verklagen. Nun hatte sich Cicero bisher nicht als Ankläger betätigt, da man sich in dieser Rolle mehr Feinde machte als in der des Verteidigers, und zudem war Verres zwar selbst keine großartige Figur, aber er besaß sehr einflußreiche Freunde, und er schleppte aus Sizilien genügend Geld heran, um die Unterstützung seiner Sache gerade für aktive Wahlkämpfer attraktiv zu machen. Cicero riskierte also einiges, als er den Fall übernahm, und tatsächlich standen auf der Gegenseite die Consuln des kommenden Jahres, darunter Quintus Hortensius, der bekannteste Redner dieser Zeit, und weitere wichtige Leute.

In Ciceros erhaltenen Reden wird das Verhalten des Verres natürlich in den schwärzesten Farben gemalt, wie es sich bei einer ordentlichen Anklage gehört, und davon muß man sicher Abstriche machen. Aber selbst dann bleibt noch genügend übrig, um sich als Leser über so viel obrigkeitliche Willkür zu wundern. Inwieweit die Ausbeutungen des Verres, der den Bewohnern seiner Provinz mit Gewalt und haarsträubenden Rechtsbeugungen Massen von Geld und Kunstschätzen abnahm, über das hinausgingen, was zeitüblich war, ist allerdings nicht ganz klar.

Doch obwohl Verres die designierten Consuln und auch einen Praetor durch seine Zuschüsse als engagierte Helfer gewonnen hatte, zudem die Verschleppung des Prozesses ins kommende Jahr drohte, in dem sich ein für Verres günstigeres politisches Klima abzeichnete, und darüber hinaus die Gegenkandidaten Ciceros beim Kampf um die Aedilität durch Verres' Geld unterstützt wurden, setzte sich der Neuling Cicero durch. Er wurde doch zum Aedil gewählt, nunmehr als erster. In unkonventioneller Weise beschleunigte er das Verfahren gegen Verres und führte schon in der ersten Sitzung einen so fulminanten Angriff auf den Delinquenten, daß selbst Hortensius dem nichts entgegenzusetzen hatte und Verres sich entschloß, ins Exil zu flüchten. Das wurde als Schuldeingeständnis gewertet, Cicero hatte glänzend gesiegt und galt nunmehr als der erste Redner Roms, der dem Hortensius den Rang abgelaufen hatte.

Als Aedil war man in Rom vor allem mit der Aufgabe betraut, einige große Festveranstaltungen auszurichten, und üblicherweise mußte man dabei durch kräftige Spenden aus der Privatschatulle seine Großzügigkeit unter Beweis stellen, um sich für höhere Aufgaben zu empfehlen. Cicero rühmte sich später, er habe mit nur bescheidenem Aufwand überzeugt. Tatsächlich wurde er für 66 zum Praetor gewählt, wieder als erster, und das war bei acht Practoren eine größere Ehre als bei zwei Aedilen.

Cicero war jetzt offenbar trotz seiner politisch unbedeutenden Herkunft ein bekannter, angesehener Mann in Rom. Als Amtsbereich erloste Cicero den Gerichtshof gegen illegale Provinzausbeutung. Erst als Praetor hielt er seine erste Rede in einer Volksversammlung. Ob dies sehr ungewöhnlich war, daß man erst mit 40 Jahren vor dem Volk gleichsam debütierte, ist nicht klar. Aber jedenfalls war man in den Volksreden genötigt, zu konkret anstehenden Entscheidungen Position zu beziehen, und da man dabei nicht wie in der Anwaltstätigkeit durch die Gerichtssituation zur einseitigen Parteinahme verpflichtet, sondern formal frei war, war die Stellungnahme nicht rollenbedingt vorgegeben, und so konnte man sich hier in viel größerem Umfang Feinde machen. Daß sich Cicero dennoch jetzt auch auf diese Bühne wagte, liegt wohl daran, daß man als Praetor bei einer so umstrittenen Frage wie der Verleihung des außerordentlichen Kommandos an Pompeius zur Führung des Krieges im Osten nicht einfach abtauchen konnte. Cicero lavierte in seiner Rede über den Oberbefehl des Pompeius geschickt. Er unterstützte den Antrag und lobte den Feldherrn Pompeius überschwenglich, aber er bemühte sich auch, die Kreise der Senatoren, die sich in durchaus richtiger Erkenntnis der systemsprengenden Kraft von Sondergewalten dagegen sperrten, soweit wie möglich zu schonen. Als Cicero seine Rede hielt, war die Entscheidung schon klar, so daß er also nur noch auf den fahrenden Zug aufsprang, wohl auch um den mächtigen Pompeius für sich und seine weiteren Pläne einzunehmen.

Denn die Praetur war für Cicero nur das Sprungbrett zum Consulat. Dies war nun aber ein sehr hochgestecktes Ziel für einen *homo novus*, wie die Römer sagten, für einen Neuling, dessen Vorfahren noch nicht einmal Senatoren gewesen waren. Mit Fleiß, Energie und Geschicklichkeit konnte es ein Mann aus ritterlichem Hause in Rom durchaus zu etwas bringen, der Senatssitz war planbar, bei einigem Talent und größerer Beharrlichkeit hatte man auch die Chance, bis zur Praetur aufzusteigen. Aber der Consulat lag eigentlich außerhalb der Reichweite eines *homo novus*. Für die Exklusivität des Amtes gab es klare Gründe: Die Sprößlinge der großen Geschlechter waren durch ihre Sozialisation und das allgemeine Erwartungsklima geradezu genötigt, bis zum Consulat zu gelangen, dem höchsten regelmäßigen Amt des Staates, außerdem hatten sie die größte Anhängerschaft unter den Wählern und die besten Verbindungen, schließlich war die Wählerschaft stets geneigt, die Träger der schon bekannten und bewährten Namen zu küren. Hinzu kam nun noch, daß es seit Sullas Reformen jährlich acht Praetoren, aber weiterhin nur zwei Consuln gab; von den erfolgreichen Praetoren, die alle formal qualifiziert waren, sich um den Consulat zu bewerben, konnte also nur ein Viertel jemals Consul werden.

Daß Cicero ein begnadetes Talent war, der größte Redner seiner Zeit, ein Mann von weitestem Bildungshorizont, ausgesprochen schlagfertig, zudem mit einem bewundernswerten Gedächtnis und schier unerschöpflicher Arbeitskraft ausgestattet, das waren in der politischen Kultur Roms bedeutsame Vorzüge, und vielleicht hätte er es schon aufgrund dieser Eigenschaften bis in den Consulat geschafft – irgendwann einmal. Daß es aber gleich im ersten Anlauf und *suo anno*, im frühestmöglichen Jahr, klappte, lag auch an der besonderen Konstellation des Jahres 64. Neben Cicero bewarben sich nämlich außer einigen wenig aussichtsreichen Männern nur zwei sehr ernsthafte Kandidaten: Gaius Antonius, ein Mann aus bestem Hause, aber von etwas ungefestigtem Naturell, und Lucius Sergius Catilina, ein ehrgeiziger und vielseitig begabter Patrizier, der sich aber schon als brutaler und gänzlich skrupelloser Karrierist erwiesen hatte. Für die gemäßigten Kreise der Senatoren war daher Cicero die berechenbarste Größe im Bewerberfeld, und so wurde Cicero, einmal mehr als erster, in das höchste Amt gewählt.

Das Interessanteste am Consulat war nun keineswegs die einjährige Amtszeit an der Spitze des römischen Staates, sondern der damit für den Rest des Lebens erreichte Status: Nach dem Consulat wurde man Consular, das heißt ehemaliger Consul, und da im Senat die Mitgliedschaft lebenslänglich und das Rederecht nach den erlangten Ämtern hierarchisch geordnet war, konnte man nun für den Rest des Lebens im Senat in der ersten Rangklasse sprechen und bestimmte so mit wenigen Kollegen die Meinung. Cicero wollte aber seinen Consulat nicht nur voller Zufriedenheit über das Erreichte gemächlich verstreichen lassen, sondern er strebte, wie seine eingangs zitierten Worte zeigen, nach besonders «guten Noten» für seine Sorge um das Staatswohl. Es kam ihm also gelegen, daß er seine Ankündigung, er wolle umtriebigen Volkstribunen entschlossen entgegentreten, gleich im Falle des Rullus wahrmachen konnte, und tatsächlich brachte er dessen Gesetzesvorschlag durch hemmungslos demagogische Volksreden zu Fall. Aber seine Ziele reichten ja noch weiter. Cicero wollte sich an die *boni* halten, die Guten, und er wollte aktiv gegen die Übel des Staates angehen und die von innen drohenden Gefahren beseitigen. Daß er auch dazu die Chance erhielt, indem er die sogenannte Catilinarische Verschwörung aufdeckte, läßt seine Worte beim Amtsantritt fast visionär erscheinen, so daß der Verdacht sehr naheliegt, daß er diese Formulierungen erst bei der Ausarbeitung der Rede für die Publikation im Jahre 60 hineinkomponierte.

Zweifellos war die Unterdrückung der Catilinarischen Verschwörung der Höhepunkt von Ciceros Consulat. Catilina hatte sich 63 wieder um die Wahl zum Consul bemüht und war zum zweiten Male durchgefallen. Nach dieser erneuten Demütigung wurden seine Reden in den Kreisen seiner Zechkumpane noch aggressiver und verzweifelter, und er hoffte offenbar ebenso wie andere Gescheiterte und im System zu kurz Gekommene, durch einige ostentative Gewalttaten in Rom, ein populistisches Verteilungsprogramm und die Schürung von Unruhe in Italien eine Situation herbeizuführen, in der er und seine Freunde doch noch in die Führungspositionen gelangen konnten, die ihnen ihrer Meinung nach zustanden. Cicero, dem einiges über die Gespräche in der Außenseitergruppe zugetragen wurde, war jedenfalls von Anfang an gewillt, die Machenschaften Catilinas und seiner Mitstreiter für eine umsichtig organisierte Verschwörung zur Durchführung eines sozialrevolutionären Umsturzes in Rom zu halten. Dies entsprach seinem Bedürfnis, etwas Großes für den römischen Staat zu vollbringen, und seinem nicht unberechtigten Gefühl, besonders gefährdet zu sein, hatte er sich doch in feindseligster Weise den Ambitionen Catilinas entgegengestellt. Der Senat war lange nicht bereit, den Dramatisierungen Ciceros Glauben zu schenken, bis Cicero in einer Senatssitzung am 7. November 63 Catilina derart attackierte, daß dieser die Nerven verlor, Rom verließ und sich an die Spitze von Aufständischen in Etrurien stellte. Ein *senatus consultum ultimum* war schon ergangen, eine Art Notstandserklärung, mit der die Consuln ermächtigt wurden, in der Stadt mit Waffengewalt gegen Bürger vorzugehen und gegebenenfalls auch Exekutionen durchzuführen. Als dann noch Beweise und Zeugen gefunden wurden, die den konkreten Plan zur bewaffneten Aktion in Rom belegten, wurden die in Rom befindlichen Exponenten der Catilinarier in Gewahrsam genommen.

Am 5. Dezember hatte der Senat darüber zu befinden, was mit den Inhaftierten geschehen solle. Cicero als Consul leitete die Sitzung, er gab das Wort zunächst an den designierten Consul des kommenden Jahres, Decimus Iunius Silanus, der erwartungsgemäß für die Todesstrafe plädierte. Dies war der allgemeine Tenor, bis der designierte Praetor Caesar an die Reihe kam. Er zog nicht in Zweifel, daß sich die Catilinarier schlimmer Vergehen schuldig gemacht hatten, warnte aber eindringlich vor einer Hinrichtung ohne Volksbeschluß, die den Grundrechten römischer Bürger zuwiderlief, und sprach sich für lebenslange Haft aus. Seine Rede erzeugte eine nachdenkliche Stimmung, viele Senatoren kippten um, und Caesars Vorschlag hätte sich wohl durchgesetzt, wenn da nicht noch der künftige Volkstribun Cato gesprochen hätte, der dem hohen Haus in das republikanische Gewissen redete und die übliche Strenge gegen manifeste Staatsfeinde einforderte. Daraufhin faßte der Senat den Hinrichtungsbeschluß, der Consul hatte für die Durchführung zu sorgen, und Cicero trat, nachdem die Gefangenen im Kerker gehängt worden waren, vor das Volk mit der lakonischen Vollzugsmeldung: *vixerunt* (sie haben gelebt).

Damit hatte Ciceros Consulat tatsächlich einen spektakulären Verlauf genommen. Cicero hatte sich als entschiedener Verteidiger des Staates in seiner überkommenen Form präsentiert, der kompromißlos gegen Abweichler vorging. Man kann sich leicht vorstellen, welcher Stolz ihn erfüllt haben muß, als er, der *homo novus* vom Lande, im Senat von dem führenden Politiker Lutatius Catulus als Vater des Vaterlandes tituliert wurde, also als jemand, dem das Vaterland seine Fortexistenz verdankte.

Doch erfuhr er gleich, daß dies nicht die einhellige Überzeugung aller relevanten Kräfte war. Als er zum Ausklang seines Amtes die übliche Selbstdarstellungsrede vor dem Volke halten wollte, wurde er durch einen Volkstribunen daran gehindert. Cicero war jetzt der Exponent einer Vorgehensweise, in deren Ergebnis römische Bürger ohne Verurteilung durch ein Volksgericht getötet worden waren, und keineswegs alle waren bereit zu glauben, daß dies sicherheitspolitisch notwendig gewesen war. Daß Cicero dann in der Folgezeit immer wieder auf seinen Consulat zurückkam und mit geradezu penetranter Selbstgerechtigkeit sein Handeln lobte, ist daher nicht nur Auswuchs seiner Eitelkeit und eines gewissen Egozentrismus, sondern entsprach auch einer geradezu verzweifelten Notlage: Entweder er wurde als strahlender Held anerkannt, der den Staat gerettet hatte, oder er war ein großer Halunke, der die Basisrechte römischer Bürger ignoriert hatte, und es blieb Cicero gar nichts anderes übrig, als immer wieder selbst für die erstere Deutung zu werben.

Bald spitzte sich die Situation zu. Dem unangepaßten Patrizier Clodius Pulcher wurde – mit vollem Recht – ein Sakrileg vorgeworfen. Cicero war unter denen, die einen Prozeß gegen Clodius forcierten, und er trat in diesem Prozeß dann als Zeuge auf und zertrümmerte das Alibi des Angeklagten. Daß Clodius trotzdem freigesprochen wurde, verdankte er den beachtlichen Bestechungssummen für die Geschworenen und der römischen Denkweise, daß die Bestrafung eines Übeltäters keinesfalls wichtiger war als die Bewahrung der sozialen und politischen Existenz eines Politikers. In diesem Klima war Ciceros Zeugenaussage keine Bürgerpflicht, sondern ein Politikum und eine freiwillige Entscheidung. Es ist schwer zu sagen, was ihn zu diesem Schritt bewogen hat, aber leicht ist festzustellen, daß er sich damit einen Bärendienst erwies. Clodius war seither sein Todfeind. Als sich Cicero dann im Jahre 59 in einem Prozeß negativ über den Dreibund von Caesar, Pompeius und Crassus äußerte, reagierten die angegriffenen Machthaber schnell: Noch am selben Tag wurde Clodius in ein plebejisches Geschlecht adoptiert, was seit längerem sein sehnlichster Wunsch gewesen war, da er nur so Volkstribun werden konnte. Daß der populäre Mann auch prompt gewählt wurde, war nur noch eine Formsache.

Der erwähnte Dreibund hatte in dieser Zeit die römische Politik in einem ungewohnten Ausmaß unter Kontrolle. Auslöser für diese Entwicklung war auch die Niederschlagung der Catilinarischen Verschwörung gewesen, die den Senat mit großem Selbstbewußtsein erfüllt und ihn veranlaßt hatte, mächtige Interessen unter Verweis auf traditionelle Praktiken zu mißachten. Cicero war flexibler gewesen, er hatte einen Nachlaß für die Pächter der Steuern der Provinz *Asia* befürwortet, und dem Wunsch des 62 zurückgekehrten Pompeius, seine Regelungen im Osten global zu ratifizieren, trat er zumindest nicht entgegen. Doch der Einfluß des Staatsretters hielt sich, wie er gleich zu spüren bekam, in

Grenzen. Caesar dagegen erkannte die Chance, die es bedeutete, wenn er als Consul dem großen Pompeius gefällig war, und er holte auch noch Crassus ins Boot, der als Lobbyist der Steuerpächter ähnlich frustriert worden war. Man verständigte sich darauf, daß nichts geschehen sollte, was einem der drei nicht behagte, und der Consul Caesar setzte dann 59 die Projekte der Herren durch.

Caesar bemühte sich darum, auch Cicero zur Mitwirkung in diesem Machtkartell zu bewegen, doch Cicero lehnte höflich ab. Diese Entscheidung wird ihm in der modernen Forschung teilweise als schwerer Fehler angekreidet: Cicero habe die Zeichen der Zeit nicht erkannt, er habe dadurch darauf verzichtet, die Verhältnisse in Rom in wirklich führender Position mitzugestalten. Aber dabei wird zu gering veranschlagt, daß diese Absprache von Caesar, Pompeius und Crassus, das sogenannte Erste Triumvirat, ein gravierender Verstoß gegen das Prinzip der flexiblen, situativen Allianzbildung im römischen Amtsadel war, der in der Tat das politische System der Republik grundlegend in Frage stellte. Daß Cicero dabei nicht mittun wollte, zeigt klar, daß ihm bei allem Streben nach Ansehen, Macht und Selbstverwirklichung die überkommene *res publica* eine wirkliche Herzensangelegenheit war, die er nicht um des persönlichen Vorteils willen sofort beiseite schob.

Clodius begann sein Volkstribunat mit einigen Gesetzen zur Stabilisierung und Ausweitung seiner Anhängerschaft und wandte sich dann der Vernichtung seines Intimfeindes Cicero zu. In einem Gesetz des Clodius wurde erneut eingeschärft, daß diejenigen, die Bürger ohne Volksbeschluß töteten, mit Exil und Vermögensverlust bestraft werden sollten. Als das Gesetz vorgestellt wurde, bezog es Cicero ganz auf sich und versuchte, Mitleid und Solidarität zu mobilisieren. Als er dabei keine hinreichende Resonanz erfuhr, da sich viele nicht mit dem mächtigen Tribunen Clodius anlegen wollten, ging Cicero ins Exil, bevor das Gesetz verabschiedet war. Wie er selbst später sah, hatte er schwere Fehler gemacht: Die starke Personalisierung der Stoßrichtung des Gesetzes, in dem er ja gar nicht erwähnt wurde, der frühzeitige Verschleiß dramatisierender Gesten, die er sich besser noch aufgehoben hätte, die Versuche, sein Schicksal als das der *res publica* hinzustellen, was die alten Magnaten eher abgestoßen hatte, die von ihm forcierte öffentliche Polarisierung, die nur noch Bekenntnisse für oder gegen Cicero zuließ, aber jeden Verhandlungsspielraum nahm, die Weigerung, sich im Gefolge eines Magistrats erst einmal in Sicherheit zu bringen, auch am Ende dann die vielleicht verfrühte Resignation, all dies hatte Clodius in die Hände gespielt.

Damit war Cicero jäh gestürzt. Vor kurzem noch Retter des Vaterlandes, fühlte er sich nun in Griechenland als Heimatloser. Exil bedeutete für römische Politiker nicht, daß sie nicht weiter einen luxuriösen Lebensstil pflegten und sich im Kreise gebildeter Leute bewegten, aber sie konnten nicht in Italien leben und sich nicht politisch betätigen. Dies war für jeden Römer schlimm, aber für den Matador des Forums, den virtuosesten Redner Roms, war es schlichtweg eine Katastrophe. Seine vor allem an den vertrauten Freund Atticus gerichteten Briefe aus dieser Zeit zeigen denn auch einen zutiefst deprimierten Cicero, der in endlosen Kaskaden über die Grausamkeit seines Schicksals und die Freudlosigkeit seines Daseins lamentiert. Scharen von modernen Gelehrten haben ihm deshalb aus der Geborgenheit ihres behaglichen Studierzimmers heraus Mangel an Mannhaftigkeit vorgeworfen. Aber auch wenn eine gewisse Larmoyanz bei Cicero nicht zu übersehen ist, muß man doch in Rechnung stellen, daß das Wehklagen in Privatbriefen wohl nicht gar so unüblich war, daß wir aber durch den Zufall der Überlieferung einzig von Cicero eine breite Korrespondenz besitzen und folglich auch nur sein Gejammer so ausführlich verfolgen können. Man sollte darüber hinaus berücksichtigen, daß Cicero als Selfmademan sein ganzes Leben auf die Karriere ausgerichtet hatte, so daß er psychologisch wirklich vor dem Nichts stand.

In Rom begann man bald, Ciceros Rückberufung zu betreiben, und auch wenn es dabei Rückschläge und Verzögerungen gab, wodurch die Hoffnungen des Betroffenen wiederholt schmerzhaft enttäuscht wurden, gelang es im Sommer 57, das entscheidende Gesetz durchzubringen, und Cicero konnte, begeistert begrüßt und begleitet von Freunden und Teilen der Bevölkerung, wieder in Rom Einzug halten. Er brachte sich mit grandiosen Dankreden und Haßtiraden gegen seinen Feind Clodius als überragender Rhetor in Erinnerung. Seine Anwaltstätigkeit nahm er wieder auf, doch bekam er zu spüren, daß er erheblich an Freiheit eingebüßt hatte.

Cicero verstand sich selbst weiter als Verfechter der traditionellen Senatspolitik. In seiner im Jahre 56 gehaltenen Verteidigungsrede für Publius Sestius, der sich gegen Clodius engagiert hatte, präsentierte Cicero eindrucksvolle Visionen von einem senatsgesteuerten Staatswesen, in dem sich die Gemeinschaft der Guten solidarisch den üblen Burschen à la Clodius entgegenstellt. Doch Rom stand nach wie vor im Zeichen des Dreibunds. Pompeius war in oder bei Rom, er hatte sich für die Rückberufung Ciceros eingesetzt, und Cicero war nun nach gängigem Verhaltensmuster zur Dankbarkeit verpflichtet. Wenn daher Pompeius in der Folgezeit den besten Gerichtsredner Roms höflich ersuchte, doch diesen oder jenen zu verteidigen, dann konnte sich Cicero dem nicht entziehen. Schweren Herzens mußte Cicero also Freunde des Pompeius, denen er gleichgültig oder häufig sogar feindselig gegenüberstand, vor Gericht vertreten, und seine eigenen politischen Freunde sahen dies mit Befremden. Als sich Cicero im Sommer 56 in der Senatsrede über die Verteilung der consularischen Provinzen dafür aussprach, daß Caesar noch kein Nachfolger nach Gallien geschickt werden solle, war endgültig öffentlich, daß Cicero bis zu einem gewissen Grade ein Gefolgsmann des Pompeius geworden war. Auch wenn er sein Verhalten geschickt zu rechtfertigen verstand und es zudem nicht viele gab, die sich prinzipientreuer verhielten, fühlte er sich doch offenkundig selbst nicht wohl in seiner Rolle. Aber die Erfahrung des Exils hatte ihn verständlicherweise vorsichtig gemacht. So bemühte er sich, die mächtigen Männer nicht gegen sich aufzubringen und sich dennoch in einem gewissen Rahmen für die Führungsrolle des Senats einzusetzen, so wie er es bei seinem Consulatsantritt angekündigt hatte. In den 50er Jahren schrieb er zudem seine großen Werke über den Staat, über die Gesetze und über den Redner und bescherte damit der lateinischen Literatur die ersten grandiosen Werke der Staatsphilosophie und eine in ein römisches Gewand gekleidete Rhetoriklehre.

Die römische Politik versank immer mehr in Agonie. Die Knüppelgarden beherrschten das Forum, im Senat war kein energischer Gegenkurs durchsetzbar, die Wahlkämpfe waren Orgien von Gewalt und offener Geldverteilung. Als Clodius Anfang des Jahres 52 seinem Gegenspieler Milo auf der Via Appia begegnete und nach der fälligen Prügelei ermordet wurde, kam es zu Ausschreitungen seiner Anhänger. Gegen den Terror gab es kein anderes Mittel mehr als die Sonderermächtigung des bewährten Generals Pompeius. Er wurde zum alleinigen Consul gewählt und erhielt die Vollmacht, in der Stadt Truppen einzusetzen. Mit deren Hilfe sorgte er schnell für Ordnung. Auch ließ er unter militärischer Bedeckung Prozesse gegen einige Exponenten der Gewalt durchführen. Cicero verteidigte Milo, dessen private Gladiatorentruppe er ebenso wie die des Sestius stets als legitime Gegengewalt gegen Clodius begrüßt hatte, aber Pompeius machte da keinen Unterschied. Die Soldaten vor Augen, vor einer handverlesenen Jury, die gewillt war, dem Volk seinen Willen zu tun und den Mörder des Clodius zu verurteilen, wurde Cicero fahrig und unkoordiniert. Als er später die ausgearbeitete Version der Rede an Milo schickte, der sich mittlerweile als Exulant in Marseille notgedrungen auf die Schlemmerei verlegt hatte, kommentierte dieser nur sarkastisch, er hätte wohl nicht die Gelegenheit bekommen, so schöne Seebarben zu essen, wenn Cicero diese Rede tatsächlich gehalten hätte.

Zu den Gesetzen, mit denen Pompeius die ärgsten Auswüchse in der römischen Politik zu bekämpfen suchte, gehörte eines zur Neuregelung der Statthalterschaft, die jetzt nicht mehr direkt an eine Amtszeit als Praetor oder Consul anschließen, sondern erst nach einer Zwischenzeit von fünf Jahren übernommen werden sollte. Dieser Reformansatz war durchaus vielversprechend, hatte aber für Cicero unangenehme Konsequenzen. In der fünfjährigen Übergangsperiode mußte man auf Amtsträger zurückgreifen, die nach ihrer Magistratur in Rom keine Provinz übernommen hatten, und nun konnte sich auch Cicero nicht drücken. Er erhielt die Provinz *Cilicia*, im Süden der heutigen Türkei gelegen, eine eher rauhe Region, in der er im Frühjahr 51 anlangte. Cicero zählte die

Tage, bis er wieder nach Rom zurückkehren konnte. Daß es Spannungen mit dem Partherreich gab, machte die Lage nicht angenehmer für den großen Redner. Aber da er nun schon einmal Statthalter und Truppenkommandeur war, wollte er wenigstens einige militärische Lorbeeren mitnehmen. Auch wenn er gelehrte Abhandlungen über die korrekte Statthalterschaft zu schreiben verstand und sich tatsächlich weitgehend um ein faires Regiment bemühte, konnte er der Versuchung nicht widerstehen, nach dem letzten Karrierehöhepunkt zu streben, der ihm noch fehlte: dem Triumph. Dazu benötigte er einen militärischen Sieg als Grundlage, und so ‹krönte› er eine – nach römischen Maßstäben berechtigte – Strafaktion gegen einige armselige Bergstämme mit der Eroberung einer Festung und der Versklavung der Bevölkerung. Seine Truppen hatten ihn schon frühzeitig zum Imperator ausgerufen (der Ehrentitel des in einer Schlacht erfolgreichen Feldherrn), und Cicero machte sich nun Hoffnungen auf den Triumph, den feierlichen Umzug des siegreichen Generals durch Rom zum Juppitertempel unter Präsentation der Beute und Herausstellung der Leistungen. Doch daraus wurde nichts.

Ciceros militärische Großtat hatte ohnehin selbst Senatoren, die ihm durchaus wohlgesonnen waren, nicht überzeugt, aber die ganze Frage trat nach Ciceros Ankunft vor Rom im November 50 in den Hintergrund, als Caesars Heimkehr aus Gallien bevorstand und ihm seine Gegner in keiner Weise die Privilegien zugestehen wollten, die er für einen gefahrlosen Übergang in die Innenpolitik brauchte. Die Verhandlungen gingen hin und her, verschiedene Zwischenlösungen wurden erwogen, auch Cicero versuchte zu vermitteln, aber es half alles nichts, Caesars Feinde unter den führenden Senatoren wollten nicht erneut seinen Diktaten ausgeliefert sein und setzten auf die militärische Stärke ihres neuen Partners Pompeius, und Caesar wollte sich nicht dem Risiko einer Anklage und Verurteilung aussetzen. Am 10. Januar 49 überschritt er mit seinen Truppen das Grenzflüßchen Rubikon und eröffnete damit den Bürgerkrieg.

Der Ausbruch des Bürgerkrieges stürzte Cicero ein weiteres Mal in eine schwere Krise. In täglichen Briefen an Atticus beklagt er die Katastrophe für den römischen Staat, die mangelnde Vorbereitung des Pompeius, der seinen Mitstreitern bald eröffnen mußte, daß Italien gegen Caesars Truppen nicht zu halten und ein Rückzug nach Griechenland erforderlich war, die illusionäre Säbelrasselei einiger Senatoren im Vorfeld des Krieges, den Opportunismus in Italien nach Caesars Einmarsch. Vor allem aber wägt er hin und her, wie er sich selbst verhalten soll. Muß er mitgehen nach Griechenland, um seines guten Rufes, seiner politischen Orientierung und der Verpflichtung gegenüber Pompeius willen? Oder ist nicht eine neutrale Haltung abseits der Geschehnisse die angemessene Position für einen würdigen Consular, der sowohl mit Pompeius als auch mit Caesar nicht schlecht steht und der festen Überzeugung ist, daß ein Bürgerkrieg das absolut Schlimmste ist, was dem Vaterland passieren kann, und daß es nicht auf den Sieg, sondern nur auf die möglichst schnelle Beendigung ankommt? Lange schwankte Cicero. Doch obwohl sich Caesar brieflich und über gemeinsame Freunde bemühte, den prominenten Redner zur Neutralität zu bewegen, setzte Cicero dann doch nach Griechenland über. Dort soll er allerdings im Lager des Pompeius eher durch bissige Kommentare als durch konstruktive Mitarbeit geglänzt haben. Ob er sich daran beteiligte, Pompeius zu einer baldigen Entscheidungsschlacht gegen Caesar zu drängen, ist nicht klar. Die Schlacht bei Pharsalos im Sommer 48 war jedenfalls ein taktischer Fehler, und sie ging denn auch verloren, die Front der Pompeianer kam ins Wanken, Pompeius wurde bald darauf ermordet, die versprengten Reste seiner Parteiung sammelten sich in Afrika und verdankten es dem Krieg Caesars in Ägypten, daß sie sich wieder konsolidieren konnten.

Cicero war nicht mehr dabei. Nach dem Debakel von Pharsalos stand sein Entschluß fest: Mit diesem schmutzigen Krieg wollte er nichts mehr zu tun haben. Eigenmächtig kehrte er nach Italien zurück, davon ausgehend, daß das Angebot Caesars, seine Neutralität zu tolerieren, nach wie vor galt. Doch inzwischen hatte Caesar angeordnet, daß kein Pompeianer ohne seine ausdrückliche Erlaubnis wieder nach Italien kommen dürfe, und so mußte Cicero zufrieden sein, daß ihm Caesars Paladin Antonius den Aufenthalt in Brundisium gestattete. Dort saß Cicero ein Jahr fest und kommentierte die spärlichen Nachrichten über die Entwicklung des Bürgerkriegs in den Briefen an Atticus. Würden die wiedererstarkten Pompeianer bald nach Italien übersetzen und ihn als Abtrünnigen bestrafen? War die Botschaft ernst zu nehmen, daß Caesar gar nicht nach Italien kommen und Ciceros Begnadigung in der Schwebe bleiben würde? Aber Caesar kam doch, Cicero zog ihm ein Stück entgegen, und als Caesar ihn sah, sprang er sofort aus dem Wagen und ging mit ihm gemeinsam ein Stück zu Fuß. Geschickt ersparte Caesar damit dem älteren Consular die Bittstellergesten, und Cicero durfte sich danach frei bewegen.

Diese Erleichterung verführte Cicero nicht dazu, sich hinsichtlich der politischen Situation Illusionen hinzugeben. Es herrschte weiterhin Bürgerkrieg, Rom und Italien wurden von Caesar und seinen Spießgesellen kontrolliert, der Senat diente höchstens als Zustimmungs- und Absegnungsinstanz. Da sich Cicero in diesem Staat nicht engagieren wollte, hoffte er auf die Zukunft und stürzte sich in die literarische Produktion. Zwischen 47 und 43 entstand eine Vielzahl von Werken, mit denen Cicero vor allem sein Programm weiterverfolgte, die griechische Philosophie in ihren Hauptgebieten und -richtungen dem römischen Publikum in lateinischer Sprache und eingebettet in ein römisches Milieu nahezubringen.

Nach der Schlacht bei Thapsus im Frühjahr 46 gab es an Caesars Sieg im Bürgerkrieg nichts mehr zu deuten, und für die römische Führungsschicht stellte sich die Frage, ob denn nun die alte Republik wiederhergestellt werden würde. Eine gewisse Phase der Stabilisierung unter

Caesars Kuratel war durchaus tolerabel, und so waren die meisten noch voller Hoffnung, als sich Caesar 46 weiter als milder Herr präsentierte. Auch Cicero brach sein Schweigen im Senat und dankte Caesar in einer überschwenglichen Rede für die Begnadigung des Marcus Marcellus, eines alten Caesargegners, der nun zur Rückkehr nach Rom und Italien eingeladen wurde. Aber der Optimismus verflog bald. Cicero erkannte früher als mancher andere, daß Caesar bei seinen Reformen und Umgestaltungen nicht die Republik vor Augen stand. Caesars Staat kommentierte er resigniert: «Wir, die wir früher am Steuerruder des Staatsschiffes saßen, haben heute kaum noch Platz im Bodenwasser.» (Cicero, *Briefe an seine Freunde* 9, 15, 3) In der Tat gab es jetzt nur noch die Entscheidungen Caesars und die Zuarbeiten seiner Helfer, für selbst entwickelte Entscheidungsempfehlungen und das argumentative und rhetorische Überzeugen von Senat und Volk war kein Platz mehr. Doch für Lobreden auf schon feststehende Beschlüsse wollte sich der große Rhetor nicht hergeben. So beschäftigte er sich mit Philosophie, trat selten als Verteidiger auf, besuchte den Senat unregelmäßig und gab auf den Abendgesellschaften gelegentlich sarkastische Bonmots zum besten, die sich der souveräne Dictator Caesar gerne hinterbringen ließ.

Nachdem Caesar durch die Übernahme der lebenslänglichen Dictatur öffentlich dokumentiert hatte, daß man jetzt in einer Monarchie lebte, formierte sich schnell eine Gruppe von Verschwörern aus allen politischen Lagern, die Caesar am 15. März 44 im Senat ermordete. Brutus soll nach der Tat den blutigen Dolch erhoben und laut: «Cicero!» gerufen haben. Cicero war demnach als Parole, aber nicht als Person beteiligt. Wieso war er nicht eingeweiht? An seiner altrepublikanischen Gesinnung konnte kein Zweifel bestehen, er stellte sie auch gleich nach dem Attentat zur Genüge unter Beweis. Daß man ihn offenbar gar nicht erst einbezog, dürfte also eine ganz bewußte Entscheidung gewesen sein. Die Spekulationen über die Hintergründe reichen von der kaum überzeugenden Einschätzung, Cicero sei für eine entschlossene Tat nicht der richtige Mann gewesen, bis zu der Vermutung, er sei zu sehr von den Caesarianern beäugt worden, so daß man mit seiner Mitwirkung die Entdeckungsgefahr gesteigert hätte. Wie dem auch sei: Cicero zählte nicht zu den Verschwörern gegen Caesar, aber er wurde bald der wichtigste Mann der republikanischen Gruppierung.

In den ereignisreichen Monaten nach Caesars Tod bildeten sich vor allem drei Machtzentren heraus. Der Consul Antonius versuchte sein Amt und seine vorherige wichtige Stellung unter Caesar dazu zu nutzen, dessen Anhängerschaft zu übernehmen und letztlich Caesars Nachfolge anzutreten. Caesars testamentarisch adoptierter Privaterbe Octavian bemühte sich, auch im öffentlichen Bereich ein neuer Caesar zu werden, und geriet dabei in eine massive Machtkonkurrenz zu Antonius. Die Caesarmörder erstrebten die Wiederherstellung der Republik; nach ihrer

Verdrängung aus der Hauptstadt wurden sie in Rom wesentlich von Cicero vertreten, der mit einer Reihe von Reden den politischen Prozeß intensiv beeinflußte, allerdings nicht so ganz in die Richtung, in die er steuern wollte. Cicero sah den Hauptgegner der Republik in Antonius. Dagegen glaubte er, den jungen Octavian kontrollieren und benutzen zu können, und so brachte er 43 den Senat dazu, Antonius zum Staatsfeind zu erklären, die illegale Heeresbildung Octavians nachträglich zu sanktionieren und diesen gemeinsam mit den beiden republikanisch gesinnten Consuln gegen Antonius zu schicken. Tatsächlich gelang es, Antonius in einer Schlacht bei Mutina (Modena) zu schlagen, aber dann ging alles schief. Die Consuln fielen beziehungsweise erlagen bald ihren Verletzungen, und der verbliebene Kommandeur Octavian dachte nicht mehr daran, brav die republikanische Sache zu vertreten, sondern erzwang für sich zunächst mit Waffengewalt die Wahl zum Consul und arrangierte sich danach mit Antonius. Zu den ersten Maßnahmen des jetzt begründeten Triumvirats gehörten die Proscriptionen, der öffentliche Aushang von Listen mit den Namen von Bürgern, die damit für vogelfrei erklärt wurden. Antonius soll dafür gesorgt haben, daß Cicero, der Mann, der die Front gegen ihn zusammengeschweißt hatte, auf der ersten Liste stand. Cicero versuchte noch zu fliehen, aber vor Caieta holten ihn die Häscher am 7. Dezember 43 ein und erschlugen ihn. Zum Beweis für ihre Tat brachten sie Kopf und Hände mit nach Rom, die auf der Rednertribüne öffentlich präsentiert wurden. Die brutale Botschaft war klar. Von dem größten Redner Roms, der seine Fähigkeiten gegen die Machthaber eingesetzt hatte, wurden zur Abschreckung die Körperteile ausgestellt, die man zum Reden am meisten braucht: der Kopf und die Hände, die zur gestischen Untermalung der Worte von großer Bedeutung waren.

Das grausige Ende Ciceros war das Ergebnis seines engagierten Kampfes für ein dem Untergang geweihtes politisches System, die kollektive Herrschaft des Amtsadels in der *res publica*, aber es war auch Folge einer fatalen Überschätzung der eigenen Möglichkeiten. Mit seiner großartigen Fähigkeit, überzeugend zu reden und zu argumentieren, seinem glänzenden Informationsstand in allen wichtigen Angelegenheiten Roms, seinem ausgezeichneten Gedächtnis und seiner ungewöhnlichen Schlagfertigkeit war Cicero prädestiniert dazu, die Geschicke Roms als ein führender Consular mitzubestimmen. Dazu war es aber nie so recht gekommen. Ciceros Tragik war es, daß er für die Art von Republik, in der er mit seinen Talenten eine dominierende Rolle hätte spielen können, zu spät kam. Nach seinem turbulenten Consulat wurde gleich deutlich, daß die geordneten innenpolitischen Verhältnisse, die er herbeiführen wollte, nicht eintraten. Die Macht lag in Rom auch im militärischen Bereich, und Ciceros euphorische Formel, daß ein *consul togatus*, ein ins zivile Bürgergewand gekleideter Consul, für den Staat genauso viel leiste wie die Kommandeure im Feldherrnmantel und folglich genauso geehrt und belohnt werden müsse, blieb ein frommer Wunsch. In der zentralen Frage der Reintegration des Pompeius hatte Cicero offenbar keine klare Position, seine Versuche, traditionelle Verhaltenscodices zu verfechten, endeten mit seiner Exilierung. Nach der Rückkehr war er gezwungen, Pompeius gefällig zu sein und zwischen den Lagern zu lavieren, nach der Statthalterschaft in *Cilicia* gewann er keinen nennenswerten Einfluß mit seinen Deeskalationsbestrebungen. Im Bürgerkrieg standen zwangsläufig die militärischen Gesichtspunkte im Vordergrund, nach dessen Ende herrschte Caesar, und es war kein Platz für einen unabhängigen Consular. Erst nachdem der Dictator ermordet worden war, waren wieder consularische Fähigkeiten gefragt, und Cicero, nun schon über 60, konnte endlich seine Talente einbringen. Zwar war ihm bewußt, daß die Politik jetzt eher noch stärker als früher von den Soldaten und Heerführern beeinflußt war, aber er glaubte doch, die Armee immer noch den Entscheidungen von Senat und Volk in Rom unterordnen zu können – letztlich verkannte er damit den Grad an Autonomie, den der militärische Sektor inzwischen erreicht hatte.

Aber es kommt noch etwas hinzu, was zunächst einmal überrascht: Der passionierte Zivilist Cicero wurde einer der schlimmsten Kriegstreiber. Dies war das folgerichtige Resultat einer längeren Entwicklung in seinem Denken. Obwohl sich der Philosoph Cicero der skeptischen Akademie verpflichtet fühlte und damit der philosophischen Richtung, die in kritischer Gegenüberstellung von Argumenten für und wider Wahrscheinlichkeiten ermittelte, aber die Wahrheit für nicht erkennbar hielt, kannte der Politiker Cicero die Wahrheit genau und offenbar immer genauer. Schon in den 50er Jahren präsentierte er in seinen Reden die Solidargemeinschaft der Guten und Besten, die die *res publica* in ihrer althergebrachten Form verteidigte, und sah auf der anderen Seite nur Schufte und Verbrecher, und auch seine staatsphilosophischen Schriften atmen überall dort, wo die römische Praxis eindringt, den Geist einer klaren und feststehenden Erkenntnis des Richtigen. Seine Überlegungen gewannen dabei geradezu totalitäre Züge, denn er glaubte die Korrektheit und ethische Überlegenheit der eigenen Grundüberzeugungen durch den nicht hinterfragbaren Rekurs auf die großen *exempla* der römischen Geschichte beweisen zu können und stampfte Andersdenkende und -handelnde moralisch in Grund und Boden. All diese Ansätze kulminieren in den Philippischen Reden aus den Jahren 44/43, in denen er Antonius in zunehmender Schärfe attackierte. Selbst für römische Verhältnisse war es ungewöhnlich, mit welchem Haß Cicero seinen Gegner und dessen Anhänger verfolgte, und gleichzeitig war er bereit, die nicht seltenen Rechtsbrüche der eigenen Partei mit allen Advokatentricks zu rechtfertigen. Er ging sogar noch weiter: Recht unverblümt verkündete er dem römischen

Publikum, daß es vor allem auf die richtige Gesinnung ankomme, das heißt, Ciceros Freunde durften sich für den guten Zweck über alle geltenden Regeln bedenkenlos hinwegsetzen, Antonius dagegen konnte tun, was er wollte, er war sowieso im Unrecht, und solches Gesindel mußte zur Strecke gebracht werden, mit welchen Mitteln auch immer.

Der große Intellektuelle Cicero, einer der besten Köpfe seiner Zeit, war hier also im Banne eines recht schlichten Freund-Feind-Schemas und betrieb gnadenlos Polarisierung. Dabei dürfte er sich durchaus in seinem Element gefühlt haben: 43 war er ein echter Senatsführer, man erwartete seine Meinungsäußerung mit Spannung, er zog Schwankende auf den von ihm empfohlenen Kurs, er war in der Lage, das moralische Zentrum Roms, eben den Senat, wieder zu einer Körperschaft zu machen, die die Weichen zu stellen schien, und damit verwirklichte er das Ziel, das er am Anfang seines Consulats verkündet hatte.

Aber es war ein sinkendes Schiff, das Cicero zu steuern versuchte. Die Potentiale von Caesars Monarchie waren mit seinem Tod nicht verschwunden, sondern nur verwaist, und einzig die unklare Lage bezüglich der Nachfolge eröffnete in Rom noch einmal Handlungsspielräume für den Senat und seine Führer. Gegen die Knobelbecher hatten die Feder und das Wort jedoch am Ende keine Chance. Als Cicero die Entscheidung gegen Antonius so massiv forcierte, war ihm sicher klar, daß damit ein gewisses Risiko verbunden war. Aber er gab sich der Illusion hin, daß er die heterogene Koalition gegen Antonius im Griff hatte, und diesen Irrtum bezahlte er mit seinem Leben.

Lucius Sergius Catilina – ein Verbrecher aus verlorener Ehre?

von Ulrich Heider

Auf Betreiben Messalinas, der leidenschaftlichen Gattin des Kaisers Claudius, wurde Seneca vom Senat relegiert. Das Exil in Korsika bot ihm Gelegenheit, den Zorn über sein partiell unfreundliches Schicksal literarisch zu bearbeiten, und ließ ihn mit schneller Feder Teile einer Abhandlung über den Zorn, *de ira*, schreiben. Von stoischem Gedankengut und lebensbedrohlichen Erfahrungen inspiriert, geißelte er darin den Zorn als ärgste der Leidenschaften, die allein geeignet sind, ein vernunftbestimmtes, tugendhaftes Leben zu verhindern. Zur Illustration verwendete er historische Beispiele. Diese *exempla* waren so gewählt, daß sie nicht erklärt werden mußten, man kannte sie, nur der jeweilige Kontext war neu.

Unter all seinen zornigen Schurken begegnen wir Sulla und bei ihm unserem «Helden», Lucius Sergius Catilina. «Dem Marcus Marius, dem das Volk auf den Gassen Statuen errichtet hatte, dem es mit Weihrauch und Wein opferte, befahl Lucius Sulla die Beine zu brechen, die Augen auszureißen, die Zunge, die Hände abzuschneiden. Als ob er ihn, sooft wie er ihn verletzte, auch töte, zerfleischte er ihn nach und nach, Glied für Glied. Wer war seines Befehls Vollstrecker? Wer, wenn nicht Catilina, der beständig seine Hände in aller Art Verbrechen übte? Er zerstückelte jenen vor dem Grabmal des Quintus Catulus, schändlichst für die Asche dieses mildesten der Männer... Marius war würdig, dies zu erleiden, Sulla, es zu befehlen, Catilina, es zu vollstrecken...» (Seneca, *Vom Zorn* 3, 18, 1 f.)

Woher nahm Seneca über 100 Jahre nach den Ereignissen des Jahres 63 v. Chr. die Komponenten seines blutigen Gemäldes? Die Farben stammten von ihm, aber für die historische Information und deren präformierte, im *exemplum* zur Sentenz geronnene Deutung war er, wie der moderne Leser, auf Quellen angewiesen. Das war ihm vielleicht nicht einmal bewußt; uns aber, die wir nach den besten, verläßlichsten Quellen suchen, ist ihre Identifikation höchstes Ziel, und wir wagen hierzu einen weiteren Zeitsprung. Der christliche Historiker Orosius rechtfertigt um 418 n. Chr. seinen Verzicht auf eine ausführliche Darstellung der Catilinarischen Verschwörung mit der allgemeinen Bekanntheit der einschlägigen Texte zu diesem Thema: Jeder kannte Cicero, jeder Sallust.

Um das rechte Verständnis ebendieser Texte, von denen immerhin einige auf uns gekommen sind, müssen wir uns folglich bemühen. Es wird sich zeigen, daß unser Wissen um Catilina kaum objektivierbar, son-

Lucius Sergius Catilina   269

dern gänzlich von diesen Texten und der Intention der Verfasser bestimmt ist. Diesen Aspekten muß also jedes Bemühen bei der Beschäftigung mit Catilina gelten, nicht der fruchtlosen Rekonstruktion einer vermeintlichen Wahrheit, die wir im besten Fall als trüben Schatten erkennen können. Nehmen wir also die indizierten Texte und ihre Autoren in Augenschein.

Dauerhaftigkeit verlieh diesen Texten ihre literarische Qualität und der Eingang in den Lehrbetrieb der Schulen. Aulus Gellius berichtet von einem Spaziergang mit dem berühmten Gelehrten Favorinus (ca. 80–150 n. Chr.), der en passant Sallusts Catilina in der Hand eines Begleiters erblickte und dies zum Anlaß nahm, alle Anwesenden in eine Diskussion einer bestimmten Textstelle zu verwickeln – kaum einer, der nichts zu sagen gehabt hätte, aber auch kaum einer, der sich für den historischen Gehalt des Textes interessiert hätte. Sallusts stilistische Meisterschaft wurde, nach einer Phase der kritischen Auseinandersetzung, immer wieder bemüht, sei es als Vorbild für Historiker wie Tacitus, für Rhetoren, die eine Sammlung von Reden aus seinen Werken als Lehrbuch nutzten, für Sprachbegeisterte wie Gellius.

Die Kanonisierung der Reden Ciceros vollzog sich ähnlich. Quintilian bezeugt die Entwicklung und die resultierende Vorbildstellung Ciceros. Er selbst, wie sein Verlegerfreund Atticus, hatten ein übriges getan, so mit der Publikation der überarbeiteten Reden aus der Consulatszeit (60 v. Chr.). Catilina war der Aufhänger rhetorischer Meisterstücke, der Inhalt hatte zumindest im Moment seine politische Brisanz verloren.

Man denke schließlich an den Status beider Autoren im Lateinunterricht der jüngsten Vergangenheit. Über die Zeiten kreuzten sie nahezu zwangsläufig den Weg jedes Schülers. Wenn Bismarck 1862 von «Catilinarischen Existenzen» sprach, mußte er keine erklärende Fußnote anfügen. Catilina hatte als Muster des Aufrührers durch die Schule schleichend Eingang ins kulturelle Gedächtnis aller Zeiten gefunden, aus dem er erst heute nach bewußter Änderung der Bildungsziele wieder zu verschwinden droht.

Ciceros Reden, denen wir uns zuerst zuwenden, waren, wie bemerkt, Pflichtlektüre aller Rhetorikeleven. Sie dienten als Musterbeispiele in dem Fach, das jene auf die vornehmste Technik politischen Handelns vorbereitete. Die Redekunst war von einer politischen Wirksamkeit, die, angesichts sich oft in dürrer Programmatik erschöpfender moderner politischer Reden, kaum mehr verständlich ist. Die Rede vor dem Senat und vor allem in einer *contio* war also eines der wichtigsten politischen Instrumente und läßt nach die sie bedingenden politischen, historischen Situation fragen.

Die zweite Hälfte des Jahres 63 v. Chr. kennzeichneten Unruhen, die sich stärker in Italien, in Etrurien am stärksten, in Rom gar nicht bemerkbar gemacht hatten. Man geht von einer hauptsächlichen Beteiligung sullanischer Veteranen und Gefolgsleute aus, die ihrer finanziellen Not oder des friedlichen Lebens überdrüssig waren. Nichts ist hier sicher. Die Stimmung in Rom mochte durch die Agitation der ersten Jahreshälfte um die gescheiterten Ackergesetze des Rullus und die Bemühungen der Nachkommen der Proscribierten um Rehabilitation zusätzlich aufgeladen gewesen sein. Wie dem auch sei, ein Krisenbewußtsein existierte, sogar eine leichte Panik brach aus, zu erkennen an einer zunehmenden Kapitalflucht aus Italien, die immerhin so bedrohlich war, daß der Consul ein Edikt zu ihrer Eindämmung erlassen mußte.

In der Unterdrückung von Unruhen aller Art hatte sich Pompeius bestens bewährt, der sich dazu jeweils mit einem außerordentlichen *imperium* versehen ließ und so seine Ausnahmestellung untermauerte. Gerade kämpfte er noch im Osten, bereitete aber schon seine Heimkehr vor. Später suchten einige seiner Vertrauten noch, ihm die militärische Regelung der Affäre zuzuspielen, blieben aber erfolglos. Crassus war an einer Rolle dieser Art vorerst nicht mehr interessiert, vielleicht schien es ihm auch wegen anderer Interessen nicht opportun, hier tätig zu werden. Die aktuelle Krise harrte der Bewältigung durch den Senat. Eine erfolgreiche Lösung schwieriger Situationen durch dieses Gremium hatte aber inzwischen Seltenheitswert, und die Senatoren stellten sich seit einiger Zeit und zum tiefen Bedauern mancher Zeitgenossen bei solchen Aufgaben reichlich hilflos an. Pompeius war fern, es bot sich endlich die Chance, durch die Niederschlagung der Unruhen wieder eine starke Position für zukünftige innenpolitische Auseinandersetzungen zu gewinnen.

Der Senat erließ wohl am 21. Oktober das sogenannte *senatus consultum ultimum*. Es beinhaltete die einseitige, nicht durch das Volk legitimierte Erklärung des Staatsnotstandes und die Betrauung des oder der Consuln mit dessen Behebung, wozu besondere Vollmachten verliehen wurden. Deren Reichweite ist nicht klar, sie entsprachen aber kaum der Machtfülle des regulären Ausnahmeamtes, der Dictatur. Cicero oder Antonius konnten also gestützt auf diese Vollmacht nicht nach eigenem Gutdünken vorgehen. Zwar waren Truppenaushebungen möglich und auch Gewaltanwendung, andererseits aber war den Consuln bewußt, daß nach erfolgreicher Beilegung des Staatsnotstandes der Übergang zur Tagesordnung gewisse Schwierigkeiten barg.

Man hatte Opimius, der sich als erster auf ein *senatus consultum ultimum* (121 v. Chr.) stützte, als Mörder des jüngeren Gracchus und seiner Anhänger angeklagt und wieder freigesprochen. Seine spätere Verurteilung wegen Bestechung sah mancher als Rache für sein früheres Vorgehen. Scipio Nasica, der den älteren der Gracchenbrüder töten ließ, hatte dem Volkszorn als Leiter einer Gesandtschaft in den Osten entfliehen müssen, wo er ein Jahr später starb. Noch im Jahre der Catilinarischen Verschwörung ging Caesar als Hintermann eines gewissen Decius gerichtlich gegen Rabirius als Mörder des einflußreichen und gefürchteten Volkstribuns Saturninus, der im Jahre 100 getötet worden war, vor. Cicero verteidigte den Greis erfolgreich.

Diese Erfahrung mochte ihm zeigen, wie gefährlich für die eigene Existenz eine rigorose Anwendung seiner Vollmachten war. Diese Bedenken waren 63 um so schwerwiegender, als bislang in Rom noch gar nichts passiert war. Seinerzeit hatten Gaius Gracchus und Fulvius Flaccus einen Aufruhr entfacht und den für das politische Selbstbewußtsein der römischen Plebejer so symbolträchtigen römischen Hügel, den Aventin, besetzt, von dem sie heruntergekämpft werden mußten. Saturninus hatte sich unter anderem mit dem Mord am Consulatskandidaten Memmius so weit ins Unrecht gesetzt, daß selbst sein politischer Weggenosse Marius ihn fallenlassen mußte.

Just zu dieser Zeit erfuhr Cicero durch die Geliebte eines Mitverschworenen von den Umsturzplänen Catilinas. Das war hinsichtlich der politischen Durchsetzung von Maßnahmen zur Bekämpfung der Krise ein Glücksfall. Cicero mußte nun die Öffentlichkeit überzeugen, daß Catilina als Kopf aller auf die Zerstörung des Vaterlandes gerichteten Umtriebe zu vernichten sei, um so der Krise der *res publica* Herr zu werden.

Wer war nun dieser Mann, in dem Cicero den Staatsnotstand personifizierte? Catilina hatte sich insgesamt dreimal erfolglos um den Consulat beworben, zuletzt 63 für das Amtsjahr 62. Cicero kannte ihn gut; er war neben Gaius Antonius, seinem späteren Kollegen, sein gefährlichster Gegner im Wahlkampf 64 gewesen. Cicero hatte ein Wahlbündnis der beiden, das auch von Crassus unterstützt worden war, gesprengt und Catilina aus dem Rennen geworfen. Schon damals hatte er eine Taktik verfolgt, die ihm, wie sich zeigen wird, auch Ende 63 wieder helfen sollte.

Catilina entstammte der patrizischen Familie der Sergier, die es selten zu etwas gebracht hatte. Über die Praetur, die vor Catilina nur ein Sergius bekleidet hatte (200 v. Chr.), kam niemand von ihnen hinaus. Die Grundlage seiner Karriere hatte Catilina als Gefolgsmann Sullas gelegt. Dieser mochte in ihm den Soldaten und willigen Vollstrecker brisanter Aufgaben, wie der Hinrichtung des Marius Gratidianus, schätzen. Catilina profitierte wie die meisten durch den Gewinn eines Vermögens und die Zugehörigkeit zu einer Gruppe von Männern, die nach Abdanken des Dictators aus seinem Umfeld heraus die römische Politik mitbestimmen sollten. Die Bezeichnung *Sullani* (Anhänger Sullas) steht dabei nicht für ein politisches Programm; die beiden Mächtigsten, Pompeius und Crassus, beseitigten während ihres gemeinsamen, weitgehend disharmonisch verlaufenden Consulats (70) mit den gegen die Volkstribunen gerichteten Restriktionen ein Kernstück sullanischer Innenpolitik. Als *Sullanus* hatte man sich eine mehr oder minder belastete Ausgangsposition geschaffen. Unangreifbar waren ob ihrer finanziellen Potenz und ihrer Klientel Pompeius und Crassus. Als man Crassus vorwarf, an der Catilinarischen Verschwörung beteiligt zu sein, wollten die Senatoren dies nicht einmal anhören. Auf der anderen Seite gab es Kriegsgewinnler ohne politische Rückendeckung. Sie waren angreifbar, und man konnte sich mit ihnen als Sündenböcken der eigenen, mißliebig gewordenen Vergangenheit entledigen. Knapp 20 Jahre nach den Bürgerkriegen gab es keine Schonzeit mehr für kleine *Sullani*, und man versuchte sich nun auch an solchen, die wie Catilina ihren Weg gemacht hatten. Caesar, ein Beinahe-Opfer des einstigen Dictators Sulla, konnte sich durch Prozesse gegen sie profilieren.

Der Verurteilung im Prozeß des Jahres 73 wegen Verführung der durch ihr Priesteramt zur Jungfräulichkeit verpflichteten Vestalin Fabia entging Catilina mit geringer Mühe. Nicht wirklich bedrohlich war die Anklage *de repetundis*: Catilina hatte nach seiner Praetur (68) die Provinz *Africa* verwaltet (67–66) und bei der Gelegenheit seine eigenen Finanzen ‹in Ordnung gebracht›. Die Ausbeutung einer Provinz war üblich, und der Ausgang eines solchen Prozesses hing nicht so sehr von den vorgeworfenen Vergehen, als von der durch klassenspezifisches Interesse gelenkten Haltung der Richter zum Angeklagten ab. Cicero, der aus strategischen Gründen erwogen hatte, Catilina zu verteidigen, wies in der Rede für den Catilinarier (!) Cornelius Sulla, die in diesem Punkte verläßlich ist, darauf hin, daß sich alle Consulare geschlossen für Catilina eingesetzt hatten. Niemand hatte ein Interesse daran, ihn politisch auszuschalten; also wurde er freigesprochen. Auch Catilina also war nicht angreifbar. Er repräsentierte ein mittleres Stratum der *Sullani*, gesichert in seiner senatorischen Existenz, politisch jedoch keinesfalls unabhängig oder erfolgssicher. So wurde wegen des schwebenden Repetundenverfahrens seine Kandidatur für den Consulat 65 abgelehnt.

Wenn Cicero 64 gegen den Konkurrenten Catilina das Wort erheben wollte, dann bot dessen sullanische Vergangenheit einen idealen Aufhänger. Ein Freispruch war keine Gewähr dafür, daß ein Thema nicht immer wieder gegen den «Unschuldigen» verwandt werden konnte. Einem Mitbewerber gegenüber waren – solange kein Wahlbündnis, keine Absprachen bestanden, er also als Gegner tatsächlich wahrgenommen wurde – alle Regeln der Höflichkeit ausgesetzt. Mehr noch, man betrachtete ihn in dieser Zeit als persönlichen Feind. Nach der Wahl zerstob diese Feindschaft, wich der alten förmlichen «Freundschaft» und wurden damit wieder die normalen Verhältnisse und Kontakte hergestellt. So geißelt Cicero in der Rede *in toga candida*, einer gepfefferten Wahlkampfrede, seine beiden Hauptgegner gleichermaßen als gemeine Mörder und mittellose Beutelschneider, Catilina überdies als sexuelles Monster. Er bemüht neben den Reminiszenzen an die Bürgerkriegszeit die üblichen Vorwürfe in einer bei solcher Gelegenheit üblichen Schmährede oder Invektive: Gewalt, Mord, excessive sexuelle Ausschweifungen, Armut durch sinnlose Verschwendung. Man vermißt lediglich die sonst in diesem Kontext häufig aufscheinende Trunksucht. Gegen seinen Kollegen Antonius erhob Cicero später nie wieder solche Anschuldigungen. Auch zeitigten die Vorwürfe jenseits der Wahl keine Konsequenzen. Der Stellenwert und die enge Zweckgebundenheit der Äußerungen sind deutlich. Man kann davon ausgehen, daß nach der Wahl von 64 das Verhältnis zwischen Catilina und Cicero nicht auf der Basis der Aussagen des Wahlkampfes unterhalten wurde. Catilina hatte im Vorfeld eine der *in toga candida* wahrscheinlich ganz ähnliche Rede gehalten. Jetzt war der Wettstreit ausgesetzt.

Anläßlich der Consulatswahl im Sommer 63 (für das Jahr 62) ging Cicero erneut gegen Catilina vor. Mit Macht unterstützte er die Kandidatur seines Freundes Murena. Als Wahlleiter erschien er zum Wahltermin mit übergroßem Gefolge, bekleidet mit einem gut sichtbaren Panzer unter seiner Toga, der sein Leben vor einem Mordanschlag Catilinas schützen sollte. Die theatralische Geste war gut gewählt, wieder verlor Catilina.

Im Herbst 63 ging es dann nicht mehr darum, die Kandidatur eines politischen Gegners zu verhindern, sondern unter Einsatz aller möglichen Mittel die physische Vernichtung des gefährlichen Verschwörers Catilina zu betreiben. Zu diesem Zweck mußte er der Öffentlichkeit erst einmal als solcher präsentiert werden. Dazu konnte Cicero an die erfolgreiche Taktik der Wahlkämpfe anknüpfen, indem er Topoi der Invektive mit dem nur angedeuteten Zerrbild des Sullaners mischte und so das Ungeheuer, dem alles zuzutrauen war, erst erschuf: nach Bruder-, Gatten- und Kindsmord ohne Zweifel die perhorreszierten Anschläge auf die *res publica*, die Ermordung der Consuln, Senatoren, Ritter und aller anderen *boni*, überdies die Brandschatzung Roms und die Knechtung des Vaterlandes. Das alles kannte und fürchtete man noch von Sulla her.

Catilina hatte, nachdem er Ciceros Rede am 7. November 63 im Senat mitangehört hatte, die Stadt verlassen. Cicero behauptete hinfort, er habe Catilina aus der Stadt getrieben. Gleichzeitig unterstellte er ihm planvolles Vorgehen. Ob sich dieses auch auf seinen Weggang erstreckte? Der Widerspruch bleibt bestehen, er wurde aber nicht moniert und verlor durch die nachfolgenden Ereignisse seine Bedeutung.

Als prominenter *Sullanus* setzte sich Catilina neben Sullas Centurio Manlius an die Spitze der von Faesulae ausgehenden Unruhen. Deren Teilnehmer rekrutierten sich zum Großteil aus dort angesiedelten Veteranen Sullas. Der Senat erklärte daraufhin Catilina und Manlius zu Staatsfeinden, zu *hostes*, wodurch ihr Schicksal besiegelt war. Unter dem Kommando des Gaius Antonius wurden sie in der Schlacht bei Pistoria Anfang 62 geschlagen und getötet. Alle zu ihrer Diskreditierung vorgebrachten Anschuldigungen schienen nun von Anfang an berechtigt. Ciceros Sicht der Dinge wurde verbindlich.

Sie sollte helfen, das schwierigste Problem der ganzen Affäre zu lösen. Wie war mit den in Rom verbliebenen Verschwörern – prominenten Figuren wie dem amtierenden Praetor Lentulus – fertigzuwerden? Cicero sah überall potentielle Verschwörer, unterschieden nur im Grad ihrer Zustimmung und Beteiligung; aber sie alle waren nichts ohne ihre Anführer. Diese Männer, die verbleibenden Köpfe der Verschwörung, mußten beseitigt werden, dieselbe so niedergeschlagen werden. An eine *hostis*-Erklärung war nicht zu denken, da nicht einmal ein Anfangsverdacht bestand. So mußte Cicero zu einem Trick greifen, um sie zu überführen.

Die Schuld wurde wie folgt nachgewiesen: Die Verschwörer hatten Gesandte der gallischen Allobroger, die sich unabhängig hiervon im Folgejahr tatsächlich erheben sollten, zum Anschluß an ihre nicht näher beschriebene Sache bewogen. Diese hatten den Consul von den Vorgängen in Kenntnis gesetzt, er sie als Köder für einen Hinterhalt benutzt. Der plötzliche Zugriff erbrachte die notwendigen Beweise: schriftliche Versprechungen an die Gallier, die diese sich ausbedungen hatten, Briefe an Catilina, kurz: hochverräterisches Material. Wenig später fand sich auch noch ein Waffenlager im Hause eines der Verdächtigen.

Über Schuld wurde nicht mehr diskutiert, als der Fall am 5. Dezember vor den Senat gelangte, allein das Strafmaß stand zur Debatte. Der Consul befragte als Versammlungsleiter in hierarchisch absteigender Reihenfolge die anwesenden Senatoren zur Sache, die designierten Consuln zuerst. Einer von ihnen, Decimus Iunius Silanus, beantragte die Todesstrafe. Die Befragung wurde fortgesetzt, wobei den Senatoren freistand, einen Antrag zu formulieren oder einem anderen zuzustimmen. Letzteres geschah verbal oder dadurch, daß man seinen Platz verließ – eine feste Sitzordnung gab es nicht – und sich zu dem Antragsteller begab, den man unterstützen wollte. Senatoren niedrigen Rangs, die sich kaum zu Wort meldeten, da ein sinnvoller Antrag selten mehr zu stellen war, wenn die Reihe an sie kam, waren in ihrer Meinungsäußerung so sehr auf ihre Füße angewiesen, daß sie *pedarii*, Fußgänger, genannt wurden. Elemente von Debatte und Abstimmung waren so eng verbunden, daß, je nachdem wie viele Anträge im Raum standen, Sitzungen recht bewegt verlaufen konnten.

Bewegung kam in die Sitzung vom 5. Dezember zu dem Zeitpunkt, als der designierte Praetor Caesar durch seine brillante Rede den sich abzeichnenden Konsens über die *sententia* (Antrag) des Silanus paralysierte. Nicht einmal Silanus mochte seinen Antrag noch vertreten. Cicero, der als Versammlungsleiter zur Neutralität verpflichtet war, vermochte nur mit Mühe die Regeln seines Amtes zu wahren. In eine Zusammenfassung des Sitzungsverlaufes kleidete er den dringenden Appell, die Hinrichtung zu beschließen. Caesar hingegen hatte beantragt, die Gefangenen in Landstädten zu internieren. Er erhielt großen Zulauf, setzte sich aber nicht durch, denn der jüngere Cato, designierter Volkstribun, vereinigte nach

Ciceros Intervention die Versammlung eindeutig auf seiner Position und entschied den Ausgang der Sitzung. Die Hinrichtung wurde beschlossen und vollstreckt. Brutus, der künftige Caesarmörder und Neffe Catos, sollte noch Jahre später in ihm den wahren Protagonisten dieses Tages sehen, sehr zum Leidwesen Ciceros.

Diese Senatssitzung ist recht merkwürdig. Der Senat war kein Gerichtshof, der über Tod und Leben eines römischen Bürgers entschied; das durfte gemäß der *lex Sempronia* des Gaius Gracchus, der aktuellen Form der Provokationsgesetze, nur in der Volksversammlung geschehen. Andererseits besaß der Consul Sondervollmachten, die vielleicht das Provokationsrecht aussetzten. Dagegen sprechen die gesuchten Beweise, die verzögerte Sanktionierung, die Diskussion im Senat, die eine Rückübertragung der Vollmachten und der Verantwortung an diese Körperschaft bedeutet hätte. Schon gegenüber Catilina konnte Cicero ja nur behaupten, daß ein Senatsbeschluß genau gegen ihn vorliege, handeln konnte er noch nicht. Mochte sich Cicero seiner Vollmachten auch sicher sein, wagte er doch in keiner Phase, sie resolut anzuwenden. Die Position des verantwortlich Handelnden war vom Maß der Zustimmung abhängig, die er im nachhinein erlangen würde, und diese war ebenso unsicher wie die nur auf einem einseitigen Beschluß der Standesgenossen beruhende Rechtslage. Was eine Verschwörung ist, beschließt eben die herrschende Meinung, und die kann sich bekanntlich wandeln.

Welche Rolle kam Catilina noch zu, der nach seinem Abgang aus Rom eigentlich keine Rolle mehr spielte? Er war *hostis*, seine Mitverschworenen nicht. Aber ihre Kontakte zu den Allobrogern ließen sich unzweifelhaft auf Catilina als Verantwortlichen beziehen. Als Zuarbeiter und Vertraute des gefährlichsten aller Staatsfeinde hatten sie jeden Anspruch auf die Nachsicht ihrer Standesgenossen verwirkt.

Daß Lentulus zum Verschwörer wurde, verführt durch ein Orakel, das ihm einen Anspruch auf die Herrschaft über Rom vorgaukelte – eine Konzeption, die für Catilina gar keinen Platz ließ –, lenkt nicht vom intendierten Bild ab. Auch Catilinas ablehnende Haltung gegenüber der Rekrutierung von Sklaven, die ihm vom selben Lentulus empfohlen worden war, wirkte nicht differenzierend.

Cicero war es gelungen, den historischen Catilina völlig seiner Individualität zu berauben und statt dessen von ihm in grellen Tönen ein Zerrbild zu zeichnen, ihn so schon zu Lebzeiten zu einem *exemplum* der zügellosen Gewalt und Leidenschaft zu machen. Sulla hatte die Vorlage geliefert, an einen Rehabilitationsversuch dachte angesichts einer möglichen Kompromittierung niemand, und so widersprach auch niemand.

Eine Korrektur konnte auch nach Überstehen der Verschwörung nicht mehr erfolgen. Catilina und Manlius waren gefallen, damit zwei Feinde Roms gerichtet. Niemand stellte sich auf die Seite von *hostes*. Selbst als Clodius Cicero im Jahre 58 ins Exil zwang, galten seine Vorwürfe nur dem

Vorgehen gegen die fünf Mitverschworenen, die er unberechtigt zur Hinrichtung geführt sah. Das Vorgehen gegen Catilina stand außer Diskussion, seine historische Rolle stand in der Ciceronischen Version verbindlich beschrieben fest.

Dieser Version bediente sich auch Sallust bei der Gestaltung seiner aus einer gänzlich anderen Intention konzipierten historischen Monographie. Er wählte seinen Gegenstand nicht, um einen gesicherten Bericht anzufertigen, sondern weil sich einige Aspekte seines Geschichtsbildes an dieser Episode hervorragend exemplifizieren ließen. Zur Darstellung «seines» Catilina bedurfte er absolut keiner historischen Akkuratesse. Wo es geboten schien, glättete er die Erzählung, wovon uns der Höhepunkt seiner Darstellung, die Reden Caesars und Catos vom 5. Dezember, ein gutes Beispiel bietet.

Der Inhalt der Reden seiner Protagonisten ist in Grundzügen bekannt, im Falle der Caesarrede nachprüfbar an Hand der Rede Ciceros vom selben Tag. Sallusts Version ist aber in ihrer Gestaltung durch eine literarische Vorlage bestimmt, ein Rededuell bei Thukydides (3, 37–49), das das Schicksal der von Athen abgefallenen Mytilener entschied. Eine Stimme erhob sich für die Hinrichtung gemäß altem Brauch, eine andere für Schonung im eigenen Interesse. Sallust orientierte sich hieran, nicht am Wortlaut der tatsächlich gehaltenen Reden, der ihm ohnehin unbekannt war, da ein offizielles Senatsprotokoll der betreffenden Sitzung nicht existierte und die privaten Protokolle Ciceros wohl kaum zu seiner Verfügung standen.

Auch die programmatische Rede Catilinas vor einem Kreis enger Vertrauter im Haus des Mitverschwörers Laeca ist rein sallustianisch. Cicero erwähnte nur die Zusammenkunft. Woher sollte Sallust diese Informationen haben?

Deutlicher noch: Catilinas Beteiligung an einem umstrittenen, nicht zur Ausführung gelangten Putschversuch (66/65) stilisierte Sallust zur sogenannten «Ersten Catilinarischen Verschwörung». Will man die Affäre, an der neben dem abgesetzten ersten Consulnpaar des Jahres 65 auch Crassus und Caesar beteiligt gewesen sein sollen, nicht gänzlich als Erfindung abtun, so ist doch sicher, daß Catilina nur eine randständige Rolle spielte. Sallust arbeitet mit der ciceronischen Vorlage, gestaltete sie aus, kam aber nicht an ihr vorbei. Auch Informationen aus anderer Quelle, etwa das Zitat einer mündlichen Äußerung des Crassus, ändern nichts an dieser grundsätzlichen Abhängigkeit, die auch nichts über Sallusts persönliche, recht schlechte Beziehungen zu Cicero aussagt.

Für das Verständnis von Sallusts Catilina ist der Abfassungszeitpunkt wichtig, etwa 43/2: Caesar und Cato waren tot. Sie waren die einzigen Männer, denen Sallust Größe zubilligte in einer durch Habgier und mangelnden Intellekt sich moralisch langsam auflösenden Gesellschaft. Auch sie hatten den sich am Horizont zusammenbrauenden Bürgerkrieg nicht verhindern können. Für diesen Niedergang stand Catilina. Als *nobilis* fühlte er sich nach seinen Wahlniederlagen um die ihm zukommende *dignitas* betrogen. Habgier wurde zur Triebfeder seines Handelns. Sein fehlgeleitetes Talent paarte sich mit einem verdorbenen Charakter. Der ungeliebte Cicero lieferte dem Historiker das geeignete Material zur Schilderung des verderbten Verschwörers. Teils nutzte dieser kräftigere Farben, die Abhängigkeit von Cicero ist aber immer evident.

Das merkwürdige Ende der Schrift trägt allein Sallusts Handschrift. Der Bericht über Catilinas und seiner Anhänger Tod läßt uns Soldaten sehen, die ihren Platz in der Schlacht mit ihren Leichen decken, tödlich getroffen auf ihrer Brust. Ehrenvoller kann kein Soldat sterben. Dieses Lob, anders ist dies nicht zu werten, ist nun keine Rehabilitation oder Rechtfertigung Catilinas. Es weist jedoch auf eine tragische Seite der Geschichte hin.

Als *hostis* war Catilina aus dem Bürgerverband des römischen Staates ausgeschieden. Seine anfangs durch das marode politische System evozierte und auf Befriedigung in demselben gerichtete Gier hatte jetzt kein Ziel mehr und trat hinter sein Soldatentum zurück. Hier zeigte sich sein eigentliches Talent, das er für eine in ihrer Unverdorbenheit utopische *res publica* hätte nutzbar machen können. Das real existierende Staatswesen macht ihn zu seinem pervertierten Produkt und zum Opfer, das es durch seine anerkannten Repräsentanten schließlich selber stellen und richten muß. Nur dem *hostis* Catilina durfte Sallust dieses artifizielle Lob spenden. So konnte er durch die in dem verblüffenden Ende enthaltene Tragik den desolaten Zustand der *res publica* noch einmal klar vor Augen führen.

Sallust liefert uns keinen neuen, keinen wahreren Catilina; der interessierte ihn nicht. Das mit dieser Figur verbundene Erklärungspotential für den Niedergang der Republik und die Exemplifizierung, ja Personifizierung dieses Phänomens reizten ihn. Weder Cato noch Caesar hatten vermocht, diese historische Entwicklung umzukehren. Beider Ansätze erledigten sich mit ihrem gewaltsamen Ende. Catilinas Bekämpfung war nur ein kurzes Intervall in einer unumkehrbaren Entwicklung, Gelegenheit für Sallust, seinen gescheiterten Hoffnungsträgern, insbesondere Caesar, ein Denkmal zu setzen. Zu diesem Zweck reichte ihm der Catilina Ciceros vollkommen. Sallusts Leistung bestand in der Verdichtung des ciceronischen Materials zu einem eindrucksvollen, zusammenhängenden, nachhaltig wirksamen Deutungsversuch nachsullanischer Dekadenz.

Alle folgende Beschäftigung mit der Thematik – sei es durch Seneca, Plutarch, Cassius Dio oder auch Voltaire, Ibsen und Upton Sinclair – erhielt hier ihre Prägung, unabhängig von den Bedingungen, die Ciceros und Sallusts Werk bestimmten, unabhängig auch von der verblassenden Nebenüberlieferung, die uns mit Details, nicht mit einer Geschichte versorgt hat.

Cicero ist der Autor des «wahren Catilina». Als *exemplum* der Gewalt und verbrecherischen Leidenschaft hatte er ihn mit dem 7. November 63 etabliert. Wer diesem Beispiel begegnete, konnte ihm hinfort eine je neue, ihrem historischen Kontext enthobene, zeitgemäße Gestalt verleihen, seinen eigenen Catilina konstruieren. Niemand aber konnte und niemand kann einen authentischen Catilina zeichnen. Cicero hat hier jedem Bemühen ein Ziel gesetzt. Die früheste Überlieferungsschicht entpuppt sich als beste und gleichzeitig schlechtestmögliche Quelle. Den wahren Catilina hat Cicero kraft seiner Rede begraben. Sie ist in ihrer Prägekraft Zeugnis seines Genies und Kennzeichen einer Aporie, die den Historiker zur Aufgabe und anerkennenden Betrachtung zwingt, dem Literaten aber eine immer wieder aktuelle Fabel schenkt.

Publius Clodius Pulcher – «der Achill der Straße»

von Wilfried Nippel

Publius Clodius Pulcher ist eine der großen Skandalfiguren der späten Republik. In den Reden und Briefen Ciceros wird er dargestellt als ein Wüstling, der auch mit seinen Schwestern schläft, und als ein Politiker, der profanes und sakrales Recht mit Füßen tritt und mittels organisierter Gewaltanwendung Entscheidungen herbeiführt, die allein der Befriedigung seiner pathologischen Haßgefühle dienen. Die moderne Forschung hat Clodius lange auf den «Bandenführer» und «Achill der Straße» (Theodor Mommsen) reduziert. Aus einem festgefügten Bild über die Machtverhältnisse in dem Jahrzehnt vor Ausbruch des Bürgerkrieges (49 v. Chr.) wurde gefolgert, daß er eigentlich nur als Quasi-Agent wirklicher Potentaten (wahlweise Caesar, Pompeius oder Crassus) habe agieren können. In den letzten zwei, drei Jahrzehnten hat sich jedoch ein weitgehender Konsens entwickelt, daß die Rolle des Clodius in der spätrepublikanischen Politik einer differenzierteren Bewertung bedarf; sie kann sich auf eine Fülle von Anhaltspunkten stützen, die sich auch den Ausführungen Ciceros entnehmen lassen, wenn man sie «gegen den Strich» liest.

Clodius stammte aus der patrizischen Familie der Claudier, die seit Beginn der Republik kontinuierlich führende Politiker hervorgebracht hatte. Appius Claudius, einer der Decemvirn von 451/50, die angeblich Rom das Zwölftafelgesetz gaben, und Appius Claudius Caecus, der Censor von 312, repräsentieren zwei gegenläufige Traditionen, die mit der Geschichte der Claudier verbunden sind: aristokratische Arroganz auf der einen, populistische Neigungen auf der anderen Seite. Clodius wurde 93 oder 92 als dritter Sohn des Appius Claudius Pulcher geboren, der 79 Consul werden sollte. Die beiden anderen Söhne machten ebenfalls eine beachtliche politische Karriere: Appius Claudius Pulcher schaffte es bis zum Consul im Jahre 54 und Censor im Jahre 50, Gaius Claudius Pulcher immerhin bis zum Praetor 56. Anders als seine beiden Brüder führte der dritte Sohn nicht den Familiennamen Claudius, sondern wandelte diesen in Clodius ab, was wohl der geläufigen Aussprache näherkam und vielleicht als zeitgemäßer galt. Die gängige Annahme, darin habe eine politisch motivierte Bekundung der Volksverbundenheit gelegen, läßt sich aus der Überlieferung nicht belegen. Clodius hat diesen Namen wohl von Beginn seiner Karriere an geführt (und nicht erst nach seinem spektakulären Übertritt zur Plebs); auch seine Schwestern (von denen zumal die älteste die Reputation einer *femme fatale* hatte) waren jeweils als Clodia bekannt.

Clodius' Werdegang war üblich für einen Angehörigen der römischen Elite. Er führte über Militärdienst, Auftritte als Gerichtsredner (zumal in der Rolle des Anklägers) bis zur Erreichung einer Quaestur als Beginn der Ämterlaufbahn. Aus dem Rahmen fällt, daß Clodius beim Dienst im Stabe seines Schwagers Lucullus während des 3. Mithridatischen Krieges im Winter 68/67 im mesopotamischen Nisibis eine Meuterei von Soldaten gegen den Feldherrn anstachelte; offensichtlich hatte sich Clodius von Lucullus nicht so behandelt gefühlt, wie es seinem Selbstwertgefühl als Angehöriger einer der berühmtesten Familien Roms entsprach.

Im Jahre 62 wurde Clodius zum Quaestor für das folgende Amtsjahr gewählt, das bei den Quaestoren jeweils schon am 5. Dezember begann. In der Nacht vor seinem Amtsantritt sorgte er für einen großen Eklat. Wie alljährlich fanden die Feiern zu Ehren der Bona Dea statt, ein mysteriöser, jedoch offizieller, dem Wohl des Gemeinwesens gewidmeter Kult, der unter Beteiligung der Vestalinnen, der jungfräulichen Priesterinnen der Göttin Vesta, jeweils im Haus eines höheren Magistraten vollzogen wurde, der aber selbst – wie Männer überhaupt – nicht anwesend sein durfte. 62 fand dieses Frauen-Festival im Hause des Praetors Caesar statt. Clodius schlich sich in Frauenkleidern ein, angeblich, um Caesars Frau nachzustellen, und wurde ertappt. Der Skandal war evident, doch war offen, welche Folgen er nach sich ziehen würde. Caesar sah keine Notwendigkeit, gegen Clodius vorzugehen, die übrigen Magistrate – einschließlich der neuen, seit dem 1. Januar 61 amtierenden Consuln – und der Senat fühlten sich ebenfalls nicht unmittelbar zu Reaktionen veranlaßt. Die Möglichkeit, daß bei nächster Gelegenheit die Censoren Clodius hätten verwarnen oder auch aus dem Senat ausschließen können, blieb davon unberührt. Wie immer Senatoren persönlich die pikante Affäre bewerten mochten – als sie im Januar 61 von dem Praetorier Quintus Cornificius, der nicht zur engsten Führungsgruppe zählte, als Verletzung des Sakralrechts thematisiert wurde, war eine offizielle Reaktion unausweichlich (die im übrigen Caesar nun zum Anlaß nahm, sich von seiner Frau scheiden zu lassen, weil diese über jeden Verdacht erhaben sein müsse). Die Sache wurde an das zuständige Priesterkollegium der Pontifices überwiesen, das den Verstoß feststellte. Über die aus diesem Votum zu ziehenden Konsequenzen mußte wiederum der Senat entscheiden. Magistrate genossen in ihrer Amtszeit Immunität vor strafrechtlicher Verfolgung, doch waren, zumindest bei rangniedrigen wie einem Quaestor, Ausnahmen möglich. Wenn Clodius jedoch einem Provinzstatthalter zugeteilt worden wäre, hätte er den Schutz vor einer Anklage wegen einer im öffentlichen Interesse liegenden Abwesenheit von Rom reklamieren können. Deshalb verschob der Senat die Zuweisung von Aufgabengebieten an die Quaestoren. Auf Clodius' Vergehen paßte weder eine der bestehenden Strafnormen noch gab es einen zuständigen Gerichtshof. Nach heftigen Auseinandersetzungen entschied sich der Senat für die Einsetzung eines Gerichts, das speziell diesen Fall behandeln sollte; dies erforderte einen Volksbeschluß. Zu diesem kam es nach einigem Hin und Her. In dem anschließenden Verfahren, das zwischen Mitte März und Mitte Mai 61 stattfand, wurde Clodius von einer knappen Mehrheit der Geschworenen freigesprochen. Danach konnte er seine Tätigkeit als Quaestor (in Sizilien) aufnehmen.

Der Prozeß gegen Clodius war nur möglich geworden, weil er sich offensichtlich (über Lucullus hinaus) genügend Feinde im Senat gemacht hatte, die auch die Mehrheit davon überzeugen konnten, daß an dem unverschämten jungen Mann ein Exempel statuiert werden müsse. Aber Clodius war seinerseits nicht ohne Verbindungen. Seine Freunde bemühten sich, die Entscheidung im Senat zu verhindern. Als die Sache das erste Mal in die Volksversammlung kam, brachte zwar der Consul Marcus Pupius Piso den Antrag auf Errichtung eines Gerichtshofs entsprechend dem Senatsbeschluß ein, agitierte aber zugleich gegen dessen Annahme; der Versuch, die Abstimmung dadurch zu manipulieren, daß nur Stimmtäfelchen mit «Nein» ausgegeben wurden, endete in einem Tumult. Nachdem das Gesetz schließlich doch verabschiedet worden war, gab es beim Prozeß massive Störungen durch die Anhänger des Clodius – überwiegend junge Aristokraten –, so daß die Jury vom Senat die Stellung einer Schutzwache erwirkte; der Freispruch wurde auch durch massive Bestechung von Geschworenen herbeigeführt; ob Clodius die Gelder allein aufbrachte oder mit Unterstützung anderer (etwa des reichen Crassus, wie öfters vermutet worden ist), muß offenbleiben.

Die ganzen Vorgänge waren mit heftigen Auseinandersetzungen im Senat sowie in diversen informellen Volksversammlungen (*contiones*) verbunden, in die nun zunehmend auch Cicero verwickelt wurde. Cicero trat schließlich in dem Prozeß gegen Clodius als Belastungszeuge auf und widerlegte die Behauptung der Verteidigung, Clodius habe sich am fraglichen Tag weit entfernt von Rom aufgehalten, mit der Aussage, Clodius sei an ebendiesem Tag bei ihm in Rom zur Aufwartung erschienen.

Mit der Involvierung Ciceros wurde der Bona-Dea-Skandal mit einem anderen Konflikt verknüpft, der seit Ende 63 die Öffentlichkeit bewegte. Am 5. Dezember 63 hatte der Senat entschieden, fünf Anhänger Catilinas als manifeste, durch eigenes Geständnis überführte Hochverräter hinrichten lassen. Cicero als der verantwortliche Consul ließ die Exekutionen ausführen. Anschließend hat sich Cicero als Retter des Vaterlands feiern lassen und in seinen eigenen Lobpreisungen dieser Rettungstat wohl auch darauf verwiesen, daß ihm, als in der Nacht vom 4. zum 5. Dezember die Bona-Dea-Riten in seinem Haus gefeiert wurden, ein Omen der Göttin übermittelt worden sei, das ihn in seiner energischen Haltung bestätigt habe. Ob der Senat von Rechts wegen eine Verurteilung der Catilinarier vornehmen konnte, war in der Debatte höchst kontrovers beurteilt worden; die Auseinandersetzungen darüber gingen auch danach weiter. Während die einen die Legitimierung von Senat und Magistraten verfochten, in einer extremen Krise alles für die Sicherheit des Gemeinwesens Notwendige tun zu können, beharrten die anderen darauf, von dem Recht jedes Bürgers, nur aufgrund eines ordentlichen Gerichtsverfahrens bestraft werden zu können («Provokationsrecht»), dürfe es keine Ausnahme geben, da es den Kern bürgerlicher Freiheit (*libertas*) ausmache. Dies stellte seit der Gracchenzeit eine Grundposition «popularer», das heißt die Rechte der Bürger betonender Politik dar, die vor allem immer wieder von Volkstribunen vertreten worden war. Auch gegen Cicero ist unmittelbar nach der Hinrichtung der Catilinarier eine Agitation durch Volkstribune in Gang gesetzt worden, er habe gegen das Provokationsrecht verstoßen; aus dem Vorgehen gegen einige zwielichtige Senatoren und Ritter wurde ein Grundsatzfall über die Geltung fundamentaler Schutzrechte für jeden einzelnen Bürger. In öffentlichen Stellungnahmen im Zusammenhang mit seinem Prozeß hat Clodius (früher ein Gegner Catilinas) sich diese Vorwürfe zu eigen gemacht und damit entsprechende Gegenreaktionen Ciceros ausgelöst, der Clodius als einen neuen Catilina denunzierte. Die Kontroversen um die Vorgänge in Ciceros Consulat traten gegenüber dem eigentlichen Anlaß des Prozesses von 61 immer mehr in den Vordergrund.

Clodius hatte damit eine eindeutig populare Position bezogen. Das Volkstribunat als am besten geeignete Plattform für die Verfechtung einer solchen Politik war ihm aber als Patrizier nicht zugänglich. Clodius suchte nach einer Möglichkeit, durch Übertritt zur Plebs sich die Wählbarkeit für das Volkstribunat zu verschaffen. Dafür gab es mögliche Präzedenzien sowohl aus der Frühzeit der Ständekämpfe wie auch aus jüngerer Zeit. Die Regelungen für eine solche *transitio ad plebem* müssen im wesentlichen aus den (widersprüchlichen) Überlieferungen über die Vorgehensweise des Clodius erschlossen werden. Eine Möglichkeit bestand in einem Volksbeschluß (in den Centuriatcomitien); eine entsprechende Initiative im Jahre 60 scheiterte, vermutlich am Einspruch eines Volkstribunen. Ein anderer Weg zur Änderung des Personenstands lag darin, sich von einem Plebejer adoptieren zu lassen. Die Adoption eines Mannes *sui iuris* (nicht mehr unter der Hausgewalt seines Vaters) mußte nach einem besonderen Verfahren (in Form der *adrogatio*) stattfinden; nach einem Gutachten der Pontifices war eine Entscheidung der Volksversammlung einzuholen. Zuständig waren die Curiatcomitien, die älteste Form der Volksversammlung, eine Einrichtung, die längst zu einem verfassungsrechtlichen Museumsstück geworden war. Die von den Curiatcomitien noch vorzunehmenden Formalakte wurden dadurch vollzogen, daß man Amtsdiener abstellte, um diese «Abstimmungen» zu simulieren. Im März 59 veranlaßte der Consul Caesar die Curiatcomitien, der Adoption des

Clodius durch einen jungen, erst zwanzig Jahre alten Plebejer zuzustimmen; Pompeius assistierte bei diesem Akt in seiner Eigenschaft als Augur. Gleich darauf wurde Clodius von seinem «Adoptivvater» emanzipiert, das heißt aus dessen väterlicher Gewalt entlassen; Clodius führte weiterhin seinen alten Namen. Der Verstoß gegen den Geist der Rechtsordnung war unverkennbar. Anstößig an dem Verfahren war vermutlich nur, daß keine Stellungnahme der Pontifices eingeholt worden war, die Einwände dagegen hätten erheben können, daß ein junger Mann einen mehr als zehn Jahre älteren adoptierte. Caesar beanspruchte in seiner Funktion als Oberpriester, als *pontifex maximus*, an Stelle des gesamten Kollegiums entscheiden zu können. Gravierende Einwände gegen die Gültigkeit des Rechtsakts waren wohl nur zu erheben, wenn man der Meinung war, daß alle Volksbeschlüsse, die seit Anfang 59 ergangen waren, ungültig seien. Diese Option hatte Caesars Kollege im Consulat, Marcus Calpurnius Bibulus, zu eröffnen versucht, indem er, nachdem Caesar ein Ackergesetz zur Versorgung der pompeianischen Veteranen rechtswidrig und unter Anwendung physischer Gewalt durch die Volksversammlung gebracht hatte, sich in sein Haus zurückgezogen und für alle folgenden Abstimmungen die Einlegung religiöser Obstruktion (*obnuntiatio*) proklamiert hatte. In der Öffentlichkeit formierte sich deutlicher Protest gegen Caesar und Pompeius. Als auch Cicero im März 59 anläßlich einer Gerichtsrede in diese Kritik einstimmte, arrangierten Caesar und Pompeius innerhalb weniger Stunden das Verfahren, durch das Clodius zum Plebejer wurde. Die Aussicht auf ein folgendes Tribunat des Clodius, das dieser zu einem Vorgehen gegen Cicero nutzen könnte, sollte den zwar nicht mächtigen, unter Umständen auf Grund seiner Eloquenz jedoch unbequemen Cicero einschüchtern. Clodius verstand sich aber nicht als Handlanger von Caesar und Pompeius. Seine Unabhängigkeit demonstrierte er noch im Laufe des Jahres 59, indem er vorübergehend gegen Caesar Stellung bezog. Als er zum Tribun gewählt worden war, attackierte er dann in seinem neuen Amt (das die Tribunen jeweils am 10. Dezember antraten) zum Jahresende 59 Caesars Gegenspieler Bibulus, indem er verhinderte, daß dieser zum Ende seines Consulats eine öffentliche Rede halten konnte.

Clodius hatte sich auf sein Amt gründlich vorbereitet. Er legte sofort vier Gesetze vor, die dann nach der gesetzlich vorgeschriebenen Frist bereits am 3. Januar 58 in der Volksversammlung verabschiedet wurden. Er führte erstmals kostenlose Verteilungen einer Mindestration Getreide für männliche Bürger ein. Subventionierte Verteilungen hatte es seit dem Tribunat des Gaius Gracchus (123/122) gegeben; sie waren aber wiederholt aufgehoben beziehungsweise eingeschränkt worden. Für die Masse der städtischen Bevölkerung, die *plebs urbana*, waren solche Zuteilungen angesichts der immer wieder auftretenden Probleme bei der Versorgung der Metropole und der entsprechenden Preisschwankungen von erheblicher materieller Bedeutung. Populare Politiker hatten aber auch argumentiert, daß sie dem Anspruch des Volkes auf seinen gerechten Anteil an den Erträgen des römischen Weltreichs entsprächen.

Ein zweites Gesetz betraf die Collegien. Diese erfüllten die Funktionen von Berufsvereinigungen, Kultgenossenschaften und Begräbniskassen. Die Mehrzahl der Collegien bestand aus Handwerkern und kleinen Kaufleuten; ihnen konnten neben Freigeborenen und Freigelassenen auch Sklaven angehören (jedenfalls dann, wenn ihre Herren zustimmten). Ihre Organisation überschnitt sich mit derjenigen der Stadtviertel (*vici*). Die Vorsteher von Collegien und *vici* führten gemeinsam die Compitalischen Spiele durch, das jährliche Gemeinschaftsfest der *plebs urbana*. Über diese Funktionäre waren größere Teile der städtischen Bevölkerung auch für politische Manifestationen mobilisierbar. Auf verschiedene Umtriebe hatte der Senat im Jahre 64 mit einem Verbot der meisten Collegien und der Compitalischen Spiele reagiert. Dagegen hatte es in der Folgezeit hartnäckige Proteste gegeben. Clodius' Gesetz hob diese Maßnahme des Senats auf und ermöglichte auch die Neugründung solcher Vereine.

Ein drittes Gesetz regelte die Bedingungen, unter denen mit dem Vorbringen religiöser Bedenken Volksbeschlüsse verhindert werden konnten. Die Details sind nicht sicher zu rekonstruieren, aber allem Anschein nach sollte in der Zukunft der exzessive Gebrauch dieses Instruments in der Art, wie es Bibulus 59 versucht hatte, verhindert und damit die Entscheidungsfreiheit der Volksversammlung vor einer unbegrenzten religiösen Obstruktion geschützt werden.

Clodius hatte mit diesen Gesetzen traditionelle Themen popularer Politik aufgegriffen und elementare Rechte des Volkes ausgebaut bzw. wieder in Kraft gesetzt. Sein viertes Gesetz betraf nur Senatoren. Die Censoren sollten in Zukunft bei der Aufstellung der Senatsliste Senatoren nur dann ausschließen können, wenn beide den Beschluß gemeinsam gefaßt hatten und wenn den Betroffenen zuvor rechtliches Gehör gewährt worden war. Die Vorschrift bot angesichts der Erfahrungen mit weitreichenden «Säuberungen» des Senats (wie im Jahre 70) ein Mehr an Rechtssicherheit, das vor allem von den niederen Rangklassen der Senatoren begrüßt worden sein dürfte. Die Einschränkung von Entscheidungsspielräumen von Magistraten zugunsten formalisierter, gesetzlich fixierter Regeln gehörte aber ebenfalls zur Tradition popularer Politik.

Diese Gesetze brachten Clodius einen gewaltigen Zuwachs an Popularität. Es wäre absurd zu unterstellen, er hätte sein umfassendes Programm nur durchgesetzt, um sich die Basis für sein folgendes Vorgehen gegen Cicero zu verschaffen, bei dem er seine Rache als Verteidigung der Freiheitsrechte ausgeben konnte. Die Voraussetzungen dafür waren schon in der vorherigen Agitation gegen die Hinrichtung der Catilinarier geschaffen worden. Clodius brachte im Februar 58 ein Gesetz ein, das demjenigen die Ächtung androhte, der nicht rechtskräftig verurteilte Bürger hingerichtet hatte. Namen wurden nicht genannt, theoretisch hätten sich alle an der Entscheidung vom Dezember 63 beteiligten Senatoren betroffen fühlen können. Die heftige Agitation zwischen der Ankündigung und der Verabschiedung der Vorlage, an der sich (neben dem Proconsul Caesar, der sich noch in Stadtnähe aufhielt) auch die beiden Consuln Aulus Gabinius und Lucius Calpurnius Piso beteiligten (die Clodius durch ein Gesetz, das ihnen lukrative Provinzen zuschanzte, auf seine Seite gebracht hatte), machte unmißverständlich deutlich, daß die Vorlage auf Cicero zielte. Cicero selbst demonstrierte dies, indem er Trauerkleidung anlegte – wie es Angeklagte zur Mobilisierung der öffentlichen Meinung zu tun pflegten – und Senatoren und Ritter zu Trauerbekundungen aufrief, gegen die dann wiederum der Consul Gabinius einschritt. Die Clodius-Anhänger verspotteten Cicero in der Öffentlichkeit, bewarfen ihn mit Dreck und Steinen. Für eine Bestrafung Ciceros hätten sich Clodius verschiedene Optionen geboten: ein Prozeß vor der Volksversammlung oder einem Sondergericht, oder er hätte Ciceros Argument von 63, gegen evidente, durch eigenes Geständnis überführte Täter erübrige sich ein Prozeß, gegen Cicero selbst gekehrt. Dazu kam es aber nicht. Cicero hatte lange auf vage Schutzzusagen des Pompeius vertraut, sah sich in dieser Hoffnung aber getäuscht; seine Isolierung war noch dadurch gewachsen, daß Cato, sein wichtigster Mitstreiter vom Dezember 63, durch einen von Clodius herbeigeführten Volksbeschluß mit der Annexion von Zypern beauftragt wurde, eine sinnvolle Maßnahme, die der fiskalischen Absicherung der Getreideverteilungen zugute kommen sollte, aber auch den Nebeneffekt hatte, Cato erst einmal aus der Stadt zu entfernen.

Cicero verlor endgültig die Nerven und verließ am Vorabend der Verabschiedung des Gesetzes Anfang März die Stadt. Unmittelbar danach ließ Clodius das vom Forum her gut sichtbare, prächtige Stadthaus Ciceros auf dem Palatin sowie dessen Villen in Tusculum und Formiae zerstören. Die Hauszerstörung gehörte zum Instrumentarium der Bestrafung des Staatsfeindes, sie war in der Frühzeit der Republik gegenüber angeblichen Tyrannis-Aspiranten, in der späten Republik (beginnend mit den posthumen Sanktionen gegen Gaius Gracchus) wiederholt gegenüber durch Senats- oder Volksbeschluß zu Staatsfeinden deklarierten Personen angewandt worden. Der Symbolgehalt der Zerstörung von Ciceros Häusern ist somit evident. Nicht eindeutig zu klären ist, ob Clodius sich für sein Vorgehen auf eine rechtliche Handhabe hätte stützen können. Bei einer weiten Auslegung hätte man dies eventuell unter das Recht eines Volkstribuns ziehen können, eine Vermögenseinziehung (*consecratio bonorum*) vorzunehmen, eine aus den Ständekämpfen bekannte Zwangsmaßnahme, die formal nicht einzugrenzen war. Von der Androhung einer *consecratio bonorum* hat Clodius im Laufe seines Tribunatsjahres Gebrauch gemacht, als er mit dem Consul Gabinius und mit Pompeius in Konflikt geriet, umgekehrt hat ein anderer Volkstribun diese Maßnahme gegen seinen Amtskollegen Clodius angekündigt. Man bewegte sich hier in einer Grauzone, in der eine exzessive Auslegung der Kompetenzen eines Tribuns nicht ohne weiteres als eindeutig rechtswidriger Akt qualifiziert werden konnte.

Clodius hat schließlich die Sanktionen gegen Cicero nachträglich abzusichern versucht. Nach Ciceros Entweichen aus Rom wurde ein weiteres Gesetz verabschiedet, das diesmal namentlich gegen Cicero gerichtet war. Mit ihm wurde Ciceros Ächtung rückwirkend vom Zeitpunkt seines Weggangs festgestellt, seine Verbannung aus Italien und den angrenzenden Provinzen in einem Umkreis von 500 Meilen verfügt, bei gleichzeitiger Androhung der Ächtung gegen jeden, der ihm in dem bezeichneten Gebiet Unterstützung leisten sollte. Ferner wurde die Einziehung von Ciceros Gütern festgelegt und Clodius mit der Durchführung dieser Maßnahme beauftragt. Bei der Versteigerung hat Clodius das Grundstück auf dem Palatin über einen Strohmann aufgekauft. Er errichtete dort einen Schrein der Freiheitsgöttin *Libertas*. Auch hier ist die symbolische Bedeutung unverkennbar. Clodius versuchte damit zugleich, sakralrechtliche Schranken gegen eine mögliche spätere Rückgabe des Grundstückes an Cicero zu errichten. Das Gesetz enthielt auch eine Klausel, die für die Zukunft Senats- und Volksbeschlüsse zugunsten einer Rückberufung Ciceros ausschließen sollte. Deren rechtliche Bindungswirkung war gewiß zweifelhaft, doch sind erste Versuche im Jahre 58, Ciceros Sache wieder aufzurollen, mit Verweis auf diesen Paragraphen abgeblockt worden.

Die Bemühungen um eine Rehabilitierung Ciceros wurden im Laufe des Jahres 57 intensiviert. Ein erster Vorstoß eines Volkstribuns im Januar scheiterte an einer von Clodius inszenierten gewaltsamen Sprengung der Volksversammlung. Schließlich machte sich Pompeius zum Verfechter der Sache Ciceros. Pompeius' Interessen waren von Clodius 58 massiv verletzt worden, indem er in die Regelungen eingegriffen hatte, die Pompeius für die Provinzverwaltung im Osten des Reiches getroffen hatte und die erst 59 dank des skrupellosen Vorgehens Caesars ratifiziert worden waren. Die Rückberufung Ciceros wurde schließlich durch einen Volksbeschluß herbeigeführt. Die Entscheidung wurde in den Centriatcomitien getroffen, in denen die besser situierten Bürger wegen des extremen Censusstimmrechts, das am Vermögen der Abstimmungsberechtigten orientiert war, ein eindeutiges Übergewicht hatten. Pompeius hatte Honoratioren aus ganz Italien zur Teilnahme an dieser Abstimmung mobilisiert. Er hatte auf einem förmlichen Volksbeschluß bestanden, denn auf eine Argumentation, daß Clodius' Gesetze nicht gelten könnten, weil wegen der Vorgänge des Jahres 59 dessen Übertritt zur Plebs und damit auch das nachfolgende Tribunat ungültig seien, konnte er sich nicht einlassen. (Im Jahre 56 sollte sich auch Cato empört zeigen, als Cicero eigenmächtig sämtliche Tafeln mit den Clodianischen Gesetzen – darunter eben auch das über Catos Mission in Zypern – zu entfernen suchte, um seiner Auffassung Ausdruck zu verleihen, das gesamte Tribunat des Clodius sei rechtlich nichtig gewesen.) Mit dem Beschluß über die Aufhebung der Ächtung Ciceros war grundsätzlich auch die Restitution seines Eigentums verbunden gewesen. Allerdings machte Clodius dann geltend, daß dies nicht für das Grundstück auf dem Palatin gelten könne, da er es einer Gottheit geweiht habe. Auf Grund eines Gutachtens der Pontifices entschied dann der Senat, daß dieser Weihung wegen der Verletzung gesetzlicher Formvorschriften keine Rechtsgeltung zukomme. Im Jahre 56 versuchte Clodius noch einmal vergeblich, diese Entscheidung mit dem Hinweis auf ein religiöses Omen anzufechten.

In den diversen Reden, die Cicero nach seiner Rückkehr hielt, hat er immer wieder behauptet, Clodius habe seine Gesetze rechtswidrig und unter Einsatz von Gewalt durchgebracht. Dies trifft eindeutig nicht zu; weder läßt sich eine Verletzung von Formvorschriften ausmachen, noch kann von einer gewaltsamen Durchsetzung die Rede sein. Die Gesetze waren populär, und Versuche, ihre Verabschiedung durch tribunizische Intercession oder Obnuntiation – die Meldung bedenklicher Vorzeichen – zu verhindern (beides sonst oft der Anlaß für Tumulte und Gewaltanwendung), hat es nicht gegeben. Zur Gewalt hat Clodius – ungeachtet mancher Drohgebärden gegenüber Kontrahenten im Laufe seines Tribunats – im wesentlichen erst in den Jahren 57 und 56 Zuflucht genommen, als er die Rückberufung Ciceros und die Restitution von dessen Eigentum zu verhindern suchte.

Die Gewalt ging aber nicht einseitig von ihm aus. Man kann nicht der Darstellung Ciceros folgen, der sein Schicksal mit dem der *res publica* identifizierte, ergo die in seinem Interesse ausgeübte Gewalt als legitim, die des Clodius als staatszerstörend bezeichnete. Bei verschiedenen Tumulten in der Volksversammlung hatten Clodius' Kontrahenten versucht, den Abstimmungsplatz zu besetzen, Opponenten fernzuhalten und die Vorbringung verfassungsmäßiger Einsprüche zu verhindern. 57 hatten sich die für Cicero streitenden Volkstribunen Titus Annius Milo und Publius Sestius mit einem bewaffneten Gefolge umgeben, mit dem sie sich Straßenschlachten mit den Anhängern des Clodius lieferten. Zumeist konnten sich die Freunde Ciceros durchsetzen, da sie, auch durch den Einsatz kampferprobter Gladiatoren, über die schlagkräftigeren Truppen verfügten. Clodius konnte außer auf einen harten Kern von Anhängern darauf setzen, in bestimmten Konstellationen über die Organisation der Collegien und Stadtviertel größere Teile der *plebs urbana*, der hauptstädtischen Unterschicht, zu mobilisieren. Cicero spricht von Abschaum und Gesindel, aber seine wiederholten Erwähnungen der kleinen Ladenbesitzer lassen darauf schließen, daß es sich hier weniger um Lumpenproletarier als um erwerbstätige, durchaus respektable Leute gehandelt hat. Clodius konnte sie nicht einfach herbeikommandieren, sondern nur dann auf sie zählen, wenn er glaubhaft darzustellen vermochte, für die Interessen der Plebs einzutreten (oder wenn er selbst, wie zum Beispiel 56 einmal durch eine Gruppe von Rittern, bedroht wurde). Manche seiner Gewaltaktionen hat er vorweg in öffentlichen Versammlungen zu legitimieren versucht, indem er behauptete, das Recht auf seiner Seite zu haben, so wenn er Versuche, die Herausgabe des Palatin-Grundstücks an Cicero zu verhindern beziehungsweise den zwischenzeitlich begonnenen Neubau auf diesem Grundstück zu zerstören, mit seiner Auslegung der Rechtslage verband, was ihm in diesen Fällen nicht überzeugend gelang. Zu seinen Mobilisierungstechniken gehörte auch die Inszenierung von Charivaris, volkstümlichen Denunziationsritualen, wie bei nächtlichen Demonstrationen gegen Cicero nach seiner Rückkehr oder Spottgesängen auf Pompeius, mit denen beide für eine Verschlechterung der Versorgungslage verantwortlich gemacht werden sollten.

Gerade die Reorganisation der Getreideversorgung im September 57 zeigt die Grenzen der Dirigierbarkeit der *plebs urbana*. Clodius konnte zwar den Protest gegen eine – angeblich durch Manipulationen verursachte – Verschlechterung der Versorgungslage mobilisieren, aber dann nicht verhindern, daß Pompeius mit weitreichenden Vollmachten zur Sicherstellung der Getreideversorgung betraut wurde. Die Übertragung dieser *cura annonae* auf Pompeius implizierte auch, daß den *vici* die Verantwortung für die Verteilungen, die Clodius ihnen übertragen hatte, wieder genommen wurde und die Berechtigung, bei den Verteilungen berücksichtigt zu werden, in Zukunft genauer überprüft werden würde. Aber für weite Teile der Bevölkerung dürfte die Aussicht auf eine dauerhafte Verbesserung der Getreidezufuhr dank der Vollmachten und der Organisationsfähigkeit des Pompeius mehr gezählt haben.

Wenn somit die Grenzen von Clodius' Einfluß auf die *plebs urbana* nicht zu verkennen sind, so war es doch ganz ungewöhnlich, daß er auch nach dem Ende seines Tribunats über ein außerordentliches Vertrauenskapital in weiten Teilen der städtischen Bevölkerung verfügte. Als Aedil des Jahres 56 bestand für ihn anscheinend keine Notwendigkeit, seine Popularität durch überdurchschnittliche Aufwendungen für öffentliche Spiele zu fördern. (Mit seinem Versuch, Milo vor der Volksversammlung anzuklagen, griff er auf eine immer noch gegebene, wenn auch nur noch äußerst selten genutzte Kompetenz dieses Amtes zurück.) Von seinem Rückhalt in der Plebs hat er in der Folgezeit – in der Caesar, Pompeius und Crassus wiederholt bei Wahlen und Abstimmungen ihren Willen mit einem Ausmaß organisierter physischer Gewalt durchsetzten, welches die von Clodius zuvor praktizierte Gewalttätigkeit bei weitem überstieg – weniger Gebrauch gemacht. Dies hängt auch damit zusammen, daß Clodius seine Ämterlaufbahn fortsetzen wollte, wofür er auf die Unterstützung aus führenden Kreisen angewiesen war, so daß er sich wieder stärker in das übliche Spiel der (kurzfristigen) Allianzen und der (vor allem mittels Prozessen stattfindenden) Ausscheidungskämpfe innerhalb der Aristokratie einfügte, worin sich auch zeigt, daß er trotz aller Skandale und Konflikte nicht zum sozial geächteten Außenseiter geworden war.

Die besondere Bindung an Clodius, die in weiten Teilen der Plebs bestand, manifestierte sich dann im Anschluß an dessen Ermordung durch seinen alten Feind Milo («Hektor der Straße», so Mommsen) am 18. Januar 52. Beide waren mit ihrem Gefolge auf der Via Appia bei Bovillae, etwa elf Meilen südöstlich von Rom, zusammengestoßen. Es handelte sich vermutlich um ein zufälliges Zusammentreffen, bei dem sich ein Kampf zwischen den Begleitmannschaften entwickelte. Als Clodius dabei verwundet wurde, ließ Milo ihn kaltblütig ermorden. Vorausgegangen waren mehrmonatige anarchische Zustände, in denen sich drei Bewerber um den Consulat, zwei von Pompeius favorisierte Kandidaten und Milo, den Pompeius unter allen Umständen verhindern wollte, sowie Clodius, der für die Praetur kandidierte, heftige Straßenschlachten geliefert hatten. (Daß Clodius für seine Amtszeit als Praetor neue Gesetze, unter anderem zur Verbesserung des Stimmrechts von Freigelassenen, geplant hatte, deutet wieder darauf, daß er formal bestehende Kompetenzen möglichst weit ausschöpfen wollte, auch wenn dies von den inzwischen üblichen Gepflogenheiten deutlich abwich.)

Angesichts der chaotischen Zustände waren die Wahlen für das Jahr 52 nicht zustande gekommen. Die Situation eskalierte im Januar 52 nach der Ermordung des Clodius. Als sein Leichnam nach Rom gebracht wurde, folgten beispiellose Eruptionen der Volkswut; gewaltige Menschenmassen strömten herbei, um Clodius zu betrauern; die Leiche wurde auf das Forum gebracht, dann im Senatsgebäude verbrannt, so daß auch dieses in Flammen aufging. Anschließend wurden die Häuser von Milo sowie des angesichts der Vakanz des Consulats nunmehr bestellten Interrex angegriffen. Die spektakuläre «Leichenfeier», mit der das Volk seinen toten Helden ehrte, stellte ein deutliches Kontrastprogramm zu dem üblichen Leichenbegängnis für einen Aristokraten dar, bei dem die Repräsentation magistratischer Würde und der Familientradition im Vordergrund stand. Daß die Wut der Menge durch Clodius' Witwe Fulvia (später mit Antonius verheiratet) und drei Volkstribune, die sich als Fortsetzer der politischen Tradition des Clodius darstellten (darunter Gaius Sallustius Crispus, später ein moralisierender Historiker), gezielt angestachelt wurde, ändert nichts daran, daß sich im Verhalten der Masse eine genuine, affektive Bindung an den Ermordeten manifestierte.

In der Folgezeit kam es zu heftigen Agitationen, verbunden mit gewalttätigen Übergriffen gegen Milo und andere Senatoren, die als dessen Verbündete galten. Der Senat wurde erst Herr der Lage, als er Pompeius zum alleinigen Consul bestellen ließ (wofür es kein Vorbild gab) und ihn weiter ermächtigte, mit in Italien ausgehobenen Soldaten in Rom für Ordnung zu sorgen, eine vorübergehende Notmaßnahme, die jedoch einen eindeutigen Bruch mit der republikanischen Tradition des Ausschlusses militärischer Befehlsgewalt aus der Stadt bedeutete. Pompeius setzte auch durch, daß es sowohl gegen Milo wie gegen die Urheber der Brandstiftung im Senatsgebäude zu Strafprozessen vor eigens konstituierten Geschworenengerichten kam. Mit militärischer Präsenz sorgte er für den Schutz der Geschworenen vor den Demonstrationen der Clodius-Anhänger. Milo, aber auch diverse «Clodianer» wurden schließlich verurteilt. Da der Senat vorweg den Mord an Clodius als staatsfeindlichen Akt qualifiziert hatte, hat Cicero sich als Verteidiger Milos auf ein, angesichts des Sachverhalts unhaltbares, Plädoyer auf Notwehr konzentriert. Subsidiär verfolgte er – jedenfalls in der später publizierten Fassung seines Plädoyers – eine offensive Rechtfertigung von Milos Tat. Dieser habe angesichts des Versagens der Institutionen die Sache der *res publica* in die Hand genommen, habe als Retter des Gemeinwesens die einem Tyrannenmörder zustehenden Ehrungen verdient. Daß ausgerechnet ein steter Verfechter der Senatsautorität das Recht zur «Staatsnothilfe» auch gegen das eindeutige Votum des Senats proklamierte, zeigt die tiefe Legitimationskrise, in die die Verfassungsordnung geraten war.

Clodius' Politik hat zum Aufbau von Organisationsstrukturen und zur Etablierung politischer Reaktionsmuster in der *plebs urbana* geführt, die auch nach seinem Tode fortbestanden. Die städtische Bevölkerung war mit den herkömmlichen Mitteln sozialer Kontrolle und magistratischer und senatorischer Autoritäts-Demonstration nicht mehr eindeutig zu beherrschen, war zu einer eigenständigen politischen Kraft geworden. In der Bürgerkriegszeit fielen die großen Entscheidungen im Kampf um die Macht auf den Schlachtfeldern, aber die städtische Plebs stellte einen potentiellen Störfaktor dar, den auf Dauer kein Machthaber ignorieren konnte. Im Principat – der von Augustus etablierten Herrschaftsform – wurden später daraus die Konsequenzen gezogen: intensivierte materielle Fürsorge (besonders bezüglich der Getreideversorgung), symbolische Integration (so durch die Übernahme der vom Amt gelösten tribunizischen Gewalt durch den Princeps und die Einbindung der Compitalischen Spiele in den Kult des Kaiserhauses), aber auch ständige Präsenz bewaffneter Ordnungskräfte.

Für die politische Aktivierung der *plebs urbana* in der Spätphase der Republik kommt Clodius eine herausragende Bedeutung zu. Im Hinblick auf die Bereitschaft zum Einsatz physischer Gewalt hatte er viele nicht nur ebenbürtige, sondern hinsichtlich faktischer Durchschlagskraft wie unverblümter Rechtfertigungen auch überlegene Konkurrenten. Eine Symbolfigur für die Politik seiner Zeit ist er vielleicht am meisten dadurch, daß er in seinen Ämtern eine bis ans Äußerste getriebene Ausschöpfung seiner Kompetenzen verfocht. Die römische Verfassungsordnung bestand aus einem komplizierten, über Jahrhunderte gewachsenen Geflecht von Rechtstraditionen, gesetzlich fixierten Regelungen punktueller Natur sowie durch unbestrittene Praxis oder durch Präzedenzentscheidungen etablierte Konventionen. In diesem System war kein Verfassungsgesetzgeber denkbar, der potentielle Kollisionen zwischen sich überschneidenden Kompetenzen durch umfassende Normierungen hätte auflösen oder bestimmte «Rechte», auch wenn sie über lange Zeit außer Gebrauch gekommen waren, förmlich hätte aufheben können. Die Ordnung konnte nur funktionieren, wenn alle Kompetenzen verhältnismäßig wahrgenommen und im Konfliktfall der Senat als Vermittlungsinstanz akzeptiert wurde. Die Verfassungskrise resultierte auch aus der Mißachtung dieser Regeln durch Politiker aller Couleur. Im Falle des Clodius erhielt dieses Verhaltensmuster noch eine spezifische Ausprägung dadurch, daß er die Ständekampfsituation heraufbeschwor, wodurch ein bedenkenlos auf Konfrontation zielendes Agieren mit der Verteidigung der Freiheit des Volkes legitimiert werden sollte.

Marcus Porcius Cato –
der stoische Streiter für die verlorene Republik

von Elke Stein-Hölkeskamp

Am Morgen des 5. Dezember 63 v. Chr. versammelte sich der Senat im Concordiatempel am Fuße des Capitols, um über das weitere Schicksal von fünf Männern zu beraten und zu entscheiden, die zwei Tage zuvor inhaftiert worden waren. Sie hatten sich an der Verschwörung des Lucius Sergius Catilina beteiligt, der nach zweimaliger erfolgloser Kandidatur um den Consulat einen Mordanschlag auf den Consul Cicero und einen Staatsstreich geplant hatte. Der Consul eröffnete die Sitzung mit den üblichen religiösen Zeremonien, berichtete über die Lage und forderte dann die Senatoren auf, ihre Meinung über die angemessene Strafe für die überführten Verschwörer zu äußern. Der erste Redner, einer der designierten Consuln für das Jahr 62, beantragte die «äußerste Strafe» – *ultima poena*, worunter man allgemein die Todesstrafe verstand. Die anderen Senatoren, die nun in der üblichen Reihenfolge von Rang und Anciennität ihre Voten abgaben, schlossen sich dem an. Das Blatt wendete sich erst, als der designierte Praetor Gaius Iulius Caesar das Wort erhielt, den Gerüchte immer wieder selbst mit den Catilinariern in Verbindung gebracht hatten. Auch Caesar verurteilte zwar die Verschwörer, sprach sich jedoch gegen eine Hinrichtung aus, da ein römischer Bürger rechtmäßig nur durch Volksbeschluß zum Tode verurteilt werden könne. Er plädierte so überzeugend für eine lebenslange Inhaftierung, daß alle nach ihm Befragten diesem Antrag beitraten. Auch eine Unterbrechung der Debatte durch den Consul konnte daran zunächst nichts ändern. Im Gegenteil – als dieser eine erneute Befragung eröffnete, stimmte niemand mehr für die Todesstrafe, ja selbst der erste Redner beeilte sich zu erklären, er habe mit der Forderung nach der «äußersten Strafe» auch die lebenslängliche Haft gemeint. Die Hinrichtung der Catilinarier schien endgültig vom Tisch zu sein. Doch dann, als die Befragung schon so weit fortgeschritten war, daß die rangniederen Senatoren, die Hinterbänkler, zu Wort kamen, geschah etwas völlig Überraschendes. Eines der jüngsten Mitglieder des Senats, der damals zweiunddreißigjährige designierte Volkstribun Marcus Porcius Cato, griff die ehrwürdige Versammlung in einer leidenschaftlichen Rede scharf an: Er kritisierte die Feigheit und den Wankelmut des designierten Consuls, spielte auf die Gerüchte an, in denen Caesar einer Beteiligung an der Verschwörung verdächtigt worden war, und verhöhnte die Senatoren insgesamt wegen ihrer Indolenz und Verantwortungslosigkeit. Sie seien, so soll Cato gesagt haben, nur noch an privaten Besitztümern, Luxus und Bequemlichkeit interessiert und entzögen sich ihrer Pflicht zu engagiertem Eintreten für das Gemeinwesen. Caesars philosophische Ausführungen, daß lebenslange Haft eine viel schlimmere Strafe bedeute als ein schneller Tod, soll er verächtlich abgetan und die Senatoren ermahnt haben, sich nun endlich dem Problem in seiner ganzen Tragweite zu stellen: Denn schließlich gehe es um nicht weniger als Leben und Freiheit der Bürger und den Bestand des Vaterlandes, und deshalb seien die Verschwörer «wie auf frischer Tat ertappte Verbrecher nach der Sitte der Vorfahren zum Tode zu verurteilen». Die meisten Senatoren konnten sich der Kraft dieser Rede nicht entziehen. Cato setzte sich durch. Die Catilinarier wurden noch in der gleichen Nacht hingerichtet.

Die Tatsache, daß sich in einer Situation äußerster gesellschaftlicher und politischer Polarisierung ein den anderen Protagonisten an Alter und Rang so eindeutig untergeordneter Politiker wie Cato in einer brisanten, zweifellos polemisch und emotional geführten Debatte letztlich durchsetzen konnte, wirft ein bezeichnendes Licht auf diesen Mann, den alle seine Zeitgenossen nur mit wahren Kaskaden von lobenden Attributen, mit schier unendlichen Reihungen der positivsten Konzepte des römischen Wertekanons charakterisierten. So rühmt der Historiker Sallust Catos Seelengröße und Selbstbeherrschung, Ehrbarkeit und ernste Strenge, Tüchtigkeit, Wachsamkeit und Fleiß, seine unbescholtene Lebensführung und seinen für seine Klasse völlig untypischen Verzicht auf das Streben nach Besitz und individuellem Ruhm. An *virtus*, so betont er, sei nur Cato – bei aller Verschiedenartigkeit – mit Caesar vergleichbar gewesen. Und selbst der, dem Cato sein Leben lang mit ganzer Kraft Widerstand leistete, spricht dem unermüdlichen Gegner hohe administrative Fähigkeiten zu und erkennt den Eifer an, mit dem sich dieser jeder ihm gestellten Aufgabe widmete. Vor allem aber preist Cicero immer wieder die Tugenden jenes Mannes, der in der denkwürdigen Senatssitzung dafür sorgte, daß sein Standpunkt sich durchsetzte und sein Wille geschah. Er charakterisiert ihn in einer seiner Reden als «unantastbar, klug, tatkräftig, vaterlandsliebend, nahezu einzigartig in seiner Tüchtigkeit, Einsicht und vorbildlichen Lebenshaltung» (so M. Fuhrmanns treffende Übersetzung). In Briefen an seinen Freund Atticus stellt er Catos sittlichen Ernst, Beharrlichkeit, Anstand und Zuverlässigkeit heraus und rühmt «seine wuchtige, gehaltvolle, ganz der Erhaltung des Staates gewidmete Rede». In der Catilinarieraffäre, so erkennt Cicero an, setzte Cato sein Leben aufs Spiel: «Er sprach mit Schärfe und handelte mit Entschiedenheit; er sagte frei, was er dachte, und er war bei jenem Ereignis der führende, der maßgebliche zur Tat entschlossene Mann – nicht als ob er nicht bemerkt hätte, wie sehr er sich in Gefahr brachte, sondern weil er glaubte, daß er in einem solchen politischen Unwetter allein an die Gefahren des Vaterlandes denken dürfe.»

In einer politischen Kultur, in der die unverhohlene persönliche Verunglimpfung des Gegners übliches Mittel in der Konkurrenz um Macht war, war es nicht einfach, einem Mann wie Cato etwas am Zeug zu flicken. Wenn man überhaupt etwas an ihm kritisieren wollte, so blieb nur der Hinweis auf einen gewissen Mangel an Flexibilität und Pragmatismus, ein starres Festhalten am Alten. So ist für Caesar Catos «altmodische Redeweise» ein ärgerliches Hindernis auf dem Weg zu schnellem Entscheiden und effektivem Handeln. Und selbst Cicero kann gelegentlich nicht umhin, in diesen Eigenschaften ein Problem zu sehen. Im Juni 60 schreibt er an Atticus: «Gewiß, unseren Cato schätze ich nicht weniger als Du; aber in seiner anständigen Gesinnung und unerschütterlichen Zuverlässigkeit richtet er doch zuweilen in der Politik Unheil an. Er stellt Anträge, als ob er sich in Platons Idealstaat und nicht in Romulus' Schweinestall befände.» (Übersetzungen H. Kasten)

Cato wurde im Jahre 95 als Sohn des Marcus Porcius Cato geboren. Er war der Urenkel des berühmten Cato Censorius. Seine Mutter war Livia, die mütterlicherseits von der patrizischen Familie der Cornelier abstammte und in erster Ehe mit dem Patrizier Quintus Servilius Caepio verheiratet gewesen war. Ihr Bruder war der berühmte Volkstribun Marcus Livius Drusus. Unsere Informationen über Catos Kindheit und Jugend sind spärlich. Plutarch, der 150 Jahre später seine Biographie schrieb, erzählt nur die üblichen, für viele antike Persönlichkeiten tradierten Anekdoten, die sich um markante Charaktereigenschaften des Erwachsenen ranken und diese auf frühe Lebensabschnitte zurückzuführen suchen. So wird etwa Catos später gut bezeugter Tyrannenhaß durch jene Geschichte versinnbildlicht, nach der dieser als vierzehnjähriger Junge beobachtet haben soll, wie man die abgeschlagenen Köpfe der politischen Gegner des Dictators Sulla aus dessen Haus fortschaffte – daraufhin habe er ein Schwert gefordert, um den Despoten eigenhändig zu beseitigen. Zwar geht die Vita des Plutarch auf eine ältere Schrift eines gewissen Munatius Rufus, eines Jugendfreundes und Vertrauten Catos, zurück und enthält zweifellos viel authentisches Material. Skepsis gegenüber dieser viel zu schönen Geschichte bleibt trotzdem angebracht.

Der junge Cato verlobte sich zunächst mit seiner Cousine Lepida, die von ihrem ersten Bräutigam Scipio Nasica sitzengelassen worden war. Als die Vorbereitungen für die Hochzeit mit Cato getroffen wurden, zeigte jener erneut Interesse und konnte Lepida umstimmen, nun doch noch seine Frau zu werden. Cato war über diese Blamage zutiefst erbost. Um seiner Empörung Luft zu machen, dichtete er eine Reihe von Gedichten im Stil des griechischen Dichters Archilochos, dem knapp 600 Jahre zuvor Ähnliches zugestoßen war und der seiner Wut in deutlichen Worten Ausdruck gegeben hatte. Cato heiratete dann Atilia, die Tochter des Consuls von 106 – eine gute, wenn auch keine sehr gute Partie. Sie schenkte Cato drei Kinder, entsprach aber ansonsten keineswegs seinen Vorstellungen von einer tugendhaften Ehefrau. Deshalb trennte er sich schließlich von ihr und nahm in zweiter Ehe Marcia zur Frau, die Tochter des nachmaligen Consuls Lucius Marcius Philippus. Bei dem eminent politischen Charakter der Eheschließungen zwischen den Familien der Nobilität waren Scheidungen und Wiederverheiratungen an der Tagesordnung, so daß es nicht wundert, daß auch dieser Bund nicht hielt, bis daß der Tod die beiden Partner schied. Allerdings geschah die Trennung von Marcia unter selbst für römische Verhältnisse kuriosen Umständen. Etwa um 55 richtete nämlich der bald sechzigjährige Hortensius die Bitte an Cato, ihm seine Tochter zur Frau zu geben – ein ungewöhnliches Ansinnen, da Porcia bereits seit mehreren Jahren mit Marcus Calpurnius Bibulus verheiratet war. Cato fühlte sich verständlicherweise außerstande, diesem Wunsch nachzukommen. Als Hortensius, der sich sehnlichst einen Stammhalter wünschte, jedoch nicht locker ließ und statt dessen um die Hand von Catos Ehefrau Marcia bat, gab dieser schließlich nach. Nach Hortensius' Tod im Jahre 50 nahm er sie dann wieder in seinen Haushalt auf – ein Akt der Großzügigkeit, der ihm dadurch versüßt wurde, daß Marcia einen guten Teil des Vermögens des schwerreichen Hortensius geerbt hatte. Insgesamt weisen diese familiären Beziehungen Cato als Mitglied des innersten Kreises der Nobilität aus. Er war mit einigen einflußreichen Familien verwandt und verschwägert, Urgroßvater, Großvater mütterlicherseits, Onkel, Schwiegervater, Schwager und Schwiegersohn hatten consularischen Rang. Cato verfügte also über exzellente Startbedingungen für eine politische Karriere – kurzum: Er war einer jener «geborenen *principes civitatis*».

Seine Laufbahn begann Cato im Jahre 67 als Militärtribun beim Statthalter in Makedonien. Schon bei der Bewerbung um dieses Amt setzte er sich demonstrativ von den anderen Kandidaten ab: Er hielt sich nämlich als einziger an das Gesetz, das den Einsatz von Nomenclatoren verbot, und verzichtete bei seinen Rundgängen auf dem Forum auf die Begleitung von Hilfskräften, die ihm jeweils die Namen derjenigen zuflüsterten, die er ansprach und um ihre Stimme bat – ein erstes Scharmützel in Catos lebenslangem Kampf gegen den *ambitus*, also die Regelverletzung und Korruption im Vorfeld von Magistratswahlen. Das Militärtribunat verlief dann ohne besondere Zwischenfälle. Cato befehligte eine Legion, die in der Region am Bosporus im Kampf gegen die Seeräuber eingesetzt wurde. Die ihm zustehenden zwei Monate Urlaub nutzte er für eine Bildungsreise. Cato hatte sich bereits zuvor intensiv mit den Lehren der Stoa beschäftigt, einer philosophischen Schule, die um 300 v. Chr. gegründet worden war. Die kompromißlos strengen Lehrsätze der stoischen Ethik, die Emotionen verdammte, Glück allein in der Tugend sah und die Menschen zu einem Leben in Übereinstimmung mit Natur und Vernunft aufforderte, fanden in Rom zu seiner Zeit zumal bei der *jeunesse dorée* zahlreiche Anhänger – kaum einer von ihnen dürfte jedoch so sehr um eine lebenspraktische Umsetzung dieser Philosophie bemüht gewesen sein wie Cato. Seine Reise führte ihn nun nach Pergamon. Dort suchte er Athenodoros von Kordylion auf, einen besonders hartleibigen Stoiker, der als Leiter der Bibliothek von Pergamon entlassen worden war, weil er seine Position dort ausgenutzt hatte, um die hinterlassenen Schriften der älteren Stoa von allen Stellen zu ‹reinigen›, die er als anstößig empfand. Cato scheute keine Mühe, ausgerechnet diesen Lehrer zu sich nach Rom zu holen, und beherbergte ihn dann lange Jahre in seinem Hause.

Nach Ablauf seiner Amtszeit als Militärtribun reiste Cato noch viele Monate durch die römischen Provinzen im Osten. Er knüpfte dort neue Beziehungen und erwarb umfassende Kenntnisse über Land und Leute, Untertanen und Statthalter, provinziale Ressourcen und römische Herrschaftspraxis. Catos Bemühen um ein unabhängiges Urteil über die Verhältnisse in dieser Region verweist auf eine weitere Eigenheit seines zukünftigen politischen Handelns: Er holte nämlich zeit seines Lebens immer wieder aktuelle Informationen über die Lage in den Provinzen ein und bekämpfte konsequent alle möglichen Regelverstöße, Korruption und Ausbeutung, Willkür und Unterdrückung. Er war der einzige, so Cicero, «der den Beschwerden aller Untertanen Gehör schenkte». Und in dem einzigen überlieferten Schriftstück aus Catos Feder, einem Brief an Cicero aus dem Jahre 50, geht es dann auch um dieses Thema. Er gibt dort nämlich seiner Meinung Ausdruck, bei der Verwaltung der Provinzen seien Umsicht und Milde auf jeden Fall militärischer Gewalt vorzuziehen – eine Maxime, die zweifellos nicht von vielen seiner Standesgenossen geteilt wurde.

Im Jahre 65 kehrte Cato nach Rom zurück und bewarb sich für 64 erfolgreich um die Quaestur. Ihm fiel die Position des *Quaestor urbanus* zu, der die Staatskasse zu verwalten hatte. Auch dieses Amt – die Eingangsstufe des *cursus honorum* und deshalb stets von unerfahrenen jungen Männern ausgeübt, die in ihm lediglich ein Sprungbrett für höhere Ränge und damit mehr Macht und Ansehen sahen – nahm Cato ungewöhnlich ernst. Selbstverständlich bereitete er sich gründlich vor; schon bei Amtsantritt verfügte er über ausgezeichnete Aktenkenntnis und hatte längst bemerkt, daß Nachlässigkeit und Korruption die Geschäftsführung nachhaltig behinderten: Falsche Abrechnungen und ungesetzliche Transaktionen waren an der Tagesordnung. Allzu viele Einflußmöglichkeiten lagen in den Händen der subalternen Beamten, der Schreiber (*scribae*), die Unerfahrenheit und Desinteresse der Amtsinhaber für unlautere Geschäftemacherei ausnutzten. Und an diesem Punkt setzte Cato an. Er entließ zunächst einige der Schreiber und setzte andere, die von einflußreichen Patronen gedeckt wurden, in Zukunft nicht mehr ein. Sodann machte er sich daran, die Rechnungsbücher auf Unregelmäßigkeiten hin zu durch-

Marcus Porcius Cato 297

forsten. Alte Forderungen der Staatskasse wurden nun unerbittlich eingetrieben, Staatsschulden zügig beglichen, falsche Abrechnungen revidiert, Neuanträge kompromißlos vorschriftsmäßig bearbeitet und entschieden. Neben diesem Kampf gegen Schlendrian und Käuflichkeit wagte sich Cato aber auch an eine eminent politische Aufgabe heran. Er ließ nämlich alle diejenigen vorladen, denen unter dem Regiment Sullas aus der Staatskasse Kopfgelder für die Ermordung der Proscribierten ausbezahlt worden waren, und forderte diese Prämien zurück. Durch diesen einfachen Verwaltungsakt eines rangniederen Magistrats wurden die besonders skrupellosen Profiteure des sullanischen Systems und ihre Exzesse wirksam und nachhaltig kriminalisiert. Auch nach Ablauf seiner Amtszeit verlor Cato niemals das Interesse an der Finanzverwaltung. Er ließ sich vielmehr auf eigene Kosten eine Abschrift der Rechnungsbücher bis auf die Zeit Sullas herstellen und beauftragte seine Diener, diese Unterlagen regelmäßig auf den neuesten Stand zu bringen. Er zeigte hier die gleiche Hartnäckigkeit und Konsequenz wie bei allen anderen Angelegenheiten, die einmal seine Aufmerksamkeit und vor allem seine Mißbilligung erregt hatten.

Die folgenden Jahre verbrachte Cato wiederum in unermüdlichem Kampf um die Gravamina, die er nun einmal zu seiner Sache gemacht hatte. So beteiligte er sich 63 als Ankläger an dem Prozeß gegen den designierten Consul Lucius Licinius Murena, der wegen unerlaubter Wahlkampfpraktiken vor Gericht gestellt wurde, und in der denkwürdigen Senatssitzung vom 5. Dezember trat er erfolgreich für kompromißlose Härte gegen die Catilinarier ein.

In das gleiche Jahr fällt seine Kandidatur um das Volkstribunat, zu der er sich sehr spät und nur *nolens volens* entschlossen haben soll. Es soll ihm dabei keineswegs darum gegangen sein, seinen persönlichen Ehrgeiz durch einen weiteren Schritt auf der Karriereleiter zu befriedigen. Seine erklärte Absicht soll vielmehr gewesen sein, als Tribun der Politik seines Kollegen Quintus Caecilius Metellus Nepos gegenzusteuern, eines Legaten und Günstlings des Pompeius, von dem Cato nichts Gutes erwartete. Bereits Anfang Januar 62 zeigte sich, daß seine Befürchtungen nicht unberechtigt waren. Metellus beantragte nämlich, Pompeius unverzüglich aus dem Osten nach Rom zurückzurufen und ihn mit einem umfassenden Kommando zur Bekämpfung Catilinas und seiner Banden zu betrauen. Die Versammlung, in der dieser Vorschlag dem Volk zur Abstimmung vorgelegt werden sollte, verlief tumultuarisch. Noch bevor der Herold den Gesetzesvorschlag verlesen konnte, erhob Cato sein Veto. Dann hinderte er Metellus daran, den Text selbst zu verlesen, indem er ihm das Blatt aus der Hand riß. Als dieser daraufhin versuchte, die Vorlage aus dem Gedächtnis vorzutragen, hielt ihm ein anderer Tribun, der mit Cato kooperierte, einfach den Mund zu. Metellus ließ daraufhin schwerbewaffnete Hilfskräfte vorstürmen, die er vorausschauend am

Rande des Versammlungsplatzes postiert hatte. In den folgenden tätlichen Auseinandersetzungen suchten zunächst einmal alle das Weite. Nur Cato harrte unbeeindruckt von Steinwürfen und Stockschlägen aus. Seine Beständigkeit zeigte Erfolg. Seine Freunde und Anhänger kamen zurück und stürmten zum Gegenangriff auf die Leute des Metellus. Die Volksversammlung löste sich auf. Der Versuch, Pompeius ein umfassendes außerordentliches Kommando zu verschaffen, war gescheitert.

Diese Episode zeigt bereits viele Elemente, die in den folgenden Jahren geradezu typisch für Catos Politik, ihre Inhalte und ihre Methoden werden sollten. Denn der Kampf gegen jegliche Art von außerordentlichen Imperien – sei es für Pompeius, Caesar oder irgend jemand anderen – wurde von nun an zum Leitfaden von Catos Aktivitäten auf der politischen Bühne. Und auch sein persönliches Instrumentarium dieser Politik der Verhinderung zeichnet sich hier bereits ab. Denn Cato entschied sich dafür, seine Ziele vor allem durch ‹stoisches› Ausharren zu erreichen. Geduld, Beharrlichkeit und (im Wortsinne) Standhaftigkeit wurden zu Markenzeichen seines politischen Handelns.

Wie geschickt er diese Methode der geduldigen Verweigerung gegebenenfalls anzuwenden wußte, zeigte sich in seiner zweiten großen Auseinandersetzung mit Caesar im Jahre 60. Im Sommer ging Caesar den Senat in der an sich harmlosen Angelegenheit einer Ausnahmebewilligung an. Er bat nämlich um eine Befreiung von der persönlichen Anwesenheitspflicht, die bei der Bewerbung um den Consulat Vorschrift war. Seine äußerst erfolgreichen militärischen Aktionen als Propraetor in Spanien ließen ihn nämlich auf einen Triumph hoffen. In den Genuß dieser höchsten Ehre konnte ein römischer Feldherr jedoch nur kommen, wenn er vor dem Festtag das *pomerium* nicht überschritt. Denn beim Überqueren dieser geheiligten Stadtgrenze erlosch automatisch sein *imperium*, und ein Triumph war ohne *imperium* nicht möglich. Caesars Aussichten auf eine Bewilligung einer solchen Bewerbung *in absentia* waren nicht schlecht; der Senat schien geneigt, dem ehrgeizigen jungen Mann den Gefallen zu tun. Die Sache mußte allerdings auf der nächsten Senatssitzung verhandelt werden, da der Bewerbungsschluß für die Consulatswahlen gefährlich nah heranrückte und keine weiteren Spielräume mehr blieben. Doch Cato, der einerseits seit der Catilinarieraffäre eine heftige persönliche Abneigung gegen Caesar hegte und andererseits prinzipiell gegen jede Art der Ausnahmeregelung opponierte, stemmte sich einem solchen Dispens mit aller Kraft entgegen. Als ihm bei der entsprechenden Verhandlung im Senat das Wort erteilt wurde, dehnte er seine Rede bis Sonnenuntergang aus – also bis zu dem Zeitpunkt, an dem nach altem Brauch die Sitzung abgebrochen werden mußte. Ein solches Manöver zur Verhinderung einer Abstimmung im Senat war nach römischen Vorstellungen durchaus nicht illegitim. Denn die Geschäftsordnung dieser Versammlung räumte schließlich jedem Mitglied uneingeschränkte Redefreiheit ein. Wenn ein

Senator nach der üblichen Rangfolge an der Reihe war, sein Votum abzugeben, durfte er reden, über was er wollte: Abschweifungen vom eigentlichen Gegenstand oder gar Ausführungen zu ganz anderen Themen waren nicht verboten. Und vor allem durfte er reden, solange er wollte – oder: solange er konnte. Denn eine solche Marathonrede erforderte vom Redner neben physischer Ausdauer und rhetorischer Begabung zweifellos auch eine gewisse Nervenstärke – Eigenschaften, über die Cato offensichtlich verfügte. Cato zwang Caesar durch diese Verschleppungstaktik, die er in Zukunft noch oft anwenden sollte, sich zwischen dem Triumph und der Kandidatur zu entscheiden. Dieser wartete das Ende der Sitzung gar nicht mehr ab, überschritt das *pomerium* und reichte persönlich seine Bewerbung ein. Spätestens zu diesem Zeitpunkt wußte er, daß er auch in Zukunft mit dem redegewaltigen Cato zu rechnen hatte.

Caesars Wahl zum Consul für das Jahr 59 konnte Cato mit diesen «Geschäftsordnungstricks» natürlich nicht verhindern. Und auch die massive (auch finanzielle) Unterstützung für den Wahlkampf seines Schwiegersohnes Bibulus konnte Caesars Erfolg nicht gefährden. Hier zeigt sich übrigens, daß Cato – ganz nach der Art eines jeden römischen *nobilis* – gegebenenfalls persönliche Beziehungen höher einschätzte als hehre politische Prinzipien. Wir wissen zwar nicht, ob er persönlich zu den hohen Bestechungssummen beitrug, die Bibulus' Wahl zum Kollegen Caesars schließlich sicherstellten. Es steht aber zweifelsfrei fest, daß er in diesem Fall ausnahmsweise darauf verzichtete, diesen Regelverstoß gerichtlich zu verfolgen. Bibulus als Consul und Cato konzentrierten sich dann darauf, mit allen denkbaren Mitteln gegen die Gesetzesinitiativen des anderen Consuls Caesar vorzugehen. Als dieser seinen ersten Vorschlag im Senat einbrachte, der die Verteilung von Ackerland an die Veteranen des Pompeius und andere Bedürftige regeln sollte, sorgten sie dafür, daß eine inhaltliche Diskussion über dieses sachlich durchaus gerechtfertigte Projekt gar nicht erst zustande kam. Cato griff dabei auf seine mittlerweile altbewährten Methoden zurück. Als er im Senat zu Wort kam, setzte er zu einer seiner Dauerreden an, äußerte sich langatmig über formale Fragen und formulierte prinzipielle Erwägungen. Caesar, dem diese Taktik ja bereits wohlbekannt war, reagierte prompt und gab seinem Amtsdiener den Befehl, Cato abführen zu lassen. Dabei hatte er allerdings nicht damit gerechnet, daß sich die Mehrheit der Senatoren mit Cato solidarisieren würde. Als er einen von denen aufzuhalten versuchte, die sogar Anstalten machten, Cato in den Carcer zu folgen, antwortete der lapidar, es sei ihm lieber, mit Cato im Gefängnis zu sitzen als mit Caesar in der Curie. Als Caesar das Gesetz daraufhin direkt vor die Volksversammlung brachte, spielten sich dort ähnliche Szenen ab. Cato versuchte zum Volk zu sprechen, wurde von bewaffneten Schlägertrupps emporgehoben und weggetragen, konnte sich befreien und kehrte zur Rednertribüne zurück, setzte noch einmal an, wurde wieder vertrieben und mußte schließlich aufgeben. Zwar war Cato auch bei dieser Versammlung wieder der letzte von Caesars Opponenten, der den Kampfplatz verließ, aber dieses Mal war seine Hartnäckigkeit nicht von Erfolg gekrönt. Es gelang Caesar schließlich doch, das Ackergesetz und alle seine weiteren Vorhaben durchzubringen. Seine Gegner zogen sich daraufhin für den Rest des Jahres aus dem politischen Leben zurück – eine Protesthaltung, die zumindest Cato sehr schwer gefallen sein dürfte, denn bisher hatte er stets peinlich genau darauf geachtet, keine Senatssitzung zu versäumen.

Als Caesar Anfang 58 als Proconsul nach Gallien ging, mußte er seine politischen Gegner irgendwie daran hindern, seine Gesetze im nachhinein wegen ihrer gesetzwidrigen Verabschiedung kassieren zu lassen. Auch Cato stand auf der Liste derjenigen, die Caesar dringend kaltgestellt wissen wollte. Da es aber bekanntlich unmöglich war, dem mustergültigen Cato irgendeinen Regelverstoß nachzuweisen, ihn anzuklagen oder gar ins Exil zu schicken, mußte man einen anderen Weg suchen, ihn aus Rom zu entfernen: Man mußte ihm ein Angebot machen, das er nicht ablehnen konnte. Und genau das tat Clodius, einer der Volkstribunen des Jahres 58, der in dieser Angelegenheit als Agent Caesars tätig wurde. Er brachte zunächst einen Gesetzesantrag vor das Volk, der die Absetzung des Königs Ptolemaios von Zypern, die Annexion seines Königreichs und den Verkauf des Kronschatzes vorsah. Zu welchem Zeitpunkt Clodius einfiel, daß sich hier eine Chance bot, Cato einfach durch die Übertragung einer auswärtigen Mission loszuwerden, läßt sich nicht mehr eruieren. Als Mittel zur Ausschaltung ausgerechnet dieses unbequemen Gegners war das Zypernkommando jedenfalls in mehr als einer Hinsicht ideal. Erstens entfernte es Cato weit genug, um jegliche Einmischung in die stadtrömische Politik wirkungsvoll zu verhindern. Zweitens hoffte man, dem beharrlichen Streiter gegen jede Art von außerordentlichen Kommanden durch diese Aufgabe auch langfristig den Wind aus den Segeln zu nehmen. Daß seine Gegner auch auf diesen Effekt hofften, zeigt ein Brief Caesars, den Clodius öffentlich verlesen haben soll. In diesem Schriftstück soll der Proconsul – voreilig, wie sich herausstellen sollte – seiner Schadenfreude Ausdruck darüber gegeben haben, daß man Cato nun für alle Zukunft die Freiheit genommen habe, gegen *imperia extraordinaria* zu opponieren.

Da Clodius Sorge getragen hatte, daß Cato das Kommando durch Volksbeschluß übertragen wurde, blieb diesem nichts anderes übrig, als die Mission zu übernehmen – denn schließlich war es ganz und gar nicht sein Stil, gegen den expliziten Willen des *populus Romanus* zu handeln. So machte er sich im Frühsommer 58 schließlich auf die Reise. Ptolemaios hatte es vorgezogen, den Plänen der Römer durch Selbstmord zuvorzukommen. Als Cato im November in Zypern eintraf, waren also nur noch administrative Aufgaben zu erledigen. Dazu gehörte es auch, den Kronschatz des Königs möglichst teuer zu veräußern und die Gewinne in den römischen Staatsschatz zu überführen – und dafür war Cato zweifellos der richtige Mann. Mit dem seit seiner Quaestur bekannten Geschick in finanziellen Fragen soll er den Besitz des Ptolemaios, seine Möbel, seine Kunstsammlung, Edelsteine und Purpur zu dem astronomischen Preis von 7000 Silbertalenten losgeschlagen haben. Daß er dabei gelegentlich persönlich in die Verhandlungen mit den Interessenten eingriff, überrascht nicht weiter. Um als vorbildlicher Sachwalter des römischen Volkes in den Provinzen in die Hauptstadt zurückkehren zu können, blieb nun nichts weiter zu tun, als für einen sicheren Transport der Gelder und vor allem der Abrechnungen zu sorgen, die Cato in seinem üblichen Perfektionismus sogar in doppelter Ausfertigung verfaßt hatte. Doch dabei hatte Cato nun wirklich Pech: Ein Exemplar dieser Aufzeichnungen, das er einem seiner Begleiter anvertraut hatte, ging bei einem Schiffbruch verloren. Ein anderes, das er selbst bei sich hatte, wurde bei einem Brand in einem Zeltlager zerstört. Es fällt nicht schwer, sich vorzustellen, wie genüßlich seine Gegner in Zukunft dieses Mißgeschick zur Diffamierung des unfehlbaren Cato nutzten.

Als Cato 56 nach Rom zurückkehrte, gab es dort viel für ihn zu tun. Während seiner Abwesenheit hatte sich die Situation in der Hauptstadt weiter destabilisiert. Auf dem Forum und den Straßen bekämpften sich die bewaffneten Banden des Clodius und seiner Gegner; Terror und Gewalt eskalierten dabei in bisher unbekanntem Ausmaß. Caesar, Pompeius und Crassus hatten ihre im Jahre 60 geschlossene Allianz, das sogenannte erste Triumvirat, erneuert. Ihre Einmütigkeit und die daraus resultierende Fusion ihrer unterschiedlichen Machtressourcen eröffneten ihnen vielfältige Einflußmöglichkeiten. Unter anderem hatte man sich darauf verständigt, daß Pompeius und Crassus 55 gemeinsam den Consulat übernehmen sollten. Allerdings taten sie diese Absicht nicht öffentlich kund und meldeten ihre Kandidatur beim Wahlleiter auch nicht offiziell an. Statt dessen veranlaßten sie, daß durch die permanente Intercession einiger Volkstribune, die in ihrem Interesse agierten, die Wahlen immer wieder verschoben werden mußten. Erst als das neue Amtsjahr ohne regulär bestellte Magistrate mit einem Interregnum begann, erklärten sie sich öffentlich bereit, das Oberamt zu übernehmen. Die Botschaft war eindeutig: Alle anderen Kandidaten zogen resigniert ihre Bewerbung zurück. Allein Cato war offensichtlich einmal mehr nicht bereit, all diese Regelverstöße einfach hinzunehmen. Schließlich hatten Pompeius und Crassus gleich gegen mehrere jener ehernen Grundsätze römischer Politik verstoßen, die er seit Jahren einzuschärfen versuchte. Cato ermutigte also seinen Schwager Lucius Domitius Ahenobarbus, gegen die beiden Triumvirn zu kandidieren. Erwartungsgemäß verlief der Wahltag tumultuarisch. Pompeius und Crassus hatten keine Skrupel, ihr Ziel mit Hilfe bewaffneter Schlägertrupps durchzusetzen. Als sie das Marsfeld als gewählte Consuln verließen, gab es Tote und Verwundete zu beklagen.

Doch Cato gab auch jetzt nicht auf. Nun galt es mit aller Kraft zu verhindern, daß die Consuln für die nächsten Jahre mit umfassenden außerordentlichen Befehlsgewalten ausgestattet wurden. Es war nämlich geplant, Crassus das Kommando über Syrien, Pompeius das über Spanien zu übertragen. Cato setzte dabei wieder alle ihm zur Verfügung stehenden Mittel ein. Er hielt Dauerreden, ließ sich ins Gefängnis abführen und meldete immer wieder die Beobachtung ungünstiger Vorzeichen am Himmel, um eine Unterbrechung der Versammlung zu erzwingen. Gegen die vereinigten Kräfte der Triumvirn war er jedoch machtlos. Ihr Wille wurde auch dieses Mal Gesetz.

In das Jahr 55 fällt auch Catos erste Kandidatur um die Praetur. Seine Chancen standen dabei zunächst gar nicht schlecht. Denn obwohl seine Gegner gewaltige Summen ausgegeben hatten, um das Wahlvolk gegen Cato und für seine ihnen genehmen Mitbewerber einzunehmen, votierte gleich die erste zur Abstimmung aufgerufene Centurie für ihn. Da ein solches Votum der *centuria praerogativa* als sicheres Indiz für den zu erwartenden Ausgang der Wahl angesehen wurde, nutzte der Consul Pompeius seine Funktion als Wahlleiter, um die Versammlung abzubrechen. Es flossen nun noch mehr Bestechungsgelder, ein neuer Termin wurde festgesetzt, und Catos Anhänger wurden gewaltsam vom Marsfeld ferngehalten. Durch diese Machenschaften konnte seine Wahl für dieses Mal hintertrieben werden. Als er für das Jahr 54 noch einmal um das gleiche Amt kandidierte, war er aber nicht mehr aufzuhalten.

Die Ereignisse des Jahres 55 hatten gezeigt, daß sich Cato einer nicht zu unterschätzenden Popularität beim Volk erfreute. Die Römer genossen seine öffentlichen Auftritte und seine demonstrative Absetzung von dem üblichen Habitus der führenden *nobiles*. So strömten sie etwa in großer Zahl ins Theater und amüsierten sich köstlich, als Cato bei den aedilizischen Spielen statt der üblichen kostbaren Geschenke an die Griechen Rüben, Salat, Rettiche und Birnen, an die Römer Schweinefleisch, Feigen, Gurken und Brennholz verteilen ließ. Eine gleichzeitig stattfindende «Konkurrenzveranstaltung» – Leichenspiele, die Curio mit allem Prunk für seinen verstorbenen Vater ausrichtete – konnte dagegen nur wenige Besucher anziehen. Gelegentlich kam es bei Veranstaltungen sogar zu einem unmittelbaren Austausch zwischen Cato und dem stadtrömischen Publikum. Als er im Jahre 55 die Spiele zu Ehren der Göttin Flora besuchte, soll das Volk seinetwegen demonstrativ darauf verzichtet haben, die Darstellerinnen wie üblich lauthals zum Striptease aufzufordern. Cato reagierte prompt. Er verließ das Theater und gab dem Volk die Chance, nun doch noch den eigentlichen Höhepunkt dieser Veranstaltung einzufordern. Solche Szenen lassen sich zweifellos nicht allein mit dem Hinweis auf den hohen Unterhaltungswert von Catos schrulligem altväterlichen Auftreten erklären – obwohl das zweifellos auch eine Rolle spielte und

Cato gelegentlich auch zur bewußten Stilisierung seiner Besonderheit motiviert haben dürfte. Darüber hinaus dürfte es aber auch von Bedeutung gewesen sein, daß Cato sich sichtbar darum bemühte, die rituelle Beteiligung des *populus* an der Politik, die in der römischen Tradition fest verankerte regelmäßige Interaktion zwischen Volk und Nobilität auf althergebrachte Weise zu respektieren und zu bedienen. So verstand er sich demonstrativ als Streiter für das Gemeinwohl, akzeptierte den für die Angehörigen seiner Klasse geltenden traditionellen Verhaltenscodex; er nahm auch das Prinzip der Volkswahl ernst und legte sich publikumswirksam mit jedem an, der diesen Grundsätzen zuwiderhandelte. Er evozierte damit die Erinnerung an die Helden der ruhmvollen Vergangenheit der Republik, die ja keineswegs vergessen waren – wie die Ausgestaltung ihrer Legenden gerade in diesen Zeiten eindrücklich belegt.

Der Verlauf von Catos Kandidatur um den Consulat im Jahre 52 zeigt allerdings, daß sein Sympathiekapital bei der *plebs* schnell aufgebraucht war, wenn er allzu offen und kompromißlos jene Gesten der Zuwendung und vor allem jene materiellen Vergünstigungen verweigerte, die im Vorfeld von Wahlen seit Jahrzehnten zum politischen Alltag gehörten. Das hinderte Cato natürlich nicht daran, seinen eigenen Wahlkampf exemplarisch zu einem Lehrstück im Kampf gegen den *ambitus* zu gestalten. In diesem Sinne erwirkte er erst einmal einen Senatsbeschluß, der es allen Bewerbern verbot, sich professioneller Wahlhelfer zu bedienen. Dieser Beschluß richtete sich in erster Linie gegen die Tätigkeit der sogenannten *divisores*, jener bezahlten Hilfskräfte, die im Auftrag des Kandidaten Geld an die Wähler verteilten. Daß Cato selbst sich streng an das Verbot hielt, braucht nicht eigens erwähnt zu werden. Aber er ging noch weiter: Auch bei dieser Bewerbung verzichtete er bei seinen Auftritten auf dem Forum wieder auf die Begleitung von Nomenclatoren. Darüber hinaus verbot er es seinen Freunden ausdrücklich, Stimmung für ihn zu machen. So wundert es dann auch nicht, daß Cato bei den Wahlen durchfiel. Er nahm den Mißerfolg mit stoischer Gelassenheit hin. Schon am nächsten Tag ging er wieder zur Tagesordnung über, besuchte Gymnasium und Thermen und ließ sich auch auf dem Forum sehen. Vor allem aber verzichtete er darauf, noch einmal zu kandidieren. Ob er diese Entscheidung traf, weil er erkannte, daß zumal die angestrengten Bemühungen zunächst erfolgloser Kandidaten die Degenerierung der Wahlkampfpraktiken weiter vorangetrieben hatten, läßt sich nicht mehr feststellen. Denkbar ist auch, daß die dramatische Eskalation der innenpolitischen Konflikte einen solchen zweiten Versuch nicht mehr zuließ.

Denn in den Jahren 53 bis 50 hielt Cato die Verteidigung der Republik gegen die Ambitionen und Ansprüche der großen Feldherren in Atem. Dabei mußte er allerdings bereits 52 in mehrfacher Hinsicht zurückstecken. Zunächst einmal mußte er sich damit abfinden, daß Pompeius für dieses Jahr zum alleinigen Consul gewählt wurde – ein unerhörter Bruch mit dem Herkommen, der den für die römische Verfassung zentralen Mechanismus der wechselseitigen Kontrolle der mit mindestens zwei gleichberechtigten Amtsinhabern besetzten Magistraturen außer Kraft setzte. Was Cato dazu bewog, diese Regelung nicht nur hinzunehmen, sondern sie schließlich sogar aktiv zu unterstützen, muß natürlich Spekulation bleiben. Möglicherweise betrachtete er sie einfach als das geringere Übel. Denn als Consul war Pompeius immerhin an das Prinzip der Annuität gebunden, mußte also das Amt nach einem Jahr zurückgeben. Zumal nach den Erfahrungen der sullanischen Zeit erschien eine Dictatur – die auch im Gespräch gewesen war – unberechenbarer und ungleich gefährlicher. Außerdem scheiterte Catos Widerstand gegen einen Gesetzesantrag, der Caesar die Möglichkeit eröffnete, sich für das Jahr nach dem Ende seiner Statthalterschaft in Gallien *in absentia* um den Consulat zu bewerben – eine Angelegenheit, die damit allerdings noch lange nicht vom Tisch war, sondern die römische Innenpolitik (und insbesondere Cato) weiter bis zum Ausbruch des Bürgerkrieges beschäftigen sollte.

Als Caesar in der Nacht zum 11. Januar 49 den Rubikon überschritt, stand Cato auf der Seite des Pompeius. Er beantragte sogar, ihm allein den Oberbefehl zur Führung des Krieges zu übertragen. Gemeinsam mit den anderen Senatoren verließ er die Hauptstadt und reiste nach Sizilien, wo er das Kommando führen sollte. Er begann dort sofort mit Aushebungen, ließ alte Kriegsschiffe reparieren und gab neue in Auftrag. Als die Caesarianer heranrückten, räumte er jedoch ohne weiteren Widerstand die Insel und begab sich ins Feldlager des Pompeius. Er wollte vermeiden, daß die Zivilbevölkerung allzu sehr unter dem Wüten der Bürgerkriegsparteien zu leiden hatte. Plutarch berichtet, daß Cato sich zu diesem Zeitpunkt enttäuscht über Pompeius, seine mangelhaften Kriegsvorbereitungen und seine Strategie geäußert haben soll. Nach Catos Ankunft soll Pompeius zunächst erwogen haben, ihn mit dem Oberkommando über die gesamte Flotte zu betrauen, sich dann aber doch dagegen entschieden haben, seinem ehemaligen Widersacher eine solche Schlüsselposition zu übertragen. Er schickte ihn deshalb zunächst in die Provinz *Asia*, wo er bei der Aufstellung eines Landheeres mitwirken sollte, und übertrug ihm nach seiner Rückkehr weitere militärische Funktionen beim Haupheer.

Nach dem Sieg über die Caesarianer blieb Cato mit 15 Kohorten zum Schutz des Trosses und zur Sicherung der Nachschubwege in Dyrrhachium zurück. Dort erreichte ihn schließlich die Nachricht von der Niederlage der Pompeianer bei Pharsalos. Im Gegensatz zu anderen Senatoren wie etwa Cicero war Cato jedoch noch lange nicht bereit, die Sache der Republik aufzugeben und seinen Frieden mit Caesar zu machen. Er entschloß sich weiterzukämpfen und setzte zunächst nach Kyrene im heutigen Libyen über, wo er hoffte, die ihm unterstellten Truppenteile mit dem Haupheer des Pompeius vereinen zu können. Als er dort von der

Ermordung des Pompeius erfuhr, zog er in einem siebenundzwanzig Tage dauernden Landmarsch in die Provinz *Africa* weiter. Auch bei diesem strapaziösen Unternehmen fiel Cato wieder einmal durch sein vorbildliches Verhalten auf. Er lehnte es kategorisch ab, irgendwelche Privilegien in Anspruch zu nehmen, und legte den ganzen Weg zu Fuß an der Spitze seiner Soldaten zurück. Anfang 47 erreichte er schließlich die in Afrika stehenden pompeianischen Truppen. Als man ihm den Oberbefehl anbot, verzichtete er zugunsten von Pompeius' Schwiegervater Metellus Scipio. Metellus hatte schließlich den Rang eines Consulars, eines ehemaligen Consuls also, er selbst hatte es aber nur bis zur Praetur gebracht – eine leichtfertige Aufgabe republikanischer Prinzipien erschien Cato offenbar selbst in dieser extremen Situation indiskutabel. Darüber hinaus ist es nicht auszuschließen, daß selbst der nüchterne, vernünftige Cato sich an diesem Ort dem Nimbus des Namens Scipio nicht entziehen konnte: Seine Träger galten auf afrikanischem Boden immer noch als unbesiegbar. Cato übernahm statt dessen das Kommando über Utica und die umliegende Küste. Wie immer erledigte er die damit verbundenen administrativen Aufgaben mit größter Umsicht. Allerdings zeigte die Bevölkerung von Utica von Anfang an kaum Neigung, den Caesarianern ernsthaft Widerstand zu leisten. Und nach der Niederlage des Metellus Scipio bei Thapsus entschlossen sich der Rat der Stadt, der aus dreihundert kapitalkräftigen Kaufleuten bestand, und die übrigen Honoratioren schließlich gegen eine Fortsetzung des Kampfes. Catos einzige Sorge war nun die sichere Evakuierung der noch zurückgebliebenen Pompeianer. Den letzten Tag seines Lebens verbrachte er damit, ihre Einschiffung nach Italien zu organisieren und persönlich zu überwachen.

Denn Cato hatte sich entschlossen, sie nicht zu begleiten. Er wußte, daß sein Kampf für die Wiederherstellung eines freiheitlichen republikanischen Gemeinwesens gescheitert war. Flucht, Exil oder Abhängigkeit von der Gnade Caesars schienen ihm gleichermaßen inakzeptabel. Am Abend traf er sich wie gewohnt mit den wenigen verbliebenen Getreuen zum Gastmahl. Entgegen der üblichen Praxis vornehmer Römer speiste er nicht im Liegen, sondern im Sitzen, wie er es nach der Niederlage bei Pharsalos als Zeichen seiner Trauer immer getan hatte. Schon zuvor, nach dem Einmarsch Caesars in Italien, hatte er aus dem gleichen Grund aufgehört, seinen Bart und sein Haar zu schneiden. Nach dem Mahl zog er sich zurück. Er soll dann noch in Platons *Phaidon* gelesen haben. Weder die Bitten seines Sohnes noch die verzweifelten Versuche seiner Diener, ihm sein Schwert wegzunehmen, konnten ihn jetzt noch umstimmen. Als er erfuhr, daß das letzte Schiff mit flüchtenden Pompeianern den Hafen verlassen hatte, nahm er sich das Leben.

Catos Lebensweg ist in mehr als einer Hinsicht keine Erfolgsgeschichte. Er kam zeit seines Lebens nicht über die Praetur hinaus, erreichte also nie consularischen Rang. Er erzielte keine überragenden militärischen Erfolge, wurde nie zum Imperator ausgerufen und feierte keinen Triumph. In seinem Kampf gegen den Untergang der Republik mußte er hinnehmen, daß Pompeius regelwidrig immer mehr Macht übertragen wurde, und dann mußte er an seiner Seite sogar in einen blutigen Krieg zwischen römischen Bürgern ziehen. Und schließlich blieb ihm angesichts des Sieges Caesars nichts anderes übrig, als aufzugeben und seinem Leben resigniert ein Ende zu setzen. Doch trotz seines Scheiterns beeinflußte auch Cato den weiteren Fortgang der römischen Geschichte. Denn wenn Männer wie Brutus und eben auch Cato nicht so unermüdlich für die Bewahrung der traditionellen Ordnung und die Aufrechterhaltung ihrer Regeln gekämpft hätten, hätte der Konstrukteur der neuen Ordnung, der erste Princeps Augustus, es vielleicht nicht für nötig gehalten, so demonstrativ an republikanische Traditionen anzuknüpfen und seine Herrschaft als Wiederherstellung der Republik zu camouflieren.

Gaius Iulius Caesar – der Aristokrat als Alleinherrscher

von Hartmut Galsterer

Am 13. Quintilis des Jahres 100 v. Chr. – den uns geläufigen Namen Juli erhielt der Monat erst im Jahr 44 – wurde in Rom Gaius Iulius Caesar geboren. Auch wenn seine Familie bedeutender gewesen wäre (die Iulier waren zwar Patrizier, aber seit Jahrhunderten ohne großen Einfluß), hätte seine Geburt gegenüber den aufregenden politischen Ereignissen dieses Jahres wohl kaum Aufmerksamkeit erregt: Immerhin trennte sich gerade Marius, als Retter Roms vor den anstürmenden Germanen gefeiert und zum sechsten Mal Consul, von seinen langjährigen Weggefährten aus der seit den Gracchen als popular bezeichneten Richtung. Populare Politiker setzten in ihren Auseinandersetzungen mit der Senatsaristokratie auch das einfache Volk für ihre Pläne ein. Auch Marius gehörte zu dieser Gruppe von Politikern, doch nun sah er tatenlos zu, wie unter tumultuarischen Umständen ein popularer Praetor und ein Volkstribun vom Volk gelyncht wurden, und fiel dadurch zwischen alle politischen Stühle. Es mochte so scheinen, daß dieser Sieg ‹des Systems› über aufmüpfige einzelne die traditionelle Ordnung, die Rom über Jahrhunderte zur Herrschaft im Mittelmeerraum geführt hatte, glänzend bestätigt hätte.

56 Jahre später wird der inzwischen zum Dictator auf Lebenszeit und unbestrittenen Alleinherrscher im Imperium Romanum aufgestiegene Caesar bei einer Verschwörung, an der vor allem alte Freunde beteiligt waren, ermordet. Sie glaubten, durch eine Beseitigung der Person würde die Ordnung, die 100 v. Chr. wiederhergestellt worden war, auch diesmal gerettet werden. Doch sie täuschten sich: Nach zwei Jahrzehnten von Bürgerkriegen und entsetzlichem Blutvergießen etablierte schließlich Caesars Großneffe und Adoptivsohn Augustus die Monarchie in Rom, die im Westen des Reichs bis in die Völkerwanderung und im Osten bis zum Fall von Byzanz 1453 Bestand hatte.

Die Iulier waren, wie gesagt, wenn auch Patrizier, doch lange ohne Bedeutung in der Republik. Erst im zweiten Jahrhundert gewinnt das Geschlecht wieder an Einfluß, mit Sextus Iulius Caesar, dem Consul von 157, und mit Caesars Onkel, demjenigen von 91. Damals entstand wohl aufgrund älterer Traditionen auch die Genealogie, die die Herkunft der Familie über Aeneas bis auf die Göttin Aphrodite/Venus zurückführte. Caesar ging auf diesen Anspruch ein, als er 68 in einer Totenrede auf seine Tante Iulia (die Witwe des Marius) sagte, diese stamme auf der einen

Seite, der der Iulier, von den Göttern ab, auf mütterlicher Seite aber, über die Marcii Reges, von den alten Königen in Roms Frühzeit.

Nicht diese anspruchsvolle Ahnenreihe war es jedoch, die die Familie politisch nach oben brachte, sondern die Heirat der erwähnten Tante Iulia mit Marius, dem überaus erfolgreichen Militär (und ebenso erfolglosen popularen Politiker), zu einer Zeit allerdings, als dieser noch ein kaum bekannter und aus nichtsenatorischer Familie aufgestiegener Politiker, ein *homo novus* aus der Kleinstadt Arpinum war.

So war es nur natürlich, daß Caesar der *via popularis* folgte, Politik im popularen Stil betreiben wollte. Den Dreizehnjährigen bestimmte sein Onkel Marius, der gerade in Rom die Herrschaft errungen hatte, zum Oberpriester des Juppiter (*flamen Dialis*), dem zweithöchsten, aber politisch einflußlosen religiösen Amt im Staat. Als er das Amt drei Jahre später antrat, löste er eine frühere Verlobung und heiratete die Patrizierin Cornelia, Tochter des momentanen Machthabers Cinna – sicher nicht nur mit Rücksicht auf das Patriziern vorbehaltene Priesteramt, sondern auch mit Blick auf den Schwiegervater.

Dies erwies sich zwei Jahre später als gefährlicher Mißgriff, als Cinna von seinen eigenen Soldaten erschlagen worden war und Rom sich in der Hand Sullas befand, der Marius haßte und Cinna verabscheute. Caesar verweigerte zudem hartnäckig eine Scheidung von Cornelia. So konnte er schließlich froh sein, daß er zwar sein Priesteramt und die Mitgift seiner Frau, nicht aber zugleich sein Leben verlor.

Dank der Fürsprache einflußreicher Verwandter bei Sulla außer Gefahr, fand es Caesar dennoch besser, sich aus Rom zu entfernen. Ein Posten im Stab des Statthalters der Provinz *Asia* bot ihm die Möglichkeit, erste militärische Erfahrungen zu sammeln – und dabei gleich die höchste Tapferkeitsauszeichnung zu erwerben, die es für römische Bürger gab, die Bürgerkrone (*corona civica*). Nach Sullas Tod kehrte er nach Rom zurück, um dort eine andere, nahezu obligatorische Bewährungsprobe angehender römischer Politiker hinter sich zu bringen, die Anklage wegen Amtsvergehen gegen einen Magistrat oder Statthalter. Cicero erledigte dies einige Jahre später gegen Verres mit Bravour und wurde dadurch bekannt; von Caesars Anklage wissen wir nur, daß sie scheiterte, obwohl sie seinen Ruhm als Redner begründete. Ein ‹Auslandssemester› bei dem berühmten Rhetorikprofessor Apollonios Molon in Rhodos wurde vor allem deshalb berühmt, weil Caesar auf der Reise von Piraten gekidnappt wurde; nach seiner Freilassung – gegen Lösegeld – jagte er die Seeräuber auf eigene Faust und sorgte, als Privatmann, für ihre Hinrichtung.

In Rom begann Caesars Karriere 73 mit der Wahl in das einflußreiche Priesterkollegium der Pontifices (auf den Platz eines verstorbenen Vetters) und zum Militärtribun. Auf diesem Posten konnten junge Römer aus guter Familie erste Erfahrungen mit dem Militärdienst machen. Im Jahr 69 oder 68 wurde er Quaestor bei dem Statthalter des westlichen Spanien

(*Hispania ulterior*). Wichtig war diese erste Stufe in der römischen Ämterkarriere vor allem deshalb, weil man danach automatisch Mitglied des Senats wurde: Man konnte zwar 6 bis 7 Jahre im Leben ein Amt bekleiden mit Unterbrechungen dazwischen, aber man blieb lebenslang Senator. Caesar konnte als Patrizier nicht Volkstribun werden, deshalb war sein nächstes Amt die curulische Aedilität im Jahr 65. Aufgabe der Aedilen war die Überwachung des Marktes, der städtischen Bauten und Straßen sowie die Veranstaltung von Spielen zu bestimmten Festen. Der Aedil Caesar ging allerdings durch Leichenspiele für seinen (seit 20 Jahren verstorbenen!) Vater in die Annalen ein, die an Pracht alles Übliche weit übertrafen. Da sein Vermögen bislang eher bescheiden war, mußte er sich hierfür bei Freunden und Bankiers gewaltig verschulden; seine durch Bestechung in großem Stil erkaufte Wahl zum Oberpriester, zum *pontifex maximus*, 63 vermehrte den Schuldenberg noch um ein Vielfaches. Das Vermögen der Senatoren war weitgehend in Land angelegt und konnte die für ein senatorisches Leben nötigen Summen nur selten liefern. Reichtum in großem Stil brachte aber nur die Verwaltung einer Provinz, am besten in Verbindung mit einem beutereichen Krieg. Vielen gelang dies nicht; sie gingen unter oder hofften, wie die Catilinarier, auf eine Revolution.

Als Praetor 62 agitierte Caesar mit popularen Tribunen gegen Cicero, der im Jahr zuvor die Hinrichtung der Verschwörer um Catilina durchgesetzt hatte, und trat für die Rückkehr des Pompeius ein. Im Herbst erschütterte ein innenpolitischer Skandal Rom, als sich der populare Patrizier Publius Claudius Pulcher bei den Opfern für die Göttin Bona Dea einschlich, wo nur Frauen zugelassen waren. Es hieß, er habe Caesars Frau Pompeia verführen wollen. Das Vorkommnis tat der Zusammenarbeit zwischen Caesar und Clodius (wie er bald hieß) keinen Abbruch; doch nutzte der Mann, von dem man sagte, er sei «aller Frauen Mann und aller Männer Frau», den Vorfall, um sich von seiner Frau Pompeia scheiden zu lassen: Auf seine Gemahlin dürfe nicht einmal der Schatten eines Verdachtes fallen.

Als Provinz erhielt er im Jahr darauf das westliche Spanien. Beinahe hätten ihn seine Gläubiger nicht abreisen lassen, doch bürgte der angeblich reichste Mann Roms, Crassus, zu dem es schon früher Verbindungen gegeben hatte, zumindest für einen Teil der Schulden.

In der Provinz ordnete er, wie es sich für einen Statthalter gehörte, Streitigkeiten zwischen Städten sowie zwischen Schuldnern und Gläubigern. Vor allem fand sich ein höchst befriedigender Krieg gegen die Lusitaner und Galizier, der soviel an Beute und in die Sklaverei zu verkaufenden Gefangenen abwarf, daß Caesar nicht nur selbst seine Schulden zurückzahlen, sondern auch seinen Soldaten schöne Summen geben konnte. Sie riefen ihn für seine Siege zum Imperator aus, Vorbedingung für einen Triumph in Rom, die höchste Auszeichnung, die es für einen Römer gab.

Caesar kehrte Mitte 60 wieder aus Spanien zurück, finanziell saniert und mit genügend militärischen Verdiensten (sprich getöteten Feinden), daß er auf einen Triumph hoffen konnte, und natürlich auf den Consulat, um den er sich für 59 bewerben durfte, wobei in dieser Zeit bereits die Aussichten, die der Consulat eröffnete, nämlich als Proconsul und Statthalter einer wichtigen Provinz sich eine militärische Basis zu schaffen, mindestens ebenso wichtig war wie das Amt des Consuls selbst.

Die Wahl fand in einer Volksversammlung statt, bei der Besitz über das Gewicht der einzelnen Stimmen entschied. Neben der Persönlichkeit spielten dabei Abstammung, bisherige Leistungen, Empfehlung von Freunden und mehr und mehr auch der Druck politischer Banden und Stimmenkauf eine Rolle. Caesar versuchte, seinen Triumph als Wahlwerbung auszunutzen, doch mit «Geschäftsordnungstricks» stellte der Senat unter Führung Catos Caesar vor die Alternative, entweder auf den Triumph oder auf die Bewerbung um den Consulat zu verzichten. Er verzichtete auf den Triumph, denn inzwischen hatte er mit zwei weiteren Politikern, die sich vom Senat schlecht behandelt fühlten, mit Pompeius, der seit seiner Rückkehr aus dem Osten politisch blockiert war, und Crassus, der seinen Reichtum nicht in Macht und *dignitas* umsetzen konnte, eine Entente geschlossen. Dieses erst von modernen Historikern so bezeichnete «Erste Triumvirat» war kein formelles Bündnis, sondern nur eine Vereinbarung über die Wahrung der jeweiligen Interessen. Diese durchzusetzen hatte Caesar, der mit den Stimmen von Pompeius' Veteranen, mit Crassus' Geld und aufgrund seiner eigenen Beliebtheit zum Consul für 59 gewählt wurde, zusammen allerdings mit seinem Intimfeind Calpurnius Bibulus.

Dieser Consulat Caesars zerstörte letztlich die althergebrachte Republik. Wie im Schicksalsjahr 133 schaukelte sich die Stimmung von beiden Seiten auf, die Polarisation nahm zu, und ein Kompromiß kam nicht mehr zustande. Destruktiv war dabei gar nicht so sehr der Inhalt der von Caesar 59 eingebrachten Gesetze. Die erste Fassung des Siedlungsgesetzes (*lex agraria*) gab für Pompeius' Veteranen die letzten Reserven von Staatsland in Italien zur Verteilung frei. Auch der Rabatt für die Staatspächter, von Crassus gewünscht, war keine Frage, an der der Staat untergehen mußte.

Ausschlaggebend war vielmehr, daß Caesar – angesichts der Obstruktion seines Mitconsuls und der tonangebenden Senatoren – nun systematisch, auch mit Hilfe von Brachialgewalt, alle Möglichkeiten des Widerstands gegen einen Consul ausschaltete. Was die traditionsverhafteten Senatoren, die Optimaten, immer verkündet hatten, daß die populare Politik unweigerlich zu einer Tyrannis führen würde, schien sich hier zu bewahrheiten.

Nachdem das Tischtuch nun endgültig zerschnitten war, mußte Caesar für seine eigene Zukunft vorsorgen. Es war mehr als klar, daß seine Gegner ihn sofort, wenn er nicht mehr den Rechtsschutz des Amtes besaß, anklagen würden, und ebenso klar war, daß man ihn verurteilen würde (wenn die politischen Verhältnisse es erlaubten), auch wenn die Rechtslage nicht so eindeutig gegen ihn gesprochen hätte. Zudem waren Pompeius' dringendste Wünsche erfüllt, und die systematische Lächerlichmachung des Gegners und der Institutionen des Staates scheint dessen Geschmack nicht sehr entsprochen zu haben. Caesar konnte sich also auf weiteren Schutz von dieser Seite nicht unbedingt verlassen. Auch bei der einfachen stadtrömischen Bevölkerung, der *plebs urbana*, war ein Stimmungsumschwung zu beobachten: Die Triumvirn wurden öffentlich ausgepfiffen.

Die Verbindung mit Pompeius kittete Caesar, indem er diesem seine Tochter Iulia zur Frau gab – eine Verbindung, die trotz der 30 Jahre Altersunterschied sehr glücklich wurde. Zu seinem eigenen Schutz wurde ihm durch ein Gesetz des Volkstribunen Vatinius eine außerordentliche Statthalterschaft auf 5 Jahre übertragen, in unmittelbarem Anschluß an den Consulat. Ursprünglich waren *Gallia Cisalpina* und *Illyricum* als seine Provinzen vorgesehen; die erste war wichtig wegen der Einflußmöglichkeit auf Rom, die zweite wegen eines sich abzeichnenden Konfliktes mit dem Dakerreich des Königs Burebista und der Aussicht auf einen größeren Krieg.

Ein solches Kommando bot nicht nur, zunächst auf 5 Jahre, juristische Unangreifbarkeit, sondern auch die Verfügungsgewalt über Legionen, die Ernennung von Offizieren und die Möglichkeit, in großem Ausmaß Beute zu machen.

Am Anfang des Jahres 58 mußte Cicero ins Exil, bedrängt von dem Volkstribun Clodius, der ihn seit Jahren haßte. Auch um Cato aus Rom zu entfernen, bot sich eine gute Gelegenheit, nämlich die Einziehung des den Römern vermachten Königreichs Zypern. Caesar konnte also beruhigt in seine Provinz gehen.

Er hatte ursprünglich damit gerechnet, daß «Ereignisse», die ihm Anlaß zum Eingreifen geben könnten, eher im östlichen Teil seiner *provincia* vorkommen würden, in *Illyricum*. Wohl im Hinblick darauf hatte er für den Germanenkönig Ariovist, der dabei war, sich im Osten Galliens ein eigenes Reich zu schaffen, einen Freundschaftsvertrag bewirkt, der diesen als *amicus populi Romani* anerkannte. Nun war eher später und zufällig, als plötzlich ihr Statthalter starb, auch die *Gallia Transalpina*, oder *Comata*, im Tausch mit *Illyricum* Caesars Herrschaftsbereich hinzugefügt worden. Diese umfaßte die Küste Südfrankreichs und ihr Hinterland, wo allerdings das seit Jahrhunderten verbündete Massilia einen eigenen autonomen Staat darstellte, sowie das Rhônetal bis kurz vor Lyon und dem Genfer See.

Auslösendes Moment für Caesars Eingreifen jenseits der Provinzgrenze waren Pläne des Stammes der Helvetier, aus ihren Sitzen im

Schweizer Mittelland nach Westfrankreich auszuwandern. Derartige Wanderbewegungen noch nicht ganz seßhafter Stämme hatte es in den letzten Jahrzehnten immer wieder gegeben – und der Zug der Cimbern und Teutonen stand den Römern noch schreckenerregend vor Augen.

Die Helvetier wollten im Frühjahr 58 ihren Zug beginnen, und da der Weg am Genfer See und die Rhône entlang, das heißt durch den nördlichen Teil der römischen Provinz, erheblich bequemer war als über den Jura, erbaten sie von dem römischen Statthalter die Erlaubnis zum Durchmarsch. Caesar ließ sie längere Zeit über seine Entscheidung im unklaren, während er fieberhaft seine Truppen verstärkte; schließlich teilte er ihnen doch mit, daß er eine solche Erlaubnis nach römischem Recht nicht geben könne. Die Helvetier wandten sich darauf dem zweiten Weg durch den Jura zu. Weder die vorgesehene Marschstraße durch Burgund und das Limousin noch ihr Ziel bei den Santonen am Atlantik berührten römisches Gebiet, doch hatten römische Statthalter einen weiten Spielraum, die Interessen Roms auch außerhalb der Provinzgrenzen durchzusetzen. Caesar zögerte nicht, diesen Spielraum bis zum Äußersten – und darüber hinaus – auszunutzen.

Zu der einen bislang in Gallien stehenden Legion zog er drei andere aus Oberitalien nach und hob dort zwei weitere aus. Mit sechs Legionen und einer Menge von Hilfstruppen aus dem römischen Gallien, «der Provinz», wie sie bei Caesar einfach heißt, fühlte dieser sich für kommende Verwicklungen, seien sie ihm aufgezwungen oder selbst gesucht, gewappnet.

Die Helvetier, die inzwischen bis nach Burgund vorgedrungen waren, wurden in einer Schlacht bei Autun geschlagen und mußten sich in ihre Heimat zurückziehen. Dieser Erfolg führte dazu, daß Caesar in die innergallischen Auseinandersetzungen gezogen wurde (und sich auch gerne ziehen ließ). Im Kampf um die Vormacht in Gallien hatten die Sequaner und die Arverner gegen die Haeduer germanische Hilfstruppen angeworben und mit deren Hilfe die Oberhand gewonnen. Jetzt waren sie aber selbst in Bedrängnis, da der Führer der Germanen, der erwähnte Sueben-König Ariovist, eine eigene Herrschaft auszubauen begann. Begreiflicherweise hielt Ariovist es für eine Zumutung, als er von Caesar aufgefordert wurde, diese seine neue Herrschaft in Ostgallien aufzugeben. Er lehnte ein Einlenken ab; möglicherweise stand er auch mit Caesargegnern in Rom in Verbindung, die ihm durchaus dankbar gewesen wären, wenn er den Proconsul beseitigt hätte.

Durch die schnelle Besetzung von Besançon konnte Caesar dann Ariovist an den Rhein abdrängen. Im Elsaß kam es zur Schlacht; Ariovist verlor und zog sich mit dem Großteil seiner Germanen auf die andere Rheinseite zurück. Auf diesen Erfolg hin schickte Caesar seine Legionen unter dem Befehl des Labienus ins Winterlager; er selbst reiste nach Oberitalien, seine andere Provinz, um dort den zivilen Pflichten eines Statthalters in der Rechtsprechung nachzukommen. Außerdem konnte er von dort aus – die *Gallia Cisalpina* reichte bis zum Arno – auf die Entwicklung in Rom viel besser Einfluß nehmen als durch Briefe, Boten und Bestechungssummen von Frankreich aus.

Inzwischen hatten die Belger – Stämme im Nordwesten Galliens – in der Annahme, bald werde wohl auch an sie die Aufforderung ergehen, sich mit Rom zu verbünden, mit Rüstungen begonnen. Caesar bezeichnet dies als eine Verschwörung, eine *coniuratio* (*Der Gallische Krieg* 2, 1, 2), das heißt, er spricht ihnen schon, bevor sie unterworfen sind, die Legitimität der Selbstverteidigung ab. Er hob zwei weitere Legionen aus – er verfügte nunmehr über acht – und begab sich im Frühsommer 57 zu seiner Armee, die sich im Gebiet um Reims gesammelt hatte. Die Remer waren den ganzen Feldzug hindurch zuverlässige Verbündete der Römer, was – wie so häufig in Gallien – nahezu automatisch dazu führte, daß ihre Nachbarn, die Suessionen um Soissons, die andere Partei ergriffen. Zunächst sie und die Bellovaker, nach einer schweren Schlacht an der Sambre dann auch die Nervier mußten sich Caesar ergeben. Marcus Crassus, der Sohn des Triumvirn, unterwarf auch noch die Bretagne, so daß Caesar nach Rom melden konnte, es sei *omnis Gallia pacata*, ganz Gallien sei befriedet, worauf der Senat ein 15tägiges Dankfest an die Götter beschloß.

Nachdem die Stämme an der Peripherie unterworfen schienen und die Legionen in Zentralgallien, zwischen Tours und Orléans, in Winterquartiere eingezogen waren, ging Caesar wie üblich nach Oberitalien zurück. In Rom war inzwischen Cicero zurückgekehrt; der Senat (mit Cato an der Spitze) kämpfte weiter um die Abberufung Caesars. Clodius terrorisierte, seit sein Tribunat abgelaufen war, als Privatmann mit seinen Banden Rom und dessen Umgebung, bis senatsfreundliche Tribune wie Milo ihrerseits Schlägerbanden aufstellten, um ihn zu bekämpfen. Die Lage in Rom wurde immer unübersichtlicher, und im Senat wuchs die Neigung, sich mit Pompeius als dem kleineren Übel gegen Caesar zu verbinden. Crassus gelang es, in einer Konferenz in Lucca, dem Rom am nächsten gelegenen Punkt der Provinz *Gallia*, 56 nochmals den Dreibund zu festigen: Pompeius und Crassus sollten 55 Consuln werden und danach Spanien bzw. Syrien als Provinzen erhalten (mit der Möglichkeit, Triumph und Beute zu erhalten); Caesars Kommando sollte bis zum 1. März 50 verlängert werden; vor diesem Termin durfte nicht über eine Neubesetzung entschieden werden. Da aber nach der *lex Sempronia* für die Consul des Jahres 50 schon vor ihrer Wahl Mitte 51 entschieden sein mußte, welche Provinzen sie erhalten sollten, kam als Caesars Nachfolger nur ein Consul von 49 in Frage, der Anfang 48 zur Verfügung stand. Also konnte er bis Ende 49 in seiner Provinz bleiben. 49 durfte er sich dann wieder für den Consulat 48 bewerben – wenn ihm diesmal eine Bewerbung *in absentia* gelang. Damit war er, soweit absehbar, für die nächste Zeit vor gerichtlicher Verfolgung sicher.

Im Jahr 55 schlug in Gallien die Stunde der Veneter und anderer seefahrender Völker in der Bretagne, die mit Hilfe einer rasch zusammengezogenen Flotte besiegt wurden. Während des folgenden Winters setzten die germanischen Tencterer und Usipeter über den Niederrhein in die Gebiete der Menapier und Eburonen über, bedrängt von feindlichen Nachbarn und auf der Suche nach besseren Siedlungsplätzen. Caesar muß die Lage als höchst gefährlich eingestuft haben, wenn er trotz der angespannten Situation in Rom «früher als üblich» an die Front reiste. Nach ergebnislosen Verhandlungen nahm Caesar die Gesandten beider Stämme gefangen und überfiel deren führerloses Heer. Die Niederlage der Germanen endete in einem Gemetzel, aber Caesar hatte die von den Römern sonst so hochgehaltene Unantastbarkeit der Gesandten verletzt. Der in seinen Kommentarien so ausführlich geschilderte Brückenbau über den Rhein und die viel zu spät im Jahr gestartete Invasion von Britannien waren wohl in erster Linie dazu gedacht, um von diesem peinlichen Faktum abzulenken. Cato und seine Gruppe verlangten im Senat die Auslieferung Caesars an beide Völker. Bei den Machtverhältnissen in Rom hatte der Antrag keine Chance, angenommen zu werden, im Gegenteil: Der Senat beschloß ein 20tägiges Dankfest für die großartigen Erfolge.

Für das folgende Jahr 54 sah Caesar eine weitere Invasion Britanniens vor, entweder um die Bewohner der Insel von der Unterstützung der mit ihnen verwandten Gallier abzuhalten, oder tatsächlich im Hinblick auf eine dauerhafte Besetzung. Nach einigen Erfolgen über den König Cassivelaunus nördlich der Themse kam es zu einem von Caesar als Unterwerfung bezeichneten Kompromiß: Gegen Stellung von Geiseln und Versprechen von Tribut zogen die Römer wieder ab. Die Eroberung Britanniens war um 100 Jahre verschoben.

Wegen einer Mißernte in Gallien und daraus folgenden Provariantproblemen mußte Caesar im folgenden Winter seine Legionen dezentral und relativ weit voneinander entfernt stationieren. Er selbst sah dies als riskant an, was sich daran zeigt, daß er zum ersten Mal nicht nach Italien zurückkehrte, sondern in Gallien blieb. Jedenfalls kam es in diesem Winter 54/53 verbreitet zu Aufruhr, verursacht vielleicht durch die Höhe des Tributes, den Caesar forderte. Bei den Eburonen im Hinterland des späteren Köln wurden eineinhalb Legionen aufgerieben, bei den Nerviern konnte sich Quintus Cicero mit seiner Legion nur mit Mühe behaupten, bis Caesar ihn herausschlug. Auch bei den Treverern und Menapiern, bei den Senonen und Carnuten im Zentrum Galliens entstanden Unruhen, die nur mühsam unter Kontrolle gehalten wurden. Caesar blieb deshalb in Gallien, hob zwei neue Legionen aus und lieh sich eine weitere von Pompeius, so daß er im nächsten Jahr mit nunmehr zehn Legionen die Aufstände unterdrücken konnte. Vor allem aber war es die Rache an den Eburonen und ihrem Führer Ambiorix, die nicht nur Caesars eigene Ehre und die des römischen Staates forderte, sondern auch die Sicherheit von Roms Herrschaft in Gallien. Nachdem Caesar zunächst die Senonen und Carnuten eingeschüchtert hatte, wandte er sich nach Osten, wo nach der Niederwerfung von Menapiern und Treverern zur allgemeinen Hetzjagd auf alle Eburonen und vor allem Ambiorix geblasen wurde, an der sich auch Germanen von jenseits des Rheins beteiligten. Ambiorix konnte entkommen, doch das Eburonenland wurde gnadenlos verwüstet, die Bevölkerung erschlagen oder in die Sklaverei verkauft, der Eburonenname ausgelöscht. Der ‹römischen Ehre› war Genüge getan.

Den kommenden Winter mußte Caesar in Oberitalien verbringen, nicht nur wegen seiner Pflichten dort, die er zwei Jahre vernachlässigt hatte, sondern auch wegen der Lage in Rom, die sich dramatisch verändert hatte. 54 war Caesars Tochter Iulia gestorben, die Frau des Pompeius, die dem Zweckbündnis auch eine emotionale Grundlage gegeben hatte. 53 wurde Crassus mit seinem gesamten Heer von den Parthern bei Carrhae vernichtet. Pompeius und Caesar standen sich, ohne Vermittler dazwischen, immer mehr gegenüber – und gegeneinander. Die Lage in Rom selbst war katastrophal: Als Anfang 52 Clodius von der Bande des Milo erschlagen worden war, verbrannte der Mob die Leiche auf dem Forum mit dem Mobiliar des Senatssaals und steckte dabei die ganze Curie in Brand. Es herrschte Anarchie fast im wörtlichen Sinn, denn wegen der Auseinandersetzungen der Kandidaten untereinander gab es 52 zunächst keine curulischen Beamten, bis Pompeius zum alleinigen Consul ernannt wurde.

Für Caesar bot diese Situation ebensoviel Chancen wie Grund zur Besorgnis. Er konnte sich mit ihr allerdings nur kurz beschäftigen, denn die Unruhen in Rom hatten Auswirkungen in Gallien, wo man die innenpolitische Bedrohung Caesars durchaus erkannte und als – vielleicht letzte – Chance für einen Kampf um Galliens Freiheit ansah. Den Anfang machten die Carnuten, die das römische Heeresdepot in Orléans überfielen, die Römer erschlugen und ihre Habe plünderten. Dies führte zu einer Solidarisierung nahezu aller mittelgallischen Stämme, die sich in dem arvernischen Fürsten Vercingetorix einen politisch wie militärisch kompetenten Oberbefehlshaber gegen Rom gaben. Der Aufstand breitete sich bis in die römische Provinz aus.

In dieser Notlage bewährten sich die strategischen und die taktischen Fähigkeiten Caesars auf beeindruckende Weise. Es gelang ihm, die verstreut stationierten Legionen im Pariser Becken zu konzentrieren. Avaricum, heute Bourges, wurde mit einem Blutbad unter der Bevölkerung eingenommen und schließlich das gallische Heer unter Vercingetorix in Alesia eingeschlossen. Die römischen Truppen belagerten einerseits Vercingetorix und richteten sich andererseits auf eine Belagerung durch ein anrückendes gallisches Entsatzheer ein. Trotz mehrerer Krisen konnte Caesar den Ansturm der Gallier schließlich abwehren; das gallische Entsatzheer löste sich auf, und Vercingetorix kapitulierte.

Der Senat beschloß ein 20tägiges Dankfest, doch Caesar mußte sehen, wie er – angesichts seiner bald bevorstehenden Ablösung und der Wahrscheinlichkeit, daß er einen Großteil seiner Truppen wohl anderwärts verwenden mußte – die Situation in Gallien auch politisch stabilisierte. Er blieb deshalb noch bis Mitte 50 ununterbrochen im Land, hob die letzten Widerstandsnester aus, bestrafte die Feinde und belohnte die Freunde Roms (das heißt die innenpolitischen Gegner derjenigen, die für die Freiheit Galliens gekämpft hatten). Während er auf der einen Seite allen, die die letzte gallische Festung Uxellodunum verteidigt hatten, die Hände abhacken ließ, verteilte er an Mitglieder der romfreundlichen Oberschicht bereits großzügig das römische Bürgerrecht.

Obwohl die eroberten Gebiete, die noch keineswegs offiziell als neue Provinz konstituiert waren, während der nun folgenden Bürgerkriege nur von einer relativ kleinen Besatzung gehalten werden konnten, ist von größeren Unruhen nicht die Rede. Hauptursache hierfür waren wohl die immensen Verluste an Menschen und an Geld, die Gallien erlitten hatte. Von einer Bevölkerung von etwa 10 Millionen waren, nach Caesars eigenen Angaben, mehr als eine Million gefallen oder in die Sklaverei verkauft worden.

Mitte 50 also konnte Caesar endlich nach Oberitalien in seine Provinz zurückkehren. Er besaß nun eine bessere Armee als jeder seiner Konkurrenten (Pompeius eingeschlossen), die zudem völlig auf ihn eingeschworen war, er besaß unbeschränkte finanzielle Mittel, von denen er seinen Freunden und Untergebenen reichlich gab, und er konnte in Rom nun auf eine Gruppe von Senatoren zählen, die teils aus Überzeugung, teils wegen wirtschaftlicher Vorteile und häufig wegen beidem seine Sache vertraten. Ebenfalls auf seiner Seite stand ein beträchtlicher Teil der *plebs urbana*.

Auf der anderen Seite standen die Vertreter des Senatsregimes, die sogenannten Optimaten, als deren Wortführer sich seit den sechziger Jahren Cato etabliert hatte. Sie standen für die Politik im alten Stil, und sie waren jedenfalls gegen die neuen Politiker, die mit Hilfe von Volksversammlung und Volkstribunen und/oder einer Armee eine persönliche Herrschaft etablieren wollten. Mit Pompeius hatte sich diese Gruppe in der letzten Zeit arrangiert, wohl auch in der Einsicht, daß dieser – bei allem Ehrgeiz – eine geringere Gefahr darstellte als Caesar. Im Jahre 52 hatte Pompeius als alleiniger Consul mit dem Bandenwesen in Rom aufgeräumt und sich dadurch den Dank aller ‹Guten› (denn als *boni* bezeichneten sich die Optimaten selbst) erworben. Auch nach seinem Consulat ging Pompeius nicht in seine Provinz *Hispania*, wie 55 vorgesehen, sondern blieb mit einem Teil seiner Truppen in Italien.

Caesar mußte also befürchten, daß er nach Ablauf seines gallischen Kommandos ohne Heer einem vom Senat gestützten Pompeius mit Heer gegenüberstehen würde. Sein Schutz vor Anklagen war gegenüber 55 geringer geworden: Ein Gesetz aller 10 Volkstribunen von 52 hatte ihm zwar ausdrücklich die Bewerbung um den Consulat *in absentia*, das heißt von seiner Provinz aus, gestattet. Andererseits standen aufgrund eines von Pompeius eingebrachten Gesetzes über die Vergabe der Provinzen nun schon bei Ablauf von Caesars Proconsulat am 1. Januar 49 mögliche Nachfolger zur Verfügung. Caesar lief also Gefahr, in diesem Jahr ohne Amt zu sein, und seine politischen Manöver der Jahre 51 und 50 zielten darauf ab, das wie auch immer zu vermeiden. Seine Gegner versuchten ihn, da der Krieg ja nun – nach Caesars Siegesdepeschen – beendet sei, so bald wie möglich abzuberufen und vor Gericht zu stellen, und eine große Mehrheit im Senat, die sich nur nicht recht durchsetzen konnte, versuchte verzweifelt, die Alternative zwischen beiden und vor allem einen Bürgerkrieg zu vermeiden.

Die Suche nach einem Kompromiß führte zu keinem Ergebnis. Als am 7. Januar 49 der neue Consul Cornelius Lentulus die Diskussion eines Briefes Caesars im Senat ablehnte und der Staatsnotstand, das *senatus consultum ultimum*, verkündet wurde, flüchteten die Volkstribunen Marcus Antonius und Cassius Longinus zu Caesar, weil sie sich bedroht fühlten. Die Verteidigung der tribunizischen Rechte bot Caesar das passende Schlagwort, um am 10. Januar den Rubikon zwischen Ravenna und Rimini zu überschreiten und damit den Bürgerkrieg zu beginnen.

Wie Sulla vierzig Jahre zuvor argumentierte Caesar vor allem mit seiner *dignitas*, seinem auf Verdiensten beruhenden öffentlichen Ansehen. Caesars Gegner hatten das Staatsrecht auf ihrer Seite, das Caesar nicht nur in seinem Consulat, sondern auch während seiner gallischen Statthalterschaft gröblich verletzt hatte. Man kann ihnen, wie das ein Großteil der modernen Forschung tut, engstirniges Beharren auf überholten Rechtspositionen vorwerfen, doch liegt der Verdacht nahe, daß hier in vorauseilendem Gehorsam die *causa victrix* als *causa melior* angesehen wird.

Zum militärischen Führer der Gegenpartei wurde Pompeius gemacht, der jedoch schon nach kurzer Zeit seine Parteigänger mehr und mehr enttäuschte. Auch die erhofften Desertionen aus Caesars Heer blieben aus. Während Caesar, ohne nennenswerten Widerstand zu finden, Italien besetzte, gingen Pompeius, die beiden Consuln (das heißt «der Staat») und (teilweise unter erheblichem Zwang) viele Senatoren nach Dyrrhachium in Albanien.

Pompeius' Strategie war es sichtlich, zunächst die militärischen Mittel des Ostens zu mobilisieren, die ihm seit seiner Neuordnung dort zur Verfügung standen. Zwischen diesem, wie zu hoffen war, zahlenmäßig weit überlegenen Heer und den noch in Spanien verbliebenen sieben Legionen hoffte Pompeius Caesar zu erdrücken. Was dann mit der Republik passieren würde, mit Pompeius als dem einzigen verbliebenen Triumvirn, war abzusehen. Deshalb war das Bündnis der Senatspartei mit ihrem

Feldherrn von vornherein ein gespanntes, und auch Pompeius wußte natürlich, daß nach der Beseitigung Caesars er selbst nicht lange sicher sein könnte. Caesar marschierte also, zunächst nur mit einer Legion, in Italien ein, und die Städte öffneten sich ihm allenthalben, Soldaten liefen zu ihm über, und die Invasion glich, wie er es schildert, mehr einem Triumphzug. Natürlich wußten die Verantwortlichen überall, daß der Senat, um die Lage nicht zusätzlich zu verschärfen, keine militärischen Vorbereitungen für den jetzt eingetretenen Ernstfall getroffen hatte, daß Italien also gar nicht zu verteidigen war. Caesar legte obendrein eine geradezu demonstrative Milde an den Tag gegenüber gefangenen Gegnern, um den naheliegenden Vergleich mit Sullas Einmarsch von Anfang an zu dementieren. Der mangelnde Widerstand sollte also nicht unbedingt als verbreitete Zustimmung zu Caesar interpretiert werden.

Caesar versuchte zunächst, Pompeius und seine Begleitung von den Adriahäfen abzuschneiden, doch als er mit seiner auf sechs Legionen angewachsenen Armee nach Brindisi kam, konnte er seine Gegner nicht mehr am Einschiffen und an der Überfahrt hindern. Er wandte sich darauf nach Rom, wo er zwar in Verhandlungen mit den zurückgebliebenen Senatoren keine Unterstützung erhielt, sich aber – unter Gewaltandrohung gegen einen Volkstribunen – den von Pompeius in der Panik des Abmarsches zurückgelassenen Staatsschatz aneignen konnte.

Wie nun immer häufiger, flüchtete Caesar aus dem politischen Patt in die militärische Aktion. Nach nur einer Woche in der Hauptstadt begab er sich, um den Rücken für die Auseinandersetzung mit Pompeius frei zu bekommen, nach Spanien, wo er nach einer kurzen Kampagne im August 49 die Hauptarmee der Pompeianer bei Lérida in Katalonien zur Kapitulation zwingen konnte. Der Statthalter von Südspanien, Marcus Terentius Varro, ein besserer Gelehrter und Schriftsteller als Feldherr, kapitulierte kampflos. Während der Rückfahrt nach Italien konnte Caesar auch die Übergabe Marseilles annehmen, das sich auf die Seite des Pompeius geschlagen hatte und deshalb seit Monaten belagert worden war. Die Strafe für diese alte Verbündete Roms fiel relativ milde aus, doch verlor die Stadt einen erheblichen Teil ihres Herrschaftsgebiets, das die Côte d'Azur und deren Hinterland umfaßt hatte.

Anfang Dezember 49 war Caesar wieder in Rom zurück. Da beide Consuln abwesend waren und so auch die Wahlen nicht durchgeführt werden konnten, wurde Caesar von dem Praetor Marcus Aemilius Lepidus zum Dictator ernannt. Es handelte sich hier nicht um eine Dictatur wie diejenige Sullas, sondern um eine des althergebrachten Typs, um die Wahlen für 48 durchzuführen. Gewählt wurden Caesar selbst und Servilius Isauricus. Nach wenigen Tagen und einigen Notmaßnahmen gegen die in Rom grassierende Schuldenkrise trat er als Dictator zurück und begab sich nach Brindisi, um nun – als rechtmäßig gewählter Consul – den Kampf mit Pompeius aufzunehmen.

In Unteritalien hatte er inzwischen eine Transportflotte und eine Armee von 12 Legionen versammelt. Unbeirrt von Rückschlägen seiner Unterführer setzte er Anfang Januar nach Epirus über, zunächst mit einem Teil der Armee. Erst im April gelang es, den Rest der Truppen nachzuholen. Pompeius hatte sich in Dyrrhachium verschanzt, und Caesar belagerte ihn. Da Pompeius' Flotte das Meer beherrschte und er große Verstärkungen aus dem Osten erwartete, konnte er diese Situation gut aushalten, zumal seine Truppen bei verschiedenen Ausfällen besser abschnitten als die Caesars. Gerade diese Erfolge aber führten dazu, daß die «Politiker» in seinem Stab, die führenden Männer der Senatspartei, ihn nun zu einer Entscheidungsschlacht drängten. Oder wolle er etwa nur seine Kommandogewalt auf möglichst lange Zeit behalten? Pompeius ließ sich überreden und brachte bei einem weiteren Ausfall Caesar so in Gefahr, daß dieser sich nach Thessalien zurückziehen mußte. Dort, in der Ebene von Pharsalos, fand am 9. August 48 die Schlacht statt, die mit einem großen Sieg Caesars endete. Eine Reihe von Senatoren traten nun auf seine Seite über, darunter Brutus, der Neffe Catos. Dieser selbst, zusammen mit einigen anderen Hardlinern der Senatspartei und den Söhnen des Pompeius, beschloß, Pompeius zu folgen und den Krieg von Nordafrika aus fortzusetzen.

Dieser war indessen nach Ägypten geflohen, wo er auf Hilfe hoffen konnte. Er hatte nämlich 59, als Caesar das Land als römische Provinz einziehen wollte, erreicht, daß Ptolemaios XII. Auletes, der Vater des jetzigen, noch unmündigen Königs, zum Herrscher gemacht wurde. Die Berater des Königs ließen ihn jedoch umbringen und Caesar, der durch Makedonien und Kleinasien Pompeius nachgejagt war, als Zeichen guten Willens dessen Haupt überreichen. Caesar beweinte das Geschick seines toten Gegners und ließ Pompeius' Reste ehrenvoll bestatten.

Damit war das Ziel der Kampagne erreicht, und Caesar hätte nach Rom zurückkehren können, wo nun wirklich genug Aufgaben auf ihn warteten. Jedoch wurde seine Flotte durch widriges Wetter am Auslaufen gehindert, und er selbst traf Kleopatra, die gerade 21 Jahre alt und seit 51 zusammen mit ihrem jüngeren Bruder – und nach ägyptischer Sitte Gemahl – Ptolemaios XIII. Königin des Landes war. Die gemeinsame Herrschaft war schnell in Streit und Bürgerkrieg ausgeartet, und Kleopatra war aus Alexandria vertrieben worden. Sie bat Caesar um Hilfe: Ihr erster Auftritt, verschnürt in einem Bettensack (um unerkannt zu Caesar zu kommen), bewegte nicht nur den Römer, sondern auch die späteren Historiker. Jedenfalls griff Caesar mit unzureichenden Kräften in die ägyptischen Auseinandersetzungen ein und lud sich damit einen Konflikt auf, der beinahe mit seinem Tod geendet hätte. Kleopatra war im Land nicht beliebt, und die Römer waren es noch viel weniger. Die Allianz beider führte zu einem von der Partei des Königs geschürten Volksaufstand in Alexandria. Die Römer wurden auf einen Teil des Palastes und die Insel

Pharos mit dem berühmten Leuchtturm zurückgedrängt; bei ihnen waren als Gefangene der junge König und Kleopatra. Bei dem Versuch, die ägyptische Flotte zu verbrennen, ging auch eine Bibliothek in Flammen auf; ob es sich dabei um *die* berühmte Bibliothek von Alexandria handelte, ist umstritten. Für Kleopatra also hatte Caesar sich und sein Heer in eine höchst bedrohliche Lage gebracht. Erst im März erreichte eine Hilfsarmee unter Mithridates von Pergamon, darunter viele Juden, die Ostgrenze Ägyptens. Dort, bei Pelusion, kam es dann zur Schlacht, in der die ägyptische Armee aufgerieben wurde und der König, den Caesar freigelassen hatte, fiel. Auch Alexandria mußte sich ergeben, und Kleopatra wurde, offiziell an der Seite eines weiteren Bruders, wieder als Königin eingesetzt. Caesar begleitete die Königin auf einer langen Fahrt den Nil hinauf, um das Land – und Kleopatra – besser kennenzulernen. Ein Jahr später gebar die Königin einen Sohn, Ptolemaios Kaisarion, und Caesar dementierte nicht seine Vaterschaft.

Im Frühsommer 47 mußte sich Caesar dann aber doch von ihr losreißen. Durch Syrien, wo er begann, die politischen Verhältnisse zu ordnen, zog er nach Kleinasien. Dort hatte ein Sohn von Roms großem Gegner Mithridates begonnen, das väterliche Reich wiederherzustellen. In einer Blitzkampagne (*veni, vidi, vici*) besiegte ihn Caesar bei Zela. Dann ließ sich eine Rückkehr nach Italien nicht mehr vermeiden, wo er seit Anfang Januar 48 nicht mehr gewesen war. Schon 48 hatten soziale Unruhen Italien erschüttert. Viele Schuldner bezahlten ihre Zinsen nicht mehr, und römische Beamte, unter ihnen Ciceros Schwiegersohn Dolabella, warben für einen Schuldenerlaß. Caesar war schon im Herbst 48 *in absentia* zum Dictator ernannt worden; als sein Reiterführer und Vertreter in Italien agierte Antonius. Als dieser bei einem Aufruhr in Rom mehrere hundert Bürger töten ließ, sank mit seinem auch Caesars Prestige erheblich, zumal Antonius sich auch bei dem Verkauf von Gütern des Pompeius über das Tolerierbare hinaus bereichert hatte. Man erwartete jeden Moment von Afrika aus die Invasion der letzten Pompeianer, die dort ein großes Heer gesammelt hatten. Die Lage war also explosiv. Als Caesar im Oktober 47 wieder nach Rom kam, war er in einer anderen Situation als knapp zwei Jahr zuvor. Er war nun Dictator, und zwar diesmal anscheinend wie Sulla mit weitreichenden Befugnissen für die Organisation des Staates.

Die Basis für eine grundlegende Reform des Staates wäre also gegeben gewesen. Caesar beschränkte sich aber auf einige kleinere Korrekturen, so eine Aussetzung von Zinszahlungen oder deren Tilgung sowie einen kleinen Zuschuß bei allzu hohen Mieten. Einen größeren Teil seiner Aufmerksamkeit nahm eine Meuterei von Truppen in Anspruch, die vor dem bevorstehenden Feldzug nach Afrika wenigstens ihre Siegesprämien aus den früheren Kriegen erhalten wollten. Nachdem noch die Beamten für das gerade zu Ende gehende Jahr und weitere für 46 gewählt worden waren (Caesar zum dritten Mal Consul, neben der weiterlaufenden Dictatur), konnte noch im Dezember die Invasion Afrikas beginnen. Nach längeren Stellungskämpfen kam es dann im April 46 bei Thapsus an der tunesischen Küste zu der Schlacht, die Caesar gewann. Nicht die Schlacht an sich war blutig, sondern ihre Folgen. Die Soldaten Caesars hatten genug von der immer wieder erhobenen Forderung nach Caesars sprichwörtlich gewordener Milde, seiner *clementia*, die die Unterlegenen nicht von weiteren Kriegen abhielt. Die Quellen berichten von Zehntausenden von Toten; viele der führenden Optimaten fielen oder begingen Selbstmord. Auch Cato tötete sich selbst, was Caesar laut beklagte, weil ihm der Tote eine Möglichkeit genommen habe, *clementia* zu zeigen.

Übriggeblieben waren von der anti-caesarischen Führungsschicht Labienus und die Söhne des Pompeius, die nach Südspanien geflüchtet waren und dort ein neues Heer aufstellten. Ein besonders geldgieriger Statthalter, den Caesar 48 zurückgelassen hatte, bewirkte, daß sie freundliche Aufnahme fanden. Caesar, der Mitte 46 nach Rom zurückgekehrt war, konnte schon nach einigen Monaten die Notwendigkeit konstatieren, sich mit dieser Gefahr beschäftigen zu müssen. Noch bevor die Wahlen für 45 beendet waren (die aller curulischen Beamten standen noch aus), zog der inzwischen zum Dictator auf 10 Jahre Ernannte und bald zum alleinigen Consul für 45 Gewählte wieder ins Feld. In der Ebene südlich Cordobas fand, nach einer Reihe von Belagerungen, bei Munda die letzte Schlacht der Bürgerkriege statt. Caesar mußte selbst in den Kampf eingreifen, um seine schon weichenden Soldaten zu stützen, aber am Ende siegte er doch. Wie schon vorher in Gallien und in Afrika wurden einzelne und Städte, die seine Gegner unterstützt hatten, durch Steuern und Gebietsabtretungen bestraft; wenn sie ihm geholfen hatten, wurden sie durch Bürgerrechtsverleihungen und finanzielle Zuwendungen belohnt.

Im Mai 45 begann der Rückmarsch nach Rom, wo Caesar im Oktober eintraf. Zum ersten Mal seit 13 Jahren, von denen er insgesamt nur wenige Monate in der Hauptstadt verbracht hatte, gab es keinen äußeren oder inneren Feind, den es zu bekämpfen galt.

Im September 46 hatte Caesar seine lang aufgeschobenen Triumphe auf einmal nachgeholt, in einem unglaublichen Aufwand. Zur Belustigung des Volkes wurden anläßlich der Feiern Gladiatorenspiele und Tierhetzen aufgeführt und am Tage des Gallischen Triumphes Vercingetorix nach sechs Jahren Haft erdrosselt. Soldaten und Volk bekamen Geldgeschenke in fünfstelliger Höhe – der Dictator wußte, wo die Basis seiner Herrschaft lag.

War Caesar bei seinem letzten Aufenthalt in der Hauptstadt noch ein, wenn auch herausgehobener, Senator gewesen, so wurden ihm nun, auf die Nachricht von dem Sieg von Munda, vom Senat Ehren verliehen, die es wohl unmöglich gemacht hätten, daß er über längere Zeit als Senator unter Senatoren lebte. Die Triumphatorentracht, die man für das Gewand der alten Könige hielt, wurde sein Normalkostüm ebenso wie der Lorbeerkranz des Siegers (böse Zungen sagten, damit er besser seine Glatze verbergen konnte). *Imperator*, das heißt siegreicher Feldherr, wurde zu seinem – erblichen – Vornamen bestimmt, *parens patriae*, Vater des Vaterlandes, zu seinem Beinamen. Die Dictatur wurde ihm auf Lebenszeit verliehen, der Consulat auf zehn Jahre in Folge. Er sollte die gleiche Unverletzlichkeit genießen wie die Volkstribunen. Da nun auch sein Bild auf Münzen erscheinen sollte, war es eigentlich nur eine Frage der Benennung, ob man ihn als Monarchen bezeichnete.

Alle diese Ehrungen waren von den Senatoren ausgegangen in dem begreiflichen Wunsch, dem allmächtigen Dictator zu gefallen. Man nahm wohl zu Recht an, daß Caesar diese Auszeichnungen gerne akzeptierte – jedenfalls hören wir nicht, daß er etwas abgelehnt hätte. Seine Meinung über den Senat als Ganzen und seine Standesgenossen im einzelnen wurde dadurch nicht besser. Es ist jedoch auch nicht wahrscheinlich, daß seine politischen Anschauungen durch diese Ehrungen nicht verändert worden wären: Beide Parteien waren schuld daran, wenn die Distanz zwischen Caesar und dem Senat immer mehr zunahm. Es wäre jetzt die Zeit und die Gelegenheit gewesen, den Staat an Kopf und Gliedern zu reformieren, und niemand hätte Caesar daran hindern können, wenn er es denn gewollt hätte. An dem «gewaltigen Werk der Reformgesetzgebung» (Gelzer) bestehen aber erhebliche Zweifel, und diejenigen, die der «Größe» des Dictators skeptisch gegenüberstehen, können sich auf die nur wenigen Anhaltspunkte berufen, die es für ein solches Reformwerk gibt.

Eines der Probleme der Republik war gewesen, daß sie mit den Methoden und dem Personal eines zentralistisch geführten Stadtstaates ein Weltreich regieren mußte. Römische Bürger, die Träger des Staates, gab es praktisch nur in Italien; Beamte und Volksversammlung tagten in Rom, und die Städte im Reich besaßen nur eingeschränkte Kompetenzen. Eine – in der Antike allerdings kaum je praktizierte – Lösung wäre eine Föderalisierung gewesen; eine andere war die Vergrößerung des Regierungsapparates und der Bürgerschaft, wie sie dann in der Kaiserzeit praktiziert wurden. Nun sind von Caesar zwar Bürgerrechtsverleihungen an einzelne, an Städte und an Provinzen wie *Gallia Cisalpina* sowie auch die Verleihung von Stadtrechten in viel größerem Ausmaß überliefert als von allen Politikern vor ihm, Pompeius eingeschlossen; doch mußte er auch viel mehr einzelnen und Gemeinden, die ihm geholfen hatten, danken, und er war dabei viel weniger als etwa Pompeius durch die Obstruktion des Senats behindert. Nichts spricht aber dafür, daß er eine allgemeine Neuregelung auf diesem Gebiet angestrebt oder gar auf den Weg gebracht hätte. Das ihm häufig zugeschriebene allgemeine Stadtgesetz, die *lex Iulia municipalis*, stammt wohl von Augustus und besaß auch keine allgemeine Bedeutung.

Dies ändert nichts daran, daß er in vielen Provinzen des Reiches das Bürgerrecht an die Mitglieder der führenden Familien verlieh, um sie an Rom (und an sich selbst) zu binden. Auch ganze Gemeinden, deren Romanisation gesichert schien, wurden nun Städte römischer Bürger, sogenannte Municipien, und übernahmen die innere und äußere Verfassung der Städte in Italien. Cádiz in Spanien, das Caesar seit seiner Quaestur kannte, war die erste Provinzstadt dieses Typs.

Vor allem war Caesar aber ein großer Coloniegründer. Während der Bürgerkriege waren viele Städte, die nicht zeitig genug zu ihm übergegangen waren, mit Landverlust bestraft worden. Andererseits mußte der Feldherr die Veteranen seines Heeres, und um des inneren Friedens willen auch die seiner Gegner, mit einer Altersversorgung verabschieden, und dies war im Normalfall immer noch ein Bauernhof mit einem Stück Land. Siedelte man die Soldaten zusammen in Colonien an, konnte man diese zudem als sichere politische und militärische Stützpunkte benutzen. Doch auch Zivilisten, vor allem Freigelassene, aus der überquellenden Großstadt Rom wurden in die Provinzen (so etwa nach Karthago und Korinth) ausgesiedelt, vor allem um die Kosten der Getreideversorgung (Alimentation) für die stadtrömische Plebs, ein altes Anliegen der Popularen, in halbwegs erträglichen Grenzen zu halten.

Auch die Zahl der Magistraturen, der Stellen für Praetoren, Aedilen und Quaestoren, wurde in Caesars letztem Lebensjahr erhöht. Hauptgrund hierfür war wohl, daß der Sieger der *bella civilia* seine Parteigänger belohnen mußte: Römische Ritter wurden zu Senatoren, Senatoren wurden in ihrem Rang befördert oder sogar zu Patriziern ernannt. Die Mitgliederzahl des Senats stieg so bedenklich an, auf über 900, und in Kreisen der alteingesessenen Senatoren zirkulierten bittere Witze über die «Gallier», die «Unteroffiziere» und die «Maultiertreiber», die der Dictator zu Senatoren gemacht hatte. Die Regierung führte Caesar mit einem kleinen, auf ihn eingeschworenen Mitarbeiterstab, Leuten meist aus dem Ritterstand, die häufig wenig Rücksicht auf die Empfindlichkeiten der alten Führungsschicht nahmen. Es konnte einem Consular wie Cicero passieren, daß er Dankschreiben für Privilegien erhielt, die er angeblich beantragt, von denen er aber nie gehört hatte.

Die einzige Reform, die Caesar tatsächlich durchführte und die auch Bestand hatte, und zwar bis heute, war die Reform des Kalenders, die er aber als *pontifex maximus* und nicht als Dictator initiierte. Der römische Jahreskalender, der ursprünglich 10, dann 12 Mondmonate mit 355 Tagen zählte und den die Pontifices durch ziemlich willkürliche Einschaltung von Zusatzmonaten halbwegs im Einklang mit dem Sonnenjahr hielten, hinkte zu Caesars Zeit dem astronomischen Kalender um 90 Tage hinterher. Unter Mitwirkung vor allem des alexandrinischen Mathematikers Sosigenes entwarf der Dictator (und er beteiligte sich wohl tatsächlich selbst an den Berechnungen) ein System von verschieden langen Monaten, die mit Hilfe eines alle 4 Jahre eingefügten Schalttages die Länge des Sonnenjahres von 365 $^1/_4$ Tagen ziemlich präzise erreichten.

Bleibt schließlich die entscheidende Frage: Wie stellte sich Caesar seine eigene Stellung in der *res publica* auf Dauer vor? Bei all diesen Überlegungen ist im Auge zu behalten, daß Caesar zum Zeitpunkt seiner Ermordung knapp 56 Jahre alt und bei viel besserer Gesundheit war als Augustus zeit seines langen Lebens. Ein aktueller Zwang, sofort irreversible Entscheidungen zu treffen, lag also nicht vor.

Man kann davon ausgehen, daß Caesar frühzeitig die Institutionen der Republik verachtete. Diese Mißachtung hatte er in seinem Consulat und später immer wieder zur Genüge gezeigt. Insofern war Ciceros Hoffnung in der Rede *pro Marcello*, die alte Ordnung könne neben oder trotz Caesar weiterbestehen, von vornherein zum Scheitern verurteilt. Eine Alleinherrschaft, gestützt auf das Militär, war wohl die einzige Alternative zum Senatsregime, aber welche Form sollte sie haben? Caesar war im Jahr 45 Dictator auf Lebenszeit, Consul für zehn Jahre und der einzige, der Soldaten kommandieren und über den Staatsschatz verfügen sollte; er war also in jeder Weise Haupt der Exekutive. Allerdings waren diese Ämter für seinen Geschmack wohl zu sehr mit dem alten System verbunden. Viele Anzeichen sprechen dafür, daß er in den letzten Monaten mit dem Königstitel liebäugelte, ohne sich schon entschieden zu haben, ob dieses Königtum mehr altrömisch-latinischen oder mehr hellenistischen Charakter haben sollte. Eine Reihe der Caesar schon verliehenen Ehren, so das Recht der Patrizierernennung und der Titel *parens patriae*, rückten ihn bereits in die Nähe seines «Vorfahren» Romulus und damit, durch dessen Gleichsetzung mit Quirinus, in zumindest halbgöttliche Sphäre; er erhielt, wie die großen Staatsgötter, auch einen eigenen Priester. Für ein Königtum sprach auch die Tatsache, daß dieses sich, im Gegensatz zu den republikanischen Ämtern, vererben ließ. Caesar besaß zwar seit dem Tod seiner Tochter Iulia keine legitime Kinder mehr, doch hatte Kleopatra ihren Sohn nach ihm genannt und versicherte unwidersprochen, Kaisarion sei Caesars Sohn. Den angeblichen Gesetzesvorschlag, Caesar solle so viele Frauen heiraten dürfen, wie er wolle, um Nachkommen zeugen zu können, wird man zwar den Stammtischparolen zuordnen dürfen, doch war bei einem Mann von so ausgeprägtem sexuellen Appetit ja nicht auszuschließen, daß er wenige Jahre nach Kaisarion auch legitime Erben zeugen würde. In seinem letzten Testament bestimmte er seinen Großneffen Gaius Octavius zum Haupterben und adoptierte ihn, doch war dies, auch angesichts des jugendlichen Alters des Octavius, nichts als eine innerfamiliäre Regelung.

Das langsame und geduldige Ausprobieren von staatsrechtlichen Möglichkeiten, wie er die eigene hervorgehobene Position mit einer zumindest nominellen Teilhabe des Senats an der Macht vereinen könnte, die Berücksichtigung des schönen Scheines, die sein Erbe Octavius/Augustus so hervorragend beherrschte, waren Caesars Sache nicht. Ihm scheint das gesellschaftliche und politische Klima in Rom zunehmend auf die Nerven gegangen zu sein, und er suchte nach einer Möglichkeit, sich ihm durch einen neuen Feldzug zu entziehen. Hierfür boten sich die Parther an, denn noch immer war die Niederlage des Crassus und seiner drei Legionen bei Carrhae nicht gerächt, und diese Aufgabe oblag natürlich Caesar. Was danach kam, wer konnte es wissen? Hinter dem Partherreich lag Indien, und so wie Pompeius und viele andere römische Feldherren fühlte sich auch Caesar in der Nachfolge Alexanders des Großen. Andererseits, wenn man sich die Karten der griechischen Geographen anschaute, war es ein leichtes, durch das Land der Skythen den Germanen in den Rücken zu fallen, die sich ein Jahrzehnt zuvor Caesar so obstinat widersetzt hatten. Auf dem Hinweg oder dem Rückweg konnte man dann auch das Dakerreich in Rumänien erledigen, das seit einiger Zeit auf dem Balkan für Unruhe sorgte. Auch bei diesen megalomanen Plänen ist unklar, was Caesar selbst dachte und was in Soldatenkneipen oder in Senatorensoirées dazuerfunden wurde. Ein langer, großer, gemeinsamer Krieg hätte aber, so mag Caesar gedacht haben, zumindest die bei der Armee befindlichen Offiziere und Soldaten ungeachtet ihrer Parteizugehörigkeit zusammengeschweißt, und ihm jedenfalls eine weniger komplizierte Gesellschaft als die römische beschert.

Caesar hatte seine Dictatur von derjenigen Sullas immer dadurch abgesetzt, daß er nicht die persönliche Vernichtung seiner Gegner anstrebte: *Clementia* war schon beim Einmarsch nach Italien 49 seine Devise gewesen, «Gnade» für die Besiegten. Dies war wohl nicht nur Meinungsmache, sondern tiefe Überzeugung Caesars. Nun war aber Gnade etwas, was ein Herrscher seinen Untertanen gegenüber ausüben konnte. Innerhalb einer Gruppe von nominell Gleichen wie den Senatoren konnte und mußte diese *clementia* deshalb eher verletzen als versöhnen; man ließ sich sein Leben schenken und haßte den Dictator um so mehr, weil man ihm deshalb verpflichtet war. Aus alten Feinden, alten Freunden und Neu-Caesarianern bildete sich so unter Führung des Gaius Cassius Longinus und des Marcus Brutus eine Verschwörung, deren Ziel die Beseitigung des «Tyrannen» und die Wiederherstellung der Republik war. Ob sich das zweite so ohne weiteres aus dem ersten ergab, scheint niemand gefragt zu haben.

Es war klar, daß der Mord an Caesar, wenn dieser sich erst einmal bei der Armee befand, unvergleichlich schwieriger und gefährlicher für die Attentäter sein würde als in Rom. Deshalb wurde die letzte Senatssitzung vor der geplanten Abreise, am 15. (den Iden) des März, für die Tat vorgesehen. Ob Versuche in den letzten Monaten zuvor, Caesar zum König ausrufen zu lassen, Versuchsballons waren, um die Stimmung des Volkes gegenüber solchen Plänen herauszufinden (sie war schlecht), oder vielleicht sogar gemacht wurden, um die öffentliche Meinung gegen ihn aufzubringen, wissen wir nicht. Schlechte Vorzeichen gab es zuhauf, wie die antiken Historiker berichten, aber, wie üblich, wußte man erst *post festum*, was sie zu bedeuten hatten. Die Verschwörer umringten Caesar, als er den Senat betrat, Publius Servilius Casca stieß als erster zu, und alle anderen folgten. Zu Füßen einer Statue des Pompeius verblutete er, denn der Senat tagte in Räumen am Theater des Pompeius – die eigentliche Senatscurie war noch eine Ruine. Die Senatoren stoben auseinander – niemand konnte annehmen, daß die Mörder Caesars tatsächlich nur diesen treffen wollten. Auch das römische Volk war eher erschreckt als begeistert darüber, daß es nun befreit worden war.

Caesars Bild war in der Folgezeit umstritten. Hatten sich Augustus und seine Nachfolger, die ja alle Caesars Namen trugen, noch von ihm distanziert, begann ab dem zweiten Jahrhundert seine Höherschätzung. Die Forscher des 19. und 20. Jahrhunderts sahen in ihm meist «den größten der Römer» (Groebe), doch färbte die Verurteilung der Diktatoren Mussolini und Hitler auch auf sein Bild ab. Das negative Urteil überwiegt heute, doch die Faszination des Mannes bleibt.

Rom um 44 vor Christus

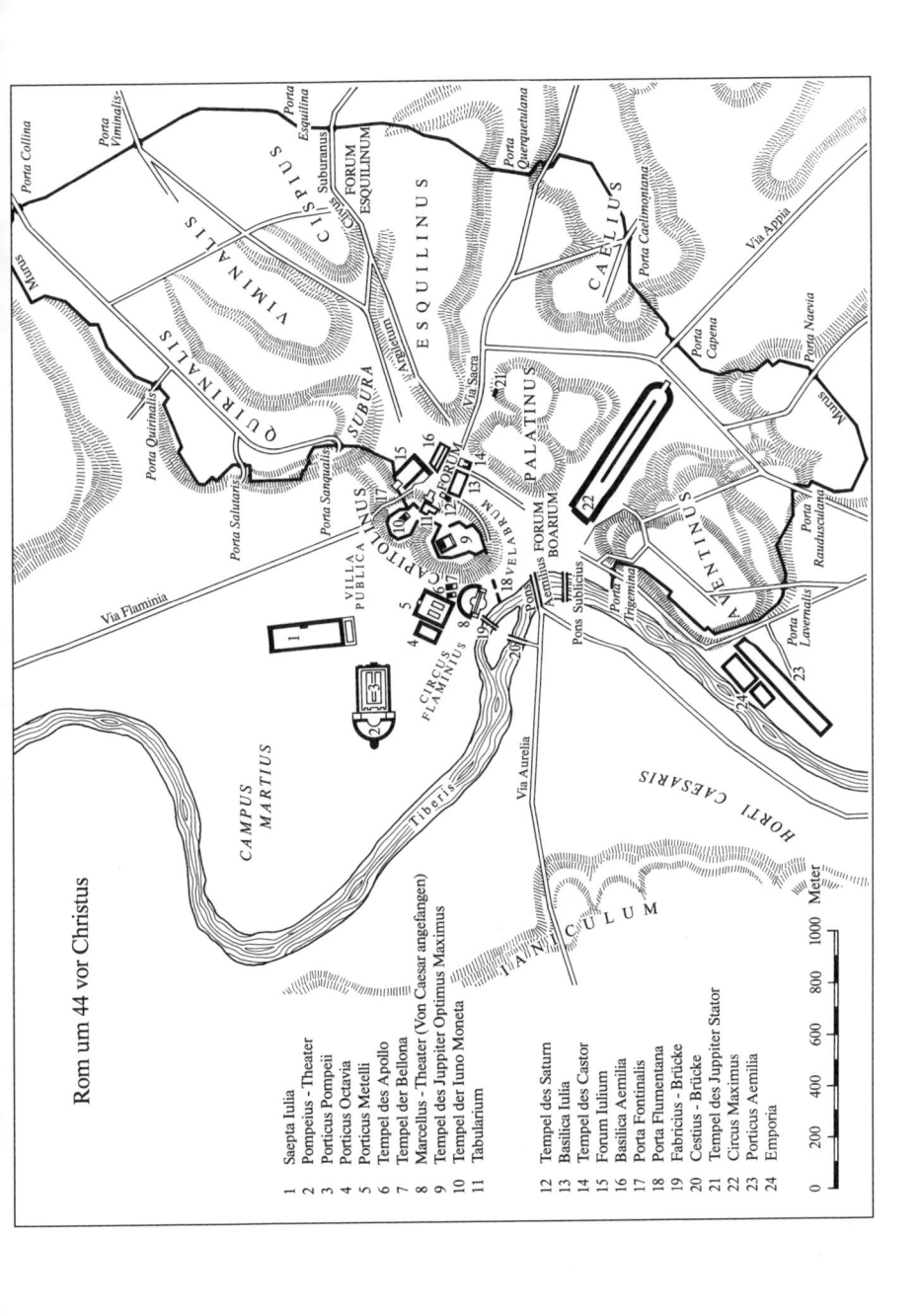

1. Saepta Iulia
2. Pompeius - Theater
3. Porticus Pompeii
4. Porticus Octavia
5. Porticus Metelli
6. Tempel des Apollo
7. Tempel der Bellona
8. Marcellus - Theater (Von Caesar angefangen)
9. Tempel des Juppiter Optimus Maximus
10. Tempel der Iuno Moneta
11. Tabularium
12. Tempel des Saturn
13. Basilica Iulia
14. Tempel des Castor
15. Forum Iulium
16. Basilica Aemilia
17. Porta Fontinalis
18. Porta Flumentana
19. Fabricius - Brücke
20. Cestius - Brücke
21. Tempel des Juppiter Stator
22. Circus Maximus
23. Porticus Aemilia
24. Emporia

Marcus Iunius Brutus –
oder: die Nemesis des Namens

von Ulrich Gotter

Im Jahre 710 nach der Gründung Roms, an den Iden des März (15. 3. 44 v. Chr.), schickte sich Marcus Iunius Brutus an, ein Held der Republik zu werden. Unter seiner Amtskleidung als Stadtpraetor verbarg er einen Gürtel, an dem ein schmaler Dolch hing. Kurz darauf, noch im Dämmerlicht, nahm er Abschied von seiner Frau Porcia, die die Nacht in schlimmster Unruhe verbracht hatte. An diesem Tag sollte der Senat ein letztes Mal zusammenkommen, bevor Gaius Iulius Caesar, römischer Consul und Dictator auf Lebenszeit, an der Spitze seiner Legionen in den Osten abreisen würde, um die Parther zu besiegen und ein zweiter Alexander zu werden. Die Sitzung war in der Porticus Pompei anberaumt, einem Bau, den Gnaeus Pompeius, genannt der Große, dem Volk von Rom gestiftet hatte, zur Erinnerung an seine Siege über die Seeräuber und König Mithridates.

Dort traf Brutus seinen Schwager Gaius Cassius und die übrigen Verschwörer. Nur Caesar, zurückgehalten von bösen Ahnungen und von seiner Frau, erschien nicht. Man sandte Boten zu ihm, die an sein Gefühl für Schicklichkeit appellierten. Als der Dictator schließlich, schon spät am Morgen, vor der Porticus Pompei auftauchte, war er wie so oft von einer Menschentraube umgeben. Bittsteller belagerten ihn, raunten ihm Erinnerungen an Versprochenes ins Ohr und steckten ihm Billets zu; Freunde begrüßten ihn, viele Umstehende riefen seinen Namen. Brutus, Cassius und die anderen aber warteten, ungeduldig, angespannt und voller Angst, verraten zu sein. Endlich gingen alle Senatoren in den Sitzungssaal.

Der Ort des Attentats war gut gewählt. Unter den Verschwörern waren viele Männer von Rang, die den Dictator unauffällig umringen konnten. Einer von ihnen, Lucius Tillius Cimber, bat um die Begnadigung seines Bruders, erst gemessen, dann immer unverschämter, zudringlicher. Auch die anderen rückten an Caesar heran, berührten ihn bittend. Als er sie abschütteln wollte, wurden die Dolche gezogen. Caesar erhielt einen schlechtgezielten Stich in den Rücken, schrie auf, wehrte sich mit seinem Griffel. Es wurde wild drauflosgestochen, die Mörder verwundeten sich gegenseitig in ihrer Hast. Als Caesar Brutus' Dolch sah, soll er entweder stumm das Haupt verhüllt oder auf griechisch gesagt haben: «Auch du, mein Sohn?» Von 23 Stichen getroffen, brach er schließlich zusammen. Es war ein zeichenhafter Tod. Sein Blut troff, wie das eines Opfertiers, von der Statue des Pompeius herab, der knapp vier Jahre zuvor den Kampf gegen ihn mit seinem Leben bezahlt hatte.

An der Hand blutend, wollte Brutus vor dem Senat sofort eine Rede halten – vermutlich irgend etwas über Tyrannenmord und republikanische Freiheit. Sein Publikum war jedoch in Panik auseinandergelaufen. Viele Senatoren galten als Anhänger Caesars, und man konnte schließlich nicht wissen, auf wen es die Attentäter noch abgesehen hatten. In den Straßen Roms wiederholte sich die Szene: Brutus wollte reden, doch die Menschen flohen vor ihm. So zogen die Verschwörer in weißen, blutbespritzten Gewändern, die Dolche in den Händen, aufs Capitol. Allen riefen sie zu, sie hätten die Stadt vom Tyrannen befreit.

Ihre Tat war unerhört. Der mächtigste Mann seines Zeitalters war getötet worden, mitten in der Stadt, in Friedenszeiten und von Menschen, die er als seine Freunde betrachten durfte. Das galt ganz besonders für Brutus. Kein Wunder also, daß sein Dolchstoß in der Curie wie ein Paukenschlag war, dessen Nachhall über die Epochen hinwegrollte; kein Wunder auch, daß sein Mord an Caesar zum politischen und moralischen Exempel wurde, an dem sich die Geister schieden.

Für die Schriftsteller der frühen Kaiserzeit war Brutus ein Sicherheitsrisiko. Seine Figur konnte als einzige der gesamten Revolutionszeit nicht in den Kosmos der römischen *memoria* integriert werden. Für die julischclaudische Dynastie bedeutete seine Verherrlichung eine unerträgliche Provokation, denn die Tötung des Stammvaters durfte keine legitime Alternative sein. Polarisierend blieb Brutus jedoch auch, nachdem das römische Imperium längst Vergangenheit war. Der Dissens um seine Person zieht sich ebenso durch die *Belles Lettres* wie durch das politische Schrifttum. Von Dante wurde er wegen des mörderischen Treuebruchs an seinem Freund und Wohltäter Caesar in den tiefsten Höllenkreis versetzt; Shakespeare dagegen feierte ihn im *Julius Caesar* als «noblest Roman», der für das, was er aus vorbildhaftem Pflichtgefühl tat, seinen eigenen Untergang in Kauf nahm. Für Antimonarchisten war Brutus' Name stets ein Fetisch des Widerstands; man denke nur an Johann von Salisbury, die französischen Monarchomachen des 16. Jahrhunderts, Jonathan Swift und die Publizistik der Französischen Revolution. Den Theoretikern von Absolutismus und starkem Staat wie Thomas Hobbes war er dagegen ein Horror.

Auch das «historische Saeculum» blieb in dieser Sache alles andere als teilnahmslos. Die zeittypische Caesarverherrlichung seit dem 19. Jahrhundert liquidierte Brutus politisch wie moralisch. Einen Mann wie Caesar zu töten galt den Adepten des Geniekults geradezu als Sakrileg, und das bis in unser Jahrhundert weitverbreitete romantische Ideal eines volkstümlichen Königtums ließ die römischen Aristokraten als korrupte und egoistische Ausbeuter erscheinen, die das Gemeinwohl ihren eigenen Interessen skrupellos untergeordnet hatten. Da die Alleinherrschaft in Rom – banal-hegelianisch – den Fortschritt bedeutete, konnten Caesars Mörder nur verbohrte Reaktionäre gewesen sein. Theodor Mommsen, Literaturnobelpreisträger von 1902, verlieh dieser Perspektive in seiner *Römischen Geschichte* die wortmächtigste Verdichtung.

So sitzt der ungeheuerliche Caesarmord der Biographie des Brutus wie ein Troll im Nacken, noch in der Moderne und erst recht in der antiken Literatur. Das zeigen bereits quantitative Beobachtungen: In der Brutus-Biographie des Plutarch (ca. 50 bis nach 120 n. Chr.) nehmen zum Beispiel seine 41 Lebensjahre bis 44 v. Chr. lediglich ein Sechstel des Textes ein, die Verschwörung und die Kämpfe seiner letzten beiden Jahre dagegen die restlichen fünf Sechstel. Die Iden des März sind die ‹Wasserscheide›, die das Leben des Brutus asymmetrisch zerteilt. Erst die unerhörte Tat rückte Brutus ins historische Rampenlicht, die Konturen seiner Person in der Zeit davor blieben diffus und wurden dem Psychogramm des Caesarmörders nachträglich angeglichen. Da die Einheit des Charakters ein Dogma der antiken Biographik war, mußte das vermeintliche Wesen der Großen in ihre Kindheit verlängert werden. Für den antiken Leser war es also absolut plausibel, daß der Dictator Caesar schon in seiner Jugend herrschen wollte, der Tyrannenfeind Cassius bereits als Knabe Sullas Sohn wegen anti-republikanischer Äußerungen verprügelte und der grausame Bürgerkriegskommandeur Publius Cornelius Dolabella in seiner Kindheit Katzen quälte. Und wie stand es mit Brutus? Brutus trug von klein auf die Macht und Bürde seines Namens.

Wenn sein Vater einen ehrenvollen Tod gefunden hätte, wäre der junge Brutus Zeuge eines solennen Schauspiels geworden, vielleicht der eindrucksvollsten Inszenierung, die die römische Kultur hervorgebracht hat. Starb ein römischer Aristokrat, veranstaltete die Familie zu seinen Ehren einen Leichenzug, die *pompa funebris*. Damit wurde der Verstorbene aus der politischen Welt der Lebenden in den Raum der kollektiven Erinnerung, der *memoria*, versetzt. Die Ordnung des Zuges machte dies sinnfällig: Vorneweg marschierten die Verkörperungen der Ahnen, Sklaven, die mit den Amtsgewändern und Insignien der Toten geschmückt waren, dann kam der Verstorbene selbst, in allen Zeichen seiner Würde auf einer Bahre, getragen von Mitgliedern seiner Familie, am Ende die ranghohen Vorfahren seiner Frau. Auf dem Forum wurde die Bahre abgesetzt, und ein naher Verwandter in passendem Alter, möglichst ein Sohn, hielt die Totenrede, die *laudatio funebris*. Zuerst rief er Leben und Leistungen des Verstorbenen in Erinnerung, dann der Reihe nach die Verdienste der Ahnen. Schließlich setzte sich der Zug wieder in Bewegung, der Leichnam wurde verbrannt und die Überreste wurden an prominenter Stelle beigesetzt. Eine solche Totenfeier war kein privater religiöser Ritus, sondern eine politische Demonstration. Das begann bereits mit der

Auswahl der zur Schau Gestellten. Anspruch auf eine *pompa* hatte ausschließlich der Erfolgreiche, und für Erfolg gab es nur einen Maßstab: das politische Amt. Mindestens Aedil, dritthöchster Magistrat der Republik, mußte der Verstorbene gewesen sein, um auf diese Weise paradiert zu werden. Gleiches galt für die virtuell mitziehenden Vorfahren – präsent war nur, wer reüssiert hatte, alle anderen wurden aus dem öffentlichen Gedenken ausgemerzt. Die Regelung des Erinnerungsraumes war peinlich genau und für die römische Ordnung von enormer Bedeutung. Denn das Gewicht der Totenfeier bestimmte die politische Geltung der Lebenden; Publikum der *pompa* war das Wahlvolk der Republik, vor dessen Augen sich der Ruhm der großen Familien entfaltete. Und da es sich hierbei, nach allgemeiner Auffassung, um Leistungen für das Gemeinwesen handelte, war der Glanz der Ahnen ein unbestreitbares Argument in der scharfen Konkurrenz um Ämter und Kommanden.

Wenn Brutus' Vater ein prestigiöses Begräbnis zuteil geworden wäre, hätte sich zu seiner *pompa* eine illustre Heldenschar eingefunden, allen voran der beste Ahn, den man sich in der Republik nur wünschen konnte: Lucius Brutus, nach römischem Staatsmythos der erste Consul und Vertreiber des letzten Königs, des «Tyrannen» Tarquinius Superbus. Die Abstammung der Iunier von Brutus ist bereits in der Antike angezweifelt worden, und objektiv sicherlich zu Recht. Denn die Iunii Bruti waren ein plebejisches Geschlecht, das nicht zum Kreis des römischen Uradels gehörte. Doch als Angehörige der Familie in den Kriegen des vierten und dritten Jahrhunderts v. Chr. außerordentlich erfolgreich waren, verfielen sie auf einen effektiven Kunstgriff, um ihre Genealogie entscheidend zu verbessern. Entweder durch die Erfindung des tyrannenvertreibenden Vorfahren oder durch die etymologisch naheliegende Anknüpfung an ihn verlängerten sie ihre Ahnenreihe bis in die ersten Tage der Republik. Ihr unbestreitbarer Ruhm sorgte dafür, daß diese Manipulation Glauben fand. Weiteres genealogisches Kapital hatte Brutus Senior durch seine Heirat erworben. Seine Frau Servilia entstammte einem der nobelsten Geschlechter der Republik und brachte ebenfalls einen berühmten Tyrannenfeind mit in die Ehe: Gaius Servilius Ahala, der im Jahre 439 v. Chr. den Möchtegern-Tyrannen Spurius Maelius erdolcht haben soll.

Die Aussicht, zwei tyrannenfeindliche Familientraditionen in einer *pompa* zusammenzuführen, zerschellte jedoch im Bürgerkrieg. 78 v. Chr. hatte sich Brutus' Vater, in einem Akt von Nibelungentreue, dem schlecht vorbereiteten Aufstand des Marcus Aemilius Lepidus gegen den sullanischen Staat angeschlossen. Von Pompeius in Mutina (Modena) belagert, mußte er kapitulieren. Der Sieger ließ ihn auf sinistre Weise hinrichten; für einen Hochverräter gab es keinen Leichenzug. Brutus war damals gerade sieben Jahre alt. Diese familiäre Katastrophe prägte, wenn nicht seine Psyche, über die sich guten Gewissens nichts sagen läßt, so doch sein Weltbild: Er wuchs in der Obhut seiner Mutter auf, später adoptierte ihn Quintus Servilius Caepio, ein Verwandter mütterlicherseits. Politisch sozialisiert wurde er von Servilias Halbbruder Marcus Porcius Cato. Gegen Pompeius, den er als «Mörder» seines Vaters betrachtete, kultivierte er eine bittere, öffentlich zur Schau getragene Feindschaft; ostentativ verweigerte er ihm den Gruß. So galt Brutus bereits Anfang der 50er Jahre als strammer Antipompeianer und hoffnungsvoller Optimat. Für einen Mann seines Namens verlief seine Karriere zunächst ruhig und ohne größere Sensationen. 58 v. Chr. begleitete er seinen Onkel Cato, als der von den Triumvirn mit dem ungeliebten Auftrag in den Osten geschickt wurde, das ptolemäische Zypern in eine römische Provinz zu verwandeln. Als Brutus zwei Jahre später nach Rom zurückkehrte, hatte er in Kleinasien und in der Levante wertvolle Kontakte geknüpft und lukrative Finanzgeschäfte eingefädelt. Er war damit einer der Patrone geworden, an die sich griechische Städte und anatolische Dynasten wandten, wenn sie in Rom etwas erreichen wollten. Seine Heirat mit Claudia, einer Tochter des Erzaristokraten Appius Claudius Pulcher, steigerte sein soziales Prestige und vergrößerte seine politischen Handlungsspielräume: Im Jahre 53 wurde er Quaestor und ging wieder in den Osten, diesmal als Finanzverwalter seines Schwiegervaters, des Statthalters von Kilikien.

Als er zurückkam, herrschte Aufruhr in Rom. Verfeindete Banden lieferten sich Straßenschlachten, und es hieß, Pompeius, der starke Mann des Ersten Triumvirats, wolle die Anarchie ausnutzen, um sich in Rom zu einsamer Größe aufzuschwingen. Für Brutus wurde er damit zur Inkarnation des Feindes schlechthin. In seiner vehementen Stellungnahme gegen Pompeius trafen sich persönliche Feindschaft und politische Konditionierung. Er publizierte Streitschriften: Man könne zwar leben, ohne zu befehlen, schrieb er, aber nicht jemandem untertan sein. Und Titus Annius Milo, der den notorischen Unruhestifter Publius Clodius auf offener Straße erschlagen hatte, verteidigte er mit der programmatischen Aussage, politischer Mord sei gerechtfertigt, wenn er zum Heil des Staates erfolge. Um sein Antipompeianertum zu demonstrieren, setzte er auch sein «genealogisches Kapital» ein. Als Münzmeister ließ er 54 v. Chr. den Tyrannenvertreiber Brutus und den Tyrannentöter Ahala auf die beiden Seiten derselben Münze prägen. Noch imposanter war freilich der Stammbaum, den er sich von seinem Freund Marcus Pomponius Atticus für eine seiner Residenzen konstruieren ließ.

Stemmata dieser Art waren neben der *pompa funebris* die zweite Säule genealogischer Repräsentation. In den Atrien der aristokratischen Häuser angebracht, visualisierten sie die Erfolgsgeschichte eines Familienzweiges sozusagen im Überblick. Die Namen, die in den Stammbäumen auftauchten, verwiesen auf die ständigen «Bewohner» des Hauses: die Vorfahren. Ebenfalls im Atrium befanden sich kleine hölzerne Schreine, in denen Wachsmasken (*imagines*) ihrer Gesichter ruhten. Normalerweise waren die Schreine verschlossen; nur zum Leichenzug öffnete man sie, um die Masken denen vors Gesicht zu binden, die die Ahnen verkörperten. Doch auch geschlossen entfalteten die Schreine ihre Wirkung. Denn ihre Außenseiten trugen *tituli*, Aufschriften, die dem Betrachter den Namen, die Ämter und die größten Leistungen der Verstorbenen verrieten. Auf diese Weise beherbergten die bedeutendsten Geschlechter gleichsam ein Stenogramm der römischen Geschichte in ihren Häusern.

Eine solche Exposition von Erinnerung war keine Nostalgie, sondern ein Mittel direkter sozialer Kommunikation. Denn das Atrium eines adligen Hauses war kein privater Raum. Bereits früh am Morgen wurden die breiten Eingangstüren geöffnet, damit die Klienten ihrem Patron den täglichen Besuch (*salutatio*) abstatten konnten. Der Hausherr thronte auf einem Sessel an der Stirnseite des Atriums und ließ die Leute einzeln herantreten. Man sprach kurz, die Klienten küßten die Hand des Patrons und erhielten etwas Suppe oder ein kleines Handgeld. Bei mächtigen Herren war das Atrium jeden Morgen voll von Menschen, die mit der familiären Leistungsschau an den Wänden ganz zwanglos konfrontiert wurden. So schliffen sich die Erfolge der Familie auch in die allgemeine Erinnerung ein und konnten auf dem Forum jederzeit vergegenwärtigt werden.

Der von Atticus entworfene Stammbaum war, wie Cicero sagt, ein «Kunstwerk». Offensichtlich verband er Brutus mit seinen antityrannischen Vorfahren auf optisch wirkungsvolle Weise. Und auch Brutus selbst ließ keine Gelegenheit aus, sich gegenüber seinen Freunden in diesem Licht zu präsentieren. Ende der 50er Jahre hatte er noch kein hohes Amt der Republik bekleidet. Doch seine Herkunft, seine Beziehungen und die Intensität seines politischen Engagements machten ihn zu einem wichtigeren Mann, als die dürren Fakten seiner Karriere ahnen lassen.

Spätestens ab 51 v. Chr. verdunkelte der drohende Bürgerkrieg den politischen Horizont Roms. Das Erste Triumvirat zwischen Pompeius, Caesar und Crassus, das die römische Politik seit 59 bestimmt hatte, war endgültig zerbrochen: Crassus hatte 53 sein Leben gegen die Parther gelassen; der ohnehin magere Vertrauensvorrat zwischen den beiden anderen war verbraucht. Durch Caesars monumentale Siege in Gallien hatten sich die Gewichte im Triumvirat so dramatisch verschoben, daß sich Pompeius widerstandslos von einer konservativen Senatsclique gegen seinen vormaligen Genossen in Stellung bringen ließ. Um Caesars stetig wachsende Macht zu beschneiden, war dieser Fraktion um Quintus Caecilius Metellus selbst der Preis eines Bürgerkrieges nicht zu hoch. Die Spirale von Drohung und Gegendrohung begann, bis schließlich Caesar seine Truppen auf Rom in Marsch setzte. Auch von Brutus war nun eine Entscheidung gefordert: Ohne zu zögern verließ er die Hauptstadt und ging in den Osten, um Truppen gegen Caesar zu sammeln – unter Pompeius' Oberkommando.

Seine Entscheidung war eindeutig, aber nicht unbedingt zu erwarten. Zweifellos hat er gegen seine Sympathien gehandelt. Caesar, der langjährige Liebhaber seiner Mutter Servilia, nahm noch in den 50er Jahren lebhaften Anteil an ihm; persönliche Differenzen zwischen ihnen gab es nicht. Pompeius dagegen, der Vatermörder, war sein schlimmster Feind gewesen, seitdem er denken konnte. Und dennoch – wie hätte Brutus, der sich sein ganzes politisches Leben zum Tyrannenfeind und unbedingten Verteidiger der alten Ordnung stilisiert hatte, Partei für denjenigen ergreifen können, der Senat und Staat, mit welcher winkeladvokatischen Rechtfertigung auch immer, den Krieg erklärt hatte? Daß sich seine wichtigsten Bezugspersonen, allen voran Cato, trotz ihres Widerwillens auf Pompeius' Seite geschlagen hatten, spielte wohl ebenfalls eine Rolle. In Dyrrachium (Durazzo/Albanien) kam es schließlich zur förmlich-rituellen Versöhnung mit dem Vatermörder; die Umarmung von Brutus und Pompeius besiegelte allerdings eher eine Allianz aus Not denn aus Neigung.

Auch das mag für ihre kurze Halbwertszeit gesorgt haben. Von Mißtrauen gegenüber ihrem Generalissimus Pompeius erfüllt, drängten die Optimaten auf eine rasche Entscheidungsschlacht und verteilten schon die Posten für die Nachkriegszeit. Doch im Sommer 48 bei Pharsalos (Thessalien) siegte Caesar, und Pompeius floh. Brutus aber blieb und ergab sich dem Sieger. Und Caesar? Caesar nahm Brutus mit allen Zeichen von Respekt und Freude auf. Dabei kamen wohl Vorliebe und Kalkül zusammen: Wenn überzeugte Optimaten wie Brutus die Seiten wechselten, war dies ein unübersehbares Siegeszeichen und eine gute Werbung für Caesars Sache. Brutus seinerseits erbrachte dem künftigen Gönner einen originellen Loyalitätsbeweis. Ohne zu zögern verriet er Pompeius' Rückzugspläne nach Ägypten. Aus seiner Perspektive war das konsequent. Denn was band ihn schon an seinen früheren Kommandeur? Wenn der Vatermörder Pompeius der senatorischen Sache nicht mehr nutzen konnte, mußte er auch nicht überleben.

Für Brutus war das Gemetzel bei Pharsalos der Beginn einer steilen Karriere. 47 v. Chr. wurde er Augur, ein halbes Jahr später übertrug ihm Caesar das diesseitige Gallien zur Verwaltung. Im Herbst 45 wurde er zum Praetor für 44 gewählt, und er durfte sich berechtigte Hoffnungen auf den Consulat machen. Doch zugleich war seine Teilhabe an Caesars Staat ein heikler Balanceakt. Schließlich verdankte er seine politische und gesellschaftliche Position nicht zuletzt seinem tyrannenfeindlichen Profil. Nun lag der Vorwurf in der Luft, daß er seine Überzeugungen an den Meistbietenden verkauft hatte, während sein Onkel Cato für seine Prinzipien weiterkämpfte und in Nordafrika starb. Dem Verdacht, gnadenlos opportunistisch gehandelt zu haben, ließ sich nur entgehen, wenn Caesar kein Tyrann war, sondern die Republik neugeordnet wiederherstellen würde. Und genau dies versuchte Brutus zu glauben und skeptischere

Freunde glauben zu machen. Als Beweis dafür demonstrierte er geradezu penetrant seine republikanische Gesinnung. Entschlossen trat er für Caesars Bürgerkriegsgegner ein. Er verwendete sich mit Erfolg für seinen Schwager Cassius und suchte den Erzoptimaten Marcus Marcellus auf. Nach Catos Selbstmord verherrlichte und monumentalisierte er seinen Onkel als beispielhaften Republikaner. Im Juli 45 ließ er sich von seiner Frau Claudia scheiden und heiratete Porcia, Catos Tochter. Die Botschaft wurde verstanden und von konservativen Ultras freudig beklatscht. Wie konnte die Republik untergehen, solange es noch Republikaner wie Brutus gab? Caesar seinerseits ließ Brutus demonstrieren und trotzdem Karriere machen – und baute dabei die eigene Stellung konsequent aus. Erst bekleidete er Consulat und Dictatur zugleich, dann die Dictatur auf fünf Jahre, dazu kamen schließlich schwindelerregende Ehrungen und die Sakralisierung seiner Person durch den Senat. Brutus geriet dadurch ebenso unter Druck wie durch den Selbstmord seines Onkels Cato. In den Briefen jener Zeit spürt man seine Empfindlichkeit, wenn er sich ungefragt gegen imaginierte Vorwürfe verteidigt.

Im November 45 war dann die Zeit der Selbsttäuschungen endgültig vorbei. Caesar ließ sich die *dictatura perpetua*, die Dictatur auf Lebenszeit, verleihen. Seine Botschaft an die römischen Aristokraten war unmißverständlich: Solange er lebte, würde die Republik tot sein. Für Brutus stand damit seine Existenz auf dem Spiel. Er mußte wählen zwischen erfolgreicher Abhängigkeit und aristokratischem Anspruch, zwischen Caesar und seiner genealogischen Identität. Das eine bedeutete schrankenlosen Opportunismus und den Verlust seines Gesichts, das andere die heimtückische Tötung seines Wohltäters. Er wählte und blieb damit nicht allein. In kurzer Zeit fanden sich etwa 60 Männer von Stand zusammen. Unter ihnen waren hochrangige Vertreter des caesarischen Staates: Cassius, gemeinsam mit Brutus Praetor des Jahres 44; Gaius Trebonius, ehemaliger Consul; Decimus Brutus, Gouverneur der Provinz *Gallia Cisalpina* in Oberitalien. Ihr Unternehmen eine Verschwörung zu nennen ist eigentlich irreführend. Die Attentäter «verschworen» sich ausdrücklich nicht, denn sie meinten, es sei ihrer unwürdig, sich in dieser Sache durch Eide aneinander zu binden. Bis zuletzt waren offenbar alle von finsterer Entschlossenheit erfüllt; einen Verräter gab es nicht.

Von den antiken Schriftstellern bis in die moderne Forschung sind den meisten namentlich bekannten Verschwörern «persönliche Motive» für das Attentat unterstellt worden. Sie hätten sich von Caesar übergangen und zurückgesetzt gefühlt und sich dafür, sozusagen aus niederen Motiven, rächen wollen. Diese Auffassung ist angenehm moralisch, verfehlt jedoch den zentralen Punkt – ganz abgesehen davon, daß Rache in einer aristokratischen Gesellschaft ein legitimes Motiv ist. Eine persönliche Niederlage erleiden und das Gesicht verlieren kann man in jedem politischen System; entscheidend ist, ob man die Niederlage akzeptieren muß oder nicht. Und das ist keine bloße Charakterfrage. So spiegelt die große Zahl der Verschwörer die Illegitimität von Caesars Staat. Der Dictator hatte gehofft, sich die politische Elite Roms durch Wohltaten zu verpflichten, doch sein Kalkül ging nicht auf. Die Vergabe von Posten als persönliche Gunst war für traditionsbewußte Adlige der römischen Republik letztlich nicht akzeptabel. Auch in der funktionierenden Republik hatten Entscheidungen Unzufriedenheit geweckt. Doch was man unter der alten Ordnung zähneknirschend ertragen hätte, weil das System grundsätzlich akzeptiert war, mußte sich unter Caesars Dictatur gegen den sichtbaren Verursacher richten: Der Mord war gewissermaßen eine monumentale politische Regreßforderung.

Daß Brutus zum moralischen und sozialen Schwerpunkt der Verschwörung wurde, lag in der Natur der Dinge. Als Freund und Günstling Caesars adelte er das Unternehmen, und als Mann von weitreichenden Verbindungen weckte er die Hoffnung, das Attentat physisch und politisch überleben zu können. Dennoch war der Ausgang im Grunde unkalkulierbar. Caesar hatte viele treue Freunde und noch mehr Anhänger. Und was würden die Soldaten tun, die jahrelang unter seinem Kommando gekämpft und gesiegt hatten?

Als die Attentäter dann am Mittag des 15. März 44 mit blutigen Dolchen auf das Capitol zogen, war ihr Schicksal völlig ungewiß. Die Mobilisierung der Öffentlichkeit unmittelbar nach dem Mord war ihnen nicht gelungen. Später sprach Brutus doch noch zu einer größeren Menschenmenge, aber seine etwas blasse, akademische Redeweise vermochte die Zuhörer nicht zu entflammen. Daß sich einige Sympathisanten aus den Reihen des Senats einfanden, war keine große Hilfe. Schon am Abend des Mordtages hatten die Verschwörer die Initiative verloren. Auf Brutus' Drängen war außer dem Dictator niemand getötet worden, auch nicht Marcus Antonius, Caesars Freund und amtierender Consul. Auf den Tyrannenmord sollte kein Schatten des Parteienkampfes oder des Bürgerkriegs fallen. Das war zweifellos eine weise Überlegung, und Ciceros penetranter Vorwurf, man habe an den Iden des März nicht gründlich genug gearbeitet, atmet mehr Ressentiment als Klugheit. Rücksichtsloses Blutvergießen hätte das sofortige Todesurteil für die Attentäter bedeutet, denn die einzige Legion in der Umgebung Roms stand unter dem Kommando des Caesarianers Marcus Aemilius Lepidus. So verhinderte die Selbstbescheidung der Verschwörer den blutigen Straßenkampf; nicht verhindern konnte sie indessen, daß die Gefolgsleute des Dictators das Heft in die Hand bekamen. Antonius rief die Veteranen in die Stadt, Lepidus führte die Legion heran. Dann wurde beraten, ob man die Mörder Caesars massakrieren sollte oder nicht. Antonius gab den Ausschlag für die zivile Variante. Es wurde verhandelt, dann traf man sich zum gespenstischen Versöhnungsmahl: Brutus speiste bei Lepidus, Cassius bei Antonius.

Am 17. März wurde der Kompromiß im Senat besiegelt. Das Ergebnis war ein Monument der Widersprüchlichkeit. Caesars Verfügungen wurden bestätigt, sein Testament gebilligt, seine Mörder amnestiert. Antonius war der Held des Tages. Die friedliche Lösung wurde von der Mehrheit der Senatoren mit Freude und Erleichterung begrüßt. Auch das war ein Urteil über den caesarischen Staat. Denn selbst die Gefolgsleute des Dictators konnten nur schlecht bestreiten, daß die Mordtat im Lichte der Tradition rechtmäßig gewesen war.

Die Republik war wiederhergestellt. Doch es zeigte sich bald, daß nicht Brutus, Cassius und die übrigen Verschwörer die Hauptprofiteure des Attentats sein würden. Antonius entwickelte virtuose demagogische Qualitäten und spielte, um seine Position zu stärken, auf den Klaviaturen der Aussöhnung und des Radikalismus zugleich. Der historische Kompromiß im Senat war gerade einmal drei Tage alt, als er das Leichenbegräbnis Caesars inszenierte. Es wurde eine genau berechnete Choreographie der Aufhetzung. Sie gipfelte darin, daß das Volk von Rom und die Soldaten einen improvisierten Scheiterhaufen auf dem Forum auftürmten und Caesars Leiche darauf verbrannten. Dann begann die Jagd auf die Verschwörer. Doch die hatten sich verschanzt oder waren in weiser Voraussicht nicht in Rom geblieben. Der Poet Cinna allerdings wurde mit dem gleichnamigen Attentäter verwechselt und von der wütenden Menge zerrissen. Kurz: In der Lohe von Caesars Scheiterhaufen verglühten die Hoffnungen der Verschwörer, in der wiederhergestellten Republik die erste Geige zu spielen. Sie mußten Rom verlassen und sollten es nicht wiedersehen.

Ihre endgültige Ausgrenzung aus dem Staat war jedoch nicht das Werk des Antonius, sondern das Produkt einer verhängnisvollen Konstellation. In seinem Testament hatte Caesar seinen Großneffen Gaius Octavius, der später Augustus wurde, adoptiert. Der unbedingte Wille des jungen Mannes, das Erbe seines Adoptivvaters anzutreten, kollidierte mit den Ambitionen des Antonius. Im Machtkampf zwischen Caesars Sohn und Caesars Freund zerfiel die Gefolgschaft des Dictators. Nur Octavius wollte das Ende des alten Staates; doch Antonius mußte mit ihm in Sachen Radikalismus konkurrieren, um seine harterkämpfte Position zu erhalten. Ideologische Prügelknaben beider Seiten wurden die Verschwörer, denn Anhänglichkeit an Caesar bewies man am besten dadurch, daß man seine Mörder ächtete. Ernüchtert und frustriert saßen Brutus und Cassius auf ihren Landgütern und mußten verfolgen, wie sich die Lage immer weiter zuspitzte. Im Sommer 44 verließen sie schließlich Italien – vorgeblich, um den Pro-forma-Aufträgen Folge zu leisten, die ihnen der Senat auf Antonius' Druck zugeteilt hatte. Tatsächlich aber beabsichtigten sie, eine Armee für den heraufziehenden Bürgerkrieg zusammenzubringen.

Brutus ging nach Athen und spielte dort den harmlosen Philosophen. Seine intellektuellen Neigungen waren ein prächtiges Feigenblatt für subtile Agitation. Schon bald hatte er einen Zirkel idealistischer, junger, römischer Aristokraten um sich geschart, die ihm bedingungslos folgten. Für einen Krieg benötigte man allerdings vor allem Geld – und um so mehr für einen Bürgerkrieg, in dem die Treue der Truppe regelmäßig mit Gratifikationen gestärkt werden mußte. Weil er kein Geld hatte, griff Brutus zu unorthodoxen Methoden. Er setzte Marcus Apuleius, den Quaestor der Provinz *Asia*, moralisch unter Druck, bis der ihm die Kasse mit Steuergeldern übergab, 16 000 Talente, eine riesige Summe. Mit dem Geld und einer Handvoll eilig zusammengewürfelter Truppen ging er im Winter nach Nordgriechenland, um die drei in Epirus stationierten Legionen in seine Gewalt zu bekommen. Ihr Kommandeur war Gaius Antonius, ein Bruder von Marcus. Brutus setzte alles auf eine Karte – und gewann. Mit seinem Namen, seinem Auftreten und seinen Talenten bewegte er die Soldaten, zu ihm überzulaufen und ihren Befehlshaber auszuliefern.

Brutus wußte, was Bürgerkrieg bedeutete, und er wollte ihn nicht. Im Frühjahr und Sommer 43 verhandelte er zäh, um das große Blutvergießen zu verhindern. Doch die Ereignisse in Italien machten ihm einen Strich durch die Rechnung. Gegen Brutus' eindringlichen Protest trieb Cicero den Staat in den Krieg mit Antonius und machte dafür sogar gemeinsame Sache mit Octavius. Diese Politik endete in der politisch-militärischen Katastrophe. Antonius konnte im April 43 nicht entscheidend geschlagen werden, Octavius erwies sich als Verräter, marschierte nach Rom und einigte sich unter dem Banner des gemeinsamen Caesarianertums mit Antonius. Auf dem Kadaver der Republik schlossen sie im November 43 v. Chr. ein Bündnis, das Zweite Triumvirat. Ihr dritter Mann war Lepidus, den Octavius und Antonius brauchten, weil sie einander zu sehr haßten. Der Preis für den Frieden innerhalb der Gefolgschaft Caesars war die Kriegserklärung an die Verschwörer. Sie wurden in Abwesenheit zum Tode verurteilt. Darüber hinaus veröffentlichten die Triumvirn eine Liste ihrer Feinde. Wer greifbar war, wurde sofort getötet. Brutus quittierte das Morden mit gleicher Münze. Er ließ den gefangenen Gaius Antonius hinrichten. Der Bürgerkrieg hatte begonnen.

Bürgerkriege sind von Natur aus totale Kriege, in denen offenbar jede Greueltat gesellschaftsfähig wird. Sicherlich hat auch in den militärischen Konflikten, die Rom gegen auswärtige Gegner geführt hat, kein ausgeklügeltes Regelwerk geherrscht, das die Grausamkeiten begrenzt hätte. Im Gegenteil – der Sieger durfte alles, und wer sich ergab, ergab sich auf Gnade oder Ungnade. Caesar etwa ließ nach dem Kampf um Uxellodunum allen aufständischen Galliern, die kapituliert hatten, die Hände abhacken. Im Normalfall aber konnten die Unterlegenen – bis auf ihren Kommandeur – wenigstens darauf rechnen, die Niederlage zu überleben.

Doch Bürgerkriege haben eine andere Logik. Einen Angehörigen des eigenen Stammes, Staates oder Volkes zu töten, ist so illegitim, so sehr gegen die Ordnung der Dinge, daß es unbedingt einen Schuldigen braucht. Damit aber ist der Gegner nicht nur Gegner, sondern vor allem Verbrecher. Und einen solchen muß man umbringen, totschlagen, am besten auf fürchterliche Weise. Denn der Tod des Gegners ist die einzige Rechtfertigung für die eigenen Taten.

Im Falle Roms war ein Bürgerkrieg auch ein Weltkrieg. Soweit das Imperium reichte, wurde es Aufmarschgebiet, Heerstraße, Schlachtfeld. Brutus und Cassius verbrachten die Jahre 43 und 42 damit, den Osten des Reichs, von Griechenland bis Ägypten, auszupressen. Wer sich widersetzte, erntete Gewalt. Ein Zeichen für alle anderen war das Schicksal der lykischen Stadt Xanthos. Deren Einwohner weigerten sich zu zahlen, und Brutus belagerte die Stadt. Als der Kampf aussichtslos wurde, steckten die Xanthier, im Furor der Verzweiflung, ihre Stadt selbst in Brand und brachten sich um. Der Philosoph Brutus soll dabei geweint haben; für den Realpolitiker war es ein Erfolg.

Im Juli 42 hatten Brutus und Cassius 19 gut ausgerüstete Legionen und Tausende von Hilfstruppen zusammengebracht. Mit einem ungefähr gleichstarken Heer brachen die Triumvirn nach Thrakien durch. Im Oktober standen sich in der weiten Ebene von Philippi (Nordgriechenland) etwa 200000 Mann gegenüber, zumeist Römer. Nach einigem Taktieren begann das Gemetzel. Antonius' Verbände zerschlugen den Flügel des Cassius, Brutus' Truppen eroberten das Lager der Triumvirn. Vielleicht 20000 Soldaten fielen auf beiden Seiten. Auch Cassius, im Glauben, die Schlacht sei verloren, brachte sich um. Der Tod des militärisch versierteren Kollegen war ein schwerer Schlag für Brutus und die Republikaner. Ihre Verbände gerieten zusehends in Unruhe. Drei Wochen nach der ersten Schlacht kam es, wiederum bei Philippi, zur Entscheidung: Nach heftigem Kampf flohen Brutus' Truppen und kapitulierten. Als ihr Feldherr sah, daß es vorbei war, soll er gesagt haben: «Freilich muß man fliehen, aber nicht mit den Füßen, sondern mit den Händen.» (Plutarch) Er starb den Tod der Bürgerkriegsgeneräle: Ein griechischer Freund hielt das Schwert fest, in das er sich stürzte.

Damit war die Republik, die mit Brutus' fiktivem Ahn ihren Anfang genommen hatte, endgültig untergegangen. Ob – oder wie – sie seinen Sieg überlebt hätte, läßt sich nur schwer beurteilen. Die Münzbilder, die er nach den Iden des März schlagen ließ, sind jedenfalls zweideutig. Eine Prägung reklamiert die Tötung des Tyrannen besonders eindringlich als Brutus' persönliche Leistung. Auf der Rückseite sind die Dolche der «ungeheuren Tat» abgebildet und dazwischen der Pileus, die Kappe der Freigelassenen, als Symbol für die wiedergewonnene Freiheit. Die Vorderseite aber beherrscht das Porträt des Brutus. Der erste lebende Römer, der sein Bild auf eine Münze hatte setzen lassen, war Caesar gewesen.

Marcus Antonius – der andere Erbe Caesars

von Manfred Clauss

Marcus Antonius wurde am 14. Januar 82 geboren. Für einen Angehörigen seiner hohen sozialen Stellung gab es keine Alternative zur Laufbahn des Politikers. Wollte man dabei Erfolg haben, benötigte man Geld und Beziehungen. Hatte man Geld, konnte dies vielfältige Beziehungen mit sich bringen, hatte man keines, mußte man sie erst knüpfen, um schließlich an Geld zu kommen. Der Königsweg in die Politik führte über die militärische Karriere – der siegreiche Feldherr war meist auch der erfolgreiche Politiker. Der Titel Imperator, den die Soldaten durch Zuruf verliehen, und der Triumph, den der Senat gewährte, stellten die höchsten Ehrungen dar. Vorbilder wie Marius, Sulla oder Pompeius hatten darüber hinaus deutlich gezeigt, was Kriegsruhm und die Treue der kampferprobten Soldaten für einen Politiker bedeuten konnten. So oder ähnlich wird man es bei vielen der in diesem Band vorgestellten Persönlichkeiten lesen.

Schauen wir auf die Finanzen, so stellen wir fest, daß Antonius von Hause aus nur wenig mitbrachte. Zu den Standardvorwürfen, die sein zeitweiliger Gegenspieler Cicero gegen ihn erhob, gehörte, daß er bankrott gewesen sei, sich aber geweigert habe, im Theater ‹standesgemäß› auf den für solche Leute vorgesehenen Sitzen Platz zu nehmen. Wann immer man Cicero als Zeugen für, besser gesagt gegen Antonius heranzieht, darf man allerdings weder das Redetalent des großen Demagogen noch die Tatsache außer acht lassen, daß namentlich die sogenannten Philippischen Reden an den griechischen Vorbildern eines Demosthenes ausgerichtet sind. Hinsichtlich der maßlosen Beschimpfungen und Beleidigungen hat Cicero die durch den Griechen hochgelegte Meßlatte zweifellos übersprungen. Antonius ist aus diesen Gründen für jeden Historiker von Reiz, hatte er doch einen Cicero zum Feind, dessen Schriften reiches Quellenmaterial zur Geschichte der späten Republik und mithin auch des Antonius bieten.

Es ist stets schwer einzuschätzen, welche Ereignisse in früher Jugend oder im beginnenden Erwachsenenalter auf einen Menschen eingewirkt haben. Auf eine selbst nur knappe Darlegung der wichtigsten Vorgänge der siebziger und sechziger Jahre des letzten Jahrhunderts der Republik möchte ich daher verzichten. Ein Ereignis sei lediglich erwähnt, weil es Antonius nachweislich und wohl auch dauerhaft berührte. Die sogenannte Verschwörung des Catilina war von dem seinerzeit amtierenden Consul Cicero im Jahre 63 ebenso energisch wie rechtswidrig bekämpft und schließlich niedergeschlagen worden. Zu den Mitverschwörern, die er damals hatte verhaften und hinrichten lassen, zählte auch der Stiefvater des Antonius, in dessen Haus der Junge aufgewachsen war und an dem er sehr hing. Vielleicht verzieh er Cicero diesen Verlust nicht, bis er 20 Jahre später den Redner auf die berüchtigte Proscriptionsliste setzen lassen konnte.

Zum Bündel der bereits erwähnten Selbstverständlichkeiten der Politikerkarriere gehörte eine rhetorische Ausbildung, die Antonius traditionsgemäß in Griechenland zum Abschluß führte. Hellas war ohnehin auf nahezu sämtlichen Gebieten Vorbild für Rom – und Rom war selbst so hellenisiert, daß man einmal behauptet hat, außer dem Alphabet sei dort nichts mehr römisch gewesen. Antonius tat in Griechenland das, was alle taten: «Er widmete sich körperlichen Übungen, um sich auf den Kriegsdienst vorzubereiten, gleichzeitig bildete er sich in der Rhetorik aus. Er wählte in der Redekunst den asianischen Stil, der zu jener Zeit sehr in Mode war.» So schildert Plutarch anderthalb Jahrhunderte später die Zeit des jungen Antonius in Griechenland und schließt eine erste Einschätzung der Persönlichkeit an: «Dieser Stil zeigt große Ähnlichkeiten mit dem Leben des Antonius: Es war emphatisch und hochmütig, aufgeblasen, von übertriebenen Ansprüchen und ungezügeltem Ehrgeiz.» (Plutarch, *Leben des Antonius* 2, 5)

Im Osten lernte Antonius den Statthalter von Syrien, Gabinius, kennen. Er erhielt ein Kommando und begann seine militärische Laufbahn als Führer der Reiterei des Gabinius. Seine Aufgaben führten den syrischen Statthalter auch nach Ägypten, um dort dem aus dem Lande verjagten König Auletes, Ptolemaios XII., wieder auf den Thron zu verhelfen. Antonius trug entscheidend dazu bei, dem Heer den Weg nach Alexandria zu ebnen. Schon hier offenbarten sich seine militärischen Fähigkeiten: «Er lieferte zahlreiche Beweise seiner Tapferkeit und seiner taktischen Begabung. Seine glänzendste Tat war ein Einkreisungsmanöver, durch das er dem Feind in den Rücken fiel und den von vorn angreifenden römischen Truppen zum Sieg verhalf. Dies brachte ihm die höchsten Belohnungen und verdiente Ehrungen ein.» (Plutarch, *Leben des Antonius* 3, 5)

Von Ägypten brach Antonius nach Gallien auf, um dort seine Dienste anzubieten. Im Frühjahr 54 traf er in Amiens mit dem Mann zusammen, dem er fast zehn Jahre nicht mehr von der Seite weichen und der in ganz besonderer Weise sein Schicksal prägen sollte: Caesar. Mit Caesars Unterstützung gelang Antonius auch der Einstieg in die politische Laufbahn. Für das Jahr 51 wurde er zum Quaestor gewählt und erklomm damit die erste Stufe der regulären Ämterlaufbahn. Ein Jahr später bewarb er sich erfolgreich um eine freigewordene Stelle im Kollegium der Auguren. Damit war er Mitglied jenes Priesterkollegiums, dessen Aufgabe es war, den Vogelflug und andere Vorzeichen zu deuten.

Der endgültige ‹Durchbruch› gelang Antonius, als Caesar nach dem Überschreiten des Rubikon daranging, Pompeius als Konkurrenten auszuschalten. Als er deshalb zunächst in die spanischen Provinzen aufbrach, galt es, Italien einem fähigen und verläßlichen Mann anzuvertrauen. Caesars Wahl fiel auf Antonius, obwohl dieser politisch bislang nicht besonders hervorgetreten war. Der «kleine Quaestor», als den ihn Cicero verächtlich charakterisierte, löste die Aufgabe mit Bravour. Dies galt auch für die folgenden militärischen Prüfungen: Bei Pharsalos in Thessalien kämpfte Antonius erfolgreich an Caesars Seite gegen Pompeius, um anschließend wieder Italien zu verwalten, während Caesar sein ‹ägyptisches Abenteuer› erlebte. Als in Rom wenig später die vom Staat eingezogenen Vermögenswerte des Pompeius versteigert wurden, der in Ägypten ermordet worden war, griff Antonius zu. Mit einem der damals größten Besitztümer Roms hatte Antonius nun endlich auch das Geld, das für eine politische Karriere unverzichtbar war.

Zum standesgemäßen Leben eines Römers gehörte selbstverständlich eine Familie. Antonius befand sich in der zweiten Hälfte der Dreißiger, als er Fulvia heiratete; für sie war es die dritte Ehe. Es war eine leidenschaftliche Liebe, wie die folgende kleine Geschichte beweist: Antonius hatte Rom verlassen und war zu Caesar geeilt, der sich damals gerade in Spanien aufhielt. Auf seiner Reise durch Südgallien erreichte ihn in Narbonne die Nachricht – ein Gerücht, wie sich später herausstellen sollte –, Caesar sei tot, und seine Feinde bedrohten Italien. Antonius kehrte sofort um und begab sich in aller Eile nach Rom. Als er sich der Stadt bis auf 15 km genähert hatte, stieg er in einem Wirtshaus ab, um die Zeit bis zum Einbrechen der Dunkelheit zu überbrücken. Abends setzte er als sein eigener Haussklave verkleidet im Reisewagen die Fahrt fort. Es ist bereits Nacht, als er vor seinem Haus ankommt. Der Türwächter erkennt den Verkleideten nicht, wie seine Frage «Wer bist du?» verrät. «Ich überbringe einen Brief von Marcus (Antonius).» Sogleich wird er zu Fulvia geführt und übergibt ihr das Schreiben, das sie hastig öffnet. Es ist eine leidenschaftliche Liebeserklärung, in der Antonius ihr seine große Liebe gesteht und schwört, daß er mit seiner Geliebten gebrochen habe und nur noch an seine Frau Fulvia denke. Beim Lesen dieser Zeilen bricht Fulvia in Tränen aus, Antonius gibt sich zu erkennen, schließt sie in seine Arme und bedeckt sie mit heißen Küssen. Wir verdanken die Episode Cicero, der sich über derartige «kindische Albernheiten» lustig macht (Cicero, *Zweite Philippische Rede* 31).

Es kam das Jahr 44 und mit ihm ein erster Höhepunkt im Leben des Antonius. Neben Caesar war er einer der beiden Consuln für dieses Jahr. Caesar beabsichtigte, das Amt sofort niederzulegen und an seiner Stelle Dolabella wählen zu lassen. Antonius haßte Dolabella und ließ nichts unversucht, dessen Wahl zu verhindern. Dabei zeigte sich wieder einmal, wie nützlich Priesterämter sein konnten. Als Augur ließ Antonius den Wahlvorgang abbrechen, weil die Vorzeichen nicht günstig seien. Dolabella schäumte zwar vor Wut, aber Caesar gab seinen Plan auf. Es kamen die Iden des März. Als sich die Mörder bereits in der Curie um Caesar versammelten, wurde Antonius am Eingang unter einem Vorwand zurückgehalten. Nach dem Mord stoben die Senatoren, die nicht an der Tat beteiligt waren, in alle Richtungen auseinander. Antonius legte seine Prunktoga als Consul ab, verkleidete sich wieder einmal als Sklave und suchte bei einem Freund Zuflucht. Doch bald ergriff er die Initiative. Er versprach, die Sicherheit der Caesarmörder zu gewährleisten, und stellte dafür seinen einjährigen Sohn als Geisel. Damit hatte er zunächst die Ruhe wiederhergestellt. Anschließend ging er daran, sich sämtliche Möglichkeiten zukünftigen Handelns zu sichern, indem er sich von Calpurnia, der Witwe Caesars, dessen Geld und Archive überstellen ließ. Für den 17. des Monats rief er, als einziger Consul höchster Beamter in der Stadt, den Senat zusammen. Viele Möglichkeiten wurden in dieser Sitzung diskutiert, entscheidend aber war Antonius' Vorschlag, Caesars Anordnungen nicht etwa zu annullieren, sondern bestehen zu lassen. Antonius profitierte von den Regelungen Caesars wie viele andere auch. Die breite Masse der Bevölkerung opferte ohnehin an privaten Altären der Gottheit, die Caesar zu Lebzeiten geworden war. Ferner verständigte man sich darauf, nicht gegen die Mörder Caesars vorzugehen.

Unvergeßlich ist die Leichenrede für Caesar. Generationen von Autoren haben sich an diesem Ereignis berauscht und sie gleichzeitig mitgestaltet – von Sueton über Appian und Cassius Dio bis zu Shakespeare reicht die lange Reihe. Uns bleibt die Hoffnung, daß wir in all dem einen Kern des wahren Antonius fassen. Die Überlieferung jedenfalls zeigt ihn als den griechischen Redner, der bei dieser Gelegenheit alle Register seines Könnens zog. Wir ahnen immerhin, welche Art von Sprache er verwendete, um einerseits die Trauer der stadtrömischen Bevölkerung anzusprechen und zu verstärken und andererseits die Wut gegen die Mörder weiter anzuheizen. Gleichzeitig schürte er mit seinen Gesten die Emotionen, die ohnehin bereits kochten. Antonius war in diesem Augenblick ganz Vertreter jener Schule, die Schauspielkunst mit effektvoller Rhetorik verband. «Bei jedem Satz wandte Antonius sich zur Leiche Caesars hin und wies mit der Hand darauf, um seine Worte mit der Geste zu unterstreichen. Er agierte vor der Totenbahre wie auf einer Bühne, bald beugte er sich darüber, bald richtete er sich wieder auf. Er stimmte zum Lob Caesars ein Lied wie zu Ehren einer Gottheit an und bezeugte mit zum Himmel gestreckten Händen, daß nun ein neuer Gott geboren war.» (Appian, *Bürgerkriege* 2, 144 und 146)

Es war dies ein Moment, in dem Antonius einen anderen Redner, der sich für den größten hielt, in den Schatten stellte. Cicero, der so gerne die

Republik rettete, war bereit, alles zu tun, um Antonius diesen Triumph zu verleiden. Und Cicero fand die Waffe gegen den ungeliebten Consul: Octavian, der Erbe Caesars, der «Knabe» von gerade einmal achtzehn Jahren, schickte sich an, seine Erbschaft anzutreten. Damit geriet er in Konkurrenz zu Antonius, und dies nutzte nun seinerseits Cicero, um in seinen *Philippiken* gegen diesen zu hetzen.

Rom erlebte einen rhetorischen und politischen Kleinkrieg um Caesars Nachfolge, bei dem Octavian versuchte, mit Antonius gleichzuziehen. Octavian veräußerte Caesars Liegenschaften, die er geerbt hatte, um zu Geld zu kommen. Antonius nahm die dabei auftretenden Klagen jener, die einst von Caesar enteignet worden waren, gerne an, um die Aktion zu behindern. Octavian wollte die jährlichen Spiele zum Andenken an die Triumphe Caesars glänzend gestalten, und Antonius legte ihm Steine in den Weg. Octavian wollte sich um ein politisches Amt bewerben, aber Antonius wies auf die entgegenstehenden rechtlichen Vorschriften hin.

Die Feindseligkeiten kamen vollends zum Ausbruch, als Antonius Anfang Oktober 44 Octavian beschuldigte, Meuchelmörder gedungen zu haben. Der amtierende Consul nahm einige Soldaten fest und verkündete öffentlich, sie seien ausgeschickt worden, ihn zu töten; dabei ließ er diskret durchblicken, Octavian stehe hinter dem Anschlag. Die Freunde des Antonius eilten daraufhin zum Haus des Consuls, man zog Truppen zusammen. Am Nachmittag erfuhr Octavian von dem Mordversuch; da er die Caesarmörder als Urheber ansah, sandte er eine Nachricht zu Antonius und bot diesem theatralisch an, neben seinem Bett Wache zu stehen. Antonius lehnte es nicht nur strikt ab, Octavian in sein Haus zu lassen, sondern versäumte es auch nicht, die Weigerung gegenüber seinem Personal damit zu begründen, daß Octavian der Urheber des Anschlags sei. Dies tat er darüber hinaus so laut, daß die Boten Octavians es hören mußten und es sogleich ihrem Herrn meldeten.

Beweise für eine Verschwörung Octavians gegen den Consul konnten nie gefunden werden, ebensowenig für die anschließend von Octavian aufgebrachte Anschuldigung, Antonius trachte ihm nach dem Leben. Dies gipfelte in seinem Appell an die Veteranen Caesars, in dem er darauf hinwies, «wie ungerecht sein Vater umgekommen sei und daß man Anschläge auf ihn ausführe» (Nikolaos von Damaskus, *Leben des Augustus* 31). Es ist gewiß nicht nur Besserwisserei nach 2000 Jahren, wenn man davon ausgeht, daß zwischen beiden trotz aller Verträge und Familienverbindungen kein Auskommen möglich war.

Gemeint sind damit die Absprachen zwischen Antonius und Octavian der Jahre 43, 40, 39 und 37. Schon das Szenario des Zusammentreffens Ende 43 ist aufschlußreich. Zunächst war das Terrain sorgfältig ausgewählt worden, eine kleine Flußinsel in der Nähe von Bologna. Von beiden Landseiten hatten Soldaten Brücken zur Insel gebaut. Antonius und

Octavian zogen jeder mit fünf Legionen, etwa 25 000 Soldaten, heran, die sie auf unterschiedlichen Seiten des Flusses aufstellten. Anschließend begaben sich beide mit einer je 300 Mann starken Garde zu ihrer Brücke. Bei der Zusammenkunft spielte der dritte, Lepidus, den Vermittler. Er betrat als erster die Insel, um sie auf einen möglichen Hinterhalt hin abzusuchen. Erst als der das verabredete Zeichen gab, machten sich die beiden anderen über ihre Brücke auf den Weg. Cassius Dio behauptet sogar, anschließend hätten sich die beiden gegenseitig nach verborgenen Waffen durchsucht. Obwohl das Mißtrauen also kaum zu überbieten war, kam es zu einer Übereinkunft.

Das Zusammentreffen bei Bologna begründete ein Triumvirat, das auf fünf Jahre, bis Ende 38, geplant war. Als Vorbild diente dabei jenes Abkommen, das Pompeius, Caesar und Crassus siebzehn Jahre zuvor geschlossen hatten. Wichtigstes Ziel war es, sich der Caesarmörder zu entledigen und die römische Welt in Interessensphären aufzuteilen. Antonius wählte damals den finanziell wie kulturell interessanteren Osten. Das persönliche Verhältnis zwischen Antonius und Octavian sollte durch die Heirat Octavians mit einer Stieftochter des Antonius verbessert werden. Besonders eingeprägt hat sich jene Maßnahme, mit der sich die damaligen ‹Herrscher› ihrer Gegner außerhalb des Schlachtfeldes entledigten: die Proscriptionen. Prominentestes Opfer war Cicero; er hatte gerade erst zu seinem politischen Lieblingstrick gegriffen und Antonius durch den Senat zum Staatsfeind erklären lassen.

Der organisierte Terror, der Italien wochenlang in Furcht und Schrecken versetzen sollte, wird von den antiken Autoren zum Teil sehr detailliert beschrieben. Ich möchte diese Darstellungen nutzen, um auf ein Problem jeglicher Beschäftigung mit Antonius hinzuweisen. Nach seiner Niederlage gegen Agrippa und Octavian im Jahre 31 sowie seinem Selbstmord ein Jahr später bestimmten ausschließlich jene Dichter und Schriftsteller unsere Überlieferung, die den Ruhm Octavians, des späteren Augustus, auf ihre Fahnen geschrieben hatten. Die Proscriptionen konnten sie nicht leugnen, aber sie lasteten die meisten Morde dann eben Antonius an. Ein Beispiel für viele ist Cassius Dio: «Octavian rettete so viele wie möglich. Lepidus ermöglichte es seinem Bruder Paulus, nach Milet zu fliehen, und zeigte sich auch anderen gegenüber nicht unnachgiebig. Antonius hingegen mordete grausam und ohne Mitleid.» (Cassius Dio 47, 8, 1)

Das erste Ziel der Absprachen – die Beseitigung der Caesarmörder – wurde im wesentlichen durch die Schlacht bei Philippi erreicht. Brutus und Cassius waren es vor allem, die im griechischen Osten eine Art Staat errichtet hatten, mit eigener Verwaltung und eigenen Streitkräften. Beide Seiten rüsteten auf, um schließlich gegeneinander vorzurücken. Die Lage des Entscheidungsortes, die Ebene von Philippi im südlichen Thrakien, weist bereits auf die unterschiedliche Energie der jeweiligen Feldherren hin. Zum energischen Vorrücken des Antonius aus Italien steht die Langsamkeit von Brutus und Cassius in auffallendem Kontrast. Die unterschiedlichen Temperamente sollten schließlich auch die eigentlichen militärischen Auseinandersetzungen bestimmen, die durch das taktische Geschick des Antonius entschieden wurden. Plutarch beschreibt den Ausgang der letzten Schlacht mittels eines Vorzeichens: Als sich die beiden Heere bereits in Schlachtordnung gegenüberstanden, kamen von den beiden Lagern zwei Adler geflogen, die sogleich wütend übereinander herfielen. Gebannt blickten die Soldaten auf den Luftkampf, der sich über einer inzwischen völlig stillen Landschaft abspielte. Schließlich gab der Adler, der aus der Richtung von Brutus' Lager kam, auf und ergriff die Flucht (Plutarch, *Leben des Brutus* 48). Die Schlacht von Philippi am 23. Oktober 42 beendete den Widerstand gegen die Triumvirn, sieht man einmal von Sextus Pompeius ab.

Die Beziehungen zwischen Octavian und Antonius verbesserten sich auch durch weitere Zusammenkünfte und Absprachen nicht. Gemeint ist zunächst jene des Jahres 40 von Brundisium, bei der es erneut zu einer Teilung der römischen Welt kam. Nun heiratete Antonius, dessen Frau Fulvia kürzlich verstorben war, die Schwester Octavians, Octavia; auch sie war gerade Witwe geworden. Im Sommer 39 gab es eine weitere Einigung der Triumvirn mit Sextus Pompeius. Bis Ende des Jahres blieb Antonius in Italien; als er dann Rom verließ, sollte es auf Dauer sein. Nur 37 betrat er kurzzeitig ein letztes Mal italischen Boden in Tarent, um die Verlängerung des Triumvirats zu beschließen.

Kehren wir nochmals in die Zeit nach der Schlacht bei Philippi zurück. Antonius hielt sich von nun an im wesentlichen im Osten auf, den er durchreiste, um ihn verwaltungstechnisch in seinem Sinn zu ordnen. Es war sein Herrschaftsgebiet, das er sich einrichtete und allmählich zu einem Königreich umformte. Zu einem solchen hellenistischen Herrscher gehörte selbstverständlich die göttliche Verehrung zu Lebzeiten. So geschah es auch, als er in Ephesos Einzug hielt: «Frauen als Bacchantinnen, Männer und Knaben als Satyrn und Pane verkleidet gingen ihm voraus. Die Menge jubelte Antonius als dem freudenspendenden und huldreichen Dionysos zu» (Plutarch, *Leben des Antonius* 24, 3). In diesem Ambiente fühlte Antonius sich zu Hause.

Eine Neuordnung des griechischen Ostens mußte notwendigerweise auch Ägypten einschließen. Zwar war das dortige Königreich nominell noch unabhängig, aber seit mehr als einem Jahrhundert hatte kein Herrscher mehr ohne Einwilligung Roms auf den Thron kommen oder sich dort halten können. Als Antonius Kleopatra im Jahre 42 nach Tarsos in Kilikien bestellte, galt es daher für die ägyptische Königin zu gehorchen. Sie gestaltete, ja inszenierte dieses Treffen allerdings in einer Art und Weise, die Antonius nicht mehr vergaß. Ein Jahr später verbrachte er den Winter

41 auf 40 in Alexandria; während dieser Zeit lebten er und Kleopatra zusammen. Als Kleopatra die Zwillinge zur Welt brachte, die aus dieser Verbindung hervorgingen, war Antonius längst wieder zu seiner Ehefrau Octavia zurückgekehrt. Die Jahre von 39 bis 36 verbrachten Antonius und Octavia in Athen, von wo aus nun der Osten verwaltet wurde. Während dieser drei Jahre gebar Octavia zwei Töchter und erwartete im Jahr 36 ihr drittes Kind. Daher schickte Antonius sie nach Rom zurück, als er sich nach Syrien begab, um einen Feldzug gegen die Parther vorzubereiten, mit denen Rom seit der Niederlage des Feldherrn Crassus bei Carrhae im Jahre 53 noch eine Rechnung zu begleichen hatte.

Dieser Feldzug war von Caesar bereits geplant gewesen; nun nahm ihn Antonius in Angriff. Wir wissen wenig über die Vorbereitungen, die zu einem derartigen Unternehmen notwendig waren. Als Octavian/Augustus später Antonius aus dem kollektiven Gedächtnis der Römer verbannte, traf das Vergessen vor allem dessen positive Leistungen. Wie so etwas geht, zeigt Appian: «Er (Antonius) beschränkte sich darauf, die Berichte seiner Unterführer zu studieren» (Appian, *Bürgerkriege* 5, 76). Sicherlich gehörten detaillierte Berichte über die Marschroute, über Verpflegungsmöglichkeiten und vieles andere zum Alltag derartiger Vorbereitungen und sprechen für eine gründlichere Planung, als Appian sie uns glauben machen will.

Schwierigkeiten zwischen Octavian und Sextus Pompeius veranlaßten Antonius, das persönliche Eingreifen auf dem Kriegsschauplatz im Jahre 38 nochmals zu verschieben und Ventidius Bassus die Verantwortung für die Operationen zu übertragen. Dieser war erfolgreich, der römische Senat billigte sowohl dem siegreichen Feldherrn wie dessen Oberbefehlshaber Antonius einen Triumph zu, den allerdings nur Ventidius Bassus in Rom durchführen konnte.

Auch das Jahr 37 verging noch mit weiteren Vorbereitungen. Dazu gehörten Verwaltungsregelungen im griechischen Osten, bei denen zuverlässige römische Vasallenstaaten vergrößert wurden, um sicherer auf ihre Hilfe bauen zu können. Schon Pompeius hatte einen Schutzring von Klientelfürstentümern um das Gebiet des römischen Reiches gelegt. Solchen Herrschern waren persönliche Bindungen vertraut, wie sie der hellenistische Osten seit Jahrhunderten kannte. Zu den Verbündeten des Antonius zählte Herodes, dessen Hauptstadt Jerusalem in diesem Jahr von den Parthern hatte zurückerobert werden können. Der wichtigste Klientelstaat aber war zweifellos Ägypten, und so war Antonius bereit, auch dieses Reich zu vergrößern, zumal hier eine Königin regierte, auf deren Loyalität er besonders baute, weil sie seine Geliebte war.

Als der Partherfeldzug endlich zustande kam, erwies er sich als völliger Fehlschlag, ohne daß die genauen Ursachen hier analysiert werden sollen; wichtig war sicherlich der Verrat des armenischen Verbündeten.

Fast zwei Jahrzehnte nach der berühmten Niederlage des Crassus erbeuteten die Parther erneut zwei römische Legionsadler. Lediglich der Rückzug aus dem Zweistromland zur syrischen Küste, bei dem Antonius immerhin zwei Drittel seiner demoralisierten Armee retten konnte, demonstrierte nochmals seine Energie und die Fähigkeit, Soldaten auch in ausweglosen Situationen zu begeistern.

Es scheint, als ob dieser Partherfeldzug auch endgültig die Fronten zwischen Octavian und Antonius klärte. Die mehrfach aus dem Westen versprochenen Truppen hatte Octavian seinem Schwager nie geschickt; die primär aus politischen Gründen geschlossene Ehe hatte sich in dieser Hinsicht als nutzlos erwiesen. Antonius schickte Octavia nun endgültig nach Rom zurück, ohne sich allerdings offiziell von ihr zu trennen. Er stützte sich immer stärker auf die Ressourcen Ägyptens und verband sich immer enger mit Kleopatra.

Im Jahre 34 waren die Vorbereitungen für eine Strafexpedition gegen Armenien abgeschlossen, dessen König die Schuld am Scheitern des Partherfeldzugs von 36 gegeben worden war. Noch einmal war Antonius erfolgreich. Mit dem armenischen König als Gefangenem kehrte er nach Alexandria zurück. Hier kam es zu einer Siegesfeier, wie sie die Ptolemaierkönige bei ähnlichen Anlässen seit Jahrhunderten begingen. Velleius Paterculus beschreibt den Einzug des Antonius (2, 82, 4): «Er hatte vorher angeordnet, daß man ihn den neuen *Liber Pater* (eine der lateinischen Bezeichnungen des Dionysos) nenne. Mit Efeu bekränzt, mit einem golddurchwirkten, safranfarbenen Gewand bekleidet, einen Thyrsosstab (einen efeuumwundenen Fenchelstengel) haltend und hohe Stiefel tragend fuhr er in einem Wagen wie Dionysos durch Alexandria.» Manches erinnerte an einen römischen Triumphzug, und die Propagandisten Octavians wurden nicht müde, die Veranstaltung als solchen zu bezeichnen, um gleichzeitig den Verrat an der Sache Roms zu betonen.

Einen weiteren Anhaltspunkt fanden sie in einer Veranstaltung, die Antonius wenige Tage später im Gymnasium von Alexandria durchführte. Auf einem Podium aus Silber saßen er und Kleopatra auf goldenen Thronen. Kleopatra trug als Göttin Isis äygptische Gewänder, Antonius erschien als römischer Imperator in goldener Rüstung und Purpurtoga. Die vier Kinder der Königin saßen ebenfalls auf Thronen, aber ein wenig tiefer als die beiden Erwachsenen. Dem Paar am nächsten saß Ptolemaios XV. Kaisar, offizieller Mitregent seiner Mutter, dann die Kinder, die sie mit Antonius hatte: Alexander Helios in der Robe eines Mederkönigs, Ptolemaios Philadelphos in der Tracht eines Makedonenkönigs und schließlich Kleopatra Selene. Alle Herrscher waren von einer Leibwache in der jeweiligen Landestracht umgeben. Hier schien Geschichte Gestalt zu gewinnen.

Ein Herold verkündete, Kleopatra trage fortan den Titel ‹Königin der Könige› und Kaisar, dessen legitime Abstammung von Caesar nochmals öffentlich erklärt wurde, den Titel ‹König der Könige›. Alexander Helios, sechs Jahre alt, wurde als ‹Großkönig› Armeniens sowie Mediens und allen Landes jenseits des Euphrat proklamiert; gemeint waren die Gebiete des ehemaligen Herrschaftsbereiches des großen Alexander bis hin nach Indien, die freilich noch von den Parthern zu erobern waren. Der zweijährige Ptolemaios Philadelphos wurde König über Syrien und Kleinasien und Kleopatra Selene, wie ihr Zwillingsbruder sechs Jahre alt, Königin über Kyrene.

Mit dem demonstrativen Hinweis auf die Abstammung Kaisars von Caesar tat Antonius nicht nur Kleopatra einen Gefallen, sondern traf auch Octavian, der nur ein adoptierter und kein leiblicher Sohn Caesars war. Denn einen Aspekt der propagandistischen Auseinandersetzung zwischen Octavian und Antonius könnte man unter die Frage stellen: Wer ist der ‹legitimere› Sohn Caesars? Zählt der adoptierte oder der leibliche Sohn mehr? Seitdem Antonius mit Kleopatra verbunden war, machte er sich für die Interessen Kaisars stark: Dieser sei der wahre Sohn Caesars, ließ er landauf landab verkünden. In dieser Hinsicht war Kleopatra mit ihrem Sohn auch für Antonius eine Schachfigur in einem mit allen propagandistischen Mitteln geführten Spiel, in dem Antonius hoffte, das Erbe des großen Caesar antreten zu können. Octavian hatte inzwischen dafür gesorgt, daß die Anhänger seines Gegners Italien verlassen hatten. Antonius selbst war aller seiner Ämter enthoben worden. Für Octavian hatte man durch den allgemeinen Treueschwur des Volkes und der Provinzen eine neue Machtstellung als Ersatz für das abgelaufene Triumvirat geschaffen. Schließlich hatte Octavian selbst in feierlicher, althergebrachter Weise die Kriegserklärung vollzogen, indem er als Fetialpriester, der ein traditionsreiches Kultamt versah, die Kriegslanze schleuderte. Da dies nur bei Krieg gegen einen äußeren Feind möglich war, hieß dieser Kleopatra. Antonius sollte nicht einmal als Gegenspieler Octavians zählen.

Die Regelungen von Alexandria dienten der Vorbereitung der großen Auseinandersetzung der beiden ‹Nachfolger› Caesars. Wichtig war aber zunächst für Antonius, die Verbündeten und die zur Verfügung stehenden Truppen zu sichten. Dem diente eine Zusammenkunft sämtlicher Klientelfürsten, die er im Frühjahr 32 nach Ephesos aufgeboten hatte. Bereits im Winter hatte sich hier eine Flotte von 500 Kriegs- und 300 Transportschiffen versammelt. Die Stadt bot mit ihrem Golf und seinen zahlreichen Hafenbuchten Platz für eine Flotte nahezu beliebiger Größe. Ferner war von hier aus eine bequeme Überfahrt nach der zum Aufmarsch gegen Italien in Aussicht genommenen südlichen Peloponnes möglich, der wenige Monate später in Angriff genommen wurde.

Der Transport über See stellte eine herausragende logistische Leistung dar. 100 000 Mann Fußsoldaten, 12 000 Reiter und eine Flotte von 500 Kriegsschiffen mit mindestens 150 000 Mann Besatzung mußten über die

Ägäis gebracht werden. Für derartige Menschenmassen und besonders für eine so starke Reiterei waren bedeutende Vorräte mitzuführen. Es war zweifellos ein eindrucksvolles Schauspiel, als über Tage hin Mann auf Mann, Pferd auf Pferd, Amphore auf Amphore auf die Schiffe gebracht wurden, die in zahlreichen Konvois am Horizont verschwanden, um nach Griechenland zu segeln.

Die nächste Station während des langsamen Vorrückens gegen Westen war Samos. In den Wochen auf dieser Insel entfaltete Antonius erneut den ganzen Prunk orientalischer Hofhaltung. Die Städte Kleinasiens wetteiferten bei den Opfern und sandten Tiere für die nicht enden wollenden Zeremonien. Wer zu den Herrschern des Ostens zählte oder dazu zählen wollte, kam nach Samos; noch nie hatte man eine derartige Versammlung von Königen gesehen. Es waren praktisch alle persönlich anwesend, deren Reiche an den Teil des Imperium Romanum grenzten, den Antonius kommandierte.

In die zweite Hälfte des Sommers 32 fiel die Aufgabe, das gewaltige Heer durch Griechenland hindurch an die Westküste zu führen; währenddessen mußte die Flotte die Peloponnes umsegeln. Im Herbst war dieser Aufmarsch abgeschlossen. Die Flotte lag in geschützten Häfen und sicherte Stationen an der Westküste, das Heer zog in die Winterquartiere. Antonius etablierte sich mit seinem Stab in Patras.

Es bestand eigentlich keine Eile. Für ein Übersetzen nach Italien war die Jahreszeit zu weit fortgeschritten. Die Flotte benötigte in Italien große Häfen, wollte man sie nicht von vornherein preisgeben. Als solche Häfen kamen lediglich Tarent und Brundisium in Betracht. Beide waren aber von ihren starken Städten geschützt und durch die Flotte Octavians und Agrippas besetzt.

Und dieser Agrippa war es, der alle strategischen Überlegungen seines Gegners rasch zu Makulatur werden ließ. Zu Beginn des Jahres 31 ergriff er die Initiative und vertrieb die Vorposten des Antonius an der griechischen Westküste, so daß er und Octavian ihre Truppen dort ungehindert an Land setzen konnten. Zwar wagten sie es nicht, die bei Actium lagernde Flotte des Antonius anzugreifen, der aber sah sich nicht nur in die Defensive gedrängt, sondern mußte auch erkennen, daß sowohl seine Flotte wie sein Landheer in die Zange genommen worden waren. Actium war für ihn zur Falle geworden.

Von den lebensnotwendigen Nachschubverbindungen zur See abgeschnitten, verschlechterte sich für Antonius die Versorgungslage von Tag zu Tag, da der Proviant auf dem beschwerlichen Landweg nach Actium transportiert werden mußte. Hinzu kamen nahezu tägliche Desertionen einzelner oder ganzer Truppenteile. Der Blockadekrieg schleppte sich noch mehrere Monate hin, und die Waagschale neigte sich immer mehr zugunsten Octavians. Als einziger Ausweg schälte sich in den Überlegungen des Kriegsrats von Antonius und Kleopatra immer klarer der

Plan heraus, mit der Flotte den Durchbruch zu versuchen; das Landheer sollte sich anschließend in Sicherheit bringen.

Schließlich scheiterte auch dieser letzte große Plan des Antonius. Was ein geordneter Abzug des größten Teils der Flotte hätte werden sollen, endete als kopflose Flucht nur weniger Schiffe. Am Ende dieses Überblicks möchte ich kurz der Propaganda der späteren Sieger folgen, welche die Auseinandersetzungen der Kontrahenten auf einen Feldzug, ja einen Tag und eine Schlacht reduzierten. Mit dem 2. September 31, dem Tag der Schlacht von Actium, kann man das Leben des Antonius ausklingen lassen, auch wenn noch fast ein ganzes weiteres Jahr bis zur Eroberung Alexandrias durch Octavian und dem Selbstmord des Antonius vergehen sollte.

Es folgte der Aufstieg Octavians zum Augustus und der endgültige Beginn der römischen Monarchie. Es folgte aber auch eine beispiellose Umschreibung der Geschichte der Triumviratszeit, die das Vorbild für Orwells ‹1984› hätte abgeben können. Horaz, Vergil und Properz besangen den Sieg von Actium über den Verräter an der Sache Roms, wenn sie Antonius überhaupt in den Blick nahmen; und die Historiker standen ihnen nicht nach.

Was bleibt also vom Leben des Antonius in der Erinnerung? Seine Leichenrede auf Caesar – vermittelt in den unsterblichen Versen Shakespeares? Das Liebesmahl mit Kleopatra – illustriert in einem Gemälde von Tiepolo? Der Selbstmord – filmisch in Szene gesetzt mit Richard Burton? Wie auch immer – es ist auf jeden Fall ein Antonius, der durch spätere Interpreten vermittelt wurde, wobei ihm die neuzeitlichen weitaus gewogener waren als die zeitgenössischen.

Marcus Agrippa –
der selbstbewußte Parteigänger des Augustus

von Werner Eck

Rom im April des Jahres 12 v. Chr. Ein langer Trauerzug bewegte sich durch die Stadt. Die höchsten Magistrate des Staats, Consuln und Praetoren, schritten vor einer Bahre mit einem Verstorbenen her, getragen von den designierten Amtsträgern des nächsten Jahres. Praetorianer begleiteten den Zug mit ihren Feldzeichen; Waffen trugen sie keine. Hinter der Bahre folgte der 51jährige Herrscher der römischen Welt, Augustus, begleitet von seiner Gattin Livia, seinen Adoptivsöhnen Gaius und Lucius und deren Mutter Iulia; sie war die einzige Tochter des Augustus und Frau des Verstorbenen. Die Straßen, durch die der Zug sich bewegte, waren dicht von Menschen in dunkler Trauerkleidung gesäumt; noch stärker war das Gedränge auf dem Forum Romanum, auf dem der Zug dann schließlich endete, unmittelbar vor der Rednertribüne. Schiffsschnäbel (*rostra*) schmückten die Tribüne; sie waren nach der Seeschlacht bei Actium 19 Jahre zuvor als Zeichen des Sieges über Kleopatra und Marcus Antonius hier angebracht worden. Siegreicher Admiral in dieser Entscheidungsschlacht war Marcus Vipsanius Agrippa gewesen. Seine Totenfeier war es, die an diesem Tag die Stadt Rom beging. Der Leichnam wurde auf der Rednertribüne abgesetzt. Die Massen wurden still; Augustus betrat die Tribüne, um seinem engsten politischen Freund, der gleichzeitig sein Schwiegersohn war, die Leichenrede zu halten.

Bis vor drei Jahrzehnten kannten wir keine Einzelheit aus dieser Leichenrede. Doch 1970 wurde ein Fragment dieser *laudatio funebris* in der Papyrussammlung der Universität zu Köln gefunden, in der Stadt, zu deren Gründung Agrippa durch seine Umsiedlung des germanischen Stammes der Ubier in den Jahren 19/18 den Anstoß gegeben hatte. Diese Rede, ursprünglich in lateinischer Sprache gehalten, war ins Griechische übersetzt worden. In dieser Form wurde sie auch nach Ägypten gesandt – sie sollte wohl vor den Bewohnern der Provinz bei offiziellen Totenfeiern verlesen werden, um ihnen deutlich zu machen, welcher Verlust das Reich und das Haus des Augustus getroffen hatte. Das war bereits die Botschaft an die Bewohner der Stadt Rom gewesen, als Augustus von der Rednertribüne herab den Verstorbenen mit seinen Worten nochmals vor ihren Augen lebendig werden ließ. Uns erlaubt das Fragment der Rede heute, in prägnanter Form zu erkennen, welche außergewöhnliche Stellung Agrippa in der römischen Politik dieser Jahrzehnte einnahm.

Prunkvolle, unter großer Beteiligung der Öffentlichkeit begangene Begräbnisfeiern waren im republikanischen, aber auch im kaiserzeitlichen Rom keine Seltenheit. Doch das Staatsbegräbnis für Agrippa war etwas anderes. Denn hier wurde nicht irgendein Mitglied einer jahrhundertealten führenden Familie bestattet, in dessen Trauerzug zwar die endlose Reihe der Vorfahren in ihren Wachsmasken auftrat, das aber selbst in der römischen Politik unter der Vorherrschaft des Augustus keine selbständige Rolle mehr gespielt hatte. Vielmehr wurde der mächtigste Mann der damaligen römischen Welt zu Grabe getragen. Nur Augustus stand über ihm. Eine Epoche der jungen Monarchie ging mit diesem Staatsakt zu Ende.

I

Als Marcus Vipsanius Agrippa 51 Jahre früher (vermutlich Ende 64 – Anfang 63 v. Chr.) geboren wurde, hätte niemand erwartet, daß er es einmal so weit bringen würde. Weder sein Herkunftsort in Italien noch sein Vater sind bekannt. Seine Vorfahren waren sicher nicht im Leichenzug des Jahres 12 durch Wachsmasken repräsentiert gewesen; denn nach dem Verständnis der alten Familien hatte er keine. Selbst die römischen Historiker berichten kaum etwas über seine Herkunft, nicht einmal Klatsch. Das kann nur heißen, daß man schon in augusteischer Zeit kaum etwas von seiner sozialen Herkunft wußte. Den Familiennamen Vipsanius, der allzu sehr an eine ‹plebejische› Abkunft erinnert hätte, ließ Agrippa deshalb auch fallen. Kein einziges offizielles Dokument erwähnt das *nomen gentile*, den Geschlechtsnamen. Agrippa selbst nannte sich stets, in bewußter Kürze, nur mit *praenomen* (Vornamen) und *cognomen* (Zunamen): Marcus Agrippa. Noch heute steht dieser Name programmatisch über dem Eingang des von ihm erbauten Pantheon in Rom.

Wenn ein moderner Historiker vermutete, Agrippa sei ein illegitimer Sohn Caesars gewesen, so ist dies ein wunderschönes Stück Phantasie. In Wirklichkeit war Agrippa für seine Mitwelt, vor allem die altsenatorische Aristokratie, ein ahnenloser Mensch – eine schwere Hypothek in einer Gesellschaft, die aus der jahrhundertelangen Geschichte einer Familie einen wesentlichen Teil der Legitimation für die öffentliche Stellung einer Person gewann. Agrippa konnte nicht auf einen aristokratischen Stammbaum verweisen, er hatte keine in der Öffentlichkeit vorzeigbare Familie und damit auch keinen Anhang in der Gesellschaft, keine Klientel, die ihm ganz selbstverständlich eine politische Rolle garantiert hätte. Er könnte als ein ‹Selfmademan› erscheinen, ein *homo novus*, wie die Römer das nannten. Manche seiner Zeitgenossen, vor allem diejenigen, die ihn haßten, sahen schon in seinen energischen, für manche eher grobschlächtigen Gesichtszügen, wie sie auch auf den Münzportraits erscheinen, ein Zeichen seiner ‹plebejischen›, nicht-aristokratischen Herkunft. Seinen

Aufstieg behinderte das nicht ernstlich. Als erster seiner Familie machte sich Agrippa daran, in der römischen Politik eine Rolle zu spielen. Die Zeiten waren dazu günstig. Vierzehn Jahre alt war Agrippa, als mit dem Überschreiten des Rubikon durch Caesar im Januar 49 v. Chr. die erste Phase der römischen Bürgerkriegszeit begann. Die überkommenen gesellschaftlichen und politischen Regeln wurden zum großen Teil Makulatur, das Monopol der alten und consularischen Familien des Senats, der Nobilität, auf die politischen Führungspositionen wurde gebrochen. Entscheidend war, ob man Beziehungen zum tatsächlichen Machthaber, also zu Caesar, hatte. Wie Agrippa mit ihm in Kontakt kam, ob direkt oder über andere, wissen wir nicht. Doch er war bekannt mit dem fast gleichaltrigen Gaius Octavius, dem späteren Augustus. Octavius aber gehörte als Großneffe zum engsten Verwandtenkreis Caesars, ja er war dessen nächster männlicher Verwandter. In seinem Testament hat Caesar ihn adoptiert, seitdem nannte ihn die zunächst meist feindliche Mitwelt Octavianus.

Beim Tod Caesars am 15. März 44 befand sich Agrippa zusammen mit Octavian jenseits der Adria in der Provinz Makedonien, dem heutigen Albanien. Agrippa schlug seinem Freund vor, das Kommando über die Legionen in Makedonien zu übernehmen und direkt in den Kampf um die Nachfolge Caesars einzugreifen. Doch in diesem Augenblick lehnte jener noch ab, mit Hilfe der Truppen die Macht zu übernehmen. Erst einige Monate später erkannte Octavian, daß er ohne militärische Stütze zwischen den Politikern in Rom, den caesarischen Generälen wie vor allem Marcus Antonius und den Caesarmördern Brutus und Cassius, zerrieben würde. Da stellte er, vor allem aus den Veteranen Caesars, eine Bürgerkriegsarmee auf. Und von diesem Augenblick an war Agrippa immer an der Seite Octavians zu finden; er wurde sein wichtigster militärischer Berater und Feldherr. Sein Einfluß ist auch bei vielen Ereignissen vorauszusetzen, bei denen die antiken Historiker nur Octavian als Handelnden erscheinen lassen – nicht anders als heute «dem Kanzler» viele Ideen zugeschrieben werden, die tatsächlich von seinen Beratern oder Ministern stammen, was immer das über die Qualität aussagen mag. Fast alle wichtigen Siege der nachfolgenden 30 Jahre hat Agrippa für seinen Freund erfochten – ohne jemals daraus ein ungebührliches Vorrecht für sich gegenüber Octavian/Augustus abzuleiten. Er war stets bereit, nur die zweite Stelle im Staat einzunehmen, solange der Sohn Caesars die Führung behielt. Hinter ihm trat er zurück, nicht aber hinter einem andern. Als Augustus später einmal, im Jahr 23, den Verdacht aufkommen ließ, er ziehe einen jungen Blutsverwandten, Claudius Marcellus, dem erprobten Mitstreiter Agrippa gerade wegen dieser Verwandtschaft vor, kam es zur gefährlichsten Krise innerhalb der in den Bürgerkriegen siegreichen caesarischen Partei, nunmehr Augustus' Partei. Agrippa wollte nicht einem unerfahrenen jungen Mann die Führung im Staat abtreten, falls Augustus gestorben wäre – und zwar nur deswegen, weil dieser mit dem Princeps dieselben Ahnen teilte. Gerade wegen seiner von allen anerkannten militärischen Verdienste ging Agrippa davon aus, einen Anspruch auf die Führerstellung zu haben – nach Augustus. Dieser sah rechtzeitig genug die Brisanz der innerparteilichen Spannung und gab nach. Von da an blieb die Harmonie zwischen den beiden führenden Männern erhalten, zum Nutzen beider und zum Nutzen der neugestalteten staatlichen Ordnung Roms.

Doch am Ende des Jahres 44, als Octavian und Agrippa zum ersten Mal als Feldherren einer Bürgerkriegsarmee agierten, war von der zukünftigen Ordnung noch nichts zu erkennen. Es ging zunächst einmal ums Überleben. Caesars Mörder und die zahlreichen militärischen Führer der caesarischen Partei verwandelten den gesamten Mittelmeerraum in ein gewaltiges Schlachtfeld. Dabei hatte keiner Skrupel, um eines taktischen Vorteils willen eine Koalition selbst mit dem Todfeind einzugehen, eine Koalition, die man ebenso schnell wieder aufkündigte, wenn es dem Nutzen der eigenen Partei diente. Agrippa war dabei neben seiner politischen Rolle stets der militärische Kopf und praktische Organisator. Zwei längerfristige Ziele galt es zu erreichen: die Ausschaltung der Caesarmörder und den Sieg innerhalb der caesarischen Partei im Kampf um die alleinige Macht. Denn viele fühlten sich berufen, Caesars Erbe anzutreten, nicht nur Antonius, sondern auch Aemilius Lepidus oder Munatius Plancus. Agrippa führte zumeist die Truppen Octavians. Er hatte entscheidenden Anteil am Sieg der Caesarianer über die Caesarmörder in der Schlacht von Philippi in Makedonien im Jahre 42. Zehntausende von Bürgern verloren dabei ihr Leben.

Sechs Jahre später schaltete Agrippa Sextus Pompeius, den letzten überlebenden Sohn des großen Pompeius, in der Seeschlacht von Naulochus an der Nordostecke Siziliens aus. Dieser hatte es verstanden, eine gefährliche Seestreitmacht aufzubauen; die Versorgung Roms mit Getreide aus Sizilien hing allein von ihm ab, und er unterbrach den Getreidestrom öfter, um seine politischen Ziele zu erreichen. Erst als Agrippa unter ungeheuren Anstrengungen einen künstlichen Hafen beim heutigen Pozzuoli angelegt und auf dem Averner- und Lukrinersee, die hinter den Küstendünen lagen, die Flotte eingeübt hatte, wagte er die Seeschlacht gegen Pompeius. Seine Hauptwaffe war der Schleuderenterhaken, der mit Geschützen verschossen wurde. Er bohrte sich tief ins Holz der gegnerischen Schiffe, die dann mit starken Tauen, die an den Haken befestigt waren, an die eigenen Schiffe herangezogen wurden. Das anschließende Entern war für die bestens trainierten Seesoldaten nur noch eine Kleinigkeit. Pompeius' Flotte wurde auf diese Weise von Agrippa fast völlig aufgerieben; der westliche Mittelmeerraum befand sich von da an fest in Octavians Hand. Agrippa erhielt für den Sieg eine einzigartige Auszeichnung: Eine goldene Krone, geschmückt mit Schiffsschnäbeln (*corona rostrata*) wurde ihm am 13. November 36 v. Chr. auf Senatsbeschluß verliehen. Bei feierlichen Anlässen in Rom durfte er sie tragen; niemand sonst konnte sich dabei mit ihm messen. Zahlreiche Münzen, die das Porträt Agrippas mit dieser *corona rostrata* tragen, verkündeten seinen Ruhm in der gesamten römischen Welt.

Die antike Überlieferung schreibt ohne Einschränkungen diesen Erfolg dem strategischen und technischen Geschick Agrippas zu, ein Zug, der sich auch in der Folgezeit immer wieder zeigte. Gerade in der letzten Auseinandersetzung im römischen Bürgerkrieg zwischen Octavian und Marc Anton, der mit Kleopatra persönlich und politisch liiert war, war es dieses taktische und strategische Können Agrippas, das in der Schlacht von Actium schließlich zum Erfolg führte. Bereits in den Monaten vor der Entscheidung war es Agrippas überlegener Strategie gelungen, den Gegner durch Stören und schließlich durch Unterbrechen des aus Ägypten kommenden Nachschubs in eine isolierte Lage zu bringen und einen Teil der feindlichen Flotte in der Adria zu vernichten. Anders als in der Seeschlacht von Naulochus setzte Agrippa bei Actium gegen die schweren Kriegsschiffe des Gegners keine gleichartigen Schlachtschiffe ein. Vielmehr stellte er seine gesamte Taktik auf kleinere, schnell bewegliche Einheiten um, wie sie vor allem von den Seeräubern an der dalmatinischen Küste benutzt wurden. Damit konnte er die hohen und unbeholfeneren Schiffe des Antonius ausmanövrieren. Als die ägyptische Königin mitten im Gefecht mit ihren eigenen Schiffen die Kampflinie durchbrach und in Richtung Ägypten davonsegelte, war die Kapitulation der Flotte des Antonius nicht mehr zu vermeiden. Die Entscheidung in dem jahrzehntelangen Bürgerkrieg Roms war für Octavian gefallen – und wieder lag das militärische Verdienst am Sieg hauptsächlich bei Agrippa. Beim Triumphzug über Kleopatra im Jahre 29 erhielt Agrippa erneut eine singuläre Auszeichnung: Eine meerblaue Fahne sollte stets an seinen Erfolg bei Actium erinnern.

II

Der Sieg führte zu einer neuen politischen Ordnung, die im Kern monarchischer Natur war, auch wenn viele der Formen republikanisch geprägt blieben. Agrippa als der zweite Mann der caesarischen Partei neben Augustus blieb ein wesentlicher Träger der Macht. In den Jahren 28 und 27, den ersten beiden Jahren der beginnenden Principatsordnung, amtierte Agrippa neben Augustus als Consul. Es war kein Zufall; denn auf niemanden konnte Augustus in gleicher Weise bauen wie auf ihn. Später wurden ihm umfassende Kompetenzen in den Provinzen und in Rom selbst übertragen, wodurch er Augustus fast gleichgestellt war. Wie dieser besaß er die Amtsgewalt eines Volkstribunen und eine umfassende Zuständigkeit im Provinzialbereich mit der Amtsgewalt eines Proconsuls, jeweils auf eine begrenzte Zeit verliehen. Die sonst allmächtigen Statthalter in den römischen Provinzen hatten sich nicht nur mit Augustus, sondern auch mit Agrippa zu arrangieren. Im Konfliktfall hatten sie sich seinen Anordnungen zu fügen. Gerade dies hat uns die zu Beginn erwähnte Leichenrede auf Agrippa besonders klar gemacht. Fast die gesamte Zeit zwischen 23 und seinem Todesjahr 12 v. Chr. verbrachte Agrippa in den Untertanenländern Roms. Von 23–21 bereiste er die östlichen Provinzen, wobei er wohl auch diplomatische Verhandlungen mit den Parthern, den Gegenspielern Roms im Osten, führte. Die Rückgabe der von den Parthern in den Schlachten gegen Crassus und Marcus Antonius errungenen römischen Feldzeichen im Jahre 20 hatte er wirkungsvoll vorbereitet. In den Jahren 20–18 hielt er sich im Westen auf: Gallien bis zum Rhein neu zu ordnen und die Stämme der Kantabrer im Norden Spaniens endgültig zu besiegen, das waren dort seine Aufgaben. Vom Sommer des Jahres 17 bis zum Frühjahr 13 hatte er erneut die Leitung der gesamten Osthälfte des römischen Reiches; Provinzorganisation, Verhandlungen und Kämpfe mit den Klientelkönigen am Schwarzen Meer und die Anlage römischer Veteranencolonien standen auf dem Programm. Ende des Jahres 13 begab er sich nach *Illyricum*, um die an der Grenze zu Illyricum unruhigen pannonischen Stämme Rom zu unterwerfen. Agrippa war überall im römischen Imperium rechtlich und faktisch der zweite Mann. Und alle verstanden dies. Nichts zeigt dies deutlicher als das große Doppeltor, das auf den unteren Markt in der kleinasiatischen Stadt Ephesos führt. Agrippa und Augustus waren gleichrangig auf je einem der Tore in monumentalen Statuen repräsentiert, und die gleichlautenden Inschriften zeugen von ihrer «Kollegialität».

Dennoch hat Agrippa persönlich niemals den Abstand zu Augustus verwischt, ja er hat ihn in vielfacher Hinsicht sogar betont, besonders als er jeden Triumph, der ihm wegen seiner Siege angeboten wurde, zurückwies und die Akklamation als siegreicher Feldherr allein Augustus überließ; dabei hätte ihm der Triumph rechtlich zugestanden, weil er ein von Augustus unabhängiges Kommando innehatte. Doch durch sein Verhalten zwang er auch die anderen Senatoren, selbst die aus alten Familien, die alleinige Sieghaftigkeit des Princeps Augustus anzuerkennen. Um der politischen Stabilität und der Stärkung der Alleinherrschaft des einen Mannes willen betonte Agrippa diesen Abstand, obwohl die enge Bindung zwischen ihm und Augustus im Jahr 21 noch verstärkt worden war. Denn er heiratete Iulia, die einzige Tochter des Augustus, damals nach dem Tod des Marcellus seit etwa zwei Jahren verwitwet. Die Heirat erfolgte für alle sichtbar aus politischen Gründen; denn eine unverheiratete Tochter des Machthabers war eine zu große Verlockung für machthungrige Angehörige der römischen Aristokratie. Die stärkste Sicherung gegen solche Ambitionen war, diese Frau mit dem mächtigsten Mann neben

Augustus zu vermählen; er war damit noch unmittelbarer in die herrschende Familie eingebunden. Gleichzeitig war Iulias offenkundiger Ehrgeiz durch die Loyalität ihres Gatten gebremst. Aus dieser Ehe erhielt Augustus sodann auch die sehnlichst erwarteten Erben. Fünf Kinder stammten aus der Verbindung Agrippas mit Iulia. Für Augustus waren vor allem die erstgeborenen Söhne, Gaius und Lucius, entscheidend. Beide wurden von Augustus adoptiert, womit auch nach außen deutlich wurde, daß es nicht nur um die Stabilisierung und Kontinuität der neugeschaffenen Herrschaftsform ging; denn das hätte wohl auch auf anderem Weg erreicht werden können. Vielmehr sollte die Herrschaft langfristig auf Blutsverwandte des Augustus übergehen. Für Agrippa selbst schuf diese Perspektive keine Probleme; denn Gaius und Lucius Caesar waren zwar rechtlich Augustus' Söhne geworden, aber dem Blute nach waren sie zunächst einmal seine Söhne. Ein Konflikt schien daraus kaum erwachsen zu können, zumal Gaius und Lucius gerade erst wenige Jahre alt waren. Die Probe, ob diese Konstellation tragfähig gewesen wäre, wurde nie eingefordert.

III

Für die Sicherung der monarchischen Herrschaft seines Freundes Augustus und schließlich seiner Söhne hat Agrippa alles ihm Mögliche getan, und zwar weit über das Militärische hinaus. Frühzeitig hatte er erkannt, daß es nicht genügte, den Gegner im Krieg zu vernichten. Es mußte vielmehr die römische Bürgerschaft gewonnen werden: Zivilisten und Soldaten und besonders die Veteranen. Dabei ging es nicht mehr wie noch wenige Jahrzehnte vorher unter Pompeius und Caesar um die direkte Unterstützung bei Wahlen oder sonstigen Abstimmungen, sondern um die Gewinnung der langfristigen Loyalität der bürgerlichen Massen in Rom selbst, aber auch in Italien und den Provinzen des Reiches. Dem diente in der Hauptstadt des Reiches vor allem ein ausgedehntes Bauprogramm, das Agrippa bereits lange vor der endgültigen Entscheidung bei Actium zu verwirklichen begonnen hatte. Gerade in den letzten kritischen Jahren vor dem Abschluß der Bürgerkriege war es politisch dringend nötig, die stadtrömische Bevölkerung bei Laune zu halten und so gegen die Propaganda des Antonius zu immunisieren. Unter den Bedingungen des Mittelmeerklimas war die Wasserversorgung Roms einer der sensibelsten Bereiche des täglichen Lebens. Zwar hatte man schon Jahrhunderte vorher mit dem Bau von Fernwasserleitungen begonnen. Doch für die gewaltig angewachsene Einwohnerzahl Roms genügte die bisherige Versorgung nicht mehr. Vor allem aber wurden höhergelegene Gebiete der Stadt von den Wasserleitungen nicht erreicht, da Druckleitungen innerhalb der Mauern Roms höchstens in Ausnahmefällen verwendet werden konnten. Agrippa schuf für die Wasserversorgung ganz neue Voraussetzungen und organisierte ihre Administration so, daß sie in den Grundzügen über mehrere Jahrhunderte Bestand hatte. Er ließ die bestehenden Leitungen wesentlich vergrößern, erschloß neue Quellen und führte sie den Kanälen zu. Zudem wurden die Aquädukte zum Teil in größerer Höhe in die Stadt geführt, so daß auch die auf den Hügeln gelegenen Regionen Roms versorgt werden konnten. Eine völlig neue Leitung, die *Aqua Iulia*, wurde 33 v. Chr. gebaut, eine zweite, die *Aqua Virgo*, im Jahr 19. Diese berühmte Versorgungsleitung ist, trotz partieller Zerstörungen, immer in Betrieb geblieben und speist noch heute die Fontana di Trevi. Insgesamt dürfte durch die Baumaßnahmen Agrippas die täglich in Rom zur Verfügung stehende Wassermenge auf etwa 350 000 cbm erhöht worden sein. Damals wurde es zum ersten Mal möglich, eine größere Zahl von Privathäusern direkt mit einer Zuleitung auszustatten, auch wenn immer noch der größere Teil der Bevölkerung sich an öffentlichen Entnahmestellen mit Wasser versorgen mußte. Dies aber war durch die Verbesserung des Gesamtnetzes durch Agrippa keine so mühselige Aufgabe mehr. 700 Schöpfbrunnen und 500 Laufbrunnen waren jetzt über die gesamte Stadt verteilt; niemand hatte es daher allzu weit bis zu einer Entnahmestelle. Aber die Brunnenanlagen bedeuteten auch optisch eine urbanistische Verschönerung, da Agrippa sie mit 300 Statuen und 400 wertvollen Marmorsäulen ausstatten ließ. Wasser symbolisierte so eine allgemein verbesserte Lebensqualität im Zentrum des Reiches.

Den Abschluß dieser Arbeiten im Jahre 33 feierte Agrippa mit Festspielen, die 59 Tage dauerten; 170 Bäder standen während dieser Zeit dem stadtrömischen Publikum kostenlos zur Verfügung. Doch die Planungen Agrippas gingen über die Erbauung hinaus. Um die reibungslose Versorgung und schnelle Reparaturen jederzeit gewährleisten zu können, stellte er eine Arbeitstruppe von 240 Handwerkern auf, die er aus seiner eigenen Sklavenschaft rekrutierte. Bei seinem Tod vererbte er sie Augustus, der sie seinerseits als staatlichen Handwerkertrupp organisierte. Dies wurde das Modell auch für andere Bereiche der städtischen und provinzialen Administration in der folgenden Zeit.

Mit den Wasserleitungsbauten waren die Baumaßnahmen Agrippas für Rom keineswegs abgeschlossen. Vor allem auf dem Marsfeld, das in seiner Zeit urbanistisch noch weitgehend ungestaltet war, hat er weitere Bauten errichten lassen. Am bekanntesten ist das Pantheon mit seiner gewaltigen freitragenden Kuppel und den riesigen Marmorsäulen der Frontseite; noch heute ist auf dem Marmorgebälk der Name Agrippas in monumentalen Lettern zu lesen. In den Apsiden der Frontseite empfingen einst die weit überlebensgroßen Statuen von Augustus und Agrippa den Besucher – auch dies wiederum ein Zeichen, daß die Monarchie in Rom auf der Gemeinschaft dieser beiden Männer beruhte. In unmittelbarer Nähe dieses Tempels erhoben sich Agrippas Thermen, der erste Großbau dieser Art in Rom, erbaut für alle Bewohner der Stadt. Damit verbunden waren ein künstlicher See sowie ein breiter Abflußkanal, der die Wassermassen der Thermen zum Tiber führte. Die Gesamtanlage stand innerhalb der Gärten des Agrippa, die der Öffentlichkeit zugänglich waren, nicht anders als die Thermen selbst.

Schließlich führte Agrippa auch den Bau der sogenannten *Saepta Iulia* zu Ende, eine von Säulenhallen umgebene 310 m lange und 120 m breite Platzanlage, auf der die Volksversammlungen abgehalten werden sollten. Dieser Funktion haben die Saepta auch offiziell gedient; doch Wahlen im echten Sinn des Wortes wurden nach den späten 20er Jahren dort nicht mehr durchgeführt. Die politischen Entscheidungen über Ämter wie über Gesetze fielen an anderer Stelle, in den Beratergruppen um Augustus oder in den privaten Arrangements zwischen ihm und alten mächtigen senatorischen Familien. Agrippa hat dabei stets eine wichtige Rolle gespielt. Der prachtvoll ausgestaltete Abstimmungsbezirk sah lediglich noch den formalen Vollzug der Wahlen, der nur kurze Zeit beanspruchte. So entwickelte sich die Anlage zu einem riesigen Erholungs- und Flanierzentrum, ferner zu einem der größten Märkte in der Stadt, auf dem neben allem Lebensnotwendigen auch Bücher und Kunstwerke zu kaufen waren, wie etwa ein Jahrhundert nach dem Tod Agrippas der Dichter Martial erzählt.

Die Bautätigkeit Agrippas ging zum größten Teil auf seine persönliche Initiative zurück, war jedenfalls nicht unmittelbar durch amtliche Aufgaben bedingt. Damit hängt auch zusammen, daß die Finanzierung offensichtlich zum größten Teil durch ihn selbst erfolgte. Sein Vermögen muß ungeheuer gewesen sein; doch war dies kein alter Reichtum, sondern zumeist jüngst erworbener. Die Bürgerkriege hatten zu gewaltigen Vermögensumschichtungen geführt. Das Baugelände auf dem Marsfeld, auf dem Agrippa Gartenanlagen, Basiliken, seine Thermen und das Pantheon errichtete, hatte ursprünglich Pompeius gehört. Große Landgüter auf der Getreideinsel Sizilien lieferten Agrippa Erträge, ebenso die Halbinsel der thrakischen Chersones an den Dardanellen, die ganz in seinem Besitz war, und fruchtbare Landstriche in Ägypten. Vermutlich ging vieles davon direkt auf Kriegsgewinne zurück, aber auch auf billigen Erwerb von Land nach den massenhaften Proscriptionen, den Ächtungen politischer Gegner, während der Jahre 43 und 42. Daneben standen große Erbschaften, so die seiner ersten Frau Caecilia Attica, der Tochter des steinreichen Bankiers Pomponius Atticus, des engsten Freundes Ciceros. Hinzu kamen Beute aus zahlreichen Kämpfen und Geschenke von Städten und Königen, vor allem im Osten des Reiches. Sie kannten die politische Macht Agrippas und erwiesen ihm auch auf diese Weise ihre Reverenz. So mag die Herkunft der Finanzmittel für unsere Begriffe, zumindest teilweise, höchst problematisch gewesen sein. Immerhin unterscheidet sich Agrippa durch den Einsatz dieses Reichtums von manchen seiner aristokratischen Zeitgenossen, die vornehmlich ihr eigenes Leben luxuriös gestalteten. Denn er scheint seine Mittel vornehmlich in Nutzbauten für die Bevölkerung Roms, vielleicht auch mancher Städte in den Provinzen investiert zu haben. Daß dadurch ihm selbst Prestige zuwuchs, war natürlich gewollt, doch gleichzeitig ging es ihm auch um die Sicherung der Herrschaft des Augustus, auf der wiederum Agrippas eigene Stellung wesentlich beruhte. Populistische Züge dieses Euergetismus sind unverkennbar. Die Stadt, die aus Ziegeln erbaut war, durch Augustus und Agrippa aber zu einer Marmorstadt erhoben wurde, sollte durch ihren Glanz das Selbstbewußtsein der Römer stärken und die Bewohner den politischen Machtverlust vergessen lassen, den sie mit dem faktischen Ende der Republik hatten hinnehmen müssen. Deshalb sollte dem Volk etwas geboten werden. Doch geschah dies nicht allein aus politischer Berechnung; vielmehr stand dahinter auch ein gewisser ‹Republikanismus› des Agrippa, der mehr als all die Nachkommen consularer Familien der Republik das Ideal des Nutzens für die Öffentlichkeit vertrat. Dabei hatte Agrippa nie die Idee vertreten, den inneren Konflikt Roms durch eine Erneuerung der Republik zu lösen, vielmehr stets die monarchische Umgestaltung angestrebt, ganz im Gegenteil zu der Rede, die ihm der griechische Historiker Cassius Dio in den Mund gelegt hat und derzufolge er Octavian zu einem Verzicht auf die Macht gedrängt habe. Dennoch: In seiner praktischen öffentlichen Tätigkeit spielten das Volk und der öffentliche Nutzen eine entscheidende Rolle; und so konnte er in einer wirklich gehaltenen Rede vor dem stadtrömischen Volk erklären, es sei vernünftiger, alle Statuen und Bilder zum öffentlichen Eigentum zu machen, als sie in die Unzugänglichkeit der aristokratischen Landhäuser oder Stadtpaläste zu verbannen. Manche seiner Zeit- und Standesgenossen, die genau dies taten, werden diese Rede mit größtem Mißfallen gehört haben. Agrippa aber handelte selbst durchaus nach dieser Maxime. Vor seinen Thermen auf dem Marsfeld ließ er eine berühmte Statue des hellenistischen Künstlers Lysipp aufstellen. Das Werk stellte einen Athleten dar, der nach dem Wettkampf mit einem Schaber den Körper von Öl und Schmutz reinigte (der sogenannte *Apoxyomenos*). Wie teuer solche Stücke auch damals bereits waren, ersieht man am Kauf zweier Gemälde durch Agrippa. Er bezahlte für diese beiden Bilder, die Aiax und Venus darstellten, der Stadt Kyzikos (am Marmarameer gelegen) 1,2 Millionen Sesterzen; mit dieser Summe hätte er rund 1300 Soldaten während eines ganzen Jahres besolden können.

IV

Doch es wäre irreführend, nur das Werk Agrippas in der Welthauptstadt Rom zu betonen; er verbrachte mehr Zeit in den Provinzen als im Zentrum des Reiches. So kannte er den römischen Herrschaftsraum besser als jeder andere. In Rom wurde deshalb auch auf der Grundlage der von

Agrippa gesammelten Daten und geographischen Erkenntnisse der gesamte Erdkreis, der *orbis terrarum*, bildlich in der *Porticus Vipsania* dargestellt. Diese vielen Jahre in den Außenländern Roms waren neben der unmittelbar militärischen Tätigkeit in Nordspanien, Gallien, Pannonien und in vielen Gebieten des Ostens mit umfassenden organisatorischen Maßnahmen ausgefüllt. Für viele Provinzen fehlen uns zwar die Einzelheiten; aber die zahlreichen Ehrungen, vor allem im Osten, sind nicht alle ohne konkreten Grund erfolgt. Athen etwa errichtete ihm ein monumentales Standbild am Aufgang der Akropolis; die Basis ist noch heute erhalten. Den jüdischen Gemeinden in Kleinasien und in der Kyrenaika (dem heutigen Libyen) bestätigte er das Recht, für den Tempel in Jerusalem gesammelte Gelder dorthin übersenden zu dürfen. Ebenso schützte er sie in ihrer privilegierten Stellung, die ihnen erlaubte, unter Griechen und Römern nach ihren eigenen Gebräuchen zu leben. Herodes der Große war der Mittler in diesem Streit zwischen Juden und griechischen Städten der Provinz *Asia*. Agrippa hat schließlich auch Jerusalem besucht, wo Herodes einen der Prachtsäle in seinem Palast nach dem römischen Schutzherrn benannt hatte. Zumindest an drei Orten im Osten war Agrippa schließlich auch an der Gründung römischer Colonien beteiligt; eine dieser Colonien war Berytus, das heutige Beirut. Die Colonisten waren römische Veteranen zweier Legionen.

Solche Städtegründungen waren in den kulturell wesentlich weniger entwickelten Provinzen des Westens wichtiger und zahlreicher als im Osten. Wie weit freilich Agrippa die Neuanlage von Siedlungen nach römischem Muster in Spanien und Gallien direkt angeordnet und geleitet hat, entzieht sich unserer Kenntnis, jedenfalls wenn wir wirklich Sicherheit darüber haben wollen. Das Streben nach einem herausragenden ‹Gründungsheros› hat manchen Lokalforscher allzu leicht dazu verführt, dem zweiten Mann nach Augustus die Initiative zur Neuanlage einer Stadt zuzuschreiben. Doch ist nicht zu bestreiten, daß Agrippa Patron und Wohltäter vieler Städte in diesen Provinzen war. Und manche dieser Verbindungen könnten bereits auf die Gründungsphase zurückgehen. Zweimal hat sich Agrippa im westlichen Reichsteil aufgehalten, einmal zwischen Ende des Jahres 40 und Anfang 37 und dann nochmals Ende 20 bis Frühjahr 18 v. Chr. Nachdem er im Sommer des Jahres 19 die Kantabrer in Nordspanien unterworfen hatte, zog er in die südlicheren Landesteile und besuchte die wenige Jahre zuvor gegründete Colonie Augusta Emerita (heute Merida). Auf diesen Besuch geht zumindest die Stiftung des Theaters durch Agrippa zurück, vermutlich aber auch noch anderer Bauten. Er hat wohl neben Augustus als wahrer Gründer der Stadt gegolten. Denn auf einem Relief, das in Merida gefunden wurde, scheint Agrippa während des Opfers, das dem Gründungsakt vorausging, dargestellt zu sein. Auch in Cartagena (Carthago Nova) an der spanischen Ostküste und in Nîmes (Nemausus) in der heutigen Provence wurde er offensichtlich zu den Gründern gezählt; sein Porträt erscheint neben dem des Augustus auf den Münzen dieser Städte.

Gallien war die Provinz, die Agrippa als erste zu leiten hatte. Ende des Jahres 40 v. Chr. wurde er Statthalter in der *Gallia Comata*, also dem gesamten gallischen Raum nördlich der Provinz *Narbonensis*; erneut erschien er dort in den Jahren 20–19. Dieser riesige Raum war in seiner Gesamtheit erst seit dem Jahre 51 Rom untertan. Doch Caesar, der Eroberer, hatte dem Gebiet noch keine der römischen Herrschaft adäquate Form geben können. Eine der wichtigsten Maßnahmen Agrippas war die Anlage dreier großer Verbindungsstraßen: eine von Lugdunum (Lyon) ins Gebiet der Aquitanier, eine zweite an die Küste des Ärmelkanals bei Boulogne-sur-Mer und eine dritte schließlich an den Rhein. Diese Straße führte zuerst nach Trier, wo sie in der einen Richtung nach Mainz, in der anderen nach Köln abzweigte. Köln aber bestand damals noch nicht.

Die Anlage der Straßen diente zunächst einmal vor allem dem schnellen Transport von Nachrichten und Truppen; denn Gallien wurde von den jenseits des Rheins siedelnden Germanenstämmen, den Sugambrern, Tencterern und Brukterern, bedroht. So ist es ganz natürlich, daß Agrippa auch am Rhein erschien, um dort Roms Macht zu demonstrieren. Wie Caesar überschritt er den Rhein mit seinem Heer. Die Aktion diente der Abschreckung; vielleicht sollten dadurch drohende Koalitionen zwischen gallischen Stämmen und rechtsrheinischen Germanen, wie sie auch in der Vergangenheit häufig zustande gekommen waren, verhindert werden. Die römischen Historiker sagen darüber nichts.

Damals hat Agrippa nicht nur die innere Ausgestaltung des gallischen Raumes vorangetrieben, sondern auch bereits den Schutz der Rheingrenze. Aus dem rechtsrheinischen Gebiet an der Lahn, aus der Gegend um den Dünsberg, holte er die Ubier, die seit Caesar in einem Abhängigkeitsverhältnis zu Rom standen, auf die andere Rheinseite; sie sollten als Bundesgenossen der Römer einen langen Abschnitt des Flusses gegen die aggressiven Germanenstämme verteidigen. Ihr Hauptort wurde das *oppidum Ubiorum* (Köln), dessen Anlage vielleicht von Agrippa persönlich angeordnet wurde; die urbanistische Gestaltung dieser Siedlung entsprach von Anfang an römischen Normen. Seine Enkelin Agrippina, die mit dem dritten Nachfolger des Augustus, mit Claudius (41–54 n. Chr.), verheiratet war, ließ dort eine römische *colonia* errichten, in deren Namen «Colonia Claudia Ara Agrippinensium» auch die Erinnerung an Agrippas Wirken und Leistung in Gallien fortlebte.

V

Seine eigentliche geschichtliche Leistung aber ist sein Anteil an der Schaffung der spezifisch römischen Form der Monarchie, des Principats. Denn es ist schwer vorstellbar, wie Augustus allein hätte Erfolg haben sollen.

Die Feinde, die sich Octavian/Augustus entgegenstellten, waren zahlreich: Agrippa hat für ihn die entscheidenden Siege errungen. Die Akzeptanz eines politischen Herrn mußte von allen erlernt werden, vornehmlich von den aristokratischen Mitgliedern der alten Familien: Niemand hat mehr als Agrippa – und dies trotz seiner herausragenden militärischen und zivilen Leistungen – gezeigt, wie man hinter Augustus zurückzutreten hatte. Der Riesenkörper des Reiches bedurfte nach den politischen und militärischen Zerstörungen der Bürgerkriege einer neuen Ordnung: Agrippa ist überall im Reich als der Organisator tätig geworden, hat stabile Grundlagen für die Zukunft gelegt und damit den inneren Frieden, die *pax Augusta*, ermöglicht. Im Zentrum des Reiches, in Rom, mußte dem Volk der Verlust des letzten Restes der politischen Macht aufgewogen werden: Agrippas Sensibilität für die unmittelbaren Bedürfnisse des Volkes hat diesen Prozeß ermöglicht. Er war Populist, Organisator und Feldherr; aber, bei allem eigenen politischen Ehrgeiz, war er vor allem ein wahrer Freund des Augustus. Gemeinsam schufen sie den römischen Principat, das römische Kaisertum.

Octavian/Augustus –
Totengräber und Friedensfürst

Hartwin Brandt

... beseitigt die Republik

«Als es nach Cassius keine republikanische Heeresmacht und Pompeius bei Sizilien überwältigt war und nach Lepidus und dem Selbstmord des Antonius auch kein anderer Führer blieb als Octavianus, da legte dieser, wollte nur als Consul gelten und sich zum Schutz mit der Vollmacht eines Volkstribunen begnügen. Sobald er durch Geschenke, das Volk durch eine Getreidezuteilung, alle durch den verführerischen Reiz des Friedens gewonnen hatte, stieg er allmählich empor und zog die Befugnisse des Senats, der Beamten, der Gesetzgebers an sich, ohne daß sich jemand widersetzte; denn die entschlossensten Männer waren den Kämpfen oder der Ächtung zum Opfer gefallen, während die übrigen *nobiles*, je mehr einer zur Unterwürfigkeit bereit war, durch Reichtum und Ehrenstellen nach oben gelangten und im Aufblühen der neuen Verhältnisse die Sicherheit der Gegenwart der gefahrvollen Vergangenheit vorzogen. Auch die Provinzen waren jener Ordnung der Dinge nicht abgeneigt. Verleidet war ihnen Senats- und Volksherrschaft wegen der Machtkämpfe der führenden Männer und der Habsucht der Beamten; schwach war der Schutz der Gesetze, die durch Eigenmächtigkeit, politische Umtriebe, vor allem durch Bestechung unwirksam gemacht wurden.» (Tacitus, *Annalen* 1, 2, 1, übersetzt nach E. Heller)

Rund hundert Jahre nach dem Tode des Augustus (14 n. Chr.) hat der Historiker Tacitus hier ein unvergleichlich scharfsinniges und zugleich in den Formulierungen überaus treffendes Bild von der inneren Verfassung der späten römischen Republik und der Etablierung des augusteischen Principats entworfen, gewissermaßen die Gegenversion zu dem von Augustus selbst in seinem (14 n. Chr. verfaßten) Tatenbericht (*res gestae*) gezeichneten Szenario. Dennoch lassen sich beide Texte – so paradox dies zunächst klingen mag – auf derselben Folie republikanischer Normentraditionen lesen: der Rechenschaftsbericht des Princeps, weil dieser für sich in Anspruch nahm, die Republik gerettet und wiederhergestellt zu haben (*res publica restituta*), und die Schilderung des Tacitus, weil er eben diesen Anspruch an der Wirklichkeit maß und die Politik des Princeps aus republikanischer Optik analysierte. Folglich erscheint es (nicht nur im

Hinblick auf die Konzeption des vorliegenden Bandes) legitim und angemessen, Octavian/Augustus als Exponenten der späten römischen Republik zu betrachten.

Republikanische Anfänge

«Mit neunzehn Jahren habe ich aus privater Initiative und eigenen Mitteln ein Heer aufgestellt, mit dem ich dem Staatswesen (*res publica*), das durch die Gewaltherrschaft einer politischen Machtgruppe unterdrückt wurde, die Freiheit wiedergab.» Mit diesen, die realen Motive, Bedingungen und Begebenheiten eher verschleiernden als erklärenden Worten leitet Augustus seinen «Tatenbericht» ein (*res gestae* 1, 1, übersetzt von M. Giebel) – gab es aus den vorangegangenen Lebensjahren denn nichts zu berichten? Auf eigene Initiative Vollbrachtes war in der Tat nicht zu vermelden, wohl aber waren ihm diverse Ehrungen von seiten seines Großonkels Gaius Iulius Caesar zuteil geworden. Seine Mutter Atia nämlich war die Nichte des späteren Dictators, und sie hatte am 23. September 63 v. Chr. ihrem Mann Gaius Octavius den einzigen Sohn geboren; ihn hatte man nach seinem Vater benannt. Letzterer gehörte zur lokalen Führungsschicht seiner am Rande der Albanerberge gelegenen Heimatstadt Velitrae und hatte zwar den Sprung in den römischen Senat geschafft, jedoch nicht mehr den Consulat erreicht. Somit war dem jungen Gaius Octavius keineswegs eine glänzende Karriere in der stadtrömischen Politik vorgezeichnet, allein die Förderung durch den Großonkel verschaffte ihm gewisse Ehrungen: So hatte er als Zwölfjähriger auf dem Forum in Rom die Leichenrede auf seine Großmutter Iulia, die Schwester Caesars, gehalten, ferner hatte Caesar ihn in das Priesterkollegium der Pontifices lanciert, als Begleiter auf Feldzügen nach Spanien mitgenommen und ihn auch als Reiterführer für die 44 anstehende Expedition gegen die Parther ausersehen.

All diese Maßnahmen passen durchaus noch in den Rahmen der römischen Republik: Die aristokratische Führungsschicht, die Nobilität, pflegte stets eine Art dynastischen Denkens, welches auf den Erhalt und die Fortschreibung des familiären Rangs und Prestiges abzielte; ein probates Mittel, dieses Ziel zu erreichen, bildete stets die Adoption, der schließlich auch der junge Octavius seinen künftigen Werdegang zu einem ganz wesentlichen Teil verdanken sollte. Im September 45 nämlich hatte Caesar die letzte Version seines Testaments zu Papier gebracht und darin seinen Großneffen Octavius nicht nur zum Haupterben eingesetzt, sondern ihn zugleich adoptiert. Das Testament war zwar in formeller Hinsicht dasjenige eines *nobilis* und Privatmanns, aber angesichts der quasi-monarchischen Stellung Caesars besaß es natürlich enorme politische Implikationen, zumal der Erbe gegebenenfalls die auch von Caesar verfügte Auszahlung von Legaten an die Bürger Roms vorzunehmen haben würde.

Caesars Tod – Freiheit für die Republik?

Von diesen und den übrigen Bestimmungen des Testaments erfuhr der Erbe freilich erst nach der an den Iden des März 44 v. Chr. erfolgten Ermordung Caesars. Octavius hielt sich damals bei den für den Partherzug gesammelten Truppen in Makedonien auf; unmittelbar nach Erhalt der Todesnachricht begab er sich auf ungewöhnlicher Route in größtmöglicher Eile zurück nach Italien – offenbar fürchtete er als Verwandter Caesars ebenfalls um sein Leben und rechnete dabei mit einer Logik, die er vierzehn Jahre später (30 v. Chr.) ebenfalls ohne Skrupel an den Tag legen sollte, als er Kaisarion, den vermeintlich einzigen leiblichen Sohn Caesars (und der Kleopatra), ermorden ließ. Erst nach seiner Ankunft in Italien erhielt Octavius Aufklärung über den Inhalt des Testaments, und nun gab es nur noch ‹Alles oder Nichts›: Rückzug in die Idylle der Landstadt Velitrae oder Aufbruch in den großen Machtkampf in Rom.

Der 18jährige entschied sich für letzteres, nahm das Erbe an und hieß nun Gaius Iulius Caesar, wandelte jedoch nicht – wie bei Adoptionen sonst üblich – seinen ursprünglichen Geschlechternamen Octavius in einen neuen Beinamen *Octavianus* um; dies sollte erst sehr viel später die Geschichtswissenschaft besorgen. Sein nunmehr wichtigstes politisches Kapital, die Zugehörigkeit zu den Iuliern und die Person des (Adoptiv-) Vaters, sollte nicht durch die Reminiszenz an eine wenig glanzvolle Herkunft geschmälert werden. Sein späterer langjähriger Kombattant und Konkurrent Marcus Antonius traf daher genau das Richtige, als er ihm bereits 43 entgegenhielt: «Du Knabe, der du doch alles deinem Namen verdankst» (Cicero, *Philippica* 13, 24 f.).

Die Bühne, die der junge Caesar nun betrat, kannte keinen Spielplan – viele Akteure hatten sich verrechnet und waren sich über die nächsten Akte im unklaren. In erster Linie galt dies für die Caesarmörder um Brutus und Cassius, denn sie hatten geglaubt, als Freiheitshelden und Retter der Republik gefeiert zu werden. Statt dessen hatten sie erleben müssen, daß die meisten Senatoren panikartig nach der Mordtat das Weite suchten und die stadtrömische Bevölkerung den Verlust Caesars betrauerte. Die Republik hatte längst ihre Lebens- und Integrationskraft eingebüßt, und es bedurfte eigentlich nur noch eines Konkursvollstreckers – daß Octavian diese Funktion übernehmen sollte, dürften freilich die wenigsten Zeitgenossen im März 44 geahnt haben.

Auch der vorläufig starke Mann in Rom, Caesars Vertrauter und amtierender Consul Marcus Antonius, unterschätzte augenscheinlich die Entwicklungsmöglichkeiten und die Bedeutung des jungen Mannes, denn nachdem bereits am 17. März 44 die Caesarmörder amnestiert, zugleich aber alle Maßnahmen Caesars nachträglich sanktioniert worden waren, betrieb Antonius zunächst nur die rasche Erlangung und Übernahme des Provinzialkommandos in Oberitalien und Gallien; dann verließ er im Herbst 44 Rom, kurz nachdem die Caesarmörder entnervt Italien den Rücken gekehrt hatten. Octavian nutzte den entstandenen Spielraum mit frappierender Entschlossenheit im Stile eines Pompeius oder Caesar: Er begann, mit Hilfe halsbrecherischer finanzieller Transaktionen die Auszahlung der von Caesar verfügten Legate vorzunehmen, stilisierte sich öffentlichkeitswirksam zum Rächer seines ermordeten Vaters, veranstaltete im Sommer 44 Siegesspiele zu Ehren Caesars und nutzte das zufällige Erscheinen eines Kometen als propagandistisch wertvollen Beweis für die nun erfolgte Aufnahme Caesars unter die Götter. Innerhalb kürzester Frist war Octavian somit nicht nur zum Sohn eines Vergöttlichten, sondern zugleich zu einem politischen Schwergewicht geworden: Die Veteranen Caesars und die Bevölkerung sahen in ihm ihren Patron, und so begann er nun auch für die in Rom verbliebenen Senatoren um Cicero interessant zu werden.

Rächer Caesars – und Verteidiger der Republik?

Durch die Rückkehr des (ehemaligen Consuls) Cicero in die stadtrömische Politik eröffnete sich für Octavian im Spätsommer 44 eine überraschende Perspektive. Cicero vermochte nämlich in dem wenig couragierten Senat noch einmal einer zumindest nominell republikanischen Position eine Mehrheit zu verschaffen, und gegen die vermeintlich größte Bedrohung der Republik, nämlich Antonius und die Caesarianer, setzten Cicero und seine Mitstreiter nun auf eine wahrhaft abenteuerliche Idee: Sie beabsichtigten, mit Hilfe des selbsternannten Caesarrächers und Caesarsohnes ausgerechnet die Caesarianer und Antonius auszuschalten; somit avancierte Octavian – gewiß nicht zuletzt auch zu seiner eigenen Überraschung – in den *Philippischen Reden* Ciceros zu dem von den Göttern gesandten, mit Alexander dem Großen zu vergleichenden Helden und Retter des Vaterlandes. Spätestens jetzt wird der junge Caesar die Erfahrungen gemacht haben und zu den Einsichten gelangt sein, die sein späteres öffentliches Wirken entscheidend geprägt haben – daß man nämlich nahezu beliebig mit den Werten, Idealen und Normen der Republik politisch opportune Spielchen treiben und interessengeleitete Strategien verfolgen konnte.

Zugunsten der Einbindung Octavians in die vordergründig republikanische Phalanx waren deren Vertreter bereit, eine ganze Reihe von Maßnahmen zu treffen, welche sämtlich den republikanischen Prinzipien Hohn sprachen: Der noch nicht einmal 20jährige Octavian erlangte ohne jede frühere Amtsausübung nicht nur den Eintritt in den Senat, sondern er durfte sich dort sofort unter die ehrwürdigen Consulare einreihen. Die Ernennung eines eigentlich nur durch die Volkswahl (zum senatsfähigen Magistraten) zu bestellenden Senators war ein Novum und zugleich ein gravierender Verfassungsbruch – begangen von denjenigen, die sich als letztes

Bollwerk ebendieser republikanischen Ordnung begriffen. Überdies übertrug der Senat Octavian ein Kommando (*imperium*) für ein militärisches Vorgehen gegen Antonius, und dies bedeutete zugleich die für Octavian hochbedeutsame Legalisierung und Anerkennung seiner ohne jede Legitimation versammelten und zusammengekauften Truppenverbände.

Die anschließende militärische Auseinandersetzung in Oberitalien (der sogenannte Mutinensische Krieg im Frühjahr 43) mit Antonius verlief (aus der Sicht Octavians und der ‹Republikaner›) relativ erfolgreich; zwar waren die beiden amtierenden Consuln umgekommen, doch Antonius wurde besiegt; zudem konnte Octavian kurzfristig als Imperiumsträger in die Rolle der gefallenen Consuln als Oberbefehlshaber der gesamten ‹republikanischen› Armee einrücken. Konsequenterweise richteten sich seine Wünsche nun auf das höchste Staatsamt, den Consulat, und als der von Cicero dominierte Senat dies verweigerte – hatte der Mohr doch seine Schuldigkeit getan –, belehrte ihn Octavian über die realen Machtverhältnisse: Er marschierte mit seinen Truppen nach Rom, avancierte am 19. August 43 per Volkswahl zum Consul – und verband sich kurz darauf im Zuge einer atemberaubenden politischen Kehrtwendung mit dem vermeintlich gefährlichsten und gerade noch bekämpften Feind der Republik: mit Antonius.

Das «Dreimännerkollegium zur Ordnung der Republik»

Erneut hatten dramatische Fehleinschätzungen der Republikaner den Gang der Ereignisse bestimmt. Man hatte geglaubt, sich des nun nicht mehr notwendigen jungen Mannes einfach entledigen zu können; statt dessen erfolgte nun das, was den tatsächlichen Gegebenheiten am ehesten entsprach: die Vereinigung der Caesarianer Antonius und Octavian, die sich – zusammen mit dem alten Caesarianer Lepidus – im Oktober 43 auf die formelle Machtübernahme und die operative Aufteilung des westlichen Imperium Romanum verständigten. Es entstand das sogenannte Zweite Triumvirat, das im November 43 sogar noch durch ein von der Volksversammlung verabschiedetes Gesetz legalisiert (und immerhin aber zunächst auf fünf Jahre befristet) wurde.

Was nun folgte, ließe sich in einem ‹Untatenbericht› des Octavian zusammenfassen, der jedoch in den tatsächlichen Tatenbericht des Augustus begreiflicherweise keinen Eingang gefunden hat. Dort heißt es nur (*res gestae* 1–2, nach der Übersetzung von M. Giebel): «Das Volk aber wählte mich im gleichen Jahr [43 v. Chr.] zum Consul, als beide Consuln im Kriege gefallen waren, und zum Triumvirn zur Neuordnung des Staatswesens. Diejenigen, die meinen Vater ermordet haben, trieb ich in die Verbannung und rächte durch gesetzmäßige gerichtliche Verfolgung so ihr Verbrechen. Und als sie darauf Krieg gegen den Staat anfingen, besiegte ich sie in doppelter Feldschlacht.»

Augustus legt hier erkennbar besonderen Wert darauf, das als gesetzeskonform und staatlich legitimiert darzustellen, was er einst als Triumvir Octavian praktiziert hatte – dies ist jedoch allenfalls mit den Worten des großen Theodor Mommsen als «die formulierte Willkür» zu bezeichnen. Zwar hatten sich die drei Männer, wie gesagt, ihre Position per Volksgesetz zuweisen lassen, tatsächlich aber usurpierten sie die Staatsgewalt und übten in den Folgejahren eine reine Terrorherrschaft aus, wobei sich Octavian nicht gerade durch übertriebene Zurückhaltung auszeichnete. Er folgte darin den diversen Vorbildern aus der späten Republik von Sulla über Pompeius bis hin zu Caesar: Republikanisches Procedere wurde immer dann praktiziert, wenn es den eigenen Interessen diente, welche allerdings keineswegs auf eine Bestandssicherung der Republik und ihrer Regeln abzielten.

Am Anfang des Triumvirats stand die blutige Abrechnung mit den Gegnern. Durch öffentliche Aushänge (Proscriptionen) wurden diese Rivalen, in erster Linie Vertreter der alten Nobilität, für vogelfrei und todeswürdig erklärt: Eines der ersten Opfer wurde Cicero, dreihundert weitere Senatoren und zweitausend Ritter wurden ebenfalls hingeschlachtet – der junge Caesar hatte zwar von seinem Vater den Namen geerbt, nicht aber dessen Milde (*clementia*). Die zweite von Augustus im Rückblick gepriesene Großtat betraf die Ausschaltung der Caesarmörder. Bei Philippi (im nordwestlichen Griechenland) fanden Brutus und Cassius im Jahre 42 ihr Ende, büßten die verbliebenen Republikaner ihre letzten militärischen Mittel ein. In späterer Zeit hat man in Philippi den Untergang der Republik erkennen wollen; so hat der im frühen dritten Jahrhundert n. Chr. schreibende Historiker Cassius Dio diesen militärischen Konflikt zur Auseinandersetzung zwischen Freiheit und demokratischer Selbstbestimmung auf der einen und monarchischer Herrschaft auf der anderen Seite stilisiert (47, 39, 1–3, übersetzt von O. Veh): «Daß diese Schlacht gewaltig war und alle Kämpfe, zu denen es vorher in den römischen Bürgerkriegen gekommen war, in den Schatten stellte, kann man wohl mit Recht annehmen – nicht freilich, daß sie jene durch die Zahl der Streiter oder deren Tüchtigkeit überboten hätte..., sondern weil damals wie nie zuvor die Entscheidung über Freiheit und Volksherrschaft fiel. Obwohl sie nämlich erneut, gleich wie in früheren Kriegen, die Klingen kreuzten, galten jene Kämpfe doch nur der Frage, welchem Herrn sie künftig gehorchen würden, während damals die einen sie zur Autokratie, die anderen zur Selbstregierung hinzuführen versuchten. Seitdem erlangte das Volk niemals mehr die volle Redefreiheit, wiewohl es doch von keiner fremden Macht besiegt worden war – die Streitkräfte der Unterworfenen und Verbündeten, die damals mit ihnen zugegen waren, bildeten ja lediglich eine Ergänzung des Bürgerheeres –, vielmehr triumphierte das Volk und wurde zugleich durch sich selbst unterworfen, bezwang sich und wurde bezwungen und vernichtete dadurch das demokratische

System, während es das monarchische stärkte.» Im Grunde genommen reproduziert der kaiserzeitliche Geschichtsschreiber mit dieser Sicht der Dinge nur die längst nicht mehr der Wirklichkeit angemessene Selbststilisierung der Caesarmörder, die sich als letzte Hüter der Republik (miß-) verstanden hatten. Die Republik ging nicht bei Philippi unter, denn sie hatte sich bereits in Auflösung befunden, und dieser Prozeß setzte sich auch nach Philippi weiter fort. Denn nachdem die wichtigsten Gegengewalten zu den Triumvirn ausgeschaltet worden waren, ging man wieder zur Tagesordnung spätrepublikanischer Normalität über – zu der Fortsetzung partikularer Interessenpolitik, ausgeführt nötigenfalls auch mit Waffengewalt. Kurzum: Nicht das Staatswesen wurde von den Triumvirn neu geordnet (wie es ihr offizieller Titel verhieß), sondern die Fronten und Truppen im fortdauernden Bürgerkrieg.

Res publica soluta – von Philippi nach Actium

Im Jahr 43 v. Chr. hatten die Triumvirn – da sich der Osten seinerzeit noch in der Hand der Caesarmörder befand – nur den westlichen Teil des Reiches unter sich aufteilen können, im Herbst 40 dagegen konnte man bereits das gesamte römische Reich wie ein Bärenfell zerlegen: Octavian erhielt freie Hand im Westen (mit Ausnahme des an Lepidus vergebenen Afrika), Antonius durfte im Osten nach eigenem Gutdünken schalten und walten, Italien freilich blieb von der Aufteilung ausgenommen und sollte gemeinsames Gebiet bleiben. Vorausgegangen war dieser Übereinkunft jedoch eine beinahe aus dem Ruder gelaufene militärische Konfrontation zwischen Antonius und Octavian, die im sogenannten Perusinischen Krieg gipfelte.

Ausgangspunkt dieser eskalierenden Konflikte war das nach Philippi zunehmend dringlicher werdende Problem der Veteranenversorgung und Soldauszahlung. Während Antonius in den östlichen Regionen verblieben war und zwar nicht das Partherreich, immerhin jedoch Kleopatra erobert hatte, war Octavian die weit weniger reizvolle und überdies hochbrisante Aufgabe zugefallen, allen Caesarianern, also auch den Veteranen des Antonius, möglichst rasch die in Aussicht gestellten Landlose zukommen zu lassen – und zwar in Italien, wo es jedoch kein für derartige Zwecke verfügbares Staatsland gab. Folglich mußte Octavian zu dem überaus unpopulären Mittel der Enteignung greifen, und die logische Konsequenz bestand in einem öffentlichen Stimmungsumschwung in Italien. Octavian zog sich den Haß der zahlreichen betroffenen italischen Städte zu, und der Bruder von Marcus Antonius, der im Jahr 41 amtierende Consul Lucius Antonius, nutzte die Gelegenheit und schürte die Aversionen gegen Octavian. Mit Hilfe des nun sogar auf ihn setzenden römischen Senats gelang es Antonius, eine ansehnliche Truppe zusammenzubringen, Octavian vermochte ihn jedoch in Perusia (dem heutigen

Perugia) einzuschließen und nach langer, die Eingeschlossenen mit dem Hungertod bedrohender Belagerung zur Kapitulation zu zwingen (Februar 40).

Die Vorgänge in und bei Perusia versinnbildlichen geradezu die Zerrüttung, welche die innerrömischen Verhältnisse inzwischen heimgesucht hatte. Römische Soldaten standen gegen römische Soldaten, und sie begegneten sich mit haßerfüllter Erbitterung, ja sie ließen jegliche Rücksichtnahme oder gegenseitigen Respekt vermissen. Auf den erhaltenen Perusinischen Schleuderbleien sind Graffiti zu lesen, welche die jeweils andere Truppe und deren Befehlshaber auf üble Weise verunglimpfen. Offensichtlich schürten beide Seiten gezielt den Haß, in der Meinung, nur er sei ein probates Mittel, um die Moral der Truppe zu stärken. Die Erbarmungslosigkeit der Kriegführung wurde schließlich nur noch durch die Erbarmungslosigkeit des Siegers übertroffen, denn was nun folgte, darf getrost als unrühmlicher Höhepunkt der frühen Karriere Octavians gewertet werden. Zwar konzedierte er – gewiß mit Blick auf den im Osten weilenden Marcus Antonius – den Truppen des Lucius Antonius sowie diesem selbst freien Abzug, die Stadt aber gab er zur Plünderung frei und ließ die zahlreichen nach Perusia geflohen Sympathisanten der Caesarmörder ohne Ansehen ihres (häufig senatorischen oder ritterlichen) Standes genauso erbarmungslos niedermachen wie die Honoratioren Perusias selbst. Octavian dürfte den Menschen daher weniger «als ein ganz gewöhnlicher Terrorist» (Jochen Bleicken) erschienen sein, sondern eher als ein typischer spätrepublikanischer Condottiere, der freilich in beispiellos brutaler und skrupelloser Manier über Leichen ging.

Das wichtigste Machtmittel dieser exponierten Einzelpersönlichkeiten im ersten Jahrhundert v. Chr. waren stets die ihnen ergebenen Truppen, und jetzt sorgte eben diese Militärklientel ausnahmsweise einmal für einen vorübergehenden friedlichen Ausgleich, nämlich für die besagte Regelung zwischen den Triumvirn vom Herbst 40, da die Caesarianer nicht mehr gegen ihresgleichen kämpfen wollten und somit Octavian und Antonius zu einem nochmaligen Ausgleich zwangen.

Die römische Welt war nun fast gänzlich in zwei privat dominierte Machtblöcke zerfallen, denn Lepidus stellte inzwischen nichts anderes mehr als eine quantité négligeable dar; nur der Sohn des großen Pompeius, Sextus Pompeius, konnte als Chef einer bedeutenden (Seeräuber-) Flotte noch als ernstzunehmender Konkurrent gelten. Wie sollte es nun jedoch weitergehen? Konnte die nun zwischen Antonius und Octavia, der Schwester Octavians, geschlossene Ehe als Symbol und Pfand eines erzielten Ausgleiches gelten, oder war die ‹letzte Schlacht› nur aufgeschoben? Brach nun tatsächlich das goldene Zeitalter an, welches der Dichter Vergil in seiner berühmten 4. Ekloge noch im Jahre 40 verhieß? «Nun ist gekommen die letzte Zeit nach dem Spruch der Sibylle; neu entspringt jetzt frischer Geschlechter erhabene Ordnung. Schon kehrt wieder die

Jungfrau, Saturn hat wieder die Herrschaft; schon steigt neu ein Erbe herab aus himmlischen Höhen. Sei nur dem nahenden Knaben, mit dem die eisernen Menschen enden und allen Welten ein goldenes Alter erblühet, gnädig, du Helferin, Reine! Schon herrscht dein Apollo!» (Vergil, 4. *Ekloge,* übersetzt von T. Häcker) Trotz derartig optimistischer Visionen dürften die meisten Zeitgenossen eines jedenfalls bereits klar gesehen haben: Eine Rückkehr zur guten alten Zeit der Republik war nunmehr ausgeschlossen, die traditionellen Magistraturen und Organe wurden von den Militärdespoten nach Belieben besetzt, benutzt oder ignoriert.

Die folgenden Jahre gaben klare Antworten auf die genannten Fragen und zeigten überdies zweierlei: Die Fortsetzung des (nun freilich die gesamte römische Welt betreffenden) Bürgerkrieges war unvermeidbar, und der römischen Republik, ihren Idealen, Werten und Normen kam eigentlich nur noch auf dem Feld politischer Propaganda Bedeutung zu. Während Antonius im Ägypten Kleopatras (als ‹Neuer Dionysos›) zum griechischen Gott avancierte, glückten Octavian und seinem eigentlichen militärischen Chef Agrippa entscheidende Siege im Westen: 36 v. Chr. unterlag Sextus Pompeius in zwei Seeschlachten der Flotte Agrippas, und noch im selben Jahr erhielt der junge Caesar in Rom diverse Ehrungen und Auszeichnungen, darunter die *sacrosanctitas,* die Unverletzlichkeit des Volkstribunen – ohne jedoch dieses Amt selbst zu bekleiden. Mit diesem, natürlich von Octavian selbst lancierten Akt, Amt und Amtsvollmachten zu trennen, erwies sich Octavian als gelehriger Schüler Caesars und praktizierte zugleich erstmals die in späteren Jahren seiner Herrschaft mit großem Aufwand und subtiler Raffinesse betriebene Strategie, republikanische und altrömische Elemente und Motive zur Absicherung und Legitimation der eigenen Stellung zu benutzen.

Welch geringen Respekt Octavian tatsächlich jedoch der tradierten Ordnung entgegenbrachte, zeigte sich erneut nach Ablauf des Triumvirats, denn seit dem 1. Januar 32 v. Chr. bekleidete er kein verfassungsmäßiges Amt mehr, und so erschien er denn – ebenfalls wider Recht und Gesetz – mit bewaffneten Helfern im Senat und erreichte auf diese Weise, daß ca. 300 Senatoren fluchtartig Rom verließen und sich zu Antonius in den Osten begaben. Durch diese Vorgänge in Rom zusätzlich befördert, spitzte sich die Situation bedrohlich zu, nicht zuletzt forciert durch die in Rom gezielt betriebene, öffentliche Perhorreszierung des Antonius, der in der Propaganda Octavians ebenso zum unrömischen Orientalen stilisiert wurde wie Kleopatra zur ägyptischen Magierin und Hexe. Zum zweiten Male nutzte Octavian nun ein Testament für seine politischen Zwecke: Er eignete sich – widerrechtlich – das bei den stadtrömischen Vestalinnen deponierte Testament des Antonius an und publizierte es in Auszügen, um die antirömische Haltung des Antonius aller Welt vor Augen zu führen. Nach diesen überaus erfolgreichen Bestrebungen des jungen

Caesar, sich als Hüter der italisch-römischen Sache zu gerieren, kam es im Jahre 31 zum großen «Showdown». Octavian, seit dem 1. Januar 31 als Consul wieder in verfassungsmäßig integrierter Position, zog als Imperiumsträger in den offiziell der Kleopatra erklärten Krieg, welcher in der Seeschlacht vor dem westgriechischen Actium am 2. September 31 zu seinen Gunsten entschieden wurde; die im Jahr darauf folgende Eroberung Ägyptens sowie der Selbstmord von Antonius und Kleopatra bildeten nur den folgerichtigen Epilog zum Triumph von Actium.

Res publica restituta – oder: Das Ende der Republik

«In meinem sechsten und siebten Consulat habe ich, nachdem ich die Flammen der Bürgerkriege gelöscht hatte und mit der einmütigen Zustimmung der gesamten Bevölkerung in den Besitz der staatlichen Allgewalt gelangt war, das Gemeinwesen aus meiner Machtbefugnis wieder der Ermessensfreiheit des Senats und des römischen Volkes überantwortet. Für dieses mein Verdienst wurde mir auf Beschluß des Senats der Name Augustus gegeben.» (*res gestae* 34, übersetzt von M. Giebel)

Mit diesen Worten beschreibt Augustus im späten Rückblick die Vorgänge zwischen dem 13. und 16. Januar 27, welche den Schlußpunkt setzten unter eine offenbar bald nach Actium bewußt gewählte politische Strategie. Die auf der Loyalität der Truppen basierende Alleinherrschaft sollte nämlich zwar nicht abgegeben, aber immerhin gemäßigt und republikanisch eingekleidet und damit für Senat und Volk akzeptabel werden. Zu diesem Zwecke initiierte Octavian in den Jahren 30 bis 27, besonders in Verbindung mit seinem glanzvoll inszenierten, dreifachen Triumph in Rom (August 29), eine publizistische und auf Münzbildern sowie Monumenten vermittelte ‹Medienoffensive› mit dem Ziel, sich den Zeitgenossen als *vindex libertatis populi Romani*, als Garant der Freiheit des römischen Volkes, zu präsentieren: Während sich Octavian in der Zeit zwischen 43 und 31 auf Münzen sowie in Form von Standbildern und Bauwerken als *Divi filius*, als Sohn des vergöttlichten Caesar, als siegbringender Heerführer und Günstling Apollons über seine Zeitgenossen zu erheben gesucht hatte, so setzte er nach Actium und vor allem im Jahre 27 unverkennbar neue Akzente. Zwar dominierten unmittelbar nach dem endgültigen Sieg noch die auf die Selbstverherrlichung zielenden Denkmäler (etwa in Form des monumentalen Mausoleums in Rom, des Familiengrabes der Iulier-Dynastie), doch ging er zugleich daran, das Forum Romanum, das materielle und ideelle Zentrum der *res publica Romana*, in seinem Sinne umzugestalten, womit er gezielt die (vordergründig republikanische) ‹Wende› von 27 vorbereitete: Im Rahmen des Triumphes von 29 weihte er den neuen Tempel für den vergöttlichten Caesar ein sowie das komplett erneuerte Senatsgebäude, dessen neuer Name (*Curia Iulia*) geradezu symbolhaft die angestrebte Verbindung zwischen dem vermeintlich zu neuer Bedeutung gelangten Senat und dem nun dominierenden Geschlecht der Iulier zum Ausdruck brachte. An mehreren Stellen, insbesondere an der Fassade der neuen Rednertribüne, wurden Schiffsschnäbel (*rostra*) angebracht, welche unübersehbar den Sieg über die ägyptische Flotte bei Actium nachhaltig ins Gedächtnis riefen. Doch auch dieser Bauschmuck hatte eine gewiß eingeplante ‹republikanische› Komponente, denn die neue Rednerbühne befand sich exakt gegenüber ihrem ebenfalls mit Schiffsschnäbeln geschmückten Vorgängerbau. Dessen *rostra* stammten aus dem denkwürdigen Seesieg, welchen die Römer 338 v. Chr. über die im südlichen Latium gelegene Hafenstadt Antium (dem heutigen Anzio) errungen hatten. Auf diese Weise stellte Octavian seinen Erfolg in die Tradition republikanischer Siege und suchte somit die Tatsache zu kaschieren, daß er eigentlich nur einen Bürgerkrieg gewonnen hatte.

Bereits in der Bildersprache der Jahre vor 27 kündigte sich folglich Octavians zukunftsträchtige politische Strategie an, und in der Tat hatte er auch substantielle politische Konzessionen gemacht. Denn schon im Jahre 28 hatte er die unter der Herrschaft des Triumvirats getroffenen Maßnahmen förmlich annullieren lassen und damit zumindest implizit eingeräumt, Grenzen übertreten und Regeln verletzt zu haben. Auch die Vorgänge des Januar 27 ließen deutlich erkennen, daß Octavian seine Lektion aus dem Scheitern des Dictators Caesar gelernt hatte. Zwar entspricht seine oben zitierte Aussage in seinem Tatenbericht, er habe das Gemeinwesen (*res publica*) aus seiner Machtbefugnis «wieder der Ermessensfreiheit des Senats und des römischen Volkes überantwortet», nicht recht den faktischen Gegebenheiten, denn über eine derartige Ermessensfreiheit verfügten Senat und Volk *realiter* gar nicht mehr; und überdies legte Octavian nicht zugleich den Consulat nieder, er absolvierte den Staatsakt im Januar 27 folglich in seiner Eigenschaft als höchster Magistrat und damit auch als potentieller Oberkommandierender der im Kriegsfall zu führenden, reichsweit stationierten Soldaten. Aber er ließ sich immerhin durch Senatsbeschluß ein auf zehn Jahre befristetes *imperium* verleihen, um künftig in den noch nicht befriedeten Provinzen (in denen sich natürlich die überwiegende Masse der Truppen befand) Ruhe und Ordnung herzustellen; darüber hinaus versprach er, nach Absolvierung dieser Aufgabe die Provinzen in die Zuständigkeit des Senats zurückzugeben. Es kam bei diesen Regelungen erkennbar in erster Linie auf die Form an, weniger auf die Sache, denn eigentlich verfassungswidrige Elemente (wie beispielsweise das zehnjährige außerordentliche Kommando) wurden durch verfassungsgemäßes Procedere vordergründig legalisiert.

Ebenfalls durch Senatsentscheid erhielt Octavian im Januar 27 eine Reihe von Ehrungen, die bewußt der republikanischen Begriffs- und Bilderwelt entlehnt wurden: die Bürgerkrone (*corona civica*), Lorbeerbäume und Tugendschild sowie den neuen und beispiellosen Ehrennamen «Augustus». Die altrepublikanische Auszeichnung mit der aus Eichenlaub gefertigten Bürgerkrone war ursprünglich für die Errettung eines römischen Bürgers vor dem Tode verliehen worden – Augustus wurde nun durch den Senat gleichsam als Retter aller Bürger gepriesen. Die beiden vor dem Haus des Augustus auf dem Palatin aufzustellenden Lorbeerbäume hoben die Wohnung des neuen Princeps in eine sakrale Sphäre, denn der dem Apollon heilige Lorbeer war ansonsten dem Schmuck priesterlicher Amtslokale vorbehalten. Den Ehrenschild erhielt Augustus aufgrund seiner Tapferkeit (*virtus*), Milde (*clementia*), Gerechtigkeit (*iustitia*) und pflichterfüllenden Loyalität gegenüber Göttern und Menschen (*pietas*). Und der neue Ehrenname «Augustus», am ehesten mit Attributen wie «erhaben» oder «heilig» zu übersetzen, weckte zweifellos bewußt gesuchte Assoziationen an Romulus, den mythischen Gründer Roms, der einst die Götter durch eine «erhabene Befragung» (*augurium augustum*) um Zustimmung zur Anlage der Stadt Rom ersucht haben soll.

Auch der neue Name und das damit verbundene neue Selbstverständnis des nunmehr unangefochtenen ‹ersten Bürgers› fanden einen unmittelbaren bildlichen Reflex. Denn an die Stelle des früheren «pathetischen Jugendporträts» (Paul Zanker) trat nun ein neues Bildnis, welches dem neuen Namen alle Ehre machte – eine gebändigte, erhabene Physiognomie sollte Augustus als würdevollen, gemäßigten, besonnenen, kurz: erhabenen Staatsmann ausweisen. Der Princeps erscheint jetzt in altersloser, klassischer Idealität, aus dem von den republikanischen Zeitläuften geprägten Heißsporn war ein souveräner und abgeklärter Friedensfürst geworden.

Damit schloß sich im Januar 27 v. Chr. ein großer Kreis: Die Republik war an ihr Ende gekommen; was angeblich von dem Urgründer Romulus begonnen worden war, wurde von dem Neugründer Augustus in einen neuen Zustand überführt, in die republikanisch gekleidete Monarchie, die wir im Anschluß an die Terminologie der Antike als Principat bezeichnen. Gleichzeitig mit dieser Metamorphose war auch der Protagonist dieser Entwicklung ein anderer geworden – Octavian, der er nie hatte sein wollen, war nun Augustus, der er in der historischen Erinnerung geblieben ist. Diese Erinnerung hat der neue Princeps gezielt gesteuert und geprägt, und sie sollte vor allem die ‹octavianische Phase› des Augustus ausblenden. Octavian war ungewöhnlich jung gewesen, als er die politische Bühne betreten hatte, er hatte in einer außergewöhnlichen Situation ungewöhnlich viel riskiert, er hatte außergewöhnlich brutal, situationsorientiert und wendig agiert – und vor allem hatte er ungewöhnliches Glück gehabt. All das sollte nach dem Willen von Augustus im Erinnerungsvorrat und in der Bilderwelt des Principats nicht enthalten sein oder zumindest wirkungsvoll kaschiert werden – und auch hierin sollte sich der Sieger der letzten republikanischen Bürgerkriege als ungewöhnlich erfolgreich erweisen.

Quellen und Literatur

A. Nachschlagewerke

Antike Stätten am Mittelmeer, hrsg. von K. Brodersen, Stuttgart 1999
Der Neue Pauly. Enzyklopädie der Antike, hrsg. von H. Cancik, H. Schneider, 15 Bde., Stuttgart usw. 1996 ff.
Lexicon Topographicum Urbis Romae, hrsg. von M. Steinby, Rom 1993 ff.
Oxford Classical Dictionary, 3. Auflage hrsg. von S. Hornblower, A. Spawforth, Oxford 1996
Paulys Realencyklopädie der classischen Altertumswissenschaft, hrsg. von G. Wissowa, W. Kroll, K. Mittelhaus, K. Ziegler, 68 Halbbde. in zwei Reihen, 15 Supplementbde.; Register der Nachträge und Supplemente, Stuttgart 1893–1980; Gesamtregister I (Alphab. Register) 1997
L. Richardson, A New Topographical Dictionary of Ancient Rome, Baltimore usw. 1992
R. J. A. Talbert, Barrington Atlas of the Greek and Roman World, Princeton 2000
Tusculum Lexikon griechischer und lateinischer Autoren des Altertums und des Mittelalters, 3. Auflage bearbeitet von W. Buchwald, A. Hohlweg, O. Prinz, München 1982

B. Quellen

I. Handbücher und Überblicksdarstellungen

M. v. Albrecht, Geschichte der römischen Literatur. Von Andronicus bis Boëthius mit Berücksichtigung ihrer Bedeutung für die Neuzeit, 2 Bde., München ²1994
D. Flach, Die römische Geschichtsschreibung, Darmstadt ³1998
M. Fuhrmann, Geschichte der römischen Literatur, Stuttgart 1999
F. Graf (Hrsg.), Einleitung in die lateinische Philologie, Stuttgart usw. 1997
V. Pöschl (Hrsg.), Römische Geschichtsschreibung, Darmstadt 1969
A. Rosenberg, Einleitung und Quellenkunde zur römischen Geschichte, Berlin 1921
R. Syme, Sallust, Berkeley 1964 (dt. Darmstadt 1974)
D. Timpe, Fabius Pictor und die Anfänge der römischen Historiographie, in: Aufstieg und Niedergang der römischen Welt I, 2, Berlin usw. 1972, 928–969

II. Autoren und Werke

Appian
Römische Geschichte, Bd. 1: Die römische Reichsbildung, übersetzt von O. Veh, hrsg. von K. Brodersen; Bd. 2: Die Bürgerkriege, übersetzt von O. Veh, hrsg. von W. Will, Stuttgart 1987/1989

Augustus
Res Gestae. Tatenbericht, lateinisch, griechisch und deutsch, übersetzt, kommentiert und hrsg. von M. Giebel, Stuttgart 1975

Augustinus
Vom Gottesstaat, Bd. I–II, eingeleitet und übertragen von W. Thimme, Zürich 1955

Cassius Dio
Römische Geschichte, übersetzt von O. Veh, 5 Bde., München usw. 1985–1987

Cato
P. Thielscher (Hrsg.), Des Marcus Cato Belehrung über die Landwirtschaft, Berlin 1963
Caton, Les origines, hrsg. von M. Chassignet, Paris 1986

Cicero
Atticus-Briefe, lateinisch und deutsch, hrsg. von H. Kasten, München 1959, ²1976
Sämtliche Reden, übersetzt von M. Fuhrmann, 7 Bde., Zürich usw. 1970–1982
Staatsreden, übersetzt von H. Kasten, 3 Bde., Darmstadt 1970

Livius
Römische Geschichte, lateinisch und deutsch, J. Feix, H. J. Hillen (Hrsgg.), 11 Bde., München usw. 1987–1999

Nepos
Cornelius Nepos, Kurzbiographien und Fragmente, übersetzt von H. Färber, München 1952

Plinius
Gaius Plinius Secundus, Naturkunde, lateinisch und deutsch, R. König et al., München 1973–1994

Plutarch
Große Griechen und Römer, eingeleitet und übersetzt von K. Ziegler, W. Wuhrmann. 6 Bde., Zürich usw. 1954–1965

Polybios
Geschichte, eingeleitet und übertragen von H. Drexler, 2 Bde., Zürich usw. 1961–1963, ²1978

Sallust
Werke, lateinisch und deutsch, hrsg. und übersetzt von W. Schöne, W. Eisenhut, J. Lindauer, 4. Aufl. Stuttgart 1969 (Neubearbeitung Darmstadt 1994)

Seneca
Philosophische Schriften, lateinisch und deutsch, 5 Bde., hrsg. von Manfred Rosenbach, Darmstadt 1969–1989

Tacitus
Annalen, lateinisch und deutsch, hrsg. von E. Heller, München usw. 1982

Vergil
Aeneis, übersetzt und hrsg. von E. und G. Binder, Stuttgart 1994 ff.
Aeneis, lateinisch und deutsch, hrsg. und übersetzt von M. und J. Götte, mit einem Nachwort von B. Kytzler, Zürich ⁶1984
Hirtengedichte, übersetzt von T. Haecker, Frankfurt a. M. 1958

C. Geschichte der römischen Republik

I. Handbücher und Überblicksdarstellungen

H. Bellen, Grundzüge der römischen Geschichte, I. Von der Königszeit bis zum Übergang der Republik in den Prinzipat, Darmstadt 1994
J. Bleicken, Geschichte der Römischen Republik, München usw. ^{5}1999
The Cambridge Ancient History, Bd. VII 2: The Rise of Rome to 220 B.C., Cambridge 1989; VIII: Rome and the Mediterranean to 133 B.C., 1989; IX: The Last Age of the Roman Republic, 146–43 B.C., 1994; X: The Augustan Empire. 43 B.C. – 69 A.D., 1996
K. Christ, Römische Geschichte. Einführung, Quellenkunde, Bibliographie, Darmstadt ^{3}1980 (Nachdruck 1994)
M. Crawford, The Roman Republic, London 1978, ^{2}1992 (dt. Ausgabe: Die römische Republik, München ^{5}1994)
W. Dahlheim, Die Antike. Griechenland und Rom von den Anfängen bis zur Expansion des Islam, Paderborn 1994 (4. Auflage 1995)
M. I. Finley, Politics in the Ancient World, Cambridge 1983 (dt. Ausgabe: Das politische Leben in der antiken Welt, München 1986, ND 1991)
H.-J. Gehrke, Kleine Geschichte der Antike, München 1999
A. Heuss, Römische Geschichte, Braunschweig 1960, ^{4}1976 (Neuauflage mit einem Anhang zur neueren Forschung, Paderborn 1998)
F. Kolb, Rom. Die Geschichte der Stadt in der Antike, München 1995
J. Kromayer, G. Veith, Antike Schlachtfelder. Bausteine zu einer antiken Kriegsgeschichte, Berlin 1907–1931
J. Martin (Hrsg.), Das Alte Rom. Geschichte und Kultur des Imperium Romanum, München 1994
A. Momigliano, A. Schiavone, Storia di Roma, Bd. I: Roma in Italia; Bd. II: L'impero mediterraneo, Teil 1: La repubblica imperiale; Bd. IV: Caratteri e morfologie, Turin 1988–1990
Th. Mommsen, Römische Geschichte, I–III (bis 46 v. Chr.), Leipzig 1854–1856 (9. Auflage 1902); V: Die Provinzen von Caesar bis Diocletian, 1885 (ND in 8 Bänden mit einer Einleitung von Karl Christ, München 1976)
Cl. Nicolet, Rome et la conquête du monde méditerranéen 264–27 avant J.-C., 2 Bde., Paris 1977–78

II. Institutionen und Gesellschaft

E. Badian, Foreign Clientelae (264–70 B.C.), Oxford 1958
J. Bleicken, Lex publica. Gesetz und Recht in der römischen Republik, Berlin 1975
J. Bleicken, Die Verfassung der Römischen Republik, Paderborn ^{7}1995
J. Bleicken, Gesammelte Schriften, 2 Bde., Stuttgart 1998
M. Bonnefond-Coudry, Le Sénat de la république romaine de la guerre d'Hannibal à Auguste, Rom 1989
P. A. Brunt, Social Conflicts in the Roman Republic, London 1971
W. Dahlheim, Gewalt und Herrschaft. Das provinziale Herrschaftssystem der römischen Republik, Berlin usw. 1977
A. M. Eckstein, Senate and General. Individual Decision-Making and Roman Foreign Relations, 264–194 B.C., Berkeley usw. 1987
H. Galsterer, Herrschaft und Verwaltung im republikanischen Italien, München 1976
J. F. Gardner, Being a Roman Citizen, London usw. 1993

M. Gelzer, Kleine Schriften I–III, hrsg. von H. Strasburger, Chr. Meier, Wiesbaden 1962–1964
Th. Hantos, Das römische Bundesgenossensystem in Italien, München 1983
K.-J. Hölkeskamp, Die Entstehung der Nobilität, Stuttgart 1987
J. Jahn, Interregnum und Wahldiktatur, Kallmünz 1970
R. M. Kallet-Marx, Hegemony to Empire. The Development of the Roman Imperium in the East from 148 to 62 B. C., Berkeley usw. 1995
H. Kloft, Prorogation und außerordentliche Imperien 326–81 v. Chr., Meisenheim 1977
W. Kunkel, R. Wittmann, Staatsordnung und Staatspraxis der römischen Republik, Bd. II: Die Magistratur, München 1995
A. W. Lintott, Imperium Romanum. Politics and Administration, London usw. 1993
A. W. Lintott, The Constitution of the Roman Republic, Oxford 1999
F. de Martino, Storia economica di Roma antica I–II, Florenz 1979 (dt.: Wirtschaftsgeschichte des Alten Rom, München 1985)
E. Meyer, Römischer Staat und Staatsgedanke, Zürich 1948 (4. Auflage 1975)
Th. Mommsen, Römisches Staatsrecht, 3. Auflage Leipzig 1887–1888
W. Nippel, Aufruhr und «Polizei» in der römischen Republik, Stuttgart 1988
W. Nippel, Public Order in Ancient Rome, Cambridge 1995
R. Saller, Patriarchy, Property and Death in the Roman Family, Cambridge 1994
E. T. Salmon, Roman Colonization under the Republic, London 1969
R. Schulz, Herrschaft und Regierung. Roms Regiment in den Provinzen in der Zeit der Republik, Paderborn usw. 1997
L. R. Taylor, Roman Voting Assemblies from the Hannibalic War to the Dictatorship of Caesar, Ann Arbor 1966
F. Wieacker, Römische Rechtsgeschichte, München 1988
P. Willems, Le Sénat de la République Romaine. Sa composition et ses attributions, 2 Bde., Louvain 1878/1885 (ND Aalen 1968)

III. Kultur und Mentalität

B. Andreae et al., Die Römische Kunst, Darmstadt 1999
Kaiser Augustus und die verlorene Republik, hrsg. vom Antikenmuseum Berlin Staatliche Museen Preußischer Kulturbesitz, Mainz 1988
E. Baltrusch, Regimen morum. Die Reglementierung des Privatlebens der Senatoren und Ritter in der römischen Republik und frühen Kaiserzeit, München 1989
M. Beard, J. North (Hrsgg.), Pagan Priests. Religion and Power in the Ancient World, London 1990
M. Beard, J. North, S. Price, Religions of Rome, 2 Bde., Cambridge 1998
F. Bernstein, Ludi Publici. Untersuchungen zur Entstehung und Entwicklung der öffentlichen Spiele im republikanischen Rom, Stuttgart 1998
F. Coarelli, Rom. Ein archäologischer Führer, Freiburg 1975 (verbesserte Ausgabe 1990)
D. C. Earl, The Moral and Political Tradition of Rome, Ithaca usw. 1967
E. Flaig, Politisierte Lebensführung und ästhetische Kultur. Eine semiotische Untersuchung am römischen Adel, in: Historische Anthropologie 1, 1993, 193–217
E. Flaig, Die *Pompa Funebris*. Adlige Konkurrenz und annalistische Erinnerung in der Römischen Republik, in: O. G. Oexle (Hrsg.), Memoria als Kultur, Göttingen 1995, 115–148
H. I. Flower, Ancestor Masks and Aristocratic Power in Roman Culture, Oxford 1996
L. Giuliani, Bildnis und Botschaft. Hermeneutische Untersuchungen zur Bildniskunst der römischen Republik, Frankfurt a. M. 1986
E. S. Gruen, Culture and National Identity in Republican Rome, Ithaca usw. 1992

J. Hellegouarc'h, Le vocabulaire latin des relations et des partis politiques sous la république, Paris 1963

K.-J. Hölkeskamp, Exempla und *mos maiorum*. Überlegungen zum kollektiven Gedächtnis der Nobilität, in: H.-J. Gehrke, A. Möller (Hrsgg.), Vergangenheit und Lebenswelt. Soziale Kommunikation, Traditionsbildung und historisches Bewußtsein, Tübingen 1996, 301–338

W. Hollstein, Die stadtrömische Münzprägung der Jahre 78–50 v. Chr. zwischen politischer Aktualiät und Familientradition, München 1993

T. Hölscher, Die Anfänge römischer Repräsentationskunst, in: Römische Mitteilungen 85, 1978, 315–357

T. Hölscher, Die Geschichtsauffassung in der römischen Repräsentationskunst, in: Jahrbuch des Deutschen Archäologischen Instituts 95, 1980, 265–321

T. Hölscher, Staatsdenkmal und Publikum. Vom Untergang der Republik bis zur Festigung des Kaisertums in Rom, Konstanz 1984

M. Jehne (Hrsg.), Demokratie in Rom? Die Rolle des Volkes in der Politik der römischen Republik, Stuttgart 1995

B. Linke, M. Stemmler (Hrsgg.), Mos maiorum. Untersuchungen zu den Formen der Identitätsstiftung und Stabilisierung in der Römischen Republik, Stuttgart 2000

P. M. Martin, L'idée de royauté à Rome: De la Rome royale au consensus républicain, Clermont-Ferrand 1982

A. Molho, K. Raaflaub, J. Emlen (Hrsgg.), City States in Classical Antiquity and Medieval Italy, Stuttgart 1991

Cl. Nicolet, Le métier de citoyen dans la Rome républicaine, Paris 1976 (engl.: The World of the Citizen in Republican Rome, London 1980)

V. Pöschl, Politische Wertbegriffe in Rom, in: Antike und Abendland 26, 1980, 1–17

J. Rüpke, Domi Militiae. Die religiöse Konstruktion des Krieges in Rom, Stuttgart 1990

M. Sehlmeyer, Stadtrömische Ehrenstatuen der republikanischen Zeit. Historizität und Kontext von Symbolen nobilitären Standesbewußtseins, Stuttgart 1999

P. Zanker, Augustus und die Macht der Bilder, München 1987, ³1997

IV. Die frühe und mittlere Republik

J. Bleicken, Das Volkstribunat der klassischen Republik. Studien zu seiner Entwicklung zwischen 287 und 133 v. Chr., München ²1968

Chr. Bruun (Hrsg.), The Roman Middle Republic – Politics, Religion, and Historiography 400–133 B.C., Rom 2000

T. J. Cornell, The Beginnings of Rome. Italy and Rome from the Bronze Age to the Punic Wars (c. 1000–264 B.C.), London usw. 1995

W. Eder (Hrsg.), Staat und Staatlichkeit in der frühen römischen Republik, Stuttgart 1990

E. Ferenczy, From the Patrician State to the Patricio-Plebeian State, Amsterdam 1976

J.-L. Ferrary, Philhellénisme et impérialisme. Aspects idéologiques de la conquête romaine du monde hellénistique, de la seconde guerre de Macédoine à la guerre contre Mithridate, Rom 1988

E. S. Gruen, The Hellenistic World and the Coming of Rome, 2 Bde., Berkeley usw. 1984

W. V. Harris, War and Imperialism in Republican Rome, 327–70 B.C., Oxford 1979

H. Heftner, Der Aufstieg Roms. Vom Pyrrhoskrieg bis zum Fall von Karthago, Regensburg 1997

J. Heurgon, Rome et la Méditerranée occidentale jusqu'aux guerres puniques, 2. Auflage Paris 1980

K.-J. Hölkeskamp, Conquest, Competition and Consensus: Roman Expansion in Italy and the Rise of the *Nobilitas*, in: Historia 42, 1993, 12–39

S. Lancel, Hannibal. Eine Biographie, Düsseldorf usw. 1998

B. Linke, Von der Verwandtschaft zum Staat. Die Entstehung politischer Organisationsformen in der frührömischen Geschichte, Stuttgart 1995

A. Lippold, Consules. Untersuchungen zur Geschichte des römischen Konsulats von 264 bis 201 v. Chr., Bonn 1963

K. Raaflaub (Hrsg.), Social Struggles in Archaic Rome. New Perspectives on the Conflict of the Orders, Berkeley usw. 1986

R. Rilinger, Die Ausbildung von Amtswechsel und Amtsfristen als Problem zwischen Machtbesitz und Machtgebrauch in der Mittleren Republik (342–217 v. Chr.), in: Chiron 8, 1978, 247–312

E. T. Salmon, The Making of Roman Italy, London 1982

K.-H. Schwarte, Der Ausbruch des Zweiten Punischen Krieges – Rechtsfrage und Überlieferung, Wiesbaden 1983

A. Schwegler, Römische Geschichte, I–III, Tübingen 1853–1858

H. H. Scullard, Roman Politics, 220–150 B. C., Oxford 1951, ²1973

J. Seibert, Forschungen zu Hannibal, Darmstadt 1993

R. Stewart, Public Office in Early Rome. Ritual Procedure and Political Practice, Ann Arbor 1998

R. Feig Vishnia, State, Society and popular Leaders in Mid-Republican Rome, 241–167 B. C., London 1996

V. Die Krise der Republik

E. Badian, Römischer Imperialismus in der späten Republik, Stuttgart 1980

E. Badian, Tiberius Gracchus and the Beginning of the Roman Revolution, in: Aufstieg und Niedergang der römischen Welt, Bd. I 1, hrsg. von H. Temporini, Berlin usw. 1972, 668–731

M. Beard, M. Crawford, Rome in the Late Republic, London 1985

P. A. Brunt, The Fall of the Roman Republic and Related Essays, Oxford 1988

L. A. Burckhardt, Politische Strategien der Optimaten in der späten römischen Republik, Stuttgart 1988

K. Christ, Krise und Untergang der römischen Republik, Darmstadt 1979 (4. aktualisierte Auflage 2000)

U. Hackl, Senat und Magistratur in Rom von der Mitte des 2. Jahrhunderts v. Chr. bis zur Diktatur Sullas, Kallmünz 1982

J. Martin, Die Popularen in der Geschichte der Späten Republik, Diss. Freiburg i. Br. 1965

Chr. Meier, Res publica amissa. Eine Studie zu Verfassung und Geschichte der späten römischen Republik, Wiesbaden 1966 (Neuausgabe Frankfurt a. M. 1980, ³1997)

Chr. Meier, RE Suppl. 10, 1965, 550–615 s. v. Populares

H. Schneider (Hrsg.), Zur Sozial- und Wirtschaftsgeschichte der späten römischen Republik, Darmstadt 1976

I. Shatzman, Senatorial Wealth and Roman Politics, Brüssel 1975

L. Thommen, Das Volkstribunat der späten römischen Republik, Stuttgart 1989

J. von Ungern-Sternberg. Untersuchungen zum spätrepublikanischen Notstandsrecht. *Senatus consultum ultimum* und *hostis*-Erklärung, München 1970

J. von Ungern-Sternberg, Die Legitimitätskrise der römischen Republik, in: Historische Zeitschrift 266, 1998, 607–624

VI. Der Untergang der Republik und die Begründung des Principats

G. Binder (Hrsg.), Saeculum Augustum, Bd. I: Herrschaft und Gesellschaft; Bd. II: Religion und Literatur; Bd. III: Kunst und Bildersprache, Darmstadt 1987–1991
M. H. Dettenhofer, Perdita Iuventus. Zwischen den Generationen von Caesar und Augustus, München 1992
K. Galinsky, Augustan Culture. An Interpretative Introduction, Princeton 1996
U. Gotter, Der Diktator ist tot! Politik in Rom zwischen den Iden des März und der Begründung des Zweiten Triumvirats, Stuttgart 1996
E. S. Gruen, The Last Generation of the Roman Republic, Berkeley usw. 1974 (Neuauflage 1995)
M. Jehne, Der Staat des Dictators Caesar, Köln usw. 1987
K. A. Raaflaub, M. Toher (Hrsgg.), Between Republic and Empire. Interpretations of Augustus and his principate, Berkeley usw. 1990
R. Syme, The Roman Revolution, Oxford 1939 (deutsch: Die römische Revolution, hrsg. von W. Dahlheim, München usw. 1992)
P. J. J. Vanderbroeck, Popular Leadership and Collective Behavior in the Late Roman Republic (ca. 80–50 B. C.), Amsterdam 1987
F. Vittinghoff, Römische Kolonisation und Bürgerrechtspolitik unter Caesar und Augustus, Wiesbaden 1951
K.-W. Welwei, Caesars Diktatur, der Prinzipat des Augustus und die Fiktion der historischen Notwendigkeit, in: Gymnasium 103, 1996, 477–497

VII. Die einzelnen Persönlichkeiten

Romulus

A. Mastrocinque, Romolo (la fondazione di Roma tra storia e leggenda), Padua 1993
J. Poucet, Les origines de Rome. Tradition et histoire, Brüssel 1985
J. v. Ungern-Sternberg, Romulus-Bilder: Die Begründung der Republik im Mythos, in: F. Graf (Hrsg.), Mythos in mythenloser Gesellschaft. Das Paradigma Roms, Stuttgart usw. 1993, 88–108
J. v. Ungern-Sternberg, Die Romulusnachfolge des Augustus, in: W. Schuller (Hrsg.), Politische Theorie und Praxis im Altertum, Darmstadt 1998, 166–182

L. Iunius Brutus

D. Briquel, La morte di Lucio Giunio Bruto. Sull'origine e lo sviluppo della leggenda di Bruto, in: Contributi dell'Istituto di storia antica dell'Università Cattolica del Sacro Cuore Milano 16, 1990, 127–143
R. Bunse, Das römische Oberamt in der frühen Republik und das Problem der «Konsulartribunen», Trier 1998
J. Fugmann, Königszeit und Frühe Republik in der Schrift «De viris illustribus urbis Romae», 2 Bde., Frankfurt a. M. 1990/1997
A. Mastrocinque, Lucio Giunio Bruto. Ricerche di storia, religione e diritto sulle origini della repubblica romana, Trient 1988
R. Rieks, Zur Wirkung von Livius vom 16. bis zum 18. Jahrhundert, in: E. Lefèvre, E. Olshausen (Hrsgg.), Livius. Werk und Rezeption. Festschrift für Erich Burck zum 80. Geburtstag, München 1983, 367–397
B. Scardigli (Hrsg.), I trattati romano-cartaginesi, Pisa 1991
W. Schubert, Herodot, Livius und die Gestalt des Collatinus in der Lucretia-Geschichte, in: Rheinisches Museum 134, 1991, 80–96
A. Valvo, Bruto, Lucio Giunio, in: Enciclopedia Virgiliana Bd. I, Rom 1984, 539–540

M. Furius Camillus

H. Cancik, Militia perennis. Typologie und Theologie der Kriege Roms gegen Veji bei T. Livius (1995), in: ders., Antik – Modern, Stuttgart 1998, 123–135

O. Hirschfeld, Zur Camillus-Legende (1895), in: ders., Kleine Schriften, Berlin 1913, 273–287

G. B. Miles, Livy: Reconstructing Early Rome, Ithaca usw. 1995

A. Momigliano, Camillus and Concord, in: Classical Quarterly 36, 1942, 111–120 (ND in: Secondo Contributo alla storia degli studi classici, Rom 1960, 89–104)

Th. Mommsen, Die Gallische Katastrophe, in: Hermes 13, 1878, 515–555

F. Münzer, RE 7,1, 1920, 324–348 s. v. Furius (44)

E. Täubler, Camillus und Sulla. Zur Entstehung der Camilluslegende (1912), in: ders., Ausgewählte Schriften zur Alten Geschichte, Stuttgart 1987, 105–119

Ap. Claudius Caecus

L. Loreto, Un'epoca di buon senso. Decisione, consenso e stato a Roma tra il 326 e il 264 a. C., Amsterdam 1993

Q. Fabius Maximus

P. Erdkamp, Polybius, Livy and the «Fabian Strategy», in: Ancient Society 23, 1992, 127–147

E. S. Gruen, The Consular Elections for 216 B. C. and the Veracity of Livy, in: California Studies in Classical Antiquity 2, 1978, 61–74

A. W. J. Holleman, Q. Fabius' Vow to Venus Erycina (217 B. C.) and its Background, in: H. Devijver, E. Lipinski (Hrsgg.), Punic Wars, Leuven 1989, 223–228

I. Müller-Seidel, Q. Fabius Maximus Cunctator und die Konsulwahlen der Jahre 215 und 214 v. Chr., in: Rheinisches Museum 96, 1953, 241–281

R. Rebuffat, *Unus homo nobis cunctando restituit rem*, in: Revue des Études Latines 60, 1982, 153–165

P. A. Stadter, Plutarch's Comparison of Pericles and Fabius Maximus, in: Greek, Roman and Byzantine Studies 16, 1975, 77–85

G. R. Stanton, *Cunctando restituit rem*. The Tradition about Fabius, in: Antichthon 5, 1971, 49–56

C. Flaminius

J. H. Corbett, C. Flaminius and Roman Policy in North Italy, Ottawa 1980

R. Develin, The Political Position of C. Flaminius, in: Rheinisches Museum 122, 1979, 268–277

R. Develin, C. Flaminius in 232 B. C., in: L'Antiquité Classique 45, 1976, 638–643

L. Oebel, C. Flaminius und die Anfänge der römischen Kolonisation im «ager Gallicus», Frankfurt a. M. usw. 1993

H. Wild, Untersuchungen zur Innenpolitik des Gaius Flaminius, Diss. München 1994

P. Cornelius Scipio Africanus

E. S. Gruen, The «Fall» of the Scipios, in: I. Malkin, Z. W. Rubinsohn (Hrsgg.), Leaders and masses in the Roman World. Studies in Honor of Zvi Yavetz, Leiden usw. 1995, 59–90

H. H. Scullard, Scipio Africanus. Soldier and Politician, London 1970

T. Quinctius Flamininus

E. Badian, Titus Quinctius Flamininus: Philhellenism and «Realpolitik», Cincinnati 1973

J. Briscoe, Flamininus and Roman Politics, 200–189 B. C., in: Latomus 31, 1972, 22–53

A. M. Eckstein, T. Quinctius Flamininus and the Campaign against Philip in 198 B. C., in: Phoenix 30, 1976, 119–142

J. J. Walsh, Flamininus and the Propaganda of Liberation, in: Historia 45, 1996, 344–363

L. Aemilius Paullus
L.-M. Günther, L. Aemilius Paullus und «sein» Pfeilerdenkmal in Delphi, in: Ch. Schubert, K. Brodersen (Hrsgg.), Rom und der griechische Osten. Festschrift für Hatto Schmitt, Stuttgart 1995, 81–85
W. Reiter, Aemilius Paullus. Conqueror of Greece, London usw. 1988

M. Porcius Cato Censorius
A. E. Astin, Cato the Censor, Oxford 1978
D. Kienast, Cato der Zensor. Seine Persönlichkeit und seine Zeit, Heidelberg 1954 (ND Darmstadt 1979)
M. Jehne, Cato und die Bewahrung der traditionellen *Res publica*. Zum Spannungsverhältnis zwischen *mos maiorum* und griechischer Kultur im zweiten Jahrhundert v. Chr., in: G. Vogt-Spira, B. Rommel (Hrsgg.), Rezeption und Identität. Die kulturelle Auseinandersetzung Roms mit Griechenland als europäisches Paradigma, Stuttgart 1999, 115–134

P. Cornelius Scipio Aemilianus
A. E. Astin, Scipio Aemilianus, Oxford 1967
H. H. Scullard, Scipio Aemilianus and Roman Politics, in: Journal of Roman Studies 50, 1960, 59–74

Ti. und C. Sempronius Gracchus
J. Bleicken, Überlegungen zum Volkstribunat des Tiberius Sempronius Gracchus, in: Historische Zeitschrift 247, 1988, 265–293
K. Bringmann, Die Agrarreform des Tiberius Gracchus, Legende und Wirklichkeit, Frankfurter historische Vorträge 10, Stuttgart 1985
L. A. Burckhardt, J. v. Ungern-Sternberg, Cornelia, Mutter der Gracchen, in: M. Dettenhofer (Hrsg.), Reine Männersache? Frauen in Männerdomänen der antiken Welt, Köln usw. 1994, 97–132
D. Stockton, The Gracchi, Oxford 1979

C. Marius
T. F. Carney, A Biography of C. Marius, Assen 1961, Chicago ²1970
R. J. Evans, Gaius Marius. A Political Biography, Pretoria 1994
P. A. Kildahl, Caius Marius, New York 1968
J. van Ooteghem, Caius Marius, Brüssel 1964
V. Werner, Quantum bello optimus, tantum pace pessimus. Studien zum Mariusbild in der antiken Geschichtsschreibung, Bonn 1995

L. Cornelius Sulla
E. Badian, Lucius Sulla. The Deadly Reformer, Sydney 1970
H. Behr, Die Selbstdarstellung Sullas. Ein aristokratischer Politiker zwischen persönlichem Führungsanspruch und Standessolidarität, Frankfurt a. M. usw. 1993
W. Dahlheim, Der Staatsstreich des Konsuls Sulla und die römische Italienpolitik der achtziger Jahre, in: Colloquium aus Anlaß des 80. Geburtstages von Alfred Heuss, hrsg. von J. Bleicken, Kallmünz 1993, 97–116
Th. Hantos, Res publica constituta. Die Verfassung des Dictators Sulla, Stuttgart 1988
T. Hölscher, Römische Siegesdenkmäler der späten Republik, in: TAINIA. Roland Hampe zum 70. Geburtstag, hrsg. von H. A. Cahn, E. Simon, Bd. I, Mainz 1980, 351–371
A. Keaveney, Sulla. The Last Republican, London usw. 1982
H. Volkmann, Sullas Marsch auf Rom. Der Verfall der römischen Republik, München 1958

M. Licinius Crassus
F. E. Adcock, Marcus Crassus, Millionaire, Cambridge 1966
M. Gelzer, RE 13,1, 1926, 295–331 s. v. Licinius (68)
B. A. Marshall, Crassus. A political biography, Amsterdam 1976
A. M. Ward, Marcus Crassus and the Late Roman Republic, Columbia usw. 1977

Cn. Pompeius
M. Gelzer, Pompeius: Lebensbild eines Römers, durchgesehen und mit einer Bibliographie ausgestattet von E. Herrmann-Otto, Stuttgart 1984
P. Greenhalgh, Pompey. The Roman Alexander, London 1980
P. Greenhalgh, Pompey. The Republican Prince, London 1981

M. Tullius Cicero
M. Fuhrmann, Cicero und die römische Republik. Eine Biographie, München usw. 1989, 1992
M. Gelzer, Cicero. Ein biographischer Versuch, Wiesbaden 1969
U. Gotter, Der Platonismus Ciceros und die Krise der römischen Republik, in: B. Funck (Hrsg.), Hellenismus. Beiträge zur Erforschung von Akkulturation und politischer Ordnung in den Staaten des hellenistischen Zeitalters, Tübingen 1996, 543–559
Chr. Habicht, Cicero der Politiker, München 1990
Chr. Meier, Cicero. Das erfolgreiche Scheitern des Neulings in der alten Republik, in: ders., Die Ohnmacht des allmächtigen Dictators Caesar. Drei biographische Skizzen, Frankfurt a. M. 1980, 101–222
Th. N. Mitchell, Cicero. The Ascending Years, New Haven usw. 1979
Th. N. Mitchell, Cicero. The Senior Statesman, New Haven usw. 1991
H. Strasburger, Concordia Ordinum. Eine Untersuchung zur Politik Ciceros, Diss. Frankfurt a. M. usw. 1931

L. Sergius Catilina
W. W. Batstone, Cicero's Construction of Consular Ethos in the First Catilinarian, in: Transactions and Proceedings of the American Philological Association 124, 1994, 211–266
H. Drexler, Die Catilinarische Verschwörung. Ein Quellenheft, Darmstadt 1976
A. Drummond, Law, Politics and Power. Sallust and the Execution of the Catilinarian Conspirators, Stuttgart 1995
M. Gelzer, RE 2 A 2, 1923, 1693–1711 s. v. Sergius (23)
W. Hoffmann, Catilina und die Römische Revolution, in: Gymnasium 66, 1959, 459–477
D. Konstan, Rhetoric and the Crisis of Legitimacy in Cicero's Catilinarian Orations, in: Takis Poulakos (Hrsg.), Rethinking the History of Rhetoric, Boulder usw. 1993, 11–30
Chr. Meier, Ciceros Consulat, in: Gerhard Radke (Hrsg.), Cicero – ein Mensch seiner Zeit, Berlin 1968, 61–116
K. H. Waters, Cicero, Sallust and Catiline, in: Historia 19, 1970, 195–216

P. Clodius Pulcher
H. Benner, Die Politik des P. Clodius Pulcher, Stuttgart 1987
B. Berg, Cicero's Palatine Home and Clodius' Shrine of Liberty: Alternative Emblems of the Republic in Cicero's *De domo sua*, in: Carl Deroux (Hrsg.), Studies in Latin Literature and Roman History VIII, Brüssel 1997, 122–143
J.-M. Flambard, Clodius, les collèges, la plèbe et les esclaves. Recherches sur la politique populaire au milieu du Ier siècle. Mélanges d'Archéologie et d'Histoire de l'École Française de Rome, Antiquité 89, 1977, 115–156
E. S. Gruen, P. Clodius: Instrument or independent agent?, in: Phoenix 20, 1966, 120–130
Ph. Moreau, Clodiana religio. Un procès politique en 61 av. J.-C., Paris 1982

Ph. Moreau, La Lex Clodia sur le bannissement de Cicéron, in: Athenaeum 65, 1987, 465–492

J. Spielvogel, P. Clodius Pulcher – eine politische Ausnahmeerscheinung der späten Republik?, in: Hermes 125, 1997, 56–74

G. S. Sumi, Power and ritual: the crowd at Clodius' funeral, in: Historia 46, 1997, 80–102

W. J. Tatum, The Patrician Tribune. Publius Clodius Pulcher, Chapel Hill 1999

M. Porcius Cato

A. Afzelius, Die politische Bedeutung des jüngeren Cato, in: Classica et Mediaevalia 4, 1941, 100–203

R. Fehrle, Cato Uticensis, Darmstadt 1983

M. Gelzer, Cato Uticensis, in: Die Antike 10, 1934, 59–91 (= Kleine Schriften Bd. II, Wiesbaden 1963, 257–285)

M. Iunius Brutus

A. Alföldi, Caesar in 44 v. Chr., Bd. 1: Studien zu Caesars Monarchie und ihren Wurzeln, aus dem Nachlaß hrsg. von H. Wolff, E. Alföldi-Rosenbaum, G. Stumpf, Bonn 1985

J. P. V. D. Balsdon, Die Iden des März, in: R. Klein (Hrsg.), Das Staatsdenken der Römer, Darmstadt 1956, 597–622

H. Bengtson, Zur Geschichte des Brutus, Sitzungsberichte der Bayerischen Akademie der Wissenschaften, phil.-hist. Klasse 1970. 1, München 1971

M. L. Clarke, The Noblest Roman. Marcus Brutus and His Reputation, Ithaca 1981

M. Gelzer, RE 10,1, 1918, 973–1020 s. v. Iunius (53)

E. Wistrand, The Policy of Brutus the Tyrannicide, in: Humaniora 18, 1981, 1–38

C. Iulius Caesar

M. Gelzer, Caesar. Der Politiker und Staatsmann, Stuttgart usw. 1921, Wiesbaden ⁶1960

M. Jehne, Caesar, München 1997

Chr. Meier, Caesar, Berlin 1982 (Neuauflage 1993)

H. Strasburger, Caesar im Urteil der Zeitgenossen, in: Historische Zeitschrift 175, 1953, 225–264

W. Will, Julius Caesar. Eine Bilanz, Stuttgart 1992

M. Antonius

H. Bengtson, Marcus Antonius. Triumvir und Herrscher des Orients, München 1977

F. Chamoux, Marcus Antonius. Der letzte Herrscher des griechischen Ostens, Gernsbach 1989

M. Clauss, Kleopatra, München 1995

E. G. Huzar, Mark Antony. A biography, Minneapolis 1978

A. Roberts, Mark Antony. His life and times, Upton-upon-Severn 1988

R. F. Rossi, Marco Antonio nella lotta politica della tarda repubblica romana, Triest 1959

M. Agrippa

W. Ameling, Augustus und Agrippa. Bemerkungen zu PKöln VI 249, in: Chiron 24, 1994, 1–28

F. Hurlet, Les collègues du prince sous Auguste et Tibère, Rom 1997

I. Leo, L'immagine di Marco Vipsanio Agrippa, Rom 1998

J.-M. Roddaz, Marcus Agrippa, Rom 1984

Octavian/Augustus

J. Bleicken, Augustus. Eine Biographie, Berlin 1998

W. Eck, Augustus und seine Zeit, München 1998

D. Kienast, Augustus. Princeps und Monarch, Darmstadt 1982 (3. erweiterte Auflage 1999)

Register

A. Historische und mythische Personen

(Römer sind unter ihrem «Gentilnamen» verzeichnet,
Caesar also unter C. **Iulius** Caesar)

M. Aemilius Lepidus: 318; 336; 338; 345; 355; 365; 369; 371 f.
L. Aemilius Paullus: 15; 33; **131–146**; 150; 160
Aeneas: 37; 41; 43; 46; 89; 307
M. Agrippa: 45; 345; 350; **352–364**; 373
Alexander d. Gr.: 15; 17; 124; 233; 238 ff.; 245; 248; 325; 328; 349; 368
T. Annius Milo: 261; 287 ff.; 313; 315; 332
Antiochos III.: 15; 116 ff.; 128; 132 f.; 135; 151 f.; 173
M. Antonius: 44; 66; 263 ff.; 289; 317; 320; 336 ff.; **340–351**; 352; 354 ff.; 365; 367 ff.; 371 ff.
L. Appuleius Saturninus: 194 f.; 198; 210; 271
Augustus: 11; 17; 28; 35; 44 f.; 49; 54 ff.; 58 f.; 66; 68; 229; 264 f.; 290; 306; 307; 322; 324 ff.; 337 f.; 344 ff.; 352 ff.; **365–376**

Bocchus v. Mauretanien: 190; 203 f.; 206 f.

L. Caecilius Metellus: 19 f.; 24; 26 ff.; 35
Q. Caecilius Metellus: 189 ff.; 194
M. Calpurnius Bibulus: 242; 283 f.; 295; 299; 310
C. Cassius Longinus: 317; 325; 328; 330; 335 ff.; 339; 345 f.; 354; 365; 367; 370
Ap. Claudius Caecus: **69–78**; 279
M. Claudius Marcellus: 82; 88 f.; 123; 148 ff.
Ap. Claudius Pulcher: 165 f.; 169 f.; 177; 180
P. Clodius Pulcher: 226; 258 ff.; 275 f.; **279–291**; 300 f.; 309; 311; 313; 315; 332
Cornelia: 119; **172–186**
L. Cornelius Cinna: 196 f.; 211 f.; 214; 221; 232; 308

L. Cornelius Scipio: 112; 117 f.; 133; 152 f.
P. Cornelius Scipio Aemilianus: 33; 134 f.; 145; 150; **159–171**; 188
P. Cornelius Scipio Africanus: 14; 33; 65; 90; 104; **106–119**; 123 f.; 131; 133 f.; 149 ff.; 173
L. Cornelius Sulla: 16; 21; 23; 34 f.; 43; 66; 190; 196 ff.; **199–218**; 219 ff.; 225 f.; 231 ff.; 243; 248; 252 f.; 255; 268; 271 ff.; 294; 297; 308; 318; 320; 325; 340; 370

Q. Ennius: 24; 44; 64 f.; 79 f.; 90; 147; 149

C. Flaminius: 85; 90; **92–105**
Q. Fabius Maximus: **79–91**; 95; 98; 101; 103 f.; 106; 112; 135; 148; 160
Q. Fabius Maximus Rullianus: 75 f.; 81
Q. Fabius Pictor: 37; 51; 80; 93; 95 f.; 101; 103
M. Furius Camillus: 11; 40; 43; **58–68**; 101; 188

Hannibal: 14 f.; 65; 79; 84 ff.; 92; 95; 97; 100 ff.; 106 f.; 110 ff.; 118 f.; 123 f.; 128 f.; 148; 153; 160; 163; 171; 191

Iulia, Gattin des Marius: 189; 197; 307 f.
Iulia, Tochter Caesars: 242 ff.; 311; 315; 324
C. Iulius Caesar: 17; 28; 34 f.; 43 ff.; 53 ff.; 66; 189; 197; 218; 219; 223 f.; 226 ff.; 235; 240 ff.; 257 ff.; 262 ff.; 270; 272; 274; 276 f.; 279 ff.; 282 ff.; 285 f.; 288; 292 ff.; 297 ff.; 304 ff.; **307–326**; 328 ff.; 333 ff.; 341 ff.; 353 ff.; 358; 363; 365 ff.; 373 ff.
L. Iunius Brutus: **48–57**; 331 f.
M. Iunius Brutus: 28; 53 f.; 56 f.; 264; 275; 306; 319; 325; **328–339**; 345 f.; 354; 365; 367; 370

Jugurtha: 16; 33; 169; 189 ff.; 203 f.

Kaisarion: 320; 324; 348 f.; 367
Kleopatra: 17; 66; 248; 319 f.; 324; 346 ff.; 352; 356; 367; 371; 373 f.

M. Licinius Crassus: 28; **219–229**; 234; 240 ff.; 258 f.; 270 ff.; 276; 279; 281; 288; 301 f.; 309 f.; 313; 315; 325; 333; 345; 347 f.; 357
L. Licinius Lucullus: 16; 213; 235; 237 ff.; 280 f.
M. Livius Drusus: 195; 207; 294
Lucullus s. L. Licinius Lucullus
Q. Lutatius Catulus: 194; 205 f.

C. Marius: 43; 66; 115; 169; **187–198**; 202 ff.; 214; 217 f.; 232; 234; 271; 307 f.; 340
Massinissa: 111; 113 ff.; 156; 161 f.
Metellus s. L. Caecilius Metellus
Mithridates VI.: 16; 34; 195 ff.; 206 f.; 209; 212 f.; 218; 235; 237; 328

C. Octavius s. Augustus

Perseus v. Makedonien: 15; 136 ff.; 143; 155; 160; 163; 171; 160
Philipp V. v. Makedonien: 15; 115 f.; 120 ff.; 127 ff.; 131; 173
Cn. Pompeius Magnus: 16; 28; 34 f.; 43 f.; 53; 214; 218; 219; 223; 226 ff.; **230–249**; 252; 255; 258 ff.; 266; 270 ff.; 279; 283; 285 ff.; 297 ff.; 309 ff.; 328 f.; 331 ff.; 340; 342; 345; 347; 358; 360; 368; 370

M. Porcius Cato Censorius: 28; 58; 116 ff.; 135; 144; **147–158**; 161 f.; 166; 294
M. Porcius Cato: 28; 239; 242; 257; 274 ff.; 285 f.; **292–306**; 310 f.; 313 f.; 316; 321; 332; 334 f.
Pyrrhos: 13; 69 f.; 77; 81; 124

L. Quinctius Flamininus: 116; 122 f.; 126 f.
T. Quinctius Flamininus: 15; 33; 115 f.; **120–130**; 131; 139

Remus: 38; 43; 45
Romulus: 17; **37–47**; 53; 58; 61; 66; 188; 237; 294; 324; 376

Sallust (C. Sallustius Crispus): 225; 268 f.; 276 ff.; 289; 293
C. Sempronius Gracchus: 27 f.; 119; 169 ff.; **172–186**; 194 f.; 210; 270 f.; 275; 283; 285; 307
Ti. Sempronius Gracchus: 27 f.; 30 f.; 119; 165 f.; 169 ff.; **172–186**; 270; 307
L. Sergius Catilina: 226; 238; 256 f.; **268–278**; 281 f.; 292 f.; 297; 309; 340 f.
Spartacus: 225 f.; 234; 238

Tarquinius Superbus: 43; 48; 51 ff.; 56; 58; 331
M. Tullius Cicero: 28; 37; 43; 45; 48; 54 ff.; 83; 92 f.; 149; 159 f.; 169; 187; 202; 209; 220 f.; 223; 232 f.; 237; 240 f.; 246; **250–267**; 268 ff.; 279; 281 ff.; 292 ff.; 296; 304; 308 f.; 311; 313; 323 f.; 333; 336; 338; 340 ff.; 360; 368 ff.

B. Länder, Völker, Städte, Flüsse

Actium: 44; 350 f.; 352; 356; 358; 374
Adda: 93; 97 f.; 103
Ägypten: 17; 44; 167; 246 ff.; 263; 319 f.; 334; 339; 341 f.; 346 ff.; 356; 360; 373 f.
Ätolien, Ätoler: 121; 124 f.; 126; 132; 139
Afrika (Provinz *Africa*): 13; 16; 82; 84; 92; 107; 111 ff.; 116 f.; 149; 156; 161 ff.; 184; 189; 194; 203; 205; 214; 218; 221; 233; 246; 248; 263; 272; 305; 319 ff.; 334
Alba Longa: 38; 41; 58
Alexandria: 44; 167; 236; 247; 319 f.; 341; 347 ff.

Allia: 11; 60
Apameia: 15; 117
Aquae Sextiae (Aix-en-Provence): 193; 205
Ariminum (Rimini): 13; 94; 98 f.; 101 ff.
Armenien: 212; 229; 235; 238; 347 ff.
Arretium (Arezzo): 82; 101 ff.
Athen, Athener: 124; 138; 143; 151; 212; 253; 337; 347; 362

Bithynien: 16; 129; 196
Brundisium (Brindisi): 214; 232; 246; 263; 318; 346; 350

Campanien: 12; 77; 86 f.; 208 f.; 211
Cannae: 86 ff.; 92; 104; 107; 112; 124; 131; 148; 191
Capua: 12; 88; 108; 180; 183
Carrhae: 229; 244 f.; 315; 325; 347
Carthago Nova (Cartagena): 109; 362
Cimbern: 187; 190 f.; 193 f.; 204 ff.; 312
Cirta: 113; 203
Cremera-Bach: 62 f.; 80

Dyrrhachium (Durazzo): 304; 317; 319; 334

Ebro: 84; 106; 108 f.
Epirus, Epiroten: 69; 125; 127; 319; 338
Etrurien, Etrusker: 11 ff.; 37; 40; 45; 49; 59; 62; 77; 94; 112; 174; 234; 257
Euphrat: 17; 207; 228 f.; 235; 349

Gades (Cádiz): 111; 323
Gallien, Gallier (Provinzen: *Gallia Narbonensis*, *Gallia Cisalpina*, *Gallia Transalpina* [*Comata*]) 11 f.; 16 f.; 34; 43; 59 ff.; 110; 191; 193 f.; 205; 228; 243 ff.; 260; 262; 274; 300; 304; 311 ff.; 321 f.; 333 ff.; 341; 342; 357; 362 f.; 367
Germanien, Germanen: 33; 187; 190 ff.; 205 f.; 307; 311 f.; 314 f.; 325; 363

Illyrien (Provinz: *Illyricum*): 106; 136; 139; 170; 311; 357

Karthago, Karthager: 13; 16; 19; 31; 37; 58; 79; 81 f.; 83 ff.; 92; 94 f.; 105; 106 f.; 109 ff.; 118; 123; 149; 156 f.; 161 ff.; 168 f.; 174; 183 f.; 194; 323
Kelten: 86; 93 ff.; 103; 105; 188; 191
Kilikien (Provinz: *Cilicia*): 206; 235 f.; 261; 266; 332; 346
Kleinasien (Provinz: *Asia*): 16; 34; 117; 119; 132 ff.; 167; 170; 178; 196; 207; 209; 212; 225; 227; 232; 304; 308; 320; 332; 338; 349 f.; 362
Korinth: 16; 120 f.; 126; 128; 151; 323
Korsika (Provinz: *Corsica*): 13; 21 f.; 173; 268
Kynoskephalai: 121; 126 ff.
Kyrenaika: 17; 236; 349; 362

Latium, Latiner: 11 f.; 37; 41; 58 f.; 62 f.; 77; 183
Lusitanien, Lusitaner: 132; 309

Makedonien (Provinz: *Macedonia*): 15 f.; 115 f.; 120 f.; 125; 128; 136 ff.; 144 f.; 161; 194; 231; 235; 243; 295; 319; 352 f.; 367
Mesopotamien: 228; 235; 243
Mutina (Modena): 265; 331

Nisibis: 235 f.; 280
Numantia: 167 ff.; 188
Numidien, Numider (Provinz: *Africa Nova*): 17; 111; 156; 161 f.; 168; 189 f.

Parther: 207; 211; 219; 228; 244 f.; 262; 315; 325; 328; 333; 347 ff.; 357; 366 f.; 371
Pelusion: 248 f.; 320
Pergamon: 15; 31; 124; 167; 178; 191; 247; 296
Pharsalos: 247; 249; 263; 304 f.; 319; 334; 342
Philippi: 339; 345 f.; 355; 370 f.
Pontos: 16; 206
Pydna: 136 f.; 140; 155; 160; 171

Rhodos: 15; 124; 140; 155; 167; 230; 253; 308
Rom
- Aventin: 38; 271
– Capitol: 19; 31; 39; 41; 44; 49; 52 ff.; 60; 65 f.; 89; 143; 204
– Forum Augustum: 46; 59; 82
– Forum Romanum: 19; 39; 41; 58; 143; 153; 184; 195; 216; 285; 289; 315; 337; 352; 374 f.
– Marsfeld: 40; 45; 217; 244; 359 f.
– Palatin: 38 f.; 44; 184; 224; 285 ff.; 376
Rubikon: 249; 262; 304; 317; 342; 354

Sabiner: 38 f.; 41; 45; 70; 148 f.
Samnium, Samniten: 13; 77; 81; 86; 195; 208; 214
Sardinien (Provinz: *Sardinia*): 13; 21 f.; 83; 106; 149; 155; 173; 180
Sentinum: 81; 94
Sizilien (Provinz: *Sicilia*): 13 f.; 19 ff.; 70; 81 f.; 84; 89; 96; 107; 111 f.; 149; 164; 168; 175; 191; 194; 218; 225; 233; 235; 246; 253 f.; 281; 304; 355; 360; 365
Spanien (Provinzen: «diesseitiges Spanien» *Hispania citerior*; «jenseitiges Spanien» *Hispania ulterior*): 14; 33; 83 ff.; 92; 100; 106 ff.; 118 f.; 132 ff.; 150 f.; 160 ff.; 168 f.; 173; 188 f.; 193; 214;

218; 220 f.; 234 f.; 248; 298; 302; 308 ff.; 313; 316 ff.; 321; 342; 357; 362; 365
Syrien (Provinz: *Syria*): 16; 167; 212; 219; 228 f.; 238; 243; 302; 313; 320; 341; 347 ff.

Tarent: 13; 69 f.; 88 f.; 122 f.; 148; 183; 346; 350
Teutonen: 187; 190; 193 f.; 204 f.; 312
Thapsus: 263; 305; 321
Thessalien, Thessaler: 120; 125 ff.; 246; 319; 334; 342

Thrakien: 128; 139; 339; 345
Trasimenischer See: 85 f.; 92; 102 ff.
Tusculum: 58 f.; 61 f.; 148; 285

Umbrien, Umbrer: 13; 77; 92; 94
Utica: 113; 190; 305

Veji: 11; 40; 43; 59 ff.; 80
Vercellae: 194; 206

Zama: 90; 92; 114
Zypern: 176; 247; 285 f.; 300; 332

C. Begriffe und Sachen

Ackergesetze: 30; 166 f.; 169 f.; 175 ff.; 240; 250; 283; 310
Adel, Aristokratie s. Nobilität; Senat, Senatoren
Adoption: 134 ff.; 160; 258; 282 f.; 324; 337; 358; 366 f.
Aedil, Aedilität: 21; 23 f.; 71; 131 f.; 149; 254; 309; 331
Ahnen s. *maiores*
ambitus s. Wahlen
Amt, Ämterlaufbahn: 18 ff.; 22 ff.; 42; 70 f.; 82 f.; 119; 149; 162; 206; 215 f.; 224; 253; 261 f.; 323; 373
–) *cursus honorum*: 18; 20 f.; 23 f.; 25 f.; 296
–) Prinzipien: 22 f.; 42; 83; 104; 160; 168; 170; 188; 191; 253; 303 f.
Annuität s. Amt, Ämterlaufbahn (Prinzipien)
auctoritas s. Wertbegriffe
Auguren: 28 f.; 74; 88; 132; 341; 343
Auspizien (*auspicia*): 21; 26 f.; 28; 44

Bürgerrecht, Bürgerrechtsverleihung: 12; 187; 195 f.; 316; 321 ff.
Bundesgenossen (*socii*): 13 f.; 33; 86 ff.; 170; 187; 195 f.; 207 ff.; 231

Censor, Censur: 22; 28; 71 ff.; 98 f.; 152 ff.; 280; 284
Colonie: 13; 77 f.; 94; 323; 361 ff.
comitia (*centuriata, curiata, tributa*) s. Volksversammlung
concilia plebis s. Volksversammlung
Consul, Consulat: 19 ff.; 28 f.; 49 f.; 52; 60;
75 ff.; 85; 160; 191; 244; 250 f.; 255 ff.; 265 f.; 369
–) Consular: 20 ff.; 149 f.; 256; 265 f.
contio s. Volksversammlung
cursus honorum s. Amt, Ämterlaufbahn

Dictator, Dictatur: 20; 26 f.; 28; 61 f.; 85 f.; 215 f.; 264; 318; 320 ff.; 335
dignitas s. Wertbegriffe
Dreibund s. Triumvirat

exemplum, exempla: 24; 64; 66; 79; 157 f.; 266; 268

fides s. Wertbegriffe

Gerichte: 21; 25; 29; 167 f.; 181 f.; 216; 226; 234 f.; 255; 281 f.
Getreideversorgung, Getreideverteilung: 243; 246; 283 f.; 288; 323; 355
gloria s. Wertbegriffe

Heirat, Scheidung: 134 ff.; 145; 149; 209; 239; 242 f.; 244; 294 f.; 308; 311; 331 f.; 335; 342; 345 f.; 348; 357 f.; 372
homo novus: 93 f.; 135 f.; 149 ff.; 187 ff.; 197; 202; 241; 250 ff.; 255 ff.; 353 f.
honos, honores s. Amt, Ämterlaufbahn; Wertbegriffe

imperium: 14; 21 ff.; 25 f.; 28; 43; 49; 109; 298
–) außerordentliches Kommando (*imperium pro consule/pro praetore*): 18; 19 f.; 33 ff.; 108 f.; 123; 228; 237; 255; 298; 300; 311 ff.; 356 f.; 369

Register

Intercession: 23; 29 ff.; 163 f.; 287; 301
interrex, Interregnum: 26; 215
Iteration s. Amt, Ämterlaufbahn
(Prinzipien)

Klientel, Klienten: 42; 67; 144; 188; 192;
219; 227 f.; 232; 333; 353; 372
Klientelfürst: 16 f.; 347; 349
Königtum, Monarchie: 38; 42; 46; 51 ff.;
324; 325 f.
Kollegialität s. Amt, Ämterlaufbahn
(Prinzipien)
Kommanden, militärische s. *imperium*

laudatio funebris (Leichenrede) s. *pompa funebris*
Leichenzug s. *pompa funebris*
lex: 30

magister equitum (Reiterführer): 19 f.; 61; 86
Magistrat, Magistratur s. Amt, Ämterlaufbahn
maiores: 18 f.; 62; 152 ff.; 202; 231; 330 ff.; 332 f.; 353
Militärtribun, -tribunat: 25; 71; 202; 308 f.
mores, mos maiorum: 24 f.; 30; 67; 153 ff.
municipia: 12; 323

Nobilität: 17 ff.; 23 f.; 33 ff.; 53; 62; 76 ff.;
80; 95; 99 f.; 152; 200; 220; 230 f.; 248 f.;
353 f.; 364; 366

Obstruktion, Obstruktionsmittel: 242;
283 f.; 287; 302

Patriziat, Patrizier: 28 f.; 42; 63; 70; 74 ff.;
88 f.; 282; 323 f.
pietas s. Wertbegriffe
Piraten, Piraterie: 34; 191; 236 f.
Plebiscit: 29 f.
Plebs, Plebejer: 28 ff.; 50; 60; 63; 70; 74 ff.;
282 f.
pomerium: 27; 210; 217; 298 f.
pompa funebris: 19; 142; 146; 197; 289;
307 f.; 330 ff.; 337; 343; 352 f.
pontifex (maximus), pontifices: 20; 28 f.; 44;
74; 88; 112; 280; 282 f.; 309; 323
populare Politik: 32; 187; 189; 194; 282 ff.;
307 f.; 310
potestas s. Amt, Ämterlaufbahn

Praetor, Praetur: 14; 19; 21 ff.; 49 f.; 254 f.
Principat: 55; 109; 290; 356 ff.; 363 f.; 376
Prorogation s. *imperium* (außerordentliche Kommanden)
Proscriptionen: 196; 214 f.; 222; 265; 297;
338; 345 f.; 360; 370
Provinz (*provincia*): 14; 16 f.; 23; 32; 112;
222; 228; 236 f.; 240; 243; 253 f.; 296;
311 ff.; 322 f.; 356 f.; 361 ff.; 375
–) Statthalter: 14; 33; 167; 206; 216; 224;
235; 254; 261 f.; 272; 309 f.; 311 ff.
Provokation, Provokationsgesetze: 275;
282

Quaestor, Quaestur: 21 ff.; 149; 253 f.;
280 f.; 296 f.

Rede, Redner, Rhetorik: 20; 148; 150 f.;
160; 177; 224 f.; 231; 241; 251 ff.; 260 f.;
269; 298 f.; 340 f.; 343 f.
Reichtum: 18; 31 f.; 133 ff.; 144 f.; 153 ff.;
219 ff.; 309; 310; 340; 360 f.
Ritter (*equites*), Ritterstand: 52; 148; 181 f.;
234 f.; 251; 255 f.; 323
Rogationsrecht: 29 ff.

Senat, Senatoren (s. auch Nobilität):
20 ff.; 30 ff.; 33 ff.; 42; 69; 72 f.; 215 f.;
226 ff.; 233 ff.; 239 ff.; 247; 256 ff.; 260 f.;
267; 270; 274; 284; 289 ff.; 292 f.; 298 f.;
316 ff.; 321 ff.; 334 f.; 357; 368 f.; 375 f.
senatus consultum ultimum: 185; 195;
210 f.; 257; 270 f.; 317

tribus: 27; 73; 99
Triumph, Triumphzug: 19 f.; 39; 44; 59;
60; 62; 89; 121; 132 ff.; 139; 141 ff.; 166;
169; 233; 239; 262; 298 f.; 309 f.; 321 f.;
348; 357; 374 f.
Triumvirat: (sog. Erstes) 258 f.; 301; 310 f.;
313; 333; (sog. Zweites) 265; 338; 345 f.;
369 ff.

Veteranen, Veteranenversorgung: 32;
194 f.; 197 f.; 227; 239 f.; 242; 283; 299;
310; 357; 368; 371
Veto s. Intercession
virtus s. Wertbegriffe
Volkstribun, Volkstribunat: 25 ff.; 29 ff.;
141; 211; 215 f.; 234 f.; 258 f.; 282 f.;
285 f.; 317; 373

Volksversammlung: 25 ff.; 42; 56; 73;
141 f.; 255; 281 ff.; 286 f.; 297 ff.; 310; 360
Vorfahren s. *maiores*

Wahlen, Wahlkampf: 25 ff.; 85; 89; 108 f.;
133 f.; 154; 162 f.; 165; 168; 188; 206;
223 f.; 243 f.; 261; 271 ff.; 295; 299; 301 f.;
303; 342 f.; 360
Wertbegriffe: 18; 20 f.; 34 f.; 65 f.; 67 f.;
85 f.; 118; 127; 202; 203 f.; 293; 317; 376

Autoren und Herausgeber

Hans Beck, geb. 1969, ist Wissenschaftlicher Assistent am Institut für Altertumskunde – Alte Geschichte – der Universität zu Köln.
Hartwin Brandt, geb. 1959, ist Professor für Alte Geschichte an der Technischen Universität Chemnitz.
Kai Brodersen, geb. 1958, ist Professor für Alte Geschichte an der Universität Mannheim.
Leonhard Burckhardt, geb. 1953, ist Titularprofessor für Alte Geschichte an der Universität Basel.
Manfred Clauss, geb. 1945, ist Professor für Alte Geschichte an der Universität Frankfurt am Main.
Werner Dahlheim, geb. 1938, ist Professor für Alte Geschichte an der Technischen Universität Berlin.
Werner Eck, geb. 1939, ist Professor für Alte Geschichte an der Universität zu Köln.
Egon Flaig, geb. 1949, ist Professor für Alte Geschichte an der Universität Greifswald.
Hartmut Galsterer, geb. 1939, ist Professor für Alte Geschichte an der Universität Bonn.
Hans-Joachim Gehrke, geb. 1945, ist Professor für Alte Geschichte an der Universität Freiburg.
Ulrich Gotter, geb. 1964, ist Stipendiat der Deutschen Forschungsgemeinschaft am Seminar für Alte Geschichte der Universität Freiburg.
Linda-Marie Günther, geb. 1952, ist Professorin für Alte Geschichte an der Universität Bochum.
Ulrich Heider, geb. 1965, ist Wissenschaftlicher Mitarbeiter am Institut für Altertumskunde – Alte Geschichte – der Universität zu Köln.
Karl-Joachim Hölkeskamp, geb. 1953, ist Professor für Alte Geschichte an der Universität zu Köln.
Martin Jehne, geb. 1955, ist Professor für Alte Geschichte an der Technischen Universität Dresden.
Bernhard Linke, geb. 1961, ist Wissenschaftlicher Assistent am Lehrstuhl Alte Geschichte der Technischen Universität Dresden.
Burkhard Meißner, geb. 1959, ist Oberassistent am Institut für Klassische Altertumswissenschaften der Universität Halle-Wittenberg.
Wilfried Nippel, geb. 1950, ist Professor für Alte Geschichte an der Humboldt-Universität Berlin.
Karl-Heinz Schwarte, geb. 1934, ist emeritierter Professor für Alte Geschichte an der Universität zu Köln.
Elke Stein-Hölkeskamp, geb. 1954, ist Lehrbeauftragte für Alte Geschichte an der Universität/Gesamthochschule Essen.
Lukas Thommen, geb. 1958, ist Privatdozent für Alte Geschichte an der Universität Basel.
Jürgen von Ungern-Sternberg, geb. 1940, ist Professor für Alte Geschichte an der Universität Basel.
Uwe Walter, geb. 1962, ist Studienrat im Hochschuldienst am Institut für Altertumskunde – Alte Geschichte – der Universität zu Köln.
Karl-Wilhelm Welwei, geb. 1930, ist emeritierter Professor für Alte Geschichte an der Universität Bochum.
Michael Zahrnt, geb. 1940, ist Professor für Alte Geschichte an der Universität zu Köln.

Buchanzeigen

Biographien der Antike bei C. H. Beck

Kai Brodersen (Hrsg.)
Große Gestalten der griechischen Antike
58 historische Portraits von Homer bis Kleopatra
1999. 507 Seiten mit 1 Karte und 1 Zeittafel. Leinen

Manfred Clauss (Hrsg.)
Die römischen Kaiser
55 historische Portraits von Caesar bis Iustinian
1997. 501 Seiten mit 55 Zeichnungen,
2 Karten und 1 Zeittafel. Leinen

Karl Christ
Caesar
Annäherungen an einen Diktator
1994. 398 Seiten mit 16 Abbildungen und 5 Karten. Leinen

Niklas Holzberg
Ovid
Dichter und Werk
2., durchgesehene Auflage. 1998. 220 Seiten. Leinen

Villy Sørensen
Seneca
Ein Humanist an Neros Hof
Aus dem Dänischen von Monika Wesemann
3. Auflage. 1995. 315 Seiten. Leinen
(Beck's Historische Bibliothek)

Zvi Yavetz
Tiberius
Der traurige Kaiser. Biographie
Aus dem Hebräischen von David Ajchenrand
1999. 197 Seiten. Leinen

Verlag C. H. Beck München

Biographien der Antike bei C. H. Beck

Pedro Barceló
Hannibal
1998. 119 Seiten mit 4 Abbildungen
und 8 Karten. Paperback
(C. H. Beck Wissen in der Beck'schen Reihe Band 2092)

Manfred Clauss
Konstantin der Große und seine Zeit
1996. 126 Seiten mit 6 Abbildungen,
2 Stammtafeln und 2 Karten. Paperback
(C. H. Beck Wissen in der Beck'schen Reihe Band 2042)

Werner Eck
Augustus und seine Zeit
1998. 128 Seiten mit 6 Abbildungen,
1 Karte und 1 Stemma. Paperback
(C. H. Beck Wissen in der Beck'schen Reihe Band 2084)

Hans-Joachim Gehrke
Alexander der Große
1996. 111 Seiten mit 1 Karte. Paperback
(C. H. Beck Wissen in der Beck'schen Reihe Band 2043)

Martin Jehne
Caesar
1997. 127 Seiten mit 4 Abbildungen. Paperback
(C. H. Beck Wissen in der Beck'schen Reihe Band 2044)

Jürgen Malitz
Nero
1999. 128 Seiten mit 9 Abbildungen,
1 Stammbaum und 1 Karte. Paperback
(C. H. Beck Wissen in der Beck'schen Reihe Band 2105)

Verlag C. H. Beck München

Das Reich Cäsars

1 : 22 750 000

0   100   200   400   600   800   1000 km